经以济世
継往開来
贺教育部
重大攻关项目
成功立项

季羡林
二〇〇八

教育部哲学社会科学研究重大课题攻关项目

# 金融体制改革和货币问题研究
## CHINA'S FINANCIAL REFORM AND MONETARY POLICY

王广谦 等著

经济科学出版社
Economic Science Press

## 图书在版编目（CIP）数据

金融体制改革和货币问题研究／王广谦等著．—北京：经济科学出版社，2009.9

（教育部哲学社会科学研究重大课题攻关项目）

ISBN 978－7－5058－7860－0

Ⅰ．金… Ⅱ．王… Ⅲ．①金融体制－经济体制改革－研究－中国②货币政策－研究－中国 Ⅳ．F832.1 F822.0

中国版本图书馆 CIP 数据核字（2009）第 004691 号

责任编辑：金 梅 赵 蕾
责任校对：徐领弟 远瑞华
版式设计：代小卫
技术编辑：潘泽新 邱 天

### 金融体制改革和货币问题研究

王广谦 等著

经济科学出版社出版、发行 新华书店经销

社址：北京市海淀区阜成路甲 28 号 邮编：100142

总编部电话：88191217 发行部电话：88191540

网址：www.esp.com.cn

电子邮件：esp@esp.com.cn

北京中科印刷有限公司印装

787×1092 16 开 35 印张 660000 字

2009 年 9 月第 1 版 2009 年 9 月第 1 次印刷

印数：0001—8000 册

ISBN 978－7－5058－7860－0 定价：77.00 元

（图书出现印装问题，本社负责调换）

（版权所有 翻印必究）

## 课题组主要成员

（按姓氏笔画为序）

马君潞　史建平　李　扬　李　健　吴晓求
张礼卿　应展宇　范小云　贺　强　唐　旭

## 编审委员会成员

主　任　孔和平　罗志荣
委　员　郭兆旭　吕　萍　唐俊南　安　远
　　　　文远怀　张　虹　谢　锐　解　丹

# 总　序

哲学社会科学是人们认识世界、改造世界的重要工具，是推动历史发展和社会进步的重要力量。哲学社会科学的研究能力和成果，是综合国力的重要组成部分，哲学社会科学的发展水平，体现着一个国家和民族的思维能力、精神状态和文明素质。一个民族要屹立于世界民族之林，不能没有哲学社会科学的熏陶和滋养；一个国家要在国际综合国力竞争中赢得优势，不能没有包括哲学社会科学在内的"软实力"的强大和支撑。

近年来，党和国家高度重视哲学社会科学的繁荣发展。江泽民同志多次强调哲学社会科学在建设中国特色社会主义事业中的重要作用，提出哲学社会科学与自然科学"四个同样重要"、"五个高度重视"、"两个不可替代"等重要思想论断。党的十六大以来，以胡锦涛同志为总书记的党中央始终坚持把哲学社会科学放在十分重要的战略位置，就繁荣发展哲学社会科学做出了一系列重大部署，采取了一系列重大举措。2004年，中共中央下发《关于进一步繁荣发展哲学社会科学的意见》，明确了新世纪繁荣发展哲学社会科学的指导方针、总体目标和主要任务。党的十七大报告明确指出："繁荣发展哲学社会科学，推进学科体系、学术观点、科研方法创新，鼓励哲学社会科学界为党和人民事业发挥思想库作用，推动我国哲学社会科学优秀成果和优秀人才走向世界。"这是党中央在新的历史时期、新的历史阶段为全面建设小康社会，加快推进社会主义现代化建设，实现中华民族伟大复兴提出的重大战略目标和任务，为进一步繁荣发展哲学社会科学指明了方向，提供了根本保证和强大动力。

高校是我国哲学社会科学事业的主力军。改革开放以来,在党中央的坚强领导下,高校哲学社会科学抓住前所未有的发展机遇,紧紧围绕党和国家工作大局,坚持正确的政治方向,贯彻"双百"方针,以发展为主题,以改革为动力,以理论创新为主导,以方法创新为突破口,发扬理论联系实际学风,弘扬求真务实精神,立足创新、提高质量,高校哲学社会科学事业实现了跨越式发展,呈现空前繁荣的发展局面。广大高校哲学社会科学工作者以饱满的热情积极参与马克思主义理论研究和建设工程,大力推进具有中国特色、中国风格、中国气派的哲学社会科学学科体系和教材体系建设,为推进马克思主义中国化,推动理论创新,服务党和国家的政策决策,为弘扬优秀传统文化,培育民族精神,为培养社会主义合格建设者和可靠接班人,做出了不可磨灭的重要贡献。

自2003年始,教育部正式启动了哲学社会科学研究重大课题攻关项目计划。这是教育部促进高校哲学社会科学繁荣发展的一项重大举措,也是教育部实施"高校哲学社会科学繁荣计划"的一项重要内容。重大攻关项目采取招投标的组织方式,按照"公平竞争,择优立项,严格管理,铸造精品"的要求进行,每年评审立项约40个项目,每个项目资助30万~80万元。项目研究实行首席专家负责制,鼓励跨学科、跨学校、跨地区的联合研究,鼓励吸收国内外专家共同参加课题组研究工作。几年来,重大攻关项目以解决国家经济建设和社会发展过程中具有前瞻性、战略性、全局性的重大理论和实际问题为主攻方向,以提升为党和政府咨询决策服务能力和推动哲学社会科学发展为战略目标,集合高校优秀研究团队和顶尖人才,团结协作,联合攻关,产出了一批标志性研究成果,壮大了科研人才队伍,有效提升了高校哲学社会科学整体实力。国务委员刘延东同志为此做出重要批示,指出重大攻关项目有效调动各方面的积极性,产生了一批重要成果,影响广泛,成效显著;要总结经验,再接再厉,紧密服务国家需求,更好地优化资源,突出重点,多出精品,多出人才,为经济社会发展做出新的贡献。这个重要批示,既充分肯定了重大攻关项目取得的优异成绩,又对重大攻关项目提出了明确的指导意见和殷切希望。

作为教育部社科研究项目的重中之重,我们始终秉持以管理创新服务学术创新的理念,坚持科学管理、民主管理、依法管理,切实增强服务意识,不断创新管理模式,健全管理制度,加强对重大攻关项目的选题遴选、评审立项、组织开题、中期检查到最终成果鉴定的全过程管理,逐渐探索并形成一套成熟的、符合学术研究规律的管理办法,努力将重大攻关项目打造成学术精品工程。我们将项目最终成果汇编成"教育部哲学社会科学研究重大课题攻关项目成果文库"统一组织出版。经济科学出版社倾全社之力,精心组织编辑力量,努力铸造出版精品。国学大师季羡林先生欣然题词:"经时济世　继往开来——贺教育部重大攻关项目成果出版";欧阳中石先生题写了"教育部哲学社会科学研究重大课题攻关项目"的书名,充分体现了他们对繁荣发展高校哲学社会科学的深切勉励和由衷期望。

创新是哲学社会科学研究的灵魂,是推动高校哲学社会科学研究不断深化的不竭动力。我们正处在一个伟大的时代,建设有中国特色的哲学社会科学是历史的呼唤,时代的强音,是推进中国特色社会主义事业的迫切要求。我们要不断增强使命感和责任感,立足新实践,适应新要求,始终坚持以马克思主义为指导,深入贯彻落实科学发展观,以构建具有中国特色社会主义哲学社会科学为己任,振奋精神,开拓进取,以改革创新精神,大力推进高校哲学社会科学繁荣发展,为全面建设小康社会,构建社会主义和谐社会,促进社会主义文化大发展大繁荣贡献更大的力量。

教育部社会科学司

# 前　言

随着现代经济的发展和科技创新的日新月异，金融的地位与作用越来越突出。进入 21 世纪以来，经济全球化的进程不断加速，世界金融市场波动频繁，金融风险与危机日益显现。在新的形势下，如何深化中国的金融体制改革，建立和完善科学、规范、高效、稳健的金融体系，提高金融运行效率并保持金融安全成为未来经济发展亟待研究和解决的重大问题。

对这一重大问题的研究，必须植根于中国的国情，必须融合于改革的全过程，必须着眼于国内外经济、金融形势的新变化和未来理想金融体制的确立。

中国经济、金融体制改革已经走过了 30 年历程，改革的 30 年，也是经济金融体制转型的 30 年。在转型的全过程中，虽然"改变（改革）"与"确立（定型）"是两个紧密相联的方面，但在转型的前期，"改变"或"改革"则会处于更为主导的位置；而在转型的后一时期，"确立"的重要性则会上升。因此，这一课题的研究重点定位在中国金融改革的"转型"与"确立"这两个相互关联的层面上：一是系统梳理、总结 30 年中国金融改革的历程和变化，肯定金融改革中那些适合未来的改革结果；二是分析、研究需要进一步改革和转变的重点与"瓶颈"，以加快转型的步伐，推进中国金融新型式的确立。

在主要内容上，课题组（《金融体制改革和货币问题研究》，项目批准号：04JZD0013）重点研究了以下几个方面：中国金融 30 年改革与转型的过程与质变；金融改革"中国模式"的基本经验与理论模型；全球经济失衡和国际环境新变化下金融改革的重点方面和基本方略；多元化竞争性金融机构体系的构建与完善；资本市场在现代金融体系中的定位与发展方向；新体制下货币运行机制的转换及特点；外汇管理体制和人民币汇率制度的演变与未来；金融的整体安全与风险防范；金融发展中政府的角色定位与职责；等等。

在研究过程中，课题组提出了"转型"与"定型"的重要概念，强调了改革中"确立"的重要性；从目标设定、路径及顺序选择、动力来源以及推进策略等方面分析了金融改革的"中国模式"；探讨了体制改革与货币运行机制之间的内在联系，对"中国货币之谜"作出了结构性解释；论证了进一步扩大人民币汇率制度弹性的必要性和推进人民币区域化发展的条件和路径；对当前中国宏观经济失衡与金融体制改革的双向影响机制给出了新的理论阐述；重新思考了中国金融改革进程中的金融机构和金融市场的未来发展；分析了金融产业发展中组织重构的现实最优选择；研究了防范金融风险和保障金融安全的具体措施；讨论了政府在市场经济体制中应该强化或弱化的职能；基于"功能监管"的理念与"混业经营"的趋势，分析了金融监管机构整合的必要性和可能性。

尽管课题组对此项研究倾注了大量心血，但由于金融问题的复杂性，研究成果仍然是初步的。我们期待着有更多更好的成果问世。

# 摘　要

本书系统梳理、总结了中国金融改革30年的历程和变化，再现了中国金融体系发生质的飞跃的全过程。从比较金融视角出发，论证了金融改革的"中国模式"，构建了以目标设定、路径和顺序选择、动力来源以及推进策略等为主要内容的金融改革模式分析框架。根据金融全球化的新发展和全球经济失衡的新挑战，研究了国际环境新变化下中国金融改革的重点和基本方略，包括多元化竞争性金融机构体系、金融机构市场总容量和结构、金融机构的集中度与国家控股权、资本市场的层次结构、货币运行中的总量与结构、流动性过剩与货币供求的新变化、人民币汇率制度与区域化发展、国际收支失衡的原因与代价、金融的整体安全与风险防范、"分业经营、分业监管"格局的适应性与局限性、货币政策的有效性与宏观调控方式的转变、金融发展中政府的角色定位与市场力量的协调等。重点解决和突破这些"瓶颈"，会大大加快金融"转型"与"定型"的步伐，推进中国金融"新型式"的确立，并使中国金融在"新型式"下更好、更快的健康发展。

# Abstract

The book presents an overview of China's financial reform over the past 30 years with a picture of the entire process of qualitative changes within China's financial system. From a comparative perspective, it demonstrates the logic for a Chinese pattern of the reform, and establishes an analytical framework of Financial Reform Model, revealing the strategic objectives, routes and priorities, motivations and progressing strategies. The book introduces the general strategies as well as key issues of China's financial reform facing the challenges of both globalization and disequilibrium of world economy. It tackles issues regarding the diversified system of competitive financial institutions, the capacity and structure of financial market, concentration of and state control over financial institutions, hierarchical structure of capital market, aggregation and structure of money circulation, surplus of liquidity and evolving money supply and demand, exchange rate regime dynamics and the regionalization of RMB. It also discusses the causes and costs of the imbalanced balance of payments, overall security and risk prevention of the financial system, adaptability and limitations of the "Separated Operation and Separated Regulation" pattern, effectiveness of monetary policies and the shift of mode of macro control, the positioning of government's roles and the coordination of market power in financial development, etc.. We believe that by solving the growing pains and breaking through these bottlenecks, the reshaping of financial landscape will be speeded up; a new financial system will be established; and China's financial industry will be switched to a fast lane.

# 目 录

导言 ▶ 中国金融改革——"转型"与"定型"中的
若干重要问题　1

　0.1　金融改革中的"转型"与"定型"　1
　0.2　金融改革中的金融机构　3
　0.3　金融改革中的金融市场　8
　0.4　金融改革中的货币数量与价格　10
　0.5　金融改革中的金融稳定与安全　13

第1章 ▶ 中国金融体制改革的历史回顾　15

　1.1　中国崛起震动了世界　15
　1.2　中国金融改革的起点　23
　1.3　中国金融改革30年的历史轨迹　28
　1.4　金融改革进程中的中国金融发展　40

第2章 ▶ 金融改革的"中国模式"：理论分析　46

　2.1　中国金融改革：若干特征事实　46
　2.2　中国的金融改革模式特殊吗——基于转型国家金融
　　　 改革历史的比较分析　56
　2.3　金融体制改革"中国模式"的形成与演进：历史考察　67

第3章 ▶ 中国金融改革进程中的国际环境新变化　75

　3.1　金融全球化的新发展　75
　3.2　金融全球化的经济影响　86
　3.3　金融全球化的挑战：全球经济失衡　88

3.4 中国金融改革和发展面临的新挑战　97

## 第4章 ▶ 中国的经济失衡与金融体制改革　108

4.1 中国的高投资率、高储蓄率与经济失衡　109
4.2 对高投资率、高储蓄率的解释：人口结构的变化　112
4.3 对高投资率、高储蓄率的解释：工业化、城市化和市场化改革　116
4.4 收入分配结构与经济失衡　125
4.5 金融体系结构与经济失衡　129
4.6 中国金融体制改革的特点和方略　138

## 第5章 ▶ 中国金融产业发展战略与组织体系　150

5.1 理论与历史回顾　150
5.2 中国金融产业改革与组织体制的现状　155
5.3 金融机构的经营体制：分业与综合经营问题　158
5.4 中国金融机构的市场集中度　164
5.5 中国金融产业发展的目标模式与制度框架　168
5.6 金融产权制度改革的深化与组织体系的优化　171
5.7 开放条件下的中国金融业　178

## 第6章 ▶ 资本市场发展与中国金融体系的结构性变革　185

6.1 中国资本市场发展：简要历史回顾　186
6.2 中国资本市场的资产定价机制　193
6.3 现代金融体系中的资本市场：功能视角　200
6.4 资本市场发展与市场主导型金融体系：中国金融改革的战略目标取向　209
6.5 中国金融体系转型的动因与路径分析　220

## 第7章 ▶ 中国资本市场与商业银行的发展和协调　228

7.1 资本市场与商业银行互动：中国的历史和现状　229
7.2 中国商业银行面临的巨大挑战和机遇　239
7.3 基于市场的商业银行发展趋势　253

## 第8章 ▶ 体制变迁中的中国货币运行：轨迹、机制与变化　266

8.1 中国货币运行的主要轨迹：总量变化与结构特征的描述　267

8.2　计划体制下货币运行的机制及特点　281
		8.3　渐进式金融体制改革与货币运行机制的转变　284
		8.4　经济体制改革对货币运行的影响　298
		8.5　体制转换后货币运行的六大转变与面临的新问题　305

第9章▶发展新阶段中国货币运行的若干重要问题　317
		9.1　中国体制变迁与经济增长中货币数量和结构的合理性　318
		9.2　经济增长中货币的作用　332
		9.3　流动性过剩问题与货币供求　341
		9.4　发展新阶段中的货币化与金融化　359
		9.5　未观测金融与货币均衡　371

第10章▶外汇管理、汇率制度与国际收支调整　382
		10.1　外汇管理改革的历史与现状　382
		10.2　人民币汇率制度的演变与改革　392
		10.3　国际收支的失衡及其调整　398

第11章▶人民币区域化：利弊、条件和有关问题　405
		11.1　货币区域化的理论分析和国别经验　405
		11.2　人民币区域化发展的趋势及战略构想　420

第12章▶中国金融改革和发展中的金融风险与防范　428
		12.1　金融改革与发展中的系统性风险　429
		12.2　金融市场发展中的系统性风险与防范　432
		12.3　建立有效的金融安全网与风险预防机制　440
		12.4　开放条件下的金融安全　451

第13章▶制度变迁中的中国金融监管　458
		13.1　制度变迁中金融监管模式的渐进式转换与一统化改革　458
		13.2　制度变迁中金融监管实现力量的市场化趋势　468
		13.3　扩大金融开放与金融监管的国际化　477

第14章▶金融体制改革中的货币政策与宏观调控　485
		14.1　金融体制改革中中国货币政策体系的调整　485

14.2　宏观经济运行中中国货币政策调控的有效性　　489

　　14.3　货币政策与财政政策的协调配合　　492

　　14.4　开放条件下的货币政策与内外均衡目标的实现　　494

　　14.5　金融资产价格与货币政策的关系　　498

第 15 章 ▶ 政府在金融发展中的作用　　500

　　15.1　金融发展中政府的角色定位与职责：有所为和有所不为　　500

　　15.2　不同国家金融发展中政府作用与效应的比较　　505

　　15.3　中国金融发展进程中政府的角色变化与效应分析　　511

　　15.4　金融发展新阶段的政府角色定位　　516

参考文献　　526

后记　　531

# Contents

**Introduction: Reform of China's Financial System——Important Issues in Transformation and Formation**    1

    0.1    Transformation and Formation    1

    0.2    Financial Institutions    3

    0.3    Financial Market    8

    0.4    Quantity and Value of Money    10

    0.5    Stability and Security    13

**Chapter 1    Historical Review of the Reform of China's Financial System**    15

    1.1    Rise of China, a Shake to the World    15

    1.2    Starting point of the Reform of China's Financial System China    23

    1.3    Track of 30 years of China's Financial Reform    28

    1.4    China's Financial Development in the Financial Reform Process    40

**Chapter 2    Chinese Mode of the Financial Reform: A Theoretical Analysis**    46

    2.1    China's Financial Reform: Some Facts    46

    2.2    Is China's Financial Reform Mode Special? ——A Comparative Analysis of Financial Reform Histories in Transitional Countries    56

    2.3    Formation and Development of the "Chinese mode": A Historical Review    67

## Chapter 3  Changes of the International Environment in China's Financial Reform    75

3.1  New Development in the Financial Globalization    75

3.2  Economic Impacts of the Financial Globalization    86

3.3  Challenges from Financial Globalization: Imbalance of Global Economy    88

3.4  New Challenges towards China's Financial Reform and Development    97

## Chapter 4  Economy Imbalance and Financial System Reform in China    108

4.1  High Investment Rate, High Savings Rate and Economy Imbalance in China    109

4.2  Explanations of High Investment Rate and High Savings Rate: Changes in the Population Structure    112

4.3  Explanation of High Investment Rate and High Saving Rate: Industrialization, Urbanization and the Market-based Reform    116

4.4  Income Distribution Structure and Economy Imbalance    125

4.5  Financial System Structure and Economy Imbalance    129

4.6  Characteristics and Strategies of China's Financial System Reform    138

## Chapter 5  Development Strategies and Organization System for China's Financial Industry    150

5.1  Review on Theory and History    150

5.2  Status Quo of the Reform and Organization System in Chinese Financial Industry    155

5.3  Operation System of Financial Institution: Issues Regarding Separated Operation and Mixed Operation    158

5.4  Market Concentration of China's Financial Institutions    164

5.5  Target Mode and System Framework for the Development of China's Financial Industry    168

5.6  Deepening of Reform of Financial Property Right Regime and Optimization of the Organization System    171

5.7  China's Financial Sector under the Open Market    178

**Chapter 6  Development of Capital Market and Structural Reform in China's Financial System    185**

    6.1  Development of China's Capital Market: A Brief Historical Review    186

    6.2  Asset Pricing Mechanism in China's Capital Market    193

    6.3  Capital Market in Modern Financial System: A Functional Perspective    200

    6.4  Capital Market Development and Market-Oriented Financial System: Orientation of Strategic Target of China's Financial Reform    209

    6.5  Analysis on Causes and Paths of China's Financial System Transformation    220

**Chapter 7  Development and Coordination between China's Capital Market and Commercial banks    228**

    7.1  Interaction between Capital Market and Commercial Banks: the History and Present Condition of China    229

    7.2  Challenges and Opportunities Faced by the Commercial Banks of China    239

    7.3  Trends of Development of Market-based Commercial Banks    253

**Chapter 8  China's Monetary Operation during the System Change: Track, Mechanism and Change    266**

    8.1  Main Track of China's Monetary Operation: A Description of Change in Total Amount and Structure Characteristics    267

    8.2  Mechanisms and Characteristics of Monetary Operation in Planned System    281

    8.3  Gradual Financial System Reform and Transition of Monetary Operation Mechanism    284

    8.4  Influence of Economic System Reform on Monetary Operation    298

    8.5  Six Major Transitions of Monetary Operation and New Problems Upcoming after the System Change    305

**Chapter 9  Important Problems Regarding China's Monetary Operation at the New Development Phase    317**

    9.1  Rationality of Money Quantity and Structure during the Transformation of China's system and Economic Growth    318

9.2　Role of Money during Economic Growth　332

9.3　Problems of Liquidity Surplus and the Supply-Demand of Money　341

9.4　Monetization and Financial Operation in New Development Phase　359

9.5　Non-observed Financial and Monetary Equilibrium　371

## Chapter 10　Foreign Exchange Administration, Exchange Rate Regime and Adjustment to the Balance of Payments　382

10.1　History and Status Quo of the Reform in Foreign Exchange Administration　382

10.2　Evolution and Reform of RMB Exchange Rate Regime　392

10.3　Imbalance of Balance of Payments and Its Adjustments　398

## Chapter 11　RMB Regionalization: Advantages and Disadvantages, Conditions and Relevant Problems　405

11.1　Theoretical Analysis on Money Regionalization and Experience from Different countries　405

11.2　Development Trend of RMB Regionalization and Strategic Considerations　420

## Chapter 12　Financial Risks in the Course of China's Financial Reform and Development and the Risk Prevention　428

12.1　Systematic Risks in the Course of Financial Reform and Development　429

12.2　Systematic Risks in the Developing Process of Financial Market and the Risk Prevention　432

12.3　Establishment of Efficient Financial Safety Net and Risk Prevention Mechanism　440

12.4　Financial Safety under Opening Condition　451

## Chapter 13　China's Financial Supervision during the Institutional Change　458

13.1　Gradual Transformation and Unified Reform of Financial Supervision Mode in the Institutional Change　458

13. 2　Market-oriented Trend of Financial Supervision Forces in the Institutional Change　468

13. 3　Enlarging Financial Opening and Internationalization of Financial Supervision　477

## Chapter 14　Monetary Policy and Macro-control in the Reform of Financial System　485

14. 1　Adjustment to China's Monetary Policy System in the Reform　485

14. 2　Effectiveness of China's Monetary Policy Control in the Macroeconomic Operation　489

14. 3　Coordination and Cooperation of Monetary Policy and Fiscal Policy　492

14. 4　Monetary Policy and the Realization of Internal and External Equilibrium under Opening Condition　494

14. 5　Relationship between Financial Assets Price and Monetary Policy　498

## Chapter 15　Government's Role in Financial Development　500

15. 1　Role Orientation and Responsibilities of Government in Financial Development: What should be Done and What Should not　500

15. 2　Comparison among Different Countries with regard to Roles and Effects of Government in the Financial Development　505

15. 3　Change of the Government Role in China's Financial Development and its Effect Analysis　511

15. 4　Role Positioning of Government in New Phase of Financial Development　516

**Main References**　526

**Postscript**　530

# 导 言

# 中国金融改革——"转型"与"定型"中的若干重要问题

始于1978年的改革开放已经走过30年的历程,中国社会发生的巨大变化几乎超出了所有人最初的想象。这种巨大变化与中国经济体制的"转型"相伴而行。中国现在的成就是前期改革的结果,而未来需要进一步的改革来实现。

## 0.1 金融改革中的"转型"与"定型"

改革开放是全方位的,但起点和重心是经济的改革和开放。经济改革和开放的取向是从高度集中的计划经济体制转变为现代市场经济体制,因此,学术界又把改革开放以来的经济称为"转型经济"或"转轨经济"。"转型"最初是史学和社会学的概念,意味着社会发展改变原来的"旧型式",使之走向未来的"新型式",而这又自然蕴含着"改变(改革)"和"确立(定型)"两重内容。"转型"有急转和渐转两种,急转是快速转变和快速确立,渐转则是不断转变和不断确立。中国选择了后者。渐转的时间需要多长,这是一个复杂的问题。著名美籍华人史学家唐德刚把中国历史上的社会大转型概括为两次:一次是起于公元前4世纪中叶的"商鞅变法"而完成于公元前2世纪末由汉武帝所落实的"盐铁专卖",历时250年;第二次便是起自19世纪中叶,这一转型大致也要历时两百年。① 这是历史学家大视角的一种分析。就当今中国的经济改革来说,转型则是特指经济体制和经济运行机制的转变,从高度集中的计划经济体制和运行机制转变到现代市场经济体制和运行机制上来。虽然这种转型亦需要很长的时间,但现实的社会条件和全球化进程的加速,"转型"和"定型"还不是遥不可及之事。即使转型完成,在新的型式下,新的调整和改善也会是不断的,且不说在人类社会发展的长河中甚或更大的转型必然还会出现。

在转型的全过程中,虽然"改变(改革)"与"确立(定型)"是两个紧密相连的方面,但在转型的前期,"改变"或"改革"则会处于更为主导的位置,虽然这种"改变"同时也意味着一定程度的确立;而在转型的后一时期,"确立"的重要性则会上升,尽管这种"确立"同样也意味着一定程度的改变。中国30年的改革开放无疑属于转型的前期阶段,目前仍然处在这一阶段中,因此改变或改革起着主导的作用,但经过30年的发展变化,"确立"的重要性似乎已开始显现。"确立"包含着对改变了的结果进行甄别筛选和肯定,以及在肯定过程中对前期结果进行必要的调整。

基于上述思路,对中国金融体制改革下一步的重点内容和货币问题的研究,重点应在两个层面加以努力,即梳理、总结30年改革的历程和变化,肯定那些适合未来的改革结果;分析、研究需要进一步改革和转变的重点和瓶颈,加快"转型"的步伐,推进"新型式"的逐步确立。

经济改革和经济转型是一个极其复杂的社会进程,在这个进程中,金融的改革与转型起着非常关键的作用。现代经济运行的特征之一是经济与金融已密切融合为一体,这种融合虽然在货币产生和信用出现之后便已开始,但在信用货币完全取代金属货币和融资行为成为普遍现象之后,两者的融合便加速进行。现代科技成果的广泛应用,又为两者的融合不断创造着条件和动力。综观现代各国的经济,尽管各自的发达程度差异很大,但金融都已与各自的经济密不可分。如果我们仍然按照传统的分析思路把金融看成经济与社会发展中的一个因素和相对独立的部门,那么,这个因素和部门已发展成为现代经济的核心。

金融既已成为现代经济的核心,自然地,金融活动的组织和运行便成为整个经济运行中最为重要的问题。由此,金融改革也就成为经济改革中最为重要的方面。进而,在通过经济改革实现经济"转型"以及"新型式"不断确立和相对定型的过程中,金融的改革与转型以及相对定型也就成为一条重要的中心线。

由于金融与经济已经密切融合,也由于金融本身已成为一个十分复杂的巨系

---

① 唐德刚:《晚清七十年》,岳麓书社1999年版,第7页,第39页。

统，因此，对金融问题的认识和分析难度也大大增加。尽管如此，我们还是可以按照金融运行的内在逻辑关系，从不同的视角去观察这个复杂的巨系统。分析可以从金融机构入手，因为系统的运行不论多么复杂，也都是由其行为主体推动的。各类金融机构复杂的业务活动构成多层次的金融市场，金融机构和企业等部门在金融市场上的活动决定了货币与信用的供给与需求，也决定了货币与信用的价格即以利率和汇率为中心的金融价格体系。而这一切都直接联系着整个经济体系的运行。分析金融巨系统也可以从金融市场入手，因为所有经济行为主体都直接或间接地在金融市场上活动，金融市场是经济与金融密切融合的最集中体现。从金融市场上各类产品的供需和交易价格出发，可以看到参与市场活动的各类机构的具体状况，也可以观测到整体经济运行与金融状态。分析也可以从货币与信用入手，因为现代经济与金融运行是以货币为基轴展开的。经济发展提出对货币和信用的需求，金融机构通过金融市场的种种运作创造和提供社会所需要的货币和信用，等等。概括而言，不论从何种视角入手，对金融巨系统的认识和分析都会集中于金融机构（其本身也是一个复杂的体系）、金融市场（现代市场经济的核心体现）、货币与信用（数量与价格的关键作用）等若干紧密相连的子系统。同时，由于金融运行的复杂性和特殊性，金融的管理（包括以货币政策为中心的宏观调控、以金融机构为主要对象的金融监管、以风险化解和防范为中心的金融安全与稳定等）也是认识和分析金融这个巨系统极为重要的方面，而其管理方法也成为一门高超的艺术。

因此，金融改革的"转型"和"定型"问题研究应该在前述两个层面和四个方面来展开，而每个层面和方面又都包含着极为丰富的内容。

## 0.2 金融改革中的金融机构

金融机构改革与转型最重要的内容是建立多元化竞争性的金融机构体系和建立现代金融企业制度。

### 0.2.1 建立多元化竞争性的金融机构体系

建立现代市场经济体制，金融机构的多元化和公平竞争是极为重要的条件。金融机构的多元化，包括所有制形式及资本组成的多元化、机构类型和层次类型的多元化等。中国金融改革的起步阶段就是从国有专业金融机构的恢复和独立运营开始的。经过30年的发展，国有专业金融机构基本上已改制为国家控股的股份制商业性金融机构，组建了三家政策性银行，恢复或新设了十几家全国性商业银行，组建了数百个城市商业银行，改建了全国农村金融机构，引进外资金融机构，已形成了包括商业银行、证券公司、保险公司、信托租赁公司和基金公司等在内的庞大金融机构体系。这个庞大金融机构体系的形成和市场化运作，无疑是金融改革最突出的成果之一，也是应该给予肯定的重要方面。

在建立多元化金融机构体系这一领域内，值得进一步研究和深化改革的重大问题还有不少。例如：

**（1）金融机构的市场总容量与结构问题**。一个国家或经济体可以容纳多少金融机构，这是一个复杂的问题。数量过少难以形成充分的竞争，影响机构体系的总体效率；而过多又会受到市场内在容量的限制，频繁的进入、退出也会引起金融的不稳定。数量问题不存在一个合理的理论值，而是要由市场来决定。数量问题的关键是决策部门或批准部门制定市场准入退出的合理条件及标准，而对经济社会发展的准确把握是制定和调整这一条件和标准的首要前提。结构问题也是金融机构体系发展中的一个重要问题。金融体系的具体结构也是在市场竞争和运行中形成的，并且受到文化传统方面的影响。银行、证券、保险等机构在经济社会发展的不同阶段客观上存在一个比重变化的问题。一般说来，在市场经济和经济总量不甚发达的经济体中，银行的比重是较大的，而随着市场经济和经济总量的发展，与资本市场关系更为密切的投资银行、投资基金等证券类机构和保险公司、养老基金等保险类机构的资产比重会上升。金融机构的层次结构也是一个重要的方面，完善的市场经济需要多层次的金融机构。在发达国家，金融机构的层次性是很明显的。多类型、多层次的金融机构服务于不同的群体，是经济与金融协调发展的重要保证。而在这些方面，发展中国家要走的路还很长。

**（2）金融机构的集中程度与国家控股权问题**。金融机构的数量多少与金融机构的集中程度有关。金融机构的集中程度高，其机构总量必然少。一些大金融机构的市场份额占比是衡量金融机构集中度的重要指标。从世界金融业的发展趋势看，金融机构的集中程度呈现不断增强的趋势。目前世界排名位于前列的大银行资产总额已超过1万亿美元，世界证券业和保险业也都由大证券公司和保险公司主导着。但值得重视的是，在金融业集中程度增强的同时，各类型、各层次的中小金融机构也同样呈现出很强的竞争力。少数机构的过于垄断不利于整体效率。在美国等发达国家，大的金融机构竞争力虽然很强，但就金融业总体来看，并不构成明显的垄断，众多的中小金融机构服务于当地中小企业和居民是普遍的现象，正是这种集中与分散的机构体系支撑着经济社会的发展。在完善金融机构体系问题上，国家控股权也是一个重要的方面。目前发达国家的金融机构中国家资本所占比例是比较低的，但对于中国来说，国家控股一些大金融机构是必要的，但究竟控制到多大程度以及国家控股下的金融机构的市场化运作方式也还需要深入研究。前几年，关于公有经济与非公经济不能平等获得金融资源的问题曾经成为学界讨论的一个热点，尽管从理论上说两者并不一定必然完全匹配，但现实经济运行中非公经济金融需求如何获得满足却是不容忽视的问题。关于国家对金融机构的控制，还有三个重要的问题：一是国家资本的投入渠道和国家金融资本的运作方式以及代表国家管理其金融资本的机构如何定位；二是外资参股金融机构问题，金融机构如何选择合适的战略合作伙伴和财务合作者以及这类机构在运营中权责利的具体协调问题；三是金融机构体系的民间资本平等进入的问题。金融是一个特殊的行业，其进入与退出标准应该与一般企业不同，但没有民间资本的进入，很难建立有充分竞争的高效率的金融机构体系。

(3) **政策性金融机构的发展定位问题**。在现代金融机构体系中，政策性金融机构是一个重要的组成部分。政策性金融机构存在的重要意义在于按照国家发展战略，对于一些特殊的行业、企业、部门和地区等提供特殊金融支持，同时，也为商业性金融机构的完全市场化运作提供条件。在美国、日本等发达国家，政策性金融机构的作用也是极为显著的。中国在金融改革的进程中，为了把由国家专业银行转变而来的四大商业银行办成真正的商业银行和实行完全的市场化运作，成立了3家政策性银行和4家资产管理公司。这些政策性金融机构对中国金融改革和经济发展做出了重要贡献。但随着经济改革的深化和资产管理公司阶段性目标的基本完成，这些机构未来的发展定位问题凸现出来。对于政策性银行来说，在承担特殊责任的同时，是否允许部分商业性运营，如果允许，业务间的矛盾如何处理等等，都是需要认真思考的问题。另一个重要问题是，在中国目前发展阶段，政策性金融在金融总量中应占有多大的份额、其服务的范围应扩展还是缩减，都需要深入探讨。对于资产管理公司来说，在阶段性目标完成之后，究竟向哪个方向发展，是向政策性机构转变还是向商业性机构转变，也是一个迫切的问题。

(4) **各类金融机构的联通与协调发展问题**。现代金融机构体系是由不同类型、不同层次的众多金融机构所组成。这些不同类型、不同层次的金融机构有着不同的服务范围和服务对象，而其具体形成既是市场竞争的结果，也是管理部门政策引导与规定约束的结果。金融业内部专业分工的形成符合市场经济充分竞争的内在规律。但内部专业分工的界限是清晰一些好还是模糊一些好，很难在理论上予以说明，现实问题是商业性金融机构是否允许综合性经营，如果允许，其业务融合的程度是否需要加以政策限制。一般而言，综合性经营与分业经营各自具有不同的优点，但从世界金融发展的大趋势看，综合性经营似乎为更多的国家所选择。前一段时间，金融业界和学术界曾对中国目前银行、证券、保险三大支柱机构之间的市场份额问题展开过讨论，认为证券、保险业的市场份额过低，与发达国家无法相比。这三大支柱机构之间的市场份额比值究竟怎样才是合理的，这个比值应该人为划定还是市场决定，在分业经营下是难以争论清楚的问题，而在综合经营下，市场竞争的结果则可能更能反映经济社会发展不同阶段的内在要求。在中国加入WTO过渡期完成后，如何提高中国金融机构的竞争力和实现完全平等竞争也提出了这一问题。如果允许综合经营，现行监管机构之间的协调便显得极为重要，更甚者，监管体制调整的必要性也会日益显现。金融机构之间的协调发展，除了银行、证券、保险三大支柱机构间的平衡之外，鼓励不同层次特别是中小金融机构和农村金融机构的发展问题也是一个重要的方面。

## 0.2.2 建立现代金融企业制度

在建立完善金融机构体系的同时，另一个重要方面是商业性金融机构如何建立现代金融企业制度。

中国的现有金融机构在建立现代企业制度方面已取得了显著的成绩，但需要进一步完善的工作还有许多。其核心问题有三：

**(1) 公司治理结构问题**。公司治理结构包括资本结构以及公司内部决策机构和组织制度安排等。近年来，中国的商业性金融机构在改善治理结构方面取得了极大进展，特别是已上市机构在这方面的进展更大。从世界各国情况看，公司治理结构有趋同的趋势，但在相同的公司治理结构下，具体的管理方式差异很大，这与国情和传统密切相关。因此，在设计完善治理结构方面，管理创新也是更为重要的内容。管理是一门科学，更是一门艺术。管理是科学，可以寻找规律，设计现实；管理是艺术，艺术就难以寻找规律，难以设计现实，更难以用语言文字和数学模型来描述。因此，管理创新虽然极其重要，但却是难以表达和归纳，它存在于管理者的创造力和想象力之中。

在公司治理结构方面建立内控机制和风险防范机制也是一个重要的问题。在经济全球化和现代金融业快速发展的背景下，金融机构处于高度竞争的压力之中。要保持金融机构的竞争力和健康发展，其内控机制和风险防范措施极为重要，从某种意义上说，内控能力已上升为金融机构竞争力的核心要素之一。

**(2) 创新与规范问题**。不论在哪个领域，创新都是发展的重要推动力。就金融领域来说，一部金融发展史，也可看做是一部金融创新史。国家间、行业间、机构间的竞争在很大程度上是它们各自创新力的竞争。因此，创新的重要性怎么看都不为过。但是创新是一个复杂的问题，它要受理念的支配和规律的约束，还要平衡创新与传统、创新与行为规范之间的关系。所谓"理念的支配"，是指创新的目的。创新并不简单是为竞争而竞争，为利润而利润，而更应着眼于其所能带来的经济与社会效果。好的金融创新必定能为经济和社会发展提供更好的条件与支持，为服务对象提供更好的便利与福利，使经济更快发展，社会更加和谐。所谓"规律的约束"，是指创新内容和适应性的选择。创新要符合经济、社会发展的阶段，适合创新主体的特点和服务对象的客观需求。不同类型、不同优势的机构其创新内容的选择应该是不同的，即使是急需的金融创新也不是同时适宜于所有的金融机构。所谓"创新与传统和行为规范的平衡"，是指创新与传统和规范的衔接以及新传统和新规范的确立。成功的创新建立在对传统和规范有一个正确的分析与判断的基础之上。传统与规范是先期创新沉淀的结果。随着社会的发展，传统会变化，规范会调整，这需要做具体分析。创新需要根据现实发展而打破一些传统和规范，但也需要尊重和恪守那些长期证明是好的传统与规范。因此，创新总体上是无止境的，需要不断追求和实践，但在具体的或个体的方面，也有一个"止于至善"和适当或适时"节制"的问题。发展需要不断地创新，也需要不断地形成新规范，其最终目的是更好地服务于经济和社会，更好地服务于人们的客观需要，促进生活质量的提高。

从历史上看，大部分成功的金融创新都是从经济社会的客观需求出发提出的，而这种需求又都是与经济社会的发展阶段紧密相连的。当然，先于社会需求从内部推出的创新，通过努力推介引导需求扩展也有成功的先例。但相比之下，前者成功的比率更高。一般来说，与需求紧密相连的创新，其创新成本相对较低，成功的几率也较大。因此，需求分析和成本分析是创新过程中最重要的考量因素。需求是分阶段的，不同阶段有不同的需求；服务对象是分层次的，不同层次的群体需求亦不相同。因此，金融业务创新点的选择也应该是多元的。

中国经过改革发展，经济社会结构更加多元化，人群层次的变化更加明显，金融服务和金融创新可以扩展的空间很大，服务和创新应该关注各个群体和各个层面。在大大拉长了的客户层次链中，很大部分的金融服务与创新是远远不够的，如中小企业融资难、小额信贷得不到满足、低端客户服务不足等，同时也已出现少数高端客户服务与创新"过剩"的问题，如多家机构同时争夺同一客户、服务供给超过需求等。因此，推进真正基于需求的创新是很迫切的。另一方面，对创新的主体来说，成本分析也是重要的，如10年前的信用卡大战，既超过了真实需求，也形成了过高成本。事实上，成本收益分析是判断真实需求的一个重要尺度。

**（3）发展战略的选择与定位问题**。一个好的金融机构，必定有一个好的发展战略。发展战略的选择需要根据各自的优势和有利于提升竞争力、资产质量、盈利水平和服务水平来确定，也就是要有一个合理的定位。

目前，中国的金融机构定位过于趋同。定位趋同，竞争会过于激烈，同时又会产生许多服务的空白。定位趋同问题在中国其他领域的机构中也普遍存在，这与思维方式和缺乏创新能力有关。中国金融机构以及其他公司企业，其发展战略大都以做大做强为目标，着眼于资产扩张和机构普设，过于追求规模和市场占有率，都要做成全国性的乃至世界性的，而把资本回报率、服务质量、声誉和社会效益等往往放在从属的位置。一个好的金融体系应该有多元化的金融机构，而这些金融机构的多元化，不仅仅是类别上的不同，更应是各自定位的不同。国外很多经营良好的金融机构，其服务范围往往是相对固定的社区，服务对象往往是相对固定的群体。只有在合理定位的基础上，经营才会更有效率，才会更加符合客观现实需求。由定位合理的众多金融机构组成的金融体系的创新与服务，必定会促进经济更好发展，社会更加和谐。

在建立了多元化竞争性的金融机构体系，而这个体系的机构又都建立了现代金融企业制度之后，金融运行的效率和稳定便有了基本的保障，这是金融改革与转型最重要的内容之一。30年来，中国在这一领域取得了巨大的进展，当我们在上述方面进一步取得进展之后，在这一方面的"定型"便不会太遥远了。

## 0.3 金融改革中的金融市场

金融改革与转型的另一重要领域是金融市场。虽然从本源上看，金融的市场性与生俱来，但在高度集中的计划经济体制下，金融只是被当作国家计划分配资金的一种辅助手段，不但金融活动的市场性受到极大限制，而且更没有把金融活动置于完善的金融市场体系运作之内。改革30年来，中国的金融市场快速发展，这种发展与金融机构改革、企业改革和投融资体制改革紧密结合在一起。目前，几乎全社会的经济行为主体都已程度不同地涉足了金融市场。

从资本市场看，改革初期的1981年国家恢复了国债的发行，1988年开办了国债流通转让市场。国债市场既为国家筹集了大量建设资金，也为国家调节财政收支和中央银行调控货币信用提供了重要手段和途径。企业债券和金融债券市场的恢复开始于80年代中期，20多年间也有了一定程度的发展。资本市场发展最引人注目的是股票市场的快速发展，从80年代的区域性试点到90年代初上海、深圳两家证券交易所成立之后全国范围内的迅速扩展，股票市场成为中国整个经济改革最受世人关注的领域之一。至2007年底，境内上市公司总数已达1 550家，沪深两市股票市场总市值32.71万亿元，已进入二级市场流通的股票市值

9.31万亿元,投资者开设的证券账户达9 200万户。2007年总市值与当年GDP的比值为133%。上市公司境内外筹资总额累计超过2万亿元。股票市场的发展已成为推动国民经济增长的重要力量,促进了企业的改革、重组和产业结构调整以及企业经营机制的转变,加速了金融资源向优势企业的集中,增强了企业核心竞争力。

虽然中国资本市场的规模和流动性指标已达到较高的水平,但相对于成熟的资本市场来说,要走的路还很长,仍然需要在多方面继续深入研究和深化改革。

**(1) 资本市场的整体功能发挥及发行与流通两级市场的关系协调问题。**资本市场的最基本功能是引导资本的最优化配置,而实现资本的最优化配置在于发行市场与流通市场的协调发展。发行市场的功能在于为发行公司提供条件筹集所需要的资本,而所筹集的资本主要是用于实体经济的发展或实现资本充足率的要求。对于投资者来说,证券发行提供了新的投资渠道和投资选择机会。流通市场的功能在于为发行公司调整资本结构和投资者调整投资选择提供条件。中国的资本市场在这两方面均体现了一些其内在的基础功能,但也存在着很多需要改进的问题,如发行公司为上市而上市,所筹资金并无明确且适当的使用方向,投资者并不着眼于发行公司经营状况而过多地关注二级市场,致使股票转手率过高等问题。因此,在制度设计上,要有利于股东长期持有,增加短线操作的成本,培养真正的投资者,使资本市场的整体功能得以最大限度的发挥。

**(2) 资本市场的层次结构问题。**成熟的资本市场,能够为尽可能多的各类企业提供条件,因此,发达国家的资本市场大多都设计了多种层次,如主板市场和创业板市场、交易所市场和柜台市场等。中国目前的资本市场基本上是交易所市场,虽然2004年在主板市场框架内启动了中小企业板的试点,并且有了较快速的成长,但就总体来看,中国绝大多数中小企业还是很难进入资本市场。要改变这一状况,需要建立多层次的资本市场,完善资本市场结构,特别是应该研究建立创业板和地方性的场外交易市场,以满足众多各类中小企业进入资本市场的要求。目前,中国的企业都有强烈的上市愿望,但为数众多的企业都进入交易所市场是不现实的,这不但受制于交易所市场扩容的限制,而且也不利于建立上市公司的筛选机制和中小企业灵活的进入退出机制。另外,衍生品市场也需要逐步建立与完善。

**(3) 资本市场融资结构的合理性问题。**关于融资结构,学术界讨论最多的问题是银行业的间接融资与资本市场的直接融资的比例结构。在这方面,学术界的观点基本上是相同的,普遍认为直接融资的比重过低,应该通过发展资本市场实现其融资结构的调整。30年来,虽然中国的资本市场发展很快,但就融资的结构比重看,资本市场融资确实仍然较低。近几年,股票市场上市公司增加较快,筹资额也不断上升,但大部分年份的筹资额仅有几百亿元,2006年和2007

年有了迅猛增长，但与银行贷款增长相比，仍然是一个较小的比例。从资产分布看，保险业和证券业的比例大约在5%~6%，银行业资产接近金融业总资产的95%，间接融资的比重仍然在90%左右，这不但与发达国家相比差距很大，而且也低于发展程度相同的大多数发展中国家。除间接融资与直接融资的比例结构需要逐步调整之外，就直接融资内部来说，债券融资与股票融资的比例结构也不适宜，债券融资特别是企业债券融资的比例过低。即使在股票市场很发达的欧美市场上，债券融资数量也远高于股票融资，因此，在中国的融资结构调整中，不但需要通过发展资本市场以扩大直接融资的比重，而且在资本市场发展中还要特别注重企业债券市场的发展。合理的资本市场结构是资本市场健康发展的重要稳定器。

（4）**货币市场问题**。金融市场发展的另一层面是货币市场。中国的货币市场从银行同业拆借市场起步，经过20多年的发展，已基本建立了较为完善的市场体系，并且货币市场的价格市场化程度不断提高，成绩显著。由于中国贸易盈余和资本项目顺差的不断增加和结售汇制的实行，货币市场上的外汇交易比重很高，货币市场结构调整的空间很大。同时，让更多的金融机构进入货币市场，对于进一步完善货币市场也是极为必要的。

（5）**全球金融市场一体化问题**。随着经济全球化的快速推进，资金的国际流动数量迅猛增长，途径越来越多，全球金融市场一体化的进程日益加快，各国的金融市场逐渐成为全球金融市场的一个组成部分。中国金融市场的未来发展，将越来越紧密地与全球市场联系在一起。因此，加快汇率体制改革和资本账户开放并适应全球趋于一致的市场运行机制，是中国面临的一大课题。全球金融市场一体化意味着金融资源配置将更多地在全球范围内进行，一方面中国金融市场发展要方便境外资金的有序合理进入；另一方面要为中国资金进入国际市场创造条件。在这一过程中，还要努力防范金融风险的国际传递，保证金融安全。因此，中国金融市场的未来发展面临着更加艰巨的任务。

当中国的金融在机构体系和金融市场这两个基本方面进一步深化改革取得新的进展之后，新的金融运行机制将建立起来，现代市场经济体制中金融的基本定型便会随之确立。

## 0.4 金融改革中的货币数量与价格

在金融机构和金融市场活动中，以利率和汇率为基础的金融价格起着引导和平衡的作用，而货币与信用的总量和结构又直接推动和调整着整体经济的运行。

改革 30 年来，中国的金融价格从严格的国家管制逐步向市场形成机制转化，货币和信用总量也随着经济的发展快速增长，经济的货币化和金融化程度大幅度提高。金融的作用明显增强。在这一层面，需要进一步深化改革和深入研究的主要问题有：

**(1) 货币数量和货币结构的合理性问题**。货币数量与经济增长的关系是货币理论和增长理论研究的一个基本问题。经济增长需要货币数量增长的支撑，货币数量增长也要以经济增长为基础。但在经济与金融运行过程中，两者并不是始终保持自动的平衡，这便是通货膨胀或通货紧缩不时出现的内在原因。在各国经济发展过程中，其基本的趋势是货币量的增长快于经济的增长，中国改革 30 年来也是如此。问题在于两者的离差究竟多大才是合理的。改革之初的 1978 年，中国广义货币与 GDP 的比值为 0.25，到 2007 年，该比值已上升到 1.65，这反映中国经济货币化、金融化程度的大幅度提升。1.65 的比值已接近发达国家的水平，这又意味着与发达国家相比中国经济的虚拟化程度较高。从货币结构看，M0（现金）与 M1（货币）和 M1 与 M2（广义货币）的比值 1978 年为 0.365 和 0.652，到 2007 年该比值分别为 0.199 和 0.378，M0/M1 比值的变化反映了货币效率和转账结算水平的提高，M1/M2 比值的变化则反映了广义货币的增长更快。这两个比值均已接近发达国家，因此，适当监控 M2 的增长速度是中国未来的货币数量增长中应该特别关注的重要方面。

**(2) 货币供给的形成机制与货币的真实需求问题**。经过 30 年的改革，中国的货币供给机制已发生了根本性的变化，从 80 年代中期两级银行体制逐步确立和中国人民银行专门行使中央银行职能之后，中国的货币供给机制便从直接向社会单位提供信贷转变到中央银行通过与其开户的金融机构之间的资金往来间接向社会提供货币。中央银行通过与金融机构之间的票据再贴现、公开市场证券买卖和信用放款提供基础货币的做法已与现代市场经济体制的要求和发达国家的普遍做法相一致，不同的地方在于其货币投放几种方式的比重差异很大。从中国近十几年的实际情况看，外汇的买入占中央银行基础货币投放的比重很大，票据再贴现和证券买卖的比重较低，这与中国现行的外汇管理制度以及票据、证券市场不够发达相关。在货币供给机制转变之后，金融机构的流动性大小便成为中央银行货币供给考虑的重要因素，也是衡量社会真实货币需求的重要标准。近年来，中国金融出现了一个极为矛盾的现象，一方面社会对货币和信用的需求有强烈的意愿；另一方面，金融机构的流动性不断增大，该项指标已成为全球最高的国家之一。这种矛盾的原因可能需要从两方面去寻找，一是金融机构的服务对象、服务范围和经营方式是否有限制和不到位；二是社会对货币和信用的强烈需求是否存在虚假的成分。前一个方面需要通过金融机构的深化改革来解决，后一个方面的解决却要复杂得多。在投融资约束机制不完善，投资主体的责权利不明确，官员追求政绩工程的情况下，判断社会的真实需求并不容易。但从全球看，资金过剩问题已是不容忽视的现实。中国正处在快速发展中，增长的潜力仍然巨大，货币与信用的增长必然仍会保持快速的趋势，但判断其合理的界限却是一个极为复杂的问题。

**（3）货币的价格——利率市场化问题**。在计划经济时代，利率的作用很小且是由政府制定的。在市场经济体制下，利率成为货币供求的价格，货币的均衡和金融资源的配置便是在利率的引导下实现的。正像在商品市场上控制商品价格难以形成真正的商品市场一样，控制利率也难以形成真正的金融市场。当然，这一利率指的是社会货币需求与社会货币供给所决定的市场利率，并不是指中央银行为了调节货币量而与金融机构之间实行的央行基准利率。改革开放以来，中国的利率从调整到扩大浮动范围，再到逐步放开货币市场利率和部分存贷款利率，利率的形成机制发生了很大变化。但随着改革的深入，利率的市场化进程仍需加快。没有利率的市场化，一个完善的金融体系和金融市场运行机制很难真正确立。特别是随着中国加入WTO过渡期的结束和全球金融市场一体化趋势的增强，利率的市场化要求更为迫切。在中央银行能够根据社会经济状况对其基准利率实行有效灵活调整的情况下，完全放开市场利率风险并不大。短期内对金融机构和社会公众带来的冲击很快会被市场机制所校正，而这也是实现金融转型所必须迈出的重要一步。

**（4）内外均衡——汇率的市场化问题**。汇率是本外币之间交易的价格，汇率的市场化是实现货币内外均衡的重要条件，同时也是实现经济内外均衡的关键要素。从全球范围看，许多国家对汇率的管制都严于对利率的管制，即使发达国家，在经济发展的一定时期内对汇率的管制也曾经是较为严格的。但从开放型经济和发展趋势看，汇率的管制都是呈放松的趋势。中国在计划经济时期，对汇率管制是很严格的，改革开放后，曾一度实行双重汇率，1994年中国实行了汇率并轨，2005年又对汇率形成机制进行了重大调整，使中国的汇率逐步向市场化迈进。随着中国经济持续强劲增长，近年来人民币汇率逐渐走强。虽然汇率形成机制的弹性不断增大，但就总体来说，这一机制还不能完全反映外汇供求和货币内外均衡的状况。因此，进一步调整汇率的市场化形成机制仍然显得极为迫切。汇率的市场化会对本国经济和金融带来很大影响，特别是对国际收支和外汇储备更有直接的影响，但这种影响是开放型经济和市场经济必须要接受的挑战，并且从长期看，这种影响的正面意义更大。与汇率市场化紧密相连的问题是国际收支账户的开放。中国1996年底已接受国际货币基金组织第8条款，实现了经常账户的开放，但资本项目开放仍在研究和准备之中。从中国经济发展和快速融入世界的客观要求看,中国还需要加快这一进程。资本账户开放之后的另一重大问题是人民币的完全可兑换。近年来,人民币的国际化在快速推进。当汇率市场化,资本账户开放实现之后,人民币的完全可兑换便不会是遥远的事情。并且可以预期,人民币在国际货币大家庭中,也必然会扮演重要的角色。

## 0.5　金融改革中的金融稳定与安全

由于金融是现代经济的核心,金融活动涉及经济社会生活的方方面面,因此,金融运行的秩序与效率和稳定与安全同样成为金融改革与转型最重要的问题之一。

货币政策、宏观调控、监督与管理等既是金融运行中的内在问题,又是保持整体经济运行稳定与协调发展的关键问题。虽然政策问题、调控问题和监督管理问题在各个领域都是必要的,但由于金融的重要性和特殊性,在这一领域就显得更为突出。

**(1)　货币政策与宏观调控问题**。在现代市场经济体制中,货币政策是调节宏观金融与经济运行的最重要的政策手段。随着改革的进行,国家管理金融与宏观调控的手段也逐渐由行政手段为主转移到以经济手段为主,货币政策体系包括政策目标、中介指标、操作工具及传导机制日益完善,积累了宝贵的经验。在未来的实践中,货币政策在数量工具和价格工具的选择与运用、金融资产价格监控、国际货币政策协调等方面仍面临一定的考验,特别是在利率和汇率市场化进一步推进、国际经济金融关系日益密切的新背景下,货币政策和宏观调控的技术性和难度会大大增加。因此,对于政策和调控这门高超的艺术,需要在实践中不断的领悟和把握。

**(2)　监管体制与监管方式问题**。在中国金融改革的过程中,逐渐形成了目前分业经营分业监管的格局。正如分业经营与综合经营各具优势一样,分业监管与综合监管也各有优势。随着分业经营界限的逐渐模糊,金融监管在体制上也遇到了挑战,如对金融控股公司的监管难度较大、监管的成本较高等。在现行"一行三会"的监管体制下,加强四者之间的协调沟通的必要性日益突出,尽管在这方面已建立了一定的协调机制,但其效果尚待检验。在利率、汇率市场化及金融机构与金融市场运行机制完善之后,竞争会使金融创新不断涌现,分业监管体制的挑战会更加明显。另外,在监管目标和监管重点的选择上,仍然需要处理好发展与规范,创新与稳定之间的关系。

**（3）金融的整体安全与风险防范问题**。在健全的市场经济体系下，单个金融机构的风险防范是由众多金融机构各自分别承担的，但由于金融机构的风险涉及面广，因此对个别风险的监管也是必不可少的。但从总体说来，建立整体金融安全与风险防范机制更为重要。这种整体的金融安全既包括国内金融与经济运行的安全稳定和控制虚拟成分的过快增长，也包括金融运行的国家主导权和国际金融联系的整体金融安全。在完全的信用货币和全球金融一体化条件下，金融的安全和风险变得十分复杂，不但风险判断非常困难，而且风险防范的技术性难度很高。在这一领域不但中国，而且世界各国都面临着严峻的挑战。

**（4）政府作用与市场机制的协调问题**。在现代经济发展中，政府承担着重要的职责，并且政府的作用力度很强。在目前的学术界，很少有人主张政府不干预市场。但政府干预市场的方式和力度却是一个争议很大的问题。对于正处在快速增长过程中的中国来说，政府的作用是须臾不可缺少的，在金融领域更是如此。但政府干预的方式应更多地采取经济手段。控股少数大金融机构是政府干预的重要途径和方式之一。同时，应充分发挥政策性金融机构的作用。对于金融运行来说，还是应该让市场的力量起基础性作用。没有政府的参与和引导，市场运行有可能发生偏差，而政府的力量过强，也会影响市场力量的发挥，其间的平衡点需要通过不断的实践来寻找。

在现代经济中，金融是一个十分复杂的巨系统。这个复杂巨系统的改革与转型涉及的方面众多，本项研究便是从上述两个层面和四个方面来展开。当这些方面的金融改革有了实质性的推进之后，一个新的金融体系和运行机制便会建立起来，金融体制改革也将从"转型"为主导转变为以"定型"为主要内容的新阶段，未来的金融体制将在新"型式"框架下不断调整和完善，整体金融也将会在新"型式"中走上健康稳定发展之路。

# 第1章

# 中国金融体制改革的历史回顾

伴随着中国30年改革开放的进程,计划经济体制下中国高度集中的"大一统"金融体系已经发生了根本性的变化,目前已基本建立起了一个与社会主义市场经济体制发展相适应的金融机构体系、金融市场体系、金融监管体系和金融调控体系。与此同时,中国金融发展在很低的起点上取得了巨大的进步,金融对实体经济运行的影响力有了显著的提高,金融体系在全社会资源配置中的作用越来越大,配置效率不断提高。这些成就令世界瞩目。尽管我们还面临着许多需要继续深化改革的重要问题,但30年的艰难探索使我们找到了一条比较适合中国国情的改革与发展之路,改革与发展已走过了最为困难的阶段,一个较为理想的未来就在前面。

## 1.1 中国崛起震动了世界

从19世纪中叶到1949年新中国成立的一百年间,中国社会历史进步的车轮遇到了重重阻力。在内外压力下被动的历史变革并没有使古老的东方大国焕发青春,而是在付出巨大代价的同时艰难前行。直到抗战胜利,中国才真正结束了百年屈辱,而中华人民共和国的诞生,又使中国进入了一个历史新纪元。在新纪元的起点上,中国的经济基础非常薄弱,生产力水平极低,占世界人口1/4的中国其经济总量只约占世界总量的1%,人均经济量更是处于最不发达的国家行列之中。1949～1978年的30年间，中国从恢复和重建百年动荡引致破碎的国民经济起步，经过几个"五年计划"的国民经济建设，经济得以较快速发展，年均增长率达到7.3%。建成了较为完整的工业经济体系，中国重新赢得了世界的尊重。虽然30年取得了快速进步，但由于起点过低，其经济总量也只是提升到占世界经济总量的1.5%。总体来看，这一时期的中国仍处在现代化建设的初期阶段，仍然在为解决温饱而努力。1978年，对于中国来说，又是一个划时代的年份。这一年，中国拉开了"改革开放"的大序幕，开始了"独立、解放"之后另一个具有伟大意义的新时代。

### 1.1.1 中国改革30年：从解决温饱到第三经济强国

改革开放以来，中国经济取得了极为快速的增长，创造了世界经济史中的一个"中国奇迹"——1979～2007年，中国的年均经济增长率达到了9.7%，不仅是全球经济增长最快的国家，而且每年以快于世界经济增长近2倍的速度（同期世界经济的平均年增长率为3.5%）迅速缩短着与发达国家的差距。

在近30年经济高速增长之后，虽然目前的中国仍面临着资源环境约束加大、产业结构优化升级任务繁重、城乡区域发展不平衡等问题，但无论从经济总量指标、实物量指标还是人均指标来看，当前中国经济社会的面貌较1978年已发生了翻天覆地的变化。

从经济总量的对比来看，1978年，中国的国内生产总值仅为3 645.2亿元，到2007年，国内生产总值达到246 619亿元①（按照可比价格计算增长了近13倍），在国内生产总值中第一、二、三产业结构从1978年的28.2:47.9:23.9改变为2007年的11.7:49.2:39.1；社会消费品零售总额1978年为1 558.6亿元，2007年达到89 210亿元；对外贸易进出口总额1978年为206.4亿美元，2007年达到21 738亿美元，其中出口额从97.5亿美元增加到12 180.16亿美元，进口额从108.9亿美元增加到9 558.18亿美元，对外贸易进出口额与国内生产总值的比值1978年为9.7%，2007年为64.4%；国家财政收入1978年为1 132亿元，2007年达到5.1万亿元；国家外汇储备1978年只有1.67亿美元，2007年达到15 282.5亿美元。

从实物量看，不管是农产品的产量还是工业产品的产量中国都已成为世界大国。粮食、棉花、油料等主要农产品产量分别从1978年的30 476.5万吨、216.7万吨、521.8万吨提升到2007年的50 150万吨、760万吨和2 461万吨。

---

① 不含港、澳、台地区，下同。如无特殊说明，本节中所有统计数据均来源于国家统计局《中国统计年鉴（2007）》和2007年国民经济统计公报。

主要工业品产量更是迅猛增长：1978~2007年，粗钢和钢材产量分别从3 178万吨和2 208万吨增加到48 966万吨和56 894万吨；水泥、化肥产量从6 524万吨和869.3万吨增加到13.6亿吨和5 786.9万吨；纱、布和化学纤维产量分别从238.2万吨、110.3亿米和28.46万吨增加到2 000万吨、660.0亿米和2 390.0万吨；汽车产量从14.91万辆增加到888.7万辆；电视机和家用电冰箱产量从51.73万台和2.8万台增加到8 433.0万台和4 397.1万台；能源生产总量从6.277亿吨标准煤增加到23.7亿吨标准煤；原煤、原油、天然气产量分别从6.18亿吨、1.0405亿吨和137.3亿立方米增加到25.36亿吨、1.87亿吨和693.1亿立方米；发电量从2 566亿千瓦小时增加到32 777.2亿千瓦小时。

此外，货物运输量和货物周转量从1978年的24.89亿吨和9 829亿吨公里增加到2007年的225.3亿吨和99 180.5亿吨公里，旅客运输量和运输周转量从25.4亿人次和1 743亿公里增加到223.7亿人次和21 530.3亿公里。

在价值量和实物产量快速增加的同时，人均经济量也迅速增长，人民生活水平大幅度提高。1978年，中国人均国内生产总值为381元，2007年，人均产值达到18 600元，按当年汇率计算，人均产值从222美元提升到2 545美元。农村居民人均纯收入1978年为134元，2007年达到4 140元；城镇居民人均可支配收入从343元增加到13 786元。1978年，恩格尔系数（居民家庭食品类支出占总消费支出的比重）农村为67.7%，城镇为57.5%，2007年分别改善为43.1%和36.3%。

此外，城乡居民人均储蓄余额从1978年的21.9元增加到2007年的约1.3万元。城镇和农村人均住宅建筑面积1978年分别为6.7平方米和8.1平方米，2005年达到26.1平方米和26.7平方米。2007年，民用汽车饱有量已达5 697万辆，其中私人汽车3 534万辆（私人轿车1 522万辆）；固定电话用户36 545万户，移动电话54 729万部，电话普及率达到每百人69部，广播综合覆盖率为95%，电视综合覆盖率为96.2%，互联网上网人数2.1亿人，宽带上网人数1.63亿人，"两基"人口覆盖率达到98%，高等教育毛入学率达到22%。城镇居民与农村居民的比重从1978年的17.9:82.1改进到2006年的44.9:55.1。这些数据的变化反映了人民生活的大幅度改善，许多指标已达到世界平均水平，其中一些指标如广播电视覆盖率、电话普及率等已接近发达国家的水平。

伴随着经济总量与综合国力[①]的快速提升，从很多指标看，中国已步入世界

---

[①] 仍以经济领域为例，目前中国的粮、棉、油、钢、煤等产量均居世界第一位，原油产量、发电量分别从1978年的世界第8位、第7位提升至1990年的第5位和第2位，水泥、化肥、棉布、电视机等产品产量也稳居世界第一。此外，中国的汽车产量也达到了世界产量的8.75%，能源生产总量占11.88%，能源消费总量占12.05%。

经济大国的行列：（1）从国内生产总值的规模看，1978 年中国居世界第 10 位，2005 年底上升至全球第 4 位。按年底汇率计算，中国 2007 年的 GDP 相当于 3.38 万亿美元，接近世界总产值的 6%，仅次于美国和日本，已与德国持平，成为世界第三经济强国。（2）按人均值计算，中国也已走出低收入国家的行列，达到下中等收入国家的平均水平——根据世界银行等国际机构的分析数据，在 207 个经济体中，2003 年中国人均国民收入已上升到第 134 位，近几年的位次逐年提升。（3）从进出口贸易总额看，从 2004 年起，中国连续保持世界第三位，2007 年又跃居世界第二位，成为世界贸易大国，进出口总额占世界贸易总额的 8%，进出口总额与国内生产总值的比值达到 64.4%。（4）在吸引外资方面，从 1993 年起，中国成为吸收外商直接投资最多的发展中国家，1979~2007 年累计批准外商直接投资企业 62 万多户，实际投资额达到 7 745 亿美元。

总之，伴随着 30 年的改革开放，中国经济的迅猛增长使这个古老国家发生了巨大变化——综合国力大大增强，人民生活水平快速提高，人文发展指数已超过世界平均水平①，不但总体上解决了温饱问题，而且成为世界经济大国。此外，由于经济全球化进程的加速，中国经济的快速发展不但改变了中国，而且客观上成为世界经济增长的引擎和发动机，成为世界最有活力、最具吸引力的地区，进而成为改变世界原有经济格局的重要力量。

### 1.1.2 世人瞩目——"北京共识"与"中国模式"

鉴于经济发展是近半个世纪以来众多发展中国家面临的重要任务，中国经济持续近 30 年的快速增长自然引起中西方学术界对其与拉美以及其他转型国家迥异的发展模式问题的广泛关注和研究。近年来，理论界对发展中国家改革政策的理解所发生的从"华盛顿共识"和"欧美模式"到"北京共识"和"中国模式"的提出，深刻地说明了中国的改革发展模式已引起世界的关注，并成为发展政策调整与制定的重要现实经济依据。

**1. 从"华盛顿共识"到"北京共识"**

20 世纪 70 年代，在世界经济格局大变动的过程中，苏联和东欧等社会主义国家及中国，基于不同的理念和不同的改革措施，先后实践着不同的"发展模式"，各种模式也都伴随着一定的成功和挑战。关于经济体制改革和经济政策调整国家的发展方向和政策措施，80 年代末曾引起了广泛的讨论。"华盛顿共识

---

① 人文发展指数在 177 个统计国家中位列第 85 位。

(Washington Consensus)"便是在这一讨论过程中提出的。

最先提出"华盛顿共识"这一概念的是美国著名经济学家约翰·威廉姆森(John Williamson)。1989年,在美国国际经济研究所召开的一次关于这些国家经济调整和改革的研讨会上,威廉姆森撰写了一篇总结性文章,第一次使用了"华盛顿共识"这一概念。在这篇文章中,威廉姆森把与会者对拉美国家经济改革已经采用和应该采用的做法形成的相对共识总结为十项政策措施。即:(1)加强财政纪律,压缩政府赤字,降低通货膨胀率,稳定宏观经济。(2)调整公共支出顺序,将那些价值不大的政府转移支付以及公开补助项目资金转移到诸如教育和医疗等公共基础设施建设上来。(3)税收政策。着力构建一个更为合理的税收体制,该体制可以扩大税基,但要适当降低税率。(4)实现利率自由化。(5)更具竞争力的汇率。主张采用中间类型的汇率体制,但也有学者主张实行固定汇率体制或完全浮动的汇率体制。(6)贸易自由化。贸易自由化的速度可以有差异,但应坚持贸易自由化的方向。(7)外国直接投资的自由化。该项政策不包括资本账户自由化,各国在这一点上并不需要保持一致。(8)私有化。私有化的过程可能会充斥着腐败,从而使国有资产落到特权阶层手中,但如果私有化的方式选择适当,能够实现公开、公正、透明,那么它将使参与各方以及整个社会受益无穷。(9)放松管制。主要是清除市场的进入和退出壁垒,而不包括旨在加强环保以及生产安全方面的管制措施以及对某些垄断行业的价格管制。(10)财产权。主张赋予某些非正规部门在合理的价格下取得财产的权利。

在"华盛顿共识"提出后的十几年间,尽管学术界出现了很多反对之声①且出现了多种版本的不同理解,但"华盛顿共识"作为一种政策建议逐渐成为主流指导思想,或者说是西方学术界与国际经济组织眼中发展中国家经济改革的必由之路。从实践来看,随着经济全球化的快速推进,这一政策思想的现实影响迅速扩大,对拉美、东欧、亚洲等一些发展中国家产生了巨大影响。②

---

① 一些持有"欧洲价值观"的学者基于传统的社会民主理念,认为过度的自由化和完全的市场竞争并不能给人们带来最大的福利。主张在经济增长的同时,要更多地关注环保、社会保障和公平分配。更有一些学者认为"华盛顿共识"是秉承了亚当·斯密的完全自由竞争思想,是新自由主义的政策宣言,是国际垄断资本推行全球一体化理论体系的重要组成部分,是有意识有组织地将美国主导的自由经济模式向全球扩张。反对者中最有影响的代表人物是美国著名经济学家约瑟夫·斯蒂格利茨。斯蒂格利茨认为现代市场经济需要宏观调控和政府干预,政府在促进经济发展中有积极的作用。他还从信息不对称理论出发,论证出市场力量不能自动实现资源的最优配置。认为国际货币基金组织和世界银行等国际机构倡导的私有化、资本账户开放和经济紧缩政策对相关国家并不是完全适用的,发展中国家的改革不仅要关注增长,还要关注贫困、收入分配、环境可持续发展等问题。这些观点和主张逐渐被更多的人所接受,被称为"后华盛顿共识"。

② 苏联的"休克疗法"、东欧的私有化、拉美和东南亚一些国家的改革和调整都是基于这种观点进行的。

但问题是，一方面，"华盛顿共识"十多年的实践并没有取得预想的效果——苏联解体后伴随的多年经济衰退，亚洲金融危机，拉美国家迟迟走不出高通胀、高赤字、高债务的阴影成为困扰国际经济社会的巨大难题；另一方面，那些并没有按"华盛顿共识"进行改革的国家（如中国），其经济却一直保持着平稳快速增长。理论与现实的背离引起了学术界对"华盛顿共识"更深入的讨论。而讨论的结果便是"北京共识"的提出和广泛的关注。

提出"北京共识"这一概念的学者是曾任美国《时代》周刊海外版主编、目前大部分时间生活在中国、被清华大学聘为客座教授的美国高盛公司高级顾问乔舒亚·库珀·雷默（Joshua Cooper Ramo）。2004年5月11日，雷默在英国思想库伦敦外交政策中心发表了一篇题为《北京共识》（Beijing Consensus）的文章，引起了对发展中国家改革和发展道路的又一次大讨论。在这篇文章中，雷默对中国过去二十多年的发展经验作了一些总结，认为中国的做法与"华盛顿共识"所主张的完全不同，而且取得了巨大成功，并对其他国家产生了重大影响。根据中国的新思想和经验，一些国家正在设法寻找如何发展自己的道路，如何与国际秩序接轨，并使自己真正实现独立，以及如何在有一个强大的重心的世界上保护自己的生活方式和政治选择。他把这种"新的动力和发展物理学"称为"北京共识"。雷默认为，中国的新发展方针是由取得平等、和平的高质量增长的愿望推动的。严格地讲，它推翻了私有化和自由贸易这样的传统思想，它有足够的灵活性，它不相信对每一个问题都采取统一的解决办法。它的定义是锐意创新和试验，积极地捍卫国家边界和利益，稳定地积累不对称投放力量的手段。求变、求新和创新是这种共识体现实力的基本措辞。雷默认为，"华盛顿共识"是一种傲慢的历史终结的标志，它使全球各地的经济受到一系列的破坏。

"北京共识"这一概念提出后，马上引起学术界广泛讨论。虽然在讨论中也有不同的看法，但有一点是相当明确的，即中国发展的成功引起了世人普遍关注。尽管雷默对中国发展经验的总结未必全面准确，"北京共识"也同样不一定成为新的普世价值，但这一概念已被更多的学者所使用。那些既不认同计划经济，也不接受"华盛顿共识"，而试图探索第三条道路的发展中国家和转轨国家更是高度关注。从"华盛顿共识"到"北京共识"，既是学术界对发展中国家发展道路认识上的巨大变化，也是中国快速发展震惊国际社会的必然反应。

### 2. 从"欧美模式"到"中国模式"

如果说"华盛顿共识"是一批学者和国际机构给发展中国家改革和政策调整开出的药方，那么，经济发展的"欧美模式"便是开出这张药方的基本依据。如果说"北京共识"是对"华盛顿共识"提出的质疑，那么，"中国模式"便是"欧美模式"之外值得认真总结的一条经济发展之路。

虽然"华盛顿共识"和"欧美模式"与"北京共识"和"中国模式"是两组紧密相连的概念，但"共识"与"模式"的内涵并不完全一致。如前所述，"共识"是对发展中国家改革方向和政策调整措施的认识，而"模式"则要比"共识"的内容丰富得多，它是"共识"基础上认识的深化和经济发展道路的细化详解。

关于欧美经济发展的模式，学术界曾概括为两种，即追求股东利益最大化的英美模式和追求多目标的德国模式。两种模式虽有一些差异，但都是基于信奉市场自由和完全竞争的基本理念。因此，在"华盛顿共识"成为主流观点之后，一些学者和发展中国家便通过这些政策建议和附带的一些条件引导这些国家尽快走向以市场自由为中心的"欧美模式"的发展道路。而在此后十几年里，按照这些建议进行改革和政策调整的大多数拉美国家陷入了严重的经济衰退，被称为"失去的十年"，苏东则被称为"倒退的十年"，东南亚国家也出现了严重的金融危机。这一实践效果证明了经济发展的"欧美模式"并不一定是普世的唯一道路。因此，在"华盛顿共识"受到质疑的同时，经济发展模式问题引起了广泛讨论。事实上，由于各国经济发展的起点、条件、环境和传统不同，世界各国的经济发展并不存在一个统一的模式。20世纪70年代，伴随亚洲"四小龙"崛起而出现的"韩国模式"、"新加坡模式"等，也都具有各自不同的特点。特别是中国改革开放之后取得的巨大成功，更加证明了各国的经济发展道路必须根据各自的具体国情和所处的发展阶段来选择。

总结经济发展的"中国模式"是一个巨大的课题，提出这一课题的原因是多重的。有"华盛顿共识"和"北京共识"学术争论的背景因素，即发展中国家的经济发展是否一定要按"华盛顿共识"的主张把各自国家改造成"欧美模式"，为什么许多国家在实践中并不成功而不按此办理的中国却取得快速发展？有在全球化趋势下发展中国家如何融入世界的方式选择因素，即怎样才能做到像中国那样在融入世界的同时保持自己的独立自主和传统的生活方式及价值观？有中国经济改革如何继续深化才能保持长期稳定快速发展的因素，即中国经济在快速增长的同时也面临着增长质量、结构调整、平衡发展、资源环境等方面的问题，这些问题如何解决才能使"中国模式"更加完善？也有试图解释中国经济增长为何不符合许多经济学原理的因素，如增长与就业和通胀的关系，政府主导、市场力量与效率的关系，汇率制度与对外开放的关系，金融快速发展与不良资产的关系，贸易依存度与大国经济增长的关系等等许多"不解之谜"。当然还有中国快速发展改变世界格局后的前景分析因素，中国是以什么力量出现在世界舞台上？等等。

从不同的动因出发，对"中国模式"的总结概括可能会有所不同。提出

"北京共识"概念的经济学家雷默把"中国模式"概括为三个定理：第一是创新，创新体现在方方面面，不但发展顺序、发展重点和发展方式都通过创新来实现，而且发展中的矛盾和摩擦也通过创新来减小；第二是努力创造一种有利于持续与公平发展的环境，使用多种工具调控变革中的各种关系，追求协调的经济发展；第三是自主发展，在融入世界进程中保持自身特色和主动性，追求和平崛起。这种分析是大视角的并且着眼于政治和国际秩序层面。更有些学者从经济本身出发，分析"中国模式"的经济发展道路、主要推进因素以及政策措施等方面。

尽管分析"中国模式"的动因各不相同，但中国连续保持30年的快速增长并且这一趋势还将长期持续的现实确实是世界经济发展史上值得总结的重大事件。从"欧美模式"到"中国模式"，反映了世人对中国快速发展的认可和广泛关注。正如"欧美模式"并不一定具有普世价值一样，"中国模式"也不一定适合其他国家。讨论中国发展的经验，最直接的意义在于中国本身能够找出继续深化改革的方向和重点，实现更高质量更加协调的经济发展。同时，从全球角度看，作为多种发展模式之一的"中国模式"，也是人类文明进步过程中所创造的一大硕果，总结其经验，对于认识多元化世界的未来发展趋势无疑也具有重要的意义。

"中国模式"值得总结的方面有很多。从世界大环境分析，中国的改革和发展紧紧抓住了世界经济结构大调整、以信息技术为主导的新一轮科技创新、世界政治军事从对抗走向缓和以及全球化快速推进的历史大机遇。从战略选择分析，中国的快速发展是基于中国在总结发达国家经济发展历史经验的基础上选择了适合自己国情和发展阶段的发展道路。这条道路便是——以发展生产力为主线，通过对内改革和对外开放，最大限度地解放原已积累的生产力和创造新的生产力为动力，坚持公有制为主体并不断探索公有制的具体实现形式以及多种所有制形式并存发展为基础，坚持按劳分配为主体同时与多要素分配相结合为手段，以政府主导和充分发挥市场作用为支撑，以提高综合国力和人民生活水平以及逐步建立完善的社会保障体系为目标，以渐进式改革与和平崛起为战略的发展道路。

从制度层面分析，中国经济的稳定发展有两点是至关重要的。一是在建立社会主义市场经济体制的过程中，国有经济的发展与非国有经济的发展是同步竞争进行的。中国并没有走把国有经济私有化的道路，而是通过国有经济改革提高其市场适应力和竞争力，同时鼓励非国有经济发展，这两方面的力量促进了中国经济的快速增长。二是保持中央政府的强力指导和调控。中央政府在改革和发展中始终起着关键的作用，并且不断调整其政策和调控的手段，保证了经济和社会的稳定。

从政策层面分析，经济发展的"中国模式"大致可以归纳为十二个方面：

（1）优先发展农村，首先解决温饱和贫困。中国的改革首先是从农村开始的，最初几年的农村改革为中国的发展奠定了坚实的基础。

（2）合理安排产业发展顺序。首先扩大与人民生活必需品密切相关的食品和轻纺等工业，然后向重化工业和基础设施转移，同时特别重视以信息技术为代表的尖端行业和服务业的发展。

（3）以投资拉动为主导，然后以扩大内需为支撑。

（4）扩大出口和引进海外资金、技术与管理，充分利用内外两种资源和两个市场。

（5）试办经济特区，并逐步向全国推广。

（6）价格改革从"双轨制"开始再到逐步放开。

（7）国企改革从放权让利开始再到股份制改造建立现代企业制度。

（8）财税改革调动中央和地方两个积极性，并始终保持中央政府拥有宏观调控的财力。

（9）金融改革以搞活金融为中心，从扩大银行的自主权开始，到建立多元化金融机构体系和完善的金融市场。

（10）高度重视教育和科技发展。

（11）制定各种政策引导工业化、城市化、信息化和现代化同步发展。

（12）在保持政府主导的同时，着力促进市场力量的发展，并根据不断变化的实际情况适时进行宏观调控。

在这些政策措施中，每一项都有着极为丰富的内容，将这些内容全面准确地归纳描述出来，便可看出经济发展"中国模式"的基本轮廓，当然这是一个浩大的工程。就其中的金融改革和发展来说，内容同样是丰富多彩的。金融是现代经济的核心，其在中国经济发展中的重要性和关键作用就更是极其突出。近30年的金融改革，在目标确定、路径和顺序选择、动力来源及推进策略等方面都体现出了不同于其他国家的转型模式。中国金融伴随着这种转型取得了快速的发展，成为中国经济和平崛起的重要支撑力量。

## 1.2 中国金融改革的起点

中国金融体制的改革是以计划金融体系为基础展开的，是对原有的"大一统"金融体系的彻底扬弃。

## 1.2.1 新中国计划金融体制的建立

中国是一个具有悠久历史的文明古国。大约在4000年前，货币就开始出现在人们的经济生活中，并形成了灿烂的古代货币文化。信用和信用机构在中国的产生也很早，先秦时代即已出现。但在漫长的时期内，中国货币制度和信用活动发展比较缓慢，由于商品经济发展程度低，货币和信用的作用范围小，对生产的支持力度受到很大限制。如果从现代金融的视角看，中国历史上以银钱业为代表的金融发展向现代金融（银行）业的转变比西方发达国家要晚了许多，并且在转变之后也走了一条与西方很不相同的发展之路。

总体上看，在西方资本主义势力进入中国之时，中国的货币制度是银两、制钱并存，且两者比价经常变化；信用机构是以钱庄、票号为主，尚没有近代意义上的银行；由于当时中国的商品经济发展程度很低，钱庄、票号的规模还不是很大，业务范围也较小。伴随着西方资本的进入，特别是鸦片战争使中国被迫打开国门，中国经济及其由经济决定的金融开始了极为复杂并充满矛盾的曲折发展历史。这段历史可以划分为三个阶段：第一阶段是从鸦片战争到辛亥革命，约70年时间，这是外国银行进入中国并逐渐控制中国金融，同时中国传统的金融机构钱庄和票号也取得相对快速的发展，中国近代银行产生的时期；第二阶段是从辛亥革命到南京国民政府成立，这是外国银行势力扩张相对停滞，传统金融机构钱庄、票号逐渐削弱，以银行为代表的民族业金融快速发展，多种金融机构产生和金融市场快速发展的时期；第三阶段是从南京国民政府加强对金融业控制到新中国成立，这是中国金融在发展中走向垄断，同时共产党领导地区探索金融新模式的时期。客观地说，在跨度百年的期间内，中国金融业虽然也经历了艰难的向近代金融转型，但由于外国银行长期垄断中国金融，钱庄、票号等传统金融业经历了曲折的发展历程，并未转变为近代银行。民族资本银行在艰难中起步，在尚未得到充分发展之时即被垄断金融体系所代替，再加上第二次世界大战后严重的通货膨胀和货币制度危机，所以到新中国成立时，中国的金融仍处在动荡、混乱的局面之中。

1949年新中国的成立，开辟了中国历史的新纪元，中国人民在共产党的领导下，走上了社会主义的发展道路。在经济体制方面，建立了中央集权的计划管理模式，与此相适应，计划金融体制也随之确立。

**1. 国民经济恢复时期金融体制的建立**

在新中国成立的最初三年里，国民经济从整体上处于恢复阶段。当时的迫切任务是医治战争创伤，控制通货膨胀，恢复经济秩序和实现财政经济状况根本好转。在金融方面的重要工作是以中国人民银行为中心建立新中国的金融体系。在新中国诞生前,共产党领导的各解放区银行已有了很大发展,它们在统一政策指导下分别发行货币,各自独立活动。1948年12月1日,在解放区华北银行、北海银行和西北农民银行的基础上成立了中国人民银行,并于当日开始统一发行人民币。随着解放战争的推进,各解放区的银行先后并入了中国人民银行。新中国成立之后,中国人民银行按照行政区划,在全国各地普设了分支机构。同时成立了中国人民保险公司、农业合作银行和信用合作组织。对于接管的金融机构分别进行改组,被接管的官僚资本银行根据不同情况有的直接并入中国人民银行,有的经改组后继续营业。其中,中央银行、中国农民银行、中央信托局、邮政储金汇业局和中央合作金库以及国民政府的省市银行全部并入中国人民银行。"四行两局一库"中的中国银行和交通银行则进行了改组,私股权益被保留,官股被没收,分别成为中国人民银行领导下专门经营外汇业务和工矿交通事业长期信用业务的专业银行。同时,对新华信托储蓄银行、中国实业银行、四明商业储蓄银行、中国通商银行和建业银行等5家,在上海组成公私合营银行联合总管理处,接收了官股部分成为公股,组建新董事会后继续营业。继续营业的保险机构有中国保险公司和中国航联保险公司,官僚资本保险公司清理后并入中国人民保险公司。据北京、天津、上海三大城市统计,人民政府共接管官僚资本银行128家,接收的银行工作人员9 530名。对于外国在华银行,则取缔一切特权,继续营业的必须服从政府管理。1952年后,多数外国银行退出了中国,继续营业的银行只剩下汇丰和渣打(麦加利)两家英商银行。在建立新的金融体系的同时,中国人民银行通过逐步收兑各解放区货币,肃清国民政府发行的"金圆券",禁止外币流通等措施迅速让人民币占领了整个市场,建立起独立和统一的货币制度。1952年,国家又对继续营业的私营金融业率先进行了社会主义改造,成立了统一的公私合营银行,成为中国人民银行领导下的办理私营工商业存贷款业务的专业银行。同时,又对新建立的金融体系进行了调整。中国银行从独立经营改变为与中国人民银行的国外业务局合署办公,交通银行与中国人民保险公司改由财政部领导,撤销了农业合作银行,农村信用合作社由中华合作联合总社划归中国人民银行领导。这样,到1952年底国民经济恢复时期结束,由中国人民银行统一领导和经营管理的金融体系逐步建立起来。

### 2. 高度集中的"大一统"金融体系的形成和不断强化

三年恢复时期建立起来的新的金融体系,对于迅速治理国民政府遗留下来的严重通货膨胀和混乱的经济金融秩序起到了重要作用,也有力地促进了国民经济的恢复和发展。在1953年开始的第一个"五年计划"时期,新的金融体系更是在广泛筹集社会资金和支持社会主义工业化建设中发挥了重大作用。为了迅速建立社会主义经济的物质基础,这一时期通过对农业、手工业和资本主义工商业的社会主义改造,中国建立了高度集中统一的计划经济管理新体制。与此相适应,新的金融体系也走向了高度集中统一。

对私营金融业实行社会主义改造并建立了统一的公私合营银行之后仅 4 年,国家对公私合营银行的管理体制和业务又进行了重大调整,通过公私合营银行总管理处与中国人民银行总行私人业务管理局合署办公,使公私合营银行完全纳入了中国人民银行体系,成为代理中国人民银行办理储蓄业务的专业机构。同时,1954 年建立的中国农业银行也在 3 年后撤销,在中国人民银行内设立了农村金融管理局,管理全国的农村金融业务。经过金融机构的进一步调整,中国人民银行成了既管理全国金融又统一经营全国金融业务的国家大银行。在中国人民银行自身管理中,逐步加强了总行的权力,形成了总行垂直管理、基层行按计划办理业务的高度集中体制。这样,一方面机构和信用完全集中于中国人民银行;另一方面,中国人民银行又实行高度集中统一的垂直管理,一个名副其实的"大一统"银行体制完全建立起来。

在这一体制建立到 1978 年改革开始前的 22 年中,虽然因"大跃进"和"文化大革命"使金融系统运转几次受到影响,但"大一统"的银行体系基本没有变化,反而因为经济生活计划性的不断增强而更加走向集中统一。

### 1.2.2 高度集中统一的计划金融体制运行的特点及其改革的必然性

高度集中的计划金融体制是与高度集中的计划经济体制相适应的。在新中国诞生初期对农业、手工业和资本主义工商业进行社会主义改造之后,以公有制为基础的社会主义制度得以确立,同时计划经济体制也随之建立起来。在之后的二十几年中,随着不断的政治运动和对资本主义制度的批判,计划经济体制也不断得到强化,以致走向了极端。虽然从理论上说以公有制为主体并不排斥多种经济成分并存,但实际上除了国有经济和农村集体经济之外,其他经济成分的比重已极小。生产和流通基本上完全通过国营企业和国营商业来进行。在这种计划经济体制下,经济组织是以计划为核心,以产值增长为目标,用行政权力推动的。工商企业只是执行计划,完成生产销售任务的被动承担者。计划部门、物资部门、劳动部门、物价部门、财政税务部门等共同决定着企业的生产和销售。就金融系统来说,金融活动的运行首先是制订比较严格的信贷计划和现金发行计划,在与企业的资金关系中,"大一统"的国家银行是信贷资金的供应者,并且主要是基本定额之外季节性、临时性的流动资金供给。除财政、银行两条渠道之外，企业间没有商业信用，也没有证券市场融通资金。银行的具体信贷活动依据计划来执行，贷多少，用于什么项目均由计划规定，企业转账结算、支付职工工资也要符合结算办法和工资基金管理办法。计划制订时，从下而上逐级汇总，经过平衡和批准后再层层向下分解，大部分直接分解到基层单位。因此，在计划体制下，就企业方面来说，实物上的统购包销和资金上的统收统支使企业活动呈现出十分简单和平直的轨迹。就金融方面来说，金融机构体现为一家高度统一的国家大银行；金融市场体现在广义上的部分信贷市场；金融管理体现为计划的制订和执行；金融活动体现为按计划办理存、贷、汇和转账结算。金融运行同样呈现出简单和平直的轨迹。在这种体制下，企业并不具有完全意义上企业的性质，银行也不具有真正意义上银行的性质。价格、利润、税收、利率等对企业和银行均不形成实质影响，产品失去了商品的属性，资金也失去了资本的特征。因此，计划经济体制下的企业和银行，不是真正意义上经济和金融活动中的行为主体，而是服从计划经济运行的部门和工具。

　　这种高度集中的计划经济体制和由此决定的集中统一的计划金融体制在建立时有其必然性。从理论指导来说，马克思主义经典作家对社会主义制度下的经济体制有过多方面的具体描述，从国际实践来看，苏联已建立起了这样的经济与金融体制，而新中国成立后苏联的经验成为主要的参照。从中国自身的发展进程看，在清代结束特别是南京国民政府建立后，中国的经济特别是金融已经逐步走向了垄断。新中国成立后人民政府接收的便是一个虽近崩溃但却是经过几十年垄断发展的金融体系，加之解放区银行体系一直在人民政府的统一管理之下。因此，在确立社会主义制度的过程中，一个高度集中统一的计划经济体制和由此决定的计划金融体制的出现就是必然的。

　　但当以公有制为主体的社会主义制度确立以后，经济和金融体制以及组织管理方式如何根据生产力发展阶段及时调整，却是需要探讨的。社会主义不可能没有计划或规划，国有经济和国有金融不可能居于从属地位。但计划或规划做到什么层次，国有经济和国有金融主导到什么程度，需要根据实践效果来选择。在改革之前的二十几年中，中国的经济和金融虽也取得了很大发展，但体制的弊端日益凸显。计划性过强，市场便不能发挥应有的作用。企业没有自主权，便不可能有经营的灵活性；企业利益与经营效果不挂钩，便不可能有积极性；企业不能成为真正独立的行为主体，便不可能根据市场供求调整其经济行为，更不可能通过创新提高竞争力和通过竞争提高效率。金融体制也是如此，一家"大一统"的国家银行自然难以提升自身效率，没有多元化的金融机构体系便不可能形成真正的竞争。没有完善的金融市场，金融资源的配置便难以实现高效率，等等。关于高度统一的计划经济体制和金融体制的弊端在改革开始前后一段时间，曾有过比较全面深入的论证和分析。

于是，在1978年底党的十一届三中全会提出工作重心转移到经济建设上来并实行改革开放方针之后，一场轰轰烈烈的包括金融体制改革在内的全方位的经济体制改革便拉开了序幕，中国进入了由计划经济向市场经济转轨的新阶段，并在30年中取得了超出最初想象的巨大进展，迎来了更加辉煌灿烂的新时代。

## 1.3 中国金融改革30年的历史轨迹

从1978年党的十一届三中全会后开始进行的中国经济体制改革和金融体制改革，至今已有30年的历史。客观地看，无论从整体架构还是规模而言，当前的中国金融体系在经历了持续近30年的准备、拓展、全面改革和深化健全这样一个循环渐进的金融体制改革过程之后，已经和改革之初的"大一统"金融体制迥然不同，在金融机构体系、金融市场体系、金融运行机制以及金融监管体系等方面发生了质的飞跃，可以说一个与社会主义市场经济相适应的现代金融体系正在中国逐步成为现实。

### 1.3.1 金融体系：从单一机构到多元化体系的建立

中国改革开放伊始，一方面随着"大一统"金融体制和金融政策弊端的日益凸现；另一方面则与经济的多样化和市场化进程相适应，金融机构的增设，或者说金融机构主体结构的调整就提到政府的议事日程——仅1979年，恢复中国农业银行，中国银行和中国人民建设银行也从中国人民银行分离出来，且为了恢复当时的国内保险业务，以中国人民银行附属机构形式出现的中国人民保险公司也得以恢复。此后，随着1983年9月17日国务院决定"成立工商银行，承办原来由人民银行办理的工商信贷和储蓄业务"，使得以中国人民银行为领导，工、农、中、建四大国有专业银行为主体的中国金融机构体系大格局在1984年年初初步形成。

但由于当时国家信贷计划对全社会信贷资金配置的决定性作用，单单恢复和设立的专业银行并不能满足国民经济发展的需要。因此，大约在专业银行恢复和设立的同时（也就是从1983年开始），中国各级政府为了促进银行体系的竞争和满足不同主体的资金需求，各种非银行金融机构和信用社开始出现，就此真正揭开了波澜壮阔的中国金融机构体系多元化的发展之路：

——1980年，为了满足迅速发展的城市集体和个体经济的资金需求，第一家城市信用合作社在河北省挂牌营业；① 与此同时，与乡镇企业的迅速发展相对应，从1953年便已存在中国农村之中的农村信用社数目也迅速增加。

——1981年4月，中国东方租赁有限责任公司成立，表明融资租赁公司开始进入中国的金融体系。

——1984年，中国人民保险公司正式从中国人民银行分设出来，独立开展保险业务。1987年交通银行成立时设置保险部，继而其保险业务从交通银行分离出来建立了中国太平洋保险公司；1988年，平安保险在深圳蛇口建立；1992年国务院批准美国友邦保险公司在上海开业；1996年，中国人民银行又批准设立了华泰、永安、泰康、新华等保险公司，再加上此后日本东京海上、香港民安等外资保险公司的相继登陆，中国保险业目前已初步形成了以国有保险公司为主体、中外资保险公司并存、多家保险公司竞争发展的机构格局。

——1986年，中国第一家以股份制形式组织起来的商业银行——交通银行重新恢复设立；1987年，第一家由企业集团发起设立的银行——中信实业银行宣告成立，第一家以地方金融机构和企业共同出资的区域性商业银行——深圳发展银行开始营业。此后，招商银行（1987）、广东发展银行（1988）、福建兴业银行（1988）、华夏银行（1992）、中国光大银行（1992）、浦东发展银行（1993）和中国民生银行（1996）等十余家类似的股份制商业银行进入中国的金融体系。

——1987年，中国第一家证券公司——深圳经济特区证券公司在深圳诞生；在此后近20年的时间里，中国证券公司从无到有、从小到大，虽伴随金融市场的发展起伏也几经沉浮，但总体上保持了极快的发展速度，成为推动我国金融市场发展的重要力量。

同年，以企业集团为依托的财务公司开始出现；由中国银行和中国国际信托投资公司两家联手首创的中国投资基金业务出现，标志着中国投资基金市场的诞生。②

——1992年，证券委员会和中国证券监督管理委员会成立。

——1994年，为了分离长期包含在国有专业银行之中的政策性贷款业务，

---

① 1983年，在当时中国人民银行的支持和领导下，郑州、沈阳、长春、武汉、邯郸等地城市信用社合作组织开始试办，出现了全国范围内组建城市信用社的高潮。

② 此后，1990年，法国东方汇理银行在中国建立第一个共同基金——上海基金；1991年，武汉证券投资基金和南山风险投资基金分别由武汉市人民政府和深圳南山区政府批准成立，同年，中国农村发展信托投资公司在山东私募5 000万元，设立淄博基金，并于次年获得中国人民银行总行的批准，成为第一家规范化的国内投资基金。

加快专业银行的商业化步伐,国家开发银行、中国进出口信贷银行、农业发展银行三家政策性银行设立。

——1998年,为了有效地处置从四大国有商业银行剥离的巨额不良资产,成立了长城、东方、信达、华融四家资产管理公司;同年,中国保险监督管理委员会成立;在1997年《证券投资基金管理暂行规定》的基础上,1998年,基金金泰、基金开元两只规范化的封闭式证券投资基金正式进入中国金融体系。

——2003年4月,中国银行业监督管理委员会成立;同年12月,中央汇金投资有限责任公司成立。

——2006年,中国邮政储蓄银行正式挂牌;12月,《外资银行管理条例》正式颁布,允许外资银行在"法人银行"注册的基金上全面开展人民币业务。可以说,近30年的金融机构组织体系改革,中国的其他金融机构如股份制商业银行、城市商业银行、外资银行、城市信用社、农村信用社等也已经形成与中央银行、四大国有商业银行并存、分工、协作和竞争的局面。目前,中国的金融机构体系是以中央银行为领导的、以国有商业银行为主体的、以政策性银行为补充的、其他银行金融机构和非银行金融机构并存的多元化的金融体系。①

## 1.3.2 金融市场:从融资补充到资金运行的大舞台

在金融体制改革之初,由于当时的特殊政治环境(或意识形态)以及经济发展水平等经济因素②的制约,有限的一些金融市场活动多处于萌芽的、自发的、朦胧的状态,而有组织的金融市场则几乎没有存在的空间。因此,从当时的情况看,金融市场最多起到融资补充的作用,没有也不可能发挥其对经济发展的促进作用。1985年9月,《中共中央关于制定国民经济和社会发展第七个五年计划的建议》提出了在中国人民银行的指导和管理下运用多种金融工具积极发展横向的资金融通,促进资金市场的逐步形成,中国金融市场发展序幕才正式拉开,逐步从融资补充的角色转变为中国资金运行的大舞台。

---

① 从目前的监管环境来看,中国的金融机构体系还是一个以银行、证券、保险机构为主体,分业经营、分业管理的金融机构体系。

② 1978年,中国银行的资金来源总额仅为1 877.0亿元,各项贷款余额为1 134.0亿元,居民储蓄存款余额210.6亿元(人均只有20多元),只占GDP的5.8%。

**1. 货币市场的发展**

改革开放以来，中国的货币市场经历了从无到有、从不规范到逐步规范完善的历程。同其他经济体制改革相类似，中国的货币市场也是先从金融机构自发的拆借交易开始的，由于监管落后于业务发展，在货币市场发展的过程中也存在一些违规问题。随着金融监管当局对货币市场的管理逐步加强，货币市场呈现出勃勃生机（见图1-1）。

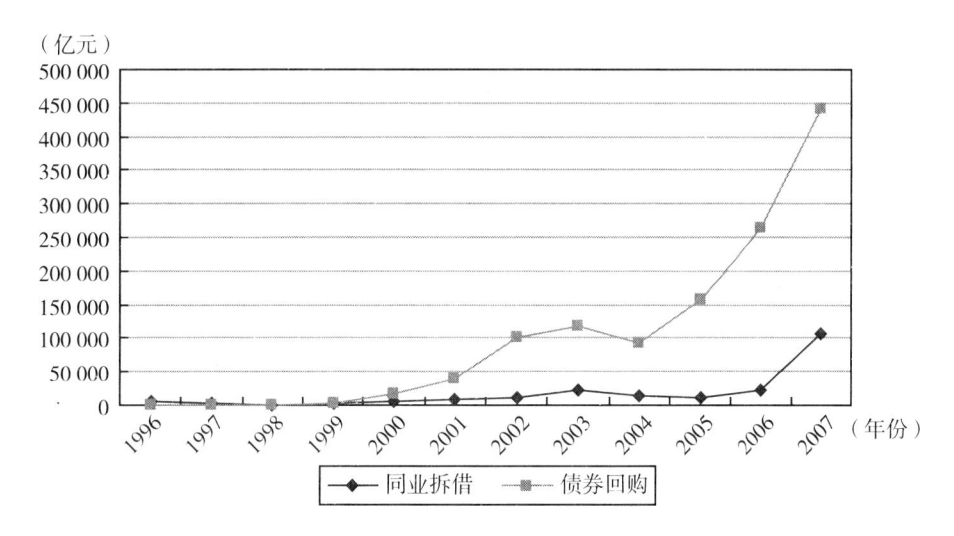

**图1-1 中国同业拆借市场与银行间国债回购市场交易量**

资料来源：《中国金融年鉴》（1985~2007）[*]，中国金融出版社、《中国金融年鉴》编辑部出版。

[*] 《中国金融年鉴》1986~1988年版由中国金融出版社出版；1989年版以后由《中国金融年鉴》编辑部编辑出版。1989年经新闻出版署批准，中文版列入期刊系列（相关信息检索《中国金融年鉴》编辑部）——编者注。

票据可能是中国最早出现的一类货币市场工具。自1982年开始试点票据结算方式并于1985年5月在全国开展商业票据承兑和贴现业务，中国的票据市场就开始出现。经过近30年的发展，中国已初步形成了以北京、上海、大连、武汉、南京、济南、广州等城市为中心的区域性票据市场。进入21世纪以来，票据市场的票据签发额、商业银行贴现以及中央银行再贴现的发生额增长幅度很大。票据业务已经成为商业银行新的利润增长点并成为企业融资的一个有效渠道。

资金横向融通的需求，促进了同业拆借市场的发展。1984年，伴随着中国人民银行对信贷资金管理体制的改革，同业拆借市场应运而生；1986年，国家体制改革委员会和中国人民银行作出开放和发展同业拆借市场的决定,将建立同业拆借市场列为金融体制改革的重要内容,自此,同业拆借市场得以迅速发展并成为中国金融市场中发展最快、规模最大的一个市场。

中国银行间的债券市场是在1997年6月商业银行根据中央银行的要求、退出交易所债券市场后组建的。它由现券买卖和债券回购两个子市场所构成。尽管此市场建立的时间不长,但发展却十分迅速。

### 2. 资本市场的发展

中国的资本市场是从1981年恢复发行国债开始建立的。国债发行市场和国债转让市场是改革开放以来最早发展起来的债券市场之一。这些国债主要有国库券、重点建设债券、国家建设债券、财政建设债券、特种国债和保值公债等。国债一直是债券的主要形式。后来,根据经济发展的需要,国家又发行了企业债券、金融债券和其他债券。只不过与国债和股票相比,企业债券规模明显偏小,而且没有快速的增长。金融债券的发行也主要是从1996年以后才开始的,之前虽有发行但规模不大。尽管债券融资还有很大的发展空间,但它们为中国财政政策和货币政策的实施创造了必要的条件,为中国经济建设起到了重要的作用。

债券、股票的产生和发展需要它们不仅只发行,而且也需要流通变现。为适应股票、债券流通变现的需要,1986~1988年,中国进行了证券转让流通试点,批准成立了证券经营机构和证券代办点。经过试点,1990年和1991年,上海证券交易所和深圳证券交易所相继成立并营业,中国的资本市场正式形成。其中,股票市场是发展最为迅速的一个子市场。1991~2006年,上市公司累计通过股票市场筹资6 042.55亿元,2007年股票市场发展极为迅速,当年累计筹资8 522亿元。股票市场的发展为国民经济建设筹集了巨额资金。通过发行股票和配股,国有企业增强了企业实力和竞争能力。自1990年年底上海和深圳证券交易所相继成立以来,中国股票发行与交易市场获得了极为迅猛的发展,筹集到大量的社会资金,为中国的经济建设特别是为国有大中型企业脱困做出了重要贡献。中国股票市场不断发展、壮大和完善,到目前比较规范的股票市场框架已基本建立,不仅投资者的金融意识得到培育和增强,形成了多元化的市场主体,而且还拓宽了中国投融资渠道,对于引导社会资金流向、调整产业结构和合理配置资源发挥了市场信号导向作用。

随着金融体制改革的深入,为了开拓新的金融品种,中国一些金融机构开始了投资基金业务,并尝试性地设立了一些投资基金。如1987年中国银行和中国国际信托投资公司与国外一些机构组建了面向海外投资者的投资基金。后来,随着证券市场的迅猛发展,国内投资基金有了实质性的突破。2007年,全国投资基金有346只，基金份额2.2万亿元，总资产净值为3.3万亿元。投资基金既是成熟的证券市场的中坚力量，又是广大投资者寄予厚望的理财专家，为中国经济的快速发展作出了很大的贡献。

改革开放30年，无论债券、股票，还是投资基金都获得了很大的发展。包括这些在内的中国资本市场从无到有，从小到大，今天已发展成为金融市场的重要组成部分（见表1-1）。

表1-1　　　　　　　中国资本市场总体筹资规模一览表

（1991~2007）　　　　　　　　　　　　　　单位：亿元

| 年份 | 股票发行合计 | IPO | | | A股、B股配股/增发 | 国债发行 | 企业债发行 | 金融债 |
| --- | --- | --- | --- | --- | --- | --- | --- | --- |
| | | A股 | B股 | H股 | | | | |
| 1991 | 5.00 | 5.00 | — | — | — | 281.25 | 249.96 | 66.91 |
| 1992 | 94.09 | 50.00 | 44.09 | — | — | 460.78 | 683.71 | 55.00 |
| 1993 | 375.47 | 194.83 | 38.13 | 60.93 | 81.58 | 381.31 | 235.84 | — |
| 1994 | 326.78 | 49.62 | 38.27 | 188.73 | 50.16 | 1 137.55 | 161.75 | — |
| 1995 | 150.32 | 22.68 | 33.35 | 31.46 | 62.83 | 1 510.86 | 300.80 | — |
| 1996 | 425.08 | 224.45 | 47.18 | 83.56 | 69.89 | 1 847.77 | 268.92 | 1 055.60 |
| 1997 | 1 293.82 | 655.06 | 107.90 | 360.00 | 170.86 | 2 411.79 | 255.23 | 1 431.50 |
| 1998 | 841.52 | 409.09 | 25.55 | 37.95 | 365.43 | 3 808.77 | 147.89 | 1 950.23 |
| 1999 | 944.56 | 497.88 | 3.79 | 47.17 | 380.62 | 4 015.00 | 158.00 | 1 800.89 |
| 2000 | 2 103.24 | 812.37 | 13.99 | 562.21 | 686.16 | 4 657.00 | 83.00 | 1 645.00 |
| 2001 | 1 252.34 | 534.29 | 0.00 | 70.21 | 647.84 | 4 884.00 | 147.00 | 2 590.00 |
| 2002 | 961.75 | 516.96 | 0.00 | 181.99 | 221.29 | 5 934.30 | 325.00 | 3 075.00 |
| 2003 | 1 357.75 | 453.51 | 3.54 | 534.65 | 185.45 | 6 280.10 | 358.00 | 4 561.40 |
| 2004 | 1 510.94 | 353.42 | 27.16 | 648.08 | 273.26 | 6 923.90 | 327.00 | 4 148.00 |
| 2005 | 1 882.51 | 56.74 | 0.00 | 1 544.38 | 281.25 | 7 042.00 | 2 046.50 | 5 851.70 |
| 2006 | 5 594.39 | 1 572.24 | 0.00 | 3 131 | 891.15 | 8 883.3 | 3 938.3 | 8 980 |
| 2007 | 8 432 | 4 595.79 | 0.00 | 704 | 3 077.77 | 7 637 | 5 170 | 11 913 |

注：1. 表中H股泛指境外上市外资股。

2. B股、H股筹资额按《中国证券期货统计年鉴（2006）》汇率折算。

资料来源：《中国证券期货统计年鉴（2006）》，学林出版社2006年版；2007年国民经济和社会发展统计公报；中国证券监督管理委员会网站。

## 1.3.3 金融运行：从政府主导到以利率、汇率为中心的价格引导机制的形成

在传统经济体制下，中国的金融运行是由政府主导的，计划是配置资源的主要方式。全社会的资金运行，都是由计划来安排的，没有市场的份。国家的投资由计划确定、财政出钱、银行结账。这就是全计划、大财政、小银行的投融资体制。财政是实现计划配置资源的主要渠道，企业的固定资产投资由财政无偿拨款。在流动资金中，定额以内由财政拨款，银行只发放超额流动资金和临时贷款。银行在计划经济体制中只扮演起补充作用的小角色，不仅业务范围狭窄，而且业务量也很小。在外汇管理体制上实行的是一种高度集中的计划管理体制，外汇是一种长期不变的固定汇率制。这样的体制使得金融运行完全是由政府主导的。实践证明，这样的金融运行是不利于经济长期、快速、可持续发展的。因此，实现以市场化的利率、汇率为中心的价格形成机制改革是顺应经济发展的必然趋势和结果。由此，中国进行了以利率、汇率为中心的价格形成机制的全面改革。

### 1. 利率形成机制的改革

改革之前的利率制度是适应高度集中的计划经济体制的一种利率制度。这种利率制度是一种严格的计划管理制度（1953～1978）。这个时期的利率处于水平低、结构不合理、档次少的状况。它对经济的发展没有发挥出应有的作用。

改革开放后到1982年1月，国务院允许中国人民银行可以有20%的利率浮动权。虽然利率水平仍由国务院确定，但中国人民银行可以根据经济发展具体情况上下浮动20%。从此，中国利率的形成开始出现新机制的态势。有关利息的认识，中国曾一度完全否定利息，把利息划为剥削，甚至冻结存款、查抄存款，极端片面地把"利息越来越低，利差越来越小，利率档次越来越少"当成是社会主义的优越性。直到实现利率市场化改革的今天，利率作用的发挥仍难以真正反映资金的供求状况，利率没有完全市场化。所以，中国的利率管理体制仍没有完全放松对利率的直接控制。

针对上述状况，以提高利率水平、改善利率结构和改革利率管理体制为主要内容的利率市场化改革开始迈出步伐。这些改革总是以当时的经济状况为背景的，主要是更加频繁地变动利率以发挥利率的杠杆作用，通过减少优惠利率种类，加快利率市场化因素，在贷款利率制定和执行方面采取国际标准等。利

率作为经济杠杆,是为整个经济体制改革服务的。利率市场化改革,就是要在整个社会资金的供求运动中形成一个相对独立的、以基准利率为中心的、多层次、有弹性、能够充分体现和反映资金市场供求关系和稀缺程度的利率机制,使利率杠杆在资金供求与宏观调控中发挥最有效、最灵敏的调节作用。其最终目的是为了建立和完善以中央银行利率为基础、货币市场利率为中介、金融机构存贷款利率由市场供求决定的利率体系和利率形成机制。因此,在中国金融体制改革中进行利率市场化改革,建立现代市场利率制度具有客观必然性。

1979年以来,中国人民银行对银行的存贷款利率进行了近30次调整。在不断调整的基础上,中国的利率市场化改革也在同期相应跟进。这些改革主要是建立了中央银行的基准利率,全国同业拆借中心一级网络开通,对商业银行和其他金融机构的贷款利率进一步放宽浮动范围。具体的改革进程是渐进的,没有采取一步到位的改革办法。1996年6月,中国放开了银行间的同业拆借利率,实现了国债利率的市场化,1997年又实现了银行间债券利率的市场化。1998年,国家既放开了贴现和转贴现利率,又放开了政策性银行金融债券市场化发行利率,将金融机构对小企业的贷款利率浮动由10%扩大到20%,农村信用社的贷款利率最高上浮幅度由40%扩大到50%。1999年,中国成功地实现国债在银行间债券市场利率招标发行,并进一步地放松了相应的利率限制。当年,中国人民银行还放开了外资银行人民币借款利率,随后又进一步放开了保险公司的存款利率和股票质押融资及其利率确定。2000年1月,中国人民银行发布了《稳步推进利率市场化报告》,提出将根据具体情况,有步骤地放开城乡信用社贷款利率上限,促使其综合贷款风险、成本等因素进行差别定价。当年,中国还进行了外汇管理体制改革,放开了外币贷款利率;300万美元以上的大额外币存款利率由金融机构与客户协商确定。2002年,中国利率市场化改革从8家县市农村信用社开始,逐步让其存贷款利率浮动幅度增大。到2004年,中国扩大了金融机构利率浮动区间,在下限保持不变的前提下提高上限,贷款利率的上浮幅度从原来的30%上升到70%,农村信用社贷款利率也从原来的50%上升到100%。2006年,利率市场化改革进一步推进。一方面,启动了货币市场基准利率建设;另一方面,将商业性个人住房贷款利率下限由法定贷款利率的0.9倍扩大到0.85倍,扩大了个人住房贷款的定价空间。中国对商业银行、政策性银行和非银行金融机构也实行再贷款浮息制度。2007年1月4日上海银行间同业拆放利率(简称Shibor)正式运行,标志着中国货币市场基准利率的形成与作用进入了新的阶段。

通过中央银行对金融机构的利率管制的放松,金融机构拥有的利率自主权由无到有、由小到大逐步增强,最终形成了货币市场利率的市场化机制。尽管利率市场化改革经过了十多年的历程,但它是影响极大、涉及面较广的一项系统工程,还需要有计划、有步骤地逐步推进。现在,利率市场化改革还在不断地推进过程中。随着利率市场化的不断深化,中国的利率水平和利率结构将逐步趋于合理,并将在不久的将来基本实现利率的完全市场化目标。到时,利率杠杆的作用会得到更充分的展现。

### 2. 汇率形成机制的改革

在汇率形成机制方面,同样进行了类似的改革。在高度集中的计划经济体制下,汇率基本上也是国家计划定价。它既不反映本外币价值,又不反映供求。汇率形成机制的改革,主要是逐步放弃单纯的行政性直接管制,逐渐培育并采用市场机制调配外汇资源。也就是说,通过对汇率市场化改革,真正让市场供求灵敏地反映外汇交易,以市场来确定其价格。

汇率形成机制的改革是从20世纪80年代起开始进行的。对人民币汇率进行的一系列改革,主要目的是逐步使其由计划核算的工具转向为调节国际收支的手段。在1992年提出建立社会主义市场经济体制改革目标后,与金融体制改革、外贸体制改革相配套,相应地进行了一系列汇率形成机制的改革。这就是把市场机制引入了外汇分配领域,改变了以往的"统收统支"的办法,汇率也从过去一定几年不变的固定汇率制度变为有管理的浮动汇率制度。1993年11月,中共十四届三中全会通过的《关于建立社会主义市场经济体制若干问题的决定》明确了外汇管理体制改革的重点和方向,即建立以市场供求为基础的有管理的浮动汇率制度和统一规范的外汇市场,逐步使人民币成为可兑换货币。随后进行的改革主要包括:实行汇率并轨,实行结售汇制度,取消外汇券和放松个人外汇管理,建立全国统一的外汇市场,建立新的收付汇制度,经常项目实现可自由兑换,建立外汇储备经营管理制度等。自此以后,中国又采取了一系列外汇管理体制的改革措施。这些措施包括发布了《中华人民共和国外汇管理条例》,修订并发布《结汇、售汇及付汇管理规定》。它们使人民币汇率的形成机制逐渐走向市场化,外汇管理体制得到不断完善。

2005年7月,中国人民银行宣布实行以市场供求为基础、参考一篮子货币进行调节、有管理的浮动汇率制度。这次汇率市场化改革重在人民币汇率形成机制的改革,而非人民币汇率水平在数量上的增减,渐进性是人民币形成机制改革的一个重要原则。人民币汇率形成机制改革后,与外汇管理体制相关的配套政策相继出台。从平衡外汇供求关系、提高居民和企业持续意愿、推动银行间外汇市场发展、丰富完善外汇避险工具等多个方面,推动外汇市场的发展,为汇率形成机制的进一步改革奠定了基础。

经过汇率形成机制的改革,实现了人民币经常项目下的可兑换,资本项目下的部分可兑换，并且实行以市场供求为基础、参考一篮子货币进行调节、有管理的浮动汇率制度，满足了经常项目下的用汇需求。目前，汇率形成机制的改革正向实现人民币完全可兑换目标迈进。

无论是利率形成机制的改革，还是汇率形成机制的改革，都表明了中国金融运行是从政府主导到市场决定的转变。这种转变都是适应经济体制改革和金融体制改革需要的，都是为经济长期、稳定、可持续发展提供所需资金支持的。实践证明，这是正确的。

### 1.3.4　金融管理：货币政策作用的凸显与监管、调控方式的转变

中国金融体制改革过程是一个不断加强和完善金融管理的过程。随着金融体制改革的推进，中国在金融管理制度上实行放权让利，不断引入竞争机制和市场机制，实行银行间的业务交叉，通过业务交叉开展竞争；在金融管理机制上引入风险、利润、成本范畴，实行商业银行资产负债比例管理和风险管理，实行商业银行和政策性金融的分离，实现企业化的经营机制；重视发挥货币政策的作用；不断加强和完善分业经营、分业监管的金融监管机制；充分发挥金融宏观调控在宏观调控中的重要作用，不断提高金融宏观调控的效率。

**1. 货币政策作用的凸显**

金融体制改革前，中国采取贷款规模管理方式，这对于控制货币信贷总量、集中资金保证国家重点建设、促进产业结构调整发挥了积极作用。但是，随着中国的经济及金融体制发生的变化，单一的国家银行体系逐渐被多元化的金融机构体系所代替，国有商业银行以外的金融机构新增贷款占全部金融机构新增贷款的比重不断上升和资本市场在20世纪90年代后的较快发展，企业直接融资渠道逐步拓展。随着中国对外开放的扩大，外汇资产的变动对国内货币供应量的影响也越来越大。在这种情况下，如果只监控国家银行贷款规模，而不是综合监控货币供应总量，就不能客观反映全社会的货币支付能力，也难以达到宏观调控的预期效果。正是如此，中国开始重视运用货币政策，并与其他宏观经济政策一道进行宏观调控，由此货币政策的作用逐渐凸显。

改革开放以来，中国货币政策在宏观调控中起着越来越重要的作用，或者说"在从计划体制向市场体制转轨的进程中……如果没有货币政策的调节功能，中

国的经济是无法以如此高的速度发展的。"① 在中央银行制度下，一国金融宏观调控主要是通过中央银行制定和执行货币政策来实现的。利率体制和人民币汇率体制是其中的重要组成部分。

利率作为资金的价格在金融经济活动中扮演着极其重要的角色，是资源配置和宏观调控的有力工具。利率政策是中国货币政策的重要组成部分，也是货币政策实施的主要手段之一。中国人民银行根据货币政策实施的需要，适时地运用利率工具，对利率水平和利率结构进行调整，进而影响社会资金供求状况，实现货币政策的既定目标。近年来，中国人民银行加强了对利率工具的运用。利率调整逐年频繁，利率调控方式更为灵活，调控机制日趋完善。随着利率市场化改革的逐步推进，作为货币政策主要手段之一的利率政策将逐步从对利率的直接调控向间接调控转化。利率作为重要的经济杠杆，在国家宏观调控体系中将发挥更加重要的作用。

与利率手段一样，汇率也是货币政策的重要工具之一。改革开放以来，与国民经济发展和宏观经济体制改革相适应，汇率市场化形成机制已相应地进行了改革。从计划经济体制下的外汇垄断经营与管理体制，到计划管理与市场调节相结合的外汇管理体制，到目前的市场化汇率形成管理体制，都充分体现了货币政策在宏观调控中的重要作用。

### 2. 金融监管方式的转变

由于新中国成立后至改革开放前中国实行的是高度集中的计划经济体制，在这种体制下，金融是从属于计划和财政部门的，所以金融监管主要是一般性的金融管理，以上级银行对下级银行执行统一的信贷计划、现金计划进行管理为主要方式。

改革开放以来，为适应金融体制改革的需要和金融业的快速发展，中国一直在探索符合中国国情的金融监管模式，并已取得了很大的成绩。

第一，根据证券市场发展的需要，1992年10月，国务院成立了国务院证券委员会和中国证券监督管理委员会，专门负责对证券业的监管。自此，国家加强了证券期货业的监督管理。

第二，随着市场经济体制的发展，为了避免中国人民银行分支机构的金融监管方面的行政干预，突出金融监管的独立性、公正性和严肃性，1997年召开的中央金融工作会议明确提出要有计划、有步骤地撤销省级分行，改变按行政区域设置的状况。1998年11月，中国人民银行撤销了31个省级分行，组建了9个跨

---

① 毛知兵：《中国金融体制论——体制、政策、市场、风险》，广东人民出版社1999年版，第40页。

省大分行。

第三,随着保险业务的飞速发展,1998年11月,中国保险监督管理委员会成立,使保险监管从中国人民银行金融监管体制中独立出来。

第四,2003年4月,中国银行业监督管理委员会成立。中国银行业监督管理委员会是独立于中国人民银行,直接对国务院负责的、专门负责银行业监督管理的机构,统一监督管理银行、金融资产公司、信托投资公司及其他存款类金融机构。

现在,中国已经建立起了三家金融监管机构,使中国的金融监管体系初步形成了三大机构共同监管的金融监管格局。

### 3. 金融宏观调控方式的转变

进行金融宏观调控,是中央银行的重要职责。金融宏观调控的核心是通过货币政策的实施实现稳定宏观经济的目标。中国金融宏观调控体系是随着社会主义市场经济体制的建立和完善及金融体制改革的逐步深化而不断变化的,在宏观调控方式上逐步由直接走向间接,即计划经济体制下形成的以行政手段为主体的直接金融宏观调控方式逐步转化为以经济手段和法律手段为主体的间接调控方式。

在传统的金融体制——"大一统"的模式下,金融宏观调控是通过全国各级银行编制年度及季度的综合信贷计划对贷款实行指令性指标管理来达到控制全国贷款总量的目的。为适应高度集中统一的计划管理体制,宏观经济调控主要依靠计划和财政手段。在这种体制下,中国人民银行根据国家的经济政策对国民经济实行宏观管理,政府的经济目标就是中国人民银行的货币政策目标,在调控的方式上主要采取直接的指令性计划。银行成为单纯的会计、出纳,成为财政的附属物,银行调节常常被忽视,货币、信贷手段处于从属地位。各级基层银行吸收的存款,必须全部上缴中国人民银行总行集中使用和统筹安排;信贷支出则统一由总行下达指令性计划,各基层行严格按总行下达的贷款计划发放贷款,不得突破计划。

改革开放以来,金融在国民经济运行中的作用越来越重要。为了保证国民经济稳步协调发展,加强宏观经济调控就显得日益重要。中国金融宏观调控体系是随着社会主义市场经济体制的建立及日益完善和金融体制改革的逐步深化而不断变化的,逐步由直接转向间接。特别是1998年以后,中国基本上建立了以间接调控为主的金融宏观调控模式,金融宏观调控体制改革取得了重大进展。从中央银行货币政策的制定以及政策工具的选择来看,中国人民银行进行间接宏观调控日趋成熟,从贷款规模管理到限额控制下的资产比例管理,到1998年取消贷款限额控制、在银行业全面实行资产比例管理和风险管理,表明中央银行宏观调控已经由直接管理向间接调控转化,是走向全面间接调控的具有重要意义的一步。

## 1.4 金融改革进程中的中国金融发展

对于中国而言,持续近30年的金融体制改革不仅从根本上改变了中国金融体系的原有面貌与架构,初步构建了一个符合市场经济要求的金融体系,而且有效地支持了中国渐进式改革的整体推进,成为中国经济发展"伟大跨越"进程中一个重要力量来源和支撑。

### 1.4.1 金融总量的快速增长

随着中国金融体制改革的深入以及经济总量规模的快速提升,中国的金融总量获得了爆炸式的增长——从全社会金融资产规模的变化趋势看,改革开放30年间中国金融资产总值保持了惊人的增长速度,从1978年的1 512.5亿元上涨到2006年的583 603.6亿元,增加了近386倍(2006年中国的金融资产总量已占到全球金融资产的近5%,约140.0万亿美元,见图1-2)。

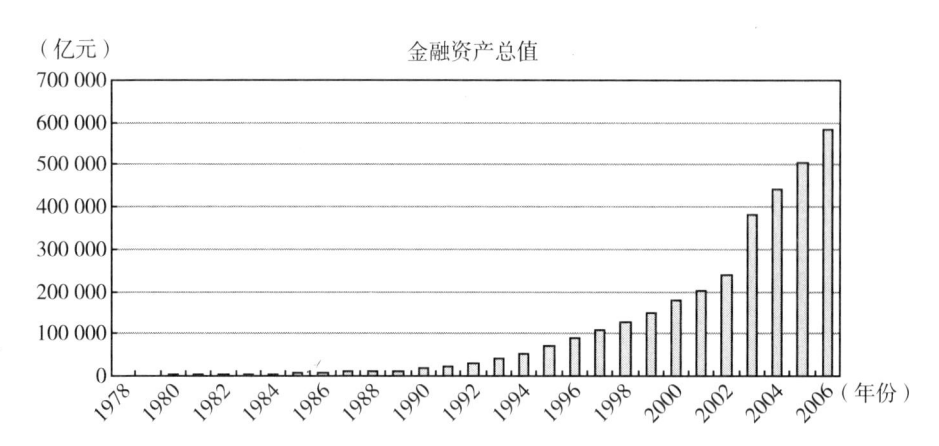

**图1-2 中国金融资产总量的变化**

资料来源:历年《中国金融统计年鉴》、《中国保险统计年鉴》、《中国证券期货统计年鉴》和中国人民银行网站(www.pbc.gov.cn)。

伴随着金融资产总量的急速膨胀,中国的金融相关率(FIR)与货币化率指标(M2/GDP)都出现了世界经济发展史中极为罕见的上升(见图1-3)。

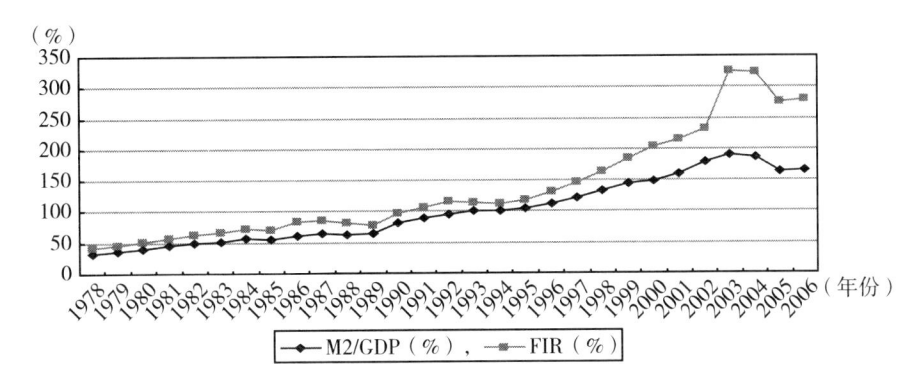

图 1-3  中国金融相关率（金融资产总量/GDP）与货币化指标的变化

资料来源：《中国金融年鉴》（1986~2007）。

### 1.4.2 金融结构的巨大变化

随着中国金融资产总量的快速增长，金融资产结构的巨大改变使得中国金融体系的整体架构发生了根本性的改变。借助表 1-2，我们可以清晰地发现尽管目前的中国金融体系依然是非常典型的银行主导型，且无论是从规模还是效率指标考察，银行和股票市场与西方发达国家还存在相当大的差距，但 2000 年的中国金融体系整体架构已经完全不同于改革之初的"大一统"单一银行体系，而且随着居民收入水平的快速提高、投资偏好的改变以及股票市场为代表的金融市场飞速发展，中国正朝着建设市场主导型金融体系而努力。

表 1-2  金融体系的国际比较：基于银行 vs 市场指标（2000）

|  | 指标 | 英国起源 | 法国起源 | 德国起源 | 斯堪的纳维亚起源 | 样本平均 | 中国 |
|---|---|---|---|---|---|---|---|
| 银行和市场规模 | 银行信贷/GDP | 0.62 | 0.55 | 0.99 | 0.49 | 0.73 | 1.11（0.24） |
|  | 营运费用/总资产 | 0.04 | 0.05 | 0.02 | 0.03 | 0.03 | 0.12 |
|  | 总交易值/GDP | 0.31 | 0.07 | 0.37 | 0.08 | 0.27 | 0.11 |
|  | 总市值/GDP | 0.58 | 0.18 | 0.55 | 0.25 | 0.47 | 0.32 |
| 结构指数（银行对市场） | 结构活动 | -0.76 | -2.03 | -1.14 | -1.83 | -1.19 | -1.07（0.46） |
|  | 结构规模 | -0.10 | -1.05 | -0.77 | -0.69 | -0.55 | -1.24（0.29） |
|  | 结构效率 | -4.69 | -6.00 | -5.17 | -6.17 | -5.17 | -1.48（-3.07） |
|  | 结构总量 | 1.21 | -0.05 | 0.66 | 0.13 | 0.72 | — |
|  | 结构监管 | 7.02 | 8.21 | 10.15 | 7.72 | 8.95 | 16 |
| 金融发展（银行和市场部门） | 金融活动 | -1.18 | -3.38 | -0.84 | -2.86 | -1.58 | -0.85（-2.38） |
|  | 金融规模 | 5.10 | 4.29 | 5.22 | 4.60 | 4.95 | -1.02（-2.55） |
|  | 金融效率 | 2.18 | 0.44 | 2.85 | 1.04 | 2.01 | -0.60（1.14） |
|  | 金融总量 | 1.23 | 0.13 | 1.47 | 0.48 | 1.05 | — |

资料来源：艾伦等（Allen et al., 2006）。

容易理解，金融体系整体架构的改变使得中国企业融资结构与居民资产构成也发生了极为明显的改变（见图1-4、表1-3）。

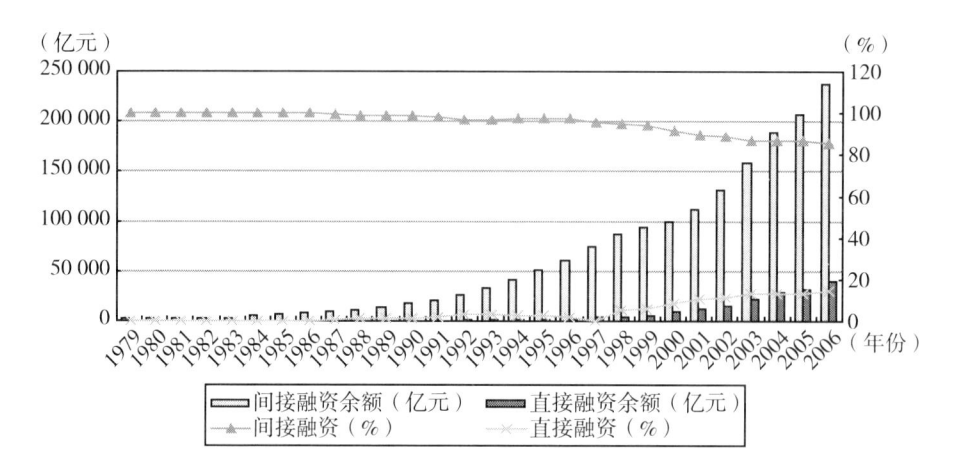

**图1-4　企业直接融资与间接融资结构变化情况**

资料来源：参考李健等著《中国金融发展中的结构问题》，第247～248页，中国人民大学出版社2004年版；根据历年《中国金融年鉴》相关数据计算而得。

表1-3　　　　　中国居民的资金融出结构（1982～2005）　　　　单位：亿元

| 年份 | 存款 | | | | 证券 | | | | | 保险 |
|---|---|---|---|---|---|---|---|---|---|---|
| | 合计 | 活期 | 定期 | 外汇 | 合计 | 债券 小计 | 国债 | 企业债 | 股票 | |
| 1992 | 2 693.9 | — | — | — | 845.4 | — | — | — | — | 52.5 |
| 1993 | 3 369.1 | — | — | — | 497.9 | — | — | — | — | 61.6 |
| 1994 | 6 169.9 | — | — | — | 473.3 | — | — | — | — | 56.5 |
| 1995 | 7 722.7 | — | — | — | 608.0 | — | — | — | — | 90.7 |
| 1996 | 8 515.2 | — | — | — | 1 566.1 | — | — | — | — | 127.3 |
| 1997 | 7 496.0 | 140.8 | 7 011.1 | 344.1 | 2 188.6 | 1 330.4 | 1 813.9 | 35.4 | 858.2 | 278.2 |
| 1998 | 9 257.1 | 163.3 | 8 092.0 | 1 001.8 | 2 179.3 | 1 414.7 | 1 372.1 | 41.6 | 765.5 | 298.3 |
| 1999 | 7 280.5 | 125.8 | 5 986.9 | 1 167.8 | 2 491.6 | 1 616.2 | 1 531.3 | 164.1 | 875.4 | 572.9 |
| 2000 | 6 610.0 | 172.2 | 4 949.1 | 1 488.5 | 2 223.4 | 695.9 | 770.0 | -74.1 | 157.5 | 1 247.0 |
| 2001 | 9 973.3 | -62.1 | 9 361.1 | 674.3 | 1 907.7 | 763.8 | 711.8 | 52.5 | 1 143.9 | 1 155.9 |
| 2002 | 14 251.7 | 307.5 | 13 321.0 | 623.5 | 1 514.8 | 879.1 | 463.5 | 415.6 | 635.7 | 2 543.1 |
| 2003 | 16 560.0 | 261.0 | 16 642.0 | -344.0 | 1 307.0 | 626.0 | 443.0 | 183.0 | 681.0 | 3 036.0 |
| 2004 | 15 678.2 | 232.6 | 15 923.6 | -477.9 | 511.1 | -205.9 | -739.5 | 533.6 | 717.0 | 3 515.8 |
| 2005 | 21 023.3 | 149.8 | 21 642.5 | -1 284.5 | 754.3 | 98.8 | 98.8 | — | 655.5 | 4 201.6 |

资料来源：《中国金融年鉴》1993～2006年各期资金流量表。

### 1.4.3 金融地位与作用的不断增强

自 1978 年后实行改革开放以来，中国经济持续高速增长，GDP 年均增长 9.6%，居民拥有的国民收入不断增加。财政收入占 GDP 的比重不断下降，1978 年占 31.24%，2006 年下降为 19.0%，居民收入占 GDP 的比重相应地不断上升，聚集了大量社会财富，为金融部门尤其是银行参与国民收入分配与再分配的增多提供了物质基础。中国金融改革的过程，也是金融地位、作用不断增强的过程。随着国民收入分配格局的变化，中国的金融事业一直保持了快速发展的趋势。金融体系从单一机构到多元化体系的建立；金融市场从融资补充到资金运行的大舞台；金融运行从政府主导到以利率、汇率为中心的价格引导机制的形成；金融管理从高度集中管理到货币政策作用的凸显与监管、调控方式的转变。金融一直发挥着重要的作用，已经成为资源配置的中心、宏观调控的中心和稳定国家经济安全的中心。可以说，改革开放的 30 年，也是金融地位和作用从严重抑制到快速释放的 30 年。金融作为第三产业的重要组成部分，在自身创造更多产值的同时，还为其他服务业的增长提供了重要的资金保障。

财政能力不断弱化，银行已成为社会资金最重要的融通渠道。在社会融资总量中，通过金融中介机构的比重占 80.0% 以上，银行信贷资金占企业资金来源 70.0% 以上。2007 年，M2/GDP 值达到 164.0%，已超过一些发达国家的 M2/GDP 值。今天，金融市场（特别是资本市场）正在成为人们进行投融资活动的重要平台，已从融资补充发展到了现代经济发展所需资金融通和资金运行的大舞台。

金融的快速发展极大促进了经济增长，有力地支撑了中国经济的起飞。从当前基于总量分析和结构分析的金融发展与经济发展主流文献来看，自从金和莱文（King and Levine, 1993）在金融发展理论基础上开创性地提出和运用金融发展与经济发展的跨国实证计量研究方法之后，金融发展与经济发展的关系引起了众多学者的兴趣。近年来，很多中外学者也遵循这一研究思路，通过多种计量方法分析中国经济发展与银行或股票市场发展之间的相关性与因果性，应该说诸多实证结论都证实了中国金融发展与经济发展之间的确存在一定程度的相关性甚至因果性。

为了了解这一点，借助鲁索和瓦赫特尔（Rousseau and Wachtel, 1998）提出的三变量 VAR 模型（见公式 (1-a)、(1-b)、(1-c)），利用 1995~2005 年中国 GDP、固定资产投资、银行信贷以及股票市场主要发展指标的季度数据进行计量分析，就可以得到表 1-4、表 1-5，显示以国内信贷衡量的金融发展指标对 GDP、固定资产投资等经济发展指标有显著、正向的影响,但以股票市值、上市公司数、交易规模等金融发展指标与经济发展之间的联系不显著(Rousseau and Xiao, 2007)。

$$x_{1,t} = a_{1,0} + \sum_{i=1}^{k} b_{1,i} x_{2,t-i} + \sum_{i=1}^{k} c_{1,i} x_{3,t-i} + \mu_{1,t} \quad (1-a)$$

$$x_{2,t} = a_{2,0} + \sum_{i=1}^{k} b_{2,i} x_{2,t-i} + \sum_{i=1}^{k} c_{2,i} x_{3,t-i} + \mu_{2,t} \quad (1-b)$$

$$x_{3,t} = a_{3,0} + \sum_{i=1}^{k} b_{3,i} x_{3,t-i} + \sum_{i=1}^{k} c_{3,i} x_{3,t-i} + \mu_{3,t} \quad (1-c)$$

其中:$x_1$ 为 GDP 或投资,$x_2$ 为国内信贷总量,$x_3$ 为股票市场发展某一指标。

表 1-4　　　　GDP、信贷和股票市场指标的 VAR 估计

| 股票市场指标 滞后 K = 3 | 格兰杰非因果性水平检验 | | | | |
|---|---|---|---|---|---|
| | 公式 | GDP | 信贷 | 股票 | R2 |
| 市值 | (1-a) | 0.466 (0.012) | 0.295 (0.006) | -0.036 (0.264) | 0.977 |
| | (1-b) | -0.113 (0.867) | 1.024 (0.000) | -0.011 (0.465) | 0.996 |
| | (1-c) | 0.719 (0.167) | -0.341 (0.409) | 0.866 (0.000) | 0.968 |
| 上市公司数 | (1-a) | 0.426 (0.019) | 0.361 (0.002) | -0.124 (0.129) | 0.979 |
| | (1-b) | -0.108 (0.935) | 1.030 (0.000) | -0.015 (0.853) | 0.995 |
| | (1-c) | 0.030 (0.104) | -0.067 (0.057) | 0.881 (0.000) | 0.997 |
| 交易价值 | (1-a) | 0.485 (0.011) | 0.244 (0.022) | -0.008 (0.931) | 0.974 |
| | (1-b) | -0.073 (0.910) | 1.010 (0.000) | -0.013 (0.737) | 0.995 |
| | (1-c) | 2.598 (0.076) | -1.054 (0.223) | 0.398 (0.223) | 0.552 |

说明:VAR 分析体系包括公式左段列示的 GDP、国内信贷和股票市场指标的三个滞后变量。括号内为格兰杰非因果检验的 F 统计量。

资料来源:Rousseau and Xiao (2007)。

表1-5　　　　　　　　投资、信贷和股票市场指标的 VAR 估计

| 股票市场指标<br>滞后 K+1=4 | 格兰杰非因果性水平检验 | | | |
|---|---|---|---|---|
| | 公式 | 投资 | 信贷 | 股票 | R2 |
| 市值 | (1-a) | 0.568（0.521） | 0.600（0.012） | -0.066（0.812） | 0.957 |
| | (1-b) | 0.084（0.805） | 0.855（0.000） | -0.005（0.514） | 0.995 |
| | (1-c) | 0.132（0.613） | -0.210（0.870） | 0.896（0.000） | 0.971 |
| 上市公司数 | (1-a) | 0.461（0.291） | 0.768（0.007） | -0.132（0.245） | 0.959 |
| | (1-b) | 0.084（0.830） | 0.862（0.000） | -0.003（0.847） | 0.995 |
| | (1-c) | -0.006（0.635） | 0.046（0.127） | 0.908（0.000） | 0.995 |
| 交易价值 | (1-a) | 0.591（0.375） | 0.534（0.004） | -0.047（0.239） | 0.960 |
| | (1-b) | 0.075（0.824） | 0.884（0.000） | -0.013（0.754） | 0.995 |
| | (1-c) | -0.346（0.380） | 0.541（0.748） | 0.506（0.055） | 0.408 |

说明及资料来源：同表1-4。

综上所述，我们可以清晰地看到伴随着改革开放以来经济的持续、快速、健康发展，在持续近30年的金融体制改革之后，中国金融不仅从总量上获得了极为迅猛的扩张，经济的金融货币化程度不断提高，而且中国金融结构也发生了质的改变，金融市场的崛起使中国金融基本构建了一个银行与市场并重、符合社会主义市场经济要求的现代金融架构。在金融自身发展的同时，其对现代经济的渗透与影响也越来越显著，已经成为推动中国经济发展的重要因素之一。

# 第 2 章

# 金融改革的"中国模式":理论分析

正如艾伦等人(Allen et al.,2005)所指出的那样,如果仅从现有关于法律、制度、金融与经济增长的主流金融发展文献出发,持续近30年的中国金融体制改革进而金融发展进程可能是世界经济发展史中一个较为特殊的"例外"——1978年以来,以极为薄弱的法律(及其执行)、制度环境为背景,渐进转型中的中国金融体系无论是在总体结构还是总量上都获得了极为快速的成长,而且为中国经济的转型与腾飞起到了至关重要的支撑作用。那么,作为一个特殊的"新兴+转轨"的经济体,中国金融体系是如何通过改革一步一步走到今天的格局?与俄罗斯、东欧等其他转轨国家相比,存在一个金融体制改革的"中国模式"吗?如果说有,为什么中国金融体制改革会采取这样一种特殊的模式……应该说,在改革持续近30年、中国经济金融总量日益庞大的今天,这些问题越来越吸引了众多中外学者的关注。本章试图立足包括中国在内的转轨国家金融体制改革的历史与现实,从比较金融制度分析的视角出发对这些问题做一个探讨。

## 2.1 中国金融改革:若干特征事实

历史地看,我们可以发现,尽管中国与苏联、东欧等转型国家类似,其始于1979年的金融体制改革进程同样脱胎于计划经济与国有经济双重制约下的宏微观管理体制，进而不可避免地表现出很多共性，但中国与俄罗斯等国在经济体制改革主导思路——大爆炸式与渐进式——的巨大差异，却使中国的金融体制改革进程出现了很多极为特殊的经济现象。我们将抛开渐进和大爆炸的理论定义，而是试图从一个改革分析范式着眼，对中国渐进金融体制改革的主要特征事实做一个概括。

### 2.1.1 "市场取向"目标的最终确立与阶段目标的及时明确

在从计划经济向市场经济的转轨过程中，中国经济金融体制改革的目标取向具有极为显著的阶段性、渐进性色彩，或者说在改革之初，决策层对中国金融体制改革的未来目标走向并没有清晰或一致的认识，而是随着改革进程的不断深入以及中国内外部环境的不断变化（甚至出现反复），在阶段性目标调整中最终确立了市场化的金融体制改革目标取向（见表2-1）。

表2-1    中国金融改革阶段性目标的历史变迁（1979~2007）

| 时间 | 金融体制改革目标 |
| --- | --- |
| 1979 | 邓小平提出的一个指导方向——"要把银行办成真正的银行" |
| 1986 | 在"建立国家调控市场、市场引导企业的经济运行机制"的经济体制改革核心思想基础上，确定（"七五"期间）金融体制改革目标 |
| 1993.11 | 在国务院颁布的《关于深化金融体制改革的决定》中，明确有中国金融体制改革目标的提法 |
| 1997.11 | 第一次全国金融工作会议召开。中国政府提出"力争用三年左右时间大体建立与社会主义市场经济发展相适应的金融机构体系、金融市场体系和金融调控监管体系，显著提高金融业经营和管理水平，基本实现全国金融秩序的明显好转，化解金融隐患，增强防范和抵御金融风险的能力，为进一步全面推进改革开放和现代化建设创造良好的条件"的金融体制改革阶段性目标 |
| 2002.2 | 第二次全国金融工作会议召开。中国政府确定了"十五"期间金融体制改革阶段性目标——进一步完善现代金融机构体系、市场体系、监管体系和调控体系，努力实现金融监管和调控高效有力，金融企业经营机制健全，资产质量和经营效益显著改善，金融市场秩序根本好转，金融服务水平和金融队伍素质明显提高，全面增强我国金融业竞争力，并明确这一阶段改革的核心是金融监管和国有商业银行的改革 |

续表

| 时间 | 金融体制改革目标 |
| --- | --- |
| 2007.1 | 第三次全国金融工作会议召开。中国政府提出"在深化国有银行改革基础上建设现代银行制度"、"加快农村金融改革发展，完善农村金融体系"、"大力发展资本市场和保险市场，建立多层次金融市场体系"、"全面发挥金融的服务和调控功能，促进经济社会协调发展"、"积极稳妥地推进金融的对外开放"、"提高金融监管能力，强化金融企业内部管理，保障金融稳定和安全"等多项中国金融体制改革的目标 |
| 2007.10 | 中共十七大召开。十七大报告提出"推进金融体制改革，发展各类金融市场，形成多种所有制和多种经营形式、结构合理、功能完善、高效安全的现代金融体系" |

众所周知，尽管中国金融体制改革始于1979年突破原先"大一统"银行体制，三家国有专业银行的设立，但是真正起步的标志应当算是1983年中国人民银行的独立和二级银行体制的建立。客观地说，这一时期的金融体制改革的终极目标并不明确，而只是中国改革总设计师邓小平同志提出的一个指导方向——"要把银行办成真正的银行"[①]。

一直到1985年9月中共中央提出《关于制定和实施国民经济和社会发展第七个五年计划的建议》，确定了"建立国家调控市场、市场引导企业的经济运行机制"的经济体制改革核心思想之后，1986年中国金融界才较为系统地提出（"七五"期间）金融体制改革的目标取向——（1）建立一个以间接调控为主要特征的宏观调控有力、灵活自如、分层次的金融控制和调节体系；（2）建立一个以银行信用为主体、多种渠道、多种方式、多种信用工具筹集和融通资金的信用体系，推动资金的横向融通和流通，逐步形成一种以城市为依托，不同层次、不同规模的金融中心和适合我国国情的金融市场；（3）建立一个以中央银行为领导，国家银行为主体、保险机构以及其他金融机构并存和分工协作的社会主义金融机构体系；（4）建立一个以现代科学为基础的管理体系。[②] 但由于当时经济环境和意识形态的制约，当时金融体制改革的重心主要是围绕着多元化金融机构体系的构建展开的，而金融市场的发展则一波三折，到1990年才在上海、深圳两地获得了试点。

---

① 1979年10月4日邓小平同志就指出："银行应该抓经济……要成为发展经济、革新技术的杠杆，要把银行办成真正的银行。"

② 为了实现上述目标，中国人民银行明确了"七五"期间金融改革的重点，即：完善金融宏观调控体系；理顺利率体系；建立适合我国国情的金融机构体系；有步骤地开放金融市场；加强和改善外汇管理制度。

进入 20 世纪 90 年代，中国金融机构多元化与金融市场发展的快速推进使得有关决策部门深入思考中国金融体制未来的目标取向——在 1993 年 11 月国务院颁布的《关于深化金融体制改革的决定》中，明确提出的中国金融体制改革的目标——建立在国务院领导下，独立执行货币政策的中央银行宏观调控体系；建立政策性金融与商业性金融分离，以国有商业银行为主体、多种金融机构并存的金融组织体系；建立统一开放、有序竞争、严格管理的金融市场体系——这是决策部门在推进国有企业股份制改革的基础上对股票市场为核心的金融市场功能（或定位）重新思考前提下对中国金融结构变化取向的重大调整，真正把中国金融市场的发展放到与金融机构体系、金融宏观调控体系构建同等重要的地位。这标志着中国金融体制改革的目标在市场化上迈出了极为重要的一步。

1997 年，亚洲金融危机爆发。从当时的情况来看，亚洲金融危机的爆发一方面使中国处在一个不利的国际经济环境中，一定程度上延滞了某些改革措施的出台；另一方面，危机也使中国深刻认识到金融改革、金融开放可能带来的风险，认识到潜在的金融风险一旦爆发可能带来的巨大消极影响。在这样一个特殊环境下，整顿金融秩序、化解金融风险成为当时中国金融体制改革的目标所在。于是在 1997 年 11 月召开的第一次中央金融工作会议上，中国政府提出的"力争用三年左右时间大体建立与社会主义市场经济发展相适应的金融机构体系、金融市场体系和金融调控监管体系，显著提高金融业经营和管理水平，基本实现全国金融秩序的明显好转，化解金融隐患，增强防范和抵御金融风险的能力，为进一步全面推进改革开放和现代化建设创造良好的条件"的金融体制改革阶段性目标带有较为明显的金融风险或金融危机防范色彩。

进入 21 世纪，在加入 WTO 之后，中国经济金融对外开放不可逆转的大发展趋势下，中国金融体系如何能够提升竞争力来迎接日益明显的内外部竞争压力。于是在 2002 年 2 月召开的第二次金融工作会议上，中国政府确定了"十五"期间金融体制改革的阶段性目标——进一步完善现代金融机构体系、市场体系、监管体系和调控体系，努力实现金融监管和调控高效有力，金融企业经营机制健全，资产质量和经营效益显著改善，金融市场秩序根本好转，金融服务水平和金融队伍素质明显提高，全面增强我国金融业竞争力，并明确这一阶段改革的核心是金融监管和国有商业银行的改革。

伴随着 2005 年以来中国建设银行、中国银行与中国工商银行三家国有股份制银行上市和股权分置改革的快速推进与完成，中国金融体制改革在 2007 年可以说进入了一个新的阶段。在 2007 年 1 月召开的第三次全国金融工作会议上，中国政府提出了"在深化国有银行改革基础上建设现代银行制度"、"加快农村金融改革发展，完善农村金融体系"、"大力发展资本市场和保险市场，建立多层次金融市场体系"、"全面发挥金融的服务和调控功能,促进经济社会协调发展"、"积极稳妥地推进金融业对外开放"、"提高金融监管能力,强化金融企业内部管理,保障金融稳定和安全"等多项中国金融体制改革的目标。

在2007年10月召开的中国共产党第十七次代表大会上,胡锦涛总书记在报告中提出"推进金融体制改革,发展各类金融市场,形成多种所有制和多种经营形式、结构合理、功能完善、高效安全的现代金融体系",成为中国金融体制改革目标的最新表述。

### 2.1.2 "双轨"主导的改革路径以及"从易到难"的改革顺序选择

正如"金融抑制"理论的创始人、美国著名金融学家麦金农(1997)所指出的那样,"对一个高度受抑制的经济实行市场化,犹如在雷区行进,你的下一步可能就是你的最后一步",进而"为了确保非通货膨胀型的金融均衡,商品市场和资本市场自由化的相对速度,以及干预主义政策和内外贸计划控制退出舞台的速度,都要受到一定的限制。财政政策、货币政策和外汇政策如何安排次序的问题是极其重要的。政府不能、也许也不应该同时实行所有市场化的措施",因此,改革路径与顺序的合理选择无疑是确保一国(或地区)金融体制改革成效的核心所在。

**1. 路径选择**

从制度演进的角度来看,一个国家的经济金融体制改革最终还是需要各种利益集团反复的博弈和利益调整来实现一种旧的经济金融体制向新的经济金融体制的演进或转型。中国金融体制改革的整体推进路径体现出非常明显的"渐进式"色彩,有着鲜明的"中国特色"。

第一,与中国其他经济领域的体制改革不同,中国金融体制改革一般从体制内起步,在体制内改革受阻的情况下往往试图通过体制外创新形成独特的"双轨制",一方面借以达到平衡各方利益、减少改革阻力、争取改革的合法性等目的;另一方面则是通过培育市场主体、强化市场竞争压力,来推进体制内改革的进一步深入。[1]

---

[1] 这里的"体制内"指的是传统计划经济体制内的制度、规范和习惯,"体制外"指的是传统计划经济体制所不包括的,由基层实现形成或借鉴国外经验而采取的各种做法。"双轨制"的关键不在于计划轨道与市场轨道的并存,而在于市场轨道是在边际上引入并与计划并行。

第二，从试点到推广（或者说从局部改革到整体性改革）。早在改革之初，在"摸着石头过河"思想指导下的中国政府当局就将比较有把握的一些措施通过"试点—成功—推广"或"试点—失败—取消"的路径来推动全国金融改革。① 进入20世纪90年代直至21世纪，中国政府对于包括金融市场、金融机构业务的很多创新还是采取了一种较为稳健（或保守）策略。

第三，从以利率、汇率市场化等为核心的价格机制改革到创造市场主体的产权改革。尽管从20世纪90年代中期开始——1994年汇率制度并轨和1996年对中国同业拆借利率限制的取消，中国就开始探索金融运行价格机制的市场化改革，但直到2002年，中国政府当局开始把改革的重心放到当时占市场份额近75%、国家100%控股四大国有商业银行的产权改革上，试图通过资产负债表重组、政府注资以及引进战略投资者基础上的股份制改制与上市等活动，重塑适应市场化要求的竞争主体，以此来应对金融开放环境中日益激烈的市场竞争（见表2-2）。

表2-2　　　　1998~2005年间中国政府对国有商业银行的财务支持　　　　单位：亿元人民币

| 支持银行改革措施 | 年份 | 政府借款 | 政府资产 | 资产管理公司借款 | 总额 |
| --- | --- | --- | --- | --- | --- |
| 资本注入 | 1998 | 2 700 | 0 | 0 | 2 700 |
| 不良贷款出售 | 1999 | 0 | 0 | 14 000 | 14 000 |
| 资本注入（CBC和BOC） | 2003 | 0 | 3 730 | 0 | 3 730 |
| CBC和BOC的坏账出售 | 2004 | 0 | 0 | 1 280 | 1 280 |
| ICBC资本注入 | 2005 | 0 | 1 240 | 0 | 1 240 |
| 总计 | | 2 700 | 4 970 | 15 280 | 22 950 |
| 占2004年GDP比重（%） | | 2.0 | 3.6 | 11.2 | 16.8 |

资料来源：《中国金融年鉴（2006）》。

第四，从创新到规范、再到制度化。与中国其他领域的经济改革类似，中国金融体制改革是一个演进式进程。演进式进程意味着许多小的、尝试性的改革措施随着时间的积累成为一个根本性的变革（Shi, 1993; Wang, 1993）。从中国

---

① 在这一改革思路的指导下，最初于1986年1月在广州召开了5个城市（广州、沈阳、武汉、重庆、常州）金融体制改革试点工作会议，并确立了试点方案和要求。1986年8月，又在北京召开了座谈会，确定将南京、无锡、苏州、丹东、温州、宁波等城市和广东省列入金融体制改革的试点区域。1986年底，中国的金融体制改革试点城市增加到14个。

的实践来看，金融经济领域相当一部分制度创新起源于民间为增加社会福利或规避管制的自发性制度创新，而这些制度创新一旦产生了效果并被证明有利于中国金融体制改革的进一步深化，政府就会及时地加以认可和规范，同时通过制定相应的法律或法规使这样的制度创新尽快地合法化。

**2. 顺序安排**

从顺序选择来看，为了尽可能地降低改革的成本，使改革进程具有可持续性，中国金融体制的改革路线图并不完整清晰，基本上可以说是按照从易到难、从低成本领域到高成本领域改革的顺序渐次展开的：

（1）就金融体系设计的整体思路而言，中国基本上是本着"在维护（国有）金融机构主导地位的前提下，金融机构改革先导，逐步推进金融市场改革"的顺序推进金融体制改革。

（2）就金融机构的改革顺序而言，中国走过了一条"从银行到非银行机构并存多元化机构体系的构建，到'分业管理'框架下不同金融机构业务分工体系的基本明确，直到目前的市场竞争主体的重塑"变革之路。虽然在改革之初，通过分设四大专业银行、恢复中国人民保险公司、成立中国国际信用投资公司以及城市信用社的试点等措施，中国初步构建了一个形式上多元化的金融机构体系，但由于相关法律法规的缺失以及宏微观环境的制约，虽然设立时金融机构有着不同的功能定位和业务界定，在运行一定时期后，不同机构之间的业务范围开始出现交叉和竞争，一度形成了"混业经营"态势，但也引发了诸多问题，影响了整个金融机构体系的稳定。为了改革这种混乱局面，大约从1993年开始，中国政府当局一方面通过组建政策性银行，加快专业银行的商业化改革以及鼓励股份制商业银行的发展；另一方面则通过强化制度建设，颁布与实施了《中国人民银行法》、《商业银行法》等法规，明确了中国金融机构"分业经营"的经营业务格局。1997年亚洲金融危机的爆发强化了当局这样一种监管理念。2002年以后，中国当局逐渐把机构改革的重点放到国有商业银行竞争力的提升问题上，试图通过"资产负债表重组—股份制改造—上市"产权改革，在引进外部战略投资者的基础上，把四大国有商业银行重塑为具有国际竞争力的市场主体。

（3）就金融市场而言，中国经历了"从试点到合法、从分散（割）到集中、从无序到规范、从计划管制到市场化、从封闭到国际化"的渐进改革发展之路。在80年代中期以票据市场、同业拆借市场以及外汇市场等为主体的货币市场发展试点基础上，伴随着股份制的引入以及各地证券交易中心的兴起，1990年底上海证券交易所和1991年深圳证券交易所的成立成为中国股票市场改革试点的里程碑。尽管两个交易所的试点，结束了中国一直以来各地区资金市场"画地为牢"的分割状态,但由于在试点之初,中国金融市场发展定位上的特殊性以及运行的诸多环节极为浓厚的计划经济色彩(如股票发行额度控制及分配制度、基于市盈率的发行定价制度等等),中国金融市场的经济功能极为有限(应展宇,2005)。1997年《证券法》明确了中国股票市场的法律地位。此后,核准制的实施、证券市场信息披露制度的不断完善以及"股权分置"改革的推行等等,"市场化基础上的规范与发展"一直就成为中国金融市场改革的主旋律。

在中国金融总体开放程度不断加大的背景下,中国金融市场的国际化程度也不断提升。

(4) 伴随着中国金融格局的变化以及内外部经济环境的改变,中国金融监管的重点逐渐发生了转移,监管体系的架构也发生了巨大的变化——从改革之初中国人民银行这一"领导和管理全国金融事业的国家机关"[①] 逐渐过渡到现有的"一行三会"、较为清晰的银行、证券与保险分业监管的格局。在此期间,对于中国人民银行而言,不仅其职能定位有了较大的改变,而且其机构设置也发生了显著变化。[②]

(5) 就中国金融自由化,尤其是利率与汇率的市场化以及金融市场对外开放(资金流动自由化)的顺序而言,中国政府在确保控制与防范风险的前提下,采取了极具渐进色彩的推进措施:首先,利率。本着"先外币、后本币;先贷款、后存款;先长期、大额,后短期、小额"的总体改革思路,在经过长达10多年的尝试与变革之后才取得了长足进展[③];其次,汇率。在经历了1981~1993年的双重汇率制度[④]、1994~2005年的单一有管理浮动汇率制[⑤]之后,2005年7月以市场供求为基础的、有管理的弹性浮动汇率制度才成为现实,标志着我国向人民币汇率制度的市场化、国际化迈出了重要一步。汇率制度改革增加了人民币汇率的弹性,同时又给中央银行干预外汇市场留下了足够的空间,从而保证了人

---

① 1984年,中国人民银行真正开始实施中央银行职能;1986年,《银行管理条例》发布,确认其是国务院领导和管理全国金融事务的国家机关;1995年颁布的《中国人民银行法》,最终从法律上明确了其中央银行的地位。

② 1998年底,中国人民银行撤销了32家省级分行,组建9家跨省区分行和两个营业管理部,在分行外省区设金融监管办事处;2001年,中国人民银行对内设机构职责进行调整。此后,又增设金融稳定局、征信局。

③ 此后,1997年6月,银行间债券市场债券回购利率和现券交易利率放开;1998年3月,贴现与转贴现利率形成机制与水平实现完全市场化;1998年、1999年中国人民银行三次扩大金融机构贷款利率浮动幅度;1999年10月,大额长期存款利率市场化尝试成为现实;2000年9月,外币贷款利率和300万美元以上的大额外币存款利率放开,到2003年11月,主要币种小额外币存款利率基本实现完全市场化……

④ 双轨制包括1981~1985年间官方汇率与内部结算价的双轨,也包括1985~1993年间的官方汇率与外汇调剂市场汇率的双轨。

⑤ 核心内容是取消了外汇留成和上缴,实行外汇银行结售汇制,取消国内企业的外汇调剂业务,建立统一的银行间外汇市场,并以银行间外汇市场所形成的汇率作为中国人民银行公布的人民币汇率的基础。

民币汇率的稳定；再次，资金流动自由化。1996年，中国经常项目可兑换成为现实。此后，为了给资本项目可兑换创造条件，2003年推出了QFII制度，2005年又推出QDII制度。

### 2.1.3 "重点突破与一般跟进"的改革推进战略

为了确保中国金融体制改革的稳定性与可持续性，在过去的30年里，中国政府采取了"以点带面，重点突破与一般跟进"的改革推进战略，一步一个脚印，取得了显著的成效。

就1978年改革开放以来中国金融改革的历史进程而言，起步（1978～1983）、拓展（1984～1993）、全面推进（1994～2002）和深化健全（2003年以来）四个阶段有着不同的指导方向与改革重点。

——起步阶段。1979～1983年间的重点是构建"二级银行体制"，在形式上实现金融机构的初级多元化。在这一阶段，中国逐步通过机构分立与增设，打破计划经济时期的"大一统"银行体制，初步构建一个以中国人民银行为领导、国有专业银行为主体的"二级银行体制"。而以1979年中国人民保险公司的恢复（1984年分设）与中国国际信托投资公司的成立为标志的非银行金融机构体系的发展成为当时金融体制改革的"伴奏曲"。

——拓展阶段。1984～1993年间的改革重点是以金融机构的多元化与企业化为重点，初步形成机构与市场并存的格局。

在这一阶段早期（1984～1988），中国金融体制改革的核心是在机构扩张的同时，加快银行企业化进程的推进。在这一时期，随着四大国有专业银行业务领域和地域限制的取消，以交通银行和中信实业银行为代表的非国有股份制商业银行的出现、外资银行的进入以及以信托公司为代表的非银行金融机构的快速发展，不仅当时中国各家银行的机构网络获得了迅速扩展，而且金融机构体系之间的业务领域交叉成为现实，多元化的市场竞争格局初步形成。在这段时期里，中国金融市场（主要是货币市场）也开始出现。

由于传统体制性弊端尚未革除，加之金融机构数量的快速增长和融资行为的扭曲，中国金融部门在1988～1993年间着重于推行稳定化措施和控制通货膨胀，主要通过对强化以信托公司为主的非银行金融机构的监管和重组以及国家对信贷资金流向与流量（规模）的控制，整个机构改革的市场化步伐暂时放缓。在机构改革滞缓的同时，这一时期中国金融市场的发展却开始加快——伴随着1987～1992年股份制试点的快速推进、全社会资金分配格局的深刻变化以及银行信贷困境的加剧，以"融资"为出发点的股票市场开始进入人们的视野，而1990年底和1991年4月上海和深圳两个证券交易所的成立，不仅标志着中国资本市场的初步形成，而且应该是中国金融体制市场化改革中非常重要的一个里程碑。

——全面推进阶段。1994～2002年间前期的重点是以法制框架建设为支撑，加快国有银行的商业化和金融市场经济地位的提升。这一时期，最为重要的改革成果是中国市场化金融体系法律框架的初步形成——1995年，《中国人民银行法》和《商业银行法》的颁布实施确立了下一个时期中国金融机构定位与"分业经营、分业管理"的监管理念。

伴随着当时这些法规体系的改变，中国金融机构体系在此期间发生了较大变化——1994年，三家政策性银行成立；金融机构准入标准逐步放宽，在建立一批非政府的地区性与全国性商业银行机构的同时，更多的外国银行和金融机构被允许进入中国市场……与此同时，伴随着以市场为基础的货币工具也得到了广泛的运用，上海和深圳两个证券交易所规模迅速扩大，政府债券的二级市场进一步发展，银行间货币市场形成并初具规模，金融市场在中国经济金融体系中的地位迅速提升。

而随着1997年亚洲金融危机的爆发，1997～2002年间以控制金融风险和防范金融危机为改革的重点。1998～1999年前后，亚洲金融危机的冲击及其负面效应还在持续，导致金融安全，尤以银行体系安全问题在中国政府得到前所未有的关注。而为了解决四大国有商业银行巨大的不良资产，当时的中国政府可以说尝试了几乎可以选择的各种"药方"，如国有银行的股份制改造；发行金融债券补充银行资本金；强化资产负债比例监管；试行贷款"五级"分类；设立四家资产管理公司，剥离1.4万亿不良资产等等，在迅速降低银行不良资产比重的同时，也为其下一步产权改革奠定了基础。

由于1997～2001年间，中国股票市场股价的持续走高，价格"泡沫"以及由此隐含的风险日益成为金融监管当局关注的重点，所以，规范市场投资者行为、提升市场透明度以及防范市场风险成为当时金融市场改革的重中之重，其间《证券法》的颁布实施则可以说为中国资本市场正名的同时也为规范提供了制度基础，相应的市场运行的发行制度、信息披露制度建设有了长足的进展，以投资基金为代表的机构投资者开始形成并得到了快速的发展。

——深化健全阶段。2003年至今，金融机构的产权改革与资本市场的股权分置改革成为中国金融体制变革的重点。此间，国有银行通过"资产负债表重组—引进战略投资者基础上的股份制改造—上市"实现了产权主体资格的重塑，而始于2005年的股权分置改革则使中国资本市场完成了脱胎换骨式的基础性制度变革。

### 2.1.4 政府推进与市场力量的协调

对于中国这样的转轨经济体而言,由于包括金融体制改革在内的制度变迁必须在相对较短的时期内完成,不可能像成熟市场经济中的制度变迁一样,在相对较长的时间内缓慢演进,进而在整个过程中,政府必须在经济体制变迁过程中发挥积极的作用,创造出有利于制度变迁的环境,因此,中国的金融体制改革,或者说金融深化进程体现出的"政府主导型"色彩,或者来自政府部门的改革思路调整及政策变动一直以来就是中国金融体制改革得以推进、深入的基本甚至主要动力就非常容易理解。

从中国金融体制改革的实践来看,一些对于现有金融体制形成具有重大意义的经济决策都来自于中国政府——1984年以中国人民银行为领导、四大国有专业银行为主体的"二级银行体系"的形成;1990年11月上海证券交易所与1991年4月深圳证券交易所的设立;1998年发行2 700亿元特种国债补充国有商业银行资本金;1999年专门设立四家资产管理公司用于剥离国有商业银行不良资产;2003年、2005年两次分别动用450亿元、150亿元外汇储备为中国银行、中国建设银行和中国工商银行进行股份制改造补充资本金等等,既显示了中国政府对于推进中国金融体制改革深入的巨大决心,也意味着现有的中国金融体制是一个非常明显的政府主导的"强制性"制度变迁过程,中国金融体制改革迈出的每一步都体现着中国政府在特定经济发展阶段所确定的特定目标。

但改革的政府主导并不意味着市场力量就无所作为。体制外金融体系的蓬勃发展以及对外开放所引致竞争与创新同样对中国金融体制改革的推进有着重要意义。从中国的实践来看,金融领域的很多创新或改革动力起源于民间或市场内部——如前文曾提及的作为股票市场发展基础的股份制1986年开始以在金融业中的应用——以交通银行、中信实业银行等为代表的股份制商业银行的成立以及外资银行进入的逐步放开,1984~1993年间的汇率双轨制都是非常典型的"体制外发展带动体制内变革"的实例。

## 2.2 中国的金融改革模式特殊吗——基于转型国家金融改革历史的比较分析

众所周知,20世纪80年代后期开始,"改革"成为苏联、东欧等众多转型国家经济重建的一个重大政治转折。20年后的今天,与中国类似,这些国家的金融体制改革也可以说成就显著，基本上摆脱了计划经济色彩，在金融总量发展的同时也构建了一个较为现代的金融体系。但问题是，同是金融体制改革，中国的金融改革进程是否有别于苏联、东欧等其他转型国家呢？或者说，是否存在一个金融体制改革的"中国模式"呢……显然，从比较金融制度角度看，这些问题对于我们理解经济金融转型具有较高的理论意义和现实意义。

### 2.2.1 金融体制改革的目标设计

就金融体制变革的目标取向而言，我们发现从实践来看，尽管由于各国经济规模、复杂性、技术以及政治、文化习俗、历史背景上的差异问题，不同国家的金融体系，或者说金融机构与金融市场的存在形式及其对比（金融结构）可谓千差万别，但理论界较为接受的一种分类是依据金融中介机构（银行）和金融市场在金融体系中发挥作用不同而划分的以德、日为代表的"银行主导型"模式和以美、英为代表的"市场主导型"模式两大类，且两类金融体系在金融功能的实现方式及特征上存在较大的差异（Allen and Gale, 2000; 应展宇, 2005）。

对于发达国家而言，18世纪早期的两次大的金融危机——英国的南海泡沫和法国的密西西比泡沫——成为世界金融体系发展分水岭。正是这两个事件以及英、法政府的不同应对措施，加上各国法律、文化政治信仰的差异以及制度演变的惯性，在经历了近200年的发展后才导致了我们今天所看到的上述两种截然不同的金融系统（Allen and Gale, 2000; Rajan Zingales, 2003; 吴晓求等, 2005）。而对于包括苏联、东欧社会主义国家与中国等转轨经济体而言，鉴于其整个制度变迁进程必须在相对较短的时期内完成，因此它们不可能像成熟市场经济中的制度变迁一样，在相对较长的时期内慢慢演进，进而金融系统的设计成为一个关键的政策问题。

那么，如何设计这些新兴国家的金融系统呢？尽管从现有的研究来看，大多数经济学家似乎赞同以下两点：（1）当前最适合转轨经济需要的金融系统是银行导向型的，而不是市场导向型的；（2）包括俄罗斯在内的后社会主义国家中所出现的金融系统正是这种银行导向型模式（Aoki, 1994; Berglof, 1995; Blasi et al., 1996），但是从各国的实践来看，转轨经济各国出现什么类型的金融体系不是一件基于各种模式优劣比较之上、有意识地进行政策选择的事情，相反却是路径依赖演进的结果，进而其现实的金融结果表现出很大的差异性。

从因果关系的角度着眼，转轨经济金融体系模式的形成主要是由两大因素所决定的——所选择的私有化模式和银行体系的集中程度。

（1）私有化及其模式选择。20世纪90年代前半期，尽管私有化成为转轨经济体主要的改革措施,其通过大规模地出售国有资产所获得的私有化收益占GDP若干个百分比,几乎相当于主要发展中国家所有的私有化收益,但不同国家实现私有化的方式存在较大的差异。实际上,在转轨经济国家实行私有化的三类主要方案中,有两类(俄罗斯等国采取的将资产免费或只以象征性的价格分给职工方式,以及波兰等国采取的通过凭证分配所有权方式)是较为适合证券市场发展的——因为这种方式能够弥补有限的资产需求和大量的资产供给之间的缺口,而不会压制股票价格;而另外一类(民主德国、匈牙利、爱沙尼亚等国采取的市场竞价拍卖)则由于其一方面最容易压低股票价格,另一方面将资产直接出售给出价最高的竞价者,进而有利于培育类似于德、日那样以机构为基础的金融体系。

(2) 银行体系的集中程度。对于大多数转轨经济体而言,不仅银行一直是一种相对重要的筹资渠道(和证券市场相比):股票市值通常不到GDP10%的水平,而银行信贷却高达GDP的几十个百分点,而且银行体系的集中度较高(俄罗斯是一个例外),其中很多国家历史沿袭的传统国有银行更是占据了垄断地位(见表2-3)。

表2-3　转轨经济国家或地区银行信贷规模和资产集中度　　单位:%

| 国家 | 国内银行信贷占GDP比重(1995) | 前5大银行所占银行总资产份额(1994) | 总资产中最大银行所占比重(1994) |
| --- | --- | --- | --- |
| 白俄罗斯 | 15.4 | 75 | 88 |
| 中国 | 90.9 | 80 | — |
| 捷克 | 93.4 | 65 | 71 |
| 爱沙尼亚 | 12.8 | 75 | — |
| 匈牙利 | 64.1 | 63 | 68 |
| 拉脱维亚 | 13.7 | 57 | — |
| 立陶宛 | 17.1 | 71 | — |
| 波兰 | 34.6 | 66 | 71 |
| 罗马尼亚 | 23.6 | 74 | 79 |
| 俄罗斯 | 20.7 | 33 | 43 |
| 斯洛伐克 | 52.3 | 79 | 79 |
| 斯洛文尼亚 | 36.6 | 70 | 89 |
| 乌克兰 | 18 | 70 | 82 |

资料来源:世界银行,1997;转轨报告,1995。转引自 Popov(2003)。

因此，在很多转轨经济体中，高度集中的银行体系成为非金融企业资金的主要保管者——以捷克为例，银行控制了私有化投资基金，而几个投资基金管理了个人投资者大约一半的股份，进而被赋予了更多的经济使命或特权——在波兰，根据有关银行和企业重组的法定债务调整程序，银行在债务重整中不仅拥有实际主导权，而且银行在债务清偿时还拥有优先权。

正是在这样一个特殊的环境中，从实践来看，几乎毫无例外，所有的转轨经济体，包括那些私有化方案有利于证券市场发展的国家（俄罗斯可能是唯一的例外），产生的新兴金融体系倾向于形成德国和日本的"银行主导型"目标模式。[①]

然而，金融体系目标模式选择上的同一并不能抹杀各国在发展证券市场、改变现有金融结构的种种努力，而正是在这一点上中国与其他转轨国家的金融体制改革目标表现出了极大的差异。尽管从时间上看，包括中国在内的各转轨经济体几乎均是从90年代初开始发展证券市场的[②]，但就证券市场的发展程度而言，当前各个转轨经济体存在明显的差异（见表2-4）。

表2-4　　　　转轨国家股票市场上市公司数量（1994~2000）

| 国家＼年份 | 1994 | 1995 | 1996 | 1997 | 1998 | 1999 | 2000 |
|---|---|---|---|---|---|---|---|
| 捷克 | 1 024 | 1 635 | 1 588 | 276 | 261 | 164 | 154 |
| 爱沙尼亚 | 0 | 0 | 0 | 22 | 26 | 25 | 23 |
| 匈牙利 | 40 | 42 | 45 | 49 | 55 | 66 | 65 |
| 拉脱维亚 | 0 | 17 | 34 | 50 | 69 | 70 | 64 |
| 立陶宛 | 13 | 357 | 460 | 607 | 60 | 54 | 54 |
| 波兰 | 44 | 65 | 83 | 143 | 198 | 221 | 221 |
| 斯洛文尼亚 | 25 | 17 | 21 | 26 | 28 | 28 | 34 |
| 俄罗斯 | 72 | 170 | 73 | 208 | 237 | 207 | 218 |
| 斯洛伐克 | 19 | 21 | 816 | 872 | 837 | 845 | 843 |
| 乌克兰 | 0 | 96 | 99 | 102 | 113 | 117 | 120 |
| 中国 | 291 | 323 | 530 | 745 | 851 | 949 | 1 088 |

资料来源：S. Claessens, S. Djankov and D. Klingebiel, 2000, "Stock Markets in Transition Economies", The World Bank, Financial Sector Discussion Paper No. 5.

---

① 由于转轨经济国家的证券市场较弱而且操作很不规范，世界银行等国际组织也更倾向于支持转轨经济实行银行导向型金融体系（世界银行，1996；Stiglitz，1995）。

② 如俄罗斯资本市场建立的基础是1991年苏联政府实施的《股份公司法》以及一系列私有化企业凭证流通法案（1992~1993年）颁布实施之后，其国家有价证券市场的建立和发展则是在1993~1994年期间。

从表2-4可以看出，除少数国家（如私有化进程相对缓慢的波兰等）之外，在外国（短期）资本流入的大背景下，包括捷克、俄罗斯等私有化进程推进较为迅速的国家证券市场在早期都有了很快的发展——1994年之后，对俄罗斯大公司股票的需求出现了大幅增长，其中1996年4~6月，以实物资产和美元计价的俄罗斯股票价格就上涨了3倍，但是后期法律制度的不完善以及亚洲金融危机的蔓延使得1998年8月俄罗斯股票市值较1997年的高峰下跌了90%，市场遭受了巨大冲击。相反，在渐进改革指导动机引导下，中国政府稳健的金融开放政策以及推进证券市场改革深入的决心，却使以试点身份出现的中国证券市场不仅免受1997年的亚洲金融危机影响，而且在1990年之后取得了巨大发展，2007年底沪深两市的总市值超过30万亿元人民币，已经成为中国金融体系极为重要的构成部分，进而使得中国金融结构在带有较为浓厚的银行主导型色彩的同时兼具盎格鲁-萨克逊特征，相比其他转轨经济体具有极为特殊的目标定位。

### 2.2.2 金融体制改革的动力来源

尽管按照BIS（2001）的分析，我们大致可把一国金融体制改革的动力划分为7大类，即技术进步、金融理论的进展、金融服务提供过程中政府力量的弱化、自由资本流动、全球性金融标准的导入、储蓄管理的机构化和以老龄化为核心的人口统计变化等（应展宇，2005），但从制度演进的角度看，对于包括俄罗斯、中国以及东欧各国在内的转轨经济体而言，特殊的制度起点与经济背景决定了其金融体制改革从一开始就是政府主导的强制性的自上而下的制度变迁过程，政府行为或者说各种政治势力的角力在很大程度上成为推动金融体制改革的重要力量。

在改革之初，对于苏联、东欧等转轨经济体而言，在其金融体制改革之初的很多措施带有极为强烈的政治色彩，甚至可以说就是政治斗争的产物。① 以俄罗斯为例，1991年俄罗斯和联盟中央政府（叶利钦和戈尔巴乔夫）之间权利分配的斗争是决定俄罗斯银行分散竞争格局的根本原因——当时，银行业被选作权力争斗的场所之一，俄罗斯政府宣布在俄罗斯领土内所有联盟银行的分支机构都独立于中央银行（Gosbank），结果，一夜之间出现了近千家银行，进而俄罗斯银行业变成了形式上第一个具有竞争格局的完备市场。捷克也是如此——由于其当

---

① 在这一点上，中国也不例外——以邓小平为领导的决策层对于中国金融体制改革的推进有着至关重要的作用。

时的总理瓦克拉夫·克劳斯是持自由主义政见者，对于市场的自我组织能力很有信心，所以捷克政府在建立充分的市场基础制度之前就实施了大规模的私有化计划，其股票市场规模在一开始就很大。

但问题是，当改革的车轮开始运转之后，由于不同国家政治制度所导致的国家资源控制能力的差异，各国政府在金融体制改革中扮演的角色开始出现了分化——一极是中国，在改革进程中始终保持着强有力的政府控制，国家能够克服税收制度的局限利用国有银行体系迅速集中起分散于民间部门随着货币化进程日益增加的储蓄，进而国家仍然能够保持对传统的软预算国有企业边际内价格控制并给予强有力的资金支持；另一极是俄罗斯与大多数国家，由于执政党（共产党）的权力在改革过程中急剧削弱，导致国家对整个经济的集中控制和对国有企业分散的党的监督被严重削弱，政府没有能力继续主导着经济改革进程的深入。

这种政府与市场力量格局的改变就使得改革启动之后，中国和其他转轨经济国家的金融体制改革动力来源发生了显著的变化——在中国，可靠的国家信誉消除了中国国有银行储蓄存单持有者的风险顾虑，再加上适当的利率政策刺激，使得政府依旧主导着金融体制的变革进程，而来自市场（民间金融创新，包括对外开放引发的创新动力）的力量在中国一直是以辅助角色出现的；相反，对于俄罗斯而言，在1992年放开物价之后，随着：（1）税收筹集能力的弱化以及由此导致的财政赤字的迅速增加；（2）商业银行贷款利率的放开，利率实现市场化；（3）国家对银行的垄断被打破，商业银行体系迅速实现了所有制的多样化；（4）银行业大门的开放，外资银行大量进驻俄罗斯，不仅使得政府缺乏足够的资源介入金融改革，而且银行业与实体经济相互渗透程度极为明显，金融工业集团（金融寡头）出现并主导了国内的货币和信贷，结果使得其金融体制改革已经逐渐脱离了政府的控制，成为一个高度市场化的进程。

当然，对于一些东欧国家而言，随着欧盟东扩进程的不断推进，来自欧盟一体化的力量也是推动其金融体制改革，尤其是金融市场发展的重要力量。[①]

---

[①] 首先，加入欧洲经济与货币一体化联盟（EMU）后，欧盟各国稳定且低水平的通货膨胀有助于减少经济风险，降低风险溢价，进而使投资者在选择投资项目时有更长的期界。这种投资期界的延长对于一种以股权为基础的文化以及长期金融产品的发展显然有着重要意义；其次，随着欧元的引入，欧盟境内跨国投资决策的汇率风险已不复存在，客观上改变了欧盟原有资产管理者或投资者局限特定国家的投资策略，极大地促进了欧盟金融市场的发展；再其次，随着EMU和欧元的出现，投资者结构的巨大变化（如欧元导入之前，欧洲很多国家的人寿保险基金受汇率风险的限制，不能投资于负债定价货币之外的资产，而欧元出现之后，这种限制就弱化了）导致了欧元区金融市场的融合，有助于实现了区域市场上投资收益（对于给定风险水平而言）的趋同、更高的流动性和更大规模的跨境资本流动。

### 2.2.3 金融体制改革的路径及顺序选择

**1. 转轨国家金融改革路径比较**

与中国渐进的增量改革方式相比,由于国内政治、经济环境的不同,以俄罗斯为代表的绝大多数转轨经济体的金融体制采取了激进的"存量改革"方式,进而使得整个金融体制改革的路径表现出较大的差异。

"存量改革"的方式使得对于俄罗斯东欧各国而言就不存在"体制内"与"体制外""双轨"并存的现象,进而也就不会有"试点"、"推广"等概念——以俄罗斯为例,它从改革伊始就在进行银行产权改革,打破了国有银行业的垄断地位[①]的同时,通过大规模的私有化计划推动证券市场的发展,不仅在较短时间内摆脱了旧体制的束缚,而且迅速建立起适应市场化需要的单轨运行的金融体制。此外,它在较短时间内就实现了经常项目的完全开放和资本项目的高度开放以及利率和汇率的自由化改革,将内外两个市场以及对内资金价格与对外资金价格联系起来,使国内外资本市场统一为一个整体。

这样一种路径选择当然是有利有弊。从好的一面看,这种改革在一定程度上很早跨越了渐进式转轨中国有银行产权变革这一金融"硬核",形成了较强的预算约束,进而为金融市场的发展创造了自由宽松的准入环境和制度环境。此外,金融机构数量的快速增加与外国战略投资者引进,使得俄罗斯不仅实现了有效地强化金融机构竞争的目的,而且也让俄罗斯银行业和证券市场较早地融入国际金融市场,伴随而来的新的经营机制和服务理念极大地提升俄罗斯国内金融机构治理水平。如果从不利角度出发,与渐进式改革路径相比,这种过于快速的金融体制改革不仅使得金融市场的不确定性和金融风险增强,而且极有可能诱发金融市场的过度竞争,一旦宏观环境出现一些变化,就可能对国家金融安全和金融稳定带来毁灭性的影响。[②]

**2. 转轨国家金融改革顺序选择比较**

顺序选择上的差异是中国金融体制改革有别于俄罗斯、波兰、匈牙利等东欧诸国的另一特殊之处。

---

① 除极少数由国家出资并受国家控制的储蓄银行、对外贸易银行和工业建设银行等商业银行以及一部分由国家控股的从属于一些工业部门的银行外,绝大部分商业银行都是完全按照市场化运作的不受政府控制的股份制银行和外资银行。

② 1997年亚洲金融危机的爆发,就对俄罗斯经济金融体系几乎带来了灭顶之灾。

众所周知，俄罗斯等东欧各国"大爆炸"式的经济自由化——1990年1月由波兰起始，价格的迅速放开和中央计划型投入配置的中止伴随突然开放对硬通货国家的更自由的贸易——从一开始就引起了产出的急剧下降和经常的爆炸性通货膨胀，使得这些国家初始的金融体制改革面临着与中国极为不同的经济环境。在这样一种状况下，也许过多地出于政治上的需要而非经济上的设计，以萨克斯等为代表的西方经济学家还是坚持要求这些国家在建立起对国家经济的财政和金融控制之前，解除价格管制，实行浮动汇率制，推进财产私有化和决策分散化。正是基于这种改革思路，俄罗斯东欧各国金融体制不同领域的改革设计基本上是没有改革顺序选择方面的考虑，或者说改革设计者认为似乎在一夜之间就可以让这些国家完成西方国家数百年的发展历程。①

以银行改革为例。从时间上看，我们可以发现与改革20多年后中国还在试图通过国家主导的产权改革重塑市场主体不同，在俄罗斯等东欧国家，当既存的"大一统"银行体系被迅速打破时，通过建立一家中央银行和多家商业银行，其银行体制改革进展得非常顺利，在很短时期内就按照西方目标模式完成了必要改革（见表2-5）。

表2-5　　　　1989~1995年捷克、匈牙利和波兰的银行改革进程

| | 捷克 | 匈牙利 | 波兰 |
| --- | --- | --- | --- |
| 改革计划开始 | 1990/1991年 | 1987年 | 1989年 |
| 二级银行体系与新银行法 | 1990年 | 从1987年开始 | 1989年 |
| 新银行进入市场 | 1990年 | 1987年 | 1989年 |
| 首次银行破产 | 1993年 | 1992年 | 1991年 |
| 银行开始重新调整资本 | 1991年（10月） | 1993（3月） | 1993年（3月） |
| 银行法修正、加强对银行业监管 | 1992年，1994年 | 1992年 | 1992年 |
| 存款保险制度改革 | 1994年（7月） | 1993年（6月） | 1995年（2月） |
| 银行私有化 | 从1992/1993年开始 | 从1994年开始 | 从1992年开始 |

资料来源：Bush（1995，1996）.

证券市场的建设也不例外——尽管伴随着俄罗斯、捷克等国私有化进程的快

---

① 应该说，俄罗斯经济改革还是有很多正面效应，如1997年底，俄罗斯年通货膨胀率降到了个位数，对外贸易实现自由化；1998年初，平均进口关税为14%，大量出口配额都被取消，出口税收也大为降低；包括农场在内的大多数资产都转变为股份公司，并且所有权是分散持股。然而，由于经济长期衰退和劳动阶层的贫困化带来的巨大损失，加上社会中普遍的腐败现象，使得这一改革模式至今还广受争议。

速推进,几乎是在"瞬间"就创立了无数的"公众公司",但由于这些公司大都名不副实,内部人控制现象非常严重,进而要么导致俄罗斯股票市场中交易活跃、成交额较大的股票非常少(十几家具有战略意义的公司资产份额占据整个市场资金的90%左右),要么出现捷克那样初始市场规模很大但随后迅速萎缩这样的状况①,使市场的发展受到了极大的限制。②

这些国家的金融自由化进程推进也极为迅速——仍以俄罗斯为例,1992年在放开物价的同时,也放开了商业银行贷款利率,实现了利率市场化。另外,其资本项目自由兑换的实现时间也非常短暂——从1991年初莫斯科出现外汇拍卖市场开始,到1994年新年伊始俄罗斯就开始采用灵活的单一汇率,实现了经常项目下的可自由兑换;随后,尽管管理浮动汇率制(1995年7月1日之前)和浮动走廊制是在卢布有选择的兑换情况下实行的,此间在中央银行批准的情况下,出口商可以把特定数量的外汇放在外国,而将剩余部分汇回国内并兑换成卢布,但居民与企业换汇的额度和限制已经不断放宽;到了1997年,俄罗斯公民就可以自由地将卢布兑换美元(尽管这些美元必须留在国内或存入俄罗斯银行),公司则可将它们的卢布收入在莫斯科银行业外汇交易所换成美元并存入那些拥有在海外持有外汇牌照的银行,此外,当局也默许俄罗斯的授权银行大量借入外国短期资金并把它们投入到政府财政债券和长期债券中,而严禁外商持有俄罗斯政府债券的法令也被废除。1997年时俄罗斯出台的这些政府法规,实际上使得政府已经无法区分合理的资本外流与非法交易,其资本项目已经实现了自由化。③

### 2.2.4 金融体制改革推进策略安排

对于俄罗斯、东欧等转轨经济体而言,大爆炸式的存量改革以及国家控制力的缺乏使得政府在制度开始变革之后便逐步丧失了改革的主导权,来自市场内部的力量与开放引致的外部压力的共同作用实际上使得其金融体制改革的整个过程呈现出明显的外生性特征,进而尽管其早期的改革推进策略并不是非常明晰,但

---

① 主要是因为出现了很多投资者被内部人欺骗,大机构投资者与内部人勾结对付少数股东的事件,小投资者意识到自身利益缺乏保护进而退出市场。

② 波兰是一个例外。因为其证券市场采取了渐进式发展思路,首先引进非常严格的信息披露标准,接着建立了类似于美国SEC这样的机构,以确保这些信息披露标准和其他保护少数股东的规范能够得到有效执行,进而树立了投资者参与市场的信心,结果1996~1998年间,波兰股票融资总额达到了25亿美元。

③ 其结果是从1997年11月,亚洲金融危机致使外国投资者抽逃资金之前,俄罗斯的银行和企业就利用这些国内政府安排进行了大量的资金外逃,进一步放大了危机的冲击。

1997年亚洲金融危机之后,以"控制预算赤字与通货膨胀为目的的严厉、紧缩性财政货币政策"为基调的 IMF 援助计划成为俄罗斯金融体制改革推进策略的核心内容。

1997年之前,俄罗斯的金融体制改革大致可划分为两个阶段。始于 1987 年的第一阶段改革重点是银行体系——通过重组原来的苏联国家银行,建立了由苏联国家银行和五个专业银行构成的新的银行体系。由于仅仅触及了形式而不是实质,这一阶段的改革普遍认为是失败的。随着 1990 年 12 月《苏联国家银行法》、《银行及银行活动法》、《俄罗斯联邦中央银行法》和《俄罗斯联邦银行及银行活动法》以及 1991 年《股份公司法》的颁布实施,在银行法律地位、中央银行和商业银行职能以及股份制得以确立的基础上,俄罗斯在继续实现银行体系分散化的同时,于 1993~1994 年间出现了有价证券市场。

1997年的亚洲金融危机基本上使俄罗斯银行体系与证券市场陷入了极大的恐慌——以股票市场为例,由于许多西方资金撤离俄罗斯市场,致使俄罗斯二级、三级证券市场的价格下跌到原先的 2%~20%,市场几乎崩溃。1998 年 9 月至 2000 年间改革的主要任务是银行重组,但问题是由于商业组织复兴代理机构(ARCO)与俄罗斯中央银行(ARCO 的贫困的出资者)以及央行为解除银行业所寻求的客观标准之间存在矛盾,从而使俄罗斯银行业进行系统的资本结构调整一度陷入了僵局。2001 年后,改革的主要任务变成巩固信贷机构的金融资产,剔除银行服务市场中缺乏生命力的信贷组织,提高信贷机构资本化程度和资本质量,在信贷机构的经营活动中建立和发展竞争机制,并且加强银行体系与实体经济的相互促进作用。

而对于波兰、匈牙利、捷克等东欧诸国而言,尽管其经济金融体系受亚洲金融危机的影响并不突出,但早期银行体系改革的多次危机导致的"阵痛"(见表 2-6)、"欧盟东扩"步伐的加速以及这些国家加入欧盟的渴望[①]就使得这些国家为了摆脱困境的同时尽量达到"入盟"要求,在以银行体系私有化为先导市场化改革中,其金融体制改革的策略及推进不可避免地受到欧盟各项条约的影响,进而也表现出较为明显的大爆炸式推进速度过快以及外生性的特征。

---

① 以波兰为例,其入盟申请历程与经济转轨几乎同步——早在 1989 年 9 月,波兰就与当时的欧共体签订了贸易和经济协议;1991 年 12 月和欧盟签订了联系国协议;1994 年 4 月正式向欧盟递交入盟申请。尽管 1989 年以后波兰政府更迭频繁,但历届政府都坚定不移地把加入欧盟作为最重要的目标之一。2004 年 5 月 1 日,中东欧八个前社会主义国家——波兰、匈牙利、捷克、斯洛伐克、爱沙尼亚、拉脱维亚、立陶宛与斯洛文尼亚,加上地中海的塞浦路斯和马耳他正式加入欧盟,完成了欧盟历史上规模最大、难度最大的一次扩充。

表2-6　　　　　　　　1995年前中东欧国家的银行危机

| 国家 | 危机时间 | 危机范围 | 预计损失/成本 |
| --- | --- | --- | --- |
| 爱沙尼亚 | 1992 | 破产银行占所有存款的47% | 重新注资支出占GDP1.4% |
| 匈牙利 | 1991~1995 | 8家破产银行占到了金融体系资产的25% | 重新注资支出占GDP7.5% |
| 斯洛文尼亚 | 1990s | | 重新注资成本达到13亿美元 |
| 波兰 | 1990s | 9家国有银行中7家失败,占金融体系资产的90% | |
| 罗马尼亚 | 1990s | | |
| 拉脱维亚 | 1995 | 中央银行接管了大商业银行,损失接近0.5亿~1亿美元 | |

资料来源：Caprio and Klingebiel（1995）。

尽管与中国类似，俄罗斯及东欧转轨国家在经过多年艰难的经济金融体制改革之后，其当前的金融体系较改革之前已经并正在发生着巨大的变化，或者说各国目前都已基本构建了一个符合现代市场经济（并已被欧盟所接受的）的金融体系，但就改革的目标、动力、路径以及推进策略的比较制度分析视角而言，以渐进、双轨以及政府主导为基本特征的中国金融体制改革与以俄罗斯为代表的其他转轨国家存在较为显著的差异（见表2-7）。

表2-7　　　中国与俄罗斯及东欧国家金融体制改革模式特征比较

| | 中　国 | 俄罗斯及东欧 |
| --- | --- | --- |
| 改革目标 | 阶段性变化并最终确定市场化 | 事先非常明确的市场化 |
| 改革动力 | 政府主导下的市场与政府的协调 | 政府促发基础上的市场主导 |
| 改革路径 | 基于"渐进"与"双轨"的增量改革 | "大爆炸"基础上的存量改革 |
| 改革策略 | 重点突破基础上的一般跟进 | 外生性基础上的激进式推进 |

客观而论，中国与其他转轨国家在金融体制改革上的这种差异，使得中国经济金融市场化，或者说中国经济从高度集中的计划经济向市场经济过渡与转型的进程表现出了极为特殊的现象——1979年以来，中国在没有出现大的波动的情况下经济金融出现了令人震惊的持续增长，其增长的速度不仅是中国历史上所没有出现过的，即使在世界历史上也是非常罕见的（麦迪森，2003；Allen et al.，2006）。这似乎也意味着相对于其他转轨经济体而言，迄今为止的中国金融体制改革模式是非常独特的，或者说存在金融体制改革的"中国模式"。

## 2.3 金融体制改革"中国模式"的形成与演进：历史考察

如果说从改革的整体进程分析，存在一种金融体制改革的"中国模式"的话，那么为什么中国的金融体制改革模式会呈现出这种特殊性？或者说为什么中国没有选择俄罗斯等其他转轨国家激进的金融体制改革模式？"中国模式"能够为其他国家所复制或借鉴吗……显然，为了回答这些问题，需要我们对金融体制改革"中国模式"的形成与演变进程有一个基本了解。

众所周知，从1953年开始大规模有计划地发展国民经济之后，中国便按照苏联模式实行高度集中的计划管理体制及相应管理方法。计划经济特有的高度集中财政信贷管理体制决定了此后20余年的中国金融体制几乎是苏联的翻版，呈现出"大一统"格局——在国家信贷计划约束下，不仅当时中国的金融机构及其业务职能高度集中统一，而且金融机构（银行）内部上、下级间也高度集中统一。客观地说，尽管这种金融体制在传统经济中曾十分明显地表现出其效率和优点，但由于计划经济模式中国家"统"得过多过死，忽视商品生产、价值规律和市场的调节作用的内在特征，极大地限制了金融机构的活力，使其与社会生产力发展的要求极不适应，无法发挥社会主义制度的优越性，于是随着1978年经济体制改革的全面铺开以及向纵深推进，金融体制改革成为中国政府关注的焦点之一。

从实践来看，中国金融体制改革一开始似乎就偏离了资源配置效率优化的目标取向，其突出表现就是中国金融体系（尤其是国有银行体系）承担了某种财政功能，特别是对国有经济的财政补贴功能（张杰，1998）。那么，为什么经济体制改革中的中国金融体系会被政府赋予这样一种特殊的功能定位呢？

从制度变迁的角度考察，鉴于中国的经济转轨特色深深内生于长期稳定的二重社会结构（一方面是强势的国家，另一方面是分散的下层经济组织），而这一社会结构不仅内生出超强政府的一维权力体系而且政府对宏观稳定（包括政治与经济）有着极强的制度偏好，因此，中国的经济金融体制变革表现出非常明显的双重特征——既是以国家为制度主体的强制性制度变迁，又是一种边际性的渐进式制度变迁。但正如"诺斯悖论"[①]所揭示的，当国家作为制度选择和制度

---

[①] 诺斯（1992）曾指出，统治者或国家提供博弈规则都有两重目的：一是使统治者租金最大化；二是提供和实施产权规则和降低交易费用，促进经济增长。不过"在使统治者租金最大化的所有权结构与降低交易费用和促进经济增长的有效率体制之间存在持久的冲突"——这就是所谓的"诺斯悖论"。

变革的主体且面临着两重目标冲突时,"统治者常常选择相对低效率却更能保证租金最大化的产权制度",或者说其首要的制度变迁目标是社会与政权的稳定,进而国家必然最大限度地控制着经济金融转轨的速度和规模,采用渐进的增量改革方式而不是激进的休克方式来推动制度变迁。这就必然导致国家最大限度地维持"体制内产出"的稳定,避免整个经济转轨过程中由于"体制内产出"的巨大波动而引起社会动荡和组织崩溃。而"体制内产出"的主要承担者是国有企业,所以要保证渐进式制度变迁的顺利推进,支撑"体制内产出"的稳定,国家就必然对国有企业实行制度和战略上的倾斜,为国有企业改革提供各种显性或隐性的补贴,以弥补国有企业改革所花费的巨额成本(王曙光,2003)。

但是,为维持体制内产出稳定所需的巨大补贴从何而来呢?从当时的情况来看,伴随着经济体制改革的推进,国民收入分配结构、经济货币化程度等外部环境的改变,经济运行中的储蓄结构与投资结构均发生了极为深刻的变化:

——国民收入分配结构。1978年以来,随着社会主义国家传统隐性财政收入体制的解体与"放权让利"改革思想的贯彻,中国国民收入分配结构发生了巨大变化。从国民经济部门结构来看,1978~1998年间居民收入在可支配总收入中的比重稳步上升,从50.7%增加到68.1%;相反,企业部门则从30.8%下降到13.7%;而财政部门则基本保持稳定,从16.9%变化到17.5%(吴晓求,2001)。

——经济货币金融化程度。1978年经济体制改革之初,中国至少通过5个渠道导致了经济货币化程度的不断提升:第一,居民和企业交易需求的增加;第二,农村引入生产责任制之后,成千上万的农民进入了市场;第三,乡镇企业的出现;第四,迅速发展的个体经济和私营经济;第五,迅速增长的自由市场(易纲,2003)。而伴随着中国经济货币化程度的不断提高,货币对整个经济活动的渗透力在加强,实物交易、物物交换越来越少,货币一般等价物的作用得到了真正的体现——以 M2/GDP、金融相关率两个指标为例,分别从1978年的32%和53.6%上升到1998年的131.6%和157%(米建国、李建伟,2002)。

——国民储蓄结构与投资结构。容易理解,国民收入分配格局的改变必然导致国民储蓄结构的变化——从部门结构看,随着经济改革的深入,在企业储蓄比重维持在30%~40%水平的同时,政府储蓄比重显著下降,从1978年的60.4%降至1998年的13.2%,其主导地位逐渐被居民储蓄(从1978年的9.5%上升到1998年为51%)所替代(吴晓求,2001)。

在国民储蓄结构变化的同时,伴随着集体经济、个体经济等非国有主体的兴起,中国经济中的投资主体也日益实现多元化,投资结构发生了巨大改变(见表2-8)。

表 2-8　　　　　　中国部门投资结构及投资效率分析

| 年份 | 工业产值增加值（亿元） | | | 固定投资投资（亿元） | | | 投资效率 | | |
| --- | --- | --- | --- | --- | --- | --- | --- | --- | --- |
| | 国有企业 | 集体企业 | 个体企业 | 国有企业 | 集体企业 | 个体企业 | 国有企业 | 集体企业 | 个体企业 |
| 1986 | 615 | 634 | 174 | 2 079 | 391 | 649 | 0.296 | 1.621 | 0.268 |
| 1987 | 1 333 | 1 030 | 310 | 2 448 | 547 | 795 | 0.545 | 1.883 | 0.390 |
| 1988 | 2 101 | 1 806 | 504 | 3 020 | 711 | 1 022 | 0.696 | 2.540 | 0.493 |
| 1989 | 1 991 | 1 271 | 531 | 2 808 | 570 | 1 032 | 0.709 | 2.230 | 0.515 |
| 1990 | 721 | 664 | 521 | 2 986 | 529 | 1 001 | 0.241 | 1.255 | 0.520 |
| 1991 | 1 892 | 261 | 550 | 3 713 | 697 | 1 182 | 0.510 | 0.374 | 0.465 |
| 1992 | 2 869 | 3 352 | 1 753 | 5 498 | 1 359 | 1 222 | 0.522 | 2.467 | 1.435 |
| 1993 | 4 901 | 4 329 | 4 573 | 7 925 | 2 317 | 1 476 | 0.618 | 1.868 | 3.098 |
| 1994 | 3 476 | 10 008 | 8 290 | 9 615 | 2 758 | 1 970 | 0.362 | 3.629 | 4.208 |
| 1995 | 5 019 | 7 151 | 9 549 | 10 898 | 3 289 | 2 560 | 0.461 | 2.174 | 3.730 |
| 1996 | -2 859 | 5 609 | 4 949 | 12 056 | 3 660 | 3 211 | -0.237 | 1.533 | 1.541 |
| 1997 | 1 399 | 6 198 | 4 936 | 13 418 | 3 873 | 3 426 | 0.104 | 1.600 | 1.441 |

资料来源：根据《中国统计年鉴》（1990~2000）计算整理。

中国经济体制改革导致的这样一个外部经济环境意味着计划经济时代中国储蓄与投资主体高度耦合的财政主导型转化机制运转的经济基础不复存在，或者说，国家财政再也不能（或无力）大规模直接介入全社会的资金配置了。

那么，在这样一种制度背景下，中国全社会的资金配置应该如何进行呢？虽然从理论上说中国政府面临着多种选择，但在当时"有计划商品经济"的政治经济制度约束下，由于一方面，产权问题改革在当时尚未涉及，政府仍是国有资产的唯一代表，仍需掌控全局；另一方面，中国原有的金融体制一直是银行主导的，且长期以来国有银行信用几乎是一统天下，所以选择国有（专业）银行主导这种金融模式，凭借国家对作为投资主体的国有银行以及银行信用的高度垄断来控制全社会资源，进而使国有银行成为弥补国有企业改革成本和维持体制内产出的唯一主体就成为当时最符合国情、也是政府可接受的一种选择。正是在这样的金融改革指导方针下，1978年以后中国相继恢复了中国银行、中国农业银行，并在1984年前后，逐步构建了一个以中国人民银行为核心，工、农、中、建四大国有专业银行为主体的金融体系。也正是在这个逻辑的支配下，在很长一个时期内，国家对国有银行部门的改革一直持非常谨慎的态度，最大限度地维持整个银行体系市场结构的垄断性和产权结构上的单一性，使单一国有产权的国有银行在市场竞争中处于绝对的垄断性的优势地位。

但改革的现实性并不意味着改革的有效性。以"拨改贷"为核心的金融体制改革并非市场运行的自然结果，而是中国政府在深受原有储蓄—投资低效转化之苦基础之上的一种变通——打破集中体制下"父爱主义"引致的"预算软约束"，利用银行来引导、约束企业的融资决策，减少对财政的过度依赖。在没有其他相应制度配合的背景下，虽然改革的初衷是为了提高经济运行的整体效率，但由于制度协调以及其他体制性的原因，作为计划经济遗留下来的以国家为唯一中介的转化机制的延续，国有银行为主导的金融模式并没有从根本上改变储蓄—投资低效转化的现状；相反，在储蓄保持高速增长的同时，中国经济金融领域出现了一些政府当局不愿看到的现象：

（1）国有企业经营效益持续下滑。在国有企业与国有银行同属"国有"的大背景下，得到优先信贷支持的国有企业"免费资本"的幻觉不仅依旧延续，而且在存款高速增长的背景下，借助银行贷款维持投资也是国有企业唯一的渠道，由此，一种"居民储蓄—银行贷款—企业（高）负债"的经济运行模式出现并得到强化。而运行的结果使企业在高负债的背景下疲于应付债务本息的偿还，相应的企业产权改革以及经理选拔机制、激励机制的建立与完善等都无从获得制度基础，企业的发展在没有制度保障的情况下，导致成功的企业仅仅只是个案，而失败却成为国有企业运行的常态，投资效率远低于其他经济部门（见表2-8）。

（2）银行，尤其是国有银行经营陷入了困境，金融风险不断累积。在这样一种转化机制下，不仅银行几乎承担了全社会所有储蓄—投资转化的任务，进而对银行自身的业务运作（筛选、甄别投资项目，监控项目的运行，评价项目实施的后果等等）提出了很高的要求（否则银行可能根本无法取得储户、企业的信任，进而也无法存续），而且在中国，由于银行的国有背景，国家信用成为银行运行的基础，导致银行很大程度上可以在不顾及转化效率的基础上开展业务；与此同时，作为一种义务，国有银行本身也担负了许多没有经济效益的政策性业务；此外，国有企业亏损的现状极其严重……种种因素的叠加，使中国整个银行体系的风险不断累积，一个集中表现就是不良贷款的急剧扩大，导致其只能依靠巨额新增储蓄的进入，才得以在不出现通货膨胀的背景下维持日常的运行。

（3）金融宏观调控效果弱化。一方面，居民储蓄存款的大量增加使得中国货币供给具有极强的内生性；另一方面，国有企业对信贷资金的刚性依赖引发了国有企业倒逼银行贷款，进而迫使国有银行出于维系自身资产负债平衡的目的倒逼中央银行再贷款，形成中国特有的"中央银行再贷款—国有银行政策性贷款—国有企业"单向的信贷资金流动，结果不仅使得全社会潜在购买力扩大，总需求与总供给之间的潜在矛盾激化,而且更为重要的使中央银行货币政策丧失了独立性,单靠货币调控难以有效地实现宏观调控。

这些现象的出现与加剧迫使中国政府不得不重新思考以国有银行垄断为核心的金融体制的合理性。应该说,以1986年交通银行的重新恢复以及中信实业银行的设立为标志的非国有银行的发展是早期中国政府探索金融体制改革深化的重要步骤——在当时的政府看来,非国有银行的出现与发展在直接满足非国有企业投融资需求的同时,有利于打破金融垄断、引入竞争机制,并能以示范效应促进国有银行的商业化转轨。然而,尽管以股份制银行为代表的非国有银行在此后20年里在规模、地域分布等方面都有了长足的发展,却并没有从根本上动摇国有银行特有的竞争优势(国家信誉支持、广泛的分支机构网络以及长期银企关系等),致使其无法撼动国有银行在中国金融体系的主导地位。

既然非国有金融机构的发展不能实现中国金融体系的效率提升与风险控制,那么,中国能否"跨越一步",通过金融市场的发展来实现中国金融体系的革命性变革呢?大约从1984年开始,在市场内生力量的推动下,这种改革思路在中国出现并逐渐进入决策层的视野。尽管1983~1990年间的中国金融市场,尤其是货币市场的发展在产品种类及规模上都取得了一定成就,其雏形也已经在中国经济体系内部顽强地萌芽、成长,但最终却以整顿而告终,并且很多改革措施重新回到了计划经济的思维。①

中国金融市场发展的里程碑是1990年底以及1991年初上海证券交易所和深圳证券交易所的成立。在此之前,中国在经历了一个很长时期的关于"什么是社会主义"、"社会主义可不可以搞市场经济"、"计划和市场在社会主义经济中对资源配置分别起什么作用"、"社会主义能不能有股票市场"、"股份制和证券市场姓'社'姓'资'"等重大理论问题的争论之后,而最终结果是中国政府决定把股票市场作为金融体制改革的一个试点来进行。

那么,为什么政府会在1990年前后选择进行股票市场发展的试点呢?深层原因还是制度变迁补贴资源控制与来源问题——在改革之初,为了避免出现证券市场与银行部门争夺资金,使垄断性银行失去一部分收益最高的业务,从而损失其特许权价值,进而影响银行部门的资金、威胁金融体系的稳定,政府对债券和股票市场采取了极为严格的抑制政策;但当中国经济金融领域面临的环境发生了巨大变化(来自货币化发行收益的衰竭,同时国有银行体系已经累积的巨额风险),客观上必须重新寻找一条赖以维持渐进转轨的金融支持方式(或者说政府

---

① "八五"计划对金融体制改革方案的提法就更多地体现了计划色彩,其中"金融宏观调控实行间接手段与直接手段相结合"、"加强对专业银行的领导与管理"、"专业银行要执行国家产业政策、承担经济调控职能"等均显示了计划经济的回潮。

已经意识到仅仅对提供储蓄存单的国有银行做出所谓的专属性保护以及维持垄断性国有金融制度安排,依然不能满足中国经济变迁过程中储蓄动员水平与金融支持的实际需要)的时候,创建、发展一个以国有力量主导的股票市场最大的作用就是为中国经济转轨金融支持策略的战略性改变——从单独货币性金融支持转变为货币性与证券性金融协同支持——提供了新的契机,进而迫使政府进行新的改革尝试。

部分是出于政治或意识形态的考虑,部分是为了实现上述资源控制的目的,政府从一开始就通过发行额度控制与分配、证券定价、"股权分置"等制度安排严密控制股票市场的发展轨道。从实践来看,证券发行的额度控制与分配制度使政府获得了新的资源获得方式(直观上说,这与国有银行的信贷分配制度并没有什么不同),而在股权分置(即国有与法人持股占据较大比重且不流通)的情况下,再大的证券市场扩展规模都不会形成标准的资产替代,进而对转轨经济中的金融支持产生影响。因此,对政府而言,处于如此"金融抑制"下的股票市场发展既可保持体制内产出的增长,又可体现总体改革尤其是金融改革的市场化倾向。

但就在中国大力推进金融体制改革、建立以市场为主导的金融体系时,1997年之后的改革面临的国际环境发生了突变——始于1997年7月的泰国并迅速席卷东南亚、俄罗斯、巴西等国家与地区的金融危机爆发,不仅致使这些国家多年经济发展的积累付诸东流,而且给中国带来了一个极为严峻的国际经济环境,迫使中国的外汇体制改革、利率市场化进程不得不减缓,同时国有银行体系巨额不良资产以及股票市场泡沫中可能蕴涵的金融风险成为中国政府最为关注的问题。或者说,整顿金融秩序、化解金融风险成为当时金融体制改革的重中之重。

进入21世纪之后,中国金融体制改革的外部环境又一次发生了巨大改变——2001年中国加入世界贸易组织意愿的实现迫使中国金融体系必须尽快融入世界,对外开放成为推动中国金融体制改革最主要的动力之一。

历史地看,与中国主动地把其他经济领域的改革置于对外开放的环境下实现改革与开放完美结合的情况不同,由于金融对于渐进式改革的特殊功能定位,中国金融体制改革不仅明显滞后于整个经济转轨进程而且其对外开放程度一直保持在最低程度。从国有商业银行角度看,在国家对金融市场实行严格的市场准入限制、经济中资金短缺而资金需求旺盛、政府所控制的利率水平与市场均衡利率水平存在较大差距的情况下,其面临的竞争环境极为宽松,进而不仅获得大量垄断利润,且以国有商业银行为代表的垄断寡头之间的相互默契也成为金融体制改革进一步推进的阻力。但随着经济全球化进程的加速,中国经济的对外贸易依存度以及以FDI为代表的国际资本流动规模越来越高,迫使中国必须寻求加入WTO

减少国际经济贸易争端,实现国民经济的有序、健康、快速发展。但问题是,正如拉詹和津加莱斯(Rajan and Zingales,2004)所论及的,一旦中国选择加入 WTO,就必须按照 WTO 协议向外国金融机构开放本国金融市场,中国金融体系竞争格局将无法维持,或者说金融体制变革成为市场运行的内在要求。

从实践来看,2001 年加入 WTO 之后,外资金融机构对中国国内银行的竞争压力日益凸现。此时的竞争已经转变为投资回报和经营绩效决胜负的争夺,可依赖的竞争优势不仅仅是规模经济或范围经济,良好的公司治理结构才是竞争的关键。而这一点,恰恰是中国金融机构所缺乏的——从当时的情况看,国有独资引发的高代理成本与管理不到位决定了四大国有商业银行公司治理的失效以及经营效率的低下,不仅在竞争中亏损几乎不可避免,而且更严重的是,当资金、业务和人才可以在不同金融机构之间流动时,由于国有银行和外资银行在经营绩效和激励机制方面存在的明显差距,将不可避免地出现资金、优质客户及人才的流失,其竞争优势被日益削弱。正是基于这种考虑,2003 年开始,政府开始有意识地再次通过对国有银行的注资、资产剥离以及外部战略投资者的引进,试图以股份制改革以及上市等手段推进国有商业银行的产权改革,重塑市场竞争主体。

在金融市场领域,尽管从 90 年代中期理论界就开始意识到中国资本市场上市公司股权流动性设计上的制度缺陷——股权分置的存在破坏了上市公司全体股东共同的利益基础,扭曲了资本市场存量资源的整个功能,使中国资本市场丧失了持续发展的内在动力,而且在 1999 年(国有股减持试点)和 2001 年(减持国有股补充社保基金)也做了一些尝试,但直到 2005 年 4 月 29 日才真正拉开了序幕。到 2006 年 12 月 31 日,累计完成或进入股改程序的公司数已达到 1 303 家,总市值约为 60 504.1 亿元,约占沪、深 A 股总市值的 98.55%,股权分置改革已取得了决定性的胜利。

伴随着国有商业银行股份制改革的深入推进以及股票市场股权分置改革的完成,中国金融体系改革进入了一个全新的发展阶段——经过"资产负债表重组—股份制—上市"等一系列改造,如今的中国国有商业银行已成为世界金融市场的"新宠",而股权分置改革后的股票市场则在投资者预期稳定、信心乐观以及宏观流动性过剩的背景下,股价指数不断走高,成为当前全球规模最大、交易最为活跃的新兴市场之一。

在经过 30 年的艰难探索之后,较 1978 年底改革之初"大一统"的单一银行体系而言,当前的中国金融体系可以说已经完成了一次"凤凰涅槃"式的质的飞跃。相比其他转轨经济体,中国金融体系的这种变化是在以工业化、货币化程度极低,国民收入分配格局及由此导致的储蓄主体与投资主体变化以及政治社会稳定等为特征的极为特殊的历史背景下通过渐进式改革逐渐形成的,而且在金融体制改革的目标、路径选择与顺序安排、动力来源以及推进策略等方面存在较为显著的差异。基于这种差异的存在，我们认为在转轨经济体中，中国的金融体制改革模式是非常特殊的，或者说存在金融体制改革的"中国模式"。

但必须指出，承认中国金融体制改革模式的特殊性，并不是想夸大其对于其他转轨经济体的优越性或适用性。事实上，到目前为止，中国金融体系所扮演的资源配置功能效率却仍然较低，客观上还不能完全适应中国经济进一步发展的需求。可以说，中国的金融体制改革仍然是任重道远。展望未来，在对外开放的基础上逐步实现金融的对内开放，继续深化以建立和完善市场竞争机制和产权多元化体制为目标的金融体系改革，提高整个经济的资源配置效率，同时加强金融监管部门的职能以防范金融风险，抵御对外开放可能给国内金融部门带来的不利冲击将是未来中国金融体制改革的重中之重。

# 第 3 章

# 中国金融改革进程中的国际环境新变化

20 世纪 90 年代中期以来，国际金融格局发生了一系列重要变化。其中，金融全球化挟"新经济"之力而不断深化，以及全球经济失衡因国际分工格局重组而日趋严重，最为世人瞩目。

新的国际环境必然深刻影响中国金融改革和金融发展。本章首先讨论金融全球化的新近发展，然后分析全球经济失衡的表现、成因及其可维持性，在此基础上，概要指出中国金融改革和金融发展所面临的主要矛盾和应对思路。

## 3.1 金融全球化的新发展

金融全球化指的是，在世界各国不断推动国内金融自由化和放松资本项目管制的条件下，资本跨境自由流动的规模日益增大，从而导致各国国内金融体系与全球金融体系日趋融合，各国金融活动的规则渐趋同一，并造成全球金融风险发生机制联系日益紧密的过程。

追根溯源，金融全球化过程是从资本主义生产方式占统治地位时就已开始，迄今为止，大致经历了四个阶段：第一次世界大战以前、两次世界大战之间、第二次世界大战后至 20 世纪 80 年代末、90 年代至今。

### 3.1.1 金融全球化的前史

1870~1914 年,是金融全球化的第一个阶段。从相对规模看,此间的资本跨国流动至今仍是世界史上最大的一次资本流动浪潮。在这个时期中,伴随着工业化的发展,先发的资本主义国家开始了拓展世界市场的步伐;资本跟随着廉价的工业产品,开始在世界各地落户。那时,资本的主要输出国是英国、法国和德国。拥有殖民地最多的"日不落帝国"——英国,在全部资本输出中占有高达 50% 以上的份额,法国和德国则分别占有 20% 和 15%。

两次世界大战期间,是金融全球化的第二次浪潮。在这一时期,全球资本市场发生了斗转星移的变化。在资本输出一方,美国不但变成了净债权国,而且迅速取代英国,成为全球资本输出的主要来源。美国持有的国外资产从 1919 年的 65 亿美元增加到 1929 年的 148 亿美元,并成为拉美和欧洲各国债券的主要购买者。英国虽然是第一次世界大战的战胜国,但是,由于其经济实力在战争中被大大削弱,以致在第二次世界大战期间,其资本输出只能萎缩在其殖民地和半殖民地国家内。在资本输入一方,欧洲国家,特别是德国,成为最大的借款国。在此期间,一向支撑资本跨国自由流动的国际金本位制第一次受到真正的冲击。促使资本国际流动的动因也部分地发生了变化:从过去的追求高回报和超额利润,转而主要寻求安全的避难地。

从第二次世界大战结束到 20 世纪 80 年代末,是金融全球化的第三个阶段。鉴于资本跨国流动在两次世界大战期间的萎缩大大减少了各国利用他国资本发展本国经济的机会,并间接阻碍了国际贸易乃至整个世界经济的发展,在战争尚未结束之时,战胜国们便开始筹划修复国际贸易和国际金融秩序的艰难工作。1944 年 7 月,在美国新罕布什尔州的布雷顿森林,44 个国家的代表召开了"联合国货币金融会议",通过了"国际货币基金组织协定"和"联合国复兴开发银行协定",并依据这两个协定分别设立了"国际货币基金组织"(IMF)和"世界银行集团"。这次历史性的会议,确定了战后以美元—黄金本位为特征的国际货币体系。

由于布雷顿森林体系建立在美国经济主导及美元与黄金"挂钩"、各国货币同美元"挂钩"(所谓"双挂钩")的固定汇率制度基础之上,所以,从第二次世界大战结束到 1973 年该体系正式崩溃为止的近 30 年中,金融全球化在相当程度上也就具有"美元化"特色。美国跨国公司的对外投资和以"美援"为依托的美元在国际上大规模流动,构成了第二次世界大战结束到 70 年代长达近 30 年的金融全球化的主流之一。客观地说,这一时期的金融全球化,对于世界各国的经济复兴，产生了十分重要的推动作用。

第二次世界大战以后金融全球化区别于过去的另一个显著特征，就是欧洲美元和离岸金融中心的产生。这种新的融资范式，创造了真正的国际金融界的"国际公民"：它起源于一个个民族国家，但却很少受任何国家法规的制约和货币当局的监管。在这个市场上，流动着的是"世界货币"，通行的是市场经济的基本原则，活跃着的则是各国政府、企业和居民。在此，一切地理的和民族的障碍已基本荡然无存；它的存在和发展，更对各民族国家国内的金融发展产生着持续、全面的影响。应当说，欧洲美元和离岸金融中心的产生和发展，使得金融全球化开始了其现代的历程。

### 3.1.2　20世纪90年代以来的金融全球化：总体趋势

2007年6月，国际货币基金组织研究局发布了题为《收获金融全球化利益》的研究报告。这项研究涵盖了74个国家与地区，考察的时间跨度是1975～2005年。该项研究表明：在过去30多年里，金融全球化总体上获得了日益深入的发展。但是，自20世纪90年代中期以来，世界各国资本项目的开放速度总体上有所放缓。另外，资本项目管制结构表明：资本外逃和过度借贷的威胁可能是进一步开放资本项目的主要顾虑。

如果我们用外部资产及负债的总额与GDP的比重来刻画金融全球化的程度，那么，相比于20世纪70年代中期，金融全球化的平均水平大约扩张了3倍。然而，这并不表示不同收入群体的金融全球化进程保持着相同的步调。研究显示：世界范围内的金融全球化主要是由高收入国家推动的；20世纪90年代以来，这一态势明显增强。尽管中低收入国家的金融全球化也有进展，但这一进程相对于高收入国家要缓慢一些。在中低收入国家内部，东亚和欧洲中东部的金融全球化进展较为突出；相比于20世纪70年代中期，它们的金融全球化平均水平分别扩展了6倍和3倍。

考察资金流动的总规模和净规模在不同国家间的差别可以看到，在金融全球化进程中，不同国家利用国际资本流动的程度存在着差别。最富裕的OECD国家的情况是：其外部头寸的总额相当大，但是其净额外部头寸却相对较小。这意味着经济发达国家的资金跨境流动规模很大，但其流出和流入的规模相对平衡；总体而言，OECD国家是资金净流入的。其他国家则相反。一方面，其外部头寸的总额相对较小；另一方面，其净额外部头寸却相对较大。说明这些国家不仅资金跨境流动的规模相对较小，而且，其流入和流出明显地不平衡。总体而言，这些国家是资金净流出的。

统计数据还表明，尽管债务工具仍然是国际资本流动的主要载体，但这一态势在十余年中已经发生改变；在一些中低收入国家，FDI流入变得越来越重要，而在高收入国家，股票组合融资则取得了实质性增长。

若就规模的变动而言，自20世纪90年代中期以来，金融全球化的步调事实上有所放缓，但是，就制度安排而言，绝大多数国家的资本项目管制都是逐步放松的；无论是对资本项目实行相对自由化的国家还是相对不够自由化的国家，莫不如此。IMF的统计显示，当今全球大约一半多一些的国家实行了相对完全的资本项目开放，只有大约10%的国家收紧了资本项目管制，之所以有这样的安排，常常是为了应对危机。具体而言，在OECD国家，资本项目自由化十分普遍。在新兴市场经济体和发展中国家，资本项目自由化则存在地区差异。东欧和拉丁美洲一些国家的资本项目自由化在很大程度上要归因于加入欧盟区的需要以及双边或者地区贸易协定的需要。相对而言，东亚和中东一些国家则继续维持了对资本项目的控制；另外，一些高收入石油输出国也在20世纪90年代对资本项目交易引入了新的限制。

就管制格局而言，在那些保留资本项目管制的国家中，对资本流出的控制要严于对资本流入的控制；在不同收入组中，低收入国家对短期外债的控制要严于对长期外债的控制。此外，在1995~2005年间，对于股票投资的控制——特别是对FDI的控制有大幅度放松，同时，对债务的控制则没有发生较大规模的实质性变化。从全球总体而言，各国在资本项目开放方面呈现出一些共同特征和一致的路径，这就是：各国总是首先放开FDI流入；继而放开对长期资本和非债务资本的控制，例如股权投资和FDI外流；最后则放开对短期资本和债务资本的控制。

### 3.1.3　20世纪90年代以来的金融全球化：若干新特点

20世纪90年代中期以来，国际金融市场呈现出若干值得关注的新特点。概括起来说，全球资本流动私人化、机构投资者快速发展、非管制金融活动与非管制区域充满活力、衍生市场发展迅猛、金融市场价格联动性增强等，是其主要特点。这些新的发展意味着，对于那些缺乏金融稳定框架的发展中国家和新兴市场经济体而言，金融全球化带给它们的是更为不确定的金融环境和更趋复杂的金融风险。

**1. 全球资本流动私人化**

20世纪90年代以来，官方资本和私人资本在全球资本流动中的地位发生了易位，私人资本开始占据国际资本流动的主导地位。这里所说的官方资本，主要包括国际经济组织的贷款、国家之间的双边或多边援助、国家之间的优惠贷款以及各国中央银行外汇储备资金投资运用形成的资金流动等；而所谓私人资本，则主要包括商业银行信贷以及企业和个人通过股权和各种债务工具投资所引起的国际资金流动。

国际私人资本流动的迅速发展是从20世纪90年代开始的，其净流动规模由1990年的1 853亿美元增长到2003年的19 814亿美元。净私人资本流动在全球净资本流动的占比，在1991年为59%，最高于2000年达到93%，2003年则为77%。毫无疑问，私人资本已经成为当前全球资本流动的主角。至于官方资本流动，在整个90年代，基本稳定在800亿美元的水平。90年代末期以后，官方资本流动逐渐减少，在21世纪初的几年中，年均规模仅为近700亿美元。值得注意的是，各国储备资产所形成的资本流动随着全球（特别是东亚各国）储备资产的迅速积累而增加。特别是进入21世纪之后，与储备资产形成密切关联的资本流动迅速增加，由1999年的1 555亿美元增加到2003年的5 150亿美元（见图3-1）。尤其重要的是，当前许多国家的外汇储备资本有相当大的比例委托私人投资机构来运营，这种新格局，更进一步扩大了私人资本的影响力。

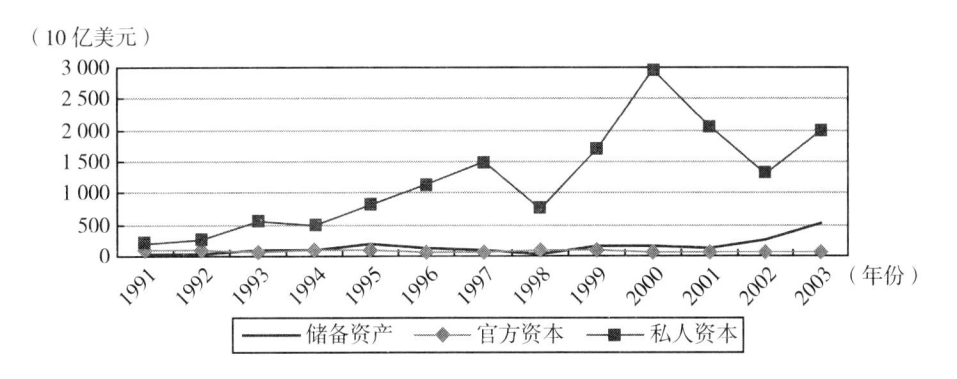

**图3-1 全球各类资本流动**

资料来源：BIS、IMF、UNCTAD 统计数据。

### 2. 机构投资者快速发展

在全球资本流动私人化浪潮中，机构投资者的地位急剧上升引人注目。根据OECD的统计（见表3-1），20世纪90年代以来，基于发达国家的世界各国机构投资者发展迅速。各国机构投资者大发展的一个自然结果，就是其业务向全球金融市场的大范围延伸。在有些国家，外国资产在机构投资者总资产中的比重已经达到了相当高的水平。

表 3-1　　　　　法、德、日、英、美五国机构投资者
　　　　　　　　金融资产占 GDP 的百分比　　　　单位:%

| 年份<br>国家 | 1985 | 1990 | 1995 | 1996 | 1997 | 1998 | 1999 | 2000 | 2001 |
|---|---|---|---|---|---|---|---|---|---|
| 法国 | 27.2 | 50.8 | 77.7 | 86.6 | 97.0 | 106.9 | 124.2 | 131.8 | 131.8 |
| 德国 | 25.4 | 32.8 | 45.3 | 50.6 | 58.8 | 66.3 | 76.9 | 79.8 | 81.0 |
| 日本 | — | 82.3 | 88.6 | 88.4 | 86.7 | 89.6 | 98.9 | 97.7 | 94.7 |
| 英国 | 91.7 | 103.9 | 162.8 | 172.0 | 194.1 | 202.0 | 227.7 | 212.8 | 190.9 |
| 美国 | 93.2 | 113.2 | 151.8 | 162.9 | 178.4 | 192 | 207.8 | 198.7 | 191 |

注: OECD 在 2003 年后停止了各国汇总统计。
资料来源: OECD, Institutional Investors Statistics 2003.

随着机构投资者日益深入地卷入全球金融活动，人们开始思考它们对金融市场稳定的影响。在理论上，新市场参与者对市场稳定性的影响取决于它们究竟是强化了市场的多样化倾向还是强化了市场的"羊群效应"。如果前者占据主导地位，则新市场参与者有助于市场稳定；如果后者占主导地位，则效果相反。在机构投资者的行为方式中，两种倾向同时存在。一方面，不同的机构投资者，其入市的动机和对风险的态度是迥然不同的。从这一视角看，机构投资者的不断入市，将促使金融市场参与者走向多样化。另一方面，机构投资是在授权管理架构下从事经营的，这很可能强化"羊群效应"。从实践看，迄今很难找到明确的证据来显示机构投资者在市场稳定方面究竟发挥了怎样的作用。

**3. 非管制金融机构和区域充满活力**

21 世纪以来，全球进入低利率和流动性充裕时代。在这种宏观环境下，对收益率的追求，不可避免地会诱使一些投资者承担更多的风险。大量资金流入高风险且缺乏监管的领域，对冲基金也因此迅速发展（见图 3-2）。据对冲基金数据库估计，在 2006 年，全球大约有 9 100 只对冲基金，它们大约掌握了 1.57 万亿美元的资产。对冲基金的发展对全球金融稳定构成了较大的威胁。这些机构往往大规模使用衍生工具，并且不少是在流动性不高的市场上操作。这些特点会对金融稳定构成不利影响。首先，高杠杆和积极交易，使得对冲基金在一些分割市场中对价格有决定性影响；其次，对冲基金是传统金融中介机构（例如商业银行）的重要交易对手，一旦缺乏监管的对冲基金遭遇麻烦，极有可能由此引发系统性金融危机。

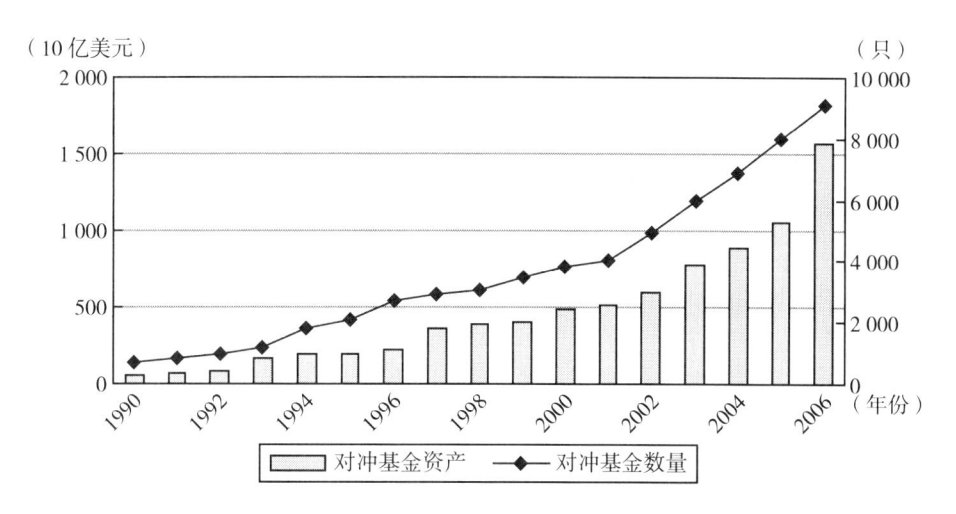

**图 3-2　对冲基金的规模**

与对冲基金这类非管制金融机构快速发展相呼应，离岸金融中心这一非管制金融区域仍然保持了较大活力。一些研究者曾经预计，随着金融自由化政策在20世纪80年代至90年代被工业化国家广泛采用，随着离岸回归"在岸"的浪潮逐渐升温，离岸金融中心会逐渐丧失功能。然而，实践表明，经历了最初的冲击后，很多离岸金融中心已经适应了来自主要在岸金融中心的沉重竞争压力，通过继续发挥自身的低监管标准和低税率优势，特别是，通过选择新的专业化金融服务领域来扩展生存空间，离岸金融中心继续在国际融资中占据着重要地位。

离岸金融中心的运行特性，对国际金融稳定构成了潜在风险。随着金融全球化的进一步深入，位于离岸金融中心的金融机构的麻烦能够迅速地向其他区域扩散。举例来说，倘若一个在岸司法管辖区域内的母银行在离岸金融中心设置有分支机构，则由于离岸金融中心对这些分支机构没有很好地实施监管，这些分支机构就可能吸收比母国监管机构可承受水平更高的风险。如果银行风险的很大部分是由离岸金融中心的部门来管理，那么整个金融机构的处境显然就相当危险，并对母银行所在地的金融系统构成潜在威胁。

### 4. 衍生市场发展迅猛

进入21世纪，延续20世纪80年代中期以来的态势，衍生工具市场发展迅猛。在全球衍生工具市场的发展过程中，有两点新趋势值得关注。首先，场外衍生工具市场越来越成为衍生交易的中心。场外交易迅速膨胀的原因在于场外合约安排灵活、符合顾客要求、有管理上的优势。其次，广为人知的衍生工具风险造成的损失推动了衍生工具标准化的发展。尽管损失并不总是与新奇产品有关，但它促使人们重新思考和评估衍生工具的目的和风险。结果，对新奇和高负债结构的需求急剧下降，交易者开始转向其更为熟悉的工具，特别是货币与利率掉期，而这些衍生产品的交易的相当部分是在场外市场中进行的。

金融衍生产品在提供防范风险的有力手段的同时，也增大了产生风险的机会。根据巴塞尔银行监管委员会1994年完成的《普罗米歇尔报告》，与金融衍生交易相关的风险可以分为企业风险和系统风险。企业风险共有五类，包括：市场风险，即衍生品价值对其使用者发生不利影响的风险；信用风险，即交易对手无力履行合约义务的风险；流动性风险，既包括市场业务不足导致交易无法完成的市场流动性风险，也包括客户流动性资金不足导致的资金流动性风险；操作风险，即由于技术问题、报告及控制系统缺陷以及价格变动反应不及时所导致的风险；法律风险，即合约内容在法律上有缺陷或无法履行的风险。系统风险是指金融体系抵御动荡的脆弱性。金融衍生市场的发展增大了金融体系的系统风险，它打破了银行业与金融市场之间、衍生品与原生品之间以及各国金融体系之间的传统界限，从而可能将衍生品市场的风险传递到全球金融体系的每一个节点。

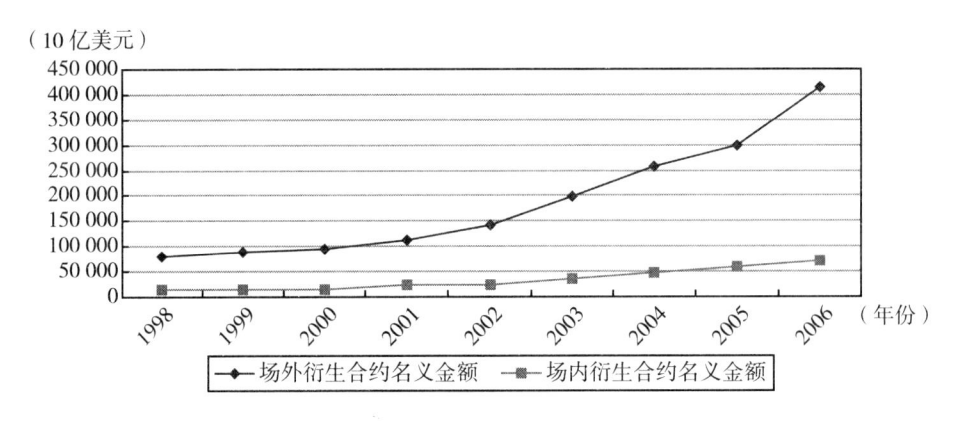

图 3-3　衍生市场发展

### 5. 金融市场价格联动性增强

作为金融全球化的重要结果之一，各国金融市场间的价格相关性在稳定上升。奈特（Knight，2007）的研究表明：在2003～2006年期间，美国和欧洲的政府债券收益相关性是80%～90%——两倍于90年代早期。与此类似，美国和欧洲的股票市场价格相关性也表现出增加的倾向。金融市场相关性的增长，体现了全球跨国资本流动的稳定增长，以及资产组合投资者跨国配置资产的积极行为。与这一趋势相伴的风险是，主要金融市场的价格不稳定往往会引起其他市场信心波动，金融市场的风险来源因此就扩大了。

### 3.1.4 金融区域化的发展

作为一个历史过程，金融全球化并不是均匀展开的。在时间的推进上，有缓有急；在空间的扩张上，有深有浅——这正是一切历史运动共有的特征。从时间上来考察金融全球化，我们看到了它的阶段性；从空间上来分析金融全球化，我们则看到它的区域性。

所谓金融区域化是指，某一区域内有关国家和地区在货币金融领域实行协调与结合，并最终实现货币体系统一的过程。20世纪90年代中期以来，作为金融全球化重要组成部分及其现实内容的金融区域化发展，在拉美和欧洲表现出新的发展形式：在拉丁美洲，完全意义上的美元化已经萌动；在欧洲，欧元的诞生正在积极推进欧盟金融市场的一体化。

**1. 完全意义上的美元化发展**

所谓美元化，指的是美元在美国境外的金融活动中对其他国家的货币进行替代，并逐步在该国获得充当流通手段、支付手段和纳税手段的过程。美元之所以能够对其他国家的货币进行替代，是以美元长期保持且不断提高的国际地位为基础的。第一次世界大战以后，美国的经济实力逐渐增强，美元的国际地位随之提高。第二次世界大战之后，美国的经济实力进一步增强，美元遂成为世界各国追捧的对象；布雷顿森林体系的确立，更以国际协议的方式确立了美元在国际货币体系中的核心地位。应当说，这一系列的发展，特别是布雷顿森林体系确立的"双挂钩"体系，事实上为美元化提供了有利的条件并开辟了宽广的路径。从实践看，20世纪90年代中期之前，美元化主要体现为美元充当各国货币稳定的"名义锚"；亚洲金融危机之后，完全意义上的美元化才开始正式启动。

20世纪90年代以来，随着金融全球化的不断深入，资本流动的规模和范围急剧扩大，货币危机出现的频率和危害程度均大大增加。不仅如此，货币危机还显示出具有较强的"自我实现"和"自我强化"的机制。也就是说，即使一国的宏观经济状况良好、外汇储备充足，其本国货币及金融和经济体系也很难完全防范国际游资的蓄意冲击。针对这一新情况，一些经济学家认为：面对全球化的金融市场，落后国家，特别是小国，保护本国利益的唯一方法就是彻底放弃本币，即把美元当作本国的法定货币，这样，就可以完全绕过汇率机制，从而会从根本上消灭国际资本冲击的基础。这就是完全意义上的美元化。

据统计，截至 2003 年底，世界上允许美元自由流通的国家有 24 个，允许居民在本国银行直接持有美元存款的国家有 50 多个。此外，在阿根廷、厄瓜多尔、萨尔瓦多、危地马拉和巴拿马等 5 个国家，美元已经在流通手段、支付手段和纳税手段等方面取得了全面的合法地位。在实践中，拉美国家是完全意义美元化的积极推动者。受巴西金融动荡的影响和刺激，阿根廷总统梅内姆在 1999 年 1 月 14 日的内阁会议上对其经济部长明确指示："为了结束对比索贬值的恐惧……我希望你研究一下废除比索，使整个经济美元化的可能性。"无独有偶，在美洲开发银行 1999 年 3 月的巴黎年会上，萨尔瓦多财政部部长海因兹也发表了类似言论："我们必须有一种价值的标准尺度。拉美人早已有了这样一种尺度，那就是美元。"上述政要的言论表明，美元化已经开始由自发的经济过程演进为主动的政府行为。

完全意义上的美元化可以说有利有弊。有利方面主要包括：美元化能够避免本国发生货币危机，没有了国内货币，也就失却了本币发生急剧贬值的可能。由于交易成本降低并能确保以美元计算的价格稳定，实行美元化的国家与美国乃至全球经济的联系将更为紧密。而且，由于美元化消除了本国货币当局"调控"货币供应的路径，完全杜绝通货膨胀发生就有了现实的可能。其不利方面主要包括：实施美元化的国家将失去铸币税，除非与美国达成分享协议，否则美国就将独享这一收入；实施美元化的国家将不再拥有独立的货币政策和汇率政策，甚至在紧急情况下，中央银行也无力为银行体系提供流动性支持。

从实践上看，完全意义上的美元化还处于起步阶段，其在全球范围内的进一步发展还面临诸多障碍。一方面，一些国家可能不愿放弃作为自己国家象征的货币，特别是采用其他国家的货币，可以说，推行美元化的政治阻力存在很大的可能性。另一方面，完全意义上的美元化在相当程度上还取决于美国的态度，特别地，取决于实行美元化的国家在出现问题时美国是否愿意充当"最终贷款人"的角色。因此，尽管拉美诸国炒得沸沸扬扬，但美国一直对其美元化持消极态度。原因在于拉美国家完全意义上的美元化会使美国承担过多的经济责任，而这是美国不愿做的。

### 2. 欧盟金融市场一体化

布雷顿森林体系崩溃后，美元失去了法定的国际货币地位，这揭开了国际货币"自由竞争"的序幕。在此后的相当长时期内，由于缺乏有力的竞争对手，事实上美元仍居于"垄断"地位，只是与布雷顿森林体系相比，美国卸去了维持国际货币体系稳定的责任。这使得美元本位制得以长期延续。直到1999年1月1日，划时代的区域货币——欧元正式启动，国际货币体系方才迎来了真正的"竞争"时代。

从诞生之日起，欧元就显示出强有力的国际货币竞争力。从各国外汇储备的货币构成看，欧元所占比重呈现上升趋势；与此相对应，美元所占比重则趋于下降。从外汇交易的货币构成看，欧元交易所占比重居于美元之后，目前稳定地排在第二位。从中长期国际债券的发行的货币构成看，欧元发行所占比重已经超越美元，而且还有迅速增长之势。这些事实表明：欧元已经成为仅次于美元的国际"硬通货"；在某些领域，它甚至对美元提出了实质性挑战。

伴随欧元诞生，在欧洲地区利用单一货币与现代化金融设施以降低金融服务成本的机会出现了。考虑到金融领域的这些变化，欧洲议会（Cardiff会议）于1998年6月召开了关于推进金融市场一体化的委员会会议，并在五个方面达成了共识：欧盟应该被赋予应付新挑战的立法职能；为降低欧盟地区资本市场的成本，必须消除资本市场分离；在高水平消费者保护条件下，金融服务的消费者和生产者应能够自主利用单一金融市场所提供的商业机遇；应该鼓励各国监管当局紧密合作；应该发展为金融批发和零售交易一体化服务的金融基础设施。为了将推进金融市场一体化的共识转为具体行动，欧洲议会（Vienna会议）于1998年11月召开了关于推动欧盟金融市场一体化行动安排的会议，并提出了金融服务行动计划（Financial Service Action Plan，FSAP）。FSAP是欧盟金融市场一体化的里程碑，它在金融批发市场、金融零售市场和金融监管方面都做出了详细规划。这标志着欧洲已经开始了一体化金融市场的系统建设。

从实践发展看，欧盟金融批发市场一体化的进展相当迅速。欧元全额实时交易清算系统（TARGET）的建立，使地区内中央银行存款的清算成为可能，它提高了跨境清算的效率，并和私人结算系统一道为货币市场提供了一个竞争性清算框架，这加速了货币市场的一体化。"一价定律"在银行间短期拆借市场和长期拆借市场表现良好；欧元隔夜拆借平均指数和欧元银行间拆借指数已经成为被广泛接受的价格指标。欧盟股票交易所在加速合并，职业投资者已经重新在欧盟地区组织活动，欧洲的投资战略正向更为部门化的方向转移。

与金融批发市场一体化的进展相比，欧盟金融零售市场一体化的进展有限。在银行零售领域，银行零售信贷市场仍然存在相当程度的分离。一方面，尽管远程交易技术在成员国内扮演了重要角色，但在欧盟范围内，这类方式的使用仍然有限；另一方面，欧盟地区消费贷款利率、抵押贷款利率和公司贷款利率并没有表现出融合的趋势。应当看到，欧盟金融零售市场一体化进展的相对滞后是在意料之中的:语言、文化、与当地商业的接近程度的差异,导致零售市场比批发市场更加本地化,这些都不是一纸政策所能解决的问题。此外,诸如消费者保护之类的法律阻碍,也某种程度地阻碍了零售市场一体化。

## 3.2 金融全球化的经济影响

2006年8月,IMF发布了工作论文《金融全球化的重新评估》。在总结了大量研究金融全球化之文献的基础上,该文得出了两个重要结论。其一,金融全球化对全球经济的影响尚不确定;其二,金融全球化的间接收益不可忽视,但是,这种间接收益的大小,在很大程度上受各国阈值条件的限制。

在经济增长方面,大量研究显示,并没有有力的证据表明资本项目开放能促进经济增长;但若使用更为广泛的金融一体化指标,则有比较意义的证据显示:资本项目开放可能促进经济增长。这一结论印证了普拉萨德等人(Prasad et al.,2003)的论断。他们认为:一国参与金融全球化的程度不是该国经济增长的必要条件。例如,中国和印度的金融开放程度有限,但其经济增长较为迅速。金融全球化参与程度也不是经济增长的充分条件,例如,南非、约旦和秘鲁等国实行较高程度的金融开放,但其经济增长却不尽如人意。分别研究各类资本流动对东道国经济增长的影响,可以达成共识的是:外资直接投资对东道国经济增长有着稳定的积极影响,但其他形式的资本流动的影响则不明显,而且可能有不同的结果。

在促进经济稳定方面,大量研究的结果是:并没有系统的证据表明金融全球化会给各国带来新的金融风险并导致国内消费在波动中下降。这一结论有坚实的实证基础。例如,早期雷津和罗斯(Razin and Rose,1994)的研究表明:一国金融一体化程度与经济波动之间没有显著联系。又如,其后科塞、普拉萨德和特罗内斯(Kose,Prasad and Terrones,2003)的研究表明:在20世纪90年代,新兴市场的平均产出波动的下降小于工业化经济体和低收入经济体的平均产出波动的下降。更为重要的是,新兴市场经济体的消费波动与增长波动的比率近期还在增加。这一研究令人惊讶的并非是消费波动的上升,而是消费波动的上升超过了收入波动的上升。这一结果与理论上推断出的金融全球化收益——分担风险并平滑消费——完全背道而驰。此外,这一研究还发现,消费波动随金融开放而增长的关系,只有在金融一体化到达一定程度时才会终止。这一现象说明:只有金融全球化达到某种程度,该国才有可能收获平滑消费的金融全球化收益。

在金融危机方面，文献总结表明：只有少量的实证研究支持金融全球化应当为金融危机负责的观点。需要注意的是，一些文献分析了资本项目管制对金融危机的影响，并发现，实行资本项目管制的国家更易遭受危机。这一结果可能简单地来自"选择效应"，即那些经济基础薄弱的国家更容易采用资本项目管制，以使其隔离于危机。这一结果也可能反映了这样的事实，一些国家事实上的一体化进展要高于制度上的一体化进展，这使得资本项目管制难以将这些国家隔离于危机之外。应当说，上述观点与直观感受不太相符。20世纪80年代以来发生的金融危机，明显地带有金融全球化的烙印。欧洲货币危机、墨西哥金融危机和亚洲金融危机都是以货币的急剧贬值为先导，而且明显带有外部冲击的特征。如何理解上述观点呢？我们认为，尽管金融全球化本身可能不是引发金融危机的最根本原因，但在危机扩散和加剧方面，它肯定难逃其咎。问题的难点在于，金融全球化在危机扩散方面的影响难以被实证研究所捕捉。从目前的研究看，金融波动可以划分为两类：一类是基于经济基本面变化而形成的金融波动；另一类是与基本经济面没有直接关系的"纯"金融波动（归因于投资者的从众行为和顺势交易）。已有研究表明：两类波动都可能促成金融危机；相对于基本经济面的金融波动，"纯"金融波动及其效用似乎能够被明显地感觉到，但却难以被严格地分辨出来。

在金融全球化的经济影响机制方面，传统分析往往强调直接收益。一方面，金融全球化会使资本匮乏国家获得资金，而资本充裕国家则获得国内所不具备的较高资本回报（此处已考虑风险贴水因素），综合的结果是全球福利增加；另一方面，金融全球化能提供风险分担的机会，这能降低风险并平滑消费。与传统分析不同，以《金融全球化的重新评估》一文为代表的近期研究强调金融全球化的间接收益——它们往往并非是金融全球化的初始目的。间接收益通常包括金融机构发展、金融市场发展、政府与公司治理改善以及更为稳健的宏观经济政策。遗憾的是，对间接收益的研究大多停留在理论层面，结论往往缺乏系统性实证考察的支持。

在金融部门发展方面，已有大量文献在理论上说明了银行的外国所有者能给一国经济带来多种收益（Levine，1997；Mishkin，2006）：首先，这能使一国更容易地接近国际金融市场；其次，这能帮助改善国内银行业的监管框架；再其次，政府对金融部门的影响在开放金融服务的条件下会迅速下降，这有助于改善贷款质量；最后，外国银行能带来新的金融工具和技术，这会促进竞争并改善金融服务质量。

一些近期的研究开始考察金融全球化对公司治理和政府治理的影响。例如，斯图尔兹（Stulz，2005）研究了金融全球化改善公司治理的渠道。他认为，外国投资者可能拥有比当地投资者更好的技能和信息技术，这使得他们能更好地监督公司管理；此外，金融全球化降低了外部融资成本，这刺激企业更多地使用外源融资，并在一定程度上弱化了委托代理问题。还有一些初步的文献考察了金融全球化与政府治理（用腐败、政府政策透明度之类的指标来衡量）的关系。例如，魏（Wei，2000a）的研究表明，腐败的公共治理会阻碍 FDI 流入。格洛斯和魏（Gelos and Wei，2005）发现，缺乏透明度的公共治理也阻碍了股票资产组合的流入。

在宏观经济政策方面，一些文献提出，资本项目自由化能对宏观经济政策施加纪律：资本项目自由化增加了不当宏观经济政策的成本，同时还增加了稳健宏观经济政策的收益。换句话说，在资本流动突然逆转的情况下，资本项目开放使一国更加脆弱，因而一国实施资本项目开放事实上是对更好的宏观经济政策的承诺。

此外，近期研究还强调了获得金融全球化收益的阈值条件，即只有一国的经济条件达到一定水平，金融全球化才会对该国的经济增长和经济稳定起到明显的积极作用。通常而言，阈值条件涵盖的范畴包含金融市场发展、金融机构质量、宏观经济政策和贸易一体化。具体而言，发展良好的国内金融市场可以缓和由于资本流动突然停止导致的经济波动，并能将外国资金配置到有效率的投资项目；良好的金融机构可以帮助调整资本流入的构成；牢固的宏观经济政策可以避免过度借贷和债务积累；高度的贸易一体化有利于抵御资本流动的突然停顿。

## 3.3　金融全球化的挑战：全球经济失衡

全球经济失衡是国际货币基金组织近期提出的新概念。2005 年 2 月 23 日，国际货币基金组织总裁拉托在题为"纠正全球经济失衡——避免相互指责"的演讲中正式使用了"全球经济失衡"（global imbalance）一词。拉托在演讲中指出，全球经济失衡是这样一种现象：一国拥有大量贸易赤字，而与该国贸易赤字相对应的贸易盈余则集中在其他一些国家。拉托还进一步明确表示：当前全球经济失衡的主要表现是，美国经常账户赤字庞大、债务增长迅速，而日本、中国和亚洲其他主要新兴市场国家则对美国持有大量贸易盈余。

国际社会对全球经济失衡表示了高度关注。2005 年 10 月 16 日，第七届 20 国集团财长和央行行长会议在中国河北省香河圆满闭幕。引人注目的是，围绕

"全球合作：推动世界经济平衡有序发展"这一主题，会议联合公报强调：不断扩大的全球失衡风险在蔓延，这将加剧不稳定性并进一步恶化全球经济的脆弱性；这一局面的改观需要保持全球经济的强劲增长，并充分考虑各方担负的责任；在牢记各方所担责任的基础上，各方决心实施必要的财政、货币和汇率政策，加快结构调整，以期解决失衡问题，化解风险。

### 3.3.1 全球经济失衡的起因

迄今为止，学术界从三方面对全球经济失衡起因进行了解说。

以麦金农和施纳布尔（McKinnon and Schnabl, 2004）为代表的学者认为，有较高储蓄率的东亚国家是集体性地被迫与储蓄率较低的美国保持贸易盈余关系。由于美元体系具有不对称性，美国可以单方面地向世界无限制借款。在美国居民低储蓄率和政府巨额财政赤字压力下，美国正以类似"复仇"的方式使用这种无限制借款能力。

以杜利、福克茨和加伯（Dooley, Folkerts and Garber, 2003, 2004）为代表的学者强调（后文将这些学者简称为 DFG），东亚政府贸易政策对全球经济失衡也有重要影响。DFG 认为：今天的国际货币体系确实像 40 年前布雷顿森林体系那样由"中心"和"外围"组成；亚洲国家作为新的外围，采取固定汇率制度，通过压低汇率和资本管制的方式实行出口导向型发展战略；这一战略的必然结果是，这些外围国家通过贸易顺差大量积累了核心国家的储备货币。以中国人民银行行长周小川为代表的学者强调，国际贸易领域重组加速也是当前全球经济失衡的重要原因。周小川以中国为例提出：近几年，全球化、跨国外包、供应链重组处于加速阶段；比较优势格局的重组出现时间差，即劳动成本密集型生产和服务通常率先外包至中国等发展中国家和地区，而发达国家（高劳动成本地区）创造新就业机会和新的出口优势往往滞后一段时间，这期间贸易不平衡扩大；FDI（特别是跨国公司的直接投资）在跨国外包和改变贸易平衡中起很大作用；以外资企业为主的加工贸易供应链不断延长，附加值不断提高。

美国与东亚在储蓄率方面的巨大差异是全球经济失衡的重要原因这一看法，目前已得到绝大多数学者认同。2005 年 9 月，国际货币基金组织在《世界经济展望》中分析了全球储蓄和投资的发展变化[①]（见图 3 - 4）。1970~1974 年，工

---

[①] 这项研究覆盖了 21 个工业化国家和 25 个新兴市场国家；其中，5 个国家是石油输出国。鉴于上述 46 个国家的 GDP 总和超过了全球 GDP 的 90%，可以说这项研究为从储蓄——投资视角分析全球经济失衡提供了全面而丰富的素材。

业化国家基本上是投资缺口（储蓄过剩），而其他国家（包括新兴市场经济国家及石油输出国）则是储蓄缺口（储蓄不足），而且，这两个缺口的规模也大致相当。1974年之后——亦即布雷顿森林体系正式解体之后，情况开始发生变化。那时，世界货币体系陷入混乱，而各国经济发展水平也参差不齐。大致说来，工业化国家普遍进入经济结构调整时期，而其他国家则有的发展迅速（例如南美洲各国以及东亚各国），有的则发展停滞（例如欧洲各国及非洲各国）。与此对应，全球储蓄和投资的对比状况比较混乱，工业化国家的储蓄缺口和其他国家的投资缺口互相交织，而且没有特别明显的趋势。这种状况一直延续到1998年。20世纪末期之后，情况又出现了趋势性变化。工业化国家——特别是美国——表现为储蓄缺口，而其他国家——特别是亚洲新兴市场经济体——则表现为投资缺口。储蓄缺口与投资缺口存在互为对偶关系，即储蓄过多会产生贸易顺差；反之亦然。按照这一原理，美国低储蓄与东亚高储蓄一旦吻合，则全球经济失衡现象就自然发生了。

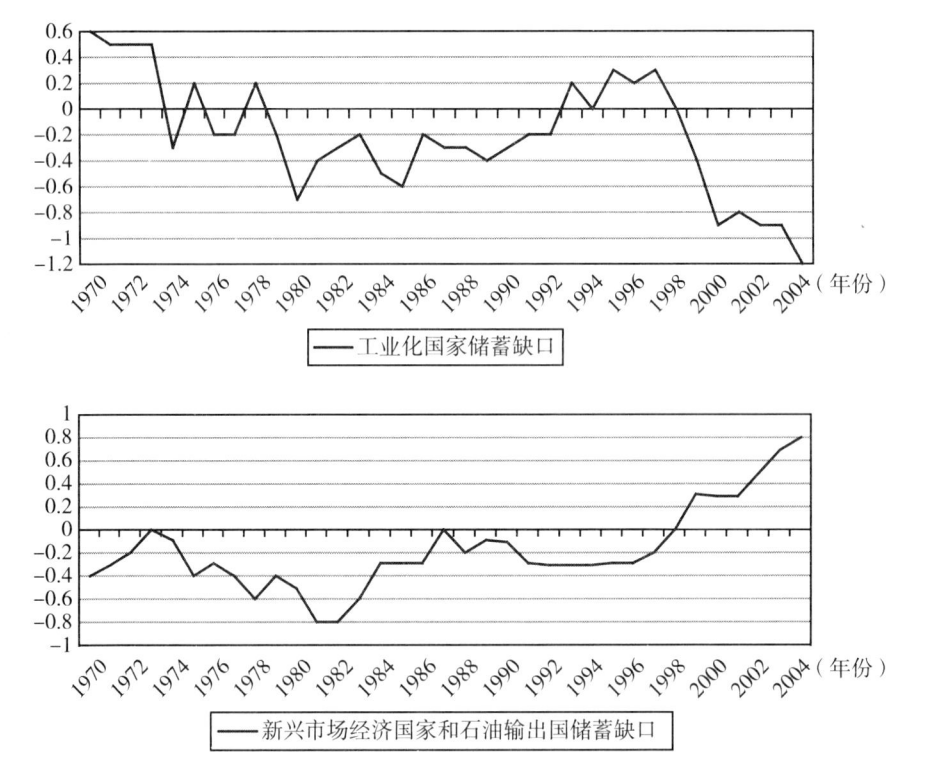

图3-4 工业化国家、新兴市场经济国家和石油输出国储蓄缺口

资料来源：IMF发表《世界经济展望》报告，2005年9月21日。

有些学者认为，东亚各国政府普遍存在着操纵汇率以获取贸易优势的问题，对此观点,学术界存在很大的争议。我们并不完全赞同这一看法。首先,布雷顿森林体系崩溃后,国际货币制度进入所谓"牙买加协议"时代。从本质上说,牙买加协议并没有构筑一种新的国际货币制度框架,它只是以国际协定的方式,正式承认了各国在汇率方面的行动自由。在这一体系下,每个国家都有权自由选择它意愿的汇率制度。从这一意义上说,没有任何一种汇率体制可定义为"操纵汇率"。其次,观察较长时期的时间序列,可以看到:东亚各国采取"软"钉住美元制度,并非完全出于获取贸易优势的目的,这背后还蕴涵着其他更深刻的原因。表3-2的资料显示:亚洲金融危机前和亚洲金融危机后,相对于其他发达国家货币对美元汇率,东亚新兴市场国家货币对美元汇率总体上确实相对稳定得多。表3-3显示,亚洲金融危机前相当长时期内(1990~1997年),印度尼西亚、韩国、马来西亚、菲律宾、泰国等国对美并非贸易顺差;只是到亚洲金融危机后,这些国家才经历了经常项目收支差额的逆转。如果东亚"软"钉住美元制度完全是为了获取贸易优势的观点成立,则这些国家在贸易逆差中长期保持汇率相对稳定的做法就很难得到解释。

表3-2 各国(或地区)货币对美元汇率月度变化百分比数值的标准差

| 国家或地区 | 亚洲金融危机前 | 亚洲金融危机 | 亚洲金融危机后 |
| --- | --- | --- | --- |
| 中国 | 0.25 | 0.03 | 0.00 |
| 中国香港 | 0.08 | 0.07 | 0.11 |
| 印度尼西亚 | 0.26 | 26.54 | 5.16 |
| 韩国 | 1.01 | 11.53 | 1.92 |
| 马来西亚 | 1.06 | 6.69 | 0.00 |
| 菲律宾 | 1.19 | 5.25 | 1.67 |
| 新加坡 | 0.76 | 2.88 | 1.18 |
| 中国台湾 | 1.01 | 2.63 | 1.35 |
| 泰国 | 0.43 | 8.88 | 1.60 |
| 日本 | 3.66 | 3.64 | 2.39 |
| 欧元(德国马克) | 2.20 | 2.33 | 2.58 |

注:危机前指1994年2月至1997年5月;危机时期指1997年6月至1998年12月;危机后指1999年1月至2004年5月。

资料来源:IMF,IFS。

表 3-3　　东亚各国（或地区）对美国经常项目交易净额占各自 GDP 比重　　单位:%

| 年份 | 1990 | 1991 | 1992 | 1993 | 1994 | 1995 | 1996 | 1997 | 1998 | 1999 | 2000 | 2001 | 2002 | 2003 |
|---|---|---|---|---|---|---|---|---|---|---|---|---|---|---|
| 日本 | 1.45 | 1.96 | 2.97 | 3.02 | 2.72 | 2.10 | 1.40 | 2.25 | 3.02 | 2.57 | 2.52 | 2.11 | 2.83 | 3.2 |
| 新加坡 | 8.45 | 11.32 | 11.87 | 7.24 | 16.17 | 17.67 | 15.16 | 15.58 | 22.59 | 18.60 | 14.48 | 19.00 | 21.50 | 30.9 |
| 中国台湾 | 6.96 | 7.11 | 4.14 | 3.14 | 2.66 | 2.07 | 3.91 | 2.43 | 1.29 | 2.78 | 2.86 | 6.36 | 9.09 | 10.0 |
| 印度尼西亚 | -2.61 | -3.32 | -2.00 | -1.33 | -1.58 | -3.18 | -3.37 | -2.27 | 4.29 | 4.13 | 5.32 | 4.88 | 4.52 | 3.9 |
| 韩国 | -0.79 | -2.82 | -1.25 | 0.29 | -0.96 | -1.74 | -4.42 | -1.71 | 12.73 | 6.03 | 2.65 | 1.93 | 1.28 | 2.0 |
| 马来西亚 | -1.97 | -8.51 | -3.67 | -4.46 | -6.06 | -9.71 | -4.43 | -5.92 | 13.19 | 15.92 | 9.41 | 8.28 | 7.58 | 11.1 |
| 菲律宾 | -6.08 | -2.28 | -1.89 | -5.55 | -4.60 | -2.67 | -4.77 | -5.28 | 2.37 | 9.48 | 8.24 | 1.84 | 5.38 | 2.1 |
| 泰国 | -8.53 | -7.71 | -5.66 | -5.09 | -5.60 | -8.07 | -8.07 | -2.00 | 12.73 | 10.13 | 7.60 | 5.40 | 6.05 | 5.6 |
| 中国 | 3.13 | 3.32 | 1.36 | -1.94 | 1.28 | 0.23 | 0.88 | 4.09 | 3.30 | 2.11 | 1.90 | 1.46 | 2.86 | 2.1 |
| 中国香港 | | | | | | | | | 1.53 | 6.40 | 4.28 | 6.11 | 8.50 | 11.0 |
| 美国 | -1.36 | 0.06 | -0.76 | -1.23 | -1.66 | -1.42 | -1.50 | -1.54 | -2.34 | -3.14 | -4.19 | -3.90 | -4.59 | -4.9 |

资料来源：IMF、IFS 相关统计。

事实上，东亚新兴市场国家青睐"软"钉住美元制度，主要源于其国内存在比较严重的"货币错配"。所谓一国存在"货币错配"，指的是那些非关键货币国家，由于持有多种货币，因而该国权益的净值或净收入（或两者兼而有之）对汇率的变动非常敏感的情况[①]。发展中国家的"货币错配"是国际货币格局的自然产物。布雷顿森林体系崩溃以后，国际货币体系中的"关键货币"角色主要由美元和欧元（20 世纪末以来）来承担，事实上，这将美、欧之外所有其他国家的货币都"边缘化"了。由于国内货币无法在国际经济交往中使用，广大发展中国家的资产/负债、收入/支出便呈现多种货币并存的局面，"货币错配"由此成为常态。20 世纪 90 年代下半叶以来，发展中国家连续发生了发端于固定汇率制崩溃的金融危机。接连不断的货币危机意味着，一旦中央银行放弃干预，规模日益庞大的国际投机资本会使汇率较以往更为剧烈地波动，货币错配风险也会因此更为严重。在上述背景下，发展中国家对弹性汇率制度持谨慎态度是理智的；与此相伴而生的一个负面后果是，汇率在调节国际收支方面的作用难以充分发挥。

国际贸易重组加速是全球经济失衡重要起因的观点，与世界经济发展趋势是吻合的。从本质上说，全球化、跨国外包、供应链重组都涵盖于垂直化专业分工范畴之中。垂直化专业分工是赫梅尔斯、拉波波特和伊（Hummels, Rapoport and Yi, 1998）提出的概念。赫梅尔斯等认为，垂直化专业分工概念有三个前提：商品生产有多个阶段程序；两个或多个国家专业分工于商品生产的某些阶段程序——而非整个程序；至少有一个阶段程序要跨越国界。换句话说，当一国使

---

[①] 参见戈登斯坦：《控制新兴市场国家货币错配》，中国社会科学文献出版社 2005 年版。

用中间产品以生产其最终出口产品时，垂直化专业分工就发生了。为衡量垂直化专业分工发展趋势，赫梅尔斯等对9个OECD国家①1968~1990年间的垂直化专业分工贸易额进行了估算②，并得到两个重要结论：其一，除日本以外的其他国家，垂直化专业分工贸易占整个贸易的比重是逐年递增的；其二，垂直分工占比在各国之间的差异很大，日本、美国垂直化专业分工贸易占整个贸易的比重较低。上述结果揭示了两个趋势：其一，国际贸易分工重组总体上是加速的；其二，这种重组对处于不同发展阶段的国家影响不同。总体而言，越是不发达国家，其所受影响越大。我们用赫梅尔斯等提出的指标，计算了中国主要工业部门1997年和2000年的垂直化专业分工贸易的相关指标③，并发现三点重要现象（见表3-4和表3-5）：总体上说，中国工业的垂直化专业分工贸易有增强趋势，1997年，中国工业垂直化专业分工贸易在工业贸易中占比12.5%，该比重在2000年上升为14.4%；在工业各行业中，机械设备制造业、纺织缝纫及皮革产品制造业、其他制造业、化学工业的垂直化专业分工贸易额较大，且垂直化专业分工贸易在其行业贸易中占比也较高；在这4个行业中，机械设备制造业、其他制造业的垂直化专业分工贸易额和其行业贸易占比有较强的上升趋势。上述数据对于中国国际贸易加速分工重组的观点给予了较强的支持。

表3-4　　　　　　　　　1997年中国垂直化贸易情况　　　　　　单位：亿元，%

| | 出口 | 进口 | 产出 | 垂直化分工贸易 | 垂直分工贸易占比 |
|---|---|---|---|---|---|
| 食品制造业 | 733.1 | 470.6 | 13 792.6 | 50.0 | 4.16 |
| 纺织、缝纫及皮革产品制造业 | 3 867.6 | 1 205.1 | 15 366.6 | 606.6 | 12.0 |
| 其他制造业 | 1 379.6 | 687.4 | 9 884.9 | 191.9 | 9.3 |
| 炼焦、煤气及石油加工业 | 177.9 | 394.5 | 3 237.7 | 43.4 | 7.6 |
| 化学工业 | 1 514.4 | 2 113.0 | 15 212.2 | 420.8 | 11.6 |
| 建筑材料及其他非金属矿物制品业 | 299.5 | 106.2 | 8 807.4 | 7.2 | 1.8 |
| 金属产品制造业 | 1 135.4 | 1 156.6 | 12 758.3 | 205.9 | 9.0 |
| 机械设备制造业 | 3 876.1 | 4 793.2 | 25 546.6 | 1 454.5 | 16.8 |
| 合计 | 12 983.6 | 10 926.6 | 104 606.3 | 2 980.2 | 12.5 |

资料来源：《中国统计年鉴（1997）》。

---

① 9个OECD国家分别为澳大利亚、加拿大、丹麦、法国、德国、日本、新西兰、英国、美国。
② 为衡量垂直化专业分工贸易额，Hummels定义了一个理论指标：（进口中间品/进口中间品导致产出）×进口中间品导致产出的出口部分×2；由于数据可得性方面的原因，Hummels在实际研究中用投入产出表分别计算各行业垂直化专业分工贸易额度，然后加总。
③ 中国投入产出表残缺不全，只有1997年和2000年的数据可用。

表 3-5　　　　　　2000 年中国垂直化贸易情况　　　　　单位：亿元，%

| | 出口 | 进口 | 产出 | 垂直化分工贸易 | 垂直分工贸易占比 |
|---|---|---|---|---|---|
| 食品制造业 | 931.3 | 581.1 | 14 650.8 | 73.9 | 4.9 |
| 纺织、缝纫及皮革产品制造业 | 4 458.8 | 1 130.1 | 17 089.2 | 589.7 | 10.6 |
| 其他制造业 | 1 306.4 | 1 202.1 | 8 925.8 | 351.9 | 14.0 |
| 炼焦、煤气及石油加工业 | 226.1 | 508.4 | 8 321.1 | 27.6 | 3.8 |
| 化学工业 | 1 919.1 | 2 690.9 | 21 587.2 | 478.4 | 10.4 |
| 建筑材料及其他非金属矿物制品业 | 393.6 | 231.4 | 6 275.1 | 29.0 | 4.6 |
| 金属产品制造业 | 1 450.7 | 2 052.6 | 15 726.6 | 378.7 | 10.8 |
| 机械设备制造业 | 8 156.2 | 8 103.1 | 41 629.8 | 3 175.2 | 19.5 |
| 合计 | 18 842.2 | 16 499.7 | 134 205.6 | 5 104.4 | 14.4 |

资料来源：《中国统计年鉴（2000）》。

综上所述，我们认为，在美元占据国际货币主导地位的情况下，东亚各国与美国的储蓄差异是导致全球经济失衡的根本原因；而全球贸易重组以及各国重组步调的差异则加剧了这种不平衡。

### 3.2.2　全球经济失衡的可维持性

从全球经济发展历史来看，全球经济失衡虽然是在 21 世纪才提出的新概念，但是，作为一种现象，它至少已经延续了半个世纪以上。事实上，只要国际社会尚未创造出独立的国际交易手段和储备资产，而依然依赖某国或某几国的本币来充当国际交易手段和储备资产，经济失衡现象就会产生。这样看来，经济失衡作为一种现象，至少从第二次世界大战结束，以美元为中心的国际货币体系建立之时，就已经存在，只不过，进入 21 世纪之后，有愈演愈烈之势。

既然全球经济失衡是一种常态，那么，讨论如何结束这种状态固然重要，更重要的则是探讨这种状态的可维持性。

目前，学术界对全球经济失衡可维持性问题存在两种截然不同的看法。

一种观点从国际货币制度格局视角出发，认为当前全球经济失衡是可维持的。以 DFG 为代表的学者认为，尽管东亚国家大量贸易盈余和低估本币模式在贸易领域产生了争端，但总体上东亚国家和美国双方都从这种安排中获得了收益，因而这一体系能"无限制"维持下去。DFG 从历史的视角阐述了这一观点。在 1945 年开始的美元体系下，世界是一种"中心"（美国）和"外围"结构。在 20 世纪 50 年代和 60 年代，较为重要的"外围"国是欧洲和日本。为从战后废墟中迅速恢复,这些"外围"国合作性地将其货币低估,以此促进制造业出口,并在技术含量更高的工业出口部门进行投资。"外围"国采取这种政策的直接"成本"是,迅速积累了低收益率、高流动性的美元资产。DFG 认为,这些"外围"国家付出的"成本"是很小的,或者就根本不存在。以 20 世纪 50 年代和 60 年代的欧洲为例,德斯普雷、金德尔伯格和萨伦特(Despres, Kindleberger and Salant, 1966)曾提出,拥有发达长期资本市场的美国仅仅提供了金融中介作用:美国向欧洲提供长期非流动性资本——这包括直接投资;当欧洲建立了美元账户和官方外汇储备时,美国又向欧洲借入更富流动性的资本。DFG 认为,直至今天,对那些国内金融市场欠发达的国家而言,这种中介观点仍然有一定的说服力。DFG 还提出,当今的"外围"国主要是经济高速发展的东亚经济体。这些国家高度干预外汇市场以维持本币低估,并以此促进对美国市场的出口。

支持 DFG 观点的学者还试图为这种观点找到实证根据。古林查斯和雷伊(Gourinchas and Rey, 2005)仔细分析了 1952 年以来美国对外资产负债头寸的历史演进。他们的第一个发现是:在考察期内,特别是在布雷顿森林体系崩溃后,美国对世界其他国家净债务的增长并没有伴随着债务支付增长。换言之,美国对外国投资的收益率大幅高于外国对美国投资的收益率,这一结论甚至在每一细类资产负债中都能成立(见表 3-6)。这一发现,一定程度地支持了美元享有"过度特权"的观点(这使美国能够在世界金融市场上以贴现价格借款)。他们的第二个发现是,在考察时期,特别是 20 世纪 90 年代以来,美国对外资产头寸呈现从银行贷款向 FDI 和股票投资(高收益率资产)转移的趋势;与此同时,美国的负债仍然以银行贷款、贸易信贷和债务为主(低收益安全资产);美国对外资产负债头寸从以前的"世界银行"变得越来越像"风险投资公司"。这一发现一定程度上支持了金融中介论。

表 3-6　美国对外资产与负债的平均年化季度收益率　　　单位:%

| | $r_a$ | $r_l$ | $r_{ae}$ | $r_{af}$ | $r_{ad}$ | $r_{ao}$ | $r_{le}$ | $r_{lf}$ | $r_{ld}$ | $r_{lo}$ |
|---|---|---|---|---|---|---|---|---|---|---|
| 1952.01~2004.01 | 5.72 | 3.61 | 13.68 | 9.57 | 4.35 | 3.43 | 10.28 | 9.56 | 0.51 | 1.19 |
| 1952.01~1973.01 | 4.04 | 3.78 | 10.83 | 9.44 | 4.82 | 2.40 | 11.59 | 9.96 | 0.80 | 1.24 |
| 1973.01~2004.01 | 6.82 | 3.50 | 15.54 | 9.65 | 4.05 | 4.11 | 9.43 | 9.31 | 0.32 | 1.16 |

注:$r_a$ 表示总资产的收益率,$r_l$ 表示总负债的收益率;$r_{ae}$、$r_{af}$、$r_{ad}$、$r_{ao}$ 分别表示美国持有股票、FDI、债权和其他资产收益率;相应地,$r_{le}$、$r_{lf}$、$r_{ld}$、$r_{lo}$ 分别表示外国持有美国股票、FDI 的收益率、债权和其他资产收益率。

资料来源:转引于:Gourinchas, Pierre-Olivier. and Herry Rey, 2005, "From World Banker to World Venture Capitalist: The US External Adjustment and the Exorbitan Privilege", Working Paper present on NBER Conference on G7 Current Account Imbalances: Sustainability and Adjusntment.

然而，全球经济失衡可维持的观点在学术界并没有得到一致支持。一些学者在 DFG 的讨论范畴内进行了反驳。艾肯格林（Eichengreen，2004）认为，"新布雷顿森林体系是一个误导，它低估了 1960 年以来世界的巨大变化。"艾肯格林还具体指出了 6 个区别：第一，相对 40 年前欧洲国家主导的"外围"而言，由亚洲国家构成的新"外围"是一个数量较多且不同质的集团，它们很难就集体钉住美元达成有约束力的协议。第二，除美元外，现在还存在其他国际货币——例如欧元——可供选择。第三，美国目前是储蓄缺口，这与 20 世纪 60 年代的情况正好相反，债务的不可维持性，使美元汇率的稳定性备受质疑。第四，资本项目开放使私人部门资本国际流动管理变得越来越困难，需要付出的努力也远远超过 20 世纪 60 年代。第五，在国内金融市场更加自由化的环境中，汇率低估与过多储蓄并不能保证投资向贸易品部门集中，放松的信贷有可能向非贸易品部门，尤其是房地产部门集中，这容易诱发泡沫经济。第六，亚洲国家的政策制定人不会盲目模仿历史。一些学者还从实证角度反驳了 DFG 的看法。普拉萨德和魏（Prasad and Wei，2005）对中国资本流动进行了考察。他们发现，近年向中国涌入的资本主要是证券投资而非 FDI，而且，近年中国 FDI 的主要来源地并非美国。他们认为，从这一迹象看，作为 DFG 观点基础的金融中介论并无深厚的基础。

一些学者还从有别于 DFG 的视角质疑了全球经济失衡的可维持性。国际货币基金组织研究局局长拉詹（2005）认为，"尽管外国官方机构在增加购买美国金融资产，但目前持有美国资产的主体仍然是私人——而非中央银行……一旦私人投资者认为美国贸易赤字难以解决而不愿再向其融资，则美元存在破裂性贬值的可能。"将 DFG 和拉詹的分析进行比较，可以看出，他们的观察视角有所不同。DFG 是从全球经济失衡参与方维持"新布雷顿森林体系"的成本收益比较视角，来判断全球经济失衡的可维持性；而拉詹则是从资本流入角度来进行判断，他感兴趣的是，美国与东亚经常项目失衡是否会引起美元对其他主要货币大幅贬值，并由此带来对全球经济的重大冲击。

全球经济失衡不可维持的看法引出一系列全球经济失衡的纠正方案。IMF 提出的方案涉及的范畴较为全面①，其要点是：美国应削减财政赤字，欧元区和日本应加速结构改革，中国和亚洲新兴市场国家则应加快向更具弹性的汇率制度转变。在调整方式方面，全球经济失衡的参与各方都强调己方应采用渐进调整方式。作为经济基础和金融体系都较为脆弱的一方，亚洲新兴市场经济体要求采用渐进方式是容易理解的。有趣的是，"强壮"的美国也要求渐进方式。奥布斯特

---

① IMF，《世界经济展望》（2005 年 9 月）。

费尔德和罗戈夫（Obstfeld and Rogoff，2000）以美国为假想对象，提出一个经常项目调整对汇率有冲击影响的模型，其基本思路是：经常项目的大幅逆转（转为顺差）会导致贸易品价格上升，这会引发贸易品与非贸易品的相对价格变化；为避免通货膨胀，货币当局默许本币大幅贬值；由于汇率在贸易品价格方面的传导并不充分，而且短期内非贸易品价格变动很小，因而汇率会以剧烈下调的方式来抑制通货膨胀，而这会导致经济的剧烈震荡。利用这一模型，奥布斯特费尔德和罗戈夫（2004）提出，按当时水平看，美国经常账户赤字调整需要美元汇率下调20%；但是，如果经常项目赤字调整速度过快，美元可能会下调40%左右，这么大幅度的贬值是贸易伙伴和美国自身都不能容忍的。

我们认为，全球经济失衡格局在相当长时期内还将延续。从美国方面看，短期内，美元国际货币主导地位难以动摇，美国也不会停止使用国际货币特权来弥补其储蓄缺口。从东亚新兴市场经济体方面看，即使抛开金融中介论，从避免货币错配风险爆发的视角看，东亚政府也没有动力大幅调整汇率以恢复全球经济平衡。需要警惕的是，如拉詹所述，东亚与美国间形成的全球经济失衡格局对其他发达国家经济稳定发展构成了潜在威胁。一个关键问题是，美国的资本流入是否能为美国经常项目失衡充分"融资"，并以此支撑美元对其他主要货币的信心。从美国国际收支情况看，亚洲金融危机以来，美国的资本金融项目总体呈顺差盈余不断增长态势，其中，证券融资起到了主导作用。此外，美国国债登记系统的数据表明，21世纪以来，外国官方机构——尤其是东亚官方机构持有的美国金融证券不断增长。美国近年来的资本流动结构表明：外国官方机构——尤其是东亚官方机构是否持续增加持有美国金融资产，是当前全球经济失衡是否可维持的关键。

## 3.4 中国金融改革和发展面临的新挑战

金融全球化和全球经济失衡深刻影响了中国的经济和金融运行，并给中国金融改革和发展提出了一系列新的挑战。

我们已在前文中指出，所谓全球经济失衡，从表现上看，指的是各国经常项目长期出现差额（顺差或逆差），即长期存在着"外部不平衡"状态。由于从全球角度看，各国的顺差和逆差是相抵的，所以，这意味着参与全球经济活动的所有国家均存在"外部不平衡"问题。再就各个国家来看，由于一国经济的"对外"部分和其"对内"部分的加总一定是平衡的，所以，一国经济的"外部不平衡"一定有一个相应的"内部不平衡"存在。说到本质上,外部不平衡和内部不平衡的存在,反映的是各国储蓄与投资的长期失衡。而储蓄与投资的长期失衡,显然归因于各国国内经济结构的失衡。

因此,研究全球经济失衡现象,事实上就是从国际和国内的结合上全面研究当前全球及各国经济运行的深层次问题。

全球经济失衡所以值得关注,是因为它在世界各国间引发了一系列矛盾和冲突。

首先是贸易摩擦加剧。从全球来看,不同国家交错出现了贸易顺差或贸易逆差,相应地引致资本跨国流动和债权债务变化,本属正常情况,因为世界本就是在互通有无的格局下寻求平衡的。问题在于,1998年以来,最发达的工业化国家出现了储蓄不足,因而它们从别国输入产品(贸易逆差)同时也输入资本(资本流入),并因此成为债务国;而其他国家则出现了储蓄过剩,因而它们既向外输出产品(贸易顺差),同时也向外输出资本,并因此成为债权国(外汇储备积累)。这种状况的本质是:包括中国在内的经济相对不发达的国家通过贸易顺差和外汇储备积累的形式,既在实物上补贴了发达国家,又从资金上支持了发达国家——由穷国补贴富国,而且愈演愈烈,其经济的合理性是应当质疑的。

其次,全球经济失衡对世界各国的货币政策产生了相当不确定的冲击。从金融层面分析,全球化的深入发展,客观上应当产生拉平各国利率水平的趋势。然而,由于全球经济失衡的深厚根源在于各国储蓄与投资的不平衡,因此,从实体经济层面分析,各国将因自己储蓄—投资格局的不同而产生迥然不同的资金供求状况以及相应的利率水平。于是,在储蓄缺口的国家中,我们看到了利率上升的趋势,而在储蓄过剩的国家中,我们则看到了相反的情况。

进一步的是,国际收支的长期失衡、利率水平在失衡的两极间始终保持可观的差异,为资本频繁且大规模地跨境流动提供了刺激,从而对各国经济运行产生了相当大的冲击。

最后,各国间贸易差额和巨大息差的长期存在,以及资本的大规模跨境流动,使得汇率问题成为经常性争执的焦点,而且,在这种争执中,发达国家依仗其在国际金融领域中对"话语权"的垄断,一如既往地将调整的责任全部推到了经济不发达国家的肩上。

问题的复杂性在于,由于美元在全球金融体系中处于"关键货币"地位上,因而,不断增长的全球贸易以及世界其他国家不断增长的对国际储备资产的需求,客观上都需要美元及美元定值资产的供应不断增加;而美元供应的不断增加,必须依赖美国不断出现贸易赤字才能实现。在这个意义上,美国持续地产生贸易逆差,事实上成为全球经济正常发展的必要条件之一。正是这种状况,使得美国实际上发挥着全球"中央银行"以及全球"风险投资公司"的作用。注意到这一现象，便不难得出一个无可奈何的推论——如果国际上还找不到一种能够替代美元的国际货币和国际储备资产，我们恐怕还要容忍，在一定程度上还需维护国际货币体系的这种"美元本位制度"。这种复杂性使得我们很难简单地用"不合理"来评价以美元为本位的国际金融制度。显然，要想从根本上改变当前全球经济的失衡现象，除了各国（特别是经济发达国家）应加速调整其国内经济结构之外，还需彻底改革国际货币制度，而这首先需要改变美国经济在全世界中的主导地位——这显然绝非易事。

我们关心的是，尽管全球经济失衡已经延续多年，但是，中国作为一个正在逐渐融入全球经济体系的发展中国家，显然只是近年来方才切实感受到它的影响，而且，在我们尚未在这个失衡的世界中找准自己的位置并思考应对之策时，便已被强加了矫正失衡的责任。这对我们来说，显然是一个严峻的挑战。

### 3.4.1 宏观经济运行：总体的供大于求和经济结构失衡并存

从1982年开始，中国的储蓄率和资本形成率都是逐渐上升的。这种趋势，合理地解释了中国经济长期持续高增长的现象。因为，无论可能有多少因素发挥作用，较高的储蓄率和较高的投资率都是实现较高经济增长率的必要条件。换言之，尽管目前我国的投资率已经高到令人不安的程度，但它依然没有高到能够将国内储蓄完全吸收的程度。此时，必须引进一个外部的需求（净出口），方能弥合国内投资缺口并保持经济的持续快速增长。

由于储蓄大于投资等价于总供应大于总需求，所以，尽管中国的经济增长率之高始终令人难以释怀，但是，自20世纪90年代初期以来中国的物价水平并未形成持续的上涨趋势。具体而言，在这十余年中，中国只是在投资率高于储蓄率的1993年前后真正出现过物价上涨的压力，其余年份的物价则始终处于可以接受的范围内：1998～2002年，我国出现了显著的物价下行的压力；2002～2004年虽然产生了一定程度的物价上涨，但是，其水平不高，延续时间也短，到了2005年下半年，物价走势重又感受到向下的压力；2006年上半年以来，随着中国经济增长跃上了10%的高台阶，人们又开始惊呼通货膨胀即将来临。但是，这种物价水平的上升究竟能否持续，多数研究者依然在拭目以待。

论及中国的物价形势，我们必须注意一个颇具中国特色的事实，即由于中国经济结构严重不平衡，经济体制改革、城市化、工业化和全球化等多种因素同时并存并交互影响，我国不同领域、不同部门、不同地区的商品和劳务的供求态势不尽相同，因此，不同的领域、部门、地区的物价走势可能不尽相同；在一个时期中，物价走势的三种状态，即物价上涨（inflation）、物价下跌（deflation）和物价滞涨（disinflation）可能同时存在，而且，物价变化的差异并不能在整个国民经济中顺畅传导从而形成全国一致的趋势。换言之，由于中国正处在"新兴"加"转轨"的过程之中，我们很难简单地用通货膨胀或通货紧缩这些适用于完全市场经济国家的概念来刻画中国的物价走势和经济形势。然而，无论物价变动的态势如何交替，由于中国的宏观经济平衡总体上处于储蓄大于投资也即总供给大于总需求的状态中，通货膨胀便不会成为中国的长期主要危险。如何在物价水平总体难以大幅度上涨但却不时发生局部性通胀或通缩问题的经济运行背景下实施宏观调控，是我国宏观调控当局面临的挑战之一。

### 3.4.2 货币政策的调控空间受到限制

储蓄率长期高于投资率的状态反映在金融领域，就是资金供应大于需求成为我国的长期态势。从理论上说，国民储蓄既可采取实物形式，亦可采取金融形式；在金融形式的储蓄中，举凡债券、股票、基金、保单、外汇、人民币存款等等，均为储蓄者的选择对象。但是，由于银行在中国的金融体系中占据绝对的主导地位，我国居民的储蓄主要以银行存款形式存放在银行；与此对应，我国的投资也主要由银行贷款来支持。因此，银行体系中存款和贷款的动态及其对比关系，大致上反映了我国资金的供求状况，进一步也反映了我国储蓄与投资的对比关系。统计显示，从1991年开始，我国银行体系中的贷款占存款的比重是逐渐下降的，尽管其间有过1993年前后和2003～2004年的贷款膨胀，但存贷比还是从1991年的118.03%下降到2007年6月的接近60%。近年来人们议论颇多的所谓"流动性过剩"问题，无非是对存款大于贷款、储蓄大于投资现象的另一种表述。

资金市场中供大于求的局面，在利率走势上更有直观的反映。实践显示，尽管货币当局近来一直在提高其政策性利率水平（存贷款利率），但是，其他比较市场化的利率，例如存贷款综合利率（不是货币当局的"基准利率"）、货币市场利率、乃至非正规金融市场中的利率等等，虽然也会随着银行存贷款利率的上升而上行，但其上升幅度显然跟不上政策性利率的上升步调，而且升降的波动甚大。仔细分析更可看出：市场利率的走势不仅受到政策性利率走势的牵引，而且明显受到股票市场和债券市场发展规模和速度的影响。保险业费率的确定及各种理财产品的定价也受到影响。

问题还有复杂之处。鉴于中国越来越深地卷入全球经济体系，以及中国同美国的贸易和资金联系日益密切，中国的宏观经济运行，包括金融系统的运行，越来越多地受到美国经济、美国金融运行和美国货币政策的影响。这是不争的事实。基于这种联系和这种认识，有些研究者可能做出一些简单化的推论。例如，2007年年底之前，由于美国持续不断地提高其国内利率水平，国内有研究者认为，中国也已"进入加息周期"。于是，伴随着每一次美联储加息，国内就会出现一轮关于人民币利率的讨论。这种认识固然看到了中美经济之间的密切联系，但是却忽视了中美经济之间在基本面上存在的重大差异。这种差异是，在美国，存在的是持续扩大的储蓄缺口以及相应的物价上涨压力；而在中国，储蓄大于投资已经持续多年，物价水平的长期趋势也是基本保持平稳的。在这样的宏观经济背景下，认为中国的利率水平将随美国的调整步调而亦步亦趋，显然有失全面性。2007年末以来，随着"次贷"危机的逐步加深，美国已经连续2次降低了联邦基准利率，而且还有进一步降低之势。在这种情势下，中国的利率水平走势显然又增加了更多的不确定性，而且，在美国降息的背景下，中国利率水平将"走上加息通道"的判断，可能更难实现了。

市场利率的走势给予我们的提示是：在储蓄大于投资的总格局依然持续的条件下，由于"流动性过剩"和物价上涨趋势同时并存，事实上中国的利率走势以及相应的利率政策难以措手。换言之，在未来的一些年份中，作为总体政策的货币政策，无论是调控货币供应，还是调控利率水平，其发挥作用的余地都将受到一定限制。这就需要我们积极探讨货币政策发挥作用的新领域和新条件，同时，积极探讨货币政策、财政政策以及其他各种宏观经济政策之间的协调配合问题。

上述分析还可以进一步延伸到汇率领域。如果承认中国经济和美国经济存在着完全相反的储蓄投资缺口，并导致利率走势错综复杂，中美之间的资本流动格局便会受到影响。这些发展变化对于人民币汇率的影响肯定是较为复杂的。

### 3.4.3 投资将长期保持较高水平

储蓄率和投资率长期高悬，同时就意味着我国的消费率较低。因此，从20世纪90年代末期以来，提高国内消费率就一直是我国宏观调控的基本立场之一。但是，几年来的实践一次又一次地证实，尽管我们在提高消费率方面可以说已经无所不用其极，但是收效甚微——迄今为止我国消费率仍不足GDP的50%；即便根据增加了的GDP重新计算，我国的消费率依然达不到60%。

这样，在需求构成的三大要素之中，国内消费率一时间难以提高，出口看起来将受到各种各样贸易摩擦的约束而不能指望有大的增长，更何况，近年来采取的一系列政策调控已经开始对出口产生了越来越明显的抑制作用,于是,为了保持国民经济的平稳较快增长,我们恐怕还得依靠一个较高的投资。于是,稳定地保持相当水平的投资,可能还是我们在一个较长时期中不得不做出的政策选择。

但是,在认识到稳定投资对于稳定经济运行之重要性的同时,我们必须对投资的方式、投资的领域,特别是支持投资的金融机制,进行认真的分析研究,并采取确实的改革措施。

其一,从投资领域来看,鉴于国内已经出现,而且将有越来越多的产业出现产能过剩问题,那些可能加剧产能过剩的投资肯定是不能继续进行的。这就需要我们寻找新的投资领域。从大概念上说,社会基础设施领域和整个服务业,应当是符合这一新需要的投资领域。当然,这些领域,特别是基础设施领域,传统上都是公共投资或者是政策性金融的用武之地,商业性投资由于受准入之限和不具有商业上的可持续性,很少介入其间。但是,随着市场经济体制的深入发展,随着社会生活社会化的逐渐深入,随着定价体系的逐渐完善,这些领域已经逐渐可以容纳商业性投资了。我们必须大力开发这些领域。在这里,我们希望特别强调居民住宅投资问题,因为这是兼有消费和投资功能,同时又关系国计民生的领域,而且,与住宅相关联的建筑业又是国民经济的支柱产业。因此,尽快理顺我国住宅建设和融资机制,加强对居民住宅的投资,应当成为我们的重要任务。

其二,迄今为止,我国的投资主要是由银行贷款来支持的。这种状况造成了一系列问题。首先,储蓄与投资的期限结构严重"错配",即用流动性甚强的储蓄存款来支持流动性很弱的中长期贷款,将在银行的资产负债表中积累起严重的流动性风险。其次,在银行间接融资为主的体系下,金融风险的分担机制也是不对称的。这指的是,一方面,银行必须履行其对存款者的全部提款责任;另一方面,它们还须承担贷款违约的所有风险。所以,迄今为止我国经济运行的所有风险,都以不良资产的形式累积在银行的资产负债表中。再次,从运行机制来看,银行贷款的扩张和收缩天然是"顺周期"的,因而存在着放大经济波动的倾向:当经济扩张时,在实体经济领域高利润的诱引下,银行贷款可能迅速膨胀,并推动经济迅速走向过热;而在经济紧缩时期,同样也是受制于实体经济领域的普遍衰退,银行贷款也会加速收缩,从而加大经济的紧缩程度。

改变上述状况,可以有体制对策和机制对策两条基本思路。

所谓体制对策,指的是从根本上改变银行间接融资为主的金融结构。显然,我们需要大力发展股票市场、债券市场(特别是公司债券和市政债券市场)以及各类基金市场等等;大力发展诸如保险、养老基金等契约型金融机构以及像国家开发银行之类拥有长期资金来源的金融机构;大力推行金融创新,支持通过各类证券化方式来解决金融机构的资产负债表流动性不足的问题。

所谓机制对策，指的是要建立或完善并严格执行已有的防范投资风险的金融机制。在这方面，严格执行"三率"最为重要，即详细规定并严格执行投资项目的资本金率制度，限制投资项目无限制地依赖银行贷款的不良倾向；严格执行银行的资本充足率制度，从根本上改变银行只要吸收存款便能发放贷款的传统痼疾；逐步提高企业的自有资本率，从根本上改变企业高度依赖银行贷款来发展的财务投机行为。

### 3.4.4 人民币汇率改革与外汇储备管理

2005年7月21日，中国人民银行发布公告：自当日起，中国将实行以市场供求为基础、参考一篮子货币进行调节、有管理的浮动汇率制度。人民币汇率制度回归有管理浮动后，人民币兑美元汇率在小幅波动中呈温和上扬趋势。鉴于人民币汇率相对稳定的态势日趋明朗，IMF和西方发达国家又以调整全球经济失衡为由，对人民币汇率政策施加越来越大的压力。

伴随着全球经济失衡格局的演化，中国外汇储备呈持续增长态势。对中国外汇储备的持续增加，有一种担忧认为，从传统的外汇储备功能角度看，中国目前的外汇储备规模已经足够应付支付进口、偿还短期债务和稳定汇率的需要；在这种情况下，不停地堆积外汇，等于将宝贵的资金低成本地放给外国用，这是不经济的。我们认为，诸如此类的看法忽视了这样的事实：自20世纪末亚洲金融危机以来，随着全球转向浮动汇率制度，外汇储备的功能已经发生了根本性变化。

事实上，20世纪90年代末期以来，广大新兴市场经济国家和转轨经济国家在处理外部平衡方面，已经逐渐形成了"没有信誉的固定汇率制"（公开宣布的浮动汇率制与对汇率的频繁干预相结合）与规模日益增大的外汇储备同时并存的"两位一体"政策组合。一方面，发展中国家外汇储备迅速增加；另一方面，其官方宣布的汇率制度也迅速向富于弹性的方向转移。需要加以说明的是，发展中国家声称向浮动汇率制度转移，并不意味着它们放弃了对汇率的干预。卡尔沃和莱因哈特（Calvo and Reinhart，2000）的研究显示：在某种程度上，发展中国家向更为灵活的汇率制度转移只是一种假象；从汇率的走势和各国的操作实践来看，其各类浮动汇率制以及管理浮动汇率制等的运行特征更接近钉住汇率制度。他们将此概括为"没有信誉的固定汇率制"。

发展中国家普遍实行上述新政策组合的直接原因，在于这些国家普遍存在着由货币错配导致的"浮动恐惧"。货币错配使发展中国家很难承受汇率的剧烈波动，因此，固定汇率制度事实上是符合广大发展中国家根本需要的。然而，正如亚洲金融危机所展示的那样，在金融自由化和经济全球化的背景下，实行汇率完全的钉住又可能面对国际投机资本的恶意冲击。因此，摆在广大发展中国家面前的难题是：必须寻找到某种既实行浮动汇率，又保证汇率稳定的政策组合。在这个意义上，目前多数发展中国家实行的那种名义上放弃固定汇率制度而实际上保留了频繁干预汇率的制度安排，即所谓"没有信誉的固定汇率制度"，可能正是能同时满足上述多方面需求的一种"次优"的政策配合。

频繁地干预汇率需要有强大的外汇储备为后盾，于是，保持高额的外汇储备自然成为实施"没有信誉的固定汇率制度"的必要条件。20 世纪 90 年代以来，伴随金融全球化的快速进展，发展中国家外汇储备功能发生了重大变化。外汇储备功能重心已从"实际支付"偏向"保持信心"；此外，外汇储备作为一国财富的功能开始显现。这里特别需要指出的是，持有外汇储备并非像传统观念所担心的那样，是所谓资源浪费。2005 年，国际货币基金组织在题为《外汇储备的财务成本》的研究报告中，通过对 110 个国家 1990～2004 年的全部数据进行严格的实证分析，得出如下结论：1990～2001 年，即便将所有的成本（包括机会成本）都考虑在内，除发达国家之外的几乎所有国家的外汇储备都获得了净收益。应当说，较之同期其他任何投资而言，这种业绩都是不逊色的。

我们认为，"两位一体"的政策搭配格局同样适用于中国。

根据国内学者的估算，虽然目前中国总体的货币错配程度尚低于东南亚国家在亚洲金融危机时期的水平，但 2004 年以来，中国的总体货币错配程度正急剧上升。这种状况使得中国金融潜在着极大的不稳定，一旦汇率剧烈变化，这种潜在的不稳定将可能外化为较大的金融危机。另外，从货币错配的不利后果的承担主体来看，在资本项目存在管制的条件下，中国的货币错配风险主要由政府部门承担。当然，如果我国的金融企业和工商企业自主拥有较多的外币定值的资产和负债，则货币错配风险的爆发将会从微观层面给中国经济造成更大的冲击。由于长期实施钉住美元的汇率制度，中国目前尚未做好应对货币错配的准备。中国政府、金融机构、工商企业和居民都需要加强汇率风险意识，用于套期保值的外汇衍生品市场需要建立和发展，一些适应汇率变动的相应制度安排——如统计、会计、税收制度等等更亟待健全。这些都需要时间。在这一条件下，为避免货币错配风险爆发，人民币汇率改革应采用渐进方式。

此外，中国外汇储备增加并非资金"闲置"。仔细分析中国的国际收支表，可以间接地看到中国外汇储备的收益情况。例如，2005 年，中国净投资收益为顺差 91.2 亿美元，实现了自 1993 年以来的首次逆转。其中，投资收益流入 356.2 亿美元，同比增长 92.2%；投资收益流出 265.1 亿美元，同比增长 16.9%。在中国的国际收支统计中，投资收益包括"直接投资项下的利润利息收支和再投资收益、证券投资收益（股息、利息等）和其他投资收益（利息）"。

考虑到中国对外投资中官方证券投资（外汇储备使用）占主导地位，我们可以合理地推断——中国投资收益大幅上升与中国对外资产规模不断扩大（主要是外汇储备增加）密切相关。上述数据说明，中国外汇储备的投资收益是令人满意的。

### 3.4.5 稳妥推进资本项目改革

目前，中国资本项目管制主要体现在三个方面。一是对外国投资者进入国内金融市场和本国投资者进入国外金融市场的准入限制。允许外国投资者在境内购买 B 股，以及中国在境外上市的 H 股、N 股等外币股票和境外发行的外币债券，但限制其在境内购买 A 股、人民币定值债券和货币市场工具。同时，限制居民到境外购买、出售和发行资本和货币市场工具。二是对外借贷款（包括对外担保）的限制。境内机构对外借款需取得借款主体资格，并要经过外汇管理部门的金融条件审批。境内金融机构只有经批准后，才可以遵照外汇资产负债比例管理规定对外放款，境内非金融企业不可以对外放款。三是对直接投资的限制。对外商在华直接投资进行产业政策上的指导，汇兑方面的限制不多。而境内机构对外直接投资则需经有关部门审批，外汇管理部门负责其外汇来源和投资风险审核。对照国际社会开放资本项目的实践，可以看出，中国资本项目管理已经实现了相当程度的开放，余下的项目开放应当说都有较高风险。

在人民币汇率制度回归有管理浮动后，国家外汇管理局相继出台了一系列外汇管理改革措施，这些措施的一个主要目的就是放松资本流出管制，以缓解人民币升值压力以及由此带来的经济过热压力。目前，对放松资本流出管制的普遍忧虑是，这可能会带来潜在的资本外逃风险。

我们认为，金融全球化的风险环境在 21 世纪以来变得更为复杂和不确定，因而，中国对进一步推进资本项目开放持适度审慎态度是适宜的；为控制放松资本流出管制的潜在风险，中国应坚持投资性购汇额度的总量控制，应完善涉外机构投资者的治理和风险控制。

当前，全球经济失衡很大程度上是一个结构性问题，其根源于工业化国家——特别是美国有较大的储蓄缺口（储蓄不足），而包括中国在内的东亚新兴市场经济体则有较大的投资缺口（储蓄过剩）；拥有较高储蓄率的东亚新兴市场经济体是集体性地被迫与储蓄率较低的美国保持贸易差额关系。结构性失衡的调整往往具有长期性，因而中国贸易顺差在相当长时期内可能持续存在。这意味着，中国在抵御资本外逃方面有着较强的基础。因而，只要在投资性购汇这一源头实施总量控制,则无论资本流出形式如何变化,其总量终究会受到强有力的约束。

还应完善各类涉外机构投资者的公司治理机制和相应的风险控制。治理框架的基本内容应包括:明确管理者的责任和职权;以可靠的信息和报告制度为基础的内部操作监督;有独立的审计部门;招纳受过良好训练并拥有丰富实践经验的工作人员。风险管理框架的基本内容应包括:能够识别对外投资的风险,并能将风险控制在一定范围内;对受委托管理投资的外部管理者而言,其管理方式与原则应该与委托方要求一致;风险暴露程度应该定期检测,以识别风险是否超过可接受范围;能够关注衍生工具和外汇操作的风险;为了评估对外资产组合的脆弱性,应该定期进行压力测试以评估宏观经济与金融冲击的潜在影响。

此外,中国放松资本流出管制还面临如何更大程度获取收益的问题。我们认为,中国在这一领域的重点工作应着眼于提高国内金融业的竞争力。放松资本流出限制为国内金融机构提高国际竞争力提供了机会。金融机构竞争力的提升很大程度上依赖于实践——不参与国际金融业务,提高国际竞争力就是一句空话。从这一点看,中国金融监管当局在进行放松管制的试点时,不妨让更多的具有一定条件的国内金融机构参与"练兵"。与此同时,还要重视外部投资管理人的"传、帮、带"作用。放松资本流出管制必然会使国内资本面临高风险和更精巧的投资工具(如各种衍生品)的冲击,这客观上就要求配备熟悉外国金融市场、掌握现代金融分析方法的金融专家。实践表明,积极发挥外部管理者的作用是引进和培养相关人才的一条捷径,一方面,由国际知名投行担当的外部管理者本身就拥有大批合格金融专家;另一方面,与其展开深入合作,有利于快速培养本国人才。

### 3.4.6 积极推进亚洲区域金融合作

20 世纪 90 年代以来,金融全球化的迅速发展大大增加了局部金融危机转化为区域或全球金融危机的可能性,因而,防范和解决金融危机已日益成为超越国界的问题。在这一大背景下,亚洲各国(地区)意识到,加强区域金融合作是保证各自金融安全的必然选择。基于这一共识,东亚各国(地区)加强了区域金融合作,并在金融危机紧急援助和亚洲债券市场建设两方面取得了进展。

1999 年 11 月,东盟 10 国加上中国、日本和韩国在马尼拉召开了峰会,会议通过了东亚合作的共同声明,同意加强金融、货币和财政政策的对话、协调和合作。根据这一精神,"10 + 3"的财政部长于 2000 年 5 月在泰国清迈达成了"清迈倡议"。在金融稳定合作方面,"清迈倡议"呼吁东亚各国(地区)全面达成双边货币互换协议。随后,"清迈倡议"的构想取得了迅速进展。清迈构想的实现及其拓展表明了亚洲国家(地区)在金融稳定合作方面的决心,并极大地鼓舞了各方参与金融稳定合作的热情。

亚洲金融危机后,一种普遍的观点认为,为防止金融危机再次爆发,亚洲各国(地区)需要大力发展债券市场。这是因为:债券市场能够提供更多的信息披露,从而改善资金的分配效率;债券市场能够为银行提供管理流动性风险的工具,使银行在遇到流动性压力时,无须停止贷款或提前收回贷款;债券市场能够为非居民投资者提供分散风险的有效选择,改变非居民投资者在危机中一味地抽逃资金的局面。随着清迈构想的实现及其拓展,亚洲对地区金融合作的信心逐渐增强,亚洲区域债券市场也获得了一定发展。例如,2003年6月2日,东亚及太平洋地区中央银行行长会议组织宣布:与国际清算银行合作建立了亚洲债券基金。

尽管亚洲区域金融合作在局部取得了一定进展,但应当意识到,亚洲区域金融合作事实上面临诸多障碍。其一,亚洲各国历史、政治、人文、地理、经济、习惯差异太大,且经济发展水平极不平衡。其二,亚洲各经济体普遍过度依赖对欧美出口,在货币、汇率和财政政策方面的自我约束能力较差。对内,国内金融结构扭曲严重,过度依赖银行信贷;对外,则过度依赖欧美的投资银行、保险公司等非银行金融机构。其三,区域内的生产要素流动不足,劳动力的流动尤其不足。其四,区域内各经济体之间的产业关联度有限,在可以识别出的关联中,只有部分的互补关系,多数则是替代关系,这极大地阻碍了地区内以互助为基调的经贸联系的发展。其五,国家自主性强,各国参与金融合作的内容、进度、投入的资源均存在差异,经济政策协调难度大。其六,除少数国家,区域内各经济体在短期内的合作动力不足,多数国家专注于国内改革与结构调整,无暇他顾。最后,缺乏地区领袖和共同的政治意愿主导合作进程。上述障碍决定了,亚洲区域金融合作不可能在较短时期中获得全面的实质性发展。

显然,短期内中国从亚洲金融合作中获得太多的直接利益的可能性不大。这一格局决定了中国参与亚洲金融合作应着眼于获得良好的外部环境,以便集中精力解决国内经济金融的改革与发展问题,为长期发展创造条件。因而短期内,只要不损害自身利益,但凡能使区域内其他国家获益,促进中国引导发展方向,加强中国在区域内影响的金融合作,中国都应当积极参与。

# 第4章

# 中国的经济失衡与金融体制改革

在全球经济失衡的背景下,中国经济的失衡问题尤为引人注目。自改革开放以来,中国一直维持着较高的投资率。然而,与高投资率相对应的是更加高的储蓄率。尤其是自20世纪90年代以来,除1993年外,中国的储蓄率一直保持着比投资率更高的水平。

作为一种经济内部失衡现象,储蓄率长期高于投资率,必然导致长期的经常项目顺差,这就又产生了经济的外部失衡。

简言之,事实上中国经济的内部失衡和外部失衡都是同一个宏观经济现象——国内储蓄大于国内投资的表现。因此,探讨解决内外失衡的对策,我们必须认真分析我国的高储蓄率问题。本章致力于对此作出解释。我们的分析表明,我国经济自20世纪90年代末期以来出现的"三高"(即高投资率、高储蓄率及其所推动的高速经济增长)现象,是人口结构变化、工业化、城市化及市场化改革共同作用的结果。

问题并没有到此为止。以上着眼于宏观和实体经济层面的分析,固然可以揭示导致储蓄率和投资率变化的一些体制、机制以及人口等非金融因素的影响,从而指明中国延续甚久的"三高"问题并不能简单地靠政策措施予以调整,但是,这样的分析并不能告诉我们,在国民经济中,究竟是哪个部门在进行储蓄以及储蓄的动机是什么,因而也就难以提出更有针对性的政策建议。鉴于此,本章的分析还将深入到国民经济的结构层面。我们将指出,中国经济的失衡问题归根到底在于两个结构不合理,即收入分配结构不合理和金融体系结构不合理,而后者又与前者密切相关。① 因此,解决经济的内外失衡问题的对策,应当在调整国民收入分配结构和改革金融体制等路径上寻找。

## 4.1 中国的高投资率、高储蓄率与经济失衡

1978 年以来,我国经济中反映投资水平的指标——投资率(资本形成总额占 GDP 比重)一直处于 30% ~ 40% 的高水平,且在波动中呈逐渐上升之势,在 2003 ~ 2006 年间,已经连续 4 年超过了 40%。同时,我国经济增长及其波动显然同投资率的水平及其波动有着密切的关系。从图 4-1 可以看到,GDP 增长率与投资率早在 80 年代便亦步亦趋;进入 90 年代以来,两者的同步关系还有明显加强之势。在从 2002 年底开始的本轮经济波动中,投资增长率上升和投资率的再次高启显然成为经济局部过热的主要原因。应当说,在某一时期,通过压缩某些地区和某些行业的投资来控制物价并稳定经济增长,是宏观调控的正确选择。

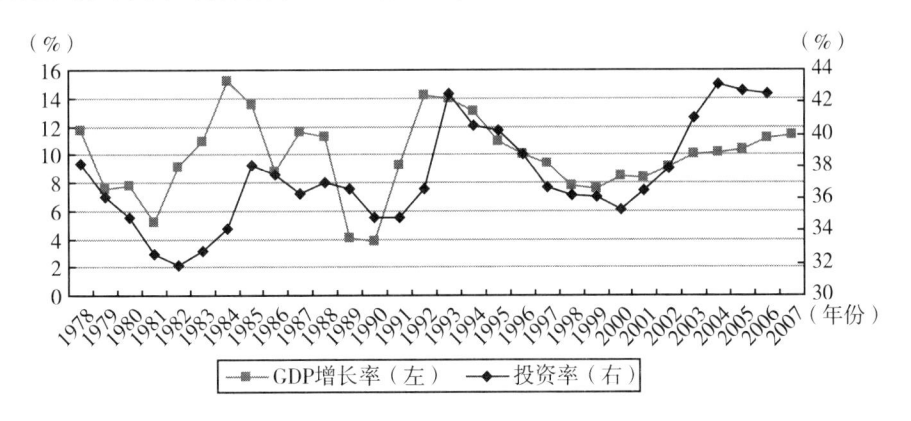

**图 4-1 中国的 GDP 增长率和投资率**

资料来源:《中国统计年鉴》相关年份。

然而,对于投资率长期高悬现象,尽管理论界始终没有停止过讨论,并开过多种治理"药方",宏观调控当局也始终没有放弃控制投资率的努力,但是,投资率相对上升的格局迄今并未发生根本性的改变,反而渐趋严重。作为高投资率的另一面,国内消费率日渐下降、储蓄率日渐上升的趋势也在不断发展;尽管我们已经采取了多种措施,依然成效甚微。一种现象在长达二十余年的时期中始终

---

① 事实上,收入分配结构的不合理也与金融结构的不合理有关,例如,资本市场的欠发达影响了居民部门的财产性收入,中小企业融资难影响了就业,等等。

存在，且有愈演愈烈之势，其中必有某种规律存在。因此，我们显然不能简单地将其归结为由某种不合理的短期因素所致，而应当深入探讨其背后长期发挥作用的经济和金融机制。

储蓄、投资及其相互关系，构成宏观经济运行的核心问题。因此，分析高投资率问题，特别是分析高投资率的利弊得失及其对国民经济的全面影响，必须同时分析作为硬币之另一面的储蓄率的动态及其同投资率的对应关系。这种关系，可以用国民收入恒等式加以说明。

先看封闭经济的情况。在需求决定经济增长的市场经济中，国民产出可以被简单地分解为消费和投资两大类，或者，等价地变成储蓄与投资之间的等式：

$$Y = C + I$$
$$S = I$$

这时，如果投资大于储蓄，出现所谓"储蓄缺口"，意味着一部分投资得不到国内资源的支撑，经济将因此面临通货膨胀的威胁；反之，如果投资小于储蓄，出现所谓"投资缺口"，国内资源将得不到充分利用，经济将处于通货紧缩的压力之下。由于经济在运行过程中受到多种外部和内部冲击的影响，储蓄和投资不可能时时刻刻都相等。例如，在经济景气上升阶段，投资可能会大于储蓄，而在经济景气下行阶段，储蓄可能大于投资。这种储蓄缺口和投资缺口的交替变化既可能反映经济的周期性失衡，也可能是经济向均衡状态自然变化的结果，这取决于导致经济周期性波动的因素。① 然而，如果某种缺口长期存在，我们可以毫无疑问地断言：经济处于失衡状态。

在开放经济中，国内的储蓄缺口或投资缺口可以通过引入国外储蓄或国外投资予以平衡，其等价的表示就是国内储蓄与投资之差等于国外需求：

$$Y = C + I + (X - M)$$
$$S - I = X - M$$

这里需要将经济失衡的现象区分为内部失衡和外部失衡两类：内部失衡指的是国内储蓄和国内投资的不相等——更准确地说，是储蓄和投资的长期不相等；外部失衡则是指出口和进口的长期不相等。在开放经济条件下，内部失衡和外部失衡是相对应的。换言之，进出口差额作为平衡因素参与了一国宏观经济的运行。在国内储蓄大于国内投资的条件下，净额出口（伴之以外汇储备的净额增

---

① 在宏观经济学的两大主流派别中，凯恩斯主义（包括新凯恩斯理论）认为经济的周期性波动源自经济的内在不稳定，尤其是需求的不稳定，因此，经济周期是经济失衡的表现；新古典学派则认为，经济是内在稳定的，经济周期产生于外部冲击，尤其是供给方的技术冲击，因此，经济的周期性波动仅仅是经济当事人在遭遇冲击后向新的最优均衡自发调整的结果。

加或资本外流）可以使一国经济实现无通货紧缩的均衡增长；在投资大于储蓄的条件下，净额进口（伴之以外汇储备的减少或资本内流），可以使一国经济实现无通货膨胀的均衡增长。

就我国的情况看（见图4-2），一个明显的事实是：我国经济长期处于内部失衡和外部失衡状态。然而，观察改革开放以来我国经济的运行可以看到：以1989年为界，我国的经济失衡大致可以分为两个阶段。1978~1989年为第一阶段。此间，除了1982年、1983年两年，投资大于储蓄是我国经济的常态。这种状况比较符合发展经济学的经典范式：作为发展中国家，资源短缺（储蓄缺口）是我们的主要矛盾，因此，引进国外资源（贸易赤字）是我国谋求快速发展的重要途径。当然，如果贸易赤字没有大到可以将国内投资缺口完全弥合的程度，国内就将出现通货膨胀。1989年至今为第二阶段。此间，除了1993年的例外，储蓄大于投资成为我国经济运行的常态。换言之，尽管投资率已经高到令人不安的程度，它依然没有高到能够将国内储蓄完全吸收的程度。此时，必须引进一个外部的需求（净出口），方能弥合国内投资缺口，而且，如果净出口没有大到将过剩的国内储蓄完全吸收的程度，国内仍将出现通货紧缩。因此，就近十余年的情况分析，如果说经济失衡的原因来自投资方面，那也应归因于国内的投资率太低。

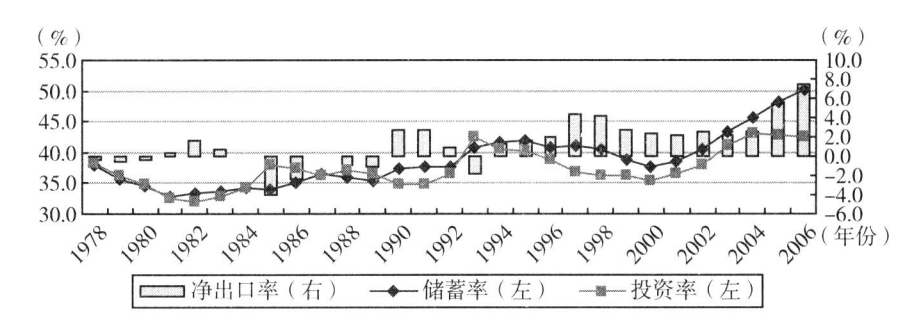

**图4-2 中国的储蓄率、投资率和净出口率**

资料来源：《中国统计年鉴》相关年份。

需要指出的是，由于全球经济总是平衡的，一国或若干国家的经济失衡便一定会有他国经济的方向相反的失衡相对应。据此，对一国经济失衡现象的分析，便增加了一个新的更为复杂的国际视角。最近国际货币基金组织完成了一项关于全球经济失衡问题的大型研究（IMF，2005）。该研究认为，全球经济正处于一种脆弱的失衡状态中。其具体表现就是：在全球的主要经济体中，储蓄小于投资从而经常项目长期保持逆差的国家主要是美国，欧洲、日本以及大多数亚洲国家则处于储蓄长期大于投资，从而经常项目长期顺差的状态。换言之，20世纪末以来，中国、日本、其他亚洲国家和欧洲的净储蓄支撑了美国的国内需求和经济增长。美国作为世界上最富有的国家，成为最大的资本输入国和债务国，而像中国这种相对贫穷的发展中国家，却不断地向外输出资本，同时积累起大量的对外债权。显然，所谓全球经济失衡，不仅指的是各国间经常项目的不平衡，同时也指的是世界各国国内的储蓄和投资不相等从而在经常项目上出现差额的含义。从理论上说，出现这种不平衡应属常态，问题在于，目前这种以发展中国家长期贸易顺差从而在实物上"补贴"发达国家并向其输出资本为特征的循环，反映的是一种不正常的均衡关系，其合理性固然应当质疑，其可持续性更令人担忧；一旦这种脆弱的循环断裂，全球经济就将陷入危机之中。

总而言之，对于我国长期持续的高投资率现象，我们必须将之与长期持续的高储蓄率现象放在一起进行分析。同时，我们还需要进一步探究我国储蓄率长期高于投资率、亦即经济失衡的主要原因。

## 4.2 对高投资率、高储蓄率的解释：人口结构的变化

在短期内，投资率和储蓄率主要是资本利润率、利率、收入水平等经济变量的函数；而在长期内，投资率和储蓄率的高低则同一个经济变量之外的因素——人口结构密切相关。

高投资率和高储蓄率长期并存的现象同"人口红利"密切相关。人口红利产生于人口的年龄结构变化：在一波"婴儿潮"之后的数十年里，通常发生的现象是，经济中适龄劳动人口的比重增加，而儿童人口比重（少儿抚养比）和老年人口比重（老年抚养比）则会相对下降。在人口发生这种结构变化的过程中，如果适龄劳动人口能够同时获得就业，则总人口的劳动参与率上升。参与率上升至少从两个方面推动了储蓄率的上升：第一，工作人口比重的上升导致全部人口的总收入增加，这必然会提高储蓄水平；第二，年轻工作人口的相对增加，将会导致总人口的消费倾向下降、储蓄倾向上升，进而产生额外的储蓄率提高效应。进一步看，在高储蓄率背景下，如果投资率也能够相应提高，则经济将维持一个较高的增长速度。由这种人口结构变化所导致的"三高"——高储蓄、高投资和高经济增长就是"人口红利"。

研究显示，人口红利是普遍发挥作用的一种经济现象，只是在不同的国家和地区，人口红利发生的时间有先有后，而且，其对经济发展的影响程度也有深浅之别。我们将在下文中首先概略地分析西欧、北美及东亚地区的情况，然后集中

讨论中国的问题。

## 4.2.1 西欧、北美

在西欧国家，适龄劳动人口的大幅度增加主要发生于19世纪中期。人口结构的这种变化与当时正在进行的第二次工业革命相辅相成，使得欧洲出现了高储蓄、高投资和高经济增长同时发生的格局。与欧洲"旧大陆"相比，北美"新大陆"在19世纪末到20世纪初之间发生了更为可观的人口红利现象。据经济史学家的考证（Williamson，1997），在1870~1913年，新大陆的人均GDP增长率之所以会比旧大陆高，其主要原因就在于新大陆的人口年龄结构变化，而造成这种变化的初始和持续发生作用的原因，并不是产生自其内部的高生育率，而是劳动人口由欧洲向北美的大规模迁移。有关具体国家的考据进一步验证了人口结构变化的重要性。例如，当时美国的经济增长率之所以高于法国，完全是因为美国的人口年龄优势；再如，意大利之所以难以赶超英国，一个主要原因就在于意大利的人口年龄结构处于劣势。

第二次世界大战后，西欧和北美又出现了一波婴儿潮。但从趋势看，这些国家，尤其是西欧国家，老龄化现象已经非常明显。[①] 在1965~1990年，西欧的适龄劳动人口年均增长率只有0.64%，同时，低生育率导致非劳动人口出现了负增长（-0.1%）。据预测，1990~2015年，西欧的适龄劳动人口增长率将降至0.08%，而老龄化将导致非劳动人口增长率达到0.41%。随着适龄劳动人口比重的下降，西欧的储蓄率和投资率大幅度下滑：在20世纪70年代，那里的储蓄率和投资率尚可维持在27%左右的水平，到21世纪初，两个比率已经下降到20%左右。在企业投资欲望极度衰落和居民为养老进行的预防性储蓄相对稳定的情况下，那里的储蓄率长期超过投资率，同时导致欧洲的经常项目基本维持在顺差状态。

与欧洲相比，北美因外来人口迁移较多，其情况相对较好。1965~1990年，北美适龄劳动人口增长率保持在1.4%的水平上，是非劳动人口增长率的4倍。不过，北美依然存在人口老龄化的趋势。据预测，1990~2015年，北美适龄劳动人口增长率将下降到0.99%，而非劳动人口增长率将因老龄化上升到0.79%。就储蓄和投资的关系而言，在人口因素、金融支持下的借贷消费习惯以及政府巨额逆差的共同推动下，美国的储蓄率自20世纪70年代中期的22%左右急剧下降至目前的

---

[①] 引用有关全球人口增长和人口结构的数据均来自Bloom、Canning和Sevilla（2001）的文章，关于全球储蓄率和投资率的数据来自国际货币基金组织（2005）的研究报告。

14%左右。同时，投资在90年代新经济的刺激下依然保持在18%~20%的水平。由此，在美国，投资大于储蓄，并且，其经常项目始终维持在逆差状态。

### 4.2.2 东亚

东亚经济奇迹同人口红利也有着密切的关系。从20世纪60年代末开始，整个东亚的适龄劳动人口迅速增加，儿童、老年人口的比重相对下降。据统计，1965~1990年，适龄劳动人口的年增长率达到2.43%，是非劳动人口增长率的近4倍。与人口年龄结构变化相适应，1970~1995年，东亚人均GDP增长率高达6.1%，其中的1.5~2个百分点归因于人口结构的变化。在人口结构变化和经济增长的双重推动下，东亚的储蓄率和投资率在1970年的20%基础上持续上升，90年代初，其储蓄率达到32%左右，投资率更是接近36%。此后，由于日本人口老龄化的拖累，储蓄率有所下降，但依然维持在29%左右。另外，亚洲金融危机之后，整个东亚地区的投资率迅速下降，21世纪以来保持在24%左右的低水平。由于投资率低于储蓄率，整个东亚经常项目便长期保持着顺差。

就未来趋势看，东亚也难以避免老龄化问题。据预测，1990~2015年，东亚的劳动人口增长率将下降到0.94%，接近目前北美的水平，而非劳动人口的增长率将上升到0.32%。根据预测，2015~2040年，东亚适龄劳动人口将出现负增长（-0.36%），非劳动人口增长率将因老龄化而上升1.24%。在东亚区域中，老龄化现象最为严重的是日本：1950年，日本劳动人口与老年人的比例是12∶1；2003年，降至4∶1；2025年将降到2∶1。人口结构的老龄化趋势必然会影响到储蓄率和投资率，这在日本表现得最为明显：在20世纪70年代，日本的储蓄率和投资率高达40%左右；80年代储蓄率和投资率分别下降5个和8个百分点左右；90年代末，那里的储蓄率和投资率则已分别降至27%和24%左右。同欧洲一样，由于预防性储蓄相对稳定，投资极度衰落，储蓄率高于投资率，日本的经常项目便出现了长达20余年的顺差。

### 4.2.3 中国的人口结构和储蓄率、投资率

1949年以来，中国的人口增长显著地经历了两波婴儿潮（见图4-3）。一波是在20世纪60年代，人口自然增长率维持在20‰~30‰左右的水平；另一波是在改革开放后的80年代，人口自然增长率维持在15‰左右的水平。通过简单的推算便可知：60年代婴儿潮期间出生的人口目前大约在35~45岁，这个年龄段的人口不仅是改革开放后劳动大军的主要组成部分，而且，随着其工作的逐

渐稳定和子女长大成人，收入的相对增长和消费的相对下降将导致这些人口成为主要的储蓄者。同样，80年代婴儿潮期间出生的人口也将在未来10年或20年成为主要的生产者和储蓄者。

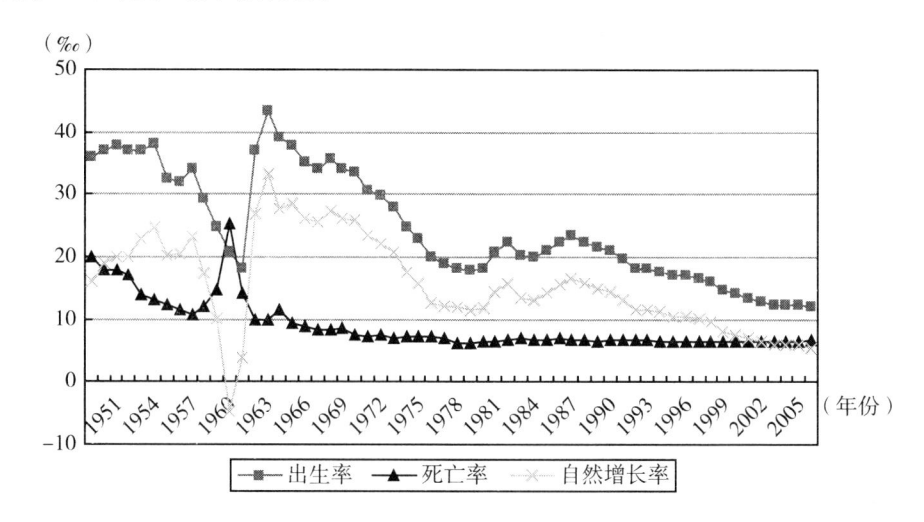

**图 4-3 中国的人口增长（1949~2006）**

资料来源：《中国统计年鉴》相关年份。

两波婴儿潮，尤其是60年代的婴儿潮推动了中国人口结构的变化。根据第五次全国人口普查和2004年1%人口的抽样调查结果，我们可以清楚地看到（见图4-4），从60年代开始，我国适龄劳动人口（15~64岁人口）逐渐上升，到2004年，适龄劳动人口比重已经达到72%以上。

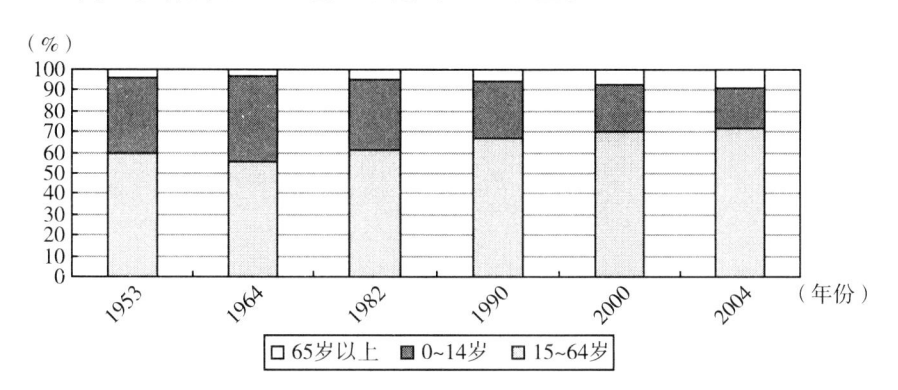

**图 4-4 中国人口结构的变化**

资料来源：《中国统计年鉴》相关年份。

同其他国家一样，人口年龄结构的变化在我国也产生了高储蓄率、高投资率和高经济增长率的"人口红利"现象。在适龄劳动人口比重增加的同时，我国适龄劳动人口的就业率一直维持在98%左右的水平,这导致总人口的劳动参与率随着人口年龄结构的变化而递增。在改革开放之初的1979年,我国的总人口参与率只有42%,到2004年,总人口参与率已经达到近58%。从趋势上看(见图4-5),总人口参与率与储蓄率、投资率显然是一致的。

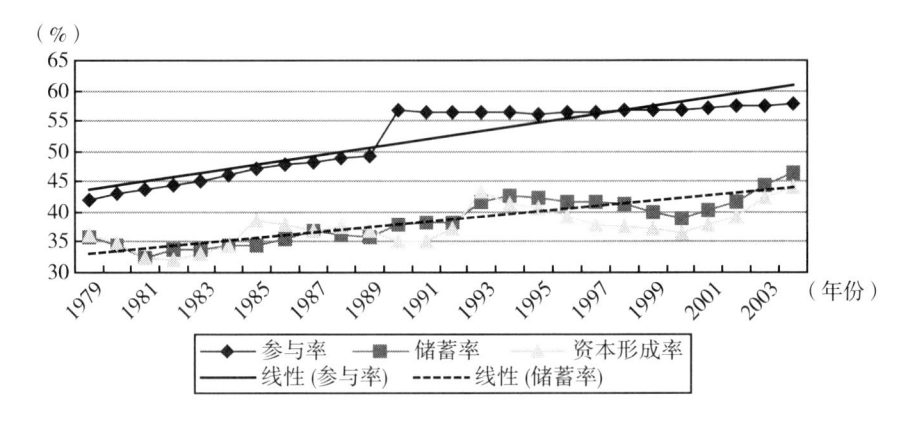

**图4-5 人口参与率与储蓄率和资本形成率**

资料来源:《中国统计年鉴》相关年份。

根据中国人口与发展研究中心的预测(蔡昉,2004),我国适龄劳动人口的比重将一直维持到2010年。2020年后,在劳动人口绝对数量减少的推动下,适龄劳动人口比重将发生较为明显的下降。这意味着,在未来5~15年左右的时间里,高储蓄率依然会得以维持。在这段时间里,如果不能够通过高投资率来充分利用储蓄,进而推动经济增长,那么,以后我们可能就再也不会有这样的机会了。

## 4.3 对高投资率、高储蓄率的解释:工业化、城市化和市场化改革

从各国的经验看,人口年龄结构的变化只是高储蓄率、高投资率和高经济增长率的前提条件之一。形成"三高"的另一个前提是适龄劳动人口能够就业、尤其是在经济增加值较高的非农产业中就业——由于非农产业的劳动生产率较高,这将导致收入的显著上升。同时,劳动力从农业向非农产业的转移,也将减少过多的农业就业人口,从而提高农业就业人员的收入水平。于是,全部人口收入的上升必将带来储蓄增加的效应,而储蓄的增加又为投资的增加提供了条件,从而形成一个非农产业就业增加、收入上升、储蓄上升、投资上升、非农产业就

业进一步上升的良性循环。

非农产业就业率的上升，首先同工业化进程密切相关。如果说人口结构的变化是人口红利产生的基础，那么，工业化则是人口红利产生的必要条件。这意味着，人口红利的产生还有赖于工业化的进程。说到本质上，高储蓄率和高投资率既是工业化得以进行之因，也是工业化顺利展开之果。我们可以在20世纪70年代的拉丁美洲找到两者不一致而没有产生人口红利的例证。那时，拉丁美洲也曾出现有利于经济增长的人口结构变化，但是，由于拉丁美洲采取了错误的工业化发展模式，致使那里没有像东亚那样出现"三高"，从而丧失了加速经济发展的机遇。

非农就业比率的上升不仅反映了经济的工业化进程，也是城市化进程的体现。事实上，工业化和城市化是两个不可分割的过程。从人口区域分布的角度看，城市区别于农村的一个显著特征就是人口相对集中。而人口之所以能够集中起来形成城市，其基本的推动因素就是人与人之间的交换行为。如亚当·斯密所言："人类是唯一会做交易的动物；狗是不会相互交换骨头的。"与工业革命之前的封建城市和贸易城市相比，工业化从两个方面极大地推动了市场规模乃至城市的发展：第一，工业化使得具有规模经济优势的工厂得以产生；第二，工业化使得工厂和工厂之间、产业和产业之间产生了相互促进的聚集效应。反过来，通过劳动力市场、中间品市场和消费品市场规模的扩大，城市化也极大地促进了工业化的发展。

## 4.3.1　工业化进程中日本和韩国的高投资率、高储蓄率

中国正处于工业化的过程中。各国的经验显示，在工业化过程中，高储蓄和高投资是正常的。更准确地说，高储蓄和高投资是一国经济工业化的必要条件。为了充分理解这一现象，我们不妨先看一看日本和韩国的例证。

研究表明，居民部门较高的储蓄率和公司部门较高的投资率，是第二次世界大战后日本经济高速增长的两个车轮。私人部门提供的充足的储蓄使得日本公司能够以较低的利率获得资金，使日本经济总量和资本存量显著增加。这种高投资和高储蓄的组合，使得日本经济能够在战后的废墟上迅速恢复并发展起来。日本经济快速增长的阶段是在1952～1973年，这也是日本的工业化阶段。9%的GDP年均增速使其率先从欠发达国家成长为发达国家。在这一时期内，日本的最终消费率达到了66%，平均储蓄率为34%，而资本形成率则为33.48%。从年度数据看，日本的资本形成率经历了一个从低（1952年的26%）到高（1961年的41%）的迅速增长过程，然后又逐年下降，在1967年回落到33%左右。储蓄率

变化趋势和资本形成率相似,基本是在30%以上的高位变动,而在30%以下低位变化的年份并不多。由图4-6可见,在这一期间,日本的投资率连续20多年保持在30%以上。

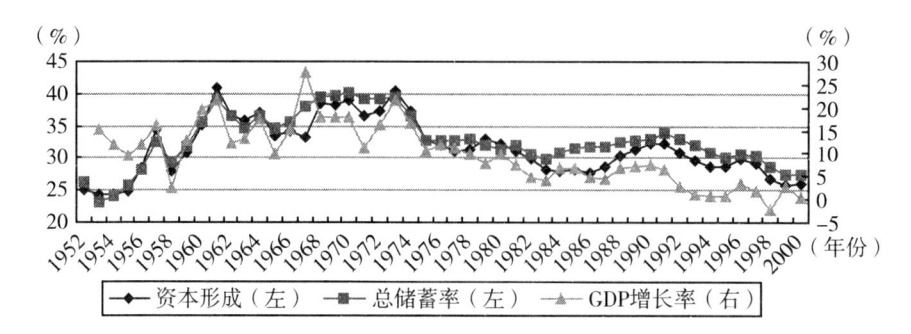

**图4-6 日本的投资、储蓄和经济增长（1952~2000）**

资料来源：IMF,2005年。

韩国的经济发展也证实了相同的结论。1962~1992年是韩国经济的高速增长期。[①] 1961年5月,韩国开始采用政府主导、出口导向和非均衡发展等战略,并连续实施了6个"五年经济开发计划"。在30年中,除1980年出现经济负增长之外,国民经济年均增长率高达8.5%左右。因此,这一阶段被称为高速增长时期,这也是韩国的工业化阶段。在此期间,韩国消费率开始下降,从1960年的96.8%下降到1988年的59.7%；储蓄率则节节攀升,从1962年的3.2%上升到1988年的40%左右,而投资率也基本上在30%的高位运行,1991年甚至达到了39%。图4-7展示了此间韩国的高储蓄和高投资同时并存的现象。

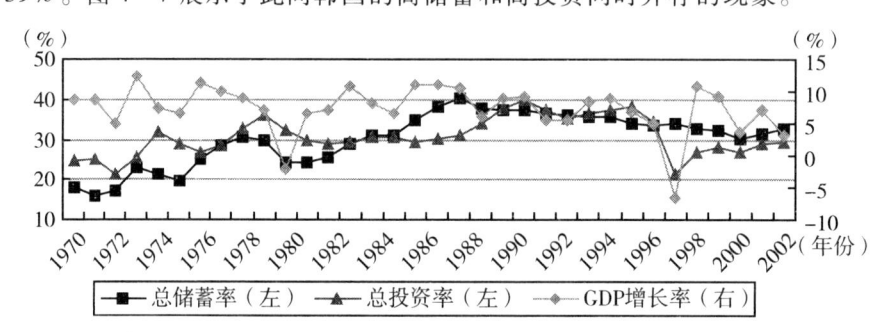

**图4-7 韩国的投资、储蓄和经济增长（1970~2002）**

资料来源：IMF,2005年。

---

① 在制造业飞速发展前,韩国的储蓄和投资率与菲律宾相似,但韩国经历了经济的更快速发展,储蓄率增加,也使得投资率迅速增加（Korea Development Institute,"The Philippines and South Korea: Divergent Growth and a Test of Hypothesis"）。

日本和韩国的经验表明，在工业化初期，投资率呈现出上升的趋势是正常状况；即使到工业化中期，投资率在较长的时期内仍应保持较高水平；只是在工业化基本完成后，投资率才出现逐渐下降的趋势。

储蓄率、投资率的动态与工业化的过程密切相关。根据钱纳里和库兹涅茨的工业化标准判断，[①] 日本在1973年、韩国在1991年基本完成了工业化。1971年，日本的人均GDP超过了2 000美元，第一产业占GDP的比重为6.5%，城市化率达到72.1%。这些数据表明，日本在这一时期已基本完成了工业化。在韩国，1991年，其城市化率达到了74.4%，GDP中第一产业的比重达到7.15%，人均GDP超过了6 000美元，也基本完成了工业化进程。作为整个进程的继续，日本的投资率1973年后逐渐下降，2000年下降到26.5%；韩国1996年后投资率开始下降，2002年下降到了26%。这说明，在工业化和城市化基本完成之后，储蓄率和投资率的走势已经开始了新的格局。

作为一个发展中国家，中国的储蓄和投资的动态受工业化和城市化进程的左右。同时，中国作为一个转型国家，储蓄和投资的动态又强烈受到经济体制改革的影响。简言之，"新兴"加"转轨"这两个中国经济的基本特征，决定了过去、当前以及未来一段时期中国的储蓄和投资的格局。

### 4.3.2 中国的高投资率和高储蓄率：工业化的影响

中国工业化的模式及其效果在改革开放前后显然存在极大的差异。在改革开放前，计划经济体制和不顾客观经济规律的重工业化冲动抑制了中国的正常工业化进程；改革开放后，随着市场经济体制的逐步建立，工业化进程开始遵循经济的客观规律而顺利展开。

就改革开放后的工业化进程及其效果而言，一个显著的指标是非农就业人口占全部就业人口比重逐渐上升（见图4-8）。以非农就业人口的变化为线索，我们可以将1978年后我国的工业化进程划分为三个阶段。1978～1990年为第一阶段，这个阶段的工业化是在农村经济体制改革的推动下展开的，得到发展的主要产业是轻工业。1991～2000年为第二个阶段，国有经济体制改革和对外开放构成此间工业化的主要推动力，获得快速发展的主要产业是出口导向的加工业和一般制造业。2001年以来为第三个阶段，在这个阶段，我国各项改革开放政策都得到进一步的深化，在产业发展上，则呈现出显著的重工业化趋向。随着工业化的深入，储蓄率和投资率也呈现出波动中上升的态势：在1978～1990年的第一个阶段，平均储蓄

---

[①] 钱纳里、鲁宾逊、赛尔因著：《工业化和经济增长的比较研究》，上海三联书店1995年版。

率和投资率分别为 35.26% 和 35.69%；在 1991~2000 年的第二阶段，平均储蓄率和投资率分别为 40.65% 和 38.64%；在 2001 年至今的第三个阶段，平均储蓄率和投资率则分别进一步提高到 43.23% 和 40.85%。

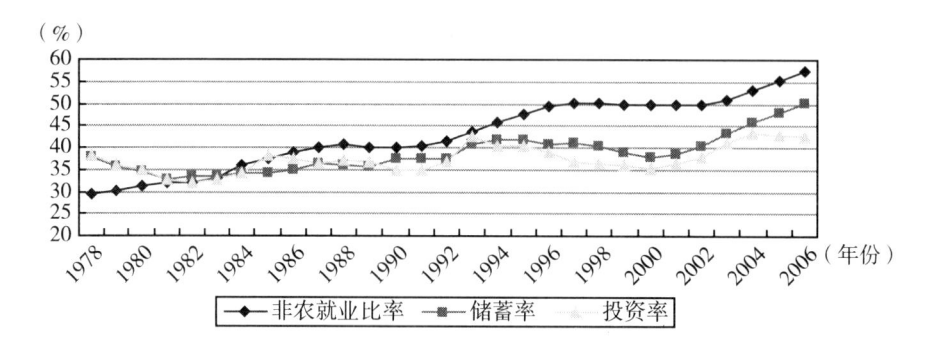

**图 4-8　中国非农就业比率与储蓄率、投资率**

资料来源：《中国统计年鉴》相关年份。

在储蓄率和投资率随工业化进程的升级而不断上升的同时，我们可以看到储蓄率和投资率呈现大起大落的周期性波动特征。其基本原因是：工业化和高储蓄率、高投资率是互为因果的，因此，储蓄、投资的周期性波动必然同工业化进程的波动密切相关。我们依然用非农就业比例的动态来说明这种关系，图 4-9 将这个比例的年度变化与储蓄率、投资率的年度变化进行了对比。可以清楚地看到，储蓄率、投资率的周期性波动同非农就业比率的周期性变化具有令人惊讶的高度一致性。这进一步证实，无论是储蓄率和投资率的水平，还是储蓄率和投资率的波动，都同工业化的进程密切相关。

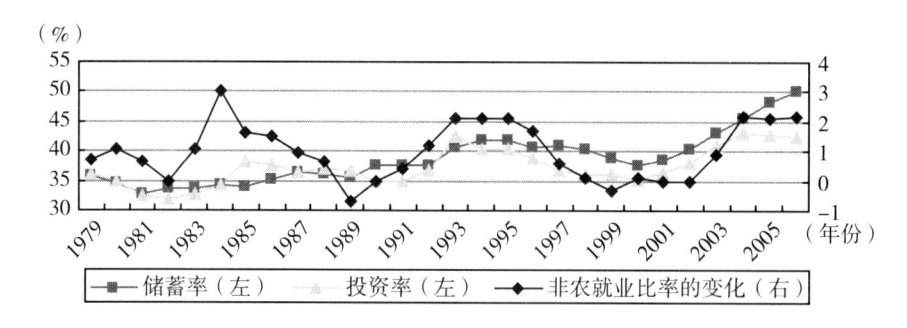

**图 4-9　中国非农就业比例的变化和储蓄率、投资率**

资料来源：《中国统计年鉴》相关年份。

我们不妨也用钱纳里和库兹涅茨工业化标准来对中国的各项指标进行分析。按当时的汇率计算，2003 年我国人均 GDP 就达到 1 000 美元左右，开始进入工业化的成熟期；三次产业 GDP 结构为 15∶53∶32，处在工业化成熟期；三次产业就业结构为 49∶22∶29，处在工业化初期；城镇化率为 41.8%，处在工业化的初期向中期过渡阶段。综合以上 4 项指标，我们可以得到这样的总体判断：中国的工业化水平大致处于工业化中期阶段。如果这个判断正确，进一步的结论便很明确：中国的工业化进程还会持续较长时间，因此，储蓄率和投资率仍会在相当长时间内保持较高的水平。

可以分析得更为具体。按照世界各国产业结构调整的经验，在人均产出的不同阶段，发展的重点产业是有所区别的。为了更清楚地进行对比分析，我们将 1980 年的美元按通货膨胀率的变化情况折合为美元现价，经折算后，中国 2003 年人均产值即达到了 1 000 美元左右。根据产业结构阶段和发展重心演变的规律，中国正处于加速工业化阶段。按照目前的经济发展水平和工业发展程度，主要的工业发展方向应该是基础工业、重加工业和建筑业等。这意味着，未来中国的经济增长将由这些重化工产业为主导，这些都是资本密集型产业，它们的发展，显然要求更高的储蓄率和投资率予以支撑。

### 4.3.3　中国的高投资率和高储蓄率：城市化的作用

伴随工业化的进程，改革开放后中国的城市化水平也迅速提高。根据第五次全国人口普查的结果，可以看到，1964 年城镇人口占全部人口的比重只有不到 20%，1984 年超过了 20%，1990 年达到近 30%，而 2000 年已经接近 40%。从城乡就业的分布变化中可以更加清晰地了解中国城市化的进程：1978 年，在全部就业人口中，城镇就业人口的比重只有不到 24%，2006 年则上升到 37.5%。与工业化的三个阶段相适应，城镇就业人口的比重也呈现出阶段性的变化：第一个阶段是在 1978～1990 年间，我们用了 12 年的时间才使城镇就业人口的比重上升了不到 3 个百分点；第二个阶段在 1991～2000 年间，城镇就业人口比重由不到 27% 上升到 32% 以上，10 年内上升了 5 个百分点左右；第三个阶段从 2001 年开始，在 2001～2006 年的 5 年内，城镇就业人口比重就上升了近 5 个百分点，城市化速度在明显加快。如果按照目前的速度来推算，到 2010 年，我国城镇就业人口比重将比 2001 年高约 10 个百分点，达到 43% 左右的水平。

城市人口和就业人口的增加推动了储蓄率和投资率的上升。一方面，由于城镇就业集中在人均收入较高的第二、第三产业，收入的增加必然导致储蓄的上升。以 2003 年为例，全国地级和地级以上城市的国内总产值占到全国总产值的近 65%，其中，第一、第二、第三产业的比重分别是 20%、64% 和 86%。同时，2003 年全国城镇储蓄余额达到 85 000 多亿元，是农户储蓄余额的 4.7 倍。另一方面，城市化也意味着基础设施建设、房地产投资的大幅度增加。2003 年，全国地级和地级以上城市的固定资产投资占全国固定资产投资的比重为 59%，而房地产开发投资的比重则高达 84% 以上。如果以城镇就业人口占全部就业人口的比重作为城市化水平的一个度量，由图 4-10 可以清楚地看到，城市化趋势与储蓄率、投资率的趋势是完全一致的。

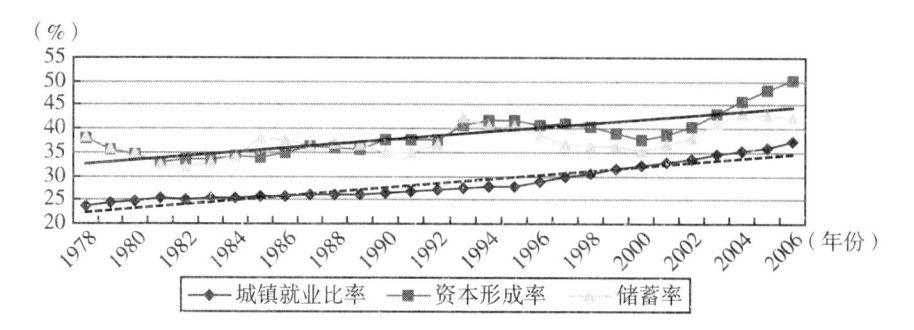

**图 4-10　城镇就业比率与高投资率、高储蓄率**

资料来源：《中国统计年鉴》相关年份。

城市化过程不仅直接推动了储蓄和投资的上升，而且，通过城镇居民的消费结构升级还导致了投资的增加。2003 年，我国人均收入水平超过了 1 000 美元。这个变化的影响是巨大的，它意味着我国居民的消费结构发生了根本性变化。虽然由于存在收入分配不公等现象，我国依然存在贫困问题，但是，对于越来越多的城镇居民来说，住房、汽车、休闲、旅游等正在成为新的消费热点。尤其值得指出的是，从 20 世纪 90 年代中期开始的以消费信贷扩张为主要内容的金融结构的调整，有效解除了当期收入及储蓄对居民消费大宗消费品的预算约束，更好地平滑了消费者生命周期内的收入，给予人们预支未来收入的便利。2004 年底，对消费者的贷款占商业银行新增贷款的比重首次超过 25%；同时，房地产开发贷款占银行新增贷款的比重则从 1998 年以来就超过了 10%。所有这些，无疑为我国居民尽快实现第三次需求结构的升级提供了强有力的金融支持。毫无疑问，这些新的消费需求，无不对社会基础设施、市政建设、汽车、住房等新产业产生巨大需求；而这些需求又都对煤电油运等产生了长期且持续的巨大压力。

### 4.3.4　中国的高投资率和高储蓄率：市场化改革

除工业化和城市化进程外，对于中国这种转型经济体，市场化改革的不断深入无疑也构成储蓄率和投资率上升的主要推动力之一。

首先，市场化改革是工业化和城市化赖以发生的基础，因而也是储蓄率和投资率上升的基本前提。众所周知，市场化改革的一个直接结果就是投资主体从以国有经济单位为主向多元化主体的转变。投资主体的转变意味着市场经济机制逐步发挥作用。这不仅极大地刺激了投资数量的上升，也提高了投资的效率，因而，投资主体的多元化是我国工业化、城市化乃至高储蓄率、高投资率的基本制度因素。从图4－11可以看到，自20世纪80年代以来，国有经济单位无论是在投资的比重上，还是在就业的比重上，都呈现出明显的下降趋势。特别是在1998年起国有企业体制改革大规模展开之后，国有经济的投资占比和就业占比均呈大幅度下降之势。

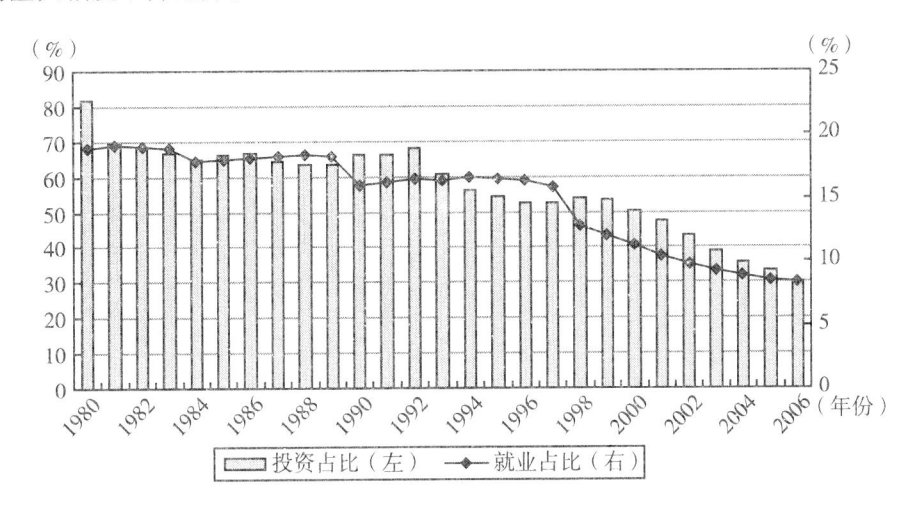

图4－11 国有经济投资占比和就业占比

资料来源：《中国统计年鉴》相关年份。

不过，与国有经济的就业占比相比，国有经济的投资占比显然要高得多。例如，2004年，国有经济就业占比和投资占比分别为9%和35%左右。这种就业占比和投资占比的不对称表明，国有经济主要集中在以重化工业为主的资本密集型产业中。从图4－12可以看到，国有企业的人均投资额一直高于非国有企业，而且两者的差距还在拉大。例如，2000年，国有企业人均投资额比非国有企业高出约1.4万元，到了2004年，两者差距已达2.4万元。可以合理地推断：如果说过去的市场化改革主要发生在一般性制造业领域，并据此推动了储蓄，尤其是投资的上升，那么，随着重化工业领域的市场化改革，行业准入限制的放松和竞争的加强，必将产生类似的效果。

其次，市场化改革的深入，使得就业人口在传统计划经济体制下享受的各种福利待遇逐步减少乃至消失。在需求方面，改革使得需求向市场转移，必然要求居民预先增加储蓄，以便储备支付能力。此外，与计划经济体制下就业和福利、养老一体化的体制相比，市场化改革可能还会造成劳动人口对未来预期不确定性上升，因而会额外地增加居民的预防性储蓄。在供给方面，一方面，由于供给主

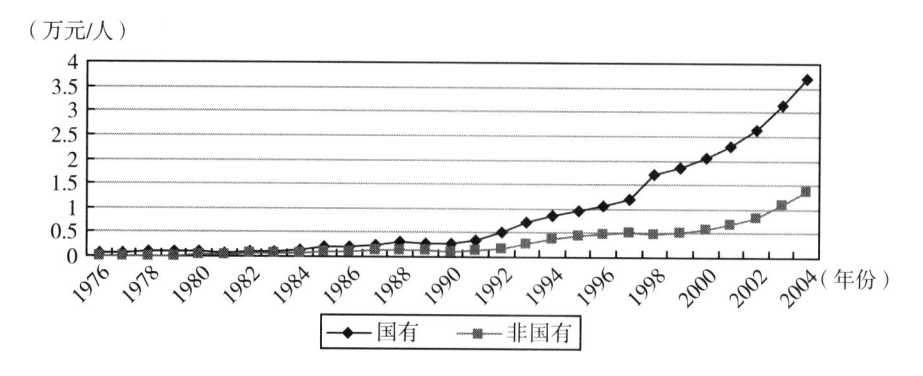

图 4-12　国有经济和非国有经济人均投资额

资料来源:《中国统计年鉴》相关年份。

体的转变,市场机制对计划机制的取代自然会极大地刺激投资;另一方面,由于要素价格逐步上升以反映要素的真正市场价值,而在改革过程中,因市场机制尚未完善、要素价格还会发生大幅度扭曲性上扬,将会导致供给成本、乃至投资额出现较大幅度的上升。市场化改革所产生的这些影响,在医疗、教育、养老以及最近被讨论得沸沸扬扬的住宅问题上都得到了充分的体现。

以住房为例。在1999年住房体制市场化改革前,住房供给由国家决定:国家在财政基建拨款中设立建房专用基金,用于城镇建房,建成的房屋则按照职务、工龄等标准进行分配。根据有关规定,这些住宅建设可以不用交纳或只需交纳少量的土地出让金。1999年住房体制改革后,在市场现实需求和开发商逐利冲动的刺激下,商品住宅的投资额迅速增长,并逐步成为东部沿海地区的主要供给方式。由于商品住宅要全额交纳土地出让金,[①] 特别是在一些地方政府垄断土地供应的情况下,土地出让金会发生较大幅度的上升,因此,地价是商品住宅成本上升乃至投资额上升的另一个主要因素。在需求方面,购买商品房必然会导致购房前后的储蓄上升:如果居民用银行存款一次性支付房款,自然要求居民预先进行储蓄。如果居民采取按揭贷款形式购房,考虑到中国居民不愿借债消费的习惯、按揭贷款利率过高等因素,居民提前还款非常普遍,以至于银行按揭贷款平均的存续期短于10年,近来,部分银行甚至因提前还款规模的快速上升而出现了按揭贷款存量的净额减少[②]。毋庸置疑,提前还款同样意味着居民的储蓄增

---

①　由于2002年7月国土资源部才明确规定所有经营性土地转让必须通过招标、拍卖和挂牌的方式,而且,各地实际执行的力度和时间也不一样,因此,至少在2002年前存在大量的协议转让土地方式。在这种方式下,土地出让金会耗散在土地转让和建房过程中的各个环节。

②　2006年出现了相反的情况,在按揭贷款利率随央行加息不断提高的过程中,银行的按揭贷款业务却明显较2005年活跃,其中主要原因之一在于股票市场进入牛市行情,部分按揭贷款变相进入了股市。

加。总之，在储蓄购房和储蓄还款的推动下，城镇居民新增储蓄额与商品住宅销售额之间呈现出显著的因果关系。

## 4.4 收入分配结构与经济失衡

如果说高投资率、高储蓄率是由人口结构变化、工业化、城市化以及市场化改革等诸多比较正常的经济、非经济因素所推动，那么，长期持续的储蓄率大于投资率，即经济失衡的现象则需要做特别解释和分析。为了解决经济失衡问题，其措施必然是要么继续提高投资率，要么降低储蓄率。显然，鉴于当前的投资率已较高，继续提高投资率的空间不大，因此，降低储蓄率、提高消费率应成为解决经济失衡的重要考虑，而这也将改变中国依靠投资和对外贸易的经济发展模式。

从以上关于储蓄率的分析可见，储蓄率高悬是中国经济发展过程中的必然且具有合理性的现象，因此，简单地依靠政府各项政策对之进行调整，其效果是有限的。对这一问题的研究具有现实意义。由于定位在总储蓄的宏观水平上，它并没有告诉我们——在国民经济中，究竟是哪个部门在进行储蓄以及储蓄的动机是什么，因而，依据它还较难提出更有针对性和操作性的政策建议。本节的分析将弥补这一缺陷。

### 4.4.1 形成高储蓄率的部门因素

利用1992~2003年的资金流量表，我们可以分解出我国居民、企业和政府部门的储蓄率变化（见图4-13）。由图4-13可见，1992~2003年，特别是2000年以来，国民储蓄率的上升主要归因于政府部门和企业部门储蓄率的上升，而居民储蓄率则是相对下降的。由于目前还未得到2004年以来资金流量的全部数据，尚不能确切地判断国民储蓄的这种部门结构特点在此期间是否延续。然而，鉴于近年来居民存款增长率渐趋下降、政府部门存款增长率迅速上升、企业存款增长率稳步增长的态势（见图4-14），也鉴于各部门存款增长率同其储蓄率存在着密切的正相关关系，我们可以有较大把握地推断：我国储蓄率的上述部门结构依然被保持着。

通过对资金流量表的分析，我们能够发现产生上述趋势的原因。具体而言：

**(1) 居民部门储蓄率呈长期稳步下降趋势**。1992年，居民储蓄率约为

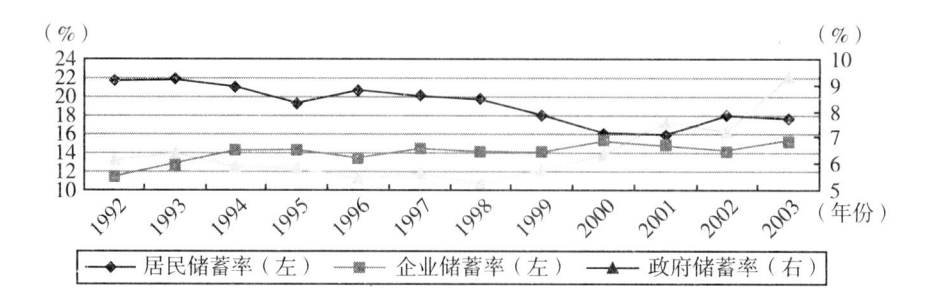

图 4-13　中国储蓄率的部门结构（1992~2003）

资料来源：《中国统计年鉴》相关年份。

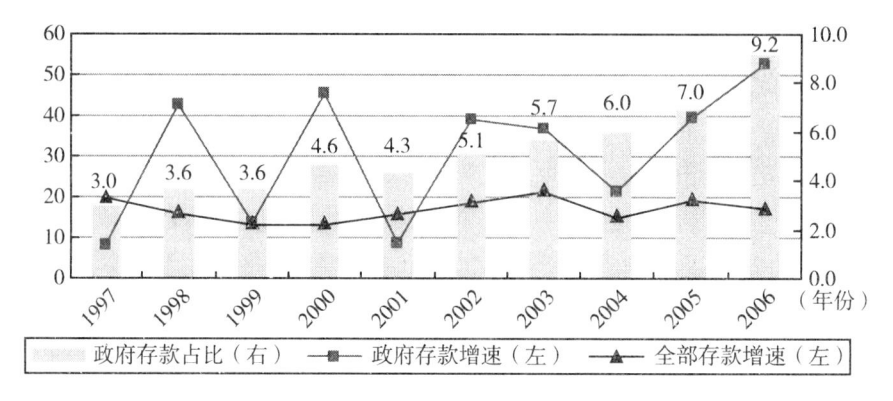

图 4-14　政府存款占比及政府存款与全部存款增速（1997~2006）

资料来源：《中国统计年鉴》相关年份。

22.6%，到 2003 年则降到了 18.1%。从统计上说，居民部门的储蓄率等于两个因素的乘积：居民部门的储蓄倾向（居民部门的储蓄与居民部门的可支配收入之比）、居民部门可支配收入占国民可支配收入的比重。其中，前一因素反映了居民部门的储蓄/消费决策，后一因素则反映了居民在国民收入分配中的地位。资金流量表的数据显示，我国居民储蓄率的下降，既归因于其储蓄倾向下降，也归因于其可支配收入占比的下降；从影响程度来看，后者构成其主要原因。居民储蓄倾向下降，反映出国家持续推行的增加国内消费的基本战略已经在居民部门取得明显效果。居民可支配收入在国民收入初次分配环节中的持续下降，则主要由劳动报酬和财产收入比重的双下降所致。其中，居民劳动报酬的相对减少，主要在于企业部门支付的劳动报酬相对下降；而居民的财产收入的减少，则反映了居民投资领域狭窄和投资收益因流动性过剩而下降的事实。值得注意的是，从部门间的联系来考察，居民部门财产收入的下降和从企业获得的劳动报酬的相对减少，表明居民收入中的一个不可忽略的部分已被转移为企业部门的利润和政府的收入。

**（2）企业部门储蓄率总体是上升的**。但是，相对于初次分配的结果来看，经过各类税收和缴费调整之后的企业再分配收入总体上低于其初次分配的水平。但无论是初次分配占比还是经再分配调整之后的可支配收入占比，都在稳定中呈微升之势。值得注意的是，与其他国家相比，我国企业部门的储蓄率是相对较高的：不仅远高于印度之类与中国发展水平比较接近的发展中国家，而且也比美国、日本、法国等发达国家高得多。由于企业部门的储蓄就是其扣除各种成本支出和税费支出后的保留收入，因此，企业部门的高储蓄率反映了该部门的利润率较高的事实。然而，从总体上看，我国企业的高利润率似乎并非源于其劳动生产率的提高，而是与居民部门贡献的廉价劳动力和金融部门提供的廉价资本密切相关。我们注意到，相对于国民可支配收入而言，从1992~2003年，企业创造的增加值几乎没有发生变化；同时，企业部门支付的各种税费在不断上升。既然收入没有变化，而其支出的主要方面——税费——却在不断增加，因此，企业利润的增加就只能来自于其支付的劳动报酬和利息费用的减少。这种情况，首先与居民得自劳动报酬的相对下降互为表里，其次与20世纪末期以来我国资金成本一直保持在相对较低水平的事实相互印证。

**（3）政府部门的储蓄率经过了20世纪的低位徘徊之后，自21世纪初就开始迅速增长**。2003年，政府部门的储蓄率比2000年上升了近3个百分点，而同期国民储蓄率却只上升了不到4个百分点。也就是说，2000~2003年，我国增加的国民储蓄中有近75%来自于政府部门。对于政府储蓄率上升的现象，同样应当从其在国民收入分配中的占比及其储蓄倾向的变化等两个角度来进行分析。就政府收入在国民收入分配中的占比而论，无论是在初次分配还是在再分配阶段，该比例都是上升的。其原因主要来自两个方面：其一，政府在国民收入初次分配环节中针对生产和流通活动征收的税费收入（即统计上的"生产税"）的增加（结合居民和企业部门的收入变化可知，生产税的增加最终还是来自于居民部门提供的廉价资本和廉价劳动力）；其二，政府在国民收入再分配环节中针对企业和居民征收的所得税的增加。同时，在所得税增加的同时，政府的福利支出却出现了相对下降，从而使得政府部门成为唯一的再分配收入高于其初次分配收入的部门。这反映出：在20世纪90年代初便开始的"提高两个比重"的努力，已经取得了预期的积极成果——随着国民经济的高速发展，我国政府收入已经连续数年以远高于国民经济增长率的速率在增长。但是，经过再分配调整之后的政府收入占比有了更快速度的上升，说明政府似乎并没有在利用再分配机制去改善全社会收入分配结构方面发挥积极的正向作用。至于政府储蓄倾向的不断提高，无论归因于其直接投资水平的提高，还是归因于其资本转移水平的提高，都说明，近年来政府参与经济活动的深度和广度都大大强化了。

需要指出的是，虽然资金流量表和在金融机构的存款数据已经反映出政府部门高储蓄率的事实，但是，这远非事实的全部。因受制于统计方法、范围和资料的可获得性，我们可能遗漏了一部分政府部门的储蓄。这种可能遗漏因两种情况而发生：第一，一些政府收入没有被统计，因而导致对政府储蓄的低估。这种情况突出表现在土地出让金方面。在房地产市场高速发展的背景下，地方政府收取的土地出让金迅速膨胀，并已成为地方政府最主要的收入来源。然而，由于这项收入一直未纳入预算管理，统计上并未将它们纳入政府部门的收入和储蓄之中。第二，一些实际上属于政府部门的储蓄被计入其他部门的账目之下。这种情况主要表现在：政府的存款被以企业的名义存放在银行，同时，大量的由政府直接开办或者间接控制的各类企业，其收入和储蓄至少有相当部分应归属政府部门，但是，由于各种原因，它们在政府统计中难以得到体现。

### 4.4.2 改善收入分配结构、降低储蓄率

上述分析结论告诉我们，如果说当前及今后我国宏观调控的长期战略任务之一是降低储蓄率和提高国内消费率，那么，宏观调控政策的重点就应放在改善国民收入分配结构方面。

**（1）提高居民收入显然应当成为我国今后宏观经济政策的长期着力点**。首先需要做到的是督促企业增加劳动报酬的支付，对此，尤为重要的是完善有关最低工资标准的规定，并严格执行之。① 其次需要完善各种社会保障制度，适度增加社会福利支出。在国民可支配收入中，社会福利支出的占比没有提高，甚至呈下滑之势，构成我国居民部门可支配收入相对下降、收入分配结构恶化和国内消费需求增长不快的主要原因。再其次，通过积极发展资本市场、发展直接融资，改变银行间接融资比重过高的状况，借以为居民获取存款利息之外的更多的财产收入创造条件。

**（2）财政政策应当在今后以提高国内消费率为核心的宏观调控政策中发挥更为积极的作用**。在20世纪90年代初期提出的"提高两个比重"的战略任务已经基本实现的背景下，财政部门应加速向公共财政转型；作为这一转型的重要内容，"减税增支"应当成为今后一段时期安排财政政策的基础之一。就减税而

---

① 我国政府于1993年就发布了《企业最低工资规定》，1994年又在《劳动法》中以法律形式确立了最低工资保障制度。然而，制度的执行远不尽如人意，"血汗工厂"的劣迹屡屡见诸报端。这其中自然有多方面的原因，但是，地方政府对税费的追逐以及企业在税费压力下利润的摊薄无疑是最重要的因素之一。因此，减税应该有助于推动最低工资制度的实施。

论，降低生产税的税率和降低所得税税率，应属题中应有之义。① 就增支而言，应当大力增加"为全社会提供的公共服务的消费支出和免费或以较低的价格向居民住户提供的货物和服务的净支出"，以期同时实现增加居民部门收入和增加政府部门消费的目标，为提高国内消费率做出积极贡献。

**(3)** 对于企业部门而言，重要的是要加快向现代企业制度的转变，用现代科学技术改造传统产业，以不断提高其劳动生产率。在此条件下，企业应逐步提高其对劳动者支付报酬的水平，减少对低劳动力成本的依赖，以应对全球化的严峻挑战。

## 4.5　金融体系结构与经济失衡

作为媒介储蓄和投资的中介组织，金融体系存在着诸多的功能，例如积聚金融资源、风险管理、提供信息等。同时，作为一个由各种金融机构、金融工具和金融市场组成的复杂系统，金融体系又有其具体的组织结构形式，即金融结构。目前，学术界普遍将各国的金融结构分为两大类，即：银行主导的金融体系和市场主导的金融体系。顾名思义，在银行主导下，媒介储蓄和投资主要依靠银行；在市场主导下，资本市场是储蓄向投资转化的重要渠道。除此之外，在市场主导的金融体系中，金融工具的种类要比银行主导的丰富得多，非银行金融机构也要更为发达。

在现代市场经济中，储蓄向投资的转化依靠金融体系。因此，实体经济运行过程中表现出来的问题必然与金融体系的缺陷密切相关。就我们讨论的中国经济失衡问题而言，除与我国收入分配结构的不合理有关之外，在金融层面，则起因于我国以银行为主导的金融体系结构。这种金融结构使得我国金融体系缺乏某些必要的金融功能，尤其是在金融风险高度集中于银行业的情况下，整个金融体系缺乏化解和分散金融风险的功能，其结果必然导致储蓄难以在国内得到有效运用。

### 4.5.1　金融体系的功能

关于金融体系的功能，虽然早就有学者进行了直接和间接的分析，例如，金融约束论的提出者之一——斯蒂格利茨和魏斯（Stiglitz and Weiss，1981）分析

---

① 作为生产税中的主体税种，我国增值税的税率为17%，换算成国外可比口径，即"消费型"的增值税，则税率高达23%（安体富，2002）。

了不对称信息环境下银行信贷配给对解决逆向选择问题的作用；90年代新金融发展理论的作者之一——格林伍德和史密斯（Greenwood and Smith，1997）研究了银行和金融市场在提供流动性保险方面的功能及其对经济增长的影响，但是，系统地分析金融体系功能的当属默顿等（Merton et al.，1995）提出的金融功能观（Functional Perspective）。在金融功能观看来，金融体系的功能可以归为六大类：

**(1) 支付清算功能**。由于市场经济在本质上就是一个稀缺资源在各经济当事人之间进行交易的系统，因此，确定和计算交易各方的权利和义务——清算及对资源进行实际的转移——支付，就成为市场经济得以顺利运行的基础。金融体系的首要功能是提供支付、清算手段来帮助商品、服务以及资产交易的顺利完成，金融体系中提供这种功能的机制称作支付系统。按照服务对象和金额的不同，支付系统主要包括两个方面：小额支付系统和大额支付系统。小额支付系统主要针对消费者个人以及各类工商企业。在小额支付系统中主要有这么几种支付工具：现金、支票、贷记支付工具、借记支付工具、信用卡、电子资金转移工具、价值储存卡（如电话卡、电费支付卡等）。大额支付系统是为从事货币、黄金及各种金融资产交易的经纪商、交易商以及商业银行提供服务的，一般采用电子资金转移系统，如美国的联邦电子资金划拨系统（FEDWIRE）、欧元区的泛欧自动实时总清算系统（TARGET）、中国的全国自动支付系统（CNAPS）。由于商业银行是支付工具——货币和准货币的创造者，并且，商业银行拥有其他金融机构所无法匹敌的发达的营业网络，所以，商业银行在支付系统中占据了核心地位。

**(2) 积聚资源和分割股份**。这种功能实际就是金融发展理论一直强调的储蓄动员和资本形成功能。在一个没有金融体系的市场经济中，需要进行投资的企业家只能做出两种选择：一是依靠自有资金；二是同富有的居民签订双边合约。就前者而言，正是麦金农所描述的落后的发展中经济的情况；就后者而言，随着经济发展，即使是最富有的居民也不足以支持大企业的资金需求。比如，1924年美国150家最大的企业中只有1/3可以由富有的家庭完全提供所需要的资金；到了1991年，美国最大的200家公开上市公司中只剩下3家可以完全由任何富有的家庭提供全部所需资金。金融体系提供的多边合约形式（许多居民—金融中介—许多企业）在作为净储蓄者的居民和作为净投资者的企业之间搭起了桥梁。这种多边的合约形式不仅节约了企业家和居民之间签订双边合约的交易成本，而且，通过金融体系的信息披露功能、解决激励问题的功能等，还有助于解决双边合约中居民无法监督企业家或监督中的"搭便车"问题。需要注意的是，金融中介的定义是广泛的，不仅包括传统意义上的银行业、共同基金等，还包括金融市场中的交易所以及做市商、经纪商等。

（3）**在时空中转移资源**。在时空中转移资源是金融体系的一个不言自明的功能，它同积聚资源和分割股份的功能基本上是一样的。不过，这里还有额外的含义。由于企业家的投资是有风险的，因此，企业家向银行的借款或者对市场发行的债券也都存在不能及时偿清的信用风险。从资金的提供者来看，一种无风险的债权（例如国债）等于一种有风险的债权加上一个偿还担保，即无风险债权＝风险债权＋偿还担保。所以，有风险的债权相当于额外提供了一种关于借款人违约风险的保单，即风险债权＝无风险债权－偿还担保。如此，在存在违约风险的情况下，金融体系的功能就不仅是进行简单的资源转移了，还需要管理潜在的风险。这种无法及时偿还的风险之所以产生是因为——借款人的道德风险，这涉及处理激励问题；纯粹由客观原因造成的违约风险，这涉及风险管理问题。

（4）**风险管理**。在投融资过程中的风险主要有：价格风险、流动性风险、利率风险和信用风险等。从理论上来说，管理风险的基本办法有资产分散、对冲和保险三种。资产分散的基本原理就是将各种具有特异风险的资产集中起来，只要这些特异风险是相互独立的，那么，依据大数定律，资产组合的收益就大致可以预测；对冲是利用两种具有相同风险暴露的资产进行适当搭配，以使一种资产的风险敞口可以抵消另外一种资产的风险敞口，例如，用期货来对冲现货的风险；保险则是通过各种担保和保单来转移风险。虽然这些措施可以有效地解决某个当事人承担的风险，但是，从当事人的总体来看，风险永远是无法消除的：在资产分散中，特异风险不会消除，只是各种特异风险产生的效应得到彼此的抵消；在对冲过程中，用于对冲资产的交易对手承担了相关风险；在保险中，则是提供担保或发放保单的当事人承担了风险。所以，从宏观角度看，金融体系的风险管理功能体现于风险的分配。犹如稀缺资源的有效配置一样，金融体系也需要有效地配置风险资源——之所以称为风险资源，是因为除道德风险外，承担了风险必然会有相应的收益。金融体系需要根据当事人的风险和收益偏好，将风险分配给最适当的当事人。同时，金融体系也不能让风险过于集中在某个当事人那里，例如，不应该让银行承担所有的风险。

（5）**提供信息**。通过观察金融市场中证券价格的变化，金融体系还为经济当事人提供了有用的信息。例如，通过观察利率期限结构的变化可以对货币政策和宏观经济走势做出预测；观察股票或者债券价格的变化可以了解到市场对公司信息的挖掘。另外，当存在一个发达的衍生品市场的时候，还可以从衍生品的波动率推出基础金融资产的隐含波动率，从而间接地发觉基础资产存在的风险。除了金融市场所具有的信息披露功能以外，金融中介也会为投资者提供信息。例如，对于上市融资的企业，交易所会要求定期公布季报和年报；共同基金的持仓情况会披露它们对公司价值的研究情况；银行是否对企业发放贷款同样会反映银行从长期的银企关系中获得的信息，从而影响该企业在市场发行债券或股票的价值。

**（6）处理激励问题**。如何解决激励问题可能是金融体系的一个永恒的话题，因为激励问题是整个社会面临的最为基本的问题。在以上各项功能中，技术进步可能会改变金融体系发挥的作用大小，或者，改变金融体系发挥功能的方式。但是，技术进步对激励问题的影响就要小得多。这就类似于门锁防止偷盗的功能一样，虽然技术进步可以改进门锁的功能，但是，技术进步永远无法解决偷盗问题。金融体系解决激励问题的机制一方面依靠金融中介对企业家的监督；另一方面也可以依靠金融创新来解决。例如，银行同企业之间的长期关系虽然有助于银行挖掘企业信息，为企业融资提供便利，但是，企业有可能凭借这种关系而将银行"套牢"，致使银行不得不为企业的高风险项目持续投入资金。对这种情况，如果银行可以利用已发明的证券化技术将贷款或者贷款的违约风险转移出去，那么，对于企业的高风险项目，银行将会毫不犹豫地拒绝继续贷款。

### 4.5.2 金融体系的结构及其功能

金融体系所提供的上述六项基本功能在经济发展的不同阶段具有不同的重要性。如早期金融发展理论和金融约束论所强调的那样，在经济发展的初期阶段，最重要的功能就是积聚资源和分割股份。随着经济逐步发展起来，金融体系的其他功能日益重要。由于金融体系担负的功能同其组织结构密不可分，例如，如果没有股票期权市场，就无法从期权的隐含波动率来推导股票的风险，所以，对各种功能需求的变化就要求金融体系的结构必须改变。关于这一点，戈德史密斯于20世纪60年代就在他的著作——《金融结构和金融发展》中指出，所谓金融发展，就是金融结构的演化。90年代兴起的新金融发展理论从金融功能的角度再次阐述了这个道理。

与以往的金融发展理论不同，90年代兴起的新金融发展理论实际上包含了众多的学术流派。其中，既有从信息经济学和不完备合约等微观角度来研究金融发展和金融结构问题的，例如布特和萨克（Boot and Thakor，1997）比较了道德风险、不确定项目下银行和金融市场的作用；也有从宏观角度来研究金融发展和经济增长关系的，例如格林伍德和史密斯（1997）研究了流动性冲击下银行和金融市场同经济增长的关系；另外，还有利用计量方法对金融发展和经济增长的关系进行实证检验的，例如德默古—孔特和莱文（Demirguc-Kunt and Levin，1999；Levin，2000）等。不过，他们的基本结论都是一致的，即金融结构必须随着经济发展的变化而变化。

新金融发展理论一般将各国的金融结构分为两大类：市场导向结构（market-oriented structure）和银行导向结构（bank-oriented structure）。很明显，银行导向结构就是指银行业在金融体系占据了重要的地位，因此，媒介储蓄和投资的中介主要就是银行；在市场导向结构下，金融市场相对于银行来说具有更为重要的地位，同时，在金融中介中间，非银行类的金融机构（如共同基金、养老基金、财务公司、股票市场中的做市商等）不仅种类繁多，而且在规模上可以匹敌于银行业。根据莱文（2000）的统计，同发达国家相比，发展中国家的金融体系具有明显的银行导向特征，它们的金融市场和机构投资者非常不发达；在发达国家中，大陆法系的国家（欧洲大陆国家和日本）是银行导向的，而英美法系国家都具有相对发达的金融市场。

新金融发展理论认为，在经济发展之初，从居民的角度看，由于人均收入非常低，组建以银行为主的金融中介更为可行。如同金融约束论所说的，建立发达完善的金融市场需要一系列高度复杂的管理机构和法律法规。另外，从经济发展之初的企业投资角度看，可盈利的项目非常易于辨识，并不需要复杂的金融市场来提供额外的信息服务。在这个阶段，银行的低成本扩张不仅可以迅速动员储蓄，而且由于缺乏良好的法律环境和企业家精神，银行通过长期的关系融资可以很好地监督、培育企业家。

但是，随着经济的发展，人均收入水平的提高导致建立金融市场的成本相对下降，而且，收入的增加使得居民投资的愿望逐渐增强。这时，金融市场所提供的信息服务功能、风险管理功能就更加重要。同时，明确的盈利项目越来越少，企业投资的不确定性上升，银行的作用开始下降。

首先，由于银行在长期的借贷关系中对企业产生了巨大的影响，银行就会利用获得的企业内部信息来为自己创造租金，从而导致企业在进行投资规划时要剔除更多的预期利润，企业因此就不愿意从事创新活动。另外，银行为了保证自己在现有企业上获得持续的租金收入，它们还会对新兴的企业进行压制，导致经济中出现普遍的信贷配给。

其次，由于风险集中于银行体系，具有谨慎内在取向的银行会阻碍创新与经济增长。日本的主银行体制就表现出这种状况，依附于主银行的企业通常倾向于：第一，不敢冒险从事新型项目，经营策略非常保守，企业的发展比没有主银行的企业慢得多；第二，由于可以从主银行那里获得廉价的资金，这些企业倾向于使用过多的资本密集型的技术；第三，由于企业保守的经营策略和主银行获得的租金，企业的利润较少，难以形成积累。

Chun Chang（2000）利用新金融发展理论的思路研究了韩国的金融发展和经济增长的关系。自从第二次世界大战以来，韩国的产业发展经历了三个明显的阶段。首先是 60~70 年代的劳动密集型产业，随后是以低端消费品为主的资本密集和劳动密集相结合的产业，最后是 90 年代以高端消费品（如电器、汽车）、中间产品（半导体）、通讯产品为主的资本密集和知识密集相结合的产业。在前两个阶段的产业发展过程中，正如 NPV 项目就是韩国相对于发达国家具有比较优势的产业，因此非常易于识别。此时，银行业和企业之间的密切关系促进了家族控制的企业集团的迅速发展。但是，在产业结构发展到最后一个阶段的时候，由于人均收入水平的提高，劳动力成本上升，加上当时的信息技术革命，使得投资项目的前景产生了极大的不确定性。就在这个阶段，家族企业的盈利状况开始恶化，银行业也开始受到牵连。所以，Chun Chang 认为，在经济发展到一定阶段之后，由于产品差异化成为产业结构调整的动力，金融市场搜集、分配信息的功能至关重要。而且，金融市场还有利于改善家族企业的公司治理结构。

如拉詹和津加莱斯（1998）指出的那样，当价格信号对产业和经济发展越来越关键的时候，新兴经济体就应该采纳市场导向的金融结构。因为与银行导向的金融结构相比，市场导向的优点体现于：第一，运转良好的金融市场可以促进信息的获取和信息的扩散。市场规模越大，流动性越强，当事人就越愿意花费成本去研究公司信息。第二，除了事前的信息获取之外，运转良好的股市还有助于在事后通过兼并和收购来实现有效的公司治理。加上有效的会计标准和信息披露机制，金融市场更有利于解决自由现金流导致的企业家道德风险问题；第三，在风险分配方面，金融市场可以将风险分散于众多的市场参与者，从而有助于降低整个金融体系和经济体系的风险。

### 4.5.3 银行主导的金融体系与经济失衡

我国金融体系的结构不合理主要表现在以存、贷款业务为主的传统银行业在金融体系中占有了过大的比重，而资本市场则处于欠发达状态。传统银行业的比重过大一方面表现为居民的资产组合构成依然以存款为主；另一方面则表现为非金融企业的融资结构依然依赖于银行贷款。

图 4-15 描述了 2001 年以来我国三种主要融资工具的相对地位，可以看到，包括股票市场融资和非金融企业债券融资在内的资本市场融资金额远较银行贷款金额小。2007 年，股权分置改革取得了巨大的成功，并带动了以股票市场为主的资本市场的发展，即使如此，企业通过股市和债市的融资额也仅仅相当于三种融资工具金额的 25%。这种格局表明，我国储蓄向投资转化的主要载体是银行业，而这也同时意味着银行业要承担这种转化过程中的所有风险。当前，银行业承担的主要金融风险包括两个方面：

第一，资金来源与运用的期限结构不匹配所导致的流动性风险。我们知道，

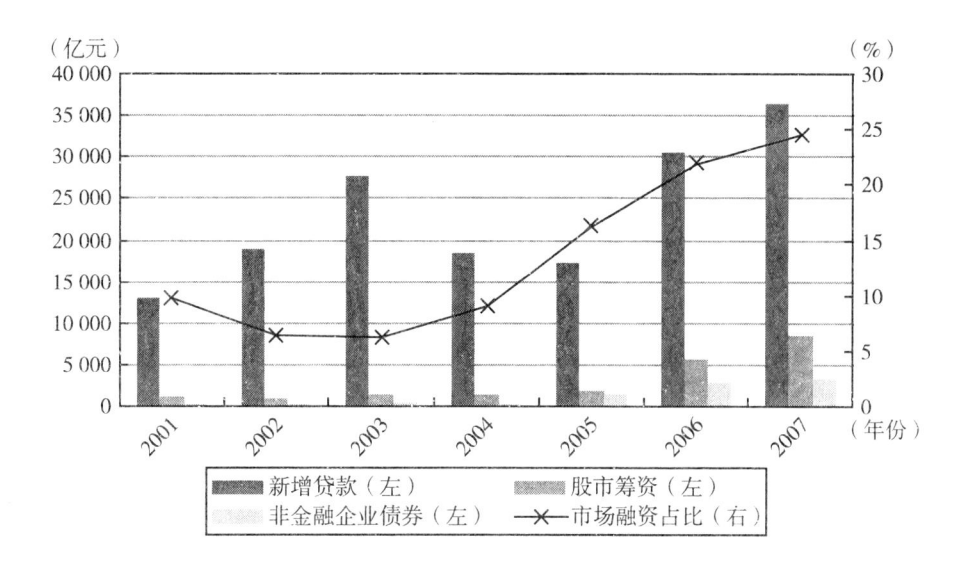

**图 4-15　三种主要融资渠道发行金额和市场融资占比**

注："市场融资占比"为股市筹资和非金融企业债券占三种融资渠道总额的比重;非金融企业债券融资包括企业债发行和短期融资券发行(2005年开始)。

"借短用长"是银行运筹资金的基本格局。但是,用流动性甚强的储蓄存款来支持流动性很弱的中长期贷款毕竟有其限度。由于银行存款期限缩短以及(或者)银行贷款方出现期限拉长的趋势,银行的资产负债表中正在积累大量的流动性风险。而一旦有风吹草动,潜在的流动性风险就会变成支付危机。特别是在最近几年,银行业资产方和负债方的期限不匹配问题变得更加突出。我们以储蓄存款占全部存款比重和中长期贷款占全部贷款比重来分别衡量银行业的资产和负债的期限结构(见图 4-16)。显然,一方面是负债期限结构的缩短,相对稳定的储蓄存款占比由 2001 年 6 月份的 52% 下降至 2007 年 6 月份的 46%;另一方面则是资产期限结构的拉长,中长期贷款占全部贷款的比重由 2001 年 6 月份的 34% 上升至 2007 年 6 月份的 48%。需要注意的是,即使在储蓄存款中,由于居民资产组合由储蓄存款向股票市场转移的行为,其活期存款比重也是在上升的。

第二,随贷款规模上升而不断积累的信用风险。在传统银行业主导的金融体系中,金融风险的分担机制也是不对称的。一方面,银行必须履行其对存款者的全部提款责任;另一方面,银行还须承担其贷款违约的信用风险。所以我们看到,20 世纪 90 年代初期通货膨胀的全部恶果事实上都以不良资产的形式累积在银行的资产负债表中。同理,本轮经济波动中的各种风险,一样也会在银行中形成新的不良资产。我们看到,这种苗头已经出现。

由于风险高度集中于银行业,为了保持金融稳定,监管当局以及银行业自身

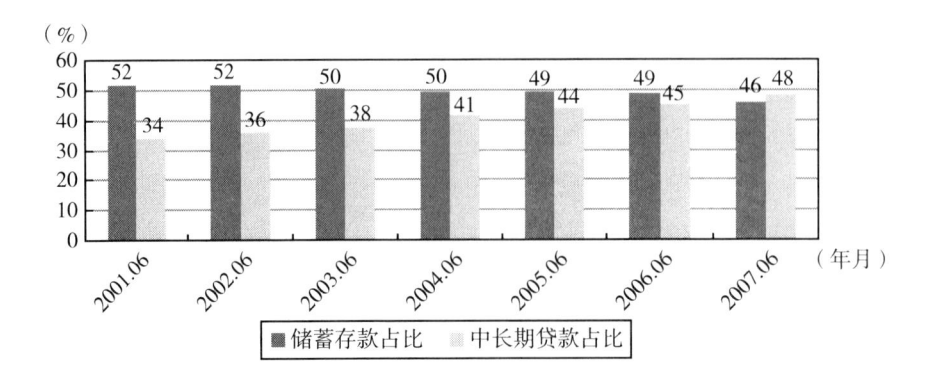

```
(%)
60
50  52        52        50        50        49        49        46 48
40        34        36        38        41        44        45
30
20
10
 0
   2001.06  2002.06  2003.06  2004.06  2005.06  2006.06  2007.06  (年月)
        ■储蓄存款占比    中长期贷款占比
```

**图 4-16　储蓄存款占存款比重和中长期贷款占贷款比重**

自然会对贷款的发放持谨慎态度。可以看到，随着 1994 年《国务院关于金融体制改革的决定》的颁布以及 1995 年《中国人民银行法》的通过，因"倒逼"机制而长期存在的银行业"超贷"现象（即人们通常所说的"贷差"）逐渐得到控制，商业银行的资金运用被控制在其资金来源的范围内，贷存比自 1995 年 2 月开始一直呈下降之势（见图 4-17）。亚洲金融危机之后，由于监管当局日益加强了对商业银行信用风险的控制，同时，也由于商业银行自身的风险管理意识不断加强和风险管理能力不断提高，我国银行出现了贷存比迅速下降，甚至出现了所谓的"惜贷"现象，以致"存差"越来越大。在本轮经济周期中，尽管贷款增速一如既往地呈现出顺周期的特征，但贷存比的下降势头没有变化。不过，近期存款增速的下降和贷款增速的平稳使得贷存比逐渐企稳。自 2006 年 4 月以来，受股票市场的强烈吸引，存款的增长速度逐步下降，2007 年 2 月以来，存款的增速已经慢于贷款的增速，而全部金融机构的贷存比在持续下降之后，已经稳定在 68% 左右的水平上。

就其行为本身而言，银行为了规避风险而在贷款上持谨慎态度是无可厚非的。由于我国的储蓄向投资转化的主要渠道是银行，因此，与贷存比下降相对应，我国经济中便不可避免地出现投资率低于储蓄率的现象。正是在这个意义上，我们认为，中国储蓄率长期高于投资率的现象，其主要原因之一是传统银行业主导的金融体系造成的。

### 4.5.4　加快金融体制改革、调整金融体系结构

在金融发展理论中，银行主导和市场主导这两种体系并无绝对优劣之分，关键看当时经济发展的水平。在经济发展之初，一方面，储蓄资源极度短缺，解决储蓄缺口是经济发展之第一要义；另一方面，能够促进经济发展的投资项目在技

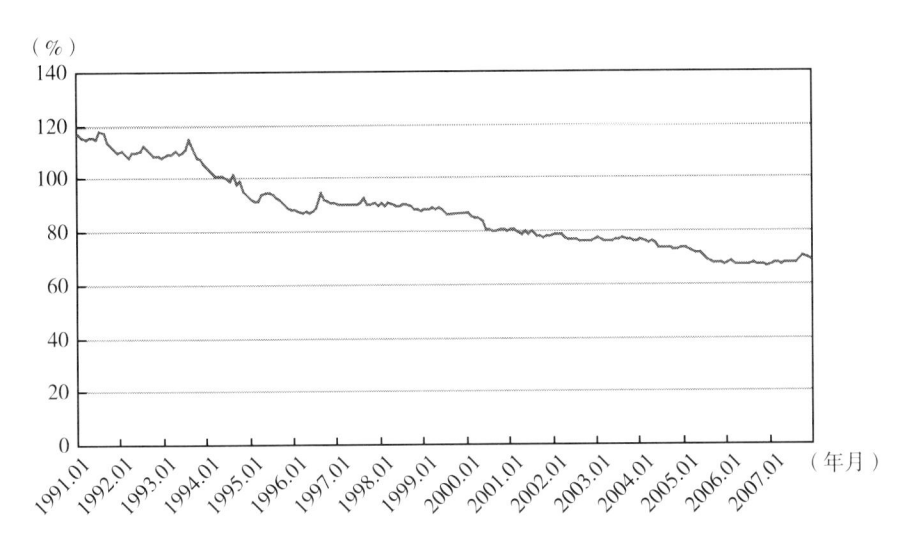

**图 4-17　中国全部金融机构的贷存比**

术上相当成熟,其收益前景也较少不确定性。此时,银行主导的金融体系能够充分发挥其动员储蓄、促进经济增长的功能。特别是在适当的政府干预下,这样的体系更是能将少量资源集中于某些关键项目中,从而优于那种强调竞争和风险分散的市场主导体系。

但是,当经济发展到一定程度,以至于储蓄缺口不再是经济发展的主要矛盾之时,金融体系的首要任务就发生了转移,即:如何在确保风险分散和金融体系安全的前提下,使储蓄资源能够被充分、有效地运用到那些前景不甚明确的投资项目中。在这种情况下,风险高度集中、识别新投资项目能力有限的银行主导体系就应该让位于市场主导。如前所述,国外学者曾经指出,当价格信号对产业和经济发展越来越关键的时候,新兴经济体就应该采纳市场导向的金融结构。

回望 30 年我国宏观经济运行的轨迹,我们认为,投资增长率剧烈波动固然值得警惕,但支持投资的金融机制才是更需要认真研究的紧要问题。可以看到,以银行间接融资为主导的金融体系不仅是投资率长期低于储蓄率的主要原因,而且,也是投资剧烈波动和经济大起大落的主要原因,而这种巨幅的波动会加剧不良资产的反复积累,威胁金融稳定。

其一,从运行机制来看,银行贷款的盈缩天然是"顺周期"的,因而存在着放大经济波动的倾向:当经济扩张时,在实体经济领域高利润的诱引下,银行贷款可能迅速膨胀,并推动经济迅速走向过热;而在经济紧缩时期,同样也是受制于实体经济领域的普遍衰退,银行贷款也会加速收缩,从而加大经济的紧缩程度。

其二,在对外开放条件下,银行间接融资为主的体系还会产生货币错配,从而对汇率政策和国际收支产生影响。在储蓄大于投资的条件下,由于国内投资机会有限，一部分国内过剩的储蓄只好到国外寻求出路，购买美元、欧元、日元等外币定值的资产。这导致政府、企业、居民手中积累了大量外币定值的资产。在这种情况下，一旦汇率发生变化，这些经济主体的资产/负债、收入/支出就会受到影响。如果将外币资产和外币负债综合起来看，我国的外债规模小于外币资产规模，同时外汇收支也大体平衡，因此，中国货币错配风险的性质与爆发金融危机的多数发展中国家正好相反——在那些国家，外币资产远小于外币负债，其风险暴露于本币的贬值。而在外币资产大于外币负债的情况下，货币错配的风险则暴露于本币的升值——这会导致以本币计值的外币净资产缩水。就这种状况而言，中国目前的货币错配风险与日本的情形更为接近。

正视银行间接融资存在的缺陷，20 世纪 80 年代以来，世界各国都在努力发展资本市场，扩大直接融资，相对缩小间接融资的比重。亚洲金融危机以后，这种趋势更是彰明较著。这是因为，从金融技术角度来看，直接融资更容易在储蓄与投资之间形成期限的配合，同时，由于金融工具的购买者（储蓄者）直接面对其出售者（投资者），投资过程的风险自然是在全体市场参与者之间分担的。

然而在我国，这些年来，虽然发展资本市场已成为朝野的共识，并且，股权分置改革也取得了极大的成功，但是，与银行间接融资相比，资本市场的相对弱势地位并没有出现根本改观。这种状况的后果就是，宏观调控的全部不利后果，几乎都以不良资产的形式累积在银行的资产负债表中。做了上述分析之后，应对之策便很显然，这就是：加快金融体制改革和创新，调整金融结构，改变以银行为主导的金融体系。

## 4.6　中国金融体制改革的特点和方略

从 2003 年开始，中国人均 GDP 突破了 1 000 美元，开始逐渐步入中等收入国家行列。这意味着，同其他发展中国家和新兴经济体一样，中国金融体系的结构也需要进行重大调整，以适应经济发展所提出的新的金融功能的要求。结合以上对我国经济运行格局的分析，即长期存在的高储蓄率、高投资率和经济失衡现象，我们以为，我国金融体制改革和金融结构调整的目标就在于化解和分散金融风险，以有效地运用国内的储蓄，解决经济失衡问题。事实上，金融体制改革和创新也是解决收入分配结构不合理的重要手段。因为资本市场的发展不仅有利于提高居民的财产性收入，而且通过支持中小企业的发展还可以扩大就业、提高居民的劳动报酬。

对于上述结构调整的目标，从工具、市场和机构层面来探讨实施方略和具体措施是相对容易的。例如，为了转移集中于银行业的金融风险，我们需要发展包括资产证券化产品在内的信用风险转移工具；为了降低非金融企业的债务融资对银行贷款的过度依赖，需要发展公司债券市场；为了加强金融领域的竞争，需要鼓励非银行金融机构的发展。然而，如同其他领域的改革一样，中国的金融改革也是在政府主导下的改革。因此，如果不对中国独特的金融管理体制做一分析，简单地从工具、市场和机构层面来探讨改革的方向和措施，其实际效果不会令人满意。

### 4.6.1 多部门分散管理的金融管理体制

中国金融管理体制的特点可以用多部门分散管理予以概括。在分业监管、多部门分散管理的格局下，各主管部门的权限既存在着彼此隔绝的领域，也存在着大量交叉领域。从近几年中国金融改革的实践可以看到，正是在这些权限交叉的领域发生了诸多令人耳目一新的创新。所以，我们首先有必要考察一下各主管部门的权限范围。

目前，涉及金融产品、金融市场和金融机构的主管部门可以归结为"一部一委"和"一行三会"（见表4-1）。"一部一委"即财政部和国家发改委，这两个机构管理的范围相对简单。"一行三会"包括中国人民银行、银监会、证监会和保监会。在分业监管的格局下，银监会、证监会和保监会分别对银行和信托业、证券业、保险业进行监管；根据《中国人民银行法》，中国人民银行的主要职能是执行货币政策，同时负有保持金融稳定的职责。按理说，在分业监管的格局下，各部门之间应该是各司其职，互不相干。但是，由于金融机构混业经营的趋势，也因为相关法律、法规赋予了部门诸多类似的权力，或者相关的法律、法规存在着模糊的界定，以至于各部门的权限范围出现了重叠区域。

表 4-1　　　　　　　各主管部门的主要权限范围

| 部门 | 管辖的机构 | 管辖的市场 | 管辖的产品 | | | | | |
|---|---|---|---|---|---|---|---|---|
| | | | 股权产品 | 固定收益产品 | | | | 衍生品 |
| | | | | 政府债券 | 非政府债券 | 资产支撑证券 | 理财产品 | 存、贷款 |
| 财政部 | | | | 国债的发行 | | | | |
| 国家发改委 | | | | | 企业债的发行 | | | |

续表

| 部门 | 管辖的机构 | 管辖的市场 | 管辖的产品 | | | | | | |
|---|---|---|---|---|---|---|---|---|---|
| | | | 股权产品 | 固定收益产品 | | | | | 衍生品 |
| | | | | 政府债券 | 非政府债券 | 资产支撑证券 | 理财产品 | 存、贷款 | |
| 中国人民银行 | 银行业金融机构的准备金、利率管理等，窗口指导 | 银行间市场、黄金交易所 | | 政策性金融债和国债在银行间市场的发行和交易 | 金融债、短期融资券的发行和交易，企业债在银行间市场的交易 | 信贷资产支撑证券的发行和在银行间市场的交易 | 利率管制 | 存款准备金，存、贷款利率 | 银行间市场的利率和汇率衍生品 |
| 银监会 | 商业银行、信用社、信托公司、财务公司等 | | | | 部分金融债（次级债、混合资本债等）的发行 | 信贷资产支撑证券的发行 | 商业银行理财产品、信托公司资金信托 | 业务指导，风险监控 | 银行业参与衍生品的风险监控 |
| 证监会 | 证券公司、基金公司、期货经纪公司等 | 上交所、深交所、期货交易所 | 股票的发行和交易(三板股票的挂牌和交易归证券业协会管辖) | 国债在交易所市场的交易 | 可转换债券，公司债券，企业债在交易所市场的交易 | 资产支撑证券的发行和在交易所市场的交易 | 基金、证券公司理财计划 | | 交易所、证券公司开发的衍生品（如权证）、期货 |
| 保监会 | 保险公司 | | | | | | 投联险 | | |

根据1992年的《国库券条例》和财政部发布的各种部门规章，财政部对国债的发行实施管理，并会同中国人民银行和证监会等机构一起完善国债的交易流通机制。此外，财政部制定的会计准则、国家税务总局制定的税收政策对金融机

构的业务经营和金融产品的开发具有广泛、深刻的影响。

2000年后，国家发改委依据1993年颁布的《企业债管理条例》，单独管理着企业债的发行，而企业债的上市交易则需要中国人民银行和证监会的协调。目前，在非金融企业发行的债务证券中，企业债与证监会管理的可转债和公司债、中国人民银行管理的短期融资券之间存在着冲突。

在银监会成立后，中国人民银行已经不直接负责银行类金融机构的监管，但是，中国人民银行负责制定的准备金政策、利率政策等对商业银行的存、贷款业务和各种固定收益证券的发行、交易都具有重大影响。在市场管理方面，无论是修改前，还是修改后的《中国人民银行法》都规定，中国人民银行负责监督管理包括同业拆借市场、银行间债券市场、银行间外汇市场在内的银行间市场以及黄金市场。由于掌握着规模庞大、聚集着几乎全部机构投资者的银行间市场，中国人民银行对货币市场产品、债券产品及相关衍生品的发行和交易具有极大的管辖权。应该说，与其他国家的中央银行相比，中国人民银行的权力要大得多。

2003年银监会从中国人民银行分设出来后，主要负责银行、信用社和信托公司的业务经营和风险监控。由于中国人民银行负责制定准备金政策、利率政策，并且也在对银行实施窗口指导，因此，银监会与中国人民银行在银行业务管理方面存在着职能交叉。在银行产品方面，银监会主要是从风险控制的角度对银行业进行管理，并会同中国人民银行制定金融债、信贷资产支撑证券的管理办法。银监会单独管理的金融产品主要是目前方兴未艾的银行理财产品，但是，这些产品的发行不得违反中国人民银行的利率政策。

从1998年将证券业的监管权由中国人民银行全部划转证监会之后，证监会即单独管理着证券公司、基金公司、期货经纪公司以及证券交易所和期货交易所。从产品的管辖权看，股权产品、与股权产品相关的债券产品（如可转债）和衍生品（如权证）、期货完全是由证监会独揽。在股权产品方面唯一的例外是"三板"中的股票，这主要由证监会下属的证券业协会负责管理。另外，"三板"中的中关村科技股的挂牌交易需经证券业协会和北京市政府共同批准。作为非金融企业债务融资的一部分，证监会管辖的可转债与国家发改委的企业债、中国人民银行管辖的短期融资券具有类似的功能。此外，在多方协商的背景下，证监会出台了公司债券的管理办法，公司债券的发行开始正式由证监会管辖。在债券的交易方面，证监会下辖的交易所市场与中国人民银行下辖的银行间市场也存在着激烈的竞争。另外，在理财产品方面，公募形式的基金和私募形式的证券公司集合理财计划同银监会管辖的商业银行理财产品具有较强的替代性。

在"一行三会"中，保监会管辖的机构和产品相对单纯。在机构方面，保监会只负责保险公司的管理；在产品方面，只负责监管保险公司开发的寿险和非寿险产品。如果说与其他主管机构在管辖权限方面有某种重叠的话，也仅限于投联险（以及银行保险）。

### 4.6.2 部门分散管理背景下的金融改革特点和主要领域

综合各部门的管辖权限，我们可以发现，各部门权限基本无交叉的领域主要是分业监管格局下各金融子行业的传统业务和专营产品，例如，银行业的存、贷款业务，股票的发行和交易，除投联险之外的保险产品；各部门权限交叉较大的领域主要是非政府债券、资产支撑证券、理财产品及除金融机构发行的其他债券的交易。另外，随着未来金融期货交易所的设立，在利率和汇率衍生品方面，银行间市场和交易所也将出现竞争。

#### 1. 多部门分散管理格局下金融改革和创新的特点

从近几年金融产品的发展来看，在多部门分散管理的格局下，由政府主导的金融改革具有非常鲜明的特点：第一，在权限无交叉领域，金融改革和创新相对呆滞，即使有创新，也多同外部压力有着较大的关系；第二，在权限交叉领域，金融改革和创新则相对活跃，主管部门间以及主管部门下辖的机构间存在较为激烈的竞争。

就第一个特点而言，突出表现在分业监管格局下各金融子行业的传统业务和产品，例如银行的存、贷款业务和股票市场的建设，以及证券公司的经纪业务等等。以股票市场为例，虽然在股权分置改革的推动下，股票发行量、交易规模大大提高，但是，单一层次的特点依然没有得到根本改变。例如，"二板"市场（即深圳的中小企业板）不仅在发行机制、交易机制等方面与主板完全一样，而且，在上市企业的特征方面也并未与主板市场拉开明显差距；至于"三板"市场，由于兼具垃圾桶的功能，并且在交易机制上也与主板雷同，其前景未必能够乐观。在以做市商为核心的场外股票市场难以建立的情况下，不仅中小企业的股权融资需求难以满足，而且，也限制了证券公司经纪业务的开展和金融创新。尽管近两年来证券公司的业绩随股票市场的牛市而大幅度增长，但其业务结构依然单一，"靠天收"的原始、落后状态并无显著改观。

在权限无交叉的领域中，也并非完全没有创新。例如，2003年以来出现并且这些年规模日益庞大的央行票据就几乎是中国独有的金融创新产品。然而，这种创新产品的推出在很大程度上是近些年来国内储蓄资金过剩和"双顺差"压力所导致的结果。

## 2. 多部门分散管理格局下金融创新的主要领域

与相对呆滞或者被迫的金融改革和创新相比,在各部门权限交叉领域中发生的改革堪称近些年来最动人的风景线。如果以部门间权限交叉的程度大小来衡量,这三类产品最为突出:非政府债券、资产支撑证券、私募性质的理财产品(见表4-2)。

表4-2 主管部门权限交叉领域的主要产品

| 大类 | 名称 | 适用法律和部门规章 | 主管部门 | 交易场所 | 承销机构 | 认购机构 |
|---|---|---|---|---|---|---|
| 非政府债券 | 企业债 | 企业债管理条例 | 国家发改委 | 银行间和交易所 | 证券公司 | 以保险公司、商业银行为主 |
| | 短期融资券 | 中国人民银行法、短期融资券管理办法 | 中国人民银行 | 银行间 | 商业银行为主 | 以商业银行为主 |
| | 次级债 | 中国人民银行法、商业银行法 | 中国人民银行为主 | 银行间 | 商业银行为主 | 以商业银行为主 |
| | 混合资本债 | 商业银行法 | 银监会 | 银行间 | 商业银行为主 | 以商业银行为主 |
| | 金融债 | 中国人民银行法 | 中国人民银行 | 银行间 | 商业银行 | 以商业银行为主 |
| | 可转债、公司债 | 公司法、证券法 | 证监会 | 交易所和银行间 | 证券公司 | 除银行以外的机构和投资者 |
| 资产支撑证券 | 信贷资产支撑证券 | 中国人民银行法、商业银行法、信托法、信贷资产证券化管理办法等 | 中国人民银行为主 | 银行间 | 商业银行 | 以商业银行为主 |
| | 资产支持证券 | 证券法、证券公司客户资产管理业务试行办法 | 证监会 | 交易所 | 证券公司 | 除银行以外的机构和投资者 |

续表

| 大类 | 名称 | 适用法律和部门规章 | 主管部门 | 交易场所 | 承销机构 | 认购机构 |
|---|---|---|---|---|---|---|
| 理财产品 | 商业银行理财产品 | 商业银行个人理财业务管理暂行办法等 | 银监会 | | | 以普通投资者为主 |
| | 基金、证券公司理财产品 | 证券法、基金法、证券公司客户资产管理业务试行办法 | 证监会 | | | 除银行以外的机构和投资者 |
| | 信托公司资金信托 | 信托法、信托公司管理办法、资金信托管理办法 | 银监会 | | | 除银行以外的机构和投资者 |

就非政府债券而言，近些年最大的创新当属2005年中国人民银行推出的短期融资券。短期融资券的推出具有非常重要的意义，它将极大地推动我国直接融资，尤其是非金融企业债务融资市场的发展。此外，在推出短期融资券的过程中，也带动了相关制度的创新。例如，短期融资券的发行实行备案制，从而打破了非金融企业债务融资方面长期存在的过度行政管制；短期融资券的发行还取消了担保，成为真正意义上的基于企业信用的债券品种。在多部门分散管理的格局下，短期融资券还产生了额外的效应——极大地刺激了企业债的发行。可以看到，2005年企业债的发行量几乎比2004年翻了一番，2006年的发行量又比2005年增长了80%左右。

资产支撑证券也是近些年创新的热点。2005年8月26日，证监会依据《证券法》和《证券公司客户资产管理业务试行办法》，首先推出了中国联通CDMA网络租赁费收益计划。2005年4月，中国人民银行会同银监会制定了《信贷证券化管理办法》。随后，在2005年底和2006年初，国家开发银行和建设银行分别发行了开元一期和建元一期证券。如果说信托公司的资金信托和财产信托是中国私募性质证券化产品的先河，那么，这几只证券化产品则为中国公募性质的证券化产品的发行开辟了道路。由于证券化产品是转移银行业风险、发展固定收益证券市场的重要工具，因此，这将为缓解流动性过剩压力、改变中国以银行为主导的金融体系结构作出重要的贡献。

私募性质的理财产品也热闹非凡。在以往比较常见的理财产品中，主要品种就是基金、信托公司的资金信托和证券公司的委托理财。与以往所不同的是，商业银行开发的理财产品从 2005 年开始得到了飞速的发展。从各国金融发展的情况看，当一国进入中等收入国家行列（人均 GDP 超过 1 000 美元）之后，对财富管理的需求将迅速增加。中国已经于 2003 年跨入中等收入国家行列，但是，中国居民用于管理财富的投资工具却极其匮乏。当前，居民的投资组合只能配置于两个极端：低风险、低收益的存款（和少量债券）和高风险、高收益的股票，在这两个极端间缺乏风险适当、收益适当的理财产品。另一方面，国内的银行业也急需通过理财产品来拓展非利息业务。在这种背景下，加上银监会的极力推动，尤其是在理财产品的发行管理上实行了备案制，银行理财产品得到迅速发展，其规模在 2005 年约为 5 000 亿元人民币，2006 年已突破 1 万亿元人民币。

### 4.6.3 问题和改革方略

从近些年金融改革和创新发生的主要领域可以看到，当前的多部门分散管理的模式有利于改革和创新。然而，同样需要引起注意的是，这种模式也不可避免地产生了一些问题，从而不利于维护金融稳定和金融机构间的公平竞争。然而，在以政府为主导的格局没有改变之前，或许不应该从多部门管理模式转向集中管理的模式。否则，在市场主体未成长起来之前，权力的高度集中将窒息中国的金融改革和创新。为了能够兼得金融改革、创新之"鱼"和金融稳定之"熊掌"，当前需要首先放松过度的行政管制，推动以市场主导的金融改革、创新格局的形成。在此基础上逐步加强部门间的协调，逐步过渡到相对集中的管理模式，以适应混业经营的大趋势。

**1. 多部门分散管理格局下存在的问题**

多部门分散管理的格局在推动金融改革和创新的同时，也导致了一些问题，这主要表现在如下三个方面：

其一，各部门跑马圈地，有法不依，不利于建立统一的金融市场。

以非政府债券的发行为例，从理论和各国监管的惯例来看，无论是金融企业发行的，还是非金融企业发行的，只要是公募形式的债券，都应该属于《公司法》和《证券法》的管辖范畴。但目前的情况是，在银行间市场公募发行的金融债、次级债、混合资本债以及短期融资券等，其依据的是《中国人民银行法》、《商业银行法》以及中国人民银行和银监会颁布的部门规章；企业债的发行则依据 1993 年颁布的《企业债管理条例》。这些法规和条例要么不属于监管证券市场的专门法律，要么则是计划经济遗留下来的产物。各部门之所以不统一采纳《公司法》中界定的"公司债券"这个名称，其主要原因之一就在于前后两个《公司法》中都没有明确规定由谁来负责公司债券的监督管理。在这种情况下，中国的公司债券市场就出现了其他国家所没有的特点：原本应该统一的公司债券被各主管部门分割为名目繁多的债券品种。

同样，在资产支撑证券上也存在着类似的问题。众所周知，除了结构金融产品之外，普通的资产支撑证券通常要求破产隔离和真实出售，而实现破产隔离和真实出售的手段在大陆法系国家和普通法系国家都只能依靠信托机制。但是，证监会批准发行的资产支持证券依据的却是《证券公司客户资产管理业务试行办法》这种部门规章，据此，只能以委托理财这种极其模糊的方式进行处理。之所以如此，其原因在于：在规制信托的"一法两规"中，明确规定只有信托公司才能以"信托"的名义从事业务经营，而信托公司的管辖权隶属于银监会。

当然，类似的问题还发生在银行理财产品中。从产品的性质上看，银行业开发的普通理财产品与债券基金、货币基金并无二致，而银行业之所以选择理财产品而非基金的形式，多同基金的设立需要银监会、证监会的协调有关。

其二，监管标准各不相同，不利于经营类似产品的不同机构开展竞争。

在目前名为分业、实为混业的格局下，多部门管理导致的不公平竞争尤其体现于理财产品方面。对于商业银行开展的理财业务，银监会颁布了《商业银行个人理财业务管理办法》及其他部门规章；对于证券公司开展的理财业务，证监会颁布了《证券公司客户资产管理业务试行办法》。这两个《办法》在管理的松紧程度及合理性方面存在着较大的差异。

例如，在银监会的《办法》中，将商业银行理财产品分为"保证收益计划"和"非保证收益计划"，起始委托金额都是5万元人民币和5 000美元等值外币，其中，非保证收益计划只需在发行前10日报送材料备案就可。相比之下，证监会的《办法》则严格得多（也未尽合理）。证监会将证券公司的集合理财产品分为"限定性集合资产管理计划"和"非限定性集合资产管理计划"，前者的起始委托金额是5万元人民币，后者则高达10万元人民币，同时，证券公司发行两种产品事实上都需要严格审批。

在托管方面，银监会的《办法》规定："对于可以由第三方托管的客户资产，应当由第三方托管"；而证监会的规定是："将客户资产交由具有客户交易结算资金法人存管业务资格的商业银行或者中国证监会认可的其他机构进行托管。"显然，托管的标准也是截然不同的。

此外，证监会的《办法》中还强行规定证券公司的集合理财计划要分为"均等的份额"，并且不得转让，这些规定与理财业务的精髓——量身定制相去甚远。

其三，主管部门间的竞争便利了市场参与机构进行监管套利，可能会诱发市场参与机构的道德风险，不利于金融稳定。

从金融产品的创新主体和监管主体的关系看，在正常情况下应该是监管主体作为"裁判员"，市场参与主体作为"运动员"。然而，在政府主导、多部门分散管理的格局下，监管部门在相当程度上同时扮演了两种角色。在这种情况下，作为"运动员"的市场机构要么会面临不公平竞争的问题，要么则会利用监管机构间的竞争，实施监管套利，从而有可能引发道德风险。在这方面，2004年上海证券交易所暴露的回购丑闻就是一个很好的案例——在同银行间市场竞争的过程中，为了增加债券的交易量，有意无意地为证券公司挪用客户券、款留下了管理漏洞。目前，这种问题同样表现在银行理财产品上。在过于宽松的监管环境下，银行理财产品中表现出来的道德风险正在侵蚀银行业本来拥有的良好信誉。

### 2. 改革方向：在市场主导的基础上加强部际协调

既然多部门分散管理存在着这样或那样的缺陷，于是，我们会问：如何在保持金融改革动力的同时，克服这些缺陷呢？是否可以应该集中权力，以集中管理模式取代分散管理呢？在回答这些问题之前，我们先从金融改革和金融监管等两个角度，就部分国家金融体系的特点进行简单比较。

按照金融改革和创新的主体，我们可以将不同国家的金融体系划分为两类：市场主导和政府主导。市场主导以美国、英国等为代表，这里，金融改革和创新的主体是各种市场机构，监管当局对证券的发行和交易较少管制，尤其是证券的发行制度是以注册制为主；相反，在政府主导下，证券的发行和交易都受到严格的管制，监管部门则取代了市场参与机构而成为主要的改革和创新主体。中国和1998年金融大爆炸改革前的日本都应该归于政府主导。

按照金融监管的模式，我们可以将不同国家的金融体系分为分散管理和集中管理两类。分散管理源于分业监管的传统，如1999年《金融服务现代化法案》颁布前的美国和目前的中国。从表4-3可以看到，除未设国家发改委、且美国财政部下属的货币审计署的职能较强之外，美国的模式与中国大体相同。集中管理现在已经成为一个趋势，其主要原因在于金融机构日趋混业经营。在集中管理方面，1998年《金融服务和市场法案》颁布后的英国最为典型，而1999年《金融服务现代化法案》颁布后的美国也在朝这个方向发展。不过，集中管理也并非完全由混业趋势所推动，例如，从第二次世界大战结束至1998年，日本的金融监管权力完全集中于大藏省。

表 4-3　　　　　　　　　分散管理的美国监管体系

| | 管辖的机构 | 管辖的市场 | 管辖的产品 | 不受或基本不受监管的市场和产品 |
|---|---|---|---|---|
| 美联储、货币审计署和联邦存款保险公司等 | 存款机构、金融控股公司 | 以联邦资金、政府债券回购交易为主的货币市场 | | 债券和衍生品的场外交易市场；政府证券、商业票据、私募证券、场外交易的固定收益证券和衍生品等 |
| 证券交易委员会 | 交易所、证券业协会、经纪人、交易商 | 交易所、纳斯达克 | 除国债和商业票据之外的公募证券、期权等 | |
| 商品期货交易委员会 | 期货经纪公司 | 期货交易所 | 商品期货和金融期货 | |
| 州保险监管署 | 保险公司 | | 保险产品 | |

即使不从理论上进行推演，而只看历史上实际发生的情况，我们也能够得出这样的结论：在按照以上两个特征划分的四类金融体系中（见表4-4），真正能够兼顾金融改革、创新之"鱼"和金融稳定之"熊掌"的就是市场主导和集中管理的金融体系，因而当属最佳模式。英国目前属于这种模式的代表，而1999年后的美国也在朝这个方向发展。最不利于金融改革和创新的就是政府主导、同时实行集中管理的金融体系，其典型代表是1998年前的日本。实际上，日本的模式不仅不利于金融改革和创新，而且，在金融稳定方面，其表现也极其糟糕。因此，属于最差的模式。

表 4-4　　　按照金融改革、创新主体和监管模式划分的四类金融体系

| | 市场主导 | 政府主导 |
|---|---|---|
| 集中管理 | 金融改革和创新主体：市场参与机构；金融监管：权力集中。典型代表：1998年后的英国 | 金融改革和创新主体：监管部门；金融监管：权力集中。典型代表：1998年前的日本 |
| 分散管理 | 金融改革和创新主体：市场参与机构；金融监管：权力分散。典型代表：1999年前的美国 | 金融改革和创新主体：监管部门；金融监管：权力分散。典型代表：中国 |

其余两种属于次优模式。在混业经营格局下，市场主导、分散管理的金融体系有利于金融创新，但不利于监管，其典型代表是1999年前的美国。中国属于政府主导和分散管理的模式。如前所述，在名为分业、实为混业的背景下，分散

管理产生了种种问题。尽管如此,在政府主导而非市场主导的大环境下,与这种模式所带来的好处,即有利于促进金融改革和创新相比,其利远大于弊。根本的原因在于,对于促进金融改革和保持金融稳定两个目标来说,当前我们并非处于两者只能择一的状态。相反,由于目前我们所面临的最大问题就在于经济处于失衡状态,为了在化解和分散金融风险的同时,充分利用"过剩"储蓄,其最重要的手段就是加快金融改革和创新。因此,至少在可预见的未来几年里,改革和稳定是统一的目标。

如果将今天的中国和"广场协议"后的日本进行对比就会发现,我们遇到的两难问题——如何利用"过剩"储蓄同时防止资产价格泡沫——在当年的日本也发生过。我们也可以对比近些年中国的金融产品创新和当年日本的情况,中国的表现要比当年的日本好得多。其中原因很多,但不容忽视的一点就是,与权力高度集中的日本大藏省相比,中国分散管理格局下相互竞争的各主管部门显然更加偏好金融改革和创新。

当然,分散管理所导致的缺陷需要得到解决。但是,我们以为,当前首先要做的是放松过度的行政管制,用市场主导逐渐取代政府主导,从而实现由政府主导、分散管理模式向市场主导、分散管理模式的过渡。在此基础上,逐步建立部际协调机制,统一监管标准,顺应混业经营的大趋势,最终达到市场主导、集中管理的最佳状态。

# 第 5 章

# 中国金融产业发展战略与组织体系

## 5.1 理论与历史回顾

### 5.1.1 金融体系发展与经济关系理论的不同解释

应用于金融系统或者金融体系研究的理论非常丰富,涉及金融学、经济学的很多理论,一般来说,这些理论从金融体系内在构成、金融功能、金融绩效等角度考察了金融产业与组织结构的发展以及金融与经济发展之间的关系。本节就与金融体系相关的理论进行回顾和总结。

**1. 金融发展理论**

金融与经济增长之间的因果关系是金融发展理论的主要内容,它揭示金融因素在经济发展过程中的重要性。在货币金融与经济的关系上,20世纪以前的古典、新古典学派基本上都持"货币面纱论",他们认为货币只是实现商品交换的媒介,是罩在实物经济上的一层面纱,并不影响经济的发展。这种观点陆续受到一些经济学家的挑战,其中影响最大的是金融发展理论的提出。

20世纪70年代初期,罗纳德·I·麦金农和爱德华·S·肖(Ronald I. Mckinnon and Edward S. Shaw)等经济学家在研究发展中国家经济、金融问题时,提出了金融深化理论,这标志着金融发展理论的形成。金融深化理论认为,一个国家的金融与该国的经济发展之间存在一种相互刺激和相互制约的关系。在市场机制特别是利率机制自由运行的前提条件下,健全的金融体系与活跃的金融市场可以有效地动员社会闲散资金,完成向生产性投资的转化,有效配置资源;同时,经济的发展又产生了对金融服务的需求,刺激了金融业发展。但是发展中国家普遍存在金融抑制,即政府对金融体系和金融活动的过多干涉压制了金融的发展,而金融不发达又阻碍了经济的发展,从而造成金融压制与经济落后的恶性循环。要使经济和金融都得到发展,发挥两者之间的正向激励作用,必须摒弃金融压制的政策,推行金融深化。

虽然麦金农和肖在他们的金融深化理论中并没有以金融系统体系问题作为主要的研究对象,但由于在发展中国家,金融结构的扭曲总是与金融市场受抑制相伴随的。为此,麦金农和肖专门对企业或其他经济单位的内源融资和外源融资两类融资方式做了详尽的分析,并由此提出了货币当局应改善货币供应条件,提高货币的实际收益率,借以增加资本积累,改变内源融资占主导地位的政策主张。因此,麦金农和肖的金融深化理论对于金融结构优化调整提出了要求,金融深化的概念隐含着金融结构的进步。

### 2. 金融结构理论

一些学者从金融结构的角度来考察金融体系对经济增长的作用。戈德史密斯(Goldsmith)在其1969年出版的《金融结构与金融发展》一书中首次将金融结构问题作为一个独立的研究对象。他对长达百余年的金融发展以及36个国家的金融结构现状进行了初步的比较研究,并明确地提出了金融结构的概念———一国现存的金融工具与金融机构之和构成该国的金融结构,包括各种现存的金融工具与金融机构的相对规模、经营特征与经营方式、金融中介机构的集中程度等。在《金融结构与金融发展》一书中,戈德史密斯试图评估金融体系的整体质量与数量对经济发展所能产生的作用,以及回答金融结构是否能够影响经济增长的速度等问题。但是由于数据条件的限制,戈德史密斯对这些问题的回答并没有获得完全成功。

继戈德史密斯之后,阿斯利·德默古和莱文(2001)通过两年的数据整理工作,在金融结构的研究方面取得了开创性的成果,形成了迄今为止全球唯一一份涉及150个国家金融体系数据的数据库,最大限度地弥补了戈德史密斯因数据匮乏而无法展开更多跨国比较研究的缺憾。他们的研究表明:金融体系在富裕的国家规模更大、更加活跃和有效率。此外,他们还发现,富裕国家的股票市场表现得更加活跃和有效率,即当一国更加富裕的时候,其金融结构会更加偏向市场主导型。

**3. 金融功能理论**

金融功能理论旨在解释金融能够影响经济的原因。传统的金融功能观认为，金融有信用媒介与信用创造两大功能。随着金融体系的发展，其所承担完成的功能也就越多、越复杂，现代理论则认为，它还有管理风险、提供信息、解决信息不对称带来的激励问题等功能。

传统理论认为，金融发挥其功能必须在现有的金融结构框架下进行，这种根据现有的金融机构赋予其相应的功能，并通过其行为绩效判断其功能实现的效应的观点被称为"机构观点"。与之相反，默顿和博迪于1993年提出"功能"观点，他们认为在金融体系的发展过程中，金融功能比金融机构更稳定，其在时间和地域的跨度上变化较小。"功能观"首先关注的是金融体系需要行使哪些经济功能，然后才去寻求一种行使这些功能的最好的组织机构，而一种组织机构是否最好，则又进一步取决于现有的技术条件。理论界现在较多采用"功能观点"来解释全球金融体系的趋势性变化。

### 5.1.2 历史的多样性

在理论多样化的同时，历史的多样性也表现得很充分。由于经济、历史、政治和文化等因素的差异，各个国家金融体系表现出了多样性的特点，不同国家的金融发展程度、金融业组织结构状况呈现较大的差异。因此，认识各国金融体系多样性特征和差异是非常必要的。

**1. 典型发达国家金融产业与组织结构变迁**

我们选取美国、英国、德国、日本这四个典型发达国家来对其金融体系的特征和差异进行比较和分析，以从中找出金融产业与组织结构变迁的规律。这四个国家中，德国和日本是典型的银行主导型金融体系，而英国和美国是典型的市场主导型金融体系。

20世纪30年代，美国的金融体系基本定型，市场主导型的架构基本建立。出于政治原因，美国不存在拥有大量分支机构的全国性银行，但是资本市场较为发达，而且随着抵押证券、衍生产品交易量的爆炸式增长，新的市场发展很快。

英国属于市场导向型的金融体系，除了银行部门的规模和结构有所不同之外，英国的金融体系和美国极其相似。国内的银行体系高度集中，拥有覆盖全国的分支网点，但不向企业提供长期贷款。英国金融市场复杂，除了大量当地的上市公司以外，许多外国公司也在伦敦上市。债券和货币市场也很发达，位于伦敦的欧洲证券市场交易量很大。

德国与美英两国不同，作为银行主导型金融体系的代表，它呈现出不同的发展路径和结果。在其银行导向型金融体系中，最大的特色是银企关系密切，公司股权往往集中于几个大的股东手中，特别是大的银行手中。这些大股东很少将自己手中的股票卖出，因而金融市场并不发达，市场投资手段有限，期权和期货等衍生市场的交易量也不大。

日本和德国的金融体系常常相提并论，因为它们都是典型的银行主导型的金融体系。但是和德国不同的是，日本政府在银行体系的发展中起到了推动的作用。自20世纪60年代以来，日本政府放松对了金融的控制，随着证券市场迅速发展，大企业越来越容易从金融市场筹措资金，但是综合起来看，尽管金融市场近年来变得越来越重要，日本的银行还是占据着主导地位。

总的看来，现代金融体系在20世纪30年代基本定型，并在随后的40年中基本保持不变。但是在70年代以后，现代金融体系发生了一些重要变化，主要表现在：

（1）金融结构明显趋同。20世纪70年代以后，各国金融体系的发展具有趋同的倾向，即向全能型银行和市场导向型金融体系发展。图5-1显示了德国、英国、日本和美国四个国家从70年代以来"存款银行资产/股票市场市值"这一相对规模指标的变化趋势，各国的指标呈现明显趋同的迹象。这是因为美国等市场导向型金融体系转向全能银行型，而德国加强其市场导向的融资，从而全球金融结构趋同。

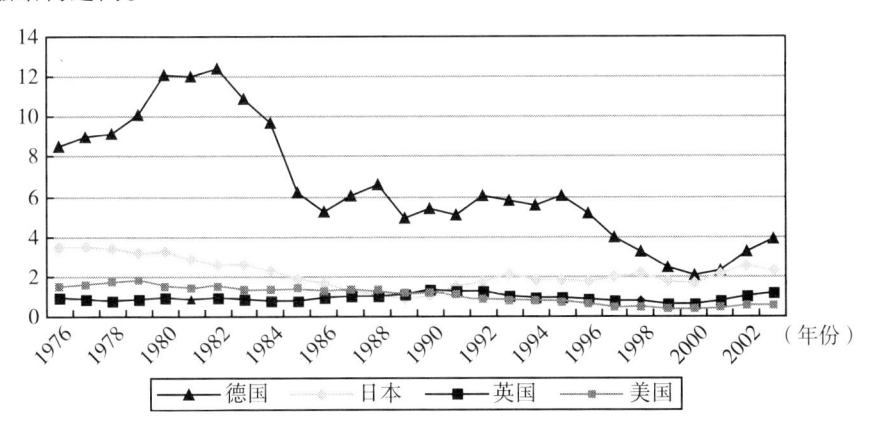

**图5-1　存款银行资产与股票市场市值之比**

资料来源：http://www.worldbank.org/。

（2）银行间相互并购活跃，综合经营渐成潮流。20世纪70年代以后，现代商业银行经历了两次并购狂潮。在这些浪潮中，美国扮演着主要的角色。其主要特征是大银行与小银行之间的兼并，使得银行越来越大，不仅是规模不断扩大，而且银行业务范围也在不断扩大，银行信用活动遍及各个领域。银行业之间的并购以及综合趋势对银行业的集中度产生了一定的影响，它在一定程度上加强了银行业垄断。

（3）衍生工具市场迅速发展。从70年代初金融衍生工具推出以来，其交易量增长极其迅速，是金融机构资产的数倍。截止到2004年年底，期货与期权市场已经成为了真正的全球市场，全球20多个国家、60多个交易所提供不同类型的期货期权产品。

## 2. 转轨国家金融产业与体制变迁

（1）转轨国家的金融体制特征。对于转轨经济国家而言，金融体系的发展变化过程与上述发达国家以及发展中国家有着很大的不同。由于历史的原因，这些国家长期处于计划经济阶段，金融发展受到抑制，许多国家先后进行了理论界称之为"金融自由化"的改革，逐步向市场化的金融体制转轨。

（2）转轨国家金融体制改革经验与教训。转轨国家改革前的金融体系结构存在很大的相似性，如银行主导的金融体系、银行业内部高度集中、以股票市场为主的资本市场发展缓慢而且很不规范，以及政府在金融体系的形成中起了很大的作用等。由于转型国家在经济结构上的相似性，各国在金融结构改革中都采取了类似的措施：实行金融市场开放，推出金融深化的措施，积极发展资本市场等。

经过十多年的改革和发展，虽然转轨国家的金融结构也有趋同倾向，但是在相似的金融结构背后，转轨国家的经济发展却呈现出迥然不同的两种结果：一部分国家，市场化的机制逐渐形成完善，国民经济稳定健康发展；而另一部分国家的经济则陷入了不稳定，甚至恶性循环的处境。造成转轨国家经济发展程度不同的因素有：

第一，改革路径不同。以俄罗斯"休克疗法"为例，这种激进式改革是一种非线性的改革，过快的整合金融体系和经济体系，瞬间释放的各种压力得不到有效的缓解，造成了经济的混乱与无序。因此，在俄罗斯没有太大的银行，全国的银行体系由1 000多家中小银行组成，这对于一个地理概念上的大国来说，不是好事。

第二，政府宏观经济政策的差异。如在20世纪90年代，转轨国家面临着高通胀率与高负债率，但各国对通胀和外债危机的不同处理方式，造成未来的各国经济绩效间的差异，影响了 GDP 增长。此外，是否存在健全的投资保护制度和私人产权保护制度也是一个重要原因。

第三，地理环境因素与其他外部条件。匈牙利、波兰、捷克等国有加入欧盟的愿望，必然受到加入欧盟条件的制约，这在事实上形成了一种外部约束。此外，中东欧地区靠近资本主义发展良好的国家，外部环境相对稳定，易于市场化方式的建立和运行。因此，这些国家的银行，由外资控制的比例相当高。在外资控制的初期，有利于国家金融体系的稳定，但在长期发展中，外资银行能否在关键时候起到稳定社会经济的作用，是有很大不确定性的。

通过对发达市场经济国家金融结构进行比较和对转轨国家金融结构改革的回顾，可以看出，作为金融体系的一个组成部分，金融结构的选择和完善对于一国经济增长具有至关重要的影响，并且在金融结构调整的过程中，改革路径的选择往往对于最后的结果有直接的影响。从国际上转轨国家的经验来看，选择一种渐进式的改革模式，在改革中不断探索来发现问题，同时又不断完善制度以弥补缺陷，才有可能最终达到最适合本国国情的金融结构安排。

## 5.2 中国金融产业改革与组织体制的现状

改革开放以来，中国的金融体制经历了巨大的变革，金融改革的成果体现在经济的飞速发展之中。但是，中国的金融体系同时也面临着挑战：间接金融与直接金融发展不平衡，融资结构过多地依赖银行体系，资本市场发展缓慢等等。在当前的开放国际环境中，中国所面对的经济和金融的不确定性增加，金融竞争日趋激烈，这给金融体制改革增加了难度和不确定性因素。面对今天关系错综复杂、影响深远的现代金融活动，无论是以各种形式参与其中的监管者、商业机构和个人，还是各国的政府，都需要一个相对清晰的框架来理解金融的发展和自身的角色。

### 5.2.1 中国金融产业改革之路

中国的金融体制在 20 世纪 70 年代末开始向市场导向的金融体制转变，这种转变一直持续到现在。改革前，在计划经济制度安排下，中国人民银行承担着双重职能：它既是国家集中管理金融的行政机构，又是统一经营全国金融业务的经济组织，集中央银行和商业银行职能于一体。从 1979 年开始，应改革的要求，中国开始分设专业银行和重建其他金融机构，中国农业银行、中国银行从中国人民银行分设出来；中国建设银行开始转向专业银行。1983年，国务院决定从1984年1月1日起将中国人民银行承担的商业性业务分离出来，转交给新成立的中国工商银行，中国人民银行专司国家金融管理机关的职能，成为中国的中央银行。1986年国务院颁布《中华人民共和国银行管理暂行条例》，从法律上明确了中国人民银行作为中央银行的12项职能。1995年颁布的《中华人民共和国中国人民银行法》，首次以国家立法形式确定了中国人民银行的中央银行地位。

从90年代起，中国金融业监管进行了一系列组织结构调整和机构改革：1992年10月，成立证监会，将证券业监管从中国人民银行分设出来，实行专业监管；1998年11月，成立保监会，对保险业实行专业监管；2003年，银行业监管职能从中国人民银行中分离出来，成立了银行业监督管理委员会。

至此，中国人民银行作为中央银行的职能转换已基本到位；以间接调控为主的宏观金融调控体系基本确立；金融监管职能进一步调整，分业监管体系初步形成。央行职能的转换与监管体系的确立必然导致两个相互关联的结果显现：一方面是金融市场体系的逐步建立和完善；另一方面是金融机构纷纷建立和快速成长。

第一，组建股份制商业银行。为了打破原国有专业银行的业务垄断，提高银行业效率，1987年起陆续成立了深圳发展银行、交通银行等13家商业银行。除此之外，从80年代中期起为解决中小企业贷款难的问题，各城市都成立数量不小的城市信用社。但是，不少信用社由于管理不善、经营效益差、坏账过多，因此，从1995年起，在100多座大中城市将城市信用社合并成为当地的城市商业银行。

第二，建立国家政策性银行，替代国有专业银行的政策性功能。为解决国有专业银行向商业银行转轨问题，1994年成立了中国进出口银行、国家开发银行、中国农业发展银行三家政策性银行，实行政策性业务与商业性业务分离。

第三，非银行金融机构也得到了很大发展。从1979年开始，信托投资公司、财务公司、金融租赁公司、邮政储蓄机构等在各地成立，活跃了中国的金融市场。

第四，上海与深圳股票交易所在1990年和1991年成立，确立了中国有组织证券市场的基本模式；1996年建立的银行间资金交易市场形成了全国统一的金融市场，为金融市场的发展打下了良好的基础。

随着证券市场的萌芽和发展，从80年代后期，证券公司、信用评级公司等非银行金融机构开始出现，并迅速成为中国金融产业的重要的构成之一。

### 5.2.2 中国金融业产业与组织结构现状分析

本小节将从金融资产的机构分布、金融机构从业人员结构等角度分析中国金融结构的现状。

**1. 金融资产的机构分布**

这是指金融资产在金融业内各行业之间的分布情况。如表 5-1 所示,自 2003 年以来,我国银行机构的资产规模增长迅速,在金融机构资产总额中的占比均在 80% 以上;而证券业、保险业、信托租赁业等非银行金融机构的资产额尽管有所增长,但增幅不一,所占比重也显著偏低。

表 5-1　　　　　　　我国金融机构资产的分布　　　　　单位:亿元,%

| 金融机构 | 2003 年资产额 | 占比 | 2004 年资产额 | 占比 | 2005 年资产额 | 占比 | 2006 年资产额 | 占比 |
| --- | --- | --- | --- | --- | --- | --- | --- | --- |
| 商业银行 | 204 732 | 72.91 | 220 543.8 | 72.12 | 279 597.2 | 74.71 | 328 195.6 | 74.89 |
| 政策性银行 | 21 247 | 7.57 | 24 631.8 | 8.05 | 29 779.7 | 7.96 | 35 387.9 | 8.07 |
| 农村信用社 | 26 509.2 | 9.44 | 31 013.38 | 10.14 | 31 754.3 | 8.48 | 34 987.8 | 7.98 |
| 城市信用社 | 1 468.3 | 0.52 | 1 799.8 | 0.59 | 2 050.3 | 0.55 | 1 850.4 | 0.42 |
| 证券公司 | 4 895.7 | 1.74 | 4 768.65 | 1.56 | 5 685 | 1.52 | 7 498 | 1.71 |
| 保险公司 | 9 123 | 3.25 | 11 853.55 | 3.88 | 15 226 | 4.07 | 19 731 | 4.50 |
| 信托租赁 | 9 100 | 3.24 | 5 467.34 | 1.79 | 4 783.5 | 1.28 | 3 878.4 | 0.88 |
| 财务公司 | 3 734.5 | 1.33 | 5 736.08 | 1.88 | 5 378.4 | 1.44 | 6 715.7 | 1.53 |

注:(1)商业银行,包括四大国有商业银行、股份制商业银行和城市商业银行;政策性银行,包括国家开发银行、进出口银行和中国农业发展银行;信托租赁,包括金融信托投资公司和金融租赁公司。

(2)2003 年银行业数据为其境内资产总额数据,其中信托租赁数据,包含财务公司在内;2003 年证券公司数据,为 122 家中国证券业协会会员的总资产。

资料来源:中国人民银行统计月报,中国银行业监督管理委员会年报。

**2. 金融机构从业人员结构**

从表 5-2 可以看到,在 2006 年底,信用社的机构数量占绝大多数,为 97.73%;从从业人员占比看,国有商业银行的从业人员占全部从业人员的

53.78%，远远超过其他机构。

表 5-2  银行业金融机构从业人员的行业分布（2006）

| 机　构 | 从业人数（人） | 占比（%） | 机构数（个） | 占比（%） |
|---|---|---|---|---|
| 国有商业银行 | 1 469 436 | 53.78 | 5 | 0.03 |
| 政策性银行 | 56 760 | 2.08 | 3 | 0.02 |
| 股份制商业银行 | 118 036 | 4.32 | 12 | 0.06 |
| 城市商业银行 | 113 999 | 4.17 | 113 | 0.57 |
| 城市信用社 | 19 004 | 0.70 | 78 | 0.39 |
| 农村信用社 | 634 659 | 23.23 | 19 348 | 97.73 |
| 农村商业银行 | 20 003 | 0.73 | 13 | 0.07 |
| 农村合作银行 | 37 188 | 1.36 | 80 | 0.40 |
| 企业集团财务公司 | 3 859 | 0.14 | 70 | 0.35 |
| 信托公司 | 5 015 | 0.18 | 54 | 0.27 |
| 金融租赁公司 | 322 | 0.01 | 6 | 0.03 |
| 外资金融机构 | 16 724 | 0.61 | 14 | 0.07 |
| 邮政储蓄银行 | 237 389 | 8.69 | 1 | 0.01 |
| 合计 | 2 732 394 | 100 | 19 797 | 100 |

资料来源：《中国银行业监督管理委员会 2006 年年报》。

## 5.3　金融机构的经营体制：分业与综合经营问题

　　金融分业、综合既涉及经营层面又涉及监管层面。就经营层面而言，即人们所说的分业经营与综合经营问题，涉及经营模式的选择；就监管层面而言，即分业监管与综合监管的问题，涉及金融监管体制的选择。在当今国际金融市场的大环境下，金融机构的综合经营趋势日益增强。20 世纪 90 年代以来，西方发达国家先后实行了金融业综合经营，全能银行再次进入了全盛时期。我国的金融业在现行分业经营的制度框架内，于银行、证券、保险等诸业之间，已经建构起多种形式的业务合作关系，初步形成了金融综合经营的态势。

### 5.3.1 分业与综合经营模式比较

金融分业经营是指银行、保险、证券、信托机构等都限定在各自的传统业务领域内经营，不得超越既定业务范围。与之相对，金融综合经营是指银行、保险、证券、信托机构等都可以相互进入对方业务领域甚至非金融领域，进行业务多元化经营。相对于分业经营，综合经营仅仅意味着分业经营限制的取消和金融机构经营模式的多样化，不能理解为对分业经营的简单否定和对金融业分工的抹杀。

综合经营已经成为全球金融业势不可当的趋势，相比分业经营它具有规模经济效应、范围经济效应、提升抗风险能力等优势。

**1. 规模经济优势**

一般认为，当某一机构提供特定服务组合的成本低于多家专业机构提供同类服务的成本时，即存在规模经济。综合经营从规模经济中获益的原因有：一是金融机构资产的专用性不强，通过综合经营可以减少机构的重复设置与冗员，增加资产的利用效率。二是金融业务具有相似性，可以通过集中处理以提高效率，比如风险管理，尽管在具体技术上有所不同，但由于控制流程和人员要求的相似性，可以由一个总的风险控制部门从更宏观的层面上管理不同行业的风险。三是它们可以利用自身的分支机构和已有的其他全部销售渠道以较低的边际成本销售附加产品。四是由于在某些领域建立信誉要比在其他领域更容易，以及信誉的外溢效应的存在，金融控股公司可以利用其在提供一种服务时建立的信誉向客户提供其他金融产品。

**2. 范围经济优势**

范围经济是指金融机构可以进入更广阔的市场，接触更多的客户群体，并促使一些相关金融产品的交叉业务成为可能。综合经营使金融机构能够实现客户信息共享以及向客户提供一揽子产品，使客户面对一个窗口就可以获得银行集团内部包括存贷款、证券、保险、资产管理、咨询等内容在内的"一条龙"服务，从而实现范围经济。

**3. 风险分散优势**

综合经营具有分散风险的效应，即金融机构通过资产多元化以及收入多元化来实现风险分散。金融机构通过把各种金融业务结合在一起，有益于降低自身风险，一种业务的收益下降，可以用其他业务的收益来弥补，从而保障其收益的稳定性。

此外，综合经营带来的金融机构竞争力的提高将减少因金融业开放导致的金融危机带来的冲击。

但作为一种经营模式，综合经营也并不是完美无缺的，它的弱点也是很明显的：

首先，综合经营可能带来金融市场的不稳定，甚至引发金融动荡。商业银行涉足证券业，可凭借其雄厚的资金实力参与交易，容易引起证券行情的大起大落，从而损害中小投资者的利益。综合性银行规模大而不容易倒闭，从而在一定程度上维护了行业的稳定，但也失去了金融业内部专业化管理的灵活性和独立性。商业银行一旦陷入困境，如果营救失败，危机涉及的范围将更大。

其次，关联交易可能导致利益冲突并由此产生风险。在综合经营中，金融机构涉及的业务范围非常广泛，包括银行业、证券业和保险业中至少两个不同的金融行业，并且控制着其子公司的股份。为了实现协同效应、降低经营成本、增加利润，可能在其子公司之间产生大量的关联交易。这些关联交易可能带来许多负面影响，它既会损害社会公众的利益，也可能传递金融风险，为金融机构带来信用危机，这些都足以使其关门倒闭。

再其次，综合经营还会因商业银行的收益和风险的不对称而引起道德风险问题。商业银行经营证券业务所获得的收益基本上完全由自己独占，但经营失败的风险却由存款人或存款保险机构甚至整个社会承担。这就可能诱使商业银行铤而走险，放松风险控制，这违背了存款人的意愿，使其承担了银行的市场风险。

综合经营和分业经营这两种金融业组织经营模式并不存在绝对的好坏优劣，在经济运行当中到底应该采取哪种组织模式取决于实际经济环境，而且一旦外部环境发生改变，相应的组织模式也会随之变迁。我们以最有代表性的发达国家为例来说明制度变迁的过程。

## 5.3.2 两种经营模式的国际经验

我们首先来看一下美国在综合与分业经营模式的选择上的演进过程。

1929年以前，美国的金融机构是综合经营的，商业银行中存贷款业务与投资银行业务相互渗透，同时投资银行在承销证券的同时也兼营商业银行业务。1929~1933年，世界性经济危机爆发，危机不断蔓延，上万家银行倒闭破产，信用体系遭受毁灭性破坏、证券市场趋于崩溃。这其中，银行大量资金涉足高风险的证券业务，是造成悲剧的一个重要原因。此外，由于综合经营的关系，银行体系的脆弱性给整个经济带来了巨大的负外部性。对此美国国会于1933年通过了《格拉斯—斯蒂格尔法》，加上后来陆续通过的《1934年证券交易法》、《投资公司法》等一系列法案，切断了银行、证券和保险之间的联系，确定了分业经营的原则，明确规定商业银行不得经营股票和包销公司债券，使金融资本和产业资本得以分离。

但是随着经济环境的不断变换，这种经营结构也在不断地受到冲击。首先，对银行利率的上限设定使得大量资本在银行体系之外循环，银行获利能力大大减弱，向证券业渗透的趋势不断加强。其次，由于非银行金融机构发展迅速，银行资产在金融资产结构中已不再占有统治性比例，因此，银行对整个经济的外部性逐渐降低，为银行业重新涉足其他行业提供了可能。再次，分业经营的情况下，金融业规模小、业务单一、效率低的缺点慢慢在当时的美国经济中体现出来，加上国际全能银行竞争的压力，美国不得不重新思考金融业组织经营的方式问题。此外，进入20世纪后期，金融创新的浪潮日渐高涨，很多情况下金融机构都在分业的名义下向其他行业渗透。为了适应这种变化，美国联邦储备委员会便开始逐步放松对银行从事证券业的限制。到1999年11月，美国通过了《金融服务现代化法案》，彻底拆除银行、证券和保险业之间的法律限制，银行被允许开展综合经营。

作为全能银行的代表国家德国，在其银行业在发展初期，各类银行都有各自的重点业务，但是随着竞争的不断加剧，对规模的要求越来越高，各种业务间相互渗透，形成了今天综合经营的全能银行的模式。

### 5.3.3 分业与综合经营在中国的争论

以上分别从理论和国际经验的角度上论证了综合与分业经营两种模式在金融产业组织中的选择问题，接下来，我们着眼于我国当前所处的经济环境，分析我国混业经营的现状与发展趋势。

**1. "分业—综合—分业"的轮回**

在传统的计划经济体制下，我国金融业的主体是银行业，社会金融资产的90%表现为存贷款，90%以上的金融业务集中于银行。证券、保险及其他非银行金融机构根本没有发展起来，所以也就谈不上分业或综合经营。改革开放以后，一大批银行和非银行金融机构纷纷出现。在新分设的银行中，严格实行分业原则，将银行按不同业务范围实行专业化经营。为数不多的非银行金融机构也只能在规定的范围内活动。随着中国人民银行中央银行地位的明确，专业银行竞争的呼声越来越高，市场竞争机制在20世纪80年代下半期引入金融业，各专业银行间经营范围相互突破，非银行金融机构渗入银行业务，出现了银行业、证券业、保险业交叉经营，金融业与实业、商贸业等非金融业混合经营的局面。到90年代初，大量银行资金被用来炒股、炒房地产、办实业，加速了银行自身风险的积累，也导致了证券市场、房地产市场"泡沫"的生成。面对这种情况，国务院于1993年12月出台了《关于金融体制改革的决定》，规定各金融机构分业经营原则；1995年5月《中华人民共和国商业银行法》颁布实施，在法律上正式规定银行业应实施严格的分业经营。由此，银行业与证券业、信托业、保险业的分业经营制度在我国形成。然而，从1994～1997年，商业银行又出现了通过假回购、真拆借方式，使大量银行资金进入股市等现象。中共中央、国务院又于1997年进一步提出了"分业经营、分业管理"的原则，进一步加强和巩固分业经营的模式。

近几年，受到国际综合经营趋势以及美国《金融服务现代化法案》的影响，我国理论界掀起了分业经营与综合经营的讨论浪潮。如今，对综合经营的呼声越来越高，很多人认为分业经营模式已成为我国金融业发展的制约因素。因此，我国分业经营政策也出现适度放松和调整。1999年8月，中国人民银行与中国证监会先后发布了《证券公司进入银行间同业市场的规定》和《基金管理公司进入银行间同业市场的规定》，允许符合条件的证券公司与基金管理公司进入银行间同业拆借市场和国债回购市场。随后，监管部门允许证券公司向商业银行申请股票质押贷款。与此同时，中国金融业中已经出现了综合发展趋势，这种趋势主要是通过控股公司的形式出现的。

金融控股公司的定义为："在同一控制权下，完全或主要在银行业、证券业、保险业中至少两个不同的金融行业大规模地提供服务的金融集团公司。"金融控股公司实质是一个以股权结合起来的金融集团，该集团一般以一个金融机构为控股母公司，全资拥有（或控股）专门从事某些具体业务（如银行、证券、保险等）的子公司；这些子公司都具有独立法人资格，都可独立对外开展业务并承担相应的民事责任，集团公司能决定或影响其子公司的重大决策及最高管理层的任免。通过内部的业务协同，集团实际上可以进行多元化综合经营。这种综合经营的模式既吸收了全能化发展模式的优点，又可以采取措施有效防范内部风险。

目前，中国银行、中国工商银行、中信集团、光大集团和平安集团已经初步建立了金融控股集团的雏形，如表5-3所示。

表5-3　　　　　　　　　我国金融控股公司一览表

| 控股公司 | 银行业务 | 证券业务 | 保险业务 | 信托 |
| --- | --- | --- | --- | --- |
| 中信公司 | 中信实业银行 | 中信证券 | 信诚人寿 | 中国国际信托 |
| 光大集团 | 光大银行 | 光大证券/申银万国 | | 光大国际信托 |
| 平安保险 | | 平安证券 | 平安保险 | 平安信托 |
| 中国银行 | 中国银行 | 中银国际 | | |
| 中国工商银行 | 中国工商银行 | 西敏证券 | | |
| 招商银行 | 招商银行 | 国通证券/长城证券 | | |
| 山东电力集团 | 华夏银行 | 蔚保证券/湘财证券 | | 英大信托 |

资料来源：各集团公司网站及公开报道。

### 2. 综合经营是必然趋势

无论从国际上普遍的趋势来看，还是从我国金融机构的内在需求来说，综合经营都是目前金融制度必然的发展方向。

第一，综合经营是金融业自身生存和发展的内部需要。我国金融综合经营的内部推动力来自商业银行业务拓展、追求利润和提升竞争力的需要。随着证券市场的发展，商业银行面临着越来越严重的金融脱媒，资信较好的企业将转向市场融资，银行面临优质客户流失的威胁。

第二，综合经营也是加入WTO后参与国际竞争的需要。综合经营有利于提高我国金融业的整体竞争力，促进我国金融业向国际化发展。就我国金融业的发展现状而言，由于体制、政策和法律的诸多约束，金融体系的整体竞争力不足。一方面，商业银行和其他金融机构都存在着规模偏小、资金实力不足、资产质量状况不理想等问题，由此产生的利润规模、资本回报率、资本充足率、抗风险能力等方面与国外同业相比有较大差距；另一方面，业务品种传统单一，业务发展的空间和回旋余地很小，服务功能不够完善。与国外的综合银行相比，我国明显处于劣势。只有实行综合经营，才能缩小差距。

第三，随着我国经济的发展、公众个人财富的增加，人们的需求也发生了变化，金融服务的需求种类增加，同时向更加简便而丰富的"一站式服务"发展。但我国的银行、保险和证券业务却相互分割，因而无法满足市场的需要。

综合经营能打破目前我国金融机构各自为战的局面，加强各机构间的合作，使货币市场与资本市场相互融通，使银行、证券、保险三业的资金直接流动、渗透和补充，实现利益共享、责任共担。

### 5.3.4 中国的现实选择

在明确当前综合经营成为大势所趋的前提下,结合我国整个金融体系的实际情况,商业银行控股模式的金融控股公司可以成为我国当前最优的选择。

首先,相对于分业经营而言,以银行为主体组建金融控股公司能够克服我国现有分业经营形式的众多弊端,并能够获得来自综合经营的多方面的优势。

其次,我国商业银行具有作为组建金融控股公司的主导的实力与动力。(1) 金融控股公司是一个以金融业为主的企业集团,所以作为主体的金融企业也应该是一个足以控制和有效影响其子公司的大企业。而我国以商业银行、保险公司、证券公司和信托公司为主组成的金融体系中,商业银行的实力最为强大,其资本、规模、营业网点等实力是其他非银行金融机构所不能比拟的。(2) 投资银行、保险公司尤其是投资银行本身的利润丰厚,利润率比商业银行高,因而缺乏利润动力去收购商业银行;证券公司的实力均较弱,资本规模又制约着证券公司的未来发展。(3) 随着新经济与资本市场的迅速发展,以及近几年来金融创新、计算机网络的发展,商业银行"脱媒"现象越来越严重,商业银行的传统业务不断衰减,竞争力不断减弱。而且,长期以来,我国国有商业银行资产结构单一,信贷资产在总资产中占绝对地位,而证券资产与其他资产所占比重很小。这种资产结构存在着较大的风险,经营效益下降。因此,商业银行具有向其他业务扩张的强大动力。

## 5.4 中国金融机构的市场集中度

### 5.4.1 垄断与竞争的理论争论

垄断与竞争问题的探讨可以追溯到马歇尔的分析,马歇尔在研究分工与某一地区特定产业的集中、大规模生产等问题时,注意到追求规模经济的结果是垄断的产生,而垄断又会阻断价格机制的作用,从而扼杀了自由竞争,使经济趋于无效率。这个问题称为马歇尔悖论。克拉克(J. M. Clark)在对企业的行为、垄断与竞争的关系进行研究之后,提出有效竞争理论。即不论市场的结构如何,市场上参与竞争的企业数量多少,地位怎样,也不论生产替代品的企业之间的差别是否显著,只要这些企业积极改进生产技术,提供新产品,完善生产体系,能够根据成本的高低来合理确定价格,那么这些企业的行为和绩效就是良好的,是"有效竞争的企业"。有效竞争理论的提出为解决马歇尔悖论中的规模经济与竞争活力的冲突提供了可能的途径,为垄断条件下如何保证竞争的有效性提供了很好的研究思路。

现代关于市场结构的研究的主要流派有哈佛学派和芝加哥学派。这两个学派对市场结构与经济效率关系的观点存在较大的不同。哈佛大学的梅森、贝恩等人以实证的分析方法推导出企业的市场结构、市场行为和市场绩效之间存在一种单向的因果联系:集中度的高低决定了企业的市场行为方式,而后者又决定了企业市场绩效的好坏。这便是产业组织理论特有的"结构—行为—绩效"(structure-conduct-performance,简称 SCP)分析范式。按照这一分析,行业集中度高的企业总是倾向于提高价格,设置障碍,以便谋取垄断利润,阻碍技术进步,造成资源的非效率配置;要想获得理想的市场绩效,最重要的是要通过公共政策来调整和改善不合理的市场结构,限制垄断力量的发展,保持市场适度竞争。

20 世纪 60~70 年代,美国经济在国际上的竞争能力有所下降,经济中出现了"滞胀"现象。不少研究者和分析家将招致经济不景气的主要原因归咎于哈佛学派主张的强硬的反垄断政策。于是从 70 年代后期开始,以斯蒂格勒(J. Stigler)为代表的一些芝加哥大学学者对哈佛学派的观点展开了激烈抨击,并逐渐形成了产业组织理论中的"芝加哥学派"。他们认为不能将企业规模的扩大与垄断势力的提高视为等同,因为企业规模的扩大和集中度的提高完全有可能是由技术因素或规模经济的内在要求决定的,并不单纯是为了获取垄断利润。并且认为 S、C、P 之间的关系主要体现为 P→C→S。由于一些企业在激烈的市场竞争中能取得更高的生产效率,所以它们才能获得高额利润,并进而促进企业规模的扩大和市场集中度的提高,形成以大企业和高集中为特征的市场结构。

这两种观点各自有其实证的支持,伯杰(Berger)考察了美国银行业的市场结构和效率的关系发现,在美国允许银行跨州经营以后,外地银行的进入、竞争的加强,促使了本州银行效率的提高。伯杰和汉南(Hannan)的研究表明,在 20 世纪 80 年代的美国,集中度较高市场中的银行有较高的成本和较低的效率。

芝加哥学派认为,竞争程度与效率之间并不一定具有正相关关系,乔奎因·莫多斯、乔斯·M·帕斯特、弗朗西斯科·佩雷斯和贾维尔·克萨达(Joaquin Maudos, Jose M. Pastor, Francisco Perez and Javier Quesada)以欧盟 10 个国家的银行为样本对其效率进行了研究,发现市场集中度与银行效率是正相关的。西瓦库马·库莱斯卡兰和谢里尔·谢弗(Sivakumar Kulasekaran and Sherrill Shaffer)也发现,在美国信用卡银行业中,银行信用贷款所占市场份额越大,其经营成本相应就越低，效率越高。

还有学者从金融稳定的角度考虑金融机构的市场集中度。他们认为较高的市场集中度有助于减少发生金融危机的可能性。索斯滕·贝克、阿斯利·孔特和罗斯·莱文（Thorsten Beck，Asli Kunt and Ross Levin）对69个国家1980~1997年的银行危机与市场集中度的数据进行分析，证明了市场集中度与银行体系稳定之间的正相关关系。

### 5.4.2 国际经验的借鉴

近年来，一些国际著名大金融机构纷纷展开并购活动，如东京银行与三菱银行并购案、大通银行收购化学银行案以及瑞士银行与瑞士联合银行并购案，都曾轰动一时。兼并收购的一个直接结果是巨型金融机构的产生，这些金融机构的规模很大，它们对市场的支配力量也在逐渐增强。因此，全球范围内不断加剧的并购趋势，使得金融市场结构产生了深刻的变化，竞争因素被不断削弱而垄断则不断增强。以银行业为例，图 5-2 显示了世界前 25 家银行资产占世界前 1 000 家银行的总资产之比，1997 年该比例为 27.92%，之后连续上升，至 2006 年该比例已经达到了 40.77%。但是伴随着金融业的集中，因为规模效应的好处，机构效率并没有出现下降。世界前 1 000 家银行的总资本收益率和总资产收益率自 2001 年以来也不断上升，至 2006 年分别达 17.6% 和 0.8%。

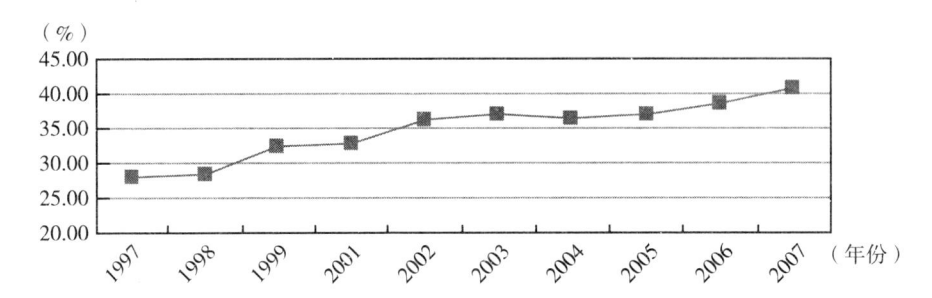

**图 5-2 世界前 25 家银行总资产占前 1 000 家银行总资产之比**
资料来源：*The Banker*.

### 5.4.3 中国的现实选择

中国银行业的竞争格局：目前我国国有商业银行的市场份额最大，最近几年份额虽然有下降的趋势，但是，至 2006 年末，资产份额为 51%，负债份额仍为

50%（见图5-3），由此可见，国有商业银行占据着我国银行业的半壁江山。然而，随着中国银行业加快改革开放的步伐，各类银行间的竞争会越来越激烈，各类银行都具有自身优势，国有商业银行的市场份额最大，股份制商业银行具有机制灵活的特点，城市商业银行具有地域优势，而外资银行则具有技术、资金和管理方面的优势。

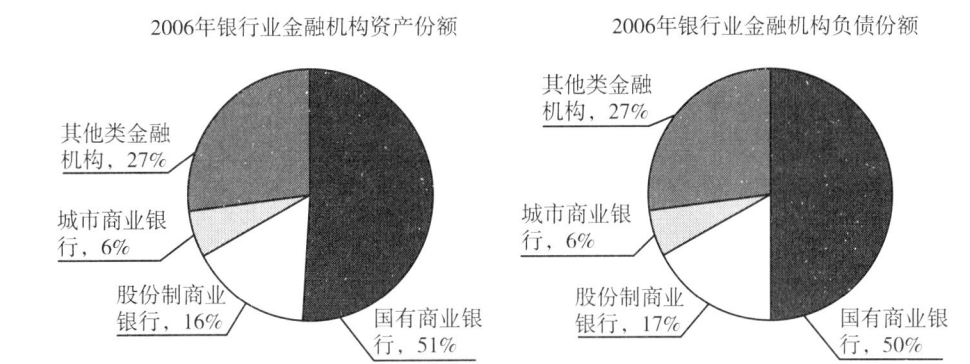

**图5-3 我国银行业资产和负债在机构间的分布情况**

资料来源：中国银行业监督管理委员会网站（www.cbrc.gov.cn）。

与国外大的投资银行相比，我国证券业普遍规模不大，但是也存在两极分化。一些大的券商，如国泰君安、申万、中信、广发等优势逐步凸显，占市场的份额也不断增加，而一些地方性的小券商则会存在生存危机和被兼并的危险。

保险业市场更趋于垄断，如图5-4所示，在人身保险市场，国寿股份一家就占了整个市场45%的份额，而在财险市场，人保股份占整个市场份额的45%。

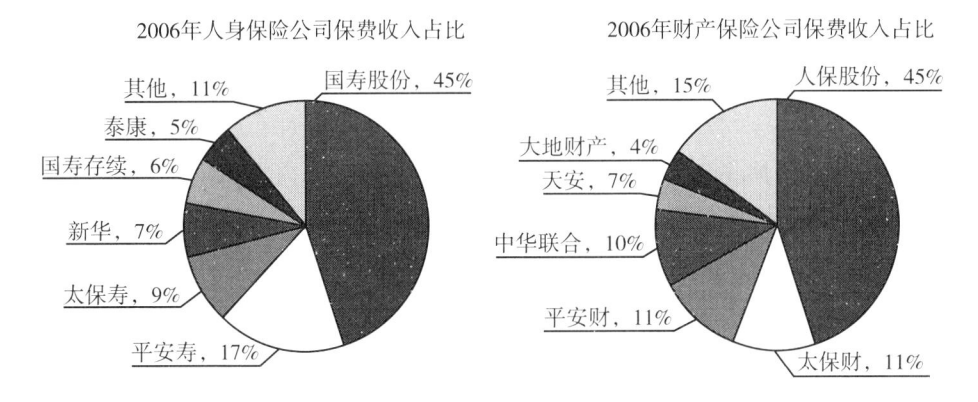

**图5-4 中国保险市场的市场结构**

资料来源：中国保险业监督管理委员会网站（www.circ.gov.cn）。

由以上分析可知，中国的金融市场在很大程度上还是一个垄断的市场，国有金融机构在整个市场中处于支配地位。近些年来，随着市场进入门槛的放低和开放程度的加大，民营资本和外资都陆续进入，增加了市场竞争，有利于效率的提高。鉴于国际上金融机构并购的趋势以及我国的现实情况，中国理想的选择是在引入竞争主体、增进竞争的同时，也鼓励金融机构按照市场规律进行整合，以实现规模经济效应。

随着金融全球一体化的深入，各国开放程度加大，全球金融逐渐成为一个统一的市场，中国金融机构也面临着国外金融机构的竞争。因此考虑中国金融机构的垄断与竞争问题还应有一个国际视角，如果中国的金融机构积极参与国际竞争，那么这种外在竞争约束的存在就会迫使金融机构增进效率、改善服务，这在很大程度上弥补了国内竞争不足的缺陷。

## 5.5 中国金融产业发展的目标模式与制度框架

### 5.5.1 中国金融产业发展的外部条件

我国金融产业发展面临的外部条件主要有两个：

第一，我国经济快速稳定增长。经济决定金融，中国经济的高速增长促进了中国金融业的飞速成长。中国改革开放以来，经济一直保持较高的增长速度。2001~2007年，中国GDP增长率分别为8.3%、9.18%、10.0%、10.1%、10.4%、11.1%和11.4%，大大高于同期世界经济的增长率。同时，就经济增长的平稳性来说，近十年来中国国民经济基本保持在年增长率8%以上，没有大起大落（见图5-5），而同期韩国、日本等国家的经济增长率则是忽高忽低，平稳性较差，这说明中国经济的增长态势良好，持续性较好。在可预期的将来，随着政府宏观调控能力的提高以及经济体内在稳定增强，中国经济将保持高速平衡的增长，这对金融业的发展是一个很好的机遇，有很强的正效应。

第二，对外开放的进一步深入。近年来，中国金融对外开放提速，银行业在2006年底完全对外资开放，同时，证券保险业以及其他业务的开放力度也在加强。今后中国将履行加入世贸组织的承诺，推动金融业在更大范围、更广领域和更高层次上参与国际竞争与合作。因此，我们应该站在全球化的高度来考虑中国金融产业的未来发展与定位。

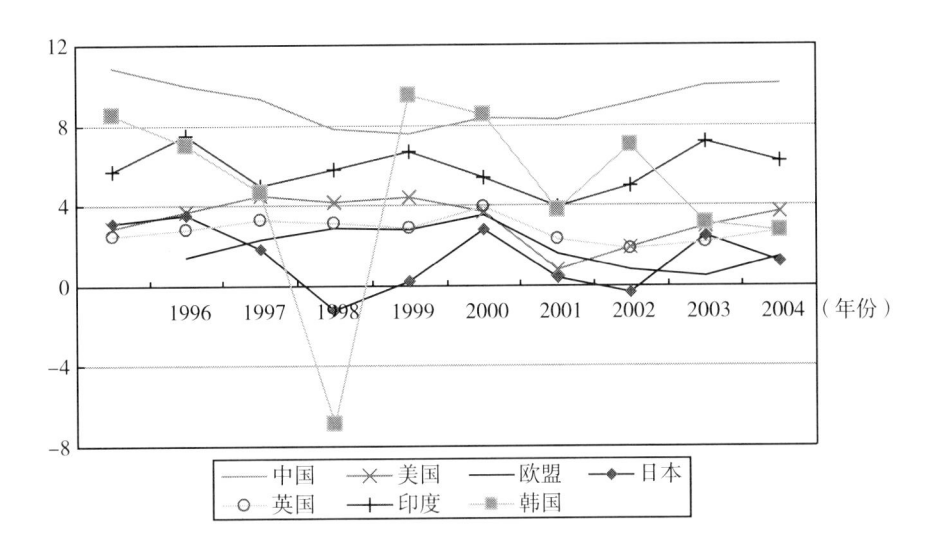

**图 5-5　中国经济增长水平与世界有关国家的比较**

资料来源:《中国统计年鉴》(1995~2004);世界银行,《全球经济展望》(1998~2005)。

## 5.5.2　中国金融产业发展的目标模式

中国金融发展的理想模式应该包括以下特点:

第一,金融机构市场化运作,具备良好的公司治理水平。这包括明晰的金融产权关系,良好的激励约束机制,完善的公司治理框架等等。与此同时,金融机构应该对市场价格敏感,使其较少受行政指令的影响而更多地受价格信号的引导。金融机构也应该重视股东回报要求的约束,努力实现股东利益最大化。

第二,多元化的主体,金融机构实现充分竞争。多元化的金融产业主体则能够充分有效地满足各类经济部门多样化和多层次的金融服务需求。而竞争能够迫使金融机构提高效率,改善服务。

第三,完善的金融市场体系。金融市场是金融机构活动的场所,它的发展程度影响着金融活动的效率。完善的金融市场体系应该包括货币市场、资本市场、外汇市场、黄金市场和金融衍生市场等,而且每个市场都应该高效运作,各市场充分协调。

第四,金融内部结构合理。我国目前金融内部结构不合理制约了其进一步的发展和更好地支持经济,也不利于化解金融风险。合理的金融结构包括:直接融资与间接融资协调发展,直接融资市场中股票融资与债券融资协调发展,并且各种债券比例适当、期限协调。

第五，金融机构安全稳健经营、有效地配置资源，对国民经济形成有力的支撑，更好地满足企业与个人的金融服务。我国经济将面临巨大的发展，城市化、工业化过程中，经济需要金融大力支持；并且随着个人财富的积累，居民对金融服务需求日益增加，理想的金融模式应该能够回应企业和居民的需求，并在满足各方需求的过程中让自身得到较大的发展。

### 5.5.3 中国金融产业发展的制度框架

为了使金融产业向理想的模式发展，除了金融机构自身的改善以外，政府也应该发挥其应有的作用。但政府的作用不能是对金融运行的行政干涉，而应该仅仅限于为市场运行提供良好的制度保障和宏观环境。具体而言，应该包括以下几个方面：

第一，建立金融机构的退出制度。金融机构面临着激烈的竞争，竞争难免会优胜劣汰，经营好的机构可以通过兼并做大做强，而经营不善的机构将要退出市场。同时，金融是一个很特别的行业，机构的退出会产生较大的社会影响，所以政府应该综合考虑各方面的因素，完善金融机构的退出制度。有进有退，才符合市场经济的规律，而我国目前金融机构的退出制度很不完善，往往只进不退。而且每一个问题机构的退出都是个案处理，并没有形成相应的法律规范，政府处理有问题金融机构时也面临着较大的道德风险。今后，随着逐渐对各类机构、各类资本放开，对外开放也进一步推进，建立规范的金融机构退出制度就显得很急迫。

政府应该加快相关立法进程，如破产法、投资者保护法等。同时应该尽快建立我国的存款保险制度。存款保险制度一方面是为了增强社会公众对金融机构的信心，防止金融机构危机传染和金融机构倒闭；另一方面，一旦金融机构倒闭，负责处理金融机构倒闭事宜，帮助料理金融机构的"后事"，补偿存款人的损失。

第二，审慎的金融监管，逐步放开管制。审慎性监管的实质，就是在实施审慎会计原则的基础上，客观、真实地反映金融机构的资产与负债价值，资产风险与资产收益，经营收入与支出，财务盈亏与资产净值，进而对金融机构的风险做出客观、全面的判断和评价，以及时加以预警和控制，防止金融风险的聚集和蔓延。

审慎性监管不同于管制，前者对金融机构的要求是一种规范性的品质管理，以防范金融风险和促进竞争为目的，金融机构具有充分的业务自决权；后者则是金融机构的大部分具体决定直接由政府机构做出。中国应该尽快使金融监管政策非行政化，在日常监管中应基本取消行政命令式的监管办法，只在金融市场失败时，政府直接干预方可走上前台。当前最要紧的是逐步给予金融机构自由定价权和业务创新自由权，包括利率自由化与汇率自由化，资本项目逐步自由兑换等等。

第三，完善相应的法律法规，加强执法，努力创造一个良好的金融产业环境。金融产业的健康发展要依赖于良好的外部环境，这主要包括：稳定的政治环境；高效的市场经济环境；健全的法律、制度环境。我国目前的法制意识不强，有法不依和选择性执法现象非常严重，只有不断加强法律制度的建设与增大执法力度，才能使金融产业规范化发展。

第四，完善投资者保护制度，加强金融安全网的建设。金融安全网一般是指在银行自身的风险内控之外，由中央银行、监管当局以及银行同业编织的一种带有公共性质的安全保护网络。它是一种危机防范、处理机制，是各国金融体制的重要组成。对于增强体系的信心、促进金融系统的稳定是十分必要的。金融安全网有广义和狭义两种理解。广义安全网包括金融监管当局的谨慎性监管、中央银行的最后贷款人手段和存款保险制度三种类型。狭义安全网一般只包括后两者。与谨慎性监管主要具有事前预防性质不同，最后贷款人和存款保险两种制度侧重于事后监督管理。

## 5.6 金融产权制度改革的深化与组织体系的优化

中国金融产权很大一部分是国有，不论是银行、证券公司或是保险公司，国家或全资或控制大部分股份。这种高度国有的产权结构因为所有者缺位而产生了效率低下等问题。近年来，中国金融业进行的一系列改革都着力于优化产权结构，如金融对外开放，引入战略投资者，资本市场上市、降低民间资本参与金融的门槛等。这些改革对中国金融业绩效的提高起了很大的作用。

### 5.6.1 中国金融产权制度改革的进程

1979年前，中国实行的是一种大一统的银行体制，除农村信用社是集体性质以外，金融机构都是国有的。1979年以后成立的四大银行，也全部是国有的。1986年9月国务院批准组建改革后的第一家股份制商业银行——交通银行，此后，股份制银行不断发展。除四大国有商业银行外，已先后组建15家股份制商业银行，海南发展银行 1998 年 6 月被关闭，中国投资银行 1998 年 12 月被兼并后，目前我国还有 13 家股份制商业银行，其中深发展、民生、浦发、招商、华夏、交通、兴业、中信是上市银行。光大、广发、恒丰（2002 年）、浙商银行（2004 年）和渤海银行（2005 年 12 月）是未上市股份制银行。2003 年以来，四大国有商业银行已有 3 家上市，成为国有控股银行。

1995 年，根据国务院《关于组建城市合作银行的通知》，城市合作银行在各地城市信用合作社的基础上组建起来。1998 年，全部更名为城市商业银行，而成为股份制银行。经过 10 年的发展，城市商业银行作为一个整体，规模不断扩大。

1983 年国务院提出要把农村信用社办成真正的合作金融组织，恢复"组织上的群众性、管理上的民主性、业务经营上的灵活性"。1996 年，农村信用社管理体制进行了重大改革，改革的核心是农村信用社与农业银行脱离行政隶属关系，农村信用社要逐步改为由农民入股、社员民主管理、主要为入股社员服务的合作性金融组织。

2003 年以来的农村信用社商业化改革则要求以法人为单位改革信用社产权制度。按照股权结构多样化、投资主体多元化的原则，根据不同地区情况，分别进行不同产权形式的试点。有条件的地区可以进行股份制改造；暂不具备条件的地区，可以比照股份制的原则和做法，实行股份合作制；股份制改造有困难又适合搞合作制的，也可以进一步完善合作制。

2005 年以前，我国证券公司的股份基本上属于国有股和法人股，流动范围很小。除了宏源证券和中信证券（中信证券在股改之前的非流股高达 84%）上市以外，国有股权基本不流动。随着中国证券市场股权分置改革的完成，国内实力较强的证券公司正在通过各种方式谋求上市以补充资本金与实现股权分散化。

在保险业方面，1949 年，成立了新中国第一家全国性大型综合国有保险公司——中国人民保险公司，1988 年，中国人民银行批设了中国第一家股份制保险公司——深圳平安保险公司。1991 年 4 月 26 日，经中国人民银行批准，交通银行在其保险业务部的基础上组建中国太平洋保险公司，这是继中国人民保险公司成立后的第二家全国性商业综合性保险公司。近年来，保险业得到极大的发展，保险公司的股份制改造有所突破，在中国保监会的协调下，中国人保、中国人寿和中国再保险 3 家国有保险公司都进行了股份制改革。2006 年，中国人寿回到 A 股市场。

### 5.6.2　金融产权选择国有还是民营

发展经济学认为，一些战略性经济部门应当由国家控制，其中包括基础设施、公用事业、国防、教育和银行等。政府拥有金融机构可以积聚储蓄并引导其投向战略性长期项目，通过这种项目融资，政府可以克服制度失败对私人资本市场的损害，产生促进增长的外部效应。因此，其他条件相同时，政府拥有银行将有利于金融发展和经济增长。这一点在19世纪90年代的俄国很明显，"俄国的资本严重短缺，以致整个银行体系无法吸收足够的资金为大规模的工业化融资。商业诚信水平极低，公众信任几乎完全丧失，银行想获得一笔很少的资金也变得十分困难。在到处都是欺诈性破产的情况下，没有银行可以成功的从事长期信贷业务"（Cerschenkron，1962）。后来由于政府介入金融体系，通过设立相应的金融制度最终促进了金融和经济的发展。

金融资本的国家持有，从法律角度来讲，国有银行的财产权是明晰的，无论是物权还是债权，都可以明确其法律归属，即国家。名义上使用权、收益权和让渡权都属于国家，在理论上这些产权由国家占有，国家再按可接受的政治程序来决定谁可以使用或不能使用这些权利。但国家作为一个抽象的主体必须通过其代理主体政府来实现其产权要求。因此产权的归属实际上是政府。政府对国有银行行使产权对应的相关权利时又必须通过国有银行的各级分支机构作为代理机构来实现。

但是，由于委托方——全民与代理方——政府的非人格化特征，使得这种委托—代理关系的约束力大大降低。一方面，由于"搭便车"动机的存在，使得全民所有很容易出现松弛的所有权约束；另一方面，基于政府这种"代理人"的特殊地位，使得其行动效率不可能很高。政府作为社会管理者，同时作为全民财产的代理人，在其日常行为中要兼顾两方面的职责，从而必然经常将社会目标纳入到国有银行的经营目标中。银行成了政府的附属机构，身负社会和经济的双重任务，在一定程度上偏离了其应有的发展目标。要改变这一格局，就要力求产权主体的人格化和多元化。

实现金融产权的多元化，通过资本市场上市是一个主要的途径。在推动国有金融机构上市的同时，还应该鼓励民营金融机构的建立和发展，实行以增量改革促进存量改革。民营金融机构的竞争和制度创新有助于整个金融环境和金融制度的改善，促进金融效率与金融对资源配置作用的提高，使整个金融体系出现良性循环。

### 5.6.3 国家金融资本的营运与控制

规模巨大的国有金融资产管理对国有资产保值增值和国家金融风险的防范有重要意义。目前，我国国有金融机构主要包括三家国有政策性银行、四家国有（或国有控股）商业银行、四家国有保险公司和四家金融资产管理公司。从国有金融资产在金融部门的分布看，绝大多数国有金融资产分布在银行业。从国家对金融资产的控制方式看，存在国有、国有控股和国有参股三种形式。

党的十六大报告做出了在坚持国家所有的前提下，建立中央政府和地方政府分别代表国家履行出资人职责，享有所有者权益，权利、义务和职责相统一，管资产和管人、管事结合的国有资产管理新体制的重大决策。国有资产包括国有企事业资产和金融资产两大块。自党的十六大以后，按照"权利、责任和义务相统一，管资产和管人、管事相结合"的原则，成立了国资委，使得非金融国有资产有了一个统一的所有权代表。然而，尽管随后成立的银监会"整合金融工委的相关职能"，但它除了监管银行业外，并不是国有金融资产的所有权代表。

世界银行经济发展研究院的研究报告——《公共企业的改革：得自经验的教训》（Public Enterprise Reform：The Lessons of Experience，Shirley，Mary and John Nellis）对各国尤其是发展中国家的国有资产的最通常的管理模式进行了一个概括。根据该研究报告，财政部、行业主管部门、中央国有企业管理机构、控股公司、国有企业董事会是各国国有资产管理制度框架中最共同的五个不同层面的组织。财政部、行业主管部门、中央国有企业管理组织代表国家履行国有资产所有权。出资者职权在上述三个部门的分配差异，产生不同的国有资产管理模式。

"财政部、行业主管部门—国有企业"模式：这是一种两层次的模式。实行这种模式的国家有法国、日本、英国、韩国、新西兰等。在这种模式下，由财政部直接代表国有股的股东参与金融机构董事会，决定金融机构的重大事项，但财政部不直接管理具体的企业经营事务。

"财政部—控股公司—国有企业"模式。这是一种三层次模式，实行这种模式的国家有新加坡、奥地利等。控股公司是介于国家和国有企业间的一个缓冲层，其有利于增强企业的自治权。但是设计不当可能导致官僚运行机制的复制和对企业的过度干预。在这方面比较典型、成功的是新加坡的淡马锡金融控股。

"中央国有企业管理组织—国有企业"（控股公司）模式。实行这种模式的国家有瑞典、巴西、意大利、印度、巴基斯坦、加纳、马里、塞内加尔等。

我国国有金融资产管理体制的设想及其比较相类似，目前国内理论界和实际工作部门提出我国的国有金融资产管理模式有三种：

第一，由政府部门所有，如财政部或者中国人民银行：这种方案的优点在于国外有成功的先例，并且国家部委有相关的资产管理人才，但缺点是混淆了政府部门的公共管理职能和出资人职能，不利于政资分开。一旦出现金融风险，国家部委处理金融机构时会产生对不同所有制之间的公平对待问题。

第二，设立专门的委员会，如单独设立金融国有资产管理委员会或者将金融资产作为国资委管理的全部国有资产的一部分：这种模式优于第一种模式，避免了公共管理职能和出资人职能之间的交叉，但是国资委的实践证明这种模式也存在问题。金融国资委成为金融企业新的管理者，加上银监会，金融机构比一般国有企业还多了监管部门的监管，企业活力有可能丧失；成立专门的金融国资委还会多一家涉及金融风险协调机制的部门，协调的难度加大，最终可能是增加国务院的工作量。

第三，国家成立金融国有资产控股公司：相比之下，公司化运行比行政化管理更符合市场规律，更具效率优势。由于公司的财务报表要对外公布，因而财务约束比政府机构要强。同时，公司运行的费用需要从公司盈利中提取，使得公司有分红的压力，出资人有压力去监督企业经营。中央汇金公司就是这种模式思路下的产物。

## 5.6.4 国家外汇投资公司与汇金公司

"财政部—控股公司—国有企业"模式是进行国家金融资本的营运与控制比较有效的方式，匈牙利、新加坡和韩国等国采取这种模式，中国的汇金投资公司和国家外汇投资公司也是属于这种模式。

新加坡的淡马锡金融控股在这方面做得比较成功。新加坡国有资产管理的结构是：一是财政部内的财长公司是国有资产所有者的最高代表机构，财政部长任主席；二是作为财长公司下辖三大控股公司之一，淡马锡控股公司通过独资、控股和参股形式成为国有金融企业的股东。为了体现所有者意志，董事任命委员会牢牢控制淡马锡的人事权，但不干预其日常经营活动。淡马锡在投资决策和资金使用等方面享有完全的自主权。淡马锡的主要责任是国有资产的保值和增值，它每半年向财政部递交一份下属子公司经营状况的报告。除非重大问题，淡马锡从不干预其控股公司的日常经营。

中央汇金投资有限责任公司成立于2003年12月16日，注册资本3 724.65亿元人民币，是国务院批准设立的国有独资投资控股公司，主要职能是代表国家行使对中国银行、中国建设银行等重点金融企业的出资人的权利和义务，支持中国银行、中国建设银行落实各项改革措施，完善公司治理结构，保证国家注资的安全并获得合理的投资回报。按照设想，汇金公司逐步实体化后，其基本职能应包括以下三个方面：（1）代表出资人行使对国有商业银行的人事管理权；（2）代表出资人行使对国有商业银行的财务管理权；（3）对国有商业银行建立有效的绩效考核和激励约束机制。

长期以来，出于安全至上的考虑，我国外汇储备主要投资于境外政府债券、银行短期资产。由于我国对外投资经验与能力相对不足，加之外汇储备总额也较有限，这种方式基本可以满足当时需要。但是近年来，上述投资思路与方式开始暴露其不足。中国近年来出现庞大的外汇储备，并且增长势头有增无减。如此庞大的规模，如果只是投资于美国国债等少数品种，不仅显著降低其收益率，同时，在安全性、流动性方面也将面临严峻考验。

鉴于上述局面，温家宝总理于 2007 年初召开的全国金融工作会议上表示，中国将加强外汇储备经营管理，积极探索和拓展外汇储备的使用渠道和方式。同年的"两会"上，此思路被进一步明确：外汇储备将分成两部分，以不同方式单独管理，其中，正常部分外汇储备将继续由国家外汇管理局进行管理，于 2007 年 9 月 29 日成立的中国投资公司负责管理另一部分，其原则是在保证安全的前提下，尽可能使外汇经营有更多盈利和效益。

### 5.6.5 民营资本对金融业的进入

随着经济体制改革的进一步深入，我国多数经济领域已对民间资本开放；随着我国加入世界贸易组织以后对外开放程度的迅速提高，越来越多的外资进入我国金融业。有学者呼吁凡是对外资开放的领域都将对民营资本开放，即改变金融业"非国有"即为"外资"之怪状，加大金融业向国内民间资本开放的力度。2003 年 10 月 14 日通过的《中共中央关于完善社会主义市场经济体制若干问题的决定》中指出："个体、私营等非公有制经济是促进我国社会生产力发展的重要力量。清理和修订限制非公有制经济发展的法律法规和政策，清除体制性障碍。放宽市场准入，允许非公有资本进入法律法规未禁入的基础设施、公用事业及其他行业和领域。"又指出："鼓励社会资金参与中小金融机构的重组改造。在加强监管和保持资本金充足的前提下，稳步发展各种所有制金融企业。"由此可见，民营资本进入金融业的条件不断成熟，国内民营实业家应把握良机，积极推动国内金融业的发展。

民营资本进入金融企业以后，可以改变金融企业的产权结构，优化公司治理结构，提高运营效率。而且，民营资本的进入必然会打破国有资本的垄断，通过加大国内金融市场的竞争,以促进国有金融机构的改革。同时,民营资本进入金融业后会带来较大的制度创新,通过民营资本的试点,可以摸索出什么才是适合中国国情的现代金融企业制度。

目前我国对民营资本进入金融业限制减少,民营资本可参股各类金融机构,已有一批民营资本参股甚至控股的商业银行、证券公司。但是民营资本进入金融业也存在一系列的挑战:如规模小、实力弱;容易出现内部人控制现象;容易被少数主要出资人或大股东所控制,关联交易严重,使金融机构成为他们的融资平台。

### 5.6.6 外资对金融业的进入

金融对外开放也是优化金融产权的一个重要方面。按照加入WTO的承诺,中国目前已经全面放宽了金融业对外开放的地域和业务范围,来华设立机构、开展业务和投资参股的外资金融机构不断增加。截至2006年9月底,22个国家和地区的73家外资银行在华设立了283家营业性机构,有27家境外金融机构入股20家中资商业银行,投资总额近200亿美元,占国内商业银行总资本的15%左右。在华外资银行资产总额为845亿美元,占我国银行业金融机构资产总额的2%左右,其中外汇贷款额占我国外汇贷款总额的20%,外资银行的业务发展迅速,近年来其资产、存款和贷款的增长速度均在30%以上,到2007年10月,在华外资银行本外币资产总额达到1 539亿美元,各项贷款888亿美元,存款508亿美元(相对2001年年末,资产总额增长了3.4倍,贷款增长了4.7倍,存款增长了7.5倍)。

我国证券机构的对外开放起步较晚,2002年6月1日,中国证监会正式发布《外资参股证券公司设立规则》和《外资参股基金管理公司设立规则》。2002年,我国加入世贸组织后的首家中外合资证券公司——"华欧国际证券有限责任公司"正式获得中国证监会批准设立。此后,长江巴黎百富勤证券有限责任公司、海际大和证券有限责任公司、高盛高华证券有限责任公司、华安美林证券有限责任公司、瑞银证券等5家中外合资证券公司相继获批。截至2006年6月底,已有68家境外证券经营机构取得业务资格,其中,同时取得经纪商和主承销商业务资格的有33家,占比为48.53%;仅取得主承销商业务资格的有7家,占比为10.29%;仅取得经纪商业务资格的有28家,占比为41.18%。

合资基金在中国基金行业中已经占据了相当重要的地位。截至2006年底,在58家基金管理公司中,共有24家为中外合资基金管理公司,占比达41%;24家中外合资基金公司共发行90余只基金,占全部基金管理公司总共发行的

268 只基金的 33%；24 家中外合资基金管理公司管理的资产合计超过 2 000 亿元，占全部基金管理公司管理资产的 36% 左右。

为履行加入 WTO 所作承诺，QFII 在 2000 年被提出，不过直至 2002 年底，《合格境外机构投资者境内证券投资管理暂行办法》才正式对外发布。2003 年 7 月 9 日，瑞士银行高调完成 QFII 第一单，QFII 正式进入中国 A 股市场。截至 2006 年 6 月底，三年间，共有 45 家境外机构获得 QFII 资格。

根据我国加入世贸组织的承诺，保险业过渡期只有三年，比其他金融行业提前两年全面对外开放，是开放力度较大的行业之一。外资保险公司数量已从加入 WTO 前的 18 家公司、44 家营业性机构，增加到 2006 年末的 15 个国家和地区的 44 家公司，115 个营业性机构。世界上主要跨国保险金融集团和发达国家的保险公司都已进入我国。目前，《财富》杂志评选的世界 500 强企业中的 40 多家外国保险公司，已经有 27 家在我国设立了营业机构；19 个国家和地区的 128 家外资保险机构在华设立了 192 个代表机构和办事处。在中国巨大市场潜力的吸引下，还有来自众多国家和地区相当数量的外资保险公司在排队等候进入。

从外资保险公司的经营区域来看，根据加入 WTO 的协议，到 2004 年底，地域限制已被全面取消。虽然从全国来看，外资保险公司的 8.9% 市场份额较低，但是在对外开放较早的上海、广州等地，市场份额已达到 18% 左右。

外资金融机构的进入，加剧了国内金融体系的竞争，提高了经营效率，同时也带来先进的技术与经营理念，极大地促进了国内金融业的发展。

## 5.7 开放条件下的中国金融业

### 5.7.1 金融开放的理论讨论

"金融开放"即"金融自由化"理论是美国经济学家罗纳德·麦金农（R. I. Mckinnon）和爱德华·肖（E. S. Show）在 20 世纪 70 年代针对当时发展中国家普遍存在的金融市场不完全、资本市场严重扭曲和政府对金融的"干预综合征"等影响经济发展的状况首次提出的。麦金农和肖认为，"金融自由化"就是通过改革金融制度，改变政府对金融的过度干预，放松对金融机构和金融市场的限制，增强国内的筹资功能以改变对外资的过分依赖，放松对利率和汇率的管制使之市场化，从而使利率反映资金供求，使汇率反映外汇供求，促进国内储蓄率的提高，减少对外资的依赖，最终达到充分动员金融资源，推进经济增长的目的。金融自由化包含对内开放和对外开放两重含义,而金融市场的开放从定义上讲既应该包括对国内各种机构和个人的开放,也包括对境外金融机构的开放,我们本节的研究主要侧重于后者。

自麦金农和肖揭示了金融自由化和经济增长的关系之后,许多经济学家对金融自由化的收益倍加关注。这些观点包括如下几个方面:(1)外国银行业进入本地市场可以激化竞争,加强国内金融业的发展和减少国内公司的融资成本竞争,也可以提高国内银行业的效率(Claesens,2001),使得这些国家从前沿金融技术中获得利益(Klenow,Rodrguez-Clare,1997),从而促进经济增长。(2)来自外国同业的竞争和国内金融业接近国际金融市场都可以减少国内公司的融资成本(Bekaert,2001),刺激更多的投资和增长(Bekaert,Harvey,2000)。(3)金融自由化带来改善公司管理的压力。因为外来竞争迫使国内公司采用国际会计和管理标准。如此可以降低机构成本,否则,国内公司不论是在银行业还是在证券市场上融资都要花费更高的成本(Claesens,2001;Galindo,2001;Stulz,1999;Laeven,2000)。(4)金融自由化放松监管主要通过直接机制与间接机制两种机制来实现(Hubbard,1997;Gillchrist,Himmelberg,1998):直接机制使本国公司更容易接近资本市场包括外国资本市场;间接机制是通过改善对行业的资金分配,减少以往在资金分配上的种种限制。而接近国际资本市场可以加强资产的流动性,以及采用国际会计标准和其他的相关利益(Sarkissian,Schill,2001)。

金融自由化政策的反对者也不在少数,主要观点是:(1)有效市场规范在资本自由流动的情况下容易扭曲。消除一种扭曲而其他扭曲依然存在的情况下未必会使福利增加(Brecher,Diaz-Alejandro,1977;Brecher,1983)。(2)金融市场及其交易的信息不对称。特别是有些国家还存在公司管理薄弱和法律对财权保护水平低下,所以,没有理由认为金融自由化会改善福利(Stiglitz,2000)。(3)金融发展重点在于国内金融部门的发展,资本自由化允许公司去国外融资,引起市场的分散化,减少了国内市场的流动性,阻碍了国内市场的发展(Moel,2001)。(4)金融自由化与宏观经济的不稳定息息相关。比如,70年代拉美国家实行的金融改革旨在结束金融抑制,从而引起了以银行破产、大量政府干预、私人部门的国有化和一国储蓄存款降低为特征的金融危机(Diaz-Alejandro,1985)。因此,金融自由化毫无价值(Demirguc-Kunt,Detriagiache,1998),与金融自由化相关的危机正在降低经济体制发展的水平。

两派的分歧不在于该不该推行金融自由化,而在于推行金融自由化的条件是否具备。也就是说,是否具备金融自由化的条件是金融自由化能否取得成功的关键。金融自由化的条件直接影响金融自由化的顺序、速度及金融自由化的效应。麦金农(1993)在《经济市场化的次序》中也指出了金融自由化需要严格的条件，否则会欲速则不达。这些都从另一个方面说明了金融自由化进程的确存在着不确定性。

### 5.7.2 金融市场开放的目标设定

相关研究似乎都认为金融彻底开放是一种最理想状态，争执的焦点在于如何真正有效地实现这一目标。那么是不是开放程度越高越好？我们认为完全开放与完全封闭一样，只能是一种理论上存在的状态。金融市场的开放最终达到的应该是限制与开放的平衡。即便在发达国家，也不存在完全的金融开放，各国不过是采取了适用于自身的最优的开放程度罢了。因而，金融市场的开放应该是一套最有利于国家战略的制度安排，是一个动态最优的过程，而不存在所谓放之四海而皆准的绝对最优。它在不同阶段选择了不同战略和不同重点，是与本国对外开放的宏观政策相一致，也与本国金融业发展程度和金融服务需求相适应的。

### 5.7.3 进一步开放背景下的中国金融业

我国金融业对外开放是渐进的、有序的，是与宏观政策和市场发展相适应的，它在不同阶段具有不同重点和特征，并根据国家宏观政策和总体发展战略及时调整开放思路。经过二十余年的对外开放，我国金融业已呈现出一定的开放格局。金融业进一步开放将遵循以下思路：

（1）从引进资金转向引进技术，这也与我国对外开放的总体战略相一致。金融业开放初期主要是为了引进外资，弥补国内外汇资金缺口，满足进口和经济建设等方面的需要。从20世纪末到21世纪初，我国产品出口量迅速增长，外汇储备充足，外汇资金盈余，为适应宏观经济金融方面的这些变化，金融业开放逐渐从引进资金转向引进先进技术和管理经验。

（2）从限制性措施为主转向审慎性监管为主。随着我国逐渐融入国际金融市场，限制性的监管措施将与国际通行的做法以及WTO准则相抵触，为了使我国的金融业更好地与国际接轨，由限制性措施转向审慎性监管是大势所趋。

（3）从传统业务的开放转向新型业务的开放，与监管能力和市场发展相适应。随着市场经济的发展，我国企业和居民的金融服务需求不断变化，对中资金融机构和外资金融机构的业务结构提出新的要求，相应地，中国金融业也从开放传统业务到开放新型业务。

（4）从保护性竞争转向公平竞争，与中资金融机构的发展水平相匹配。在开放初期，由于中资金融机构的竞争力不足，金融业发展整体水平不高，因此外资金融机构和中资金融机构在政策层面上存在明显差别。近年来，我国金融业整体素质增强，减少了对政府保护的过度依赖，这使得我们有条件逐步对中资金融机构实行符合国际标准的和更加审慎的政策，逐步统一中外资机构政策，促进中外资金融机构在我国市场上的公平竞争。

（5）从业务合作转向股权合作，促进中外资金融机构"双赢"。中外资金融机构的合作可分为两个阶段：第一个阶段主要是业务合作；第二个阶段是股权合作。与单纯的业务合作相比，股权合作实际上是资本、技术、业务和管理的全面合作，加大了中外资金融机构的合作深度和广度，有利于促进我国金融深化和改善市场结构。

### 5.7.4 内外资的平等竞争与合作

外资金融机构进入国内，对我国金融结构产生冲击是必然的。具体的影响可以概括为两个方面：一个是补充效应，外资机构凭借自身的经验与技术优势拓展国有金融机构尚未涉足的领域，如PE、VC，现在基本上是国外资金在运作；另一方面，在制度容许的范围内，外资机构与本土机构之间同样存在着一定的竞争关系，如外汇贷款业务。

外资金融机构的进入一方面扩充了国内金融业的规模，同时也加强了金融业的竞争。对我国国内金融机构而言，金融开放最直接的影响是它们丧失了原有的市场份额。外资金融机构具有较先进的业务水平和管理经验，相比国内金融机构在某些方面具有比较优势造成了一定的竞争压力。

内外资金融机构不仅仅存在竞争，也存在着紧密的合作。中国金融业对外开放以来，中外资金融机构的合作日益密切，从业务合作发展到股权合作，正在形成共同发展、互利共赢的格局。在业务合作方面，中资金融机构在外资机构管理技术和研发优势的支持下积极开展新的业务品种，提高风险控制能力；外资金融机构从中资机构处获得经营业务的资格、共享中资机构的网点品牌优势。在业务合作的基础上，中外资金融机构展开了更深层次的股权合作。截至2006年9月底，已有27家境外机构投资入股20家中资银行，入股金额181亿美元。在证券方面，已有5家合资的证券公司获得证监会的批准，而中外合资的基金数量已达23家，占总数的40.35%。外资金融机构投资入股不仅增强了中资机构的资本实力，改变了中资机构单一的股权结构，更重要的是促进了中资机构公司治理水平的提高，促进了管理模式和经营理念与国际先进银行逐步接轨。参股中资机构也为外资金融机构提供了参与和分享中国经济发展和银行业改革成果的机会，极大地扩展了它们在中国的市场覆盖范围，有利于其深入开拓中国市场。

### 5.7.5 中资金融机构的海外发展

在金融一体化的背景下,我国企业必须顺应"你中有我,我中有你"这一趋势。我国已经成为 WTO 的成员,金融业也可以进入其他缔约国的金融市场,并享受该国资本的同等待遇;金融机构可以利用国际惯例,在遵守共同的游戏规则的基础上,加快增设海外分支机构的步伐,进入国际市场,拓展海外业务。在我国跨国企业不断增多的背景下,金融业的跟随战略,能进一步促进中国经济很好地融入全球化进程之中。

我国金融机构的海外布局,最早可追溯至 1917 年,中国银行第一家海外机构在中国香港成立,由此开启了中国银行海外业务的发展之路。1929 年 11 月 4 日,中国银行伦敦分行成立,这是中国银行业在海外设立的第一家分支机构。20 世纪 80 年代之前,仅有中国银行和中国人民保险公司在海外设立分支机构。80 年代之后,为适应金融国际化的大趋势,满足日益增多的国际经贸往来的需求,我国有计划、有步骤地批准了一些金融机构到国外设立分支机构。

截至 2005 年 12 月 31 日,中国银行拥有超过 600 家境外机构,遍及全球 27 个国家和地区,与超过 1 400 家国外银行有业务来往[①]。1994 年和 1995 年中国银行的香港分行和澳门分行分别在香港和澳门成为发钞行。中国银行是目前中国国际化程度最高的商业银行。工行、建行、农行三家国有银行在海外发展起步较晚,直到 20 世纪 90 年代才开始设立海外机构,但是发展也比较快。中国工商银行的业务遍及全球大部分主要金融中心,它在香港、澳门、新加坡、东京、首尔、釜山、法兰克福和卢森堡设有分行;在香港、伦敦和阿拉木图设有控股机构;在纽约、莫斯科和悉尼设有代表处,负责其境外业务。截至 2006 年 6 月 30 日,工商银行设有 98 家境外分行、控股机构、代表处和网点,并与位于 117 个国家及地区的 1 250 家外国银行建立了代理行关系[②]。建设银行在香港、新加坡、法兰克福、约翰内斯堡、东京和首尔设有海外分行,在纽约和伦敦设有代表处。农业银行也在新加坡、香港设立了分行,在伦敦、东京、纽约等地设立了代表处。

中资金融机构海外服务对象目前主要包括以下几类:(1)中国走向国际市场的大型跨国公司。这些公司在境外发展初期由于缺乏资信记录,往往难以获得当地银行的支持。(2)海外分支机构当地与中国有投资和贸易往来的公司。

---

① 数据来源于中国银行招股说明书。
② 数据来源于中国工商银行招股说明书。

(3) 中国政府驻外机构、使领馆、留学生、旅游者的业务。其中，包括吸收存款、办理汇款、提供信用卡服务等。(4) 依托总行和海外行调研力量以及国有银行对中国政策、法规、投资环境、产业状况和市场深入了解的优势，向有意来华投资、贸易的客户提供咨询服务。

未来，资源约束、反倾销、人民币汇率升值、国内价格竞争以及国家政策因素，都将进一步促使中国企业加速实施"走出去"战略。由于中国企业与国内金融机构保持着长期良好的合作关系，在境外发展依然希望能得到国内机构的支持。"走出去"战略的实施，为国内金融机构境外发展带来了大量的金融服务机会。

中国银行业今后应更多地引入资本化运作方式扩展海外机构。此前，国有银行在拓展国际市场和延伸海外经营空间时，一直单纯依靠自身的力量设立海外机构。但单纯依赖自建机构，通过自然的增长来发展海外机构有明显的局限性，比如难以深入了解和融入当地市场等。更大的弊端在于自建海外机构，国内行的管理体制及管理文化自然会全盘移植，这可能极大地制约着海外机构的生机。相比之下，通过收购方式能够利用被收购机构固有的经营网点和分销渠道，获得稳定的客户群和业务基础，并在较短时间内占有一定的市场份额。

2006年8月24日，中国建设银行股份有限公司以全现金方式出资97.1亿港元，收购了美国银行（Bank of America Corp.）在香港特区的全资子公司——美国银行（亚洲）股份有限公司100%股权，掀开了中资金融机构海外并购的序幕。

### 5.7.6 中国在国际金融体系中的地位

在一体化进程不断加快的今天，全球金融日渐成为一个统一的市场。在这个市场中，各国的金融机构激烈竞争，不断创新和改进自身的服务。伴随着中国经济的对外开放和经济实力的增强，中国金融的地位也逐渐上升，扮演着越来越重要的角色，它主要体现在以下几个方面：

(1) 拥有全球最多外汇储备，将成为国际上越来越重要的直接投资者。2006年2月，我国外汇储备就已经超过日本跃居全球第一，2007年3月储备额已达12 020.31亿美元，且还在以较快的速度增长。随着中国外汇储备的不断增加及在国际金融市场的运用，中国将发挥重要的作用。中国为了实现产业结构升级，必须在全球范围内优化资源配置，从而有必要大规模进行对外直接投资。

(2) 伴随着中国对外投资的过程，中国金融机构也将在全球进行有力地扩张，中国将形成一批在国际金融业占据重要地位的跨国金融机构。这些机构不仅为中国企业走出去提供金融服务，而且将向全球的跨国企业及国际贸易企业提供服务。

(3) 人民币成为主要国际货币之一。这不仅仅意味着人民币可以自由兑换，而且还意味着人民币在国际贸易中充当主要计价、结算和支付货币,并成为国际储备货币。随着人民币对美元汇率的不断走强,人民币越来越具有硬通货的特点。近年来,由于中国对外贸易的增长,尤其是与周边国家和地区经贸联系的不断加强,人民币在境外流通和储藏的需求在不断增长。在毗邻的东南亚国家和中国香港,人民币获得了很大的流通空间。虽然鉴于人民币的非自由兑换性,人民币在境外的使用基本上仅限于民间的自发需求,但人民币汇率的走强,正在悄悄地改变人民币在国际货币体系中的地位。

(4) 中国将成为世界级国际金融中心。2007年的中国已成为世界贸易大国,海外直接投资规模将居世界前列,一批实力雄厚的中资银行在世界银行业中占据举足轻重的地位,人民币成为主要国际货币。由于这一系列因素的作用,使中国成为新的国际融资中心的趋势初步显现,同时也为香港继续维持并提高国际金融中心的地位和上海成为新的国际金融中心提供了机遇。2006年10月,完成沪港两地同步上市的工商银行以219亿美元的筹资额,创下全球IPO融资最高纪录。数据显示,截至2006年11月27日,上海、深圳、香港三地证交所的IPO筹资总额达到约450亿美元,超过了美国424亿美元的IPO筹资额,仅次于新近崛起的英国,成为全球第二大企业融资来源地。全球金融市场活动的中心正在逐步向亚洲尤其是向中国转移。

但是,我国国际金融地位的提高也对中国金融市场的发展、金融制度的完善和宏观调控政策管理水平提出了更高的要求。

首先,中国国际金融地位的提高,迫切要求加快发展金融市场。我国利率市场化和汇率机制的改革进程在加快,金融机构、居民和其他市场主体都需要适应从管制到放松的环境变化,学会认识和应对利率风险和汇率风险。同时,为满足境内外投资者规避风险的需要,迫切需要建立多层次、多产品的金融市场,开发金融衍生产品,鼓励金融创新,增加可供市场主体选择的汇率和利率避险工具。

其次,中国国际金融地位的提高,对货币政策提出了更高的要求。目前,我国经常项目已开放,尽管资本项目仍存在一些管制,但资金流入流出已很难控制。根据国际经济学"不可能三角",即资金自由流动、固定汇率和货币政策的独立性很难同时达到,中国仍不很健全的金融体系确实无法承受人民币大幅波动的冲击。维持人民币汇率相对稳定,就必然要不断增加外汇储备,导致国内流动性过剩,货币政策必须在维持汇率相对稳定和防止经济过热之间保持平衡。

再其次,中国的国际金融地位提高对完善金融体制提出更高要求。亚洲金融危机告诉我们,完善金融体制是金融市场开放条件下防范金融危机的基础。为适应不断提高的国际金融地位,我们要进一步完善金融机构治理结构,加强金融监管,加快建设金融安全网。

# 第 6 章

# 资本市场发展与中国金融体系的结构性变革

**19**78年开始实施的改革开放政策,启动了中国经济从计划体制向市场体制的转型。随着经济改革和转型的深入,中国原有的"大一统"金融体系被彻底扬弃,同时在市场化理念的指导下,现代意义上的商业银行体系和资本市场在中国应运而生,并在30年时间里逐渐成为中国经济金融体系不可或缺的重要组成部分。作为20世纪后期中国金融改革进程中最具深远意义的改革措施之一,在过去的30年间,资本市场在中国的出现和发展不仅引领了中国经济和社会诸多重要体制和机制的变革,而且成为推动所有制变革和改进资源配置方式的重要力量,引发了中国金融体系极为深刻的结构性变革。但从现阶段的中国金融体系现状来看,还存在诸多缺陷,如金融中介(金融机构)的市场化程度较低;包括资本市场和货币市场在内的金融市场既缺乏应有的厚度,更缺乏必要的宽度;金融产品单一,满足不了人们的金融需求。因此,在面临着机构的市场化改革的同时,未来的中国金融体系也面临着极为迫切的资本市场宽度和厚度的建设(吴晓求,2004)。本章在回顾中国金融改革中资本市场发展的基础上,通过论证现代金融体系中资本市场功能,对资本市场的崛起与中国金融体系的结构性影响及其完善做一个分析。

## 6.1 中国资本市场发展：简要历史回顾

尽管在过去 30 多年中，全球范围内的资本市场获得了"爆炸式"的发展，其在各国金融体系中的地位也得到了极大的提升，但作为一个转轨国家，中国资本市场的发展更是引人注目。关于改革开放以来的中国资本市场发展，我们大致可以划分为三个阶段，即起步阶段（1978~1992 年）、全国性资本市场的形成和初步发展阶段（1993~1998 年）、规范和发展阶段（1999 年至今）。

### 6.1.1 中国资本市场发展的起步阶段：1978~1992 年

随着 1978 年末确定经济建设为下一个阶段国家的基本任务并开始以改革开放为基本国策的经济体制改革进程之后，进入 80 年代以来，国有企业改革就一直成为中国经济改革的重中之重，并在实践中尝试了许多办法，诸如利润分成、利改税、利润承包，以至于现代企业制度试点等。尽管这些改革并没有从根本上使国有企业摆脱经营困境，但客观上造成了利益主体的分散化与多元化，导致了企业对资金的需求日益多样化。在这样一个特殊的背景下，从 80 年代中后期开始，资本市场的雏形就在中国经济金融转轨过程开始萌芽与出现，尽管多以区域性试点为主，但却呈现出一种较为明显的自我演进、缺乏规范和监管的发展状态。

国债是中国资本市场萌芽阶段最早出现的证券产品——1981 年 7 月，在中国经济生活中中断了几十年的国债得以恢复发行。此后，国债成为中国财政收支的重要构成之一，国债未清偿额逐年扩大。1982 年和 1984 年，最初的企业债和金融债开始出现（见表 6-1）。

表 6-1　　　　　1983~1992 年中国债券发行状况　　　　单位：人民币亿元

| 年份 | 国债发行 | 国债余额 | 国债余额/GDP | 企业债发行 | 企业债余额 |
| --- | --- | --- | --- | --- | --- |
| 1983 | 41.58 | 134.07 | 2.32 | | |
| 1984 | 42.53 | 176.6 | 2.46 | | |
| 1985 | 60.61 | 237.21 | 2.65 | | |
| 1986 | 62.51 | 293.07 | 2.87 | 100 | 83.77 |

续表

| 年份 | 国债发行 | 国债余额 | 国债余额/GDP | 企业债发行 | 企业债余额 |
|------|---------|---------|-------------|-----------|-----------|
| 1987 | 116.87  | 391.53  | 3.27        | 30        | 86.35     |
| 1988 | 188.67  | 558.64  | 3.74        | 75.41     | 115.04    |
| 1989 | 223.91  | 769.33  | 4.55        | 75.26     | 146.36    |
| 1990 | 197.23  | 890.34  | 4.8         | 126.37    | 195.44    |
| 1991 | 281.25  | 1 059.99| 4.9         | 249.96    | 331.09    |
| 1992 | 460.78  | 1 282.72| 4.82        | 683.71    | 822.04    |

资料来源：中国证券监督管理委员会编《中国证券期货统计年鉴（1997）》，中国统计出版社1997年版。

20世纪80年代初，几乎在债券重新进入中国经济体系的同时，在中国政府沿着"放权让利"的改革思路，对国有企业实行利润分成、承包、利改税等各项措施，但却总是无法从根本上提高国有企业经营效率的背景下，一些理论工作者开始提出股份制可以作为完善企业制度的一种选择，也是国有企业改革的有效方式之一（李扬，1999）。同时，城市一些小型国有和集体企业开始进行了多种多样的股份制尝试，最初的股票开始出现——1983年，深圳市宝安县联合投资公司在深圳首次发行股票；1984年，北京天桥百货股份公司组建，同年11月，上海飞乐音响公司设立……从实践来看，尽管这一时期中国出现的所谓股票一般均按面值发行，大部分实行保本保息保分红、到期偿还，具有一定债券的特性；发行对象多为内部职工和社会公众；发行方式多为自办发行，没有承销商，但作为一种新生事物，随着改革的逐步深入，股份制与股票作为一种适应市场经济要求的企业组织形式及载体开始为理论界和政府部门所接受，此后大量的国有企业开始选择进行股份制改造，股票的发行规模也逐渐扩大（见图6-1）。

随着国债发行的程序化和股份制企业数量的不断扩大，中国国债、股票等证券发行数量的增多和投资者队伍的逐步扩大，这就内生出了日益强烈的证券流通需求。大约从1982年开始，股票和债券的柜台交易陆续在全国各地出现，二级市场初步形成。1990年12月和1991年7月上海证券交易所和深圳证券交易所的先后设立，标志着中国股票集中交易市场的正式形成。

伴随着一级、二级市场的初步形成，中国证券经营机构的雏形开始出现。1987年9月，中国第一家专业证券公司——深圳特区证券公司成立。1988年，为适应国库券转让在全国范围内的推广，中国人民银行下拨资金，在全国组建了33家证券公司，同时，财政系统也成立了一批证券公司。

1992年春，邓小平同志在南方视察时指出："证券、股市，这些东西究竟好

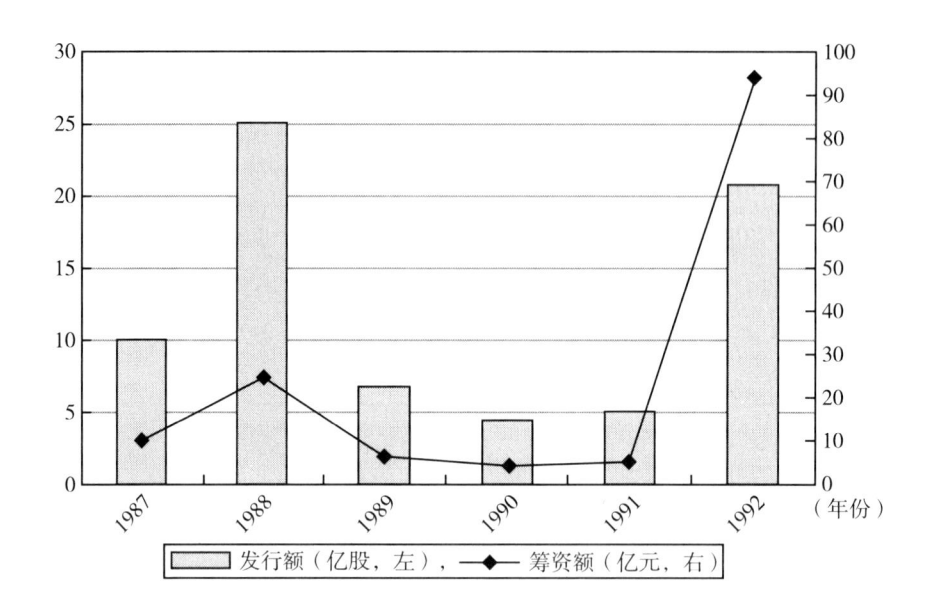

图 6-1　中国股票发行情况：1987~1992 年

资料来源：《中国证券期货统计年鉴（2007）》，中国证券监督委员会网络。

不好，有没有危险，是不是资本主义独有的东西，社会主义能不能用，允许看，但要坚决地试。看对了，搞一两年，对了，放开；错了，纠正，关了就是了。关，也可以快关，也可以慢关，也可以留一点尾巴。怕什么，坚持这种态度就不要紧，就不会犯大错误。"此后，中国确立了以"建立社会主义市场经济体制"的经济体制改革目标，股份制成为国有企业改革的方向，更多的国有企业实行股份制改造并开始在资本市场发行上市。1993 年，股票发行试点正式由上海、深圳推广至全国，打开了资本市场进一步发展的空间。

### 6.1.2　全国性资本市场的形成与初步发展阶段：1993~1998 年

1992 年 10 月，国务院证券管理委员会和中国证券监督管理委员会（以下简称"国务院证券委"和"中国证监会"）成立，标志着中国资本市场开始逐步纳入全国统一监管框架，市场发展的区域性试点转向全国范围，全国性的资本市场逐步成型。

全国性资本市场出现伊始，由于当时在认识上的差异以及与股票市场"实验"所伴随的种种疑虑，政府对股票发行上市资格（也可以理解为上市资源）采取了一种带有浓重计划经济色彩的"规模控制+实质审批"模式，即为了确保股票上市进程的平稳和有序进行以及弱化供给冲击，中央政府事先确定一个年度总规模（通常称为"额度"），然后按照计划分配原则在不同部门、省市进行分配。① 从 1991 年开始，这一政策在中国实行了 10 年之久。

在这样一种供给政策导向下，伴随着相关配套政策的变化，中国股票市场的供给经历了两个时期的变化：一是 1992～1996 年间，由于按照当时的规定：地方政府在国家下达的发行规模内对地方企业的发行申请进行审批，中央企业主管部门在与申请人所在地方政府协商后对中央企业的发行申请进行审批，地方政府、中央企业主管部门在作出审批决定后抄报证券委。从而导致在执行过程中，地方政府和中央企业主管部门将有限的发行规模尽可能多地分配给多家企业，即"撒胡椒面式"的额度分配现象，一定程度上造成了 IPO 数量快速增加但公司规模偏小的状况：在 1993 年确定的 50 亿元额度（实际执行 45.25 亿元）分配中，取得上市资格的公司达到 127 家，每家平均规模仅 0.356 亿元；而在 1997～2000 年间，在"总量控制、集中掌握、限报家数"约束下，证监会在总量控制下对拟上市企业进行审核。从实践来看，1996 年的 150 亿元额度（原定 100 亿元，后追加 50 亿元）分配的公司数为 207 家，而 1997 年确认的 300 亿元额度（使用时期顺延到 2000 年）分配的公司数量为 279 家，IPO 公司的平均规模较之前有了非常明显的倍数扩大（见表 6-2）。

表 6-2　　　　1993～2006 年中国内地上市公司（A 股、B 股、H 股）数量及融资规模

| | 上市公司数（家） | | | | 筹资额（亿元人民币） | |
|---|---|---|---|---|---|---|
| | A 股、B 股合计 | A 股 | B 股 | 年度 A 股 IPO 数 | 累计 | 年度 |
| 1993 | 183 | 177 | 19 | 113 | 413.63 | 314.54 |
| 1994 | 291 | 287 | 24 | 106 | 551.68 | 138.05 |
| 1995 | 323 | 311 | 34 | 23 | 670.54 | 118.86 |
| 1996 | 530 | 514 | 43 | 185 | 1 012.1 | 341.52 |
| 1997 | 745 | 720 | 51 | 200 | 1 945.9 | 933.82 |
| 1998 | 851 | 825 | 54 | 101 | 2 749.5 | 803.57 |
| 1999 | 949 | 922 | 108 | 97 | 3 646.8 | 897.39 |

---

① 根据 1987 年颁布的《国务院关于加强股票、债券管理的通知》，最初由中国人民银行统一负责管理相关事宜。1992 年 10 月之后，国务院证券委员会及其执行机构中国证券监督管理委员会（CSRC）成立之后，则转变为证券委配合国家计委下达证券市场的年度规模，由证监会负责复审公开发行股票和基金的申请。

续表

| | 上市公司数（家） | | | | 筹资额（亿元人民币） | |
|---|---|---|---|---|---|---|
| | A股、B股合计 | A股 | B股 | 年度A股IPO数 | 累计 | 年度 |
| 2000 | 1 088 | 1 060 | 114 | 154 | 5 187.9 | 1 541 |
| 2001 | 1 160 | 1 140 | 112 | 79 | 6 369.97 | 1 182.13 |
| 2002 | 1 224 | 1 213 | 111 | 71 | 7 149.12 | 779.75 |
| 2003 | 1 287 | 1 277 | 111 | 67 | 7 972.82 | 823.1 |
| 2004 | 1 377 | 1 363 | 110 | 100 | 8 835.49 | 862.67 |
| 2005 | 1 381 | 1 367 | 109 | 15 | 9 173.62 | 338.13 |
| 2006 | 1 434 | 1 411 | 109 | 65 | 11 637.32 | 2 463.7 |

资料来源：中国证券监督管理委员会编《中国证券期货统计年鉴（2007）》，香港证券交易所 http://www.hkex.com.hk。

随着市场的发展，上海和深圳两个交易所的上市公司数量、总市值和流通市值、投资者开户数、交易量等都进入一个较快发展的阶段（见图6-2）。

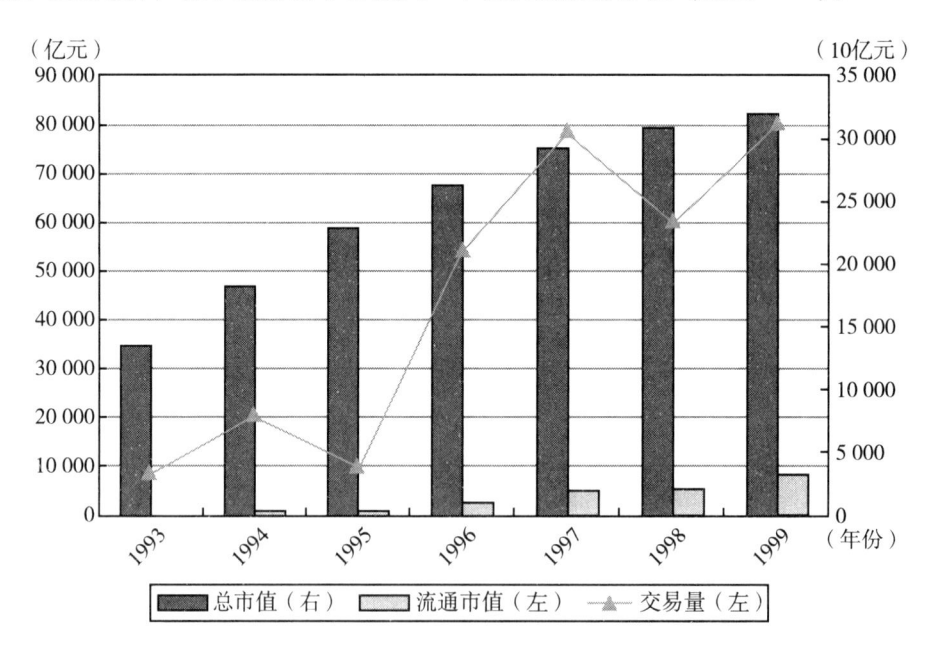

图6-2 中国股票市场发展状况：1993~1999年

资料来源：同表6-2。

伴随着全国性市场的形成和扩大，中国的各类证券中介机构也随之增加。到 1998 年底，全国有证券公司 90 家，证券营业部 2 412 家。从 1991 年开始，出现了一批投资于证券、期货、房地产等市场的基金（统称为"老基金"）。1997 年 11 月，《证券投资基金管理暂行办法》颁布，规范证券投资基金的发展。同时，对外开放进一步扩大，推出了人民币特种股票（B 股），境内企业逐渐开始在香港、纽约、伦敦和新加坡等海外市场上市，其中有 40 余家内地公司被允许通过发行 H 股模式在香港实现了上市，累计在港筹资 700 余亿港元。

### 6.1.3 规范和发展阶段：1999 年至今

1998 年 12 月颁布并于 1999 年 7 月实施的《证券法》是中国资本市场发展的一个具有里程碑意义的事件。《证券法》不仅是中国第一部规范证券发行与交易行为的法律，而且确认了资本市场在中国经济体系中的法律地位，标志着中国资本市场进入了一个全新的发展阶段。

进入 1999 年以来，中国围绕完善社会主义市场经济体制和全面建设小康社会进行持续改革。2001 年 12 月，中国加入世界贸易组织，中国经济走向全面开放，金融改革不断深化，导致资本市场在市场化程度不断提升的前提下，其规模不断增加，深度和广度也日益扩大（见图 6 - 3）。

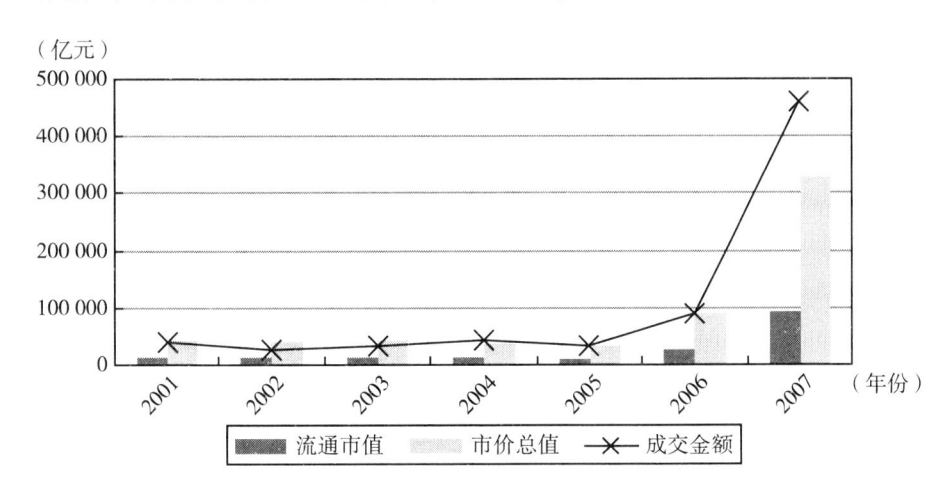

**图 6 - 3  中国股票市场发展状况：2000 ~ 2007 年**

资料来源：《中国证券期货统计年鉴（2007）》，中国证券监督管理委员会网站。

首先，制度变革是这一阶段中国资本市场发展最主要的动力。首当其冲的是市场运行制度，诸如证券发行、定价制度等。根据《证券法》的相关规定，中国内地股票发行制度发生了一些制度性变化，从原先的审批制改为核准制。2000 年

3月,《中国证监会股票发行核准程序》正式颁布。2001年4月1日,中国证监会正式取消了实行了9年之久的审批制和指标制,代以"核准制+通道制"的发行模式。随着2001年4月"用友软件"IPO的完成及上市,"核准+通道"的证券发行模式在中国内地成为现实,此后大量的国有和非国有股份公司不断进入资本市场,尽管随着市场的调整有些反复,但总体上看,不仅内地上海、深圳两个交易所的上市公司数量迅速增加,而且内地公司境外上市的步伐明显加快(见表6-2、表6-3)。

表6-3　　中国内地公司赴香港的上市数量与融资规模:1993~2006年　　单位:家,亿港元

| 年份 | H股 | | | | 红筹股 | | |
|---|---|---|---|---|---|---|---|
| | 总数 | H新增数① | A+H当年新增数① | 融资规模 | 总数② | 新增数 | 融资规模 |
| 1999 | 46 | 3 | 1 | 42.6(0) | 65 | 4 | 555.84(4.04) |
| 2000 | 52 | 6(4) | 0 | 523.94(6.44) | 67 | 2(0) | 2 936.6(0) |
| 2001 | 60 | 8(3) | 4 | 68.34(7.64) | 69 | 4(1) | 190.8(n.a.) |
| 2002 | 75 | 16(11) | 5 | 180.43(11.73) | 73 | 1(0) | 27.2(0) |
| 2003 | 93 | 18(8) | 2 | 482.62(14.22) | 75 | 2(0) | 49.58(0.68) |
| 2004 | 111 | 17(9) | 1 | 604.03(11.53) | 82 | 7(2) | 264.62(0.92) |
| 2005 | 123 | 12(3) | 0 | 1 587.08(4.48) | 85 | 3(0) | 184(0.4) |
| 2006 | 159 | 36(9) | | 3130.59 | | | |

注:(1)①上市家数统计以2006年12月31日存续公司为统计样本,严格以香港交易所的数据为准;(2)②统计忽略了一些资本规模很小的公司,存在一定统计误差;(3)括号内为香港创业板上市与融资数据。

资料来源:《中国证券期货统计年鉴(2006)》,香港证券交易所(http://www.hkex.com.hk)。

其次是监管制度。自1998年建立了集中统一监管体制后,为适应市场发展的需要,中国证券期货监管体制不断完善,实施了"属地监管、职责明确、责任到人、相互配合"的辖区监管责任制,并初步建立了与地方政府协作的综合监管体系。与此同时,执法体系逐步完善。中国证监会在各证监局设立了稽查分支机构,2002年增设了专司操纵市场和内幕交易查处的机构,严格依法履行监管职责,查办了"琼民源"、"银广夏"、"中科创业"、"德隆"、"科龙"等一批大案要案。2007年,适应市场发展的需要,中国证券执法体制又进行了重大改

革，建立了集中统一指挥的稽查体制。

在市场运行制度与监管制度得到完善与规范的前提下，伴随着2001年开始的市场调整——股票指数大幅下挫，新股发行和上市公司再融资难度加大、周期变长等的到来，以股权分置等为代表的中国资本市场基础制度缺陷开始成为改革的重点。为了积极推进资本市场改革开放和稳定发展，2004年1月国务院发布了《关于推进资本市场改革开放和稳定发展的若干意见》（简称《国九条》），此后，中国资本市场进行了一系列的改革，完善各项基础性制度，主要包括实施股权分置改革、提高上市公司质量、对证券公司综合治理、大力发展机构投资者、改革发行制度等。

2003年以来，为充分发挥资本市场的功能，市场各方对多层次市场体系和产品结构的多样化进行了积极的探索。2004年6月中小板市场的推出和代办股份转让系统的出现，成为中国建设多层次资本市场体系的重要一步。而可转换公司债券、银行信贷资产证券化产品、住房抵押贷款证券化产品、企业资产证券化产品、银行不良资产证券化产品、企业或证券公司发行的集合收益计划产品以及权证等新品种出现，丰富了资本市场交易品种。与此同时，随着中国财政管理体制的改革以及债券发行管制的逐步放宽，不仅中国债券市场规模有所增加，而且发行主体也呈现多样化的发展态势，证券公司债、商业银行次级债等开始允许发行，市场交易规则逐步完善，债券托管体系和交易系统等基础建设不断加快。

此外，自2001年12月加入WTO以来，中国资本市场对外开放步伐明显加快。到2006年底，中国已经全部履行了加入世界贸易组织时有关证券市场对外开放的承诺。对外开放推进了中国资本市场的市场化、国际化进程，促进了市场的成熟和发展壮大。这一时期，合资证券期货经营机构大量设立；合格境外机构投资者（QFII）与合格境内机构投资者（QDII）机制相继建立；大型国有企业集团重组境外上市继续推进；外商投资股份公司开始在境内发行上市，外资也被允许对上市公司进行战略投资。

## 6.2 中国资本市场的资产定价机制

资产定价机制是资本市场运行的核心。自其创设以来，作为一个"新兴+转轨"的市场，中国资本市场不仅资产价格波动幅度非常之大，而且从市盈率、换手率等指标着眼，也可以表现出与西方成熟国家较大的差异。而这种差异的形成，既有股权分置等制度原因，也和投资者结构、资金融通体系等市场因素密不可分。

### 6.2.1 中国资本市场运行中的资产价格

关于1992年以来中国资本市场运行中的资产价格总体变化态势，我们大致可以归纳为以下几点：

第一，从中国股票市场设立之后十几年的总体价格走势看，股票价格的平均年上涨率（也可视为投资回报率）达到了19.79%，超过GDP年均9.94%的增长。这意味着资产价格的变动与实体经济成长之间的关系同样表现出"剪刀差"这样一种形态（吴晓求，2006）。

第二，中国股票价格波动的幅度非常之大。最为典型的例子是，2005年至今的3年间，上证指数从最低的998点一度上升到6 124点，最高升幅达到了520%，但从2006年10月底开始，上证指数则一路下行，最低探至2 990点，跌幅一度超过50%。从长周期看，我们借助图6-5可以发现，中国股市年度投资回报率的变动幅度极大，显示了这种高增长的回报率是不可持续的，最终我们股市的增长也会像其他成熟资本市场一样回归到近似于国内生产总值的增速水平。

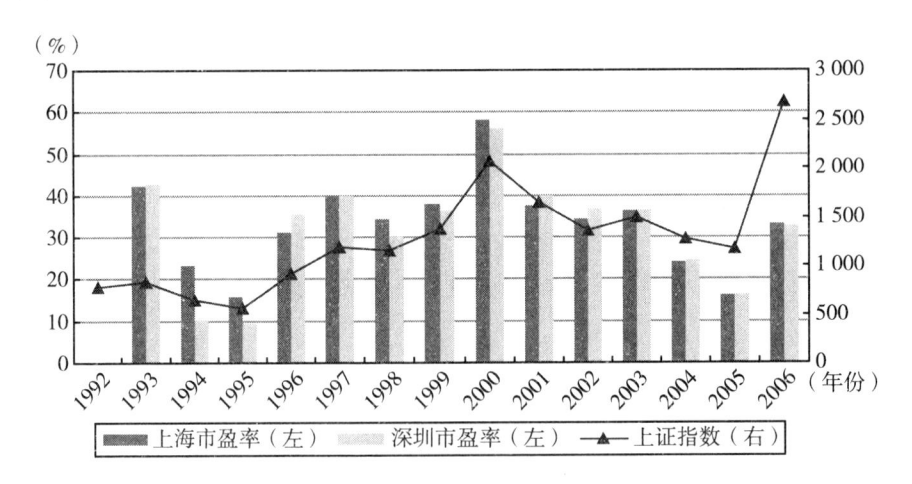

图6-4 中国股票市场总体价格走势

资料来源：同图6-3。

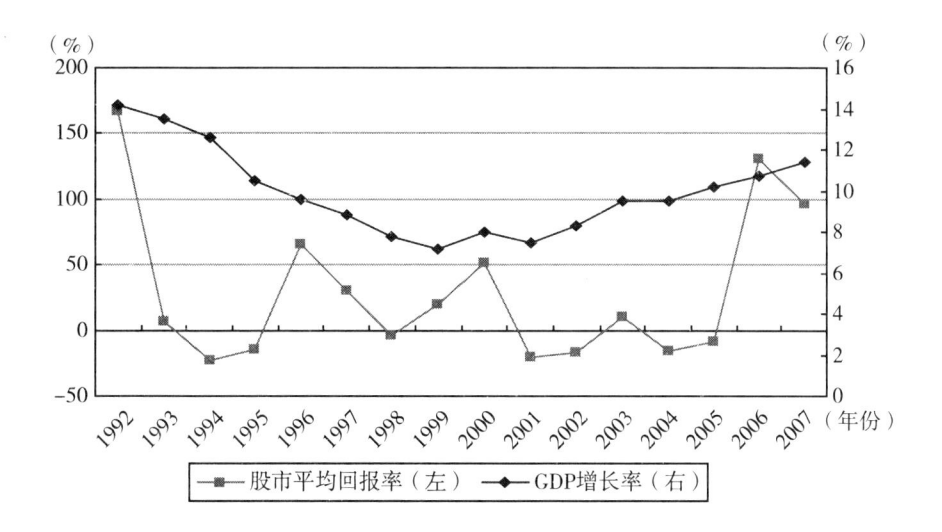

**图 6-5　中国股市平均回报率与 GDP 增长率的对比**

资料来源：同图 6-3。

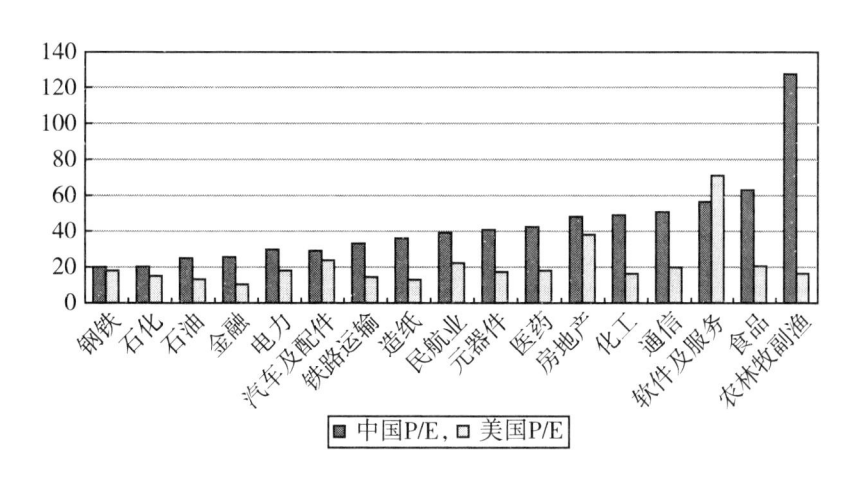

**图 6-6　中美股票市场分行业市盈率比较**

资料来源：天相系统。

第三，市盈率总体偏高的同时，其内在波动幅度也较大。市盈率是股票市场价格与每股收益的比率。在静态预期下，市盈率反映了股票市场价格与其内在价值之间的关系——市盈率越高，投资者通过分红派息收回投资的周期越长；反则反之。而在跨时选择模型中，市盈率可作为居民消费预算约束的一个参考比率，应当向社会资本的平均利润率收敛。

从现实来看，中国股票市场的市盈率在总体上要远高于以美国为代表的发达国家股票市场（东京市场除外）的市盈率水平（见图 6-6）。

第四，中国股票市场与美国、中国香港等国际市场之间的联动性日趋增强。从大的层面来看，随着世界经济日益朝着一体化的方向发展，国际股市之间互相影响一定会越来越大。而且美国作为世界第一大经济强国，其经济与股市的发展对其他国家有着一定的参考作用。从中国自身的情况来看，随着资本项目的逐步开放，合格境外机构投资者（QFII）与合格境内机构投资者（QDII）相继推出，"海归"大盘股的逐步回归，也使得中国股市与美国、中国香港等股市之间的联动性进一步加强（见图6-7）。

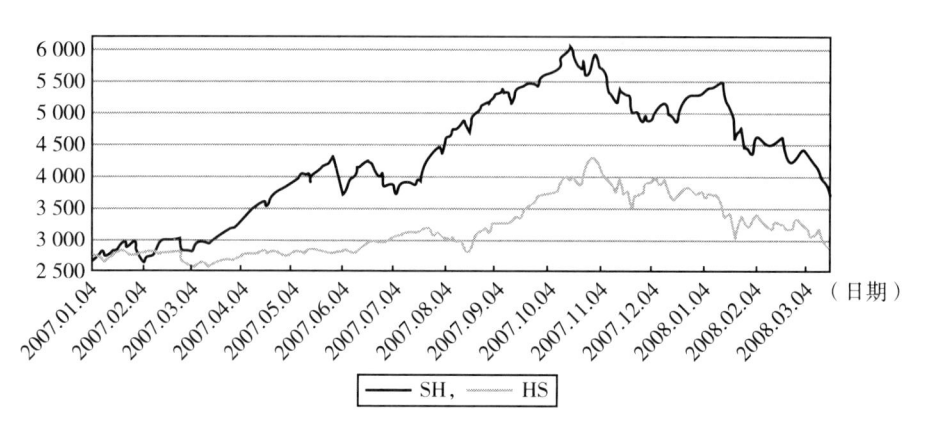

**图6-7 中国上证指数与香港恒生指数之间的联动**

资料来源：Bloomberg.

### 6.2.2 中国资本市场资产定价机制的影响因素

**1. 制度因素**

（1）股权分置。作为一种带有中国特色的制度创新，中国股票交易市场中存在着其他任何国家股市都没有的股权分置现象——为了保证国家对股份公司的控股地位，在股份制推行之初，政府要求股份公司设计了几种性质不一的股权，造成中国股票市场从一开始就存在国家股、法人股、职工内部股、个人股（流通股）等性质不同的股权，并规定国家股与法人股"暂"不流通进而导致"同股不同权"的特殊状况。

按照新制度经济学的观点，制度的演进过程中客观存在着"路径依赖"现象——如果不借助于外力，制度的相互关系网会产生大量的递增报酬，从而使得特定制度的发展轨迹呈持续、加速态势。中国股市的这种特定的股权分置制度，伴随着股市的运行得到了强化：国家股、法人股在发生大量转配股的条件下，数量规模不断增大。由于其转让的过多限制，使得我国股市的存量资源配置功能受到了极大的抑制，进而股市促进市场效率的目标无法较好实现，同时也造成了中国股市流通性证券供给规模的相对缩减，市场供求关系的逆转。这为价格操纵进而异动提供了可能。

（2）证券发行的审批与核准制度。前已叙及，由于种种因素的制约，中国资本市场的证券发行曾一度实行计划额度控制，其后又采取了核准制，严格控制着证券发行主体的资格及其规模。在发行规模受到严格控制的条件下，我国股票交易市场已经高度市场化了，这在一方面造成了股市中上市股票的供给和市场容量绝对不平衡，导致我国股票发行市场上的溢价部分相当可观；另一方面，上市壳资源成为稀缺资源，进而被货币化，客观上造成目前一些长期亏损的垃圾股出现价格异动。

（3）价格核准与管理。长期以来，中国股市一级市场中发行价的制定虽然采用了国际上广为接受的市盈率法，但却存在着非常明显的"压抑"——新上市公司发行股票的价格，并不是如西方成熟股市那样，由承销商和上市公司根据该公司未来业绩的潜在增长趋势、同类公司股价二级市场的走势等因素预测的市场价格来定价，而是按照上级主管部门制定的远低于市价的价格（如长期以来对 A 股的发行价规定其市盈率不得超过 15 倍（后放宽到 20 倍），在 B 股发行价的确定中，市盈率往往定得更低）发行，这样在中国股市的运行中，客观上形成了一级市场的投资收益与二级市场的投资收益的不协调，造成了新股的申购异常活跃——其原因非常简单：股票发行时的价格在发行受到严格控制的中国市场中，仅仅相当于二级市场交易价的几分之一，一旦申购成功，仅仅只需转手抛出，所获的利润绝对可以称得上"暴利"。于是在中国的新股发行当天的交易中，有了上市当日涨幅达到百分之几百，乃至上千的现象，于是就有了新股上市当日换手率高达 30% 以上，上市若干日之后换手率超过 100% 的现象。客观上这种状况导致中国股市交易价的大幅波动，也一度使中国股市一级市场成为资金流失的重要场所。

（4）资本市场对外开放的稳步推进。2002 年以来，随着资本项目的逐步开放，合格境外机构投资者（QFII）与合格境内机构投资者（QDII）相继推出，"海归"大盘股的逐步回归，为中国股市与美国、中国香港股市的联动性进一步加强提供了可能。2002 年 12 月 1 日，由证监会与央行发布的《合格境外机构投资者境内证券投资管理暂行办法》开始施行，正式拉开了 QFII 在我国发展的序幕。2007 年全国证券期货监管会议上的数据显示，截至 2006 年末，52 家 QFII 持有 A 股的总市值已经达到 971 亿元，占沪深两市 2006 年年末流通总市值的比例达到 3.88%，一跃成为 A 股市场仅次于基金的第二大机构投资者。近期，为进一步提高中国资本市场的对外开放水平，2007 年 12 月份 QFII 投资额度已从 100 亿美元扩大到 300 亿美元，而根据外汇局统计数据显示，49 家 QFII 现持有的证券资产市值达近 2 000 亿元人民币。

### 2. 市场因素

（1）行业构成。中国股票市场上市公司的行业集中度过高——以沪深 300 指数为例，2007 年年底采掘业、金融保险业和制造业三个行业上市公司市值占总市值的比重分别达到 32.6%、28.87% 和 18.93%，占比总和超过 80%。这使得权重行业中一个行业的上涨或下跌容易带领整个大盘波动，导致市场极易呈现暴涨暴跌的运行态势。①

（2）投资者结构。从市场运行来看，机构投资者对市场带来的最大影响是投资理念的改变，提倡价值投资的理念，使得市场不再单纯地追涨杀跌，跟风而动，而是通过分析上市公司合理的价值来进行投资，有效地提高了市场定价的能力。但长期以来，中国证券市场的投资者是以个人投资者为主——在现有的 1.3 亿个 A 股账户中，99.8% 的账户是个人账户。由此带来的后果就是，市场投机性较高，投资理念缺乏，进而导致市场呈现较高的波动性。

（3）市场微观结构。从证券市场的交易制度来看，中国股市现时采用竞价制，其本质上是一种指令驱动制度，是指成交价格由买卖双方按照"价格优先、时间优先"为撮合原则的直接决定。相比做市商制度，这种制度尽管具有较高的透明度，但却在流动性方面存在明显缺陷，容易使市场价格出现较大的波动。

此外，更为重要的是中国市场对大股东行为缺乏必要的规范，市场很容易受到这些主体不规范行为的影响——目前的"大小非"解禁就提供了一个极为明显的例证。

（4）产品结构单一与市场分割。长期以来，产品结构单一是困扰中国资本市场运行的重要问题之一。尽管国务院关于《大力发展资本市场的若干意见》出台以来，中国债券市场发展迅速，资产证券化、远期交易与互换业务、分离交易可转债等一批金融工具推陈出新，且 2007 年中国债券市场发行总规模达到 8.27 万亿元，比 2006 年增长 38.2%，2007 年末中国债券市场总规模占 GDP 的比重达到 53% 左右，但与股票市值占 GDP 的比重达到 150% 左右相比仍有很大的差距。除股票外资本市场产品的相对滞后，再加上中国货币市场产品的相对单一，使得全社会资金流向对股票价格走势产生了极为明显的影响，一旦投资者信心出现大的波动就很容易导致价格大涨大跌。

此外，资金的流动性，是收益率平均化的市场保证机制——由于资金趋利的

---

① 标准普尔 500 指数 10 个行业中没有任何一个行业占比超过 20%，除金融与信息技术占比 17%，另外 5 个行业占比都在 10% 左右。

本性，借助于资金的流动，一般而言，在一个完善的金融市场中任何一个子市场都不可能长期获得较高的投资收益。中国现有的各金融子市场，既不协调发展，而且还存在着严格的资金流向管制。

（5）市场风险结构。从性质上说，资本市场证券价格波动的风险可分为系统风险和非系统风险两部分，其中系统风险衡量的是由整个市场大势运用引起的股票收益率波动性。从现有的实证研究看，与西方成熟股市相比，中国股票市场投资风险中系统风险占据主导地位；或者说，中国股市的相关性大于股票的独立性，股价的变化也并不表现为市场的个性，而更多地表现为市场运动的共性（陈浩武，1998）。

### 3. 证券监管与调控因素

无论从理论还是实践看，金融市场都不是在真空中形成的，需要基础设施（诸如信息披露的统一规则、保护少数股东的规范等）才能运转起来。为了使这些基础设施能够真正落到实处，需要由政府在制定相关法规的同时还需要其来实施，体现规则背后的法律强制力，贯彻"公开、公平、公正"的"三公"原则。

对于中国政府而言，一个股价平稳运行的股票市场是最为理想的：既有利于通过股市实现资金筹集，进而借助于股市特有的流动性功能加速存量资源重组，促进改革的深入、企业经营机制的转轨，同时伴随股市社会性的增强，客观上也有利于实现社会的安定，因此在中国，稳定股市，保持股市的平稳运行，似乎就成为政府的一种责任，或者义务——当市场运行进入牛市，行情火暴，股指、股价涨幅很大，市场出现过热迹象时，中国政府有关部门会出台若干政策或措施，向市场发出降温的信号；而一旦当股指长期在低位盘旋，市场整体低迷不振时，政府往往会出台各类所谓"救市"的政策或措施。中国股市发展过程中的此类种种行为屡见不鲜，通过这种做法，中国政府似乎在向投资者表明：政府需要股市，也有责任、有能力来维持股市的健康发展。

中国的投资者在经历一次次股市涨跌之后，市场敏感性明显得到增强，一旦他们理解并在市场操作中以此来指导其行为时，必然就会形成关于股市大势的"同构预期"——当政府发出推动股市的信号以后，投资者（包括潜在的）得出市场将会持续上涨的预期，导致他们竞相购买，纷纷入市，而当政府对股市要降温的信号发出时，投资者会得出股市要跌，并且会一跌再跌的预期，抛售股票、退出市场观望，就成为投资者首选策略。"同构预期"客观上导致了中国股市极易出现一边倒的市场心理走势——在市场一片看好的情形下，盲目地跟入，就成为一种合乎逻辑的选择，而一旦市场趋淡，风险因素凸现，中国的微观经济主体就会过度恐慌，市场退出成为一种传染的必然。显然，这种来自政府的监管与调控容易导致中国资本市场价格出现暴涨暴跌的运行态势。

## 6.3　现代金融体系中的资本市场：功能视角

从中国资本市场的简要发展历程可以看出，尽管成就显著，但资本市场在中国过去30年的改革与发展之路颇为曲折。这种现象的出现，既有纯粹意识形态上的问题，但更为重要的是对现代金融体系中的资本市场经济功能缺乏深入的理解。容易理解，之所以金融体系在现代经济运行中如此重要（甚至有核心之说），是因为其具有其他市场制度无法替代的独特经济功能。根据默顿和博迪等（Merton and Bodie et al., 1995）的理解，金融体系最基本、综合的经济功能——"不确定性条件下资源的跨时期、跨区域以及跨部门配置与处置"——在实践中又可以具体细分为以下六个方面的基本功能①。在功能金融理论的分析框架中，资本市场之所以得以产生、发展进而在某些国家占据了金融体系的主导地位，主要是因为其对在不确定条件下的资源跨期和跨区配置过程中，企业与居民等主体的跨期消费平滑或跨期支出平滑，以及风险分担等经济需求的实现有着独特的作用，或者说其能更有效地满足微观主体的这些经济需要。

### 6.3.1　资本市场与流动性提供

功能金融视角中的流动性——当经济主体在想实现消费的任何时候，如果某项资产能使这种需求在跨期优化得到满足，那么这种资产就是具有流动性的——是一个非常独特的经济概念，渊源于戴蒙德和迪布维格（Diamond and Dybvig, 1983，以下简称DD）的经典文献：在一个三时点的生命周期模型中，DD注意到由于长短期投资收益之间存在的不可逆性（即投资效率高的两期项目无法在短期内变现，而单期投资项目提供的收益却少于长期项目）与未来消费的不确定性（即对早期消费者而言存在流动性冲击，且这种冲击一般为私人信息，无法为他人获知进而纳入保险市场），所以在缺乏金融体现的自给自足经济中，期初的主体不愿长期让渡资金支配权，或者说为了满足消费需求而被迫推迟生产性

---

① 参见第4章的有关论述。值得注意的是，在金融功能理论的阐述中，Merton 和 Bodie 采取了各项功能平行排列的做法，很少论及各功能之间的联系。主要是因为在他们眼中，任何一个金融体系都不可或缺这六项功能，或者说只有所有功能相互协调，金融体系才能发挥其应有的作用，才是健全的，进而不存在哪种功能重要、哪种不重要的问题。

投资，导致出现过多投入效率低下但却拥有流动性的（短期）项目，而高效率同时却不能流动的投资项目则无法获得资金支持的现象，进而在严重阻碍经济长期增长的同时也损害了个人福利，而当银行（存款）与股票（市场）出现之后，通过它们独特的流动性提供机制（即资产期限转换），消除流动性冲击，进而在宏观和微观两个层面实现资源配置的帕累托改进。①

尽管在早期文献中，流动性提供的研究主要集中于银行，而资本市场仅以一种无法提供最优流动性的参照而存在（Bryant, 1980; DD, 1983; Qi, 1994），但自杰克林（Jacklin, 1987）之后，大量的文献探讨了银行流动性提供功能的稳健性，进而资本市场在流动性提供中的功能引起了学者的广泛关注，如杰克林（1987）分析了假设DD模型中存在拥有两期生产技术的企业且该公司在初始时点可发行股票的情况——其分析表明，由于利用股票交易，主体（股东）可在时点1时获得股利的同时把股票在市场上出售，两类主体完全可以实现DD意义上的最优消费平滑（即杰克林认为在流动性提供方面银行并不能做得更好）；Wallace（1988）借助一个三时点独立主体模型，对DD模型做了一个与杰克林不同的解释——他认为在一个主体隔离的世界中，银行才是股票市场的替代，或者说只有当经济中的主体相互隔离、不相往来时，DD模型的结论才能成立；豪希里希和金（Haubrich and King, 1990）改变了DD中主体资源禀赋固定条件下由于未来个人效用不确定导致的流动性偏好假设，试图通过假设效用固定（或确定）但未来资源禀赋不确定导致的流动性偏好需求来模型化银行与市场的功能，认为银行存款的不可交易性是DD意义上金融中介存在的必要条件；莱文（1991）则认为，在股票市场存在的前提下，如果交易者只是根据股价进行交易而并不需要卖出者是否受到或受到怎样的流动性冲击，那么由于其可以通过交换股票而不是被迫提前清算生产性资本，所以只要经济中有些微观主体可以不必经历这种冲击（即存在DD模型中的晚期消费者），且这些主体也希望增加生产资本在其财富中份额的话，那么股票市场就为那些受制于流动性风险的消费者提供了与其他主体交换投资的机制，进而鼓励主体以生产资本形式保有更多财富份额。②

虽然杰克林（1987）、莱文（1991）等强调了资本市场在流动性提供中的作用及其对银行的影响，但当前学术界关于金融体系流动性提供功能的主流观点是把银行和股票市场视为两种竞争性的机制（Diamond, 1997; Von Thadden,

---

① 在DD模型中，当金融市场出现时，微观主体的效用得到了改善；但市场提供的流动性，对于微观主体而言并非最优，尚存在帕累托改进的余地，而基于银行的银行活期存款可以向经济中提供最优流动性。

② Levine（1991）还认为，投资于企业的平均资本量对私人人力资本积累的效率可能会通过外部性而产生一个正面的影响，而这种外部性的存在则可为实物资本投资不仅可以通过公共产品的特性来提高公司的技术水平，而且可鼓励人们的相互作用来加快培训进程这一假设所证实。

1998，1999；Allen，Gale，2001）。借助"有限参与"① 这样一个现实约束，戴蒙德（1997）论证了银行可通过两种方式创造流动性——第一，通过转移来自市场的流动性需求，银行的存在有效弥补了市场流动性缺口，这有助于提供市场的流动性，使非流动性资产的价格要高于其完全由主体直接持有时的价格；第二，如果投资者对风险极度厌恶并且市场参与程度极为有限时，银行存款通过跨部门补贴，可以增加短期收益，而由此我们可以得出：一方面，在市场不完全的情况下（如交易成本、信息成本导致的有限参与等），银行在流动性提供方面是资本市场的一种补充；另一方面，与市场相比，银行存在资本市场所无法实现的流动性提供措施（如跨部门补贴），因此，银行的出现对流动性提供有着重要作用。冯·萨登（Von Thadden，1998，1999）则认为如果存款人可以在银行之外从事市场交易时，银行提供流动性保险的能力将受到制约且资产的可逆性越强，银行的流动性提供能力越弱。

此外，鉴于一方面银行在提供流动性过程中，存在挤兑或其引致的银行危机的可能性；另一方面当个体风险厌恶系数不断增大时，即便从个体来看，银行介入流动性提供的程度越高，微观主体效用越能得到改善，但从宏观上看，却表现出越来越多的资源被投向短期低效的投资项目，进而使经济增长受到损害，所以，股票市场在流动性提供中的作用不容忽视。

### 6.3.2 资本市场与风险管理

鉴于市场运行中生产技术、需求、利率、汇率和石油价格等变动导致的广泛不确定，以及禀赋（财富、经济活动性质等）不同决定的主体风险源、风险承担能力及风险偏好等差异的存在，风险配置的优化、或者说通过风险形态变换及敞口转移等风险管理活动，实现不同主体风险承担能力与风险承担敞口的最优匹配向来是个人、企业等微观主体关注的重点。

资本市场对技术性投资收益风险分担的影响可能是这一领域理论界早期最为关注的问题。尽管在阿罗（Arrow，1962）的一般均衡框架中"Arrow 证券"的设想就已涉及股票市场的风险分担功能，且阿罗（1965）明确指出，"通过股票市场的存在，一个企业的所有者可以把自己从某些风险中解脱出来，允许其他人分享企业的盈利并分担损失。既然现在每个人都能拥有普通股票的一个多样化有价证券组合，每种证券都连带着不同的风险，他就能够通过联营从总体风险的降

---

① 所谓"有限参与"，是指由于进入资本市场的门槛过高，从而对投资者在进入市场之前，就进行了"隐性"的筛选，部分投资者不会选择进入资本市场。

低中获得利益,因此,股票市场导致在整个社会中风险承担总量的减少。"但对股票市场这种内在的、在投资者之间有效分担风险功能的规范分析应追溯到戴蒙德(1967)——在一个附加技术性生产冲击的简单模型中,通过对股票市场引入之后导致的一个内涵不确定性、竞争性经济中风险配置状况与"统制最优"、"帕累托最优"等其他均衡风险配置状态的比较,戴蒙德的主体最优行为分析清晰地展示了尽管股票市场的出现与发展并不能实现风险配置的"帕累托最优"状态,但却可以达到中央计划者统制条件下的"统制最优"(一种"有限制的帕累托最优")状态。

与戴蒙德(1967)仅强调生产者禀赋差异不同的是,圣—保罗(Saint-Paul, 1992)突出了资本市场对技术选择带有决定性的投资收益风险分担的影响。在他的模型中,生产率的提高意味着选择了更加专业的技术,而这种更专业的技术却使企业对应用该技术产生的获利能力波动(如难以预见的需求变化,有时也称为"技术弹性")变得更加敏感。如果缺乏外部风险分担机制,当企业面对高"技术弹性"时,往往会选择更缺乏专业性、进而更缺少生产性的技术。圣—保罗认为,在弹性技术的机会成本很高时,股票市场通过允许主体的多种分散化投资、交易,就成为一种有效且富有吸引力的风险分担机制。使用相同的方法,圣—保罗(1993)对发展中国家常见的技术两重性难题进行了分析,认为正是股票市场的欠发达才使其无法有效地分散生产性风险。

如果说上述研究主要着重资本市场这一制度内在的风险配置功能分析的话,那么以马科维茨(Markowitz, 1952)在组合投资理论中的"均值-方差"方法为基础,夏普(Sharpe, 1964)、林特纳(Lintner, 1965)以及莫辛(Mossin, 1966)提出的资本资产定价模型(CAPM)则以数理视角为股票市场中多种不相关证券存在下分散化投资策略的风险管理作用做了深刻的说明。在把风险划分为"系统性风险"与"非系统性风险"两大类的基础上,夏普等说明了虽然总体风险一定,但股票投资组合中的非系统性风险可以通过分散化得以消除(进而市场不会对投资者承担的非系统性风险支付风险溢价),而其系统性风险的溢价与市场总体资产组合的相关系数成正比例。这是股票市场存在之后,投资者获得风险优化配置"免费午餐"的根源所在。

当然,关于资本市场风险配置功能更为拓展的分析,是默顿(1973, 1975, 1977)基于"连续金融"资产定价理论的系列研究才成为现实的。在假设市场无摩擦且连续、有限负债证券(如股票)的价格动态(服从伊藤类型的随机过程)、存在无风险债券、投资者关于证券收益与方差有一致性预期的基础之上,默顿借助于复杂的数学分析描述了一个模型,论证了只要其中存在对应重要普遍性风险源的多样证券(共同基金)时,有限证券的"动态交易"同样可以实现风险的最优配置。①

### 6.3.3 资本市场与信息生产及显示

信息作为"不确定性的负量度"（Arrow，1973），不仅是现代经济的核心概念，而且也是金融活动中主体关注的重点。因此，作为市场经济的一种独特制度安排，以银行与资本市场为基本架构的金融体系潜在而又至关重要的功能之一，就是充当实现市场经济中部门行为协调的信息源（Bodie and Merton，1995）。

竞争性的资本市场是一个天然的信息吸收、集成和显示的场所。② 尽管价格作为一种信息机制的思想可追溯到哈耶克（1945），但对股票等证券价格信息内涵的分析始于格罗斯曼（Grossman，1976）。借助于格林（Green，1972）的"理性预期均衡"这一概念，格罗斯曼在一个简化的"两资产模型"中，以信息与投资者行为的既定联系（当获得有利多信息，他就会购买相应的证券，进而抬高股价；如果信息是利空，他就会卖出股票从而压低价格）为基础，揭示了特定条件下私人信息体现在股票（市场）价格集成和传递的基本过程。在这一场所，当市场实现理性预期均衡时，股票价格将成为一个集成市场上全部可用信息的充分统计量，进而交易者们虽然可以试着从私人信息收集中获利（即存在 N 个信道），但市场交易却会将宝贵的信息传递给了别人，或者说仅需 1 个信道（市场价格），市场就可以向交易者传递其决策所需的所有私人信息。同时，借助期货市场，格罗斯曼和斯蒂格利茨（1976）利用一个简单模型对信息的整合过程做了说明。此外，作为格罗斯曼（1976）的拓展，在线性价格函数等假设基础上，赫尔维格和维热切尔（Hellwig，1980；Verrecchia，1982）运用更为复杂的数理模型分析，展示了多种证券存在情况下信息的显示过程。

但是，尽管格罗斯曼（1976）说明了股价的信息显示过程，只要私人信息的收集需花费成本，这个过程就存在悖论，即一方面如果价格体系把一切信息都告诉了交易者，那么对于知情交易者而言，虽然其获得了一定的信息价值，但花费了成本，进而其财富减少了；而对于不知情交易者而言，在无须承担成本的情况下，价格体系完全向他们显示了所有信息，进而可以免费获得信息价值，从而

---

① 事实上，默顿的这一理论和更早一些的布莱克和斯科尔斯（1973）的"期权定价理论"结合在一起成为现代金融工程理论的基石之一，进而宣告了一个全新风险管理阶段的到来。

② 对于信息在资源配置过程中的作用，艾伦和盖尔（2000）曾做过较为深入的分析。他们认为，价格（金融资产）在资源配置过程中主要起到三种不同的作用：显示资金的稀缺性（或价值）、风险分析与信息集成。事实上，自 20 世纪六七十年代有效市场假说（EMH）问世之后，股票市场（价格）有效提供信息的程度以及反映可用信息程度的研究就一直是理论界关注的焦点。

知情交易者福利严格劣于不知情交易者，进而导致没有一个交易者产生信息收集动机转变为知情交易者；另一方面，若没有人收集信息时，由于获得信息后福利的确可以得到改善，某些人又会产生收集信息的动机。这显然构成了一个两难的"悖论"，或者说私人信息收集的均衡并不存在——这就是格罗斯曼和斯蒂格利茨（1976，1980）分析的核心。为了解释这一悖论，格罗斯曼和斯蒂格利茨引入了额外不确定性存在（噪音，noise），进而在存在噪音的情况下，价格体系就只能向不知情交易者传递部分信息，从而知情交易者仍然有信息收集的动机。

作为对上述股票市场信息显示过程的补充，艾伦（1990）利用类似格罗斯曼（1976）的分析模型，通过对微观主体信息收集前后的自身福利的变化与信息成本的比较分析，对股票市场参与者的信息收集动机做出经济学分析。而布特和萨克（Boot and Thakor, 1993）则从证券设计角度分析，认为相对于债券、贷款等债务性证券而言，股票是一种对市场信息反应更为敏感的证券。

此外，20世纪70年代以来，伴随着金融产品的创新过程风起云涌，资本市场中出现了许多全新的资产品种，股票价格信息内涵有了进一步强化的态势。这一问题最早是由格罗斯曼（1988）对股票期权的非正式分析提出的，考（Cao, 1999）利用理性预期均衡中竞争性价格信息传递与整合功能的基本模型，对（股票）期权引入前后股票价格信息内涵的变化做了深入的模型化研究，其基本结论是：（1）期权的引入导致知情交易者收集准确度更高的信息；（2）期权的引入将在增加股票预期价格的同时，减少价格的波动性①。

与上述专注于股票市场信息显示的分析不同，艾伦（1993）及艾伦和盖尔（1995，2000）对股票市场特有的"多重信息处理与监控功能"做了全新的阐述。在他们看来，对于农业等传统产业而言，不仅可用信息量巨大，而且不同主体对信息有效性的理解也不存在太大的差异（事后信息几乎淹没了主体先验概率的差异），进而几乎不存在多样化的观点，此时将信息收集功能委托给某类金融中介（银行）之后，借助于其特有的规模经济和范围经济优势，完全可以充当"信息共享联盟"的角色，代表投资者做出正确的决策判断（Diamond, 1984）；但对于生物工程、新兴产业而言，观点的多样性决定了在其发展过程中信息的分散收集和不同主体之间的信息反馈不仅是有益的，而且也是必要的，而股票市场中单个投资者所拥有的私人信息都可以反馈到价格之中，并利用价格进

---

① 大量的实证研究也证实了考关于金融衍生产品的引入对基础资产信息内涵影响的分析。如布兰奇和芬纳蒂（Branch and Finnerty, 1981）发现，在某只股票期权交易的宣布日和上市日前后，股票价格有了显著的上升。康拉德（1989）在对1974～1980年间96只股票期权上市日前后十天经风险调整后非正常收益率（CAR）的实证检验中发现了+2.95%的平均收益。德特姆普利和乔里恩（Detemple and Jorion, 1990）利用一个包含1973～1986年300个股票期权的大样本，也证实了康拉德（Conrad）的结论——上市前后两周的CAR为+2.9%。

行传递与整合，或者说股票价格反映了大范围内投资者的投资选择并允许他们对企业进行持续、动态监控，因此，对于企业的管理者而言，资产价格对如何更有效地经营管理企业提供了多种观点反馈的一个平台，进而资本市场提供的信息将逼近企业的真实信息集合。在艾伦看来，正是这种多重信息显示及其伴随的动态监控有效性为新兴产业的融资提供了经济基础。

### 6.3.4 资本市场与激励问题的弱化

仅就财务契约签署的可能性而言，只要远离了 MM 设想的不存在交易成本的理想世界，我们可以看到，尽管技术上资金盈亏双方可以利用汤森、盖尔和赫尔威格（Townsend, 1979, Gale and Hellwig, 1985）等设想的"最优契约原则"来设计各类不同的财务契约（如债券、贷款协议与股票等），由市场内生不完美（主要是信息不对称）导致的激励问题（incentive problems）却使金融活动中各相关主体对其他主体的机会主义行为产生了极大的戒心。因此，作为一种制度安排，金融体系的基本功能之一就是为处理财务契约中的激励问题提供有效的手段，即在承认财务契约设计中激励问题的存在及其性质的前提下，以金融创新为基本手段，要么通过证券设计与激励问题的内在互动，要么利用企业财务政策调整以及其他一些外部协调机制（如接管机制等）来消除或弱化激励问题的负效应（Bodie and Merton, 1995）。

从现有的文献来看，给定以股票市场为代表的资本市场的存在，对经理人（代理主体）激励问题的弱化大致存在四种机制：

一是股票市场中价格及其波动产生的对经理人直接约束。法马和詹森（Fama and Jensen, 1983）很早就指出，作为公司或项目效率的指示器，股票价格及其波动能够反映市场对公司战略有效性的认识，进而对经理行为产生约束。从实践来看，沃纳、沃茨和鲁克（1988）通过公司股价与随后包括 CEO、总裁和董事长在内的高管人员变动之间的实证研究就很有说服力。他们发现，公司高管人员的变动与股票收益，即股价波动之间存在一种反向关系。此外，莫克、施利弗和维施尼（Morck, Shleifer and Vishny, 1988）的实证研究还显示了对那些股价相对本行业而言业绩不佳、但不是整个行业都不景气的公司而言，原有管理层被撤换、或被敌意收购的可能性很大。这些都意味着公司的董事会的确在利用来自资本市场的信息调整管理层。

二是依托有效市场中客观存在的公司股票及其均衡价格，设计内含股票（或其价格）的"最优激励契约"来约束公司经理层的机会主义动机，确保其利益取向与公司所有者之间的一致性。通过关注公司运营中可能出现的一种激励问题——虽然风险中性的股东是上市公司的委托人,但股权分散化的现实却实际上导致了多个委托人的存在,进而即便假设每个股东均可以无成本地获得能够更好地调整经理报酬安排的有用信息,但由于存在昂贵的由个体承担的信息交流成本,没有一个股东愿意直接使用这一信息,戴蒙德和维热切尔(1982)对股票市场在经理激励契约设计中的独特作用进行了分析,向我们展示了股票市场的引入是如何使原先无法公开获得的信息通过股票价格这一方式完全体现出来,进而使公司所有者的利益得到最大限度的实现。与戴蒙德和维热切尔试图通过规范分析来论证股票及其价格在经理最优激励契约设计中的独特功能不同的是,霍姆斯特龙和蒂罗尔(Holmstrom and Tirole,1993)在直接把股票增值、股票期权等权益性激励纳入一个线性经理激励契约的基础之上,探讨了在一个他们所设想的经济中股权激励、流动性与资本市场业绩监控之间的内在复杂联系。霍姆斯特龙和蒂罗尔(1993)的分析则表明不仅股票应包括在最优经理激励契约的设计之中,而且当经理存在机会主义行为时,最优的经理激励契约必须包括股票增值权利的激励(股票期权)。

三是以股票市场为依托、来自公司控制权市场的并购、发盘收购以及代理权争夺等各种接管机制给公司经理(含控股股东)带来的接管威胁。自从曼内(Manne,1965)开创性地提出公司控制权、进而公司控制权市场这个概念,并论证了作为资本市场有效运行的前提,一个活跃的公司控制权市场的存在可以极大地削弱所有权与控制权分离问题、保护中小股东的权益的这一基本命题以来,很多学者对公司控制权市场,或者说接管活动在约束公司管理层、减轻激励问题中的功能产生了浓厚的兴趣。尽管曼内(1965)认为,来自控制权市场的这种接管威胁对激励问题的弱化有积极作用——"(接管机制)保证了公司经理内部竞争性效率,并由此强有力地保护了大量不拥有控股权的公司小股东的利益"。沙夫塞恩(Scharfsein,1988)在假设企业有好、坏两种状态(实现一定程度上取决于经理努力程度),企业价值、经理效用均为线性,并且存在一个能够无成本观察到项目状态"掠夺者"的情况下,就接管威胁对经理人的约束从理论上对比了接管机制存在与否两种情形下的坏状态时企业运行的情况,认为当:(1)存在接管威胁时,坏状态时的促发价格与企业价值均要低于不存在接管时的数值;(2)当存在接管威胁时,公司处于坏状态时的企业价值要比没有接管威胁时的价值要高。这就意味着监管威胁抑制了经理的机会主义行为,进而对于企业投资者而言是极为有利的。

四是资本结构、股利政策等财务政策调整。自詹森(Jensen)和梅克林(Meckling,1976)在明确代理成本概念并确认了两种在公司的运营中非常明显的利益冲突——股东与经理层之间的利益冲突和债权人与股东之间的利益冲突——之后，众多的资本结构理论与股利政策理论就是探讨了通过债务（Grossman and Hart, 1982; Jensen, 1986; Diamond, 1989; Hart and Moore, 1998; Hart, et al., 1996)、股利发放（Jensen, et al., 1986）来约束企业经理层。

### 6.3.5 资本市场与储蓄动员

金融体系的储蓄动员功能一般是指，银行与市场等金融制度安排将全社会极为分散、或多或少的储蓄资金聚集起来，并使其流向具有高生产性投资项目的能力。一般来说，规模经济、范围经济等因素造成的投资以及技术创新的不可分割性决定了储蓄动员功能对现代市场经济运行有着极为重要的推动作用。问题是在现实中，由于主体的偏好不一，很难自然形成基于个体实现两者的有效吻合，而尽管银行等金融中介提供一些具有"标准契约"性质的产品（存款合同）在保证流动性的同时满足盈余者的需要动员储蓄，但考虑到银行独特的资产负债结构要求也决定了它不可能提供符合所有主体要求的"完全证券"系列，因此，单纯由金融中介提供的产品无法满足经济的内在要求，削弱了储蓄者的储蓄动机和投资者的投资动机。而随着股票市场的出现和发展，大量的基于市场的证券得以出现，或者说金融体系中证券完全化程度得到了加强，满足了不同偏好主体不同的流动性需要，进而可能极大地扩展了储蓄者的选择范围，引致储蓄率的提高（Llewellyn, 1992）。

综上所述，循着功能金融的分析思路，我们可以发现，如果说受特定的经济、技术发展、法制保障等历史条件的约束，银行主导是金融体系发展早期阶段的特征的话，那么随着信息、技术以及产权保障等经济环境的变化，资本市场得到极大发展的环境下，尽管储蓄动员、风险分担以及信息显示等金融体系基本功能并没有发生太大的改变，资本市场作为全社会资源流动平台的宏观功能定位似已成为经济发展的内在需要——这可能是资本市场在现代金融体系中地位上升的根源所在。

为了说明这一点，我们有必要对以银行为核心的金融中介和以股票市场为核心的金融市场的两种金融制度安排在（金融）资产流动性影响上的显著差异有所认识。一般而言，银行等中介在提供各种金融服务过程中会表现出一种颇为明显的"关系型"色彩，即由于一方面，银行为了确保贷款质量，往往会在信贷发放之前由专业人士对企业等客户的资信、项目质量进行调查，收集或者要求借款人提供必要的内部信息；另一方面，通过管理企业账户、办理业务结算，银行也可获得很多外部人士难以获得的借款人内部消息，所以，银行与企业等客户之间往往存在一定的密切关系。虽然这种"银—企"关系对于两者之间关系的维持具有重要作用，并且也是银行等中介在业务开展过程中的比较优势的来源，但是，这种模式下与资产质量相关的内部信息具有极强的"私人"色彩，无法被外人证实或证伪，进而导致贷款等资产的流动性极低，一般无法通过交易实现转手。而股票市场则不然。在市场经济众多的要素市场中，股票市场的存在和发展不仅使现实中不可分割的物质资产的标准化、货币化，或者说证券化成为现实，并且在克服"有限承诺"约束后，股票也具有了较强的流动性，进而成为物质资产的产权交易的独特场所。考虑到"优胜劣汰"的竞争法则，股票市场参与主体广泛的社会性及其特有的信息收集与显示机制，决定了股票市场可能是市场经济中交投最为活跃、竞争最为激烈的场所之一。

正是这种资产流动性影响的显著差异，当经济发展到一定程度之后，虽然资本市场与银行同为金融功能实现两种制度安排，但资本市场特有的这种社会资源流动平台在经济运行中的作用，或者说为全社会产权交易、风险转移以及流动性基础上财富分享等提供可能，进而成为一国（或地区）产业结构调整与升级的重要经济制度保障。

## 6.4 资本市场发展与市场主导型金融体系：中国金融改革的战略目标取向

客观地说，当前的中国金融体系体现出市场主导趋势和银行主导现状的双重特征。所谓银行主导现状指的是中国在原有计划经济体制下，银行作为国家调配资源的重要手段，起着独一无二的重要作用，无论是资金需求方还是资金供给方都通过银行来进行资金的配置。这种金融体制是与中国特殊背景下的经济体制相吻合的。但是随着我国市场经济体制改革的不断深化，经济体制改革所带来的一系列风险沉淀在银行体系内部难以化解。传统的银行体系作为配置资源的主要手段和方式，其效率也不断降低，这一趋势通过银行自身难以扭转。而与传统银行体系相对应的资本市场则在这一阶段获得了空前的发展。在这样的情况下，资本市场不仅开始逐步取代银行，以更高的效率来进行资源配置，更为重要的是资本市场作为银行体系经营和运行的平台，能够逐步化解、分散银行体系内部不断积累的风险。因此，从动态来看，中国资本市场取代银行体系作为中国金融体系的基础和主导也是不可扭转的趋势。

### 6.4.1 资本市场发展与金融体系的结构性变革：全球视野的现实考察

市场主导型金融体系是指，以金融市场（主要是资本市场）为基础和核心构建的金融体系。仅就理论上实体经济与金融制度的关系而言，金融制度是一种供给，而经济结构本质上是一种需求。金融制度必须与由经济结构决定的金融需求相适应。在市场经济运行规则中，是由金融需求决定金融制度或者说金融供给的，而不是相反。当然，恰当的金融制度可以提高社会经济活动中金融需求的满足度，从而提高资源配置效率，促进经济的发展。从过去30多年间全球范围内金融体系演变的趋势来看，尽管由于各国经济发展水平、金融监管以及众多其他因素的影响，但包括新兴市场在内的各国（或地区）股票市场虽然无论在市场证券发行、交易规模，还是在产品创新或市场创新问题上都经历了一个"爆炸式"的发展过程。而伴随着以股票市场为代表的资本市场的飞速发展，资本市场在各国金融体系中的地位日趋重要。

**1. 20世纪70年代以来全球资本市场发展的基本考察**

20世纪70年代以来，伴随着全球范围内经济金融运行环境的巨大变化，世界各国的金融体系大都经历了一个以市场化为核心的结构性变革：一方面，随着包括金融衍生产品、创业板市场以及电子交易等在内的金融产品、金融市场、金融交易方式的出现和发展，传统意义上在金融体系中占有统治地位的商业银行已显得风光不再，进而为了维持其竞争地位，其业务模式较传统已有了根本性变化；另一方面，在融资活动证券化、市场化、创新化成为各国金融机构以及监管当局谋求自身金融发展主要手段的大背景下，不但以共同基金、养老基金等为代表的非银行金融机构的发展极为迅猛，而且无论从规模、结构还是产品复杂性等方面考察，以股票市场为核心的资本市场在各国也获得了蓬勃发展。为了全面了解70年代以来资本市场的实际发展状况，以股票市场为例，我们对各国的发展历史做简要回顾。

（1）发达国家。从历史的视角着眼，由于历史、经济、政治等多种因素的影响，美、英、德、法、日五国的金融体系中资本市场与银行的发展相对程度存在着较大差异，因而有"银行主导"的德日模式与"市场主导"的美英模式之分。这也就意味着美、英的股票市场长期在其金融体系中的地位较为突出，同时相对而言，德、法的股票市场则一直较为落后。但从80年代中期开始，由于经济、金融全球化深入推进（特别是欧盟一体化进程）以及通讯信息技术的发展，发达国家金融自由化（或放松管制）进程得到了较快的推进，资金流动的全球化、证券化趋势日趋明显，德、法、日等国的资本市场也得到了很大发展（见图6-8、表6-4）。

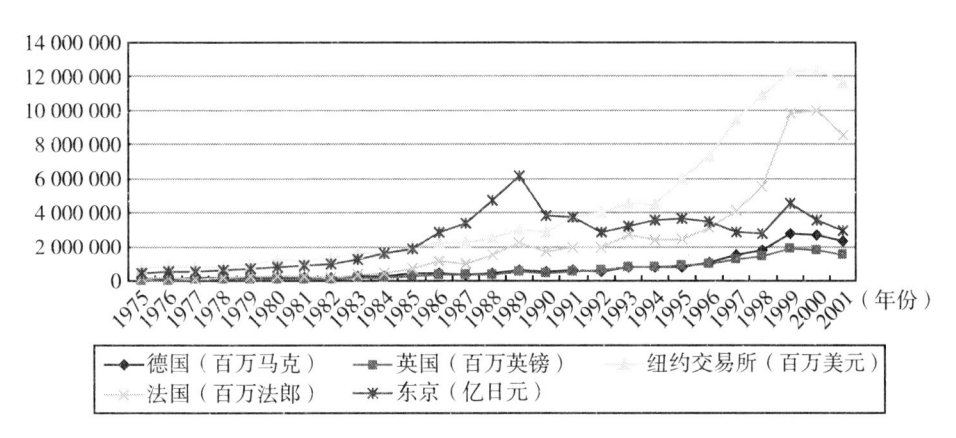

**图6-8 发达国家主要证券交易所股票市值变动状况**

资料来源：www.meridiansecurities.com。

**表6-4 以可比美元计算的五国主要证券交易所的股票市值与交易规模**

单位：10亿美元

| 年份 | 德国 | | 伦敦 | | 纽约 | | 巴黎 | | 东京 | | NASDAQ | |
|---|---|---|---|---|---|---|---|---|---|---|---|---|
| | 市值 | 交易 | 市值 | 交易 | 市值 | 交易 | 市值 | 交易 | 市值 | 交易 | 市值 | 交易 |
| 1976 | 109 | 33 | 259 | 89 | 2 667 | 496 | 63 | 12 | 731 | 327 | 78 | 77 |
| 1980 | 104 | 24 | 324 | 115 | 2 669 | 805 | 78 | 18 | 844 | 399 | 122 | 147 |
| 1985 | 269 | 145 | 650 | 278 | 3 210 | 1 597 | 129 | 33 | 1 817 | 760 | 287 | 384 |
| 1990 | 321 | 1 042 | 891 | 624 | 3 823 | 1 797 | 285 | 118 | 3 391 | 1 687 | 311 | 613 |
| 1995 | 405 | 850 | 1 506 | 1 081 | 6 987 | 3 582 | 360 | 155 | 3 054 | 699 | 1 160 | 2 787 |
| 1999 | 1 299 | 2 637 | 2 733 | 2 125 | 12 942 | 9 510 | 1 375 | 363 | 3 751 | 1 517 | 5 188 | 10 970 |
| 2000 | 1 221 | 4 062 | 2 623 | 2 776 | 12 589 | 11 373 | 1 370 | 1 053 | 2 967 | 2 046 | 3 629 | 20 382 |
| 2001 | 1 054 | 2 862 | 2 211 | 2 739 | 11 734 | 7 084 | 1 161 | 1 076 | 2 476 | 1 676 | 2 870 | 10 661 |

资料来源：www.meridiansecurities.com。

（2）新兴国家或地区。考虑因经济、制度等因素的制约，很多发展中国家或地区在1970年以前根本就没有股票市场的状况，可以认为，相比发达国家而言，遍及亚洲、拉丁美洲、中欧和非洲的众多国家，当前已达到数万亿美元规模的新兴国家或地区股票市场的出现及其迅猛发展，可能是70年代以来全球金融体系运行中具有深远意义的重大事件。

图6-9展示了近30年来，中国香港、泰国、印度尼西亚、巴西、阿根廷和墨西哥主要股票交易所以美元标价的市值变化趋势。借助该图可以清晰地看出近30年间各新兴国家或地区的股票市场的发展极为迅猛。

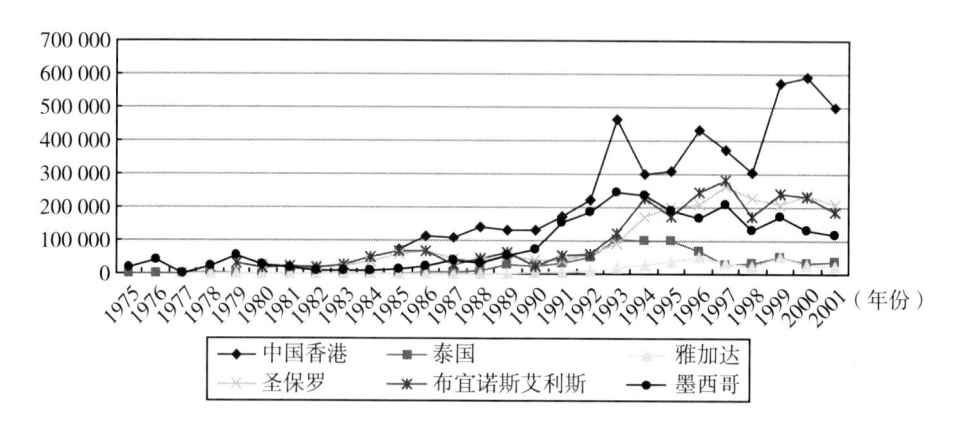

**图6-9 六个新兴国家或地区股票市值变动走势**

（3）转轨国家。虽然转轨国家（transition countries）在理论上可以纳入新兴市场国家的范畴，但由于其独特的意识形态转变的"政治转轨"以及经济体制从计划向市场转变的"经济转轨"背景，一般特指东欧及俄罗斯等国。考虑到在这些国家原有的金融体系中，股票市场往往被视为与原有经济体制"不相融"，进而是被取缔的事物，一般长期没有股票市场的存在。但转轨之后，在这些国家金融体系的设计中，对股票市场的认识发生了根本逆转，或被"神化了"（斯蒂格利茨，1999），因此，对转轨国家的资本市场发展及现状的考察，有别于上述新兴国家或地区。

虽然1989年之后，东欧和苏联各国已经历了十年的经济转轨，但从其股票市场的发展来看，却存在较大的发展程度差异（见表6-5）。

**表6-5　　转轨国家股票市场发展状况**

| 国家 | 上市公司数量变化 | | | 股票市值 1996年 | | 股票交易量 1996年 | |
|---|---|---|---|---|---|---|---|
| | 1994年 | 1996年 | 1999年 | 10亿美元 | GDP（%） | 10亿美元 | GDP（%） |
| 捷克 | 1 024 | 1 588 | 164 | 18.1 | 37.7 | 8.4 | 16.9 |
| 爱沙尼亚 | 0 | 0 | 25 | 0.4 | 10 | 0.24 | 5.9 |
| 匈牙利 | 40 | 45 | 66 | 5.3 | 12 | 1.6 | 3.6 |
| 拉脱维亚 | 0 | 34 | 70 | 0.15 | 3 | 0.013 | 0.3 |

续表

| 国家 | 上市公司数量变化 | | | 股票市值 | | 股票交易量 | |
|---|---|---|---|---|---|---|---|
| | | | | 1996 年 | | 1996 年 | |
| | 1994 年 | 1996 年 | 1999 年 | 10 亿美元 | GDP（%） | 10 亿美元 | GDP（%） |
| 立陶宛 | 13 | 460 | 54 | 0.9 | 11.7 | 0.05 | 0.6 |
| 波兰 | 44 | 83 | 221 | 8.4 | 7 | 5.5 | 4.6 |
| 斯洛文尼亚 | 25 | 21 | 28 | 0.7 | 3.8 | 0.4 | 2.3 |
| 保加利亚 | 16 | 15 | 828 | 0.007 | 0.06 | 0 | 0 |
| 罗马尼亚 | 4 | 17 | 5 825 | 0.06 | 0.2 | 0.006 | 0 |
| 俄罗斯 | 72 | 73 | 207 | 37.2 | 8.4 | 3 | 0.7 |
| 斯洛伐克 | 19 | 816 | 845 | 2.2 | 11.4 | 23 | 12.1 |

资料来源：上市公司数量数据来自 S. Claessens，S. Djankov，D. Klingebiel："Stock Markets in Transition Economies"，The World Bank，Financial Sector Discussion，5；股票市值、交易量数据来自国际金融公司（1997）、世界银行（1997）。

**2. 资本市场崛起与全球范围内金融体系的结构性变革**

自从戈德史密斯（1969）开创性地提出"金融结构"这一概念以来，金融结构问题一直成为金融学术界关注的焦点。尽管在戈德史密斯的界定中，金融结构的内涵极为广泛①，但其在比较金融体系研究中的含义主要涉及美英的市场主导型系统与德日的银行主导型系统的对比，或者说银行与市场相对地位的对比。②那么，伴随着 70 年代以来以股票市场为代表的资本市场的不断发展，各国金融结构究竟发生了什么样的变化呢？

（1）发达国家。表 6-6 列示了发达国家（包括美、英以及欧洲大陆国家）金融体系在 1980 年和 2000 年的一些宏观结构指标及其变化状况。

---

① 金融结构是指，由金融工具与金融机构的形式、性质及其相对规模共同构成的一种状态，包含金融资产与实物资产在总量上的关系、金融资产与负债总额在各种金融工具中的分布、以金融机构持有或发行的金融资产所占比例来表示的金融资产与负债总额在金融机构和非金融经济单位中的分布，以及金融资产与负债在各个经济部门的地位等。

② 循着这样一种思路，Demirguc-Kunt 和 Levine（1999）曾对 150 个国家的金融结构状况利用横截面数据进行了实证检测。

表6-6  发达国家金融体系中的银行与市场：1980年和2000年

| | 私人部门银行贷款/GDP | | 存款/GDP | | 股票市值/GDP | | 股票发行/总固定资本 | | 每百万人上市公司数 | |
|---|---|---|---|---|---|---|---|---|---|---|
| | 1980 | 2000 | 1980 | 2000 | 1980 | 2000 | 1980 | 2000 | 1980 | 2000 |
| 奥地利 | 0.742 | 1.040 | 0.682 | 0.819 | 0.030 | 0.156 | 0.001 | 0.051 | 8.740 | 11.975 |
| 比利时 | 0.272 | 0.792 | 0.299 | 0.837 | 0.090 | 0.783 | 0.030 | 0.138 | 22.850 | 15.707 |
| 法 国 | 0.731 | 0.864 | 0.679 | 0.636 | 0.090 | 1.087 | 0.060 | 0.145 | 13.990 | 13.720 |
| 德 国 | 0.864 | 1.207 | 0.564 | 0.925 | 0.090 | 0.668 | 0.010 | 0.065 | 7.460 | 9.071 |
| 意大利 | 0.555 | 0.770 | 0.676 | 0.514 | 0.070 | 0.703 | 0.040 | 0.041 | 2.360 | 5.058 |
| 卢森堡 | 1.210 | 1.099 | 1.626 | 3.367 | 0.001 | 1.771 | 0.016 | 0.494 | 205.556 | 122.727 |
| 荷 兰 | 0.632 | 1.398 | 0.602 | 0.963 | 0.190 | 1.701 | 0.010 | 0.629 | 15.120 | 14.754 |
| 瑞 典 | 0.415 | 0.457 | 0.510 | 0.391 | 0.110 | 1.476 | 0.000 | 0.289 | 12.390 | 32.920 |
| 欧洲平均 | 0.601 | 0.937 | 0.647 | 0.930 | 0.078 | 1.046 | 0.02 | 0.322 | 34.420 | 27.530 |
| 英 国 | 0.276 | 1.320 | 0.280 | 1.069 | 0.380 | 1.840 | 0.040 | 0.149 | 47.220 | 32.370 |
| 美 国 | 0.354 | 0.493 | 0.540 | 0.379 | 0.460 | 1.549 | 0.040 | 0.207 | 23.110 | 25.847 |
| 英美平均 | 0.315 | 0.907 | 0.410 | 0.724 | 0.420 | 1.694 | 0.040 | 0.178 | 35.165 | 29.109 |

资料来源：IMF，Rajan & Zingales（2003）。NA = not available.

- 美国和英国

借助表6-6可以看到，作为市场主导型金融体系的典范，股票市场在80年代初的美国与英国金融体系中占据了极为重要的地位——就股票市值/GDP指标而言，两国的均值达到了0.42，是欧洲大陆的5倍，且金融结构比重指标[（股票市值/GDP）/（私人部门银行贷款/GDP）]达到了1.3。

经过了20年的演进之后，美国与英国原有的这种市场主导模式似乎有了进一步增强的态势——仍以股票市值/GDP指标来衡量，2000年这两个国家的均值就达到了1.69，接近1980年的4倍，而银行（私人）贷款规模却仅增长了2倍，导致金融结构比重指标从1.3上升到了1.87。此外，随着流动性股票期权、期货以及其他衍生产品市场的发展，股票市场的可用范围在20年间也得到了很大的拓宽，进一步强化了其在美英金融体系中的地位。

- 欧洲大陆

借助表6-6可以清晰地发现，在20世纪80年代初，以欧洲大陆为代表的"银行主导"模式与以美英等为代表的"市场主导"模式之间的金融结构存在非常显著的差异——欧洲大陆国家银行信贷的重要性远远大于美英两国（私人部门银行贷款/GDP相差近1倍，银行存款/GDP高了近60%），但股票市场的重要性却截然相反（欧洲股票市值/GDP 指标仅有美英的 1/5，且就股票发行/固定资产投资资金而言，美英两国超出了欧洲大陆 1 倍有余）。

但是，在 1980 年后的 20 年间，尽管欧洲银行体系总体上也经历了一个快速的扩张进程，但其较之欧洲金融市场的发展却显得有些相形见绌——欧洲大陆国家股票市场市值/GDP 指标上升接近 13 倍，而通过股权发行筹集固定资产投资资金份额的比例增长近 16 倍。欧洲大陆股票市场如此之快的发展速度，使欧洲金融结构与美英之间的差距迅速缩小——1980 年美英股票市场/GDP 的比值接近欧洲大陆的 5 倍，而到了 2000 年，不仅这一指标仅有 60% 的差距，且很多欧洲大陆国家（每百万人）上市公司的数目已超过了美英两国。这意味着欧洲股票市场的发展已经对其传统的银行主导模式产生了巨大冲击，或者说尽管从测度上看，很多欧洲国家目前仍是银行主导模式，但其（股票）市场在金融体系中的地位已有了很大提升。

- 日本

尽管在 20 世纪 30 年代日本金融市场（尤其是股票市场）在产业融资领域发挥了相当重要的作用（1931~1940 年间股票为产业提供了 31.7% 的资金，而来自私人金融机构的贷款仅为 27.3%），但在第二次世界大战之后，日本股票市场的重要性迅速萎缩，而此后逐渐形成的银行与企业关系密切的"主办银行制度"则为日本战后经济的发展提供了一个重要制度支持，也正是在这样一种背景下，银行体系在日本金融体系中的地位极为重要，远远超过了市场，进而日本也就被视为银行主导型金融系统的典范之一。

20 世纪 60 年代中期之后，由于日本政府希望通过加入 OECD 等国际机构获得国际社会认可，逐渐放松了国内严格的金融管制。此后，在海外债券发行限制得到放松的环境下，日本金融市场的重要性逐渐得到增强，同时在竞争压力下主银行制度则变得难以维系。20 世纪 80 年代开始，日本股票市场的发展进入了一个新的阶段，在"土地价格上扬—信贷宽松—股价上扬"这样一个带有投机性质的经济机制的作用下，日本股票市场在 80 年代后期一跃成为世界第二大市场，其在金融体系中的重要性得到了极大的强化。但由于 1989 年的"股市泡沫破灭"，此后日本股票市场就一直处于低迷阶段，不但导致市场在金融体系中的作用相对受到抑制，甚至成为日本金融体系不稳定的一个重要原因。

（2）新兴市场国家与地区。从目前来看，由于政治、经济以及文化发展程度的差异，尽管股票市场的发展反映到新兴市场国家或地区的金融结构状况分布上仍存在一些不同，但对于近些年来发展速度较快的"四小龙"以及拉美各国的情况来看，市场主导型金融系统占到了明显多数（见表 6-7）。

表 6-7　　　　　　　新兴市场国家或地区的金融结构

| 国家 | 银行资产/GDP | 私人部门银行贷款/GDP | 股票市值/GDP | 股票总交易市值/GDP | 金融结构指标指数 | 金融结构类别 |
| --- | --- | --- | --- | --- | --- | --- |
| 阿根廷 | 0.21 | 0.15 | 0.11 | 0.04 | -0.25 | 银行主导 |
| 巴　西 | 0.32 | 0.23 | 0.19 | 0.12 | 0.65 | 市场主导 |
| 智　利 | 0.46 | 0.45 | 0.84 | 0.09 | 0.25 | 市场主导 |
| 中国香港 | 0.25 | 0.21 | 0.05 | 0.02 | 2.1 | 市场主导 |
| 韩　国 | 0.55 | 0.53 | 0.37 | 0.44 | 0.89 | 市场主导 |
| 墨西哥 | 0.24 | 0.22 | 0.32 | 0.13 | 0.68 | 市场主导 |
| 菲律宾 | 0.37 | 0.28 | 0.52 | 0.15 | 0.71 | 市场主导 |
| 新加坡 | 0.95 | 0.83 | 1.37 | 0.7 | 1.18 | 市场主导 |
| 马来西亚 | 0.82 | 0.75 | 2.01 | 1.14 | 2.93 | 市场主导 |

资料来源：Asli Demirguc-Kunt and Levine (1999).

（3）转轨经济国家。尽管在过去的10多年间，股票市场在转轨经济国家从无到有，从小到大，有了质的发展，但作为整体，各个转轨经济国家金融体系大都从单一的高度集中的银行体系开始转型，改革主要集中在中央银行与商业银行的分设以及对历史原因形成坏账多方式的处置，因此，其金融结构目前仍是一种银行主导的演进态势，或者说金融市场短暂且不太平衡的发展并未对这些国家银行的主导地位形成太大的挑战（见表6-8）。

表 6-8　　　　　　　转轨国家银行部门的发展指标

| 国家 | 银行集中度 C3 (%, 1997) | 银行数量 (1999) | 国有银行资产份额 (%, 1999) | 坏账/总贷款 (%, 1999) |
| --- | --- | --- | --- | --- |
| 捷克 | 74.9 | 42 | 23.2 | 31.4 |
| 爱沙尼亚 | 84.5 | 7 | 7.9 | 3.1 |
| 匈牙利 | 67.4 | 39 | 9.1 | 2.8 |
| 拉脱维亚 | 53.1 | 23 | 8.52 | 6.32 |
| 立陶宛 | 69.7 | 13 | 41.9 | 11.9 |
| 波兰 | 42.3 | 77 | 25 | 14.5 |

续表

| 国家 | 银行集中度 C3<br>（%，1997） | 银行数量<br>（1999） | 国有银行资产份额<br>（%，1999） | 坏账/总贷款<br>（%，1999） |
|---|---|---|---|---|
| 斯洛文尼亚 | 71.7 | 31 | 41.7 | 10.2 |
| 保加利亚 | 86.7 | 281 | 661 | 12.91 |
| 罗马尼亚 | 85 | 34 | 50.3 | 36.6 |
| 俄罗斯 | 53.7 | 2376 | 41.92 | 13.1 |
| 斯洛伐克 | 84.5 | 25 | 50.7 | 40 |

注：（1）1997年数据；（2）1998年数据。

资料来源：Erik Berglof and Patrick Bolton（2001）.

简要回顾70年代以来各国金融体系及金融结构变化的趋势，我们可以发现，资本市场的崛起已经并且正在成为推动金融体系结构性变化的重要力量，市场在各国金融体系中的地位越来越凸现。

### 6.4.2 市场主导型金融体系的微观结构

从理论上说，以市场（主要是资本市场）为核心构建的金融体系与以商业银行为核心形成的金融体系，在微观结构上具有根本的差异。这种差异主要表现在功能结构、风险的形成及其处置机制、财富形成过程、投资决策机制、收益与风险的匹配机制等方面。

**1. 市场主导型金融体系中的资本市场**

在市场主导型金融体系中，资本市场扮演着"内核"或者说国民经济的"发动机"的角色。而决定其这一功能地位的原动力并不在于资本市场所具有的增量融资功能，而在于其所具有的存量资产的交易功能、与之相伴的是风险流动功能和其特有的财富分享功能。

**2. 市场主导型金融体系中的货币市场**

如果说资本市场是市场主导型金融体系的核心和心脏的话，那么，货币市场和银行体系一道构成其血液循环系统，它为整个金融体系和实体经济提供流动性。从投资者角度看，资本市场承担资产管理的职能，而货币市场则负责流动性管理。发达的资本市场与流畅的货币市场的有效衔接和转换,是市场主导型金融体系有别于银行主导型金融体系最重要的微观结构特征。

**3. 市场主导型金融体系中的商业银行等金融中介机构**

众所周知,在银行主导型金融体系中,商业银行居核心地位,起着绝对主导的作用。这种核心地位和绝对主导的作用主要表现在:(1)银行利率成为金融体系乃至社会经济活动的基准收益率;(2)居民金融资产的绝大部分表现为银行储蓄存款;(3)银行体系配置的资金规模在金融体系中处在绝对地位,庞大的银行资产缺乏流动性。然而,随着金融市场特别是资本市场的发展,银行利率正在丧失基础利率的功能,取而代之的是竞争基础上市场化的基准收益率;居民金融资产结构由相对单一的储蓄存款走向多元,来自于资本市场的证券化金融资产的比例呈逐步上升趋势;企业资金来源多样性也会越来越明显。在这样的趋势下,商业银行的传统业务在金融体系中居核心地位和起主导作用的格局将受到根本性的动摇。

在市场主导型金融体系中,金融中介(或金融机构)的作用主要表现在四个方面:提供流动性;过滤风险;创造产品并通过市场机制发现价格;基于市场的风险组合或资产增值服务。在金融中介组织中,商业银行无疑主要(但不限于)提供流动性服务(货币市场也提供流动性);而其他的非银行金融中介则更多地为市场化的金融活动过滤风险,创造产品并基于市场定价、风险组合或资产增值等金融服务。

在市场主导型金融体系中,金融中介最高端的金融服务可能是为市场提供基于资产增值的风险组合,这是金融中介包括商业银行业务未来的发展方向。这种高端金融服务,有着无比广阔的发展空间。

## 6.4.3 资本市场发展对中国金融体系的结构性影响:金融资产结构变迁视角的考察

资本市场在中国的飞速发展,在极大地改变了中国金融体系原有的基本架构的同时,也提供了多样化的金融资产,极大地扩展了企业与居民的融资或投资渠道,使得中国金融资产结构出现了极为深刻的变化。

从中国的情况看,资本市场出现以来,市场的投资者群体迅速扩大,已经成为中国经济中社会辐射面最为广泛的经济领域之一(见图 6-10)。

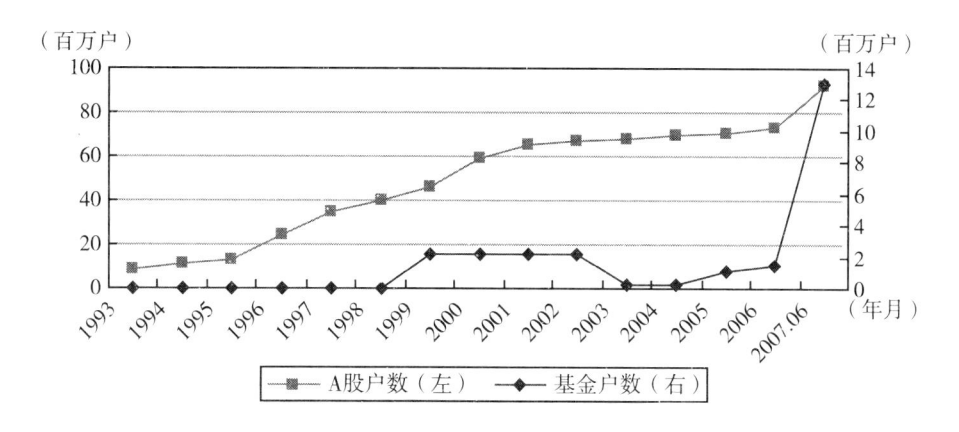

**图 6-10  证券市场参与者迅速增长**

资料来源：Wind 资讯。

从目前的情况来看，虽然静态地看，中国金融体系仍以商业银行的间接融资为主体，但动态地看，资本市场发展导致全部金融资产中证券化资产比率的上升。我们主要用两个数据来刻画这一趋势。图 6-11 列示了股票市场资产占全部金融资产的比例。从图中我们可以看到，这一比例是在逐年上升的。这一比率在 2007 年达到史无前例的 35% 的新高。

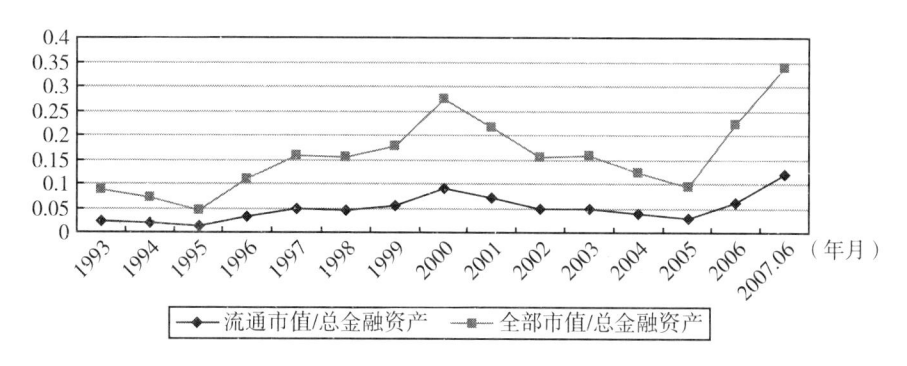

**图 6-11  证券化金融资产占金融总资产的比重**

资料来源：《中国金融年鉴》和《中国统计年鉴》相关年份。

图 6-12 选取了可流通股票市值和全部股票市值除以金融机构贷款总额的比率作为衡量证券化金融资产和银行信贷资产的相对增长速度。从图中我们可以看到，1993 年以来，股票市值与金融机构贷款总额之比的总趋势是上升的。

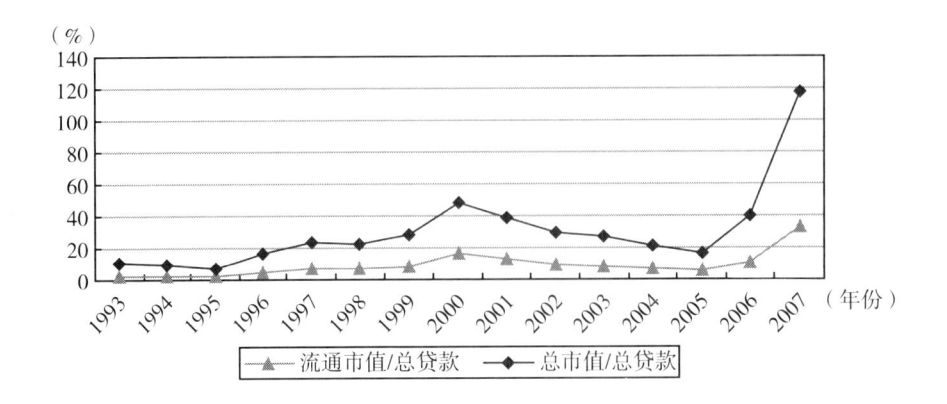

**图 6-12　证券化金融资产比率变化**

资料来源：股票市值取自中国证券监督管理委员会网站统计数据（www.csrc.gov.cn），金融机构贷款数据取自《中国人民银行统计季报》（各期）。

## 6.5　中国金融体系转型的动因与路径分析

在明确中国建立以资本市场为主导的金融体系所要达到的目标之后，本节将结合 6.4 节提出的目标，着重讨论这一目标实现的动因及其路径。我们认为，我国经济体制变革是推动我国金融体系发展的根本性动因，我国金融体系发展的路径为金融机构多元化之路和金融活动的市场化。

### 6.5.1　经济体制变革与金融体系转型

我国历史上的计划经济体制决定了以银行为主导的金融体系，作为配置资源的最有效、最便捷的手段。而伴随着我国经济体制改革的逐步深化和发展，现有经济体制改革对金融体系又提出了更高的要求，基于这一要求，原有的银行体系已经无法作为主导力量来继续推动中国经济体系和金融体系的变革。从而，金融体系转型犹如箭在弦上，一触即发。

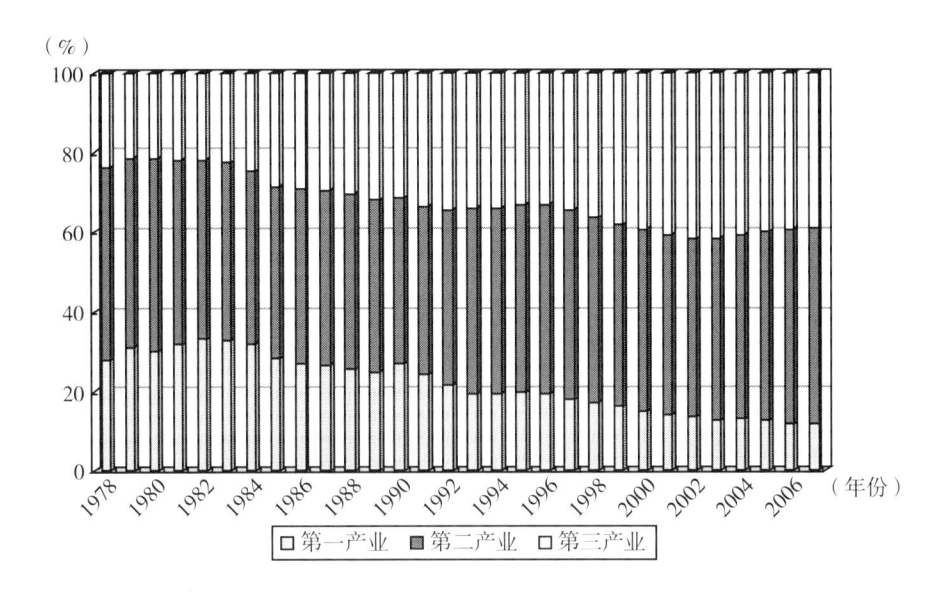

图 6-13　中国三大产业构成变化情况

资料来源:《中国统计年鉴》相关年份。

**1. 我国逐渐变化的经济结构和快速扩大的经济规模对金融体系转型提出了要求**

金融体系总是为了适应经济发展而产生并发挥作用,经济规模和经济的发展水平对金融体系具有决定性作用,我国在过去的改革阶段选择了以银行为主导的金融体系,银行作为政府聚集资金、调动资金的有力手段发挥作用而存在,并主导整个金融体系,这是出于"需求跟随型"(Patrick, 1966)的典型例子。而当我国经济发展进入新的阶段之后,资本市场的发展除了满足经济发展对银行为主导的金融体系的需求之后,其市场的发展本身也会促进投资的增加和经济的发展,这一理论则基于"供给导向型"(Patrick, 1966)的金融体系对经济发展的推动作用。随着我国经济的不断发展,简单地以银行为主导的金融体系已经无法继续推动经济的高速长期稳定发展,作为调配金融资源的银行体系在调配资金的同时也将巨大的存量风险储存在体内,这种风险不仅无法通过银行体系自身来进行分散,并且在不断扩大,这一趋势的必然结果将是银行体系风险的集中爆发性释放。而资本市场为主导的金融体系则为这种存量风险的释放提供了有效的渠道。资本市场不仅能通过银行体系具有的资源配置的手段来促进资源的流动和经济的发展,更为重要的是它能够通过其强大的流动性来实现存量风险的动态化解,这一过程的表现形式为存量资产的流动化、证券化,集中风险的分散化来实现。

### 2. 收入水平以及受收入水平影响的资产选择偏好，也会从根本上对金融制度和金融体系产生重要影响

随着我国经济的不断发展，我国居民的收入水平显著提高，人均可支配收入迅速增长，居民消费水平和消费结构不断改善，这些事实都可以通过数据体现。当居民拥有较多的收入而需要投资的时候，单一银行体系无法为具有不同风险偏好和期限偏好的投资者提供有效的金融资产配置方式；单一银行存款已经越来越无法满足投资者的金融资产需求。而与这一趋势相对应的是，我国股票市场总市值占总存款比例呈现波动上升的趋势，虽然这一比例在2000年开始出现下滑的状态，但是当我们用动态的眼光来审视这一问题的本质时会发现，这一下滑的状况背后的根本原因是"股权分置"制度所造成的，而这恰恰有力地说明，当解决了这一制度性痼疾时，我国股票市场的发展将会体现出加速上升的局面，居民金融资产配置的渠道也将呈现出"市场化"和"多元化"的典型特征。这在我国2005年以来的金融资产配置图中得到了生动的体现，我国股票市场市值占总存款的比例迅速上升，这表明，我国居民金融资产正在逐步地由银行存款形式转化为银行存款、证券资产等多种形式，并且后者比例呈显著的上升趋势。

换言之，在收入水平较低时，经济主体的金融需求结构还处在一个较低的水平上，静态意义上的资产安全性是其对金融中介或金融机构提供金融服务最基本的、也是核心的要求。而当人们的收入水平达到一定程度后，人们对金融服务的要求就会超越静态意义上的资产安全性的要求，而是希望提供增值、避险、组合和一体化金融服务。

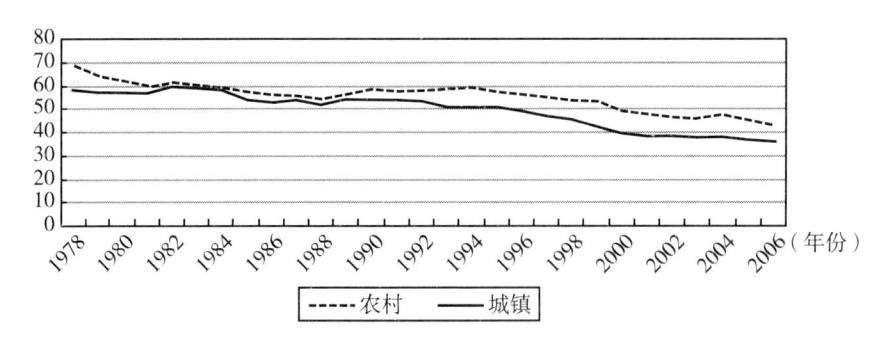

图 6-14　中国农村和城镇恩格尔系数变化态势

资料来源：Wind 资讯。

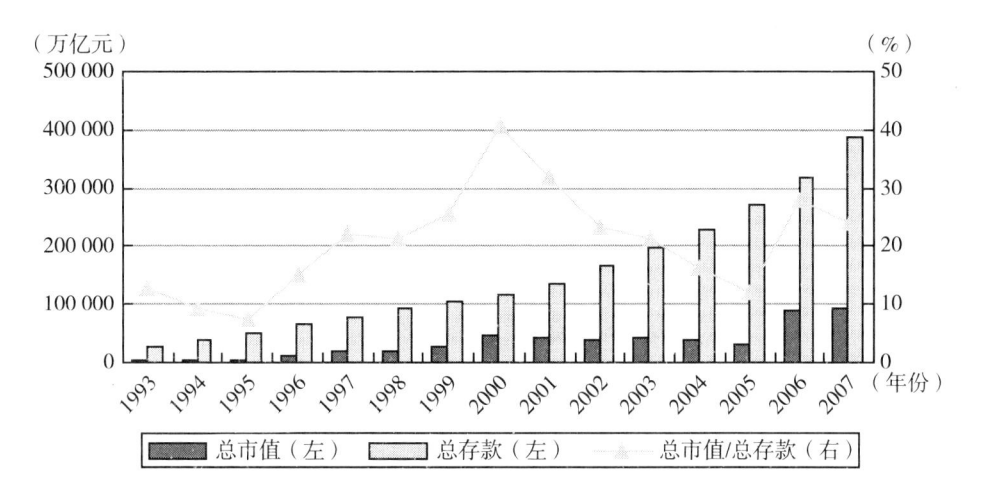

图 6–15　中国金融资产结构变化态势

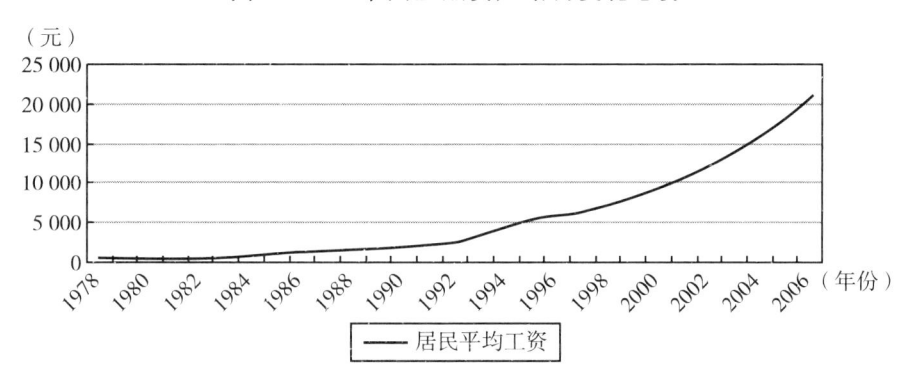

图 6–16　中国居民收入水平变化态势

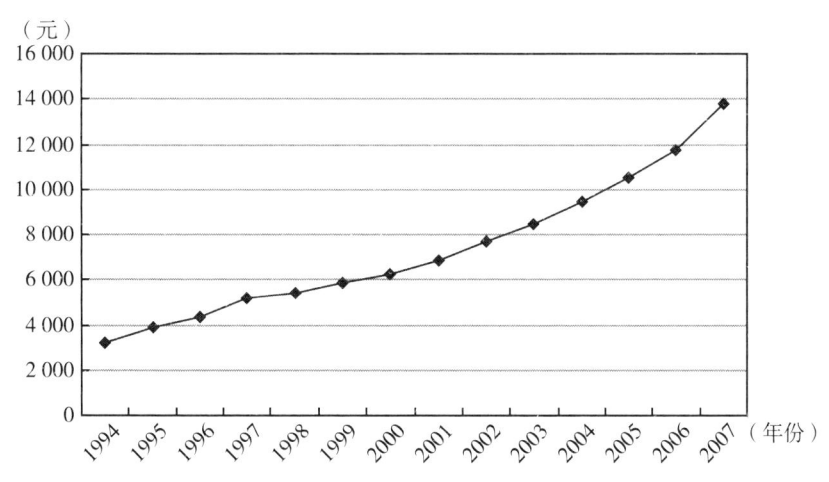

图 6–17　中国城镇居民人均可支配收入变化态势

资料来源：Wind 资讯（图 6–15～图 6–17）。

有实证分析表明①，人们的投资倾向、资产选择偏好与其收入水平是相关联的。总体而论，在我国，人们的投资倾向和金融资产选择偏好正在从无风险组合悄然地转向有风险组合。因为，这种"有风险组合"给投资者带来了选择权、资产的流动性和与这种"有风险组合"相匹配的预期收益。这也是资本市场不断发展，金融体系不断向市场主导型方向演进的内在动力之一。

### 6.5.2 金融市场体系的结构性优化与效率提升

在中国传统以银行为主导的金融体系的框架下，缺少一个有力的平台将股票市场、债券市场、货币市场、银行体系和非银行金融机构进行有效的联通，进而形成一个结构合理、功能齐全的金融体系。具体表现在：股票市场天生的"功能缺失"无法得到有效纠正；债券市场分割、分裂，无法提供有效的市场利率；货币市场发展相对滞后、参与主体限制较多、货币市场交易工具品种有限；商业银行体系风险沉淀化、服务单一化、产品创新能力不足；非银行金融机构缺乏风险过滤、资产定价等基础功能等一系列问题。

资本市场的发展为中国金融体系的制度改革与整合提供了一个有力的平台，在这个强大的平台上，我国的资本市场、货币市场、银行系统、非银行金融机构将得到整合，从而实现以市场为基础、金融机构和金融中介互动良性发展的金融体系。

**1. 股票市场**

从功能视角来看，我们可以发现中国资本市场自其创建之后就一直处于一种"（经济）功能缺失"状态。正是这种"功能缺失"才导致了中国股票市场无法起到提升资源配置效率所应有的作用。

这种功能缺失的纠正机制将是中国金融体系转型的第一要务，主要体现在两方面：

第一，提升股票市场效率，实现资产价格对信息的充分反映。

虽然股票市场在中国出现和发展之后的确提供了一些以前无法获得的经济信号，如不同（上市）公司运营的风险状况等，但鉴于股票市场的"（信息）有效"是市场内涵信息处理及显示功能得以实现的基本保障，而对中国股票市场有效性的相关实证检验均表明，中国股票市场处于一个信息效率极弱的运行状况

---

① 参见吴晓求、许荣：《金融的市场化趋势推动中国金融的结构性变革》，载于《财贸经济》2002年第9期。

（"弱有效性"，甚至"无效性"），或者说中国股票价格信息内涵的严重"失真"，所以可以认为，中国股票市场的信息处理功能处于一种较原始的状态，无法发挥很大作用。

第二，恢复股票市场的风险配置功能，改变股票市场泡沫、系统性冲击与风险集聚的现状。

尽管伴随着股票市场在中国的出现和发展，宏观资金配置格局的变化导致中国金融风险的性质实现了从"体制性累积性风险"向"市场化的非累积性风险"的转变①，同时，风险承担主体之间的市场化风险转移、化解也得以成为现实的背景下，股票市场的确对中国整体风险的配置及其优化产生了意义深远的促进作用（吴晓求，1999），但是，在我们看到中国股票市场出现、发展对风险配置带来的积极效应的同时，不应该忽视硬币的另一面，即在不规范中逐渐走向成熟的中国股票市场同时也有可能变为一个制约中国经济稳定、健康运行的巨大"风险源"，进而在导致中国金融体系的运行风险规模增大、形式多样化的前提下，直接威胁中国整个金融体系，乃至经济体系稳定。这在很大程度上已不是一种理论设想的潜在威胁，而是一个极为现实的问题。

从理论上说，当我们改变了影响股票市场信息反映和资源、风险配置的因素的时候，我国的股票市场将会实现有效反映上市公司信息，有效实现上市公司资产定价、有效扭转投机为投资的市场理念；股票市场也将会实现资源和风险的合理配置，实现风险和收益的匹配原则，将静态的风险动态化解，将聚集的风险分散化解将成为我国股票市场配置资源风险的表现形式。

### 2. 债券市场

目前，我国债券市场的重要缺陷之一就是债券发行主体单一，国债金融债与企业债发展规模不平衡，非金融企业层面的融资主体通过发行企业债券的形式获得融资渠道并不畅通。我们将着重探讨债券市场中的企业债市场的发展问题及其对策。

企业债券市场是中国企业进行筹资的渠道之一，但其市场规模非常小。长期以来，企业债券发行额占 GDP 的比重甚至不足 1%，而企业债券发行额占债券发行总额的比例也很低，一般不到 10%。除此之外，还存在着企业债券的发行

---

① 在股票市场出现之前，由于中国四大国有专业银行作为金融体系的主体，集中了全社会约 80% 的储蓄，其中的 80% 投向了国有企业，所以致使中国金融风险虽然在表现形式上较为单一（主要为银行针对国有企业的不良贷款），但其却具有体制性的不断累积——作为风险的直接承担者，银行不但无法借助市场机制来化解风险，而且其风险规模与国企业绩变动高度相关，随着企业经营的恶化，风险规模不断累积，最终只能借助国家财政的力量来解决。

品种单一、有关企业债券的法律法规陈旧落后、企业债券的流动性不足、企业债券的信用评级可信度不高等一系列问题。建立在以资本市场为主导的金融体系下的债券市场，需要从根本上变革债券市场发展不均衡的状况，实现市场结构多元化、债券品种多样化等有效债券市场的必要特征。当我们以宏观的视角审视债券市场时会发现，债券市场不仅仅为资金的赤字方和盈余方提供了融通资金的渠道，更为重要的是，作为金融市场的丰富和金融产品的多样化的债券市场为我国投资者资产配置提供了有力的选择空间。

基于以上分析，我国建立在市场主导的金融体系转型所需要基础上的债券市场，改革需要着力从以下几个方面进行推进：一是扩大企业债券的发行品种，中国应该放宽对企业债券发行品种的限制，鼓励有条件的企业进行创新，增加企业债券品种，这样可以满足各类投资者不同的需求，从而增加企业债券市场的交易量。二是继续培育和促进企业债券流通市场，企业债券的流通性不足会加大投资者的风险，从而制约中国企业债券市场的发展，因此，中国应该建立以银行间债券市场为主，交易所市场为辅的交易市场格局，逐步形成以做市商为核心，经纪商和金融机构为主体，众多非金融机构投资者积极参与的、完善的银行间市场运行架构。

### 3. 货币市场

资本市场和货币市场均衡协调发展是建立以资本市场为主导的金融体系的要求和目标之一。但是我国的货币市场发展相对滞后，市场流动性不足，参与主体限制较多，货币市场交易工具和品种有限等多种问题的存在阻碍了货币市场的发展，成为货币市场与资本市场协调发展的桎梏。具体来说，我国货币市场发展应当从以下几个方面着力进行：

（1）丰富货币市场工具。对于丰富货币市场交易品种而言，应当允许、鼓励资产质量较高、信誉良好的非银行金融机构，包括众多信托公司、财务公司定期批量发行短期商业票据，并且在证券公司与现有的证券投资基金进入银行间债券市场的基础上，将证券交易所与银行间债券市场的国债现货与回购交易连接，并对回购协议予以进一步规范，对该交易方式强化制度约束，控制风险。总之，我国目前货币市场的交易品种较少的状况通过上述改变之后，从交易品种角度来讲，货币市场的宽度将得到较大增强，货币市场的参与者也将增多，更多的资金赤字方主体将能够通过货币市场直接获得融资。

（2）增加进入货币市场的交易主体。在应有制度安排的条件下，允许更多的金融与非金融机构发行与使用各种不同类型的货币工具，以便在丰富货币市场工具的同时，加强货币市场的基础。允许更多的公众个人与机构进入货币市场，通过对货币交易工具的投资，满足各自不同的需求。当今西方发达国家的货币市场上，参与者并非仅仅是为了资产流动性管理之需，而是越来越倾向于获取货币市场的收益，即货币市场的投资功能越来越明显，很多金融机构来自于货币市场的收益占其总收益的份额已相当可观，而且这一收益表现出较大程度的稳定性。在引导更多投资者进入货币市场方面，货币市场基金的功用就非常突出。

（3）大力进行产品创新。金融产品创新是金融市场不断发展的强大动力，这一点对于货币市场发展也具有重要的意义。对于货币市场的金融产品创新，企业短期融资券的发展已经验证了货币市场金融创新的意义和其对货币市场规模的拓展作用。但是我国货币市场的发展仍然仅仅处在向成熟市场迈进的初始阶段，基于历史上制度、法律法规的限制和参与主体等的特殊原因，货币市场的产品创新仍然处在开始阶段，方兴未艾。大力进行货币市场的产品创新，将成为我国货币市场发展的重要推动力量。

此外，在市场主导型金融体系中，资本市场是汪洋大海，各类金融机构和众多的投资者都是行驶在这汪洋大海之中吨位不同、功能不同的船或舰，在中国，商业银行就是这汪洋大海中的航空母舰。这时的商业银行也许已经演变成一种具有混合功能的金融中介。在中国，商业银行从高山、从平原、从沙漠移向浩瀚无际的大海，意味着脱胎换骨式的变革，这种变革将极大地提升中国商业银行的竞争力，改善中国金融体系的风险结构和弹性。

面对金融体系的市场化趋势和金融体系特别是资本市场的不断发展，中国商业银行体系变革的重点是：

（1）制度变革。其核心是通过股份制改造和资本的证券化，建立一个完整的市场化运行机制、透明的信息披露机制和责权利清晰而平衡的公司治理结构。

（2）业务重组和调整。其方向是扩大创新型金融服务业务，发展以高端金融服务为基础、以资本市场为平台的资产增值业务，彻底改变目前商业银行利润过度依赖传统业务的局面。

（3）建立风险流动和释放机制。其核心是，在完善传统业务风险过滤机制基础上，重点推进资产证券化，以形成风险的流动机制。对商业银行而言，开展优质信贷资产的证券化，除了能保证商业银行资产流动性外，最重要的作用在于使未来的不确定性得以流动起来，从而寻找一条市场化的风险释放机制。资产证券化，与其说是收益的转移机制，不如说是风险的流动机制。

# 第7章

# 中国资本市场与商业银行的发展和协调

在现代金融体系中，以商业银行为代表的金融中介和以股票市场为代表的金融市场是两个基础的制度设计。但作为融资主要的两种不同渠道，金融中介与金融市场究竟是简单的非你即我的替代关系，还是恰如默顿和博迪（2005）所指出的那样："各种市场组织和金融中介在静态的意义上互相竞争，在动态的意义上互相补充"，从而"整个金融体系的发展，可被看成是一个制度创新的螺旋上升过程"？如果是后者，两者应该如何协调和发展？关于这一点，德默古－孔特和莱文（2001）进行的一项针对"银行导向型和市场导向型的金融体系"的跨国研究，通过搜集和比较150个国家和地区的数据，得出了以下普遍结论：其一，国家和地区越发达，中介（银行、非银行）和市场（股票市场）就越发达、越活跃、越有效率；其二，在高收入国家和地区，股票市场相对于银行更活跃，更有效率。随着国家和地区变得越来越富有，一国金融系统也越来越倾向于市场导向型。这一调查的结果，支持市场和中介并非简单的替代关系：没有较为发达的金融市场作为平台的金融中介，其金融产品机构层次较低，效率普遍低下；没有较为发达的金融中介作为参与主体（participants）的金融市场，流动性不够，市场深度和广度有限，因而活力不足。但从某种意义上说，由于市场发育程度和监管的限制，中国资本市场与商业银行之间的关系并没有呈现一种"相辅相成"的理想的协同发展关系，相反在很多方面处于一种割裂的状态。客观地说，这极大地限制了中国金融体系的效率和活力。因此，资本市场与银行协调发展机制就成为下一阶段中国金融改革的重点之一。

## 7.1 资本市场与商业银行互动：中国的历史和现状

随着中国经济的快速增长，中国的资本市场和商业银行的发展也很迅速。图7-1给出了中国银行业资产/GDP 和 A 股市值/GDP 两个指标自 1990 年以来的发展情况。总体而言，这两个指标都在上升，虽然在个别年份出现了互相替代的情况。那么，总量的协调是否意味着两者内部发展的协同呢？本节我们主要从资金互动、工具的复合性与业务交叉、资产证券化以及金融机构组织架构和运行模式的改变四个层面，对中国资本市场与商业银行之间的互动关系做一个回顾与分析。

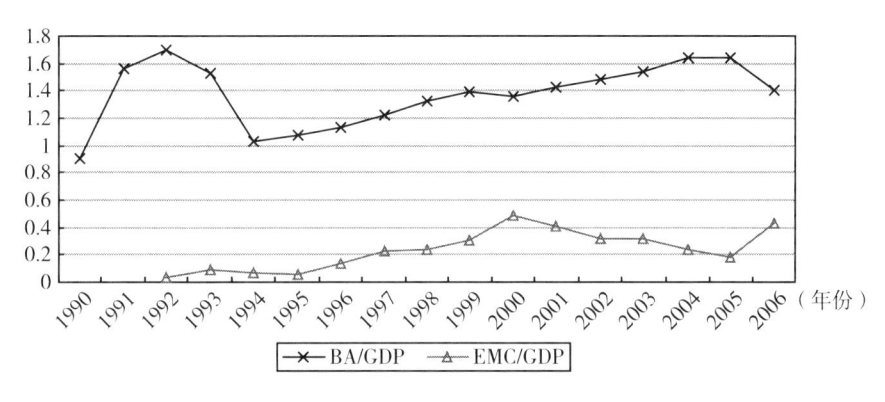

**图 7-1 中国金融体系发展**

说明：BA，银行资产；EMC，A 股年末市值。
资料来源：国家统计局网站、中国人民银行网站、中国证券监督管理委员会网站。

### 7.1.1 资金互动

商业银行和资本市场同处在一个广义的金融市场中①，因此，资金为逐利，必然会通过各种渠道流通，即使在分业渠道下，这种流通也从未断绝过。问题的关键，不是完全隔绝这种流通，而是建立适当的风险防火墙，使资本市场的风险隔离在商业银行体系之外。

---

① 所谓广义的金融市场，即是资金的流通、交易渠道，可以是金融中介，也可以是金融市场如股票市场、债券市场。参见 Mishkin（2001）关于金融体系的介绍。

商业银行和资本市场的资金互动是双向的，一方面，商业银行也需要从资本市场筹资，主要是利用股票筹集资本和利用债券融资，"主动负债"；另一方面，资本市场也需要商业银行提供流动性，以扩展市场的广度和深度：商业银行是股票市场的重要资金提供者。

资本市场具有筹资功能，资本市场也是我国商业银行的筹资场所。从1991年深圳发展银行在深交所发行股票融资以来到2007年8月，中国共有11家银行上市，且2005年以来，上市的银行数量以及通过首次公开发行（Initial Public Offering，IPO）和配股等再融资的规模的增长都非常迅速，屡创新高（见表7-1）。

表7-1　　　　　　　　　　中国上市银行一览

| 银行名称 | 上市时间 | 上市地点 | 流通股本（万） | 首次募集资金（亿元） |
| --- | --- | --- | --- | --- |
| 深圳发展银行 | 1991 | 深交所 | 107 163 | 39.65 |
| 浦东发展银行 | 1999.11 | 上交所 | 40 000 | 40 |
| 民生银行 | 2000.12 | 上交所 | 35 000 | 40.9 |
| 招商银行 | 2002.04 | 上交所 | 47 061.9.94 | 109.5 |
|  | 2006.09 | 香港 | 220 000 | 206.9亿港币 |
| 华夏银行 | 2003.09 | 上交所 | 35 000 | 50 |
| 建设银行 | 2005.10 | 香港 | 2 648 600 | 622亿港币 |
| 中国银行 | 2006.06 | 香港 | 2 557 000 | 110亿美元 |
|  | 2006.07 | 上交所 | 345 454.7 | 232 |
| 工商银行 | 2006.10 | 香港 | 3 539 000 | 220亿美元 |
|  | 2006.10 | 上交所 | 1 300 000 | 405.6 |
| 交通银行 | 2005.06 | 香港 | 585 600 | 146.6亿港币 |
|  | 2007.05 | 上交所 | 319 000 | 252 |
| 兴业银行 | 2007.02 | 上交所 | 100 100 | 160 |
| 中信银行 | 2007.04 | 香港 | 488 547.9 | 406.86 |
|  | 2007.04 | 上交所 | 230 193.2654 |  |

资料来源：笔者综合主要财经报纸报道整理而来；有些数据为约数。

此外，作为"主动负债"的一种方式，商业银行通过发行金融债券，也可以促使资本市场资金流向商业银行。我国商业银行在20世纪80年代中期曾一度发行过特种债券，筹集资金用于发放特种贷款。但之后，金融债券成了政策性银行（主要是国家开发银行）筹集资金的工具，商业银行不再利用金融债券筹集资金。

商业银行资金进入资本市场，主要是进入股票市场和债券市场，成为资本市场重要的资金提供者。在股票市场上，现在的制度安排，使得商业银行资金进入比较困难，因此出现了所谓灰色渠道。

现在商业银行资金进入股市的渠道主要有：

其一，货币市场渠道。在我国，货币市场一直是银行资金间接进入股市的一条重要通道，虽几经整顿，但股票市场与货币市场的资金联系从未完全隔绝过。现在，作为全国银行间同业市场成员的证券公司拆入资金的最长期限为7天，债券回购的最长期限为1年。进入全国银行间同业市场的基金管理公司虽然不能从事信用拆借业务，但可以从事最长期限为1年的债券回购业务。非全国银行间同业拆借市场成员的证券公司仍可以进行隔夜拆借。

表7-2给出了各类机构回购和拆借净融入资金，可以看到，证券基金从银行间市场融入资金的规模是比较大的，而国有银行，则是资金的净供给者。

表7-2　　　　　　　各类机构回购和拆借净融入资金

| 年份 | 国有银行 | 其他商业银行 | 其他金融机构 | 证券基金 | 外资金融机构 | 保险公司 |
|---|---|---|---|---|---|---|
| 2005 | -91 261 | 32 044 | 52 629 | 18 257 | 6 662 | 9 296 |
| 2006 | -127 925 | 47 410 | 65 777 | 23 033 | 15 253 | 18 664 |
| 2007 | -121 608 | -18 720 | 99 232 | 22 845 | 41 096 | 31 055 |

数据来源：中国人民银行网站。

其二，银行贷款渠道。中国股票市场出现之后，股票市场的高回报就吸引着企业、个人等微观经济主体进入这个新生市场，企业、个人等有机会、有可能获得银行资金的微观经济主体有着非常强烈的改变银行资金用途、挪用银行资金进行股票投资（或投机）的动机。所以，以企业、个人为代表的微观经济主体挪用银行贷款进行股票投资，是我国银行资金进入股票市场最基本也是规模最大的一条途径。

图7-2给出了金融机构各项贷款余额变动情况与A股的月度成交量的对比，可以看出，两者的变动是高度一致的。据此可以推测，新增的贷款有相当一部分进入了股市。

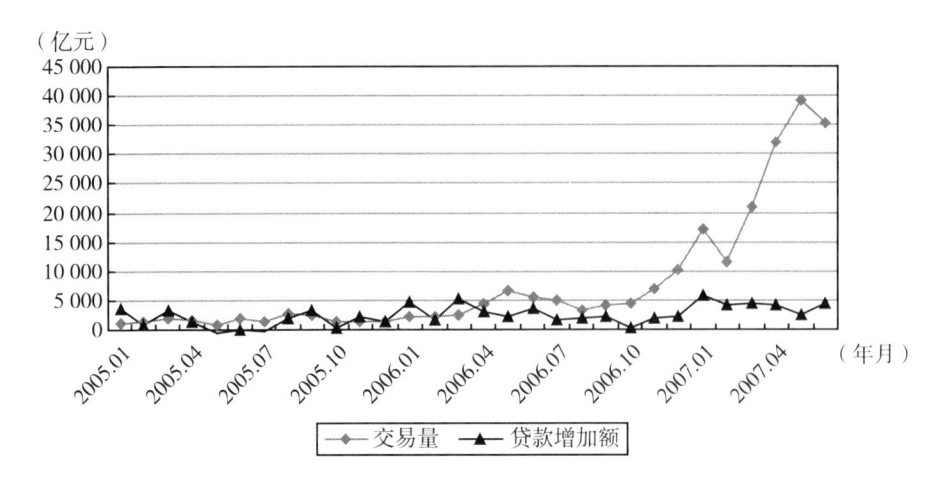

**图 7-2　股票交易量和贷款增加额**

数据来源：中国证券监督管理委员会网站、中国人民银行网站。

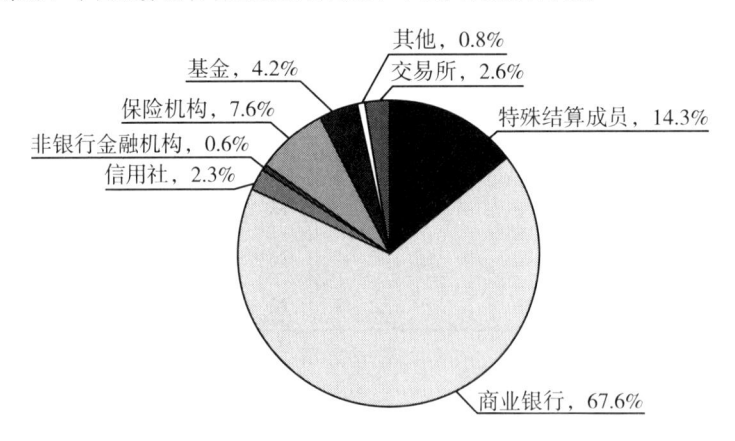

**图 7-3　投资者的债券投资结构（2007 年 12 月 31 日）**

资料来源：中央国债登记结算有限责任公司。

2000 年 2 月 13 日，中国人民银行和中国证监会联合发布了《证券公司股票质押贷款管理办法》，允许符合条件的证券公司以自营的股票和证券投资基金券作质押向商业银行借款，从而为证券公司提供了融资来源，也为银行资金流入股市提供了一条新的通道。

在债券市场中，商业银行是债券市场上最主要的投资者。图 7-3 给出了银行间债券市场（它是中国最主要的债券市场，约占整个债券市场存量和交易量的 90%[①]）的投资者结构，从中可以看出，商业银行的比重是 67.6%，居于绝对主导地位。

---

① 参阅李扬主编：《中国金融发展报告》(2007)，社会科学文献出版社 2007 年版，第 162 页。

## 7.1.2 工具的复合性与业务的交叉性

1995年以后，我国选择了实行严格的分业经营、分业管理的策略，即银行、证券、信托、保险分业经营、分业管理。虽然如此，商业银行和金融市场的工具复合性和交叉性却在不断加深，对比《商业银行法》(2003)、《商业银行中间业务暂行规定》(2001)对商业银行的业务范围规定与《证券法》和《证券投资基金法》所规定的证券公司营业范围可知，在经历了一系列变化后，商业银行的业务领域得到了较大的扩展，已经在相当程度上涉足非银行金融领域。以投资银行业为例，除股票经纪、股票承销及交易等少数品种外，商业银行几乎可以从事其他所有的投资银行业务。主要表现在以下五个方面：

### 1. 代理股票业务

在我国现有法律框架下，商业银行代理股票业务可以包括三类：一是代理资金转账、清算和结算业务，例如银证转账、代理股票资金清算业务；二是代理账户管理业务，例如银证通业务；三是代理交易业务，包括代理发行和买卖股票业务。在这三类业务当中，商业银行都属于受托代理性质，负责经办发行、收款、资金转账等具体事务，银行资金不介入交易过程，不承担承销、经纪和交易风险。

银证通业务于1998年开通，2005年叫停，但现在其替代产品已经出现，主要是第三方存管业务，即证券公司将客户证券交易结算资金交由银行等独立第三方存管。银证通与第三方存管的不同之处在于，在银证通业务中，投资者的证券交易资金及其他理财资金放在同一个账户中；而在第三方存管模式中，投资者须在银行专门开设一个证券交易资金账户，其中的资金只能用于证券交易。此外，银证转账、代理交易业务都已经展开。

### 2. 证券投资基金托管、销售、注册登记和短期融资业务

由于商业银行的营业网点比证券公司、基金公司要多，因此，在证券投资基金托管、销售、注册登记和短期融资业务上具有范围经济（economy of scope）和规模经济（economy of scale）的优势。如图7-4所示，银行的参与，使得证券的交易成本下降，当然，前提是交易技术的进步。

单位：美元

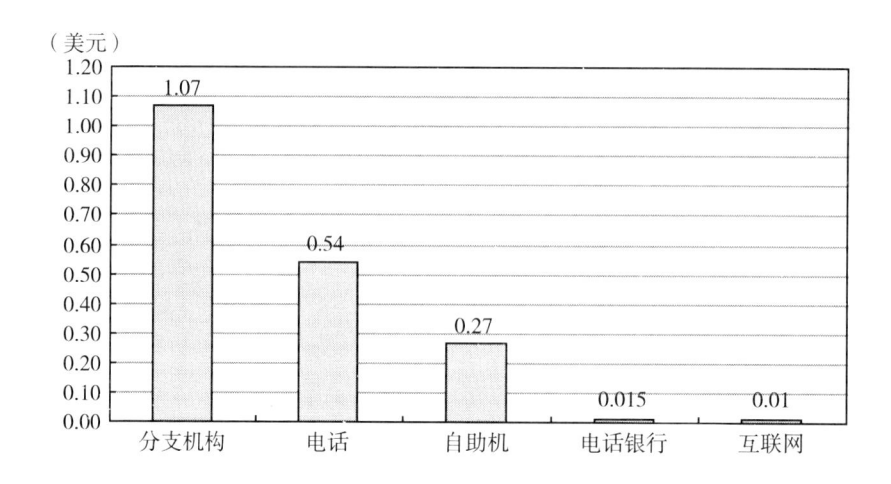

| 分支机构 | 电话 | 自助机 | 电话银行 | 互联网 |
|---|---|---|---|---|
| 1.07 | 0.54 | 0.27 | 0.015 | 0.01 |

**图7-4 单笔证券交易成本下降**

资料来源：Booz, Allen & Hamilton, Merrill Lynch；转引自吴晓求主编《中国金融大趋势：银证合作》，中国人民大学出版社2002年版，第166页。

### 3. 产业基金投资托管业务

产业投资基金是指一种主要对未上市企业直接提供资本支持，并从事资本经营与监督的集合投资制度，即通过发行基金股份设立产业投资基金公司，由基金公司委托基金管理人管理基金资产，委托基金托管人托管基金资产，投资收益按投资者的出资份额共享，投资风险由投资者承担。在产业投资基金的运作过程中，具有基金托管资格的商业银行接受产业投资基金公司的委托，作为基金资产的托管人，行使保管、监督、核算、估值和清算等职能，并收取相应手续费。

### 4. 委托资产管理托管业务

近年在商业银行业务中发展非常迅速，其实质就是商业银行品种众多的"理财"产品。截至2007年7月，中国银行提供的理财产品，投资领域主要集中在货币市场、债券市场，但已经开始向股票市场迈进。银行理财产品其资产规模也在不断增加，且对基金业的发展已经造成较大影响——从现有的统计来看，2007年年底，中国银行的各类理财产品资产规模已超过万亿。

2006年，在各类金融机构推出的金融创新产品中，银行理财产品以其发行规模的庞大和发行种类的多样性，居于翘楚地位（见表7-3）。按理财产品的发行对象进行的分类，可以将银行理财产品分为批发业务类和零售业务类，前者主要针对养老基金、保险公司、非金融企业等机构客户,后者主要针对个人和家庭。

表7-3　　　　　2006年和2005年银行理财产品发行数量　　　　　单位:只

| | | 人民币 | | 外币 | |
|---|---|---|---|---|---|
| | | 2006年 | 2005年 | 2006年 | 2005年 |
| 按产品连接资产分 | 非挂钩产品 | 125 | 101 | 550 | 462 |
| | 挂钩产品 | 162 | 17 | 211 | 104 |
| 按银行分 | 四大国有银行 | 53(21) | 23 | 251(42) | 194(47) |
| | 股份制内资银行 | 234(141) | 95(17) | 440(111) | 318(18) |
| | 外资银行 | — | — | 70(58) | 54(39) |
| 按期限分 | 1~6个月 | 132 | 76 | 477 | 326 |
| | 7~12个月 | 115 | 31 | 168 | 141 |
| | 13~24个月 | 37 | 7 | 95 | 67 |
| | 24个月以上 | 3 | 4 | 21 | 32 |
| | | 287 | 118 | 761 | 566 |

注:"()"中数字为挂钩产品发行只数,挂钩指将产品的收益与某类基础资产价格相连接。

资料来源:殷剑峰主编,《中国金融产品与服务报告》(2007),社会科学文献出版社2006年版,第377页。

从表7-3中可以看出,相对于2005年、2006年的银行理财产品虽然仍以外币产品为主,但人民币业务大幅增加。挂钩产品的数量有了显著的增加。

### 5. 存托凭证业务(ADR、SDR、GDR、CDR)

存托凭证(Depository Receipts,DR),又称存券收据或存股证,是指在一国证券市场流通的代表外国公司有价证券的可转让凭证,属于公司融资业务范畴的金融衍生工具。美国存托凭证(American Depository Receipts,ADR)是面向美国投资者发行并在美国证券市场交易的存托凭证。面向新加坡投资者发行并在新加坡证券市场交易的存托凭证称为新加坡存托凭证(Singapore Depository Receipts,SDR)。如果发行范围不止一个国家,称为全球存托凭证(Global Depository Receipts,GDR)。2000年以来,在香港地区上市的一些著名红筹股如中国移动、中国联通、上实控股以及汇丰控股、东亚银行等蓝筹股公司，纷纷提出希望以中国存托凭证（China Depository Receipts，CDR）的方式在境内证券交易所发行上市，筹集人民币资金用于投资境内项目或者收购境内资产。但截至2007年年初，CDR依然处于搁置状态，并没有成为现实。

### 7.1.3 资产证券化

信贷资产证券化（Asset Securitization）是指把缺乏流动性，但具有未来现金流的信贷资产如住房抵押贷款、风险较低的中长期项目贷款等汇集起来，通过结构性重组，再配以相应的信用担保，将其转变成可以在金融市场上出售和流通的证券，据以融通资金的过程。在美国华尔街有一句名言："如果有一个稳定的现金流，就将它证券化。"可见资产证券化是指将缺乏流动性但能够产生可预见的稳定未来现金流的资产，通过结构性重组，转变为可以在金融市场上销售和流通的证券。其核心原理和流程如图7-5所示。

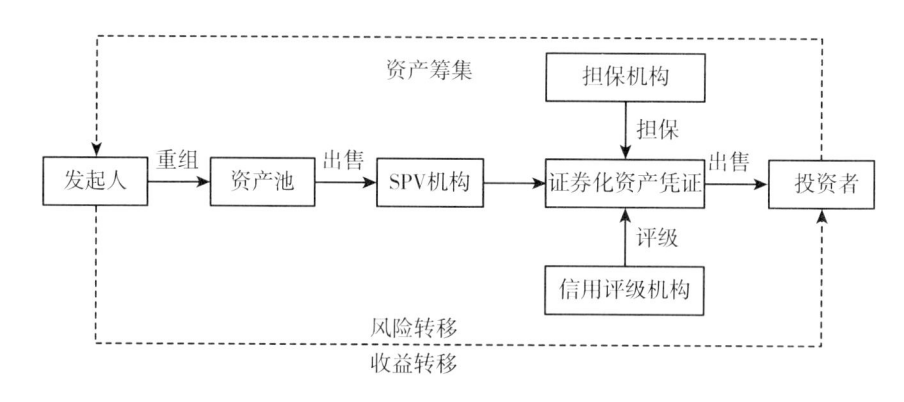

**图7-5 资产证券化核心原理**

我国的银行作为经营风险的企业，一直以来独自承担着贷款所带来的信用风险、提前还款风险、流动性风险等诸多风险。而资产证券化的目的在于将缺乏流动性的资产提前变现，化解信贷资产风险，增强商业银行的竞争能力。因此资产证券化对银行业有很重大的意义：证券化增加了信贷资产的流动性，从而可以获得主动性资金来源；强化了资产负债管理，增强银行抵御流动性风险能力；改善资本结构，提高银行资本充足率；促进商业银行中间业务的发展。

不仅如此，资产证券化对我国资本市场的发展有重要的促进作用。资产证券化促进了资本市场结构、制度和工具的创新，不仅扩大了资本市场的规模和基础，而且有利于改善我国资本市场整体架构，降低市场系统风险，提高市场总体收益水平。资产证券化产品对我国保险基金、养老基金等资本市场的长期投资者最具吸引力。

此外，银行信贷资产证券化的进行，还能够促进中国信用评级机构、担保机构和投资银行的发展。图7-5所示的流程中，投资银行、信用评级机构和担保机构是资产证券化得以进行的机构基础。

2005年初，央行宣布，信贷资产证券化试点工作正式启动。2005年底国家开发银行和中国建设银行作为试点单位，分别进行了信贷资产证券化和住房抵押贷款证券化试点工作，金额为150亿元；此后国家开发银行在2006年年末又发行了70亿元的信贷资产证券化产品。

第二轮信贷资产证券化试点于2007年6月启动。中国人民银行批准平安信托在全国银行间债券市场发行"2007年第一期开元信贷资产支持证券"，总额不超过80.56亿元。据报道，第二轮信贷资产证券化试点总额将不超过600亿元，至2007年6月，除国家开发银行已获批外，工行、农行、中行等几家银行已上报方案，但尚无法确定下一个将何时批准。第二次试点与2005年推出的第一批试点相比，除扩大规模外，还适当扩大了资产池的资产范围。

2007年的第二次试点，不仅包括扩大信贷资产证券化试点的品种和规模，股份制商业银行也可以参与试点，2007年民生银行、招商银行已确定开展信贷资产证券化业务。按照主管部门初步拟定的相关指引，将来开展信贷资产证券化的金融机构包括商业银行、政策性银行、信托投资公司、财务公司、城市信用社、农村信用社、金融资产管理公司、金融租赁公司等。

在第二轮试点结束后，信贷资产支持证券是否能够进入放开总额度限制的常规化发行阶段，仍然不能确定。

### 7.1.4 金融机构组织架构和运行模式的改变

一旦商业银行和资本市场之间开始出现工具的复合和业务的交叉，那就必然要求组织架构和运行模式作相应的调整和变革。而且，银证合作的开展，客观上也需要在金融的组织架构上设计一道制度性防火墙，有效地过滤风险，衰减风险的传导过程。

而目前中国实行全能银行，可能性不大。这是因为，其一，由于外部监管不足，以及自身的不健全经营机制，中国的证券公司追求自身利益尤其是管理层利益最大化的倾向十分严重，所以证券公司常常利用自己拥有的巨大资金实力在证券市场上"坐庄"，操纵股价，其成败对证券市场都是起负面作用；其二，以强化分业为目的金融监管体制刚刚形成，难以胜任综合经营监管；其三，现有商业银行的内控制度和风险管理制度或者不健全,或者无法有效行使,由于全面的混业后证券业和传统的银行业之间界限模糊,没有良好的内控机制,后果可能是灾难性的。

在我国,最适合的综合经营的组织形式,是金融控股公司。金融控股公司的最大特点,也是最大优势,就是"集团混业,经营分业"。金融控股模式介于全能银行模式和分业经营模式之间。在金融控股模式下,子公司仍然是"分业"的,或者说是专业化的,而集团是"全能"的,从而兼顾了安全和效率。

我国尽管目前金融业实行分业经营和分业管理,我国的法律也未明确金融控股公司的法律地位,但在现实中一些金融控股公司已经存在。这包括由非银行金融机构形成的金融控股公司,如中信控股、平安集团等;商业银行通过独资或合资成立的金融机构形成控股公司,如中国银行的中银控股公司、中国建设银行控股的中国国际金融有限公司、中国工商银行的工商东亚金融控股公司等;由企业集团形成的金融控股公司,如宝钢、山东电力、海尔等。目前中国由银行控股的金融控股公司及其组织形式参见表7-4。

表7-4 中国主要(银行)金融控股公司一览

| 名称 | 经营性金融子公司或参股金融机构 |
| --- | --- |
| 中信控股有限公司 | 中信银行、中信证券、中信基金、中信国际金融控股有限公司、信诚保险、中信信托、中信期货、中信资产管理公司 |
| 光大集团 | 中国光大银行、光大证券、光大永明保险、光大控股、申银万国证券 |
| 中国平安保险集团 | 平安人寿、平安财险、平安海外保险、平安信托、平安证券、平安银行 |
| 中国银行集团 | 中国银行股份有限公司、中银香港、中银国际、中银集团保险公司、中国人寿 |
| 中国工商银行集团 | 工商银行、工商东亚、工行香港、工商国际、香港友联银行 |
| 中国建银投资有限责任公司 | 中国建设银行股份有限公司、中国国际金融公司、香港建新银行、中信嘉华银行 |
| 招商局集团 | 招商银行、深圳市商业银行、招商证券、海达保险公司、招商中国基金、招商局保险公司、招商投资控股公司 |

资料来源:各主要财经报道检索;李扬主编,《中国金融发展报告》(2007),社会科学文献出版社2007年版,第92页。

概括起来，中国的金融控股公司基本成因于三类：一类是由于历史原因，以金融机构身份同时控制着银行、证券、保险、信托机构甚至工商企业的金融集团；二类是近年来，一些地方政府通过对所属的信托机构、证券机构和地方商业银行进行重组，组建成金融控股公司；三类是随着对"综合经营"的放松，甚至某种程度上的鼓励，新出现的由国有银行组成金融控股公司。

在这些模式各异的金融控股公司中，各级独立法人的资本金投入是否足实、是否存在上级公司以负债或举债形式筹资入股子公司现象、是否得到了相关监管机构的核查？按照在银行、证券和保险之间以及金融与实业之间，是否按现行法规建立了有效的"防火墙"、是否存在集团公司下属各实体间的不良内部交易？银行、证券、保险三个金融监管部门各自对本部门监管对象涉及他部门监管对象间的信息，是否已做到相互沟通？这些问题，都是未定的。特别是金融控股公司本身不受监管，损害了监管信息的完整性。即便是第一类情形下的金融控股公司，尽管名义上受到监管部门的并表监管，但由于各监管部门之间缺乏有效的沟通渠道和明确的责任划分，实际上做不到并表监管。由于股权结构错综复杂，子公司各自为政，现存的金融控股公司也难以把集团的跨行业经营转化成现实的竞争优势。这说明，我国现实中存在的金融控股公司是不规范的，只能是"准"金融控股公司。

因此，重塑制度基础是我国金融控股公司发展的关键，立法需先行。可以预见，下述问题将会得到明确：一是规定只能够通过金融控股公司这种架构来实现对多类金融机构的控制权。二是发展初期的金融控股公司应当基本没有非金融业务。我国的金融控股公司应是这样一种公司，它自身并不直接从事任何业务经营活动，只从事资本运作，至少控制银行、证券、保险或信托机构中的两类以上机构子公司，并且金融性子公司的资产占整个公司的绝对主体。

## 7.2　中国商业银行面临的巨大挑战和机遇

资本市场的迅速发展，使中国金融体系"从静态观点看，银行占绝对优势，靠近德、日的银行主导模式，就动态观点看，资本市场发展迅速，正在朝美国市场主导模式发展"（瞿强，2002）。这样一种变化趋势，尤其是公司债市场的迅速发展，导致了金融活动中的"脱媒"（financial disintermediation）现象，即资金直接经由资本市场、货币市场到达资金需求者手中，这使中国商业银行固有的以存贷款利差为主要收入来源的经营模式面临巨大挑战：商业银行的资产、负债业务正经历着巨大的变化。

同时，资本市场的迅速发展，也使得商业银行面临许多发展的机遇。资本市场的发展，使得商业银行能够筹集更多的资本，补充资本金（资本金不足是我国商业银行的主要问题之一），且能够通过资本市场改善公司治理结构。需要商业银行作为参与主体，提供更多的资金和金融产品；同时，许多在以前不能开办的金融产品和业务，在资本市场不断壮大之后，也能够以资本市场为平台，得以推出。这种"基于市场的发展模式"，是商业银行的发展趋势，我们将在 7.3 节详加讨论和分析。

### 7.2.1 负债业务面临的挑战

资本市场发展对商业银行存款业务的影响突出反映在储蓄分流上。居民取出存款买股票、国库券、企业债券，或者购买基金，由基金公司代为投资股市，有新的储蓄时不存入银行而投向金融市场，这样一种金融非中介化渠道，是为金融脱媒。储蓄存款分流到金融市场，有直接分流和间接分流两种方式。所谓直接分流是指存款人取出存款直接购买股票、债券等证券，存款人变成了投资者；所谓间接分流，是指存款人取出存款后通过中介购买证券产品，主要是通过购买基金产品方式由基金公司居中操作进入金融市场。

当然，居民储蓄转向资本市场，最根本的条件是，资本市场的收益率在扣除风险溢价后，要高于居民的储蓄存款收益率（在中国可以被看做是无风险收益率）。股权分置改革在 2006 年初基本完成，因此，可以预见中国股市的收益率大幅增加，图 7-6b 给出了 2006 年 1 月~2007 年 5 月中国上证 A 股指数的数据，从中可以看到，上证 A 股指数迅速攀升，屡创新高，形成中国有股市以来最大的牛市（bull market），这表明，投资在股票市场上的收益率是很高的。图 7-6a 给出了 2006 年 1 月~2007 年 6 月的三个月存款利率与消费者物价指数（CPI）的比值，可以看到，CPI 指数不断逼近三个月存款利率，最终在 2006 年 10 月超过存款利率。这意味着存款的真实利率（real interest）为负。

如此大的收益（return）差别，自然会导致居民储蓄进入股市。图 7-7 给出了中国居民储蓄增长率，可以看到，居民储蓄增长率急速下降，甚至一度为负，这在近十几年的历史上，是没有发生过的。图 7-8 给出了中国居民的金融资产结构，从中可以看出，（存款＋现金）的比例正显著下降，而证券（包括股票和债券）的比例则稳步上升。由于中国的资金流量表现在只编到 2003 年，如果近几年的数据出炉，我们可以预见这一趋势是会更加明显的。

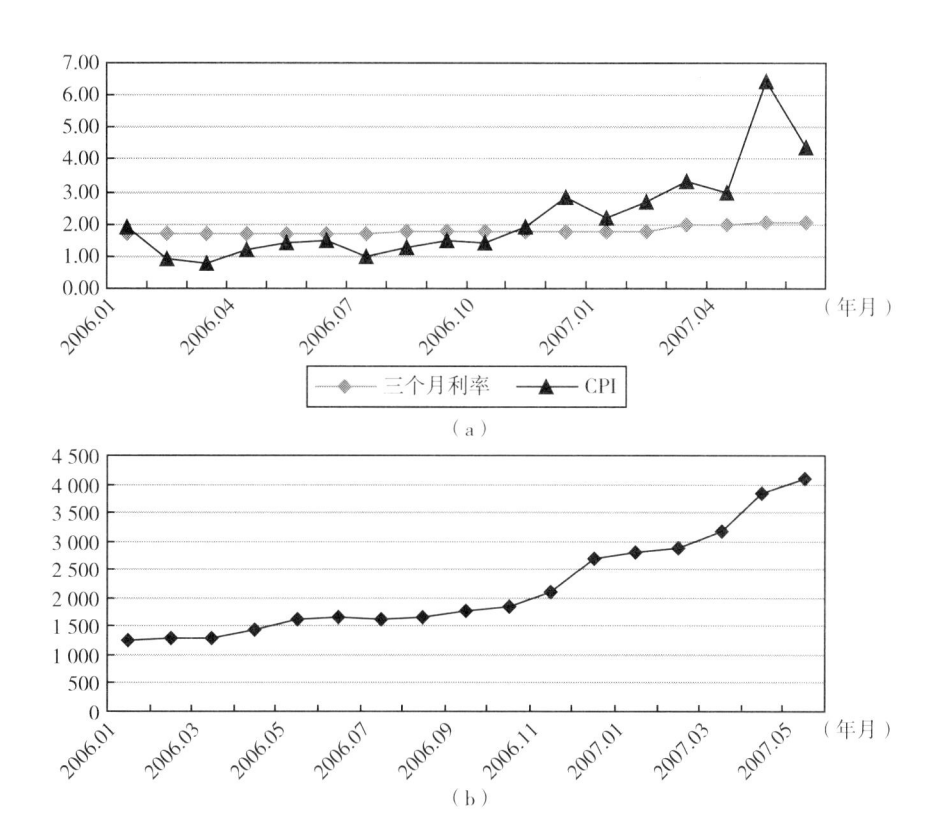

图 7-6　三个月存款利率与 CPI（a）和上证 A 股指数（b）

资料来源：中国人民银行网站、中国证券监督管理委员会网站。

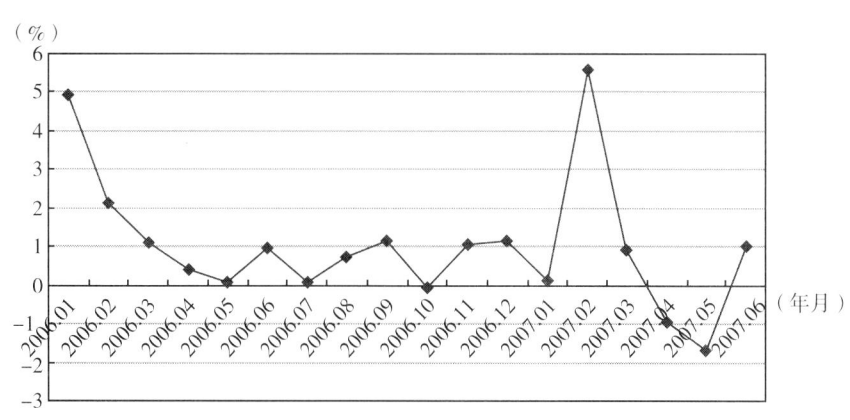

图 7-7　中国居民储蓄增长率（2006.01~2007.06）

资料来源：中国人民银行网站；数据为相对上月的增长率。

资本市场发展还改变了商业银行的存款结构。资本市场的发展在分流银行储蓄存款的同时，对商业银行的企业存款的增长也有一定影响，从而使商业银行的一般存款步入缓慢增长的阶段。与之形成鲜明对照的是，同业存款却成为商业银行新的存款增长点。资本市场在分流商业银行一般存款的同时，也会将部分资金以同业存款的形式返存入商业银行。上市股票、企业债券、投资基金等一级市场证券发行和二级市场证券交易通过证券结算公司与交易所、清算银行和结算会员（证券经营机构）的电子网络，以净额结算方式完成证券和资金收付。清算银行成为证券发行和交易资金的集散地。各地的券商在商业银行开立同业存款户，使证券发行和交易的资金以同业存款的形式回流到商业银行。很显然，一种新的资金流通渠道已经形成，这就是社会资金"收入—银行（储蓄）—投资"的传统流通渠道已有所改变，部分资金采取了"收入—证券商—银行（同业往来）—投资"的新的流通渠道，这意味着金融窖藏（financial hoarding）① 的数量增加。

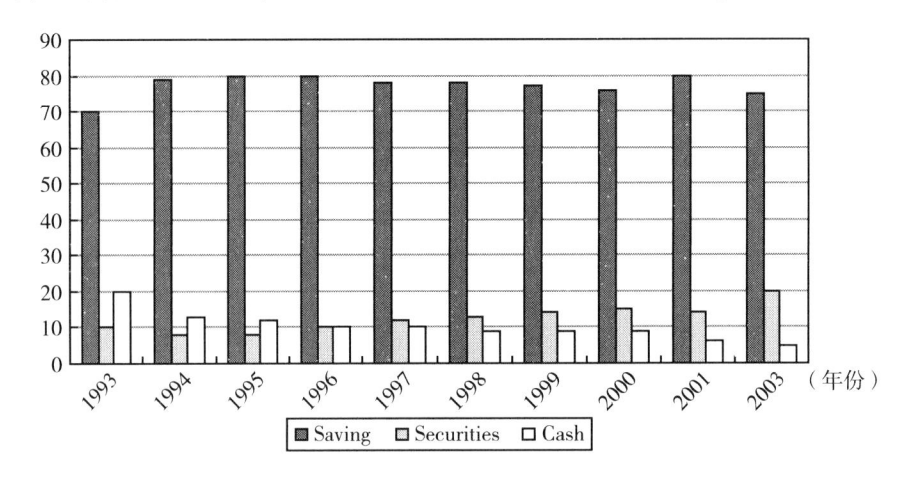

**图 7-8　中国居民金融资产结构**

资料来源：根据中国资金流量表（金融交易账户）历年数据计算。

这种新的流通渠道不能简单地看做是形式上的变化，它不仅对银行体系内部资金分配有着深层的含义，而且在结构和性质上改变了银行体系可用资金的性质。从商业银行流出的是定期存款等较为稳定的资金来源，而流回银行的主要是随时可能动用的活期存款或短期存款，因此资本市场的发展使银行定期存款活期化，长期存款短期化，商业银行资金来源结构的不稳定性增大。图 7-9 给出了商业银行存款中定期存款和活期存款占所有存款的比率，可以看出，定期存款的比率缓慢下降，而活期存款的比率则逐渐上升。这会对考虑资产负债流动性匹配的商业银行的资金运用产生重大影响。

---

① 关于金融窖藏定义的讨论，可参见 Emmer（1959）"A Concept of Hoarding"；其核心是将一个时点的交易分为实物交易（real transaction）和金融交易（financial transaction），用于金融交易的货币，即是 financial hoarding。

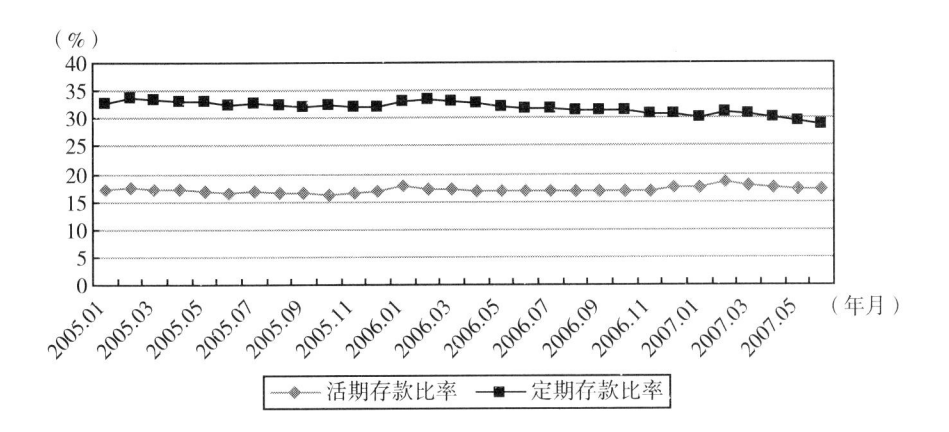

**图 7-9　活期存款与定期存款占所有存款比率**

资料来源：中国人民银行网站。

## 7.2.2　资产业务面临的挑战

目前中国商业银行的主要收入来源，依然是存贷款的利息差，这是因为，金融市场的价格仍然是受严格管制的（商业银行没有存款、贷款的定价权）。图7-10表明中国主要商业银行中间业务收入与利息收入的比率虽然有了提高，但利息收入仍然是银行的主要收入来源。如果考虑到城市商业银行和各种信用社，这一比率会更低。2006年工行的利息收入占比更是达到了91%（工行2006年年报），主要原因是，2006年中国人民银行提高了贷款利率。

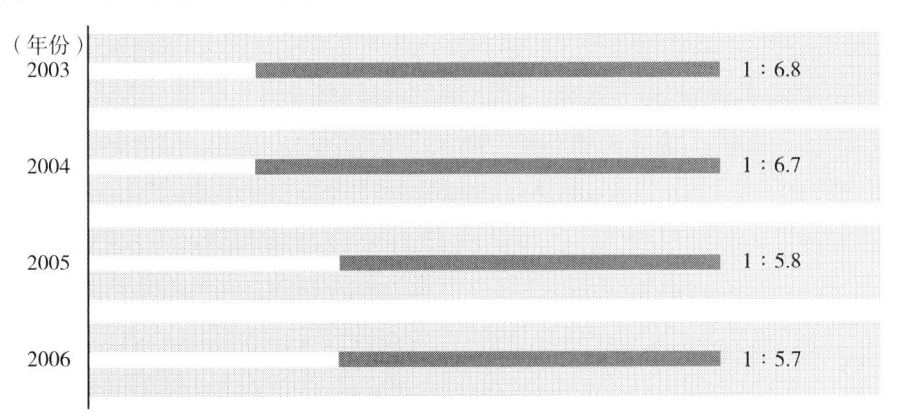

**图 7-10　主要商业银行中间业务收入与利息收入比率**

资料来源：《中国银行业监督管理委员会2006年年报》，主要商业银行指全国性商业银行。

资本市场的快速发展，尤其是企业债市场的快速发展对商业银行的资产业务的冲击是最大的，将对这种盈利模式带来巨大冲击。它将使商业银行的优质高端客户转移到成本更低、效率更高的债券市场上融资，而商业银行的客户在未来将主要是中小企业和个人。

弗雷泽斯和罗奇特（Freixas and Rochet, 1997）构建了一个中介和市场的信用均衡模型，其核心思想为，存在信息不对称时，市场对处理标准化的大公司融资（提供信用）更具优势，而中介则在中小企业融资（提供信用）上具有信息优势，因此，给定初始条件（如监督成本成功的概率），可以解出中介和市场的清晰界限①。随着经济的发展，企业融资标的监督成本降低，直接融资的市场份额会上升。这种改变就是来自于金融需求层面的变化。根据这一个模型，也可以预测，商业银行的客户层次会下移到商业银行具有相对信息搜集优势的中小企业和个人。

如图 7-11 所示，中国债券市场的筹资额增长非常迅速，但是在各种债券中，目前企业债所占的份额非常低，主要是政府债券和有政府背景的债券，如央行票据和政策性金融债。

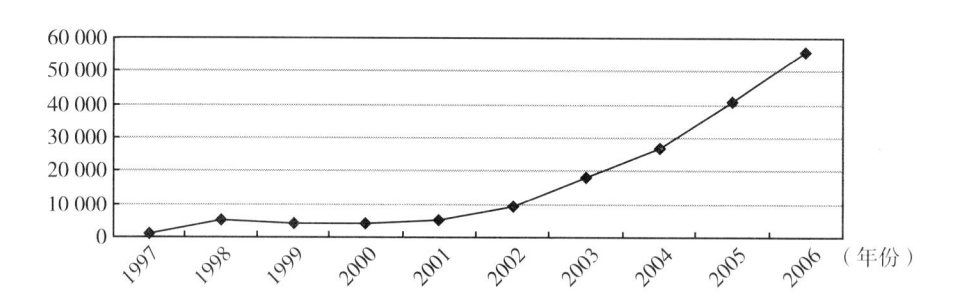

**图 7-11　银行间债券市场债券发行量**

资料来源：中国债券信息网。

中国债券市场的债券，政府债券和有政府背景的债券（金融债中一半以上都是政策性金融债，归入此类债券）比例过高，而公司债券的比例非常低，且发展非常慢。在 2004 年企业债仅占 2%，到 2006 年依然不到 3%。而政府债券和有政府背景的债券比例都在 80% 以上。图 7-12 比较了中美两国债券市场品种的结构，从中不难发现，相对于发达市场而言，中国债券市场中政府及有政府背景的债券（包括国债、央行票据、金融债券中的政策性金融债）占有绝对主导地位（80% 左右），而公司债仅占 3%。

---

① 假定监督成本满足 $1/R_C > (1+C)/G$，若 $\pi_G > 1/R_C$，则企业选择直接融资；若 $(1+C)/G < \pi_G < 1/R_C$，则企业只能选择银行贷款，若 $\pi_G < (1+C)/G$，无融资。这里 $C$ 为监督成本，$R_C$ 为厂商选择劣技术时的临界债务值，$G$ 为产出，$\pi_G$ 为成功概率（详见 Freixas and Rochet, 1997, chapter2）。

（1）中国债券市场品种结构　　　　（2）美国债券市场品种结构

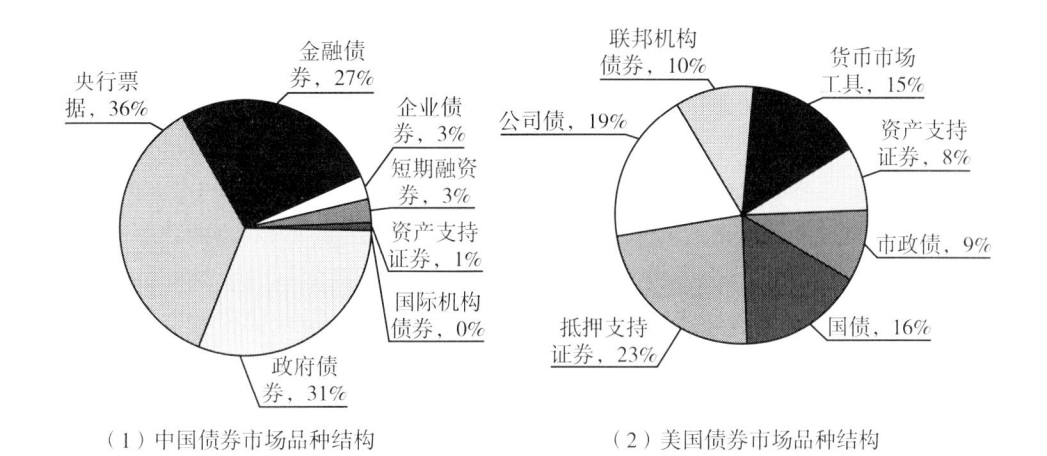

**图7-12　中美债券市场品种结构比较（2006）**

资料来源：根据中国债券信息网、美国证券行业和金融市场协会网站数据整理。

中国企业债规模如此之小，主要是由政府管制造成的。发行公司债券一般需要担保主体，并且发行的市场价格是受管制的，即企业债券的票面利率不能高过同期国库券的20%。如图7-13所示，中国企业债券发行总量不但少（不到3%），而且企业债券主要是担保债券，无担保的债券只有3%。不过，随着2007年6月《公司债发行试点办法》的出台，国家对企业债的市场化发行的严格限制已经出现了放松——从8月起，在中国企业债的发行审批机构从国家改革和发展委员会转到证监会的前提下，发行的审批程序简化，发行价格日益市场化并允许发行无担保债券。

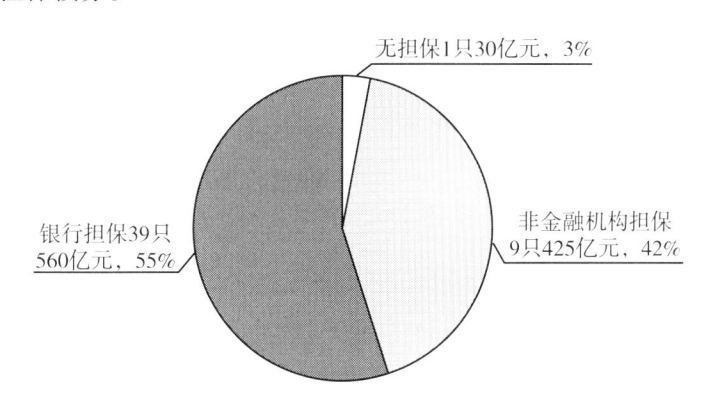

**图7-13　企业债券发行种类（2006）**

资料来源：殷剑锋主编，《中国金融产品与服务报告》（2007），社会科学文献出版社2007年版，第145页。

随着中国公司债发行管制的逐渐放松，对于不少中国企业而言，其未来的债券融资将更为方便，且相对于银行信贷而言，成本更低。由图7-12中美债券市场的比较可知，中国企业债券市场发展空间是很大的。

在货币市场上，公司债券的替代产品短期融资券自2005年首次推出后，发展迅速。在发行品种上，以一年期为主；在发行规模上，从2005年的1 465亿元，迅速增长到2006年的2 907.5亿元（见图7-14a）；并且短期融资券的利率比较充分地体现了风险加权（升水）的原则，不同风险的债券间利率差距拉开，这与价格受到管制且要求必须有担保的企业债券完全不同（见图7-14b）。短期融资券的快速发展，表明在公司债试点办法得到推行以后，企业债也会得到迅猛发展。

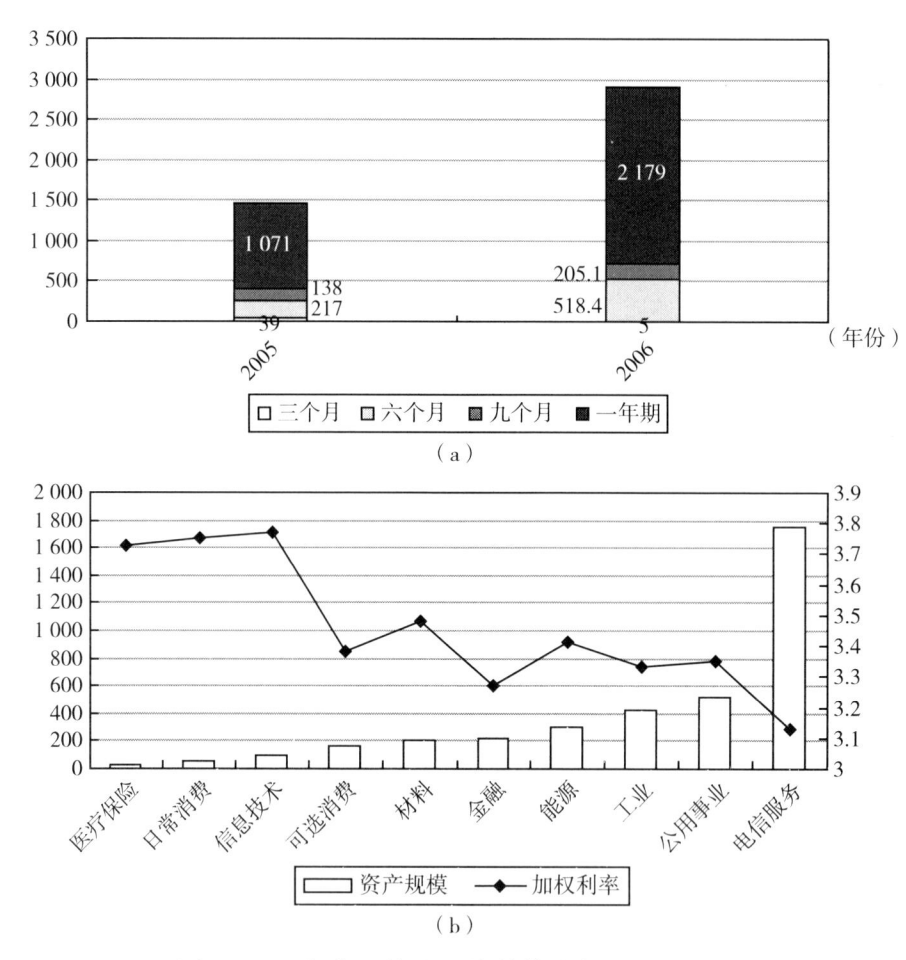

图7-14 短期融资券融资结构和规模（a）和
一年期短期融资券加权平均利率（b）

资料来源：李扬主编，《中国金融发展报告》（2007），社会科学文献出版社2007年版，第116页，第118页。

综上而言，资本市场、货币市场的发展，对商业银行贷款业务的挑战，主要体现在贷款结构上：其一，资本市场发展可能造成银行优质客户的流失。能够在资本市场通过 IPO 或发债筹集资金的企业通常是那些实力强、信誉好、效益高的优质企业，这些优质企业也是银行争相贷款的对象。银行贷款的客户将主要是中小企业和个人。

在中国，零售银行业务快速增长。图 7-15 表明个人信贷占 GDP 的比重从 1999 年以来不断增加，虽然近几年略有下降。

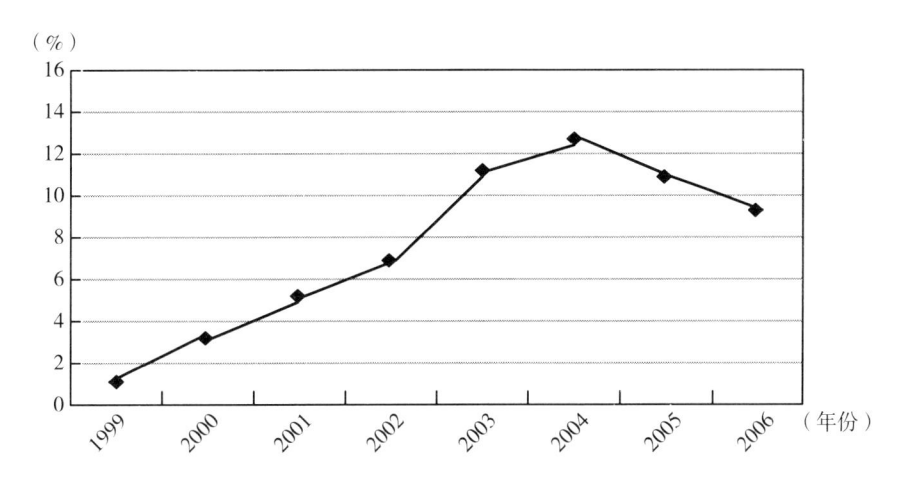

**图 7-15　个人消费信贷占 GDP 的比重**

资料来源：殷剑峰主编，《中国金融产品与服务报告》（2007），社会科学文献出版社 2007 年版，第 356 页。

其二，货币市场的发展，将使商业银行的贷款以中长期贷款为主。由于在货币市场融资的门槛较低（见图 7-14b）、期限较短、风险较低，并且目前我国货币市场的发展非常快，基准利率上海同业拆放利率（Shibor）已经推出，且投入使用，目前已和货币市场上许多融资工具挂上钩，因此，短期融资的大部分，将转移到货币市场上。图 7-16 给出了中国商业银行短期贷款和中长期贷款占所有贷款的比率，可以看出，随着短期融资券的推出，这一趋势是非常明显的。

但是在前一小节关于商业银行的存款结构中，我们知道商业银行的定期存款将下降，活期存款上升，因此，这就出现了负债与资产的期限不匹配（mismatch）的问题。这将对商业银行的风险管理水平提出很大的挑战。

有些研究认为，资本市场的发展，会使商业银行的贷款规模变小或者增长变缓慢。对此，我们并不认同。作为整个经济的支付体系（payment system），事实上，作为整体的商业银行能够放款的数量，根据信用货币创造模型可表示为：

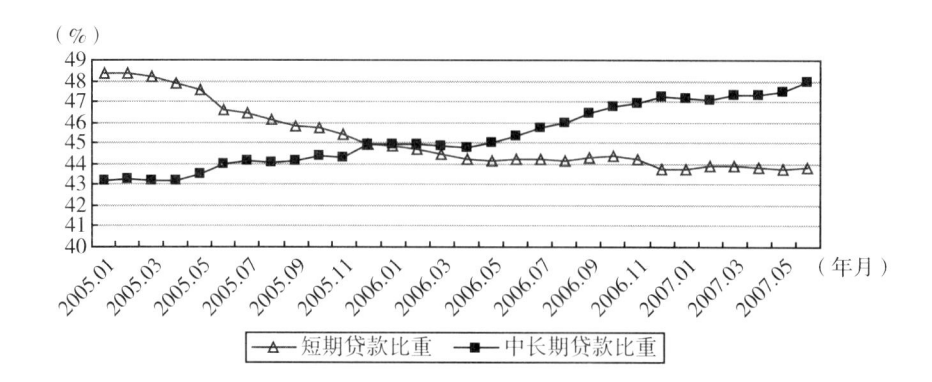

图 7-16　银行短期贷款与中长期贷款占所有贷款比率

资料来源：中国人民银行网站。

$$M2 = \frac{1 + (C/D) + (T/D) + (MMF/D)}{r_d + (ER/D) + (C/D)} \times MB$$

这里 M2 是宽口径货币（broad money），$C$ 是现金（cash），$D$ 是存款（deposit），$T$ 是定期和储蓄存款，$MMF$ 主要是货币市场基金份额与货币市场存款账户，加上隔夜回购协议，$ER$ 是超额准备金，$MB$ 是基础货币。一般而言，$ER/D$、$C/D$、$T/D$、$MMF/D$ 的比例是稳定的（由银行的最大化利润和最小化风险的行为选择决定），因此，M2 的数量，主要由基础货币 $MB$ 和存款法定准备准备金率 $r_d$ 决定，两者都可以由中央银行控制。其实在前面的负债业务面临的挑战中，我们就指出，资本市场的发展，造成的是存款的结构变化。当负债不会减少而只发生结构变化时，资产的总量自然不会变化。

在另一方面，资本市场发展为商业银行提供了新的机遇，有可能促进资产业务的发展。如资本市场的发展使商业银行资产证券化成为可能，这不仅有助于提高商业银行资产的流动性，而且也能增加商业银行的资金来源。又如证券公司股票质押贷款的开办，为我国商业银行资金运用提供了新的渠道，商业银行可以实现贷款多元化，进而实现资产多元化。再者，商业银行还可以在货币市场和资本市场上，开展更多的资产业务，以吸引客户。

不仅如此，资本市场的发展还为商业银行更合理地配置信贷资金，有效控制和管理风险奠定了基础。资本市场发展而创新的金融工具和金融产品，有相当一部分是为了回避或防范市场风险而创新出来的，它们为商业银行提供了更好的风险管理工具和风险管理方法。

## 7.2.3 资本市场与商业银行公司治理

资本市场的快速发展，对商业银行业务模式上带来的既有挑战，又有机遇，且何者为大，尚是未知，而资本市场的快速发展，对我国商业银行的公司治理结构的影响，几乎可以肯定地说，机遇远远大于挑战。

这表现在两个方面，其一，商业银行的资本金得到补充，从而能够成为巴塞尔协议下的合格的商业银行，由此带来的巨大意义自不待言。其二，通过上市，中国的商业银行，尤其是国有商业银行的公司治理结构会得到改善，从而可以改变以往的"注资—不良贷款上升—再次注资"的恶性循环①。

资本充足率不足是中国商业银行的主要问题之一，而上市已经缓解甚至解决了这一问题。

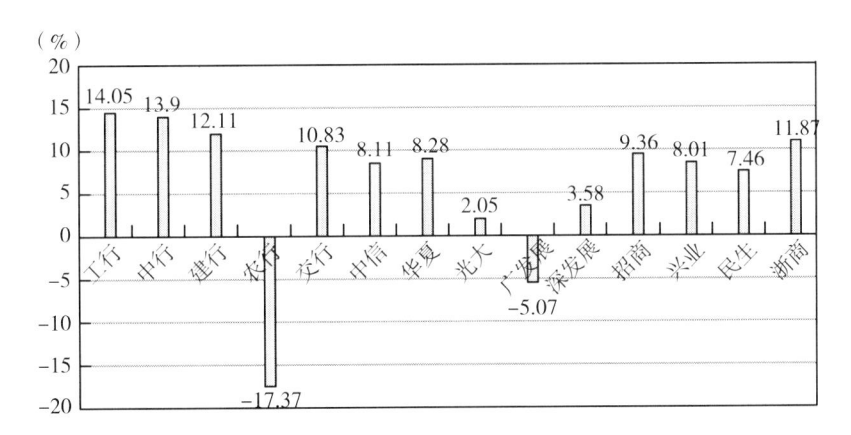

**图 7-17 全国性银行资本充足率**

资料来源：工行、中行、建行、中信、兴业、民生来自于 2006 年报，为 2006 年年底的数据；农行和其他银行无最近的公开数据，来自于《2005~2006 年中国商业银行竞争力评价》，为 2005 年 9 月的数据。

从整体上看，2004~2006 年，国有商业银行的改革使得中国银行业的资本充足率水平有了较大的提高，主要银行的资本充足率水平达到或超过了 8% 的监管要求，工行、建行、交行达到了 10% 的稳定水平（见图 7-17）。根据银监会的披露，在通过多种渠道补充资本金后，截至 2007 年末，中国银行业金融机构整体加权平均资本充足率为 8%，商业银行平均资本充足率为 8.4%，商业银行

---

① 关于单纯的注资是徒劳的论证，可参见张杰（2004）："注资与国有银行改革：一个金融政治经济学的思考。"

中资本充足率达标的已有 161 家，达标银行数量占比达到了 79.0%[①]。但大部分商业银行距国际活跃银行 12% 的资本充足率还有很大的距离。如果考虑到城市商业银行和各种信用社，中国银行业的整体资本仍然短缺。

中国银行业不良贷款（NPL）率高是有名的。图 7-18 给出了 2002~2006 年全国性商业银行的平均不良贷款率，虽然在不断下降，但仍然高达 8%。

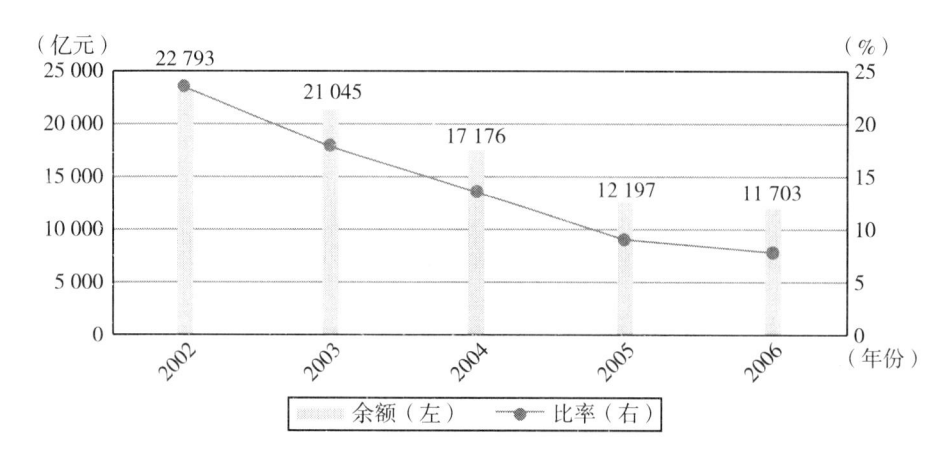

**图 7-18  主要商业银行不良贷款余额和比率**

资料来源：《中国银行业监督管理委员会 2006 年年报》；数据为全国性商业银行的数据。

考察不良贷款的国内分布就会发现，它与公司治理结构密切相关。为促使商业银行的改革，政府近几年采取了一些重大措施。除农行之外，基本上使三大银行甩掉了历史包袱，资产质量得到极大的改善。但在短期内，并不能说明任何问题，因为 1999 年成立四个资产管理公司，剥离了四大银行的 1.4 万亿不良资产，但不到 5 年的时间，四大银行的不良资产率又远超出 20%，2005 年年底农行的不良资产率是 26.17%。

资产质量最佳的是几家公司治理结构良好的股份制银行，如中信、招商、民生、华夏等。而治理结构较为混乱，受地方政府干预较大的几家股份制银行如深圳发展、广东发展、光大银行等不良资产率也居高不下。图 7-19 明显地说明了这一问题。

由此不难看出，银行资产质量的提高，关键在于良好的公司治理结构。

商业银行在股票市场上市，不但能够筹集到资本，并且能改善其公司治理结构。公司治理结构依赖于股东的内部制约和外部的市场约束（market discipline）。首先，商业银行上市有助于建立合理的股权结构；其次，上市后，市场约束将能够起作用。

---

[①] 《中国银行业监督管理委员会 2006 年年报》。

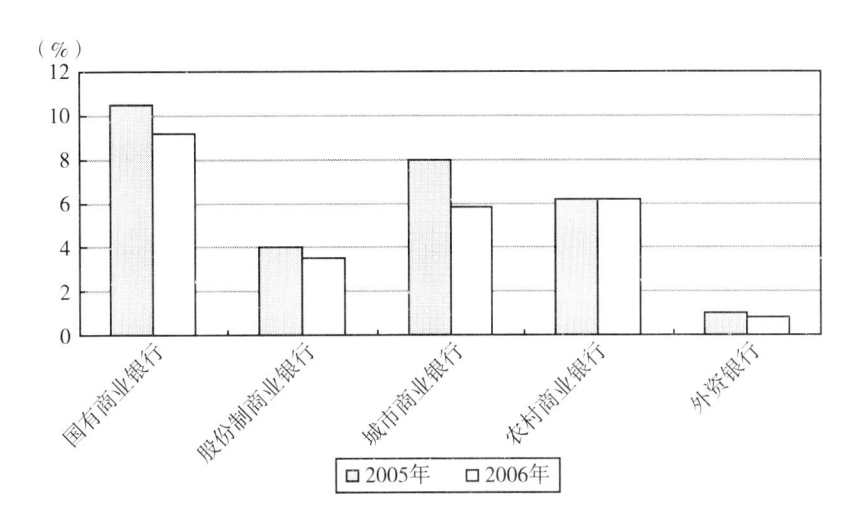

图 7-19 各类商业银行的不良贷款率

资料来源：李扬主编，《中国金融发展报告》(2007)，社会科学文献出版社2007年版，第83页。

中国商业银行的资本金主要来自于四个部分：国家财政投资、企业法人投资、个人投资和外商投资。以出资额计算，在四大国有商业银行股份制改革开始之前，中国商业银行中，国有独资的比例为94%（中国金融年鉴（2004）），股份制商业银行（如中国交通银行、中信银行）也主要是各级财政、国有法人投资的。图 7-20 给出了 2006 年末三家上市国有银行的股权结构，平均而言，超过85%的股权为国有股。

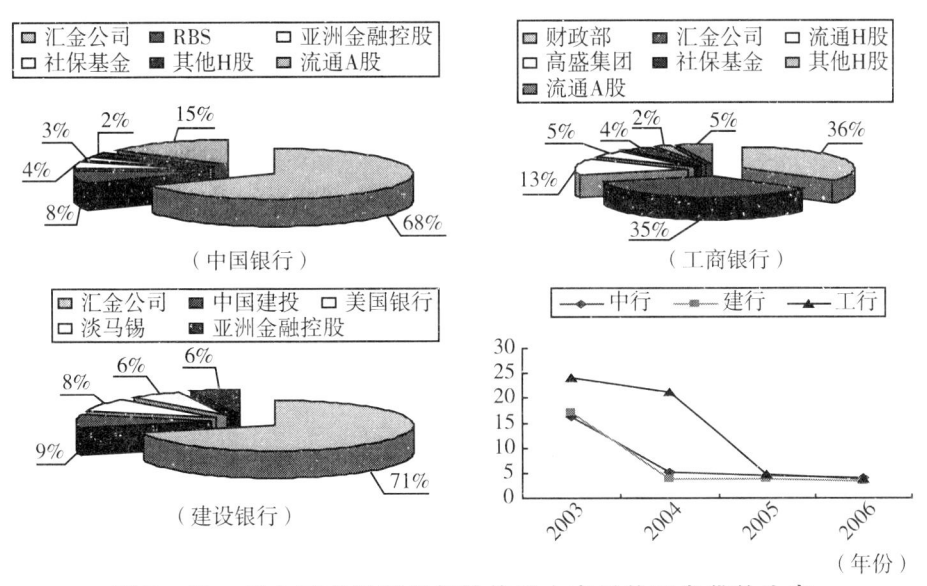

图 7-20 三大国有银行股权结构及上市后的不良贷款比率

资料来源：三大银行年报。

商业银行所有权单一是中国转轨经济的基本特征之一，也成为解释中国银行业效率低下的主要依据之一。这既来自于软约束问题，还来自于国有产权与生俱来的官本位经营模式；此外，国有产权还存在着多重的委托代理问题，因此这一制度的高代理成本、交易成本产生的各种效应往往对国有银行的经营不利。例如在中国经常发生银行职员"携款潜逃"，几乎全部发生于国有银行。国有银行的贷款去向的无效率性、服务的恶劣、激励制度的欠缺、内控制度的缺失，严重的"内部人控制"，无不与国有产权"一股独大"有关①。

图7-21给出了中国全国性银行不良贷款的股权比较。此图含有丰富的信息。第一，它表明国有银行不良贷款比率远远高于股权结构较好的股份制银行；第二，随着国有银行股改的进行，它的不良贷款比率下降；第三，国有银行依然占据着主导地位，但比率下降了。这体现在全国性银行不良贷款比率与国有银行不良贷款比率的差距拉大，它表明股份制银行的崛起。

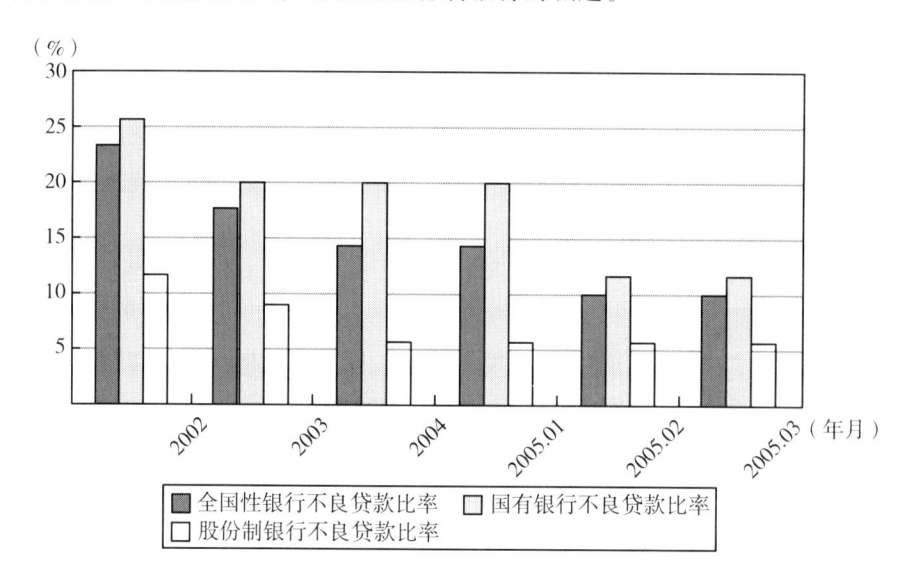

**图7-21　不良贷款股权比较**

资料来源：Progress in China's Banking Sector Reform：Has Bank Behavior Changed？IMF working paper，2006，No.71，P10.

---

①　关于国有股"一股独大"造成效率损失，有很多研究证实。例如谢平等著《中国商业银行改革》（经济科学出版社2002年版）。研究认为，中国银行业的垄断格局实际上是国家所有制的垄断，这种所有制形式是国家实际上承担无限责任，表现在商业银行本身则是外部竞争压力和内在发展动力不足，效率低下。刘伟等"中国银行业改革的侧重点：产权结构还是市场结构"（《经济研究》2002年第6期）对从银行业市场结构入手揭示中国银行业主要问题的思路提出批评，认为国有银行的产权结构单一是效率低下的主要问题所在。过于国有商业银行存在的多重委托代理问题，可参见杨瑞龙"论国有经济中的多级委托代理关系"（《管理世界》1997年第1期）。

2003 年以来对四大国有银行的股份制改革,主要包括对国有银行进行注资、引进战略投资者,建立现代企业治理制度,最终上市。目前,中国银行、建设银行和工商银行已经成功上市,农行的上市也在筹备之中。

从外部形式上看,已经上市的三家国有银行其公司治理结构在外表上已经具备了现代企业治理制度的特征[①],并且,上市以来,三家银行也取得了较好的业绩(见图 7-21)。

## 7.3 基于市场的商业银行发展趋势

在 7.2 节我们已经看到,金融市场尤其是资本市场的迅猛发展,为商业银行的传统的以存贷款利息差为主要收入来源的经营模式带来巨大的挑战:优质客户转移到资本市场融资,主要客户将是中小企业和个人;存款的结构上,活期存款变多,定期存款变少。但资本市场的迅猛发展,也为商业银行提供了巨大的发展机遇。商业未来的发展趋势,将是基于资本(金融)市场的业务,即以资本(金融)市场为平台,推出各种新业务,以应对其存款结构、金融服务客户需求结构的变化;传统的存贷款利差重要性将逐渐下降。

默顿和博迪(2005)指出,芬纳蒂(Finnerty,1988,1992)对于金融产品创新的历史研究表明,存在这样一种发展模式,金融产品最初往往是由中介机构开发出来,但最终会转移到市场上,比如以下的例子:

商业票据之类的货币工具带来了短期借贷市场的发展,使得货币市场共同基金可以和银行以及储贷机构在家庭储蓄市场上展开竞争。

汽车贷款、信用卡贷款、耐用品的消费者信用和生产商信用的证券化,加剧了银行与金融公司在提供这些资金方面的竞争。

这种模式背后的含义是,成功的新金融产品将不可避免地从银行等中介机构的专门供给转向市场化供给。在某个成功的产品为大家熟悉之后,它就可以变成在市场上普遍交易的大众化商品。有人认为,这个过程摧毁了中介机构存在的价值,但是,成功产品这种"系统的"(systematic)流失,乃是中介机构本身功能的一个必然结果。金融中介的功能之一也是开发新的金融产品,在这些产品获得成功、扩大规模之后,就要让渡给市场去交易了。金融中介要想继续繁荣,就需要开发新的

---

① 罗猛、罗平(2007)概括了四大国有上市银行(工、建、中、交)的公司治理结构。他们的分析显示,在形式上,国有商业银行的治理与现代企业制度是非常相近的。

成功产品，发现可以比现存的制度工具更能有效地完成金融功能的新工具。

### 7.3.1 投资银行业务

前已言之，对比《商业银行法》（2003）和《商业银行中间业务暂行规定》（2001）对商业银行的业务范围规定与《证券法》和《证券投资基金法》所规定的证券公司营业范围可知，商业银行的业务领域得到了较大的扩展，已经在相当程度上涉足非银行金融领域。以投资银行业为例，除股票经纪、股票承销及交易等少数品种外，商业银行几乎可以从事其他所有的投资银行业务。

作为我国银行间债券市场的主体，商业银行在风险防范、信用评估、债券发行上，具有一定的技术和人才优势；此外，作为专业的信息生产者，以及整个经济的支付体系，也具有一定的信息优势。因此，商业银行在货币市场上发行企业短期债券，其做承销业务具有比较优势。目前商业银行已经承担了大部分短期融资券的承销工作。随着银行间债券市场和交易所债券市场的整合，商业银行的投行业务可进一步渗透到企业债券在一级市场上的承销。

此外，由于网点遍布，商业银行在承销基金上也具有范围经济。当然，随着网上交易的普及，这一优势正在日趋削弱。

投行业务的快速发展，反映在中间业务收入的快速增长中。按照中国《商业银行中间业务暂行规定》，中国商业银行开办的中间业务品种共分为九大类，约400多个具体品种构成中间业务体系，涵盖支付结算、银行卡、代理、担保、承诺、基金托管、交易、咨询顾问及其他中间业务类别。由此可见，中间业务与投资银行业务，是基本相同的。

中国的投资银行发展空间很大。中国银行业中间业务收入总量以及在总收入占比中，都与世界一流银行有较大的差距。而中国的经济规模、人口总量都决定了银行业中间业务、表外业务在中国的需求非常大，目前银行业并未能满足其需求。

各大银行的实际经营状况也能反映这一点。图7-22给出了中国银行业中间业务、表外业务增长最快的8家银行的增长速度，最低的也有30%，最高的竟然达到176%。

截至2007年，大多数全国性商业银行都设立了投资银行部门或类似机构。但其设置模式上则不同，大致可以分为两类[①]：一是以工行为代表的实体职能部门，即在银行内部设立投资银行部；二是以中行为代表的金融控股形式。

---

① 或有分为三类的，即浦发的"事业部附属"模式，但其事业部附属模式与实体职能模式主要差别在管理模式上，与突破分业与否无关，只有量上的差异，故并为一类。

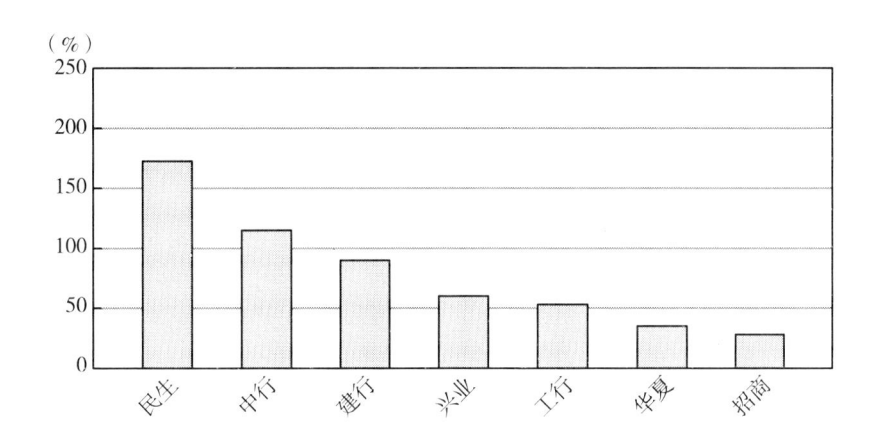

图 7-22  主要银行中间业务增长迅速（2006）

资料来源：各银行年报。

中国银行目前是国内唯一一家金融控股模式的商业银行，其以香港的中银控股为平台，实行职能管理和运作实体分开的金融控股关系型发展模式。从职能管理上，中银控股公司内部按照业务不同设置投行业务、销售交易业务等不同的职能管理部门；在实体运作上，则分别对应不同的业务成立了专门的子公司独立运作，中银控股作为总部，对外负责与中国银行总行对接，对内对各子公司实行垂直管理。

两种模式虽异，但在具体操作上，其投行部门业务都以商业银行传统的优势业务为依托。与专业的投资银行（证券公司）是不同的。这反映的是商业银行对资本市场发展带来挑战的应对——发展建立在市场基础上的业务。

在实际运作中，这两种模式各有优劣。实体职能部门模式的优势是，立足于商业银行传统优势地位，调动全系统的力度最大，协调难度最小；缺点是业务范围受分业监管限制，突破难度较大，商业银行内部的体制约束大。金融控股模式的优势是：受分业监管限制较少，业务范围广泛，体制优势最明显；缺点是：调动系统资源能力较差；协调能力较差。

在 7.1 节"资本市场与商业银行互动"关系中，我们分析了在资本市场迅猛的挑战下，商业银行在组织架构和运行模式的改变，其核心结论是：金融控股公司是我国商业银行突破分业监管，进行"综合经营"的较为方便的模式，是分业的监管体系下突破分业限制，进行"综合经营"的一种制度创新（虽然不是原创）。因此，在此也可以预测，如果我国的法制环境不发生重大的变化，未来我国商业银行发展投资银行业务的模式将主要是金融控股公司模式。表 7-4 列出的中国目前有（由）银行组成的金融控股公司，已达 7 家，占全国性商业银行总数的一半以上，也表明了这一趋势。

仍沿用王树同（2005）的归纳，截至 2007 年，我国商业银行在"优先介入"的投资银行业务方面已经取得较好的成绩：

（1）常年财务顾问业务，即对政府、企业尤其是上市公司的一系列证券市场业务的策划和咨询业务。常年财务顾问是国内商业银行介入最多的投行业务。

（2）项目融资。即以项目的资产、预期收益或权益作为抵押（或质押）而取得的一种有限追索权或无追索权的融资方式，主要用于投资金额大，回收期长和可预测现金流的基础设施和基础参与。在项目融资上，银行在资金、经验、信息搜集上的优势是非常明显的。

（3）银团贷款业务。即多家银行或其他金融机构组成银团，采用同一贷款协议，按规定比例向同一借款人提供的贷款或其他授信。银团贷款业务主要定位在两类客户群体上：一是为政府主导的基础设施建设等项目提供银团贷款融资服务；二是为民营企业提供银团贷款。

（4）改制、重组与并购业务。改制包括股份制改造、管理层收购（MBO）和员工持股计划（ESOP）。这在我国国有企业改革的背景下，由于商业银行是国有企业的主要债权人，一度成为商业银行最主要的投行业务之一。随着国有企业的退缩（在工业生产中，2005 年国有企业所占比重以不超过 15%，参见 2006 年《中国统计年鉴》），这一业务主要范围已经局限了国有商业银行本身的改制。并购业务则指商业银行作为并购顾问，可为客户提供相关政策、法律法规和财务、融资等方面的咨询和方案设计。

（5）国债、金融债、市政债券、企业债券、商业票据的发行。这些融资工具主要在银行间市场发行，作为银行间市场发行主体的商业银行，自然而然地成了主要的承销商。

（6）短期融资券业务。2005 年新推出的短期融资券在银行间市场发行。因此，其承销商主要由商业银行承担。

除了这些"优先介入"的投资银行业务外，商业银行也开始从事其他投资银行业务，并且正迅速发展。这包括：政府财务顾问业务、企业财务顾问业务、资产证券化业务、私募融资业务（指面向专业投资者和机构募集资金）。

2007 年 8 月，新推出的以"港股直通车"为名的个人直接投资海外资本市场的业务上，商业银行也已经捷足先登。继中行与中银国际联手试点开"港股直通车"后，交通银行、工商银行、建设银行近日已提交相关申请，力争获得分别在京、沪、深展开试点的资格。

### 7.3.2 基于市场的个人金融业务

零售（个人）银行业务是商业银行在经营中按客户对象划分出的专门以个人和家庭为服务对象的业务范围和市场，是对居民个人或家庭提供的银行及其他金融产品和服务的总称。

在前面商业银行因资本市场的迅速发展而面临的挑战的分析中，可以看到，随着资本市场，尤其是企业债券市场的发展，商业银行的优质客户将上移到资本市场，从而，商业银行的主要客户将是中小企业和个人。商业银行的客户结构变化决定了个人金融业务有很大的发展空间。

从个人金融需求角度看，一国的经济总量从根本上决定了一国金融的需求；一国经济的增长也从根本上决定了一国金融的发展。虽然人们对未来中国经济增长的预测并不一致，但目前市场的共识是，在未来 5~10 年内，中国经济可以实现 7%~8% 的年增长率[①]。

国际经验表明，在 GDP 规模比较小的时候，GDP 的增长会导致个人金融资产更大比例的扩张（见图 7-23）。

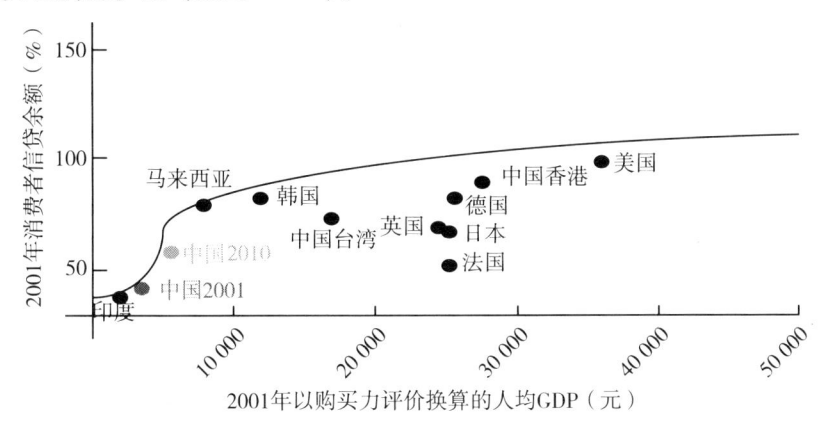

**图 7-23 经济增长与个人金融需求**

资料来源：麦肯锡报告；消费者信贷余额包括住房抵押贷款，担保及非担保个人贷款和信用卡应收款。

---

① 商务时报 2007 年 6 月 23 日报道摩根斯坦利（Morganstanley）将对中国 2007 年的 GDP 增长率预期由原来的 9.3% 上调至 10.5%；2007 年 6 月 7 日亚太经济时报称世界银行（World Bank）将中国 GDP 增幅预期由 9.6% 上调到 10.4%。一般而言，经济学家对中国未来 5~10 年保持 7%~8% 的增速普遍保持乐观。

经济的高速增长为消费者带来了财富，也导致了消费者行为的改变。艾伦和桑托莫罗（Santomero，1996）认为即使交易成本（transaction cost）为零，金融中介仍有存在的必要，因为，在人均收入提高后，参与金融交易单位时间的机会成本（opportunity cost）就会增高，这就是"参与成本"（participation cost）。从而金融中介作为减少参与成本的工具，有存在和发展的必要性。

不但如此，个人金融的快速发展，还来自于消费者行为的改变。中国消费者行为的一个突出特点就是其消费态度的快速转变，这反映了随着人均收入的增加，消费者对参与成本的敏感性逐渐增加。比如，1998 年有 51% 的消费者认为"除了买房之外借钱是不明智的"，到了 2001 年这一比例下降到 38%（见图 7-24a）。实际上，这意味着由于消费者态度的转变使得贷款市场规模有可能扩大 1/3。图 7-24b 表明消费者对个人信贷的认同程度已经相当高。

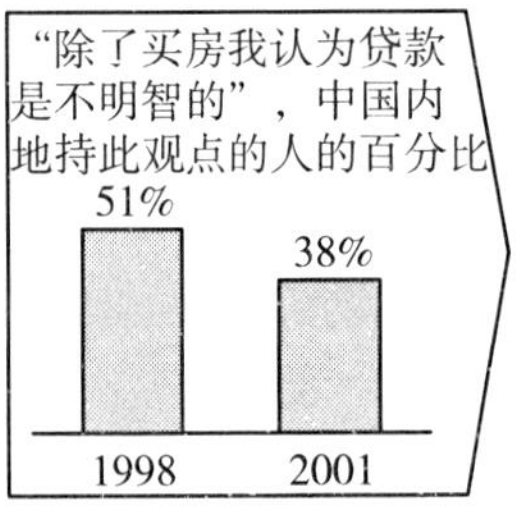

| 指　标 | 消费性贷款需求者 | 经营性贷款需求者 |
|---|---|---|
| 对借贷消费的认同度 | 3.74 | 3.62 |
| 对高消费的赞同程度 | 3.22 | 3.31 |
| 对银行知识的了解 | 3.03 | 3.26 |
| 对个人信贷手续的了解 | 3.09 | 3.17 |
| 对银行个人信贷产品的了解 | 2.96 | 3.20 |
| 对还款方式的了解 | 3.20 | 3.37 |
| 对哪种方式贷款划算的了解 | 3.06 | 3.22 |

(a) "除了买房我认为贷款是不明智的"，中国内地持此观点的人的百分比：1998年 51%，2001年 38%

**图 7-24　消费者对贷款态度改变(a)和消费者对个人信贷的接受、了解程度（b）**

注：图 b 中每个指标满分为 5。

资料来源：麦肯锡个人金融调查（1998~2001）；中国民生银行。

在个人金融业务中，基于市场金融产品主要是金融理财服务。中国的商业银行主要推出了两种理财产品。

一是储蓄型理财产品，如共同基金、货币市场账户、投资连接保险等。其资金投向主要是货币市场的金融产品：央行票据、短期融资券、银行间市场短期票据等。其特点是风险小，容易操作。但由于竞争激烈（基金公司、信托公司等也参与市场角逐），加之银行间债券市场的短期票据种类不够丰富，这样各商业银行的产品不免同质化，于是储蓄型理财产品的重要性相对下降。

二是结构型理财产品，它将固定收益证券的特征与衍生交易特征融为一体，是指其中嵌入了各种衍生品，目的在于为客户提供量身定制的投资品种。一般而言，结构型理财产品一般都与特定的基础资产价格挂钩，这包括利率连接产品、股票连接产品、商品连接产品、汇率连接产品、信用连接产品、保险连接产品和混合连接产品等七种。

从表7-3所示的中国银行业理财产品中,可以看到,相对于2005年,2006年的理财产品,无论是非挂钩的理财产品(一般是储蓄型产品),还是挂钩的理财产品(结构型),都有了较大幅度的增长,但结构型产品增长速度尤其快,从17只增长到了162只,一举超过非挂钩型产品。

表7-3还反映出人民币理财产品远远少于外币理财产品。以2006年为例,计有125只非挂钩产品、162只挂钩产品,而外币理财产品则分别为211只和550只。但人民币理财产品的征战速度快于外币理财产品。

图7-25比较了2006年各主要银行的人民币非挂钩产品,从中可见中小银行愿意比大型银行支付更高的收益率。在相同期限的情况下,国有大银行的收益率要低于股份制银行。如果比较国有银行和股份制银行的产品结构,也会发现股份制银行的产品比国有银行更加丰富。这表明,在理财产品的推出上,公司治理的因素也是很重要的。

不仅如此,主要商业银行还具备境内合格投资机构(QDII)的资格,可以推出QDII产品,直接向海外市场投资。但由于目前人民币汇率风险较大,这项业务需求不足。

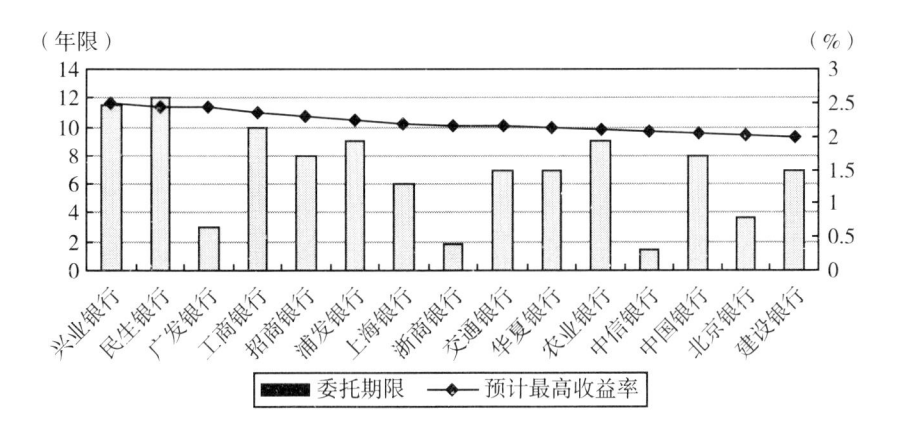

**图7-25 各家银行人民币非挂钩产品比较(2006)**

资料来源:殷剑峰主编,《中国金融产品与服务报告(2007)》,社会科学文献出版社2007年版,第382页。

总体而言,随着商业银行优质客户流向资本市场融资,商业银行的资产业务受到了极大挑战。但资本市场的发展,也为商业银行开展新的资产业务提供了平台。本节所介绍的基于市场的个人金融业务,正是其中杰出的例子。可以预见,随着资本市场的发展,银行为生存起见,基于市场的个人金融业务其规模将继续快速增大。

### 7.3.3 融资融券和证券借贷业务

融资融券交易即证券信用交易,也就是通常所说的"买空卖空",是指投资者出于对股票价格上涨的预期,支付一定比例的保证金,同时由证券公司垫付其余款项而购入股票的一种信用交易方式。买空者所购入的股票必须存入证券公司或相关机构,作为融资抵押。

为了控制信用交易产生的风险,原《证券法》明确禁止融资融券交易,但随着股权分置改革的完成,以及股指期货的推出,对推出融资融券交易的呼声越来越高。2006年7月,证监会推出了《证券公司融资券业务试点管理办法》,但截至2007年,融资融券业务仍未正式推出,虽然呼声越来越高。而且,没有卖空买空的资本市场,也不是完整的资本市场。因为卖空买空的出现,有利于风险的最佳配置,使风险分散到风险偏好投资者手中;卖空买空的出现,还有利于活跃交易,发现股票的真正价值。不但如此,融资融券交易的开通,还将沟通货币市场和资本市场,提供合格资金入市的渠道。

融资融券业务在未来的开展,对商业银行带来许多发展的机遇:

(1) 商业银行中间业务、表外业务增加了稳定而大量的需求,从而提高了银行的中间业务收入。这包括:1) 增加银行的资金存管,代理清算业务。《证券公司融资融券业务试点管理办法》第十一条规定,证券公司经营融资融券业务,应以自己的名义在商业银行分别开立融资专用资金账户和客户信用交易担保账户。这在一定程度上将增加银行资金存管和代理清算业务。2) 有利于银行扩大客户范围,促进银行理财业务的扩展。银行通过与券商、融资融券客户签订信用资金存管协议,尤其是开立实名信用资金账户等途径拓展客户范围,有利于银行理财业务的扩张。3) 未来的转融通业务为银行提供新的利润增长点。尽管此次《试点管理办法》暂未提及银行介入的"转融通"渠道(因为一般而言证券公司并没有这么多的钱供投资者买空,因此要"转"到银行进行资金"融通"),但从成熟市场的发展情况看,银行以转融通的形式向证券市场投资者提供融资业务是一个必然的趋势。因而,融资融券业务为银行提供了收益率较高、风险可控的新业务,随着我国证券市场规模的扩大,券商融资融券业务的发展,银行也将获得新的利润增长点。

(2) 短期贷款业务变为直接投资业务,提高了银行的流动性,有助于银行资产结构改善。同时也有助于提高商业银行资产负债管理水平。通过在融资融券市场经营,有助于商业银行提高改善其资产负债之间的匹配,实现资产负债管理的最优化。

（3）在7.1节我们已经分析过，随着资本市场的发展，商业银行的组织架构将发生变化，其趋势是逐渐"金融控股公司"，从而实现综合经营。因此，随着更多的商业银行组建金融控股公司，投资银行业务逐渐展开，融资融券业务也将成为其业务品种之一。

债券借贷是指债券融入方以一定数量的债券为质物，从债券融出方借入标的债券，同时约定在未来某一日期归还所借入标的债券，并由债券融出方返还相应质物的债券融通行为。2006年11月，中国人民银行颁布了《全国银行间债券市场债券借贷业务管理规定》，在全国银行间市场正式推出债券借贷业务。

在7.1节关于资本市场与商业银行的资金互动的讨论中，我们简述了银行资金流入资本市场的一个渠道就是券商在银行间市场上以债券抵押或质押的方式从银行拆借资金。从表7-2中可以看到，券商是银行间市场上一个很重要的净融入主体，而国有银行是净借出主体。

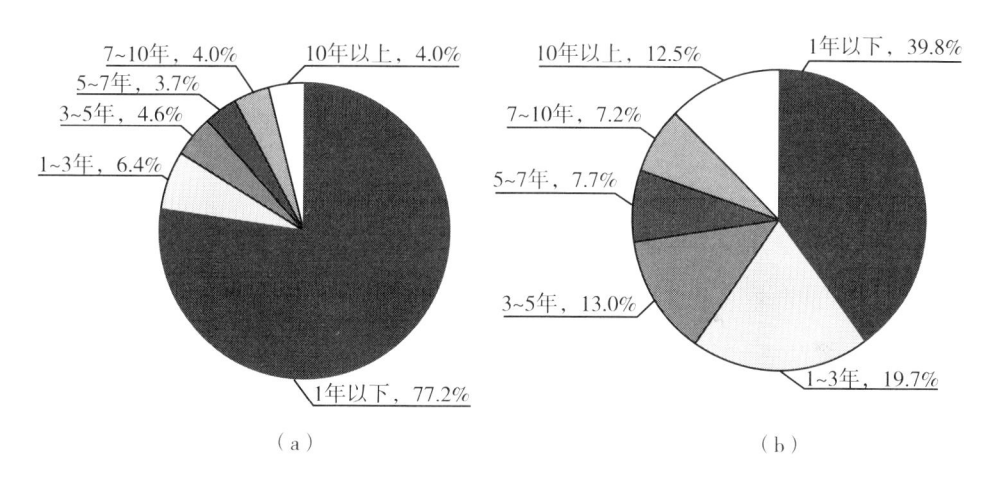

**图7-26  2006年新发行债券期限结构（a）和2006年存量期限结构（b）**

资料来源：中央债券登记信息中心。

近年来，我国银行间债券市场规模发展迅速，债券品种和交易更加丰富，市场的参与者数量迅速增加。由图7-11可知，截至2006年末，我国银行间债券市场债券托管量达到8万多亿元，可交易的债券品种近600多种。图7-26给出了我国银行间债券市场2006年新发行的债券和2006年存量债券期限结构，从中可见，我国债券市场期限结构已经较为合理。2006年，银行间债券市场可交易的债券品种近600只，交易工具包括现券买卖、质押式回购、买断式回购、远期交易、利率互换等五大类。

债券借贷业务的推出,不但增加了货币市场与资本市场的资金连通渠道,增强了债券市场的流动性,而且商业银行作为银行间债券市场最大的做市商和主要的参与机构,有如下机遇:

(1) 商业银行的债券头寸风险能够得以分散。出于做市的需要,商业银行往往需要保持大量的债券头寸,由于没有债券借贷,一旦发生市场价格波动,作为做市商的商业银行面临极大的存货风险,这限制了做市商作用的发挥。债券借贷工具的引入,可以使做市商为保证债券交割而保持的债券头寸大为减少,从而有效分散其存贷风险,提高做市能力。

(2) 降低商业银行的结算风险。随着银行间债券市场交易量的增大和交易工具的丰富,市场参与者面临的结算风险也随之增加,债券借贷使市场参与者能融入债券进行交割,以降低结算风险,提高债券结算效率。

(3) 债券借贷有助于使商业银行实现投资策略多元化。随着市场参与者的日益成熟和专业化水平的提高,商业银行投资策略需要多元化,以分散风险,使风险降低到可接受的水平。债券借贷可以用来支持更为高级的交易策略,如买空卖空,从而更多的金融工具得以组合出来。商业银行可以卖出自己暂时没有到期的债券,到期再补回,这种做空机制可以为商业银行提供新的盈利模式和风险规避手段。

### 7.3.4 金融衍生品交易[①]

随着金融市场的发展和深化,金融市场上的各种风险需要得到分散。但是资本市场的避险和对冲工具,具有标准化的交易特征,因此不能满足所有交易者的需求;加之中国的金融市场尚在不断发展之中,很多金融衍生品尚未推出(见表7-5)。这时,商业银行作为主要的金融中介,就可以在场外市场(OTC)为投资者提供量身定做的金融衍生品,其重要性更为明显。这是资本市场的发展为商业银行业务发展提供的新路径。目前中国开展的共有两大类衍生品:利率衍生品和汇率衍生品。利率衍生品包括债券远期交易和利率互换,均为2005年以后推出(见表7-5);汇率衍生品有外汇远期交易、外汇掉期交易和人民币衍生品。

其一,债券远期交易。2006年债券远期交易的规模有大幅度增长,由2005年的177.3亿元猛增到658.5亿元,增幅高达271.3%(数据来源:中国债券信

---

① 本小节的写作参考了殷剑峰主编《中国金融产品与服务报告》(2007)第十二章"利率和汇率衍生品",作者高占军、袁增庭,特此说明并致谢。

息网)。

债券远期交易参与者主要包括商业银行、非银行金融机构和证券公司三类,其中商业银行是最主要的交易主体,从表7-6中可以看出,商业银行的交易量在2006年占到67%。

表7-5　　　　　　　我国金融衍生品市场发展大事记

| 2005年5月16日 | 央行发布《全国银行间债券市场远期交易管理规定》,6月15日银行间市场推出第一笔债券远期交易 |
| --- | --- |
| 2005年7月21日 | 央行发布《中国人民银行关于完善人民币汇率形成机制改革的公告》,我国开始实行以市场供求为基础,参考一篮子货币进行调节,有管理的浮动汇率制度 |
| 2005年11月3日 | 央行发布《中国人民银行自动质押融资业务管理暂行办法》,并于2005年12月8日正式实施 |
| 2005年11月25日 | 央行推出首笔人民币/美元货币掉期业务 |
| 2006年2月9日 | 央行发布《中国人民银行关于开展人民币利率互换交易试点有关事宜的通知》,人民币利率互换业务试点正式启动 |
| 2007年1月5日 | 国家外汇管理局发布《个人外汇管理办法实施细则》,明确规定境内个人年度购汇总额由2万美元调整到5万美元 |

资料来源:王树同:《资本市场深化与商业银行发展》,并根据主要财经类报纸搜索补充。

表7-6　　　　债券远期交易参与机构分布(2005,2006)

| | 平均远期期限(天) | | 成交量(亿元) | | 比重(%) | |
| --- | --- | --- | --- | --- | --- | --- |
| | 2006年 | 2005年 | 2006年 | 2005年 | 2006年 | 2005年 |
| 合计 | 79 | 102 | 1 317 | 355 | 100 | 100 |
| 特殊结算成员 | 3 | 5 | 0 | 1 | 0 | 0 |
| 商业银行 | 61 | 99 | 881 | 212 | 67 | 60 |
| 信用社 | 180 | 84 | 18 | 24 | 1 | 7 |
| 非银行金融机构 | 176 | 135 | 260 | 94 | 20 | 26 |
| 证券公司 | 13 | 17 | 152 | 24 | 12 | 7 |
| 保险公司 | 13 | — | 6 | — | 0 | — |

资料来源:殷剑峰主编,《中国金融产品与服务报告》(2007),社会科学文献出版社2007年版,第239页;成交量系"买入+卖出"之和。

中国债券远期市场推出至今（2007年8月），已有近两年的历史，虽然交易量在增加，投资者结构更加丰富，交易债券品种分布也较前广泛，但从实际内容看，仍然有相当多的问题，主要是投资人参与远期交易，其首要目的却不是规避利率风险，在实际运用上被用作短期融资的工具：因临时头寸不足，投资机构委托第三方代理持有，待资金到位后再行购入。从而扭曲了其原来的功能。

其二，利率互换。利率互换只相互交换利息支付条件，其本金的载体可以是债券，也可以是银行贷款，一般是在固定与浮动、浮动与浮动之间进行互换。由于银行在债券市场、贷款市场的重要地位，利率互换上，商业银行的重要性自不待言。

中国的利率尚是受严格管制的，基准利率长期未能形成，这对利率互换业务的发展，形成了很大的限制。利率互换存在着交易成本过高的问题，主要是没有基准利率的缘故。2007年新推出的上海拆放利率（Shibor），成为中国的基准利率，将会促进利率互换的发展。

中国利率互换存在的主要问题是，产品差异化不够，且有长期化趋势。如图7-27所示，目前中国利率互换产品成交量最大的是5年期利率互换，1年期以下的利率互换合约成交量很小。

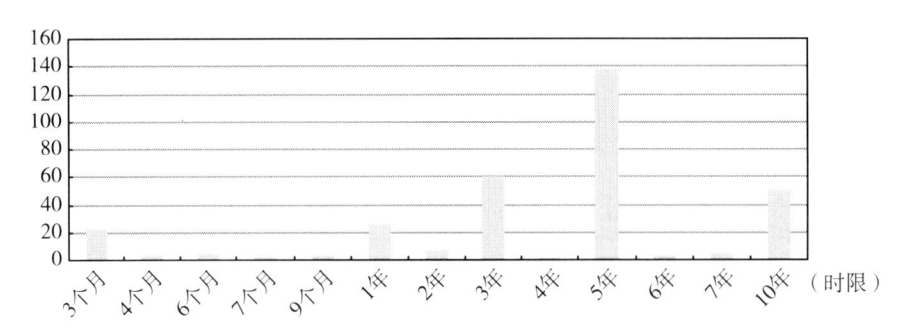

**图7-27 利率掉期各种期限产品成交量分布（2006）**

资料来源：中国货币网。

其三，外汇远期交易。外汇远期交易包括远期结售汇交易和远期外汇交易。远期结售汇交易存在已久，属于银行柜台零售业务，是指外汇指定银行与境内机构签订远期合约，约定将来办理结售汇的外币品种、金额、汇率和日期等。随着结售汇制度的放松乃至未来最终取消，此项业务将逐渐淡出。

银行间远期外汇交易自2005年8月开通以来，发展迅速。据央行的统计数据，2006年远期市场共成交140.6亿美元，备案会员数已经增加到76家，相对于2005年开办时的14家，增长迅速。由于人民币存在的升值预期，加之中国外贸顺差不断增加，因此，为规避美元等外币贬值的风险，可以预测，远期外汇交易将得到更大的发展。

其四，外汇掉期交易。所谓外汇掉期交易，是指在约定期限内，交易双方分别在期初与期末，按照约定的即期汇率和远期汇率，先后进行两次方向相反的本外币交换，以锁定汇率风险。

在 2005 年 8 月，外汇掉期市场首次放开，开始允许外汇指定银行开办不涉及利率互换的人民币与外币间的掉期业务。在试点之后，2006 年 4 月，在银行间外汇市场上开通了掉期交易，掉期市场建立。

根据国家外汇管理局截至 2006 年底的统计，已办理对客户进行人民币与外币掉期业务备案手续的银行达到了 27 家。在银行间外汇市场上，人民币掉期市场已备案会员的数量在 2006 年增加到了 62 家，与 2006 年 4 月刚开办时的 4 家相比，增长迅速。2006 年，人民币掉期市场共成交 508.6 亿美元，而外汇市场上远期与掉期合计共成交 649.2 亿美元，掉期占比达 78.3%。

# 第 8 章

# 体制变迁中的中国货币运行：
# 轨迹、机制与变化

现代市场经济是高度发达的货币经济，货币在经济中具有极端重要性。货币经济之所以迥异于实物经济，是因为货币在经济活动中的全面参与与深入渗透，不论是生产、消费，还是储蓄、投资乃至各种生产的一切交易，任何经济活动的实现都不可避免地与货币的运动联系在一起。因此，经济运作是以货币运行为核心的。尤其是在中国的经济与金融运行中，货币始终是最主要和最关键的问题，这是由半个世纪以来中国金融结构两个鲜明特点所决定的：一是以银行业为主体的金融产业结构；二是以货币为主体的金融资产结构[1]。在这样的金融结构下，货币运行对经济和金融运行具有决定性影响。因此，对于货币问题的研究，在中国具有特殊的重要性。

任何货币运行都是在既定的经济体制和金融体制中进行的，不同的体制安排通过宏观经济架构和微观经济运作决定了货币供求及其均衡机制，抽象掉制度因素，放之四海而皆准的货币真理实难寻觅，这也是中国货币运行中诸多独特现象和问题用发达市场经济体制下"经典"理论难以解释的重要原因。中国的人民币自诞生之日起就在重大的体制变迁中运行，要说清楚中国的货币问题，必须从体制变迁的视角系统研究货币运行问题。为此，我们将着力刻画体制变迁中货币

---

[1] 中国金融产业结构一直以银行业为主，从改革以前银行业资产几乎占100%到2003年底仍然占比88.89%；金融资产结构一直以货币为主，从改革以前金融资产中货币几乎占100%到2003年底仍然占比80%以上（参见李健等：《中国金融发展中的结构问题》，中国人民大学出版社2004年版，第93页）。近年来虽然有所变化，但到2006年底，这个基本格局并未逆转。

的总量变化与结构特征，解析经济金融体制与货币运行机制之间的内在关系，从中抽象并把握中国货币运行的基本规律和特点，探讨新体制下保持货币运行安全高效的路径。

## 8.1 中国货币运行的主要轨迹：总量变化与结构特征的描述

人类的科技史表明，科学的进步总是从对现实的成功描述开始的，进一步才抽象出相对复杂的理论来解释其中的规律性。因此，要研究中国货币运行的规律，首先需要对现实世界中的货币总量与结构特征进行全面描述和刻画。

### 8.1.1 中国货币总量与结构描述的起点和方法

要描述中国货币总量增长的轨迹，首先碰到的问题是样本货币和时间起点的选择。由于20世纪40年代末发生货币制度的重大变迁和政权更替，1997年以后香港和澳门的回归，使中国现行的货币制度形成了独特的"一国多币"现象：大陆地区的人民币、香港地区的港元、澳门地区的澳门元和台湾地区的新台币同时作为各地的法币流通使用。考虑到研究的代表性、连续性和可比性，以大陆地区的唯一法币——人民币作为样本进行考察应该是无可置疑的。这样从逻辑上说，货币运行在时间起点的选择上，自然应该是从1948年12月1日人民币的诞生之日算起[①]，然而，人民币发行之初面对的是双重难题：一是混乱的货币流通[②]；二是恶性的通货膨胀[③]。在货币流通尚未统一和恶性通货膨胀尚未制止的

---

① 1948年12月1日在中国金融史上注定是一个极富纪念意义的日子。那一天，华北人民政府颁布了著名的"金字第四号"布告，宣布正式成立中国人民银行并发行新钞票——人民币。

② 当时各个解放区都流通自己发行的货币；而国民政府辖区1935年进行了著名的"法币改革"，但自1937年抗战爆发至1945年8月抗战结束，法币发行量增长了394.84倍；到1948年8月20日，法币发行量增长了45 000倍！1948年8月20日国民政府开始发行"金圆券"，初定发行量为5.44亿元，但到1949年5月4日上海解放时，金圆券发行量飙升为294 722亿元，仅9个月就几乎成为废纸；1949年7月，国民政府又在广州、重庆发行银圆券，但不到3个月就垮台了。与此同时，各种外国货币在中国市场上广为流通，1949年新中国成立前夕，外币在中国的流通量超过19亿元，其中美元约12亿元。

③ 当时的通货膨胀压力主要来自两个方面：一是历史性的，从1937年到1949年5月，由于国民政府狂发货币，导致物价上涨13 800多亿倍！新中国成立以后，由于商品短缺、投机猖獗加上公众预期形成了巨大的通货膨胀压力；二是应时性的，在解放战争尚未结束和朝鲜战争开始以后，战争消耗和重建政权、恢复生产和社会秩序等支出巨大，不得不增发货币满足迫切之需。这就导致了人民币发行之初物价仍然上涨不止，1950年3月物价指数比1948年12月上涨了42倍。

过程中，货币统计极为困难，无法采用相对科学的口径并获得相对准确的数据。也可能是因为如此，在中国人民银行公布的各种货币统计数据中，时间起点都在1952年。而且从1953年起，中国内地实行了高度集中统一的计划经济体制和相应的"大一统"金融体制，货币运行也有了独特的轨迹。因此，以1952年作为描述中国货币总量变化轨迹的起点应该是恰当和可行的。

其次要解决的问题是，采用何种方法可望使描述更为贴切和准确。有两条技术路线可选：一是采用连续不断的方法；二是采用分阶段的方法。由于1952年以来中国的经济金融体制经历了两次巨变：从散乱的市场体制走向高度集中统一的计划经济体制，又转向社会主义市场经济体制。显然，不同体制的巨大差异，使得货币统计的口径及其内在经济含义不具有连续性和可比性，分阶段描述货币运行应该更为可取。而阶段划分的依据又有多种，可以按体制变迁的起点年份，也可以按金融体制改革的标志性事件。我们的研究发现，与货币运行密切相关的是银行体制改革及其货币运行机制的转变。这样，1983年就成为我们关注的年份。这一年的9月17日，国务院作出了《关于中国人民银行专门行使中央银行职能的决定》，迈出了从"大一统"的复合银行体制向二级银行体制转变的关键步伐；同年，城市经济体制改革伊始，货币运行机制开始发生相应的变化。因此，我们的研究将以1952年货币数量与结构的静态描述为起点，分别考察1953～1983年复合银行体制下和1984年以来二级银行体制下货币运行中的总量变化和结构特征。

### 8.1.2 1952年中国的货币数量与结构

1952年，刚刚结束战乱的中国内地百废待兴，经济处于恢复时期，各项经济总量指标都很低。当年人口为5.75亿，社会总产值1 015亿元，国民收入589亿元，社会商品零售总额276.8亿元，进出口总额19.4亿美元，财政收入183.7亿元。①

在金融领域，中国人民银行通过撤并解放区根据地银行、没收接管官僚资本银行和赎买私人银行等举措迅速发展壮大，1952年初建成上下贯通、遍布全国的总行、区行、分行、支行四级组织机构体系。在财经领域完成了"四个统一"② 以后，中国人民银行已经成为全国的信贷、结算、现金三大中心。因此，

---

① 数据引自国家统计局：《中国统计年鉴》（1987），中国统计出版社1987年版，第25～28页。
② "四个统一"是指通过统一全国财政收支将财力集中于中央金库；通过统一全国物资调拨将物资集中于贸易部；通过统一现金收支将现金管理集中于人民银行；通过统一信贷资金调度结算将资金运行集中于人民银行。参见《中国人民银行五十年》，中国金融出版社1998年版，第55～56页。

人民银行的信贷收支基本反映了当时货币资金的运行状况。

在货币领域，中国人民银行成立和人民币发行以后，通过回收各解放区根据地货币、肃清国民政府的金圆券和银圆券、禁止金银计价流通和外币流通、收兑新疆和西藏流通的地方货币等一系列措施，1952年已经结束了货币流通的混乱局面，人民币已经取代一切货币成为大陆唯一的法定货币。因此，人民币的数量与结构完全可以反映当时的货币运行状况。

还需要说明的是，当时的金融统计口径不同于现在，没有独立而全面的货币统计。与货币数量和结构相关的统计资料主要反映在国家银行和农村信用社的信贷收支报表之中。由于人民币一开始就是信用货币，货币形态表现为流通中现金和各项存款，但存款统计并不细分为可开支票的活期存款和定期存款，无法区分存款货币的层次，故这一时期只能以现金和现金加各项存款的广义货币这两个概念来计量。存款又具体分为企业存款、财政存款、基本建设存款、机关团体存款、城镇储蓄存款、农村存款和其他存款等七项。按现在的货币统计口径，除了财政存款以外的各种存款均计入在内，而财政存款作为中央银行的负债不直接参与存款货币的创造，故并不计入存款货币之中，这种计量口径适应于二级银行体制。但在集中央银行与商业银行于一身的复合银行体制下无法区分基础货币与存款货币，财政存款与其他各种存款都是人民银行发放贷款的资金来源，都是货币购买力的存在形式，与其他各项存款在货币性上并无差异，只是拥有的主体不同；并且财政存款虽然一般不直接用于购买商品或劳务，但其划拨以后就会相应增加企业或机关团体的存款，在人民银行账户上表现为此增彼减，在时点上改变的是存款货币的结构而非存款货币的数量。因此，我们用流通中现金和各项存款之和来计量广义货币[①]。

根据中国人民银行公布的《中国金融统计（1952~1996）》披露，1952年流通中货币为27.5亿元，各项存款之和为93.3亿元，两者合计，广义货币总量为120.8亿元。在结构分布上，企业存款占第一位，为27.32%，依次为机关团体存款23.26%，流通中现金22.77%，财政存款16.14%，城镇储蓄存款7.12%。货币结构大致如图8-1所示。

---

[①] 这个口径与黄达、陈共等学者在当时所提出的"包括范围最广的货币量"相同。他们的具体分析参见黄达、陈共等《社会主义财政金融问题》（下），中国人民大学出版社1981年版，第456页。

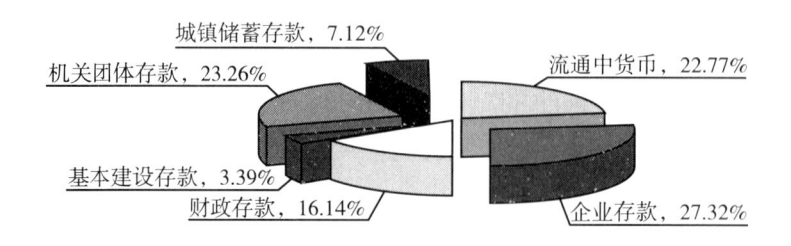

**图 8-1　1952 年中国货币结构图示**①

## 8.1.3　1953~1978 年中国的货币总量与结构特征

自 1953 年起，中国内地开始大规模有计划地进行经济建设。在经济体制与管理方式上，当时按照苏联的模式实行了高度集中统一的计划经济体制以及相应的管理方法。与此相适应，金融机构体系也按照苏联的银行模式进行改造。1955 年，公私合营的银行全部并入中国人民银行的有关机构；仅存的少数几家专业银行或并入中国人民银行，或成为中国人民银行办理某一特殊业务的部门。1955 年后，全国基本上只有中国人民银行一家办理各项银行业务，其分支机构分布全国，统揽一切信用业务，从而形成了一个高度集中统一的、以行政管理为主的、单一的国家银行体系，简称为"大一统"的银行体系，一直延续到 70 年代末的改革之前，虽然期间在形式上也曾出现过人民银行以外的金融机构，但事实上并未改变"大一统"的银行体系格局②。与之相应的货币运行也是在这个"大一统"的银行体系中进行。

在"大一统"的银行体制下，货币总量和结构的变化具有平稳性（见表 8-1）。

---

① 图中数据取自《中国金融统计》（1952~1996），中国财政经济出版社 1997 年版，第 5 页。
② 例如，1955 年和 1963 年两度成立的中国农业银行，虽曾几度分设，但因不符合高度集中的计划经济体制要求，每次都重新纳入"大一统"框架并回人民银行，单独设立的时间很短；中国银行实际上只是人民银行专营国际业务的一个部门，考虑到该行的对外业务才保留其独立的形式和名称；1954 年成立的中国建设银行是财政部办理基本建设拨款业务的机构，并不是本来意义上的银行；成立于 1949 年的中国人民保险公司，最初隶属于人民银行，1952 年划归财政部领导，1959 年全面停办国内保险业务，专营少量国外业务并转交人民银行国外局领导，虽然对外挂保险公司的牌子，但算不上是一个独立的金融机构；至于农村信用合作社，由于资金力量薄弱，其业务基本上依赖人民银行，有的地方直接与人民银行在农村的营业所合而为一。

表 8-1　　1953~1978 年中国经济货币总量与结构　　单位：亿元

| 年份 | 社会总产值 | 广义货币(M) | M0 | M0/M (%) | 城乡居民储蓄存款(S) | S/M (%) | 其他各部门存款/M (%) |
|---|---|---|---|---|---|---|---|
| 1953 | 1 241 | 147.0 | 39.4 | 0.268 | 12.3 | 0.0837 | 0.6483 |
| 1954 | 1 346 | 193.7 | 41.2 | 0.2127 | 15.9 | 0.0821 | 0.7052 |
| 1955 | 1 415 | 182.0 | 40.3 | 0.2214 | 19.9 | 0.1093 | 0.6693 |
| 1956 | 1 639 | 191.4 | 57.3 | 0.2994 | 26.7 | 0.1395 | 0.5611 |
| 1957 | 1 606 | 218.3 | 52.8 | 0.2419 | 35.2 | 0.1612 | 0.5969 |
| 1958 | 2 138 | 363.1 | 67.8 | 0.1867 | 55.2 | 0.152 | 0.6613 |
| 1959 | 2 548 | 473.8 | 75.1 | 0.1585 | 68.3 | 0.1442 | 0.6973 |
| 1960 | 2 679 | 555.7 | 95.9 | 0.1726 | 66.3 | 0.1193 | 0.7081 |
| 1961 | 1 978 | 614.4 | 125.7 | 0.2046 | 54.4 | 0.0885 | 0.7069 |
| 1962 | 1 800 | 516.1 | 106.5 | 0.2064 | 41.2 | 0.0798 | 0.7138 |
| 1963 | 1 956 | 503.9 | 89.9 | 0.1784 | 45.7 | 0.0907 | 0.7309 |
| 1964 | 2 268 | 519.5 | 80 | 0.154 | 55.5 | 0.1068 | 0.7392 |
| 1965 | 2 695 | 571.8 | 90.8 | 0.1588 | 65.2 | 0.114 | 0.7272 |
| 1966 | 3 062 | 662.1 | 108.5 | 0.1639 | 72.3 | 0.1092 | 0.7269 |
| 1967 | 2 774 | 697.0 | 121.9 | 0.1749 | 73.8 | 0.1059 | 0.7192 |
| 1968 | 2 648 | 759.2 | 134.1 | 0.1766 | 78.3 | 0.1031 | 0.7203 |
| 1969 | 3 184 | 778.8 | 137.1 | 0.176 | 75.9 | 0.0975 | 0.7265 |
| 1970 | 3 800 | 827.9 | 123.6 | 0.1493 | 79.5 | 0.096 | 0.7547 |
| 1971 | 4 203 | 903.8 | 136.2 | 0.1507 | 90.3 | 0.0999 | 0.7494 |
| 1972 | 4 396 | 927.5 | 151.2 | 0.163 | 105.2 | 0.1134 | 0.7236 |
| 1973 | 4 776 | 1 031.1 | 166.1 | 0.1611 | 121.2 | 0.1175 | 0.7214 |
| 1974 | 4 859 | 1 074.1 | 176.6 | 0.1644 | 136.4 | 0.127 | 0.7086 |
| 1975 | 5 379 | 1 157.7 | 182.6 | 0.1577 | 149.7 | 0.1293 | 0.713 |
| 1976 | 5 433 | 1 182.5 | 204 | 0.1725 | 159.1 | 0.1345 | 0.693 |
| 1977 | 6 003 | 1 259.0 | 195.4 | 0.1552 | 181.6 | 0.1442 | 0.7006 |
| 1978 | 6 846 | 1 346.5 | 212 | 0.1574 | 210.6 | 0.1564 | 0.6862 |

注：表中数据根据中国人民银行编《中国金融统计》(1952~1996) 第 5~8 页数据及计算得出。

这一时期从货币总量上看，由于基数很低，特别是相对于国民经济的增长而言，货币总量的增长并不快，广义货币从1953年的147亿元增长到1978年的1 346.5亿元；而社会总产值1953年、1978年分别为1 241亿元、6 846亿元，广义货币占社会总产值的比率分别为11.85%、19.67%，货币化比率处于很低的水平。

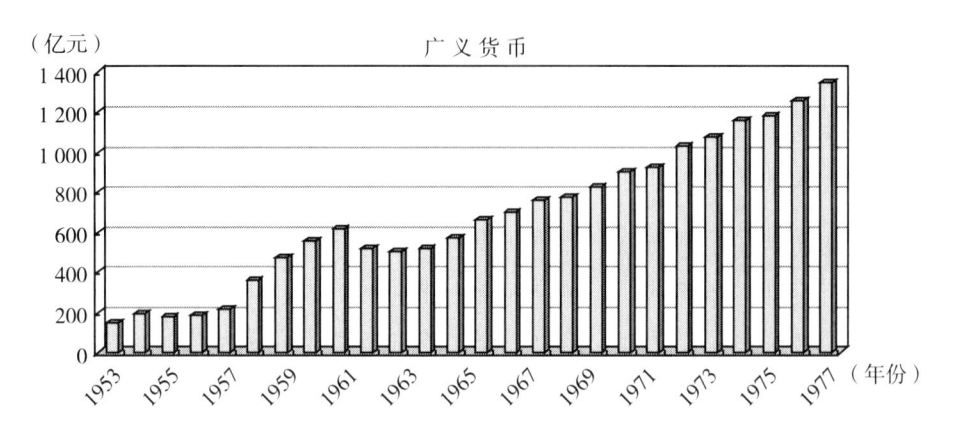

**图8-2　1953~1978年中国货币总量增长**

注：图中数据取自表8-1。

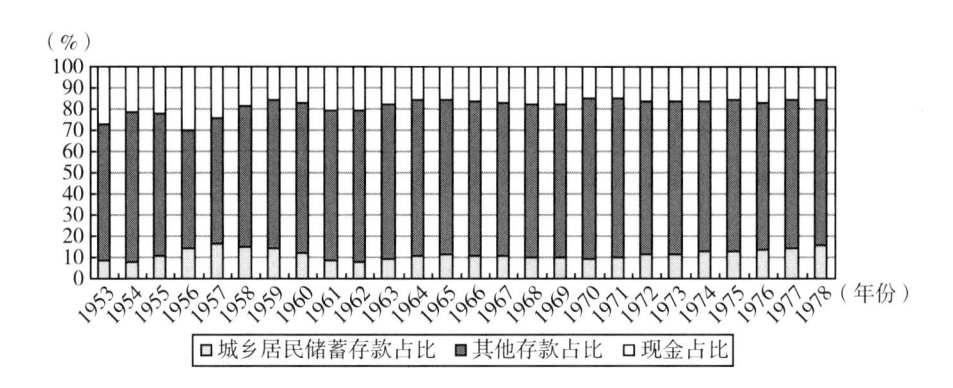

**图8-3　1953~1978年中国货币结构变化**

注：图中数据取自表8-1。

从结构上看，这一时期的货币结构有以下三个特征：

（1）企业、财政、机关团体等部门其他存款占主体，最高占比在1970年曾达到75.47%，从未低于56%。

（2）现金占比相对较高，最高占比在1956年曾达到29.94%，最低也在15%。

（3）城乡居民储蓄存款占比在波动中缓慢增长，1953年仅占8.37%，1956年曾经达到过最高的16.12%，之后又逐年下滑，最低的1962年不到8%，后又缓慢增加，但到1978年也仅为15.64%。表明在改革以前城乡居民储蓄存款在货币结构中比重很小。

### 8.1.4 1979～1983年中国的货币总量与结构特征

1979年开始经济体制改革，金融体制也相应地开始改革。最初的改革从金融机构开始，核心内容就是变革高度集中统一的"大一统"金融机构体系。1979年2月，为了适应农村经济体制改革，再次恢复中国农业银行负责管理农业资金，中国人民银行的农村金融业务全部移交农业银行经营；1979年3月，为了适应对外开放和对外经济往来的迅速发展，中国银行从人民银行独立出来，作为外汇专业银行负责管理外汇资金并经营对外金融业务；同年，为了适应基本建设投资由拨款改为贷款的需要，中国建设银行也从财政部分设出来，最初负责管理基本建设资金，发放基本建设贷款，1983年起开始经营一般银行业务，逐步成为名副其实的银行。为了适应国内多元化金融机构体系的运作和对外金融开放的需要，有效地对金融全局进行领导、调控、协调和管理，1983年9月，国务院决定建立中央银行体制，设立中国工商银行，专门经营原来由人民银行办理的工商信贷和城镇储蓄业务，负责管理城镇金融；中国人民银行不再经营一般银行业务，专门行使中央银行职能，作为发行的银行、国家的银行和银行的银行，负责制定和执行货币政策，实施金融宏观调控，管理全国金融活动。这一改革措施是中国内地金融机构体系变革的重大转折点，标志着中央银行和存款货币银行二级银行体制的正式建立，复合银行体制到1983年为止即告结束。

改革初期这5年，由于仍然处于复合银行体制下，在货币运行方面基本平稳。与改革之前相比较，变化之一是广义货币总量增长较快，5年翻了1倍；变化之二是在货币结构中城乡居民储蓄存款的占比提高较快，从1979年的17.49%提高到1983年的26.9%（见表8-2），这是农村经济体制改革后农民收入增加的主要反映。

表 8-2　　　　　1979~1983 年中国经济货币总量与结构　　　　单位：亿元

| 年份 | 社会总产值 | 广义货币（M） | M0 | M0/M（%） | 城乡居民储蓄存款（S） | S/M（%） | 其他各部门存款/M（%） |
|---|---|---|---|---|---|---|---|
| 1979 | 7 642 | 1 606.8 | 267.7 | 0.1666 | 281.0 | 0.1749 | 0.6585 |
| 1980 | 8 531 | 2 007.4 | 346.2 | 0.1725 | 399.5 | 0.1990 | 0.6285 |
| 1981 | 9 075 | 2 431.9 | 396.3 | 0.1630 | 523.8 | 0.2154 | 0.6216 |
| 1982 | 9 966 | 2 809.0 | 439.1 | 0.1563 | 675.4 | 0.2404 | 0.6033 |
| 1983 | 11 131 | 3 318.4 | 529.8 | 0.1597 | 892.5 | 0.2690 | 0.5713 |

注：表中数据根据中国人民银行《中国金融统计》(1952~1996) 第 5~8 页数据及计算得出。

## 8.1.5　1984~2007 年中国的货币总量与结构

1984 年以来，中国货币运行在总量和结构方面都表现出鲜明的特点，在经济体制和金融体制改革中呈现出货币总量持续快速增长和货币结构急剧变化。

表 8-3　　　　　1984~2007 年中国货币总量与结构　　　　单位：亿元

| 年份 | M0 | M1 | M2 | M1/M2（%） | QM/M2（%） | GDP |
|---|---|---|---|---|---|---|
| 1984 | 792.1 | 2 449.4 | 3 598.5 | 0.6807 | 0.3193 | 7 171.0 |
| 1985 | 987.8 | 3 017.3 | 4 874.9 | 0.6189 | 0.3811 | 8 964.4 |
| 1986 | 1 218.4 | 4 232.2 | 6 720.9 | 0.6297 | 0.3703 | 10 202.2 |
| 1987 | 1 454.5 | 5 714.6 | 8 349.7 | 0.6844 | 0.3156 | 11 962.5 |
| 1988 | 2 134.0 | 6 950.5 | 10 099.6 | 0.6882 | 0.3118 | 14 928.3 |
| 1989 | 2 344.0 | 7 347.1 | 11 949.6 | 0.6148 | 0.3852 | 16 909.2 |
| 1990 | 2 644.4 | 8 793.2 | 15 293.7 | 0.575 | 0.4260 | 18 547.9 |
| 1991 | 3 177.8 | 10 866.6 | 19 349.5 | 0.5616 | 0.4384 | 21 617.8 |
| 1992 | 4 336.0 | 15 015.7 | 25 402.1 | 0.5911 | 0.4089 | 26 638.1 |
| 1993 | 5 864.7 | 18 694.9 | 31 501.0 | 0.5935 | 0.4065 | 34 634.4 |
| 1994 | 7 288.6 | 20 540.7 | 46 923.5 | 0.4377 | 0.5623 | 46 759.4 |
| 1995 | 7 885.3 | 23 987.1 | 60 750.5 | 0.3948 | 0.6052 | 58 478.1 |
| 1996 | 8 802.0 | 28 514.8 | 76 094.9 | 0.3747 | 0.6253 | 67 884.6 |

续表

| 年份 | M0 | M1 | M2 | M1/M2（%） | QM/M2(%) | GDP |
|---|---|---|---|---|---|---|
| 1997 | 10 177.6 | 34 826.3 | 90 995.3 | 0.3827 | 0.6173 | 78 793 |
| 1998 | 11 204.2 | 38 953.7 | 104 498.5 | 0.3728 | 0.6272 | 84 402 |
| 1999 | 13 455.5 | 45 837.2 | 119 897.9 | 0.3823 | 0.6177 | 89 677 |
| 2000 | 14 652.7 | 53 147.2 | 134 610.3 | 0.3948 | 0.6052 | 99 215 |
| 2001 | 15 688.8 | 59 871.6 | 158 301.9 | 0.3782 | 0.6218 | 109 655 |
| 2002 | 17 278.4 | 70 882.2 | 185 007.0 | 0.3868 | 0.6132 | 120 333 |
| 2003 | 19 746.0 | 84 118.6 | 221 222.8 | 0.3802 | 0.6198 | 135 823 |
| 2004 | 21 468.3 | 95 969.7 | 254 107.0 | 0.3777 | 0.6223 | 159 878 |
| 2005 | 24 032.8 | 107 279.0 | 296 040.1 | 0.3624 | 0.6376 | 183 085 |
| 2006 | 27 072.6 | 126 028.1 | 345 577.9 | 0.3647 | 0.6353 | 209 407 |
| 2007 | 30 334.3 | 152 519.2 | 403 401.3 | 0.3781 | 0.6219 | 246 619 |

注：（1）资料来源《中国金融年鉴》、《中国人民银行统计季报》相关各期。

（2）GDP1997年以后的统计数据为国家统计局调整以后的数据。

### 1. 1984~2007年中国货币总量的变化特征

1984年以来货币运行在总量方面的突出特点是持续快速地增长。如表8-3所示，二级银行体制建立的1984年，现金、狭义货币（M1）和广义货币（M2）分别为792.1亿元、2 449.4亿元和3 598.5亿元；到2007年，这三个层次的货币量分别达到30 334.3亿元、152 519.2亿元和403 401.3亿元，分别增长了37.3倍、61.3倍和111.1倍！

从阶段性特征看，货币总量的增长大致可以分为两个阶段：第一阶段，1994年以前，货币供应量的增长曲线相对比较平稳；第二阶段即1994年以后，M0、M1、M2都进入了一个加速增长阶段，如M2达到第一个5亿元用了43年多（1952~1995年3月）；第二个5亿元的增长用了3年半（1995年3月~1998年10月）；第三个5亿元的增长用了3年（1998年10月~2001年8月）；第四个5亿元的增长不到2年（2001年8月~2003年5月）；第五个5亿元的增长用了19个月（2003年5月~2004年12月）；第六个5亿元的增长只用了13个月（2004年12月~2006年1月）；第7、8个5亿元的增长仅用了11个月（2006年2月~2007年1月，2007年2~12月），货币总量的增长速度越来越快。

当我们把这一阶段的货币总量变化用连续的曲线进行描述时,就可以看到从1984~2007年,广义货币总量的增长呈现出一条非常优美的"J"形曲线(见图8-4)。而改革以来货币总量的快速增长在"J"形曲线上表现为上端的斜率越来越陡峭。

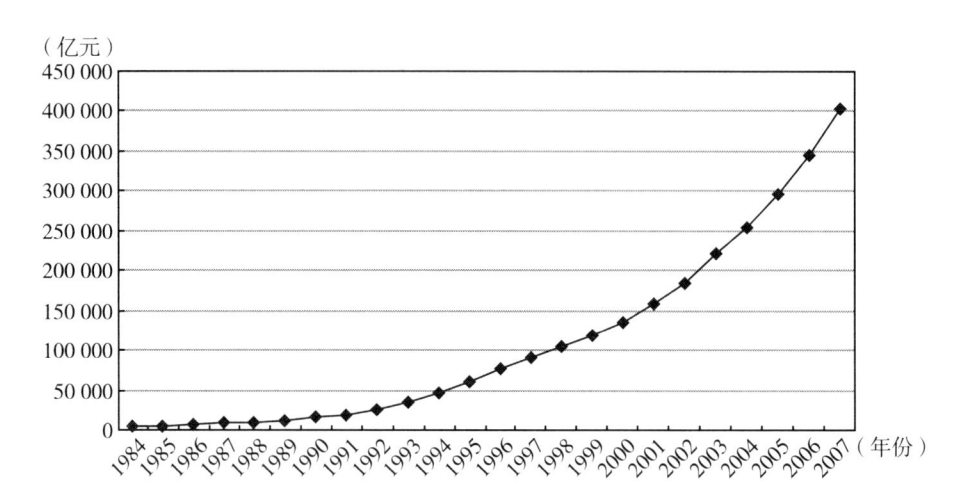

图 8-4　1984~2007 年中国货币总量变化

注：图中数据取自表 8-3。

### 2. 1984~2007 年中国货币结构的特征

（1）货币总量的层次结构。

从层次结构变化看,最突出的是货币结构中执行媒介职能的货币比重（M1/M2）在下降,从1978年的65.24%降至2007年的37.81%;而执行资产职能的准货币比重（QM/M2）在上升,从1978年的34.76%升至2007年的62.19%,两个比重的变化轨迹形成了一条鲜明的"X"形曲线（见图8-5）。这与各国货币结构变化轨迹的趋势几乎相同,但是变化的速度更快些。因此,可以认为这种变化是合乎发展规律的。

值得关注的是"X"形曲线的交点,因为交点的左右两边是两种不同的货币运行格局,其对经济运行的影响也有差异。从图8-5所示的货币运行轨迹看,"X"形曲线的交点形成于1994年。1993年M1/M2的比重为59.35%,QM/M2的比重为40.65%,表明执行媒介职能与资产职能的货币比重仍然维持着改革以来六四分成的格局;但进入1994年,M1/M2的比重急速下降到43.77%,QM/M2的比重猛升至56.23%,执行两大职能的货币比重倒置为四六分成了,之后的十余年非常稳定地保持着这个格局,这就意味着1994年以来中国货币层次结构发生了根本性变化,货币总量中执行资产职能的准货币已占主体。

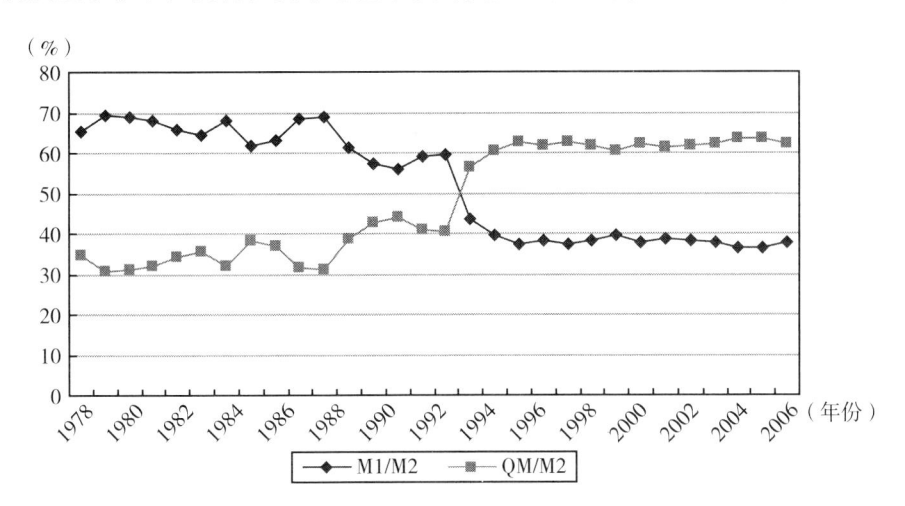

**图 8-5 1984~2007 年中国货币结构比率变化**

注:图中数据取自表 8-3。

(2) 货币持有量的地区结构。

随着整体经济的发展,地区经济发展的速度和程度差异日益明显,地区之间的贫富差距也在扩大,在货币结构中则表现为货币持有量在地区和地区人均这两个方面差异越来越大。以居民部门的货币持有量为例,从表 8-4 地区居民储蓄存款的差异看,1978 年时我国华东地区居民储蓄存款年末余额为 66.27 亿元,占全国总量的 31.474%;剔除不可比的西南地区,西北地区存款最少,为 20.98 亿元。华东与西北地区间居民储蓄存款间的差额仅为 45.29 亿元,相差 3.16 倍。改革开放后在总体经济的快速增长中,我国各地区居民储蓄存款都保持了较快的增长,但地区间的差距却在不断扩大。到 2006 年末时,我国华东地区存款达到 53 449.4 亿元,是 1978 年的 807 倍;而西北地区居民储蓄存款仅为 8 914.03 亿元,两地相差 44 535.37 亿元,差距扩大为 6.00 倍。

**表 8-4　　　　　我国各地区居民储蓄存款年底余额　　　　　单位:亿元**

| 年份 | 全国 | 华北 | 东北 | 华东 | 华中 | 华南 | 西南 | 西北 |
|---|---|---|---|---|---|---|---|---|
| 1978 | 210.6 | 35.21 | 27.06 | 66.27 | 22.27 | 23.12 | 6.04 | 20.98 |
| 1979 | 281 | 40.09 | 36.51 | 91.25 | 30.82 | 25.65 | 7.32 | 26.17 |
| 1980 | 399.5 | 62.89 | 54.01 | 125.56 | 44.11 | 40.21 | 10.51 | 35.02 |
| 1981 | 523.7 | 81.74 | 72.93 | 159.3 | 59.69 | 56.99 | 14.51 | 44.25 |

续表

| 年份 | 全国 | 华北 | 东北 | 华东 | 华中 | 华南 | 西南 | 西北 |
|---|---|---|---|---|---|---|---|---|
| 1982 | 675.4 | 108.74 | 92 | 203.91 | 77.33 | 74.71 | 19.62 | 55.35 |
| 1983 | 892.5 | 149.21 | 120.54 | 271.9 | 102.65 | 97.46 | 25.03 | 69.9 |
| 1984 | 1 214.7 | 203.12 | 161.21 | 359.4 | 145 | 139.42 | 34.57 | 92.06 |
| 1985 | 1 622.6 | 265.62 | 215.07 | 474.07 | 193.71 | 201.53 | 46.44 | 119.89 |
| 1986 | 2 238.5 | 364.37 | 293.26 | 671.83 | 270.29 | 284.06 | 61.97 | 164.8 |
| 1987 | 3 081.4 | 500.36 | 408.25 | 909.19 | 384.88 | 399.24 | 85.83 | 224.17 |
| 1988 | 3 822.2 | 625.72 | 534.24 | 1 105.81 | 466.29 | 515.24 | 98.72 | 274.18 |
| 1989 | 5 196.4 | 870.42 | 720.23 | 1 523.41 | 618.27 | 691.61 | 130.99 | 361.06 |
| 1990 | 7 119.8 | 1 199.82 | 978.06 | 2 094.65 | 842.2 | 957.32 | 546.99 | 492.96 |
| 1991 | 9 241.6 | 1 534.82 | 1 251.44 | 2 710.31 | 1 084.83 | 1 299.53 | 712.28 | 626.81 |
| 1992 | 11 759.4 | 1 907.24 | 1 548.71 | 3 403.61 | 1 338.89 | 1 849.78 | 732.36 | 773.9 |
| 1993 | 15 203.5 | 2 505.78 | 1 909.36 | 4 390.12 | 1 713.12 | 2 464.36 | 917.94 | 963.26 |
| 1994 | 21 518.8 | 3 530.73 | 2 607.82 | 6 423.68 | 2 519.07 | 3 345.79 | 1 273.78 | 1 319.09 |
| 1995 | 29 662.3 | 4 857.26 | 3 576 | 8 986.2 | 3 289.13 | 4 472.89 | 1 789.89 | 1 789.29 |
| 1996 | 38 520.8 | 6 299.84 | 4 665.4 | 11 879.3 | 4 298.97 | 5 717.67 | 2 821.06 | 2 241.02 |
| 1997 | 46 279.8 | 7 393.41 | 5 488.47 | 14 696.4 | 4 914.96 | 6 880.25 | 3 422.17 | 2 620.49 |
| 1998 | 53 407.5 | 8 659.57 | 6 308.43 | 16 421.6 | 5 608.9 | 8 189.63 | 4 096.06 | 2 986.67 |
| 1999 | 59 621.8 | 9 903 | 7 100.6 | 18 303.8 | 6 334.3 | 9 839 | 4 844.5 | 3 288.7 |
| 2000 | 64 332.4 | 10 676.8 | 7 588.6 | 19 500.2 | 6 965.1 | 10 444.5 | 5 496.47 | 3 638.43 |
| 2001 | 73 762.4 | 12 152.2 | 8 386.06 | 22 661.4 | 8 105.64 | 11 896.1 | 6 430.92 | 4 129.98 |
| 2002 | 86 910.6 | 14 129.6 | 9 459.2 | 27 368.5 | 9 526.9 | 14 030.3 | 7 576.4 | 4 817.3 |
| 2003 | 103 617.3 | 16 712.8 | 10 938.5 | 33 378 | 11 252.1 | 16 580.4 | 9 001.6 | 5 747.3 |
| 2004 | 119 555.4 | 19 392.8 | 12 039.6 | 38 707.2 | 12 951.2 | 19 049.4 | 10 463.3 | 6 592.8 |
| 2005 | 141 051 | 23 116.5 | 13 826.9 | 46 192.6 | 15 046.5 | 22 310.3 | 12 352.8 | 7 795.44 |
| 2006 | 161 579.8 | 26 592.89 | 15 182.3 | 53 449.4 | 17 233.11 | 25 338.11 | 14 328.3 | 8 914.03 |

注：1989年前（包括1989年）的西南地区中西藏和四川数据不可得。

资料来源：根据《新中国五十年》和各年《中国金融年鉴》整理而得。

从各地区人均货币持有的差异看，地区间的差异也在加大。从表8-5中可见，1978年我国华北、东北、华东、华中、华南、西南和西北地区居民人均储蓄存款的年底余额分别为32.3元、31.20元、23.51元、13.25元、25.70元、10.45元和31.78元，人均地区间差异的最高值与最低值间为3.09倍。但在整体经济的快速发展中，各地区居民收入逐渐拉开距离，人均储蓄的差异不断扩大。1995年北京市人均储蓄存款首次超过万元，达10 024元，但同期人均储蓄存款低于1 000元的仍有2个省份,分别是四川902元、贵州706元。到2006年末,有15个省或直辖市人均储蓄超过万元,比上年增长4个,其中,北京市人均储蓄存款达到5.5万元,上海人均储蓄达到4.8万元,广东省人均储蓄达到2.32万元。而西南、东北等地区储蓄存款仍较低,其中,贵州省人均储蓄存款仅为3 621元,西藏为4 975元。人均储蓄最高的北京与最低的贵州间的居民人均储蓄存款差异达到13.1倍。

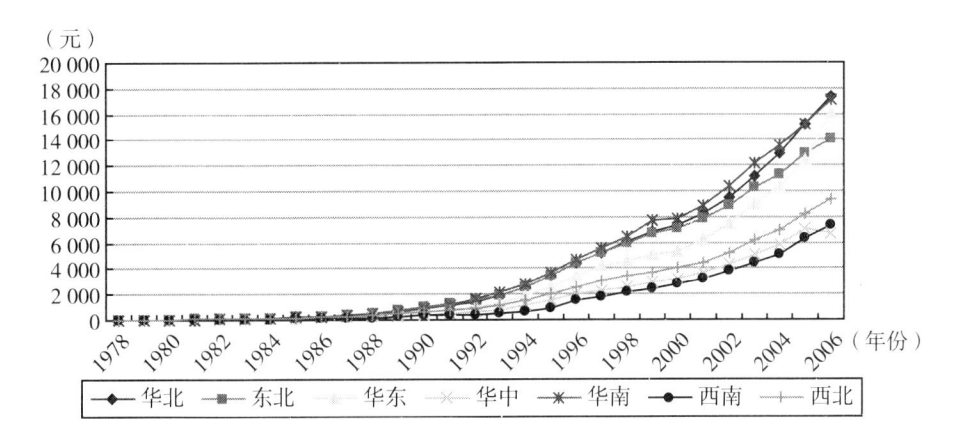

**图8-6 我国各地区居民人均储蓄存款余额走势**

(3) 货币持有量的城乡结构。

我国经济发展不仅存在地区差异,而且存在着城乡差异。在货币结构上反映为货币持有量的城乡分布比重差距较大。从表8-5中可见,在改革初期,随着农业生产责任制等农村经济改革的不断深入,我国农户储蓄持续保持较快的增长速度,农户储蓄占总储蓄的比重也不断上升,1984年底我国农户储蓄存款438.1亿元,占居民储蓄总额的比重达到36.1%。但随着1984年经济改革重心由农村转向城市[①],农户储蓄总量虽然仍在增长,但在居民储蓄总额中的比重却不断下降,到2006年末,我国城镇储蓄存款132 782.18亿元,占居民储蓄总额的比重为82.2%;农户储蓄存款为28 805.12亿元,占比仅为17.8%,比1984年下降了18.3个百分点。如果再纳入人口因素,用人均储蓄存款额来衡量的话,我国货币持有量城乡间的结构失衡问题更为严重。2006年全国人均储蓄12 297.40元,其中城镇居民人均储蓄18 016.58元,而农户人均储蓄存款只有3 908.43元,前者是后者的4.61倍,表明在经济发展中货币持有量的结构严重偏向城市。

---

① 1984年10月召开的党的十二届三中全会通过的《中共中央关于经济体制改革的决定》指出"加快以城市为重点的整个经济体制改革的步伐",之后的经济体制改革和经济发展是以城市为重心推进的。

表8-5　　　1978~2006年我国农户和城镇储蓄存款年末总额　　　单位：亿元

| 年份 | 合计 | 城镇储蓄 | 农户储蓄 | 年份 | 合计 | 城镇储蓄 | 农户储蓄 |
|---|---|---|---|---|---|---|---|
| 1978 | 210.6 | 154.9 | 55.7 | 1993 | 15 203.5 | 11 627.3 | 3 576.2 |
| 1980 | 399.5 | 282.5 | 117 | 1994 | 21 518.8 | 16 702.8 | 4 816 |
| 1981 | 523.7 | 354.1 | 169.6 | 1995 | 29 662.3 | 23 466.7 | 6 195.6 |
| 1982 | 675.4 | 447.3 | 228.1 | 1996 | 38 520.8 | 30 850.2 | 7 670.7 |
| 1983 | 892.5 | 572.6 | 319.9 | 1997 | 46 252.34 | 37 120.17 | 9 132.17 |
| 1984 | 1 214.7 | 776.6 | 438.1 | 1998 | 53 378.07 | 42 937 | 10 441.07 |
| 1985 | 1 622.6 | 1 057.8 | 564.8 | 1999 | 59 613.8 | 48 396.6 | 11 217.2 |
| 1986 | 2 237.6 | 1 471.5 | 766.1 | 2000 | 64 309.97 | 51 954.71 | 12 355.26 |
| 1987 | 3 073.3 | 2 067.6 | 1 005.7 | 2001 | 73 762.33 | 59 940.96 | 13 821.37 |
| 1988 | 3 801.5 | 2 659.2 | 1 142.3 | 2002 | 86 908.6 | 71 502.5 | 15 406.1 |
| 1989 | 5 146.9 | 3 734.8 | 1 412.1 | 2003 | 103 617.3 | 85 439.63 | 18 177.68 |
| 1990 | 7 034.2 | 5 192.6 | 1 841.6 | 2004 | 119 555.4 | 98 789.22 | 20 766.17 |
| 1991 | 9 110.3 | 6 790.9 | 2 319.4 | 2005 | 141 050.99 | 116 444.62 | 24 606.37 |
| 1992 | 11 545.4 | 8 678.1 | 2 867.3 | 2006 | 161 587.30 | 132 782.18 | 28 805.12 |

资料来源：《中国金融年鉴（2006）》。

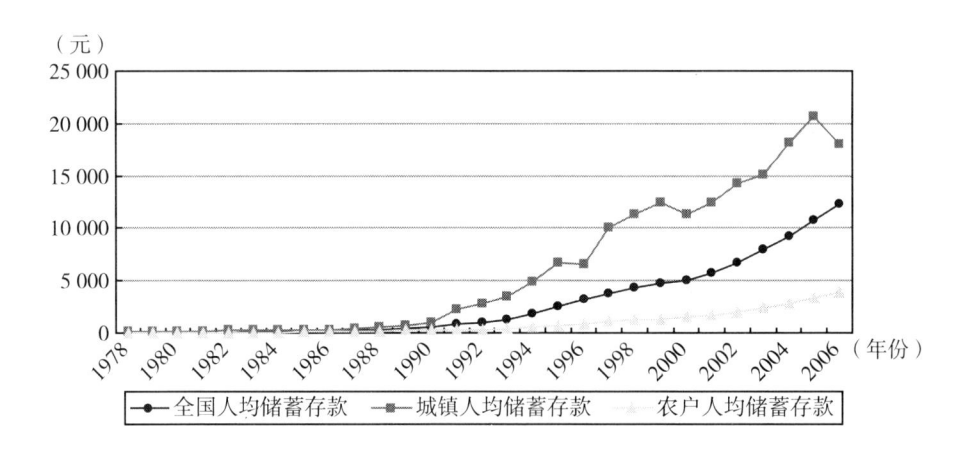

图8-7　我国人均储蓄存款走势（1978~2006）

资料来源：《中国金融年鉴（2007）》。

从上述中国货币运行总量和结构的描述中可见，其运行轨迹变化的拐点都与体制变化密切相关。因此，从体制变化的视角研究货币运行可以更好地解释现象，认识规律。

## 8.2 计划体制下货币运行的机制及特点

从 1953~1979 年，中国实行了高度集中统一的计划经济和金融体制。生产、流通、分配、消费等一切经济活动都受计划控制。货币运行完全由计划支配，其轨迹的变化都是计划调整的结果。经济运行以实物为中心来组织，核心是"物"而非"钱"，资金计划从属于物资计划，导致了货币运行具有鲜明的"从属性"特点。而金融体制则以"大一统"的银行体系为特征，中国人民银行是全国唯一的信贷中心、现金出纳中心和结算中心，集货币发行和信贷业务于一身，既执行中央银行职能，又经办普通的银行业务，是作为金融管理机关和经营机构的复合体而存在的。人民银行内部实行高度集中统一的"统存统贷"资金管理体制，各分支机构吸收的存款统一上交总行，贷款按总行统一下达的指标发放。因此，"大一统"银行体制下货币资金运行的支配权高度集中统一于国家，由财政、企业主管部门和人民银行等政府部门在统一的计划之内分工管理，资金的流量和流向均按计划进行，基层银行和企业都没有自主权。货币在经济中并不是交换的唯一手段，企业没有供销计划或居民没有票证，有钱也不能进行购买，这就使货币的使用和流通范围大为缩小。

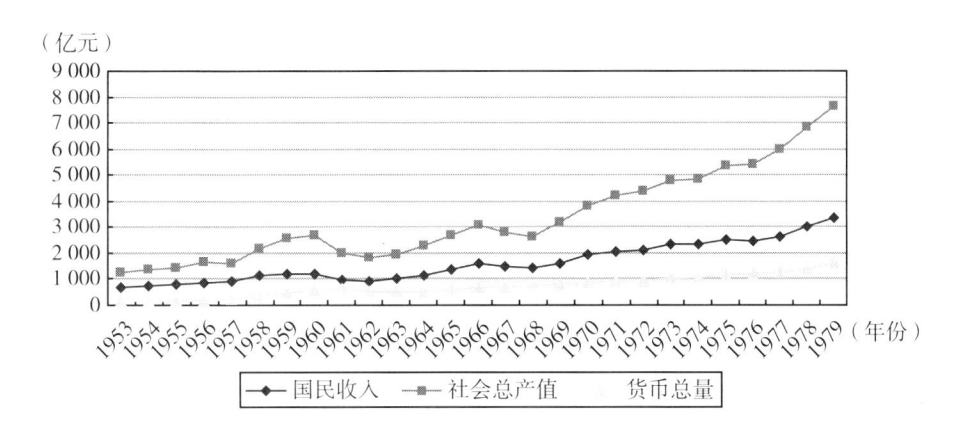

**图 8-8　1953~1979 年中国经济总量和货币总量**

注：图中国民收入和社会总产值数据取自相关年份《中国统计年鉴》，货币总量数据根据中国人民银行编《中国金融统计》（1952~1996）第 5~8 页数据计算得出。

从图 8-8 中可见，1953~1979 年货币总量低于国民收入，更是远远低于社会总产值，经济货币化比例很低，货币总量占社会总产值的比值一直低于 30%。少量的货币之所以能够支撑巨量的经济运作，是因为实物调拨或分发、计划配给或限制等非商品化和非货币化的经济运作占比很大。这意味着计划经济体制下的货币运行无论是范围还是作用都是有限的，货币运行的机制也相对简单，大致可用"五个单一"来概括。

### 1. 货币需求种类单一

由于受计划约束，各企业的货币需求完全服从于物资性的供产销计划和资金供应计划，只有交易需求而没有投资需求；各机关团体的货币需求完全受制于严格的预算计划，也是只有交易需求而没有投资需求；居民的货币需求在不完全工资制度下主要是日常生活所需的交易需求，没有金融市场和非货币金融资产，少量的货币储蓄是预防性而非投资性的需求，最终也是用于购买商品或劳务。因此，在当时的体制下，"货币需求的构成是由商品流通的构成所决定"[①]，货币需求从种类上看基本上都是交易性的。

### 2. 货币职能发挥单一

由于当时的货币需求基本上都是交易性的，人们在认识上普遍"重物轻币"，认为"其实，货币的作用只不过是媒介成物资从生产向消费的过渡"[②]，在组织管理货币运行的理念上也强调货币从属于物资，因此，货币在经济中主要发挥计价（价值尺度）、流通手段和支付手段等交易媒介的职能，不具有真正意义上的资产职能[③]。

### 3. 货币供给主体单一

在"大一统"的复合银行体制下，货币供给的源流合一，不分基础货币和派生存款货币，无论是现金还是存款货币都由中国人民银行一家提供，企业和居民不参与货币供给过程，从直观上看货币供给的主体就是中国人民银行，货币供

---

[①②] 黄达、陈共等：《社会主义财政金融问题》（上）、（下），中国人民大学出版社 1981 年版，第 143 页，第 523 页。

[③] 为了分析的方便，本文将货币职能概括为用于计价、支付、交换的媒介职能和用于贮藏、投资增值的资产职能两种。具体分析参见李健：《结构变化：中国货币之谜的一种新解》，载于《金融研究》2007 年第 1 期。

给的依据是各种计划，货币供给具有明显的外生性。[①]

### 4. 货币供给渠道单一

在"大一统"的复合银行体制中，货币供给只有银行信贷这一条渠道，货币供给的增减都反映在人民银行信贷收支平衡表的变化之中。这是由于货币的两种形式都是人民银行的负债：现金是银行对持有者的负债，存款是银行对存款者的负债，两者形成了人民银行信贷资金的来源，与之对应的是银行的资产，由于没有金融市场，资产运用只有贷款这一种方式。贷款成为货币供给增减的唯一渠道。"就流通中的货币总体说，那是与贷款相对应的；如果只就流通中的现金说，那则是与贷款和存款这两者相对应的。"[②] 这便有了贷款、存款和现金三者之间的著名恒等式：贷款≡存款+现金发行。

### 5. 货币调控方式单一

既然货币总量（现金和存款）都是通过银行信贷渠道出入流通领域的，控制贷款自然就成为调控货币供求最重要和最主要的方式。在计划经济体制下，利率对贷款的增减不起任何作用，贷款计划才是最重要的。由于货币调控追求的目标是物资、财政和信贷的综合平衡（简称"三平"），信贷收支计划既要与物质供求计划相适应，"保证货币购买力的形成能够与物资供应相适应[③]"；又要与财政收支计划相适应，保证整个国民经济范围内的资金供求平衡。这就要求银行贷款必须具有高度的计划性：企业只能在计划额度之内借款，有需求没有计划不能借款；银行只能按计划发放贷款，有存款没有计划也不能发放贷款，要增减贷款必须变更或追加贷款计划。因此，综合信贷计划既是中国人民银行调控货币的唯一依据，也是调控货币的唯一方式。

总之，在高度集中的计划经济和计划金融体制下，中国的货币运行呈现出鲜

---

[①] 这里特别需要说明的是，在计划经济体制下，由于财政和银行是支配与管理社会货币资金运动的两大部门，两者之间密切相连，财政收支对银行信贷具有重大影响。从账面上看，人民银行代理财政金库所占用的财政性存款是其重要的资金来源（多时占到存款总额的一半）；财政向银行透支和接受银行上缴利润、财政向银行增拨信贷基金和专项贷款基金则直接增加人民银行的资金来源。更为重要的是，由于企业的资金供给只能来自于财政和银行两条渠道，当财政所应承担的固定资金和定额流动资金拨款不足时，企业必然占用银行的超定额流动资金贷款而长期无力归还，出现所谓的"财政挤银行"状况，这也是日后形成国有银行巨额不良资产的重要根源。因此，在货币供给的过程中，财政部门事实上具有很强的影响力，所以严格地说，计划经济体制下的货币供给主体是政府部门（包括人民银行和财政）。但财政部门的影响力最终还是要通过银行才能对货币供给产生作用，且不影响货币供给的外生性。

[②③] 参见黄达、陈共等：《社会主义财政金融问题》（上），中国人民大学出版社1981年版，第463页，第550页。

明的特点：各经济主体货币需求的决定受制于计划，利率和规模变量等基本不起作用；货币运行的数量、结构和流通速度都取决于货币供给；货币供给的主导力量是银行体系，货币运行具有很强的外生性；货币需求主要是交易性的，货币结构以狭义货币为主；货币调控采用计划手段，调控过程直接，控制力强大很容易迅速实现调控目标。由于对价格实行严格管制，货币供求失衡不是反映在公开的物价指数上，而是通过抢购惜售、有价无货、黑市猖獗、以物易物等扭曲现象反映出来；同时，由于对利率实行严格管制，货币供求的失衡也不反映在利率上，而是反映在贷款指标的争夺、拖欠贷款的情况等方面。综上可见，在计划经济和复合银行体制下，中国的货币运行有着非常独特的方式与轨迹，完全不同于市场经济体制。这种运行差异就像火车和汽车，虽然都是交通工具，但运行方式和轨迹却大不相同。

## 8.3 渐进式金融体制改革与货币运行机制的转变

在1978年确定的对外开放、对内改革的总方针指导下，以农村家庭联产承包责任制的实行为起点，中国拉开了经济体制改革的序幕。在中国独特的渐进式经济体制改革中，金融体制也开始了渐进式改革，改革的内容是极其丰富的，但可以毫不夸张地说，每一方面的金融体制改革都对货币运行产生影响，都改变着货币运行的基础和机制，使货币运行呈现出鲜明的转轨特征。

### 8.3.1 渐进式银行体制改革与双层货币供给机制的形成

金融体制的渐进式改革始于1978年，变革的起点和关键是从"大一统"银行的单一格局向多元化金融机构体系的变迁，建立了二级银行体制，并相应地形成了双层货币供给机制。这个过程大致可以划分为三个阶段：

**1. 1979～1983年：建立独立经营并实行企业化管理的专业银行和非银行金融机构，为中央银行制度的建立创造条件**

1979年2月，为了适应农村经济体制改革，再次恢复中国农业银行负责管理农业资金，中国人民银行的农村金融业务全部移交农业银行经营；1979年3月，为了适应对外开放和对外经济往来的迅速发展，中国银行从人民银行独立出来，作为外汇专业银行负责管理外汇资金并经营对外金融业务；同年，为了适应基本建设投资由拨款改为贷款的需要，中国建设银行也从财政部分设出来，最初负责管理基本建设资金，发放基本建设贷款，1983年起开始经营一般银行业务，逐步成为名副其实的银行；1983年为了适应建立中央银行体制的要求，特设了中国工商银行，从1984年1月1日起专门经营原来由人民银行办理的工商信贷和城镇储蓄业务，负责管理城镇金融。与此同时，改革"大一统"金融机构体系的另一重大步骤就是成立和发展非银行金融机构：1979年10月，成立了中国国际信托投资公司，主要经营引进外资和技术设备的业务；同年，河南驻马店成立了内地第一家城市信用社；1981年12月，成立了中国投资银行，专营世界银行等国际金融机构的转贷款；1983年，自上海投资信托公司开业以后，各省市相继成立地方性的投资信托公司或国际信托投资公司。

这一阶段的银行体制改革和金融机构体系的变化，减轻了中国人民银行经营性业务的压力，为中国人民银行专门行使中央银行职能的体制改革提供了必要的组织条件和基础。但如前所述，这一阶段的货币运行仍然保持和延续着计划经济体制下的轨迹。

### 2. 1984~1994年：二级银行体制的建立与双层货币供给机制的形成

1984年对于中国货币运行而言是个值得大书特书的年份。为了适应国内经济改革和对外金融开放的需要，有效地对金融全局进行领导、调控、协调和管理，1983年9月，国务院决定：从1984年1月1日起，中国工商银行正式开张营业，承接原来由人民银行办理的工商信贷和城镇储蓄业务；中国人民保险公司也从人民银行分立出来，独立经营各类保险业务。中国人民银行不再经营一般银行业务，专门行使中央银行职能，负责制定和执行货币政策，实施金融宏观调控，管理全国金融活动，赋予它作为"发行的银行、国家的银行和银行的银行"的职责。这一改革措施是中国金融体制改革的重大转折点，它标志着中央银行体制的正式建立，也标志着"中央银行—存款货币银行"的双层货币供给机制开始形成。

1984年中央银行制度建立后，首先开辟了中央银行"再贷款"和存款准备金两条渠道来吞吐基础货币。"再贷款"是中国人民银行对金融机构的贷款，在当时的基础货币供应总量中占比大约80%~90%[①]。存款准备金是各国中央银行传统的货币政策"三大法宝"之一，当时规定各专业银行要将企业存款的20%、

---

① 参见中国人民银行：《中国人民银行五十年》，中国金融出版社1998年版，第66页。

农村存款的25%、储蓄存款的40%交存中国人民银行。由此形成了双层次的货币供给机制：中国人民银行通过再贷款业务、法定存款准备金率的调整吞吐基础货币，存款货币机构通过存、贷、汇业务创造存款货币。中央银行通过调整再贷款业务、法定存款准备金率影响存款货币机构在人民银行的超额储备，进而影响存款货币机构的放款能力并调节存款货币的创造，最终影响货币供应总量。至此，显然在技术上已经具备了货币供给"源与流"的双层机制。

1984年以后，金融机构体系快速发展。各大中城市纷纷建立诸多城市信用社，主要为新兴的小集体和个体经济提供存贷汇等金融服务，因此也具有存款货币的创造功能。1986年国务院决定重新组建交通银行，之后陆续组建了一批同类的全国性和区域性的商业银行，如1986年8月在深圳蛇口成立的中国招商银行；1987年组建的中信实业银行；同年在深圳成立的深圳发展银行以及烟台住房储蓄银行、蚌埠住房储蓄银行；1988年6月成立的广东发展银行；1992年成立的中国光大银行和华夏银行等，至此，一个新兴的存款货币银行体系在内地已具规模，1994年底，存款货币银行的总资产已达到51 747.7亿元①，表明已具备了相当的存款货币创造能力。

### 3. 1995年至今：金融机构体制改革的深化与双层货币供给机制的逐渐完善

1994年以来，根据国务院作出的《关于金融体制改革的决定》中提出的建立三个相关体系的目标模式，即"建立一个适应市场经济要求的、在国务院领导下，独立执行货币政策的中央银行宏观调控体系；建立政策性金融与商业性金融相分离，以国有商业银行为主体，多种金融机构并存的金融组织体系；建立统一开放、有序竞争、严格管理的金融市场体系"，金融机构体系的改革逐渐深化，货币供给机制日益完善。主要措施有：

（1）成立政策性银行，解决国家专业银行同时从事政策性金融和商业性金融的矛盾，促进其向真正的商业银行转化，规范存款货币的创造机制，也割断了政策性贷款与基础货币的直接联系。

（2）建立以国有商业银行为主体的多层次商业银行体系：1995年《商业银行法》颁布实施以后，四大国家专业银行向国有商业银行转型，并于2003年开始进行股份制改革；90年代中期，在清理、整顿和规范已有的城市信用社基础上，在各大中城市开始组建城市合作银行（后更名为城市商业银行）；陆续组建了中国民生银行等一批股份制商业银行，形成了由国有（控股）商业银行、股

---

① 数据取自《中国人民银行统计季报》1996年第1季度。

份制商业银行、城市商业银行等存款货币银行和城乡信用社、合作银行、财务公司等特定存款机构组成的存款货币机构,货币供给的主体大为增加,随着《商业银行法》所确定的资产负债比例管理和风险管理的逐渐加强,存款货币创造的机制日益市场化。

(3)中国人民银行进一步对机构组织体系和职能操作体系进行了改革和完善。1992年10月将证券业监管部门从人民银行分设出来,成立证监会实行专业监管;1998年11月将保险业监管部门从人民银行分设出来,成立保监会对保险业实行专业监管;2003年将银行业监管职能从中国人民银行中分离出来,成立银行业监督管理委员会实施专业监管。与此同时,人民银行内部进行了相应的调整,强化了制定和执行货币政策的职能:1993年以后上收了分支机构的货币发行权、信贷总量调控权、基础货币管理权和基准利率调节权,增强了货币政策的统一性;1998年撤销省级分行建制改为跨行政区设立9个一级分行,目的是强化人民银行的垂直领导和保持货币政策的独立性;拓展了货币政策工具体系,在存款准备金和再贷款并用的同时,逐步采用利率、再贴现、外汇公开市场、本币公开市场、债券回购、央行票据等多种手段吞吐基础货币,调控存款机构的货币创造能力和货币乘数,双层货币供给机制日益成熟。

## 8.3.2 资金管理体制改革与货币供给的"倒逼机制"

中国的资金管理体制颇具特色。其中,银行资金管理体制和企业资金管理体制的变迁对货币运行具有重大影响,形成了中国独特的货币供给"倒逼机制"。由于企业资金管理体制与企业改革紧密相关,将在8.4.2中专题讨论,此处重点研究银行资金管理体制变迁与货币供给机制变化的关系。

中国的银行资金管理体制经历了"统存统贷"、"差额包干"、"实存实贷"、"间接调控"四个阶段,货币供给亦从单一的计划机制向多元的市场机制转变。

### 1. "统存统贷"与货币供给的单一性

在"大一统"的金融体制下,中国采取了相应的"统存统贷"资金管理体制。即人民银行内部实行高度集中统一的管理,总行通过编制和执行综合信贷计划,严格控制全国各地分支机构的经营活动,各分支机构不能自主经营,它们吸收的存款统一上交总行,发放贷款统一由总行下达指标和资金,并只能在规定的分类项目计划指标内发放。如前所述,在"统存统贷"的体制下货币供给的主体、渠道和调控方式都是单一的,货币供给机制也是直接计划型的。

## 2. "差额包干"与计划控制的放松

1979年改革以后,国家改革了"统存统贷"信贷资金管理体制,1980年起在全国范围内实行"差额包干"制度,具体来说就是"统一计划、分级管理、存贷挂钩、差额包干"。即:人民银行总行逐级核定对各基层行和专业银行的信贷计划和信贷差额计划,其中,信贷差额是指各银行吸收的存款与发放的贷款之差,存款大于贷款为存差;反之为贷差,该计划是指令性计划,未经批准不得突破;信贷计划则为指导性的计划,在不突破信贷差额指标时,可以多存多贷。由于人民银行各基层行和专业银行信贷既有存差也有贷差,在全国汇总后的总差额即为现金发行量与人民银行总行其他资金来源与资金运用项目的差额之和。在存款付现率一定的情况下,控制了信贷差额也就控制了全国的信贷总规模,也即控制了货币供给总量,因而调节信贷差额就成为中国人民银行调节货币供给量的主要手段。

从"统存统贷"到"差额包干"的改革,最重要的变化是放松了计划控制的严格程度,试图给基层银行更多的自主权。然而"差额包干"的资金管理办法忽视了没有准备金约束的商业银行的信用创造能力。由于在不突破差额指标的前提下,多存可以多贷,而当时还没有实行法定存款准备金制度,各专业银行可以无限制地创造派生存款,这使得人民银行很难有效控制货币供应量。1981年,各省市银行的差额指标均未突破,而全国的货币供应量和贷款总额却都大大突破了原定计划。[1] 此外,由于当时实行的是大联行制度,即各专业银行与人民银行使用同一个联行,而会计制度又没有把它们的联行资金分开,这便形成专业银行向中国人民银行的自动借款机制,从而加大了专业银行的信用创造能力。另外"差额包干"中的差额是指各级银行的存、贷款差额,其中不包括中央财政的存款、借款和金银外汇占款项,没有涵盖财政赤字和黄金外汇储备对货币供应量扩张的作用。而在改革开放的初期,中央财政的收支状况和黄金外汇储备恰恰发生了根本的变化。因此,由于法定存款准备金制度的缺失和"差额包干"制度自身的不完善,在中国人民银行对规模的控制稍有放松时,便会造成货币供给的迅速增长。尽管在"差额包干"的信贷资金管理体制下,通过核定与调整信贷差额调节货币供给量的方式,在本质上仍然是一种计划控制货币供给的模式,但相较于"统存统贷"的信贷资金管理办法,"差额包干"已经使现代信用货币创造机制中的商业银行的派生存款功能发挥出来了。

---

[1] 尚明:《当代中国的货币制度与货币政策》,中国金融出版社1998年版,第195页。

### 3. "实存实贷"管理体制下存款货币创造的双重控制与"倒逼机制"的形成

1984年中央银行制度建立以后，按照国际上的通行办法，我国也建立了存款准备金制度，解决了"差额包干"资金管理办法中专业银行可能无限地创造信用货币的问题。为了分开中央银行与专业银行的资金，解决专业银行向中国人民银行的自动借款问题，1985年1月开始改为"实贷实存"的信贷资金管理体制，基本内容为"统一计划、划分资金、实贷实存、相互融通"，即：全国的信贷资金计划仍由人民银行总行进行编制，但人民银行与专业银行的资金往来，由计划指标分配关系改为借贷关系，专业银行在中国人民银行开立存款户和贷款户，采取先贷后存、先存后用的办法；各专业银行内部在既定的贷款规模中逐级划分贷款规模指标；各专业银行自成联行体系，银行之间、地区之间可以根据资金余缺进行拆借。"实贷实存"的信贷资金管理体制使人民银行拥有了自己独立的资产负债表，并形成了不同于以往的货币供给机制：人民银行通过再贷款业务、法定存款准备金率的调整影响专业银行在人民银行的超额储备，进而影响专业银行的放款能力，最终影响货币供应总量。显然，"实贷实存"的信贷资金管理体制使货币供给的间接调控机制具备了技术上的基础。

在"实贷实存"的体制下，中央银行再贷款和贷款规模控制在货币供给机制中至关重要，形成了对商业银行存款货币创造的双重控制机制：一是从负债方看，银行发放贷款要依靠吸收的存款和借入资金，在存款增长有限的情况下，想要扩大贷款主要靠借入资金，由于当时货币市场极不发达，故向中央银行申请再贷款就成为最重要的资金来源；二是从资产方看，银行发放多少贷款最终要受制于中央银行向商业银行、商业银行上级行向下级行下达的贷款规模控制指标。可见，在设计思路上，本可以通过中央银行再贷款的增减和央行对商行、商行上级行对下级行的贷款规模指标来调控基础货币和存款机构的货币创造能力，进而调控货币供给量，但在现实中却出现了反向运作。由于资金供给制的存在，国有银行外部面临着国有企业强烈的贷款要求和地方政府强有力的贷款干预，内部面对着扩大贷款就可以增加收益而不需承担风险的诱惑，自然有很强的贷款冲动。实现的路径首先是从中央银行和上级行争取得到较大的贷款规模，然后在努力增加存款的同时尽量争取得到中央银行更多的再贷款。于是在银行体系内部便形成了独特的货币供给"倒逼机制"：下级行向上级行、商业银行向中央银行以申请追加指标的方式，尽量扩大贷款指标和再贷款。从1985年至90年代中后期，这种"倒逼机制"对增加货币供给的作用力是极其巨大的，也是这一时期货币运行数次出现通货膨胀的重要原因。

**4. "间接调控"与"倒逼机制"的消除**

针对"倒逼机制"在货币供给中的问题，1995年以后政府又采取了一系列改革措施：一是颁布实施了《商业银行法》，在建立现代企业制度的同时，在法律上明确了商业银行的借贷自主权，按市场机制重建银企关系，打破了国有银行对国有企业事实上的资金供给制；二是转变政府职能，实行政企分离，减少各级政府对银行贷款的干预和压力；三是要求银行严格按照《商业银行法》的规定实行资产负债比例管理和风险管理，建立以资产质量为核心的自我约束机制。在这些改革措施的基础上，1998年1月中国人民银行决定取消对商业银行的贷款规模管理，改革"实贷实存"的资金管理体制，实行新的"间接调控"管理体制，即"计划指导、自求平衡、比例管理、间接调控"。

与以往的管理体制相比，新体制的变化主要在于：（1）这里的"计划"已经不再是指令性的，而只是作为中央银行调控货币供给的监测目标和各家商业银行自编资金运作计划时的参考指标，带有明显的指导性。（2）新体制更加强调商业银行的自我约束机制，企业商业银行按照社会主义市场经济新体制的要求，在安全性、流动性和盈利性之间自求资金平衡，同时加强资产负债比例管理和风险管理，层层落实责任制和业务操作规程，建立信贷授信授权、审贷分离、分级审批、早期预警等制度，从根本上消除"倒逼机制"存在的基础。（3）中央银行更多地启用间接调控工具。1994年起开办再贴现业务，通过增减再贴现总额和改变再贴现条件调控基础货币的流量和流向①；1994年起在外汇市场开办公开市场业务，1996年4月试办本币公开市场业务，调节商业银行的超额储备；1998年取消贷款规模管理的同时改革存款准备金制度，合并法定存款准备金和备付金账户，以银行法人为单位统一缴存，将维持了10年的法定存款准备金从13%减为8%；等等。各种间接调控工具的启用，意味着中央银行吞吐基础货币的渠道由过去的再贷款为主逐渐变为多条渠道并行，放弃了贷款规模管理的直接调控手段，这就使货币供给的"倒逼机制"失去了赖以存在的条件。

## 8.3.3 外汇管理体制改革与货币供给内生性的增强

新中国成立之后，政府就授权中国人民银行作为国家外汇管理机关，1950年3月中国人民银行指定中国银行为执行外汇管理和经营外汇业务的机构，并相应制定了外汇指定银行经营买卖外汇和供汇、结汇制度、进口许可证制度和银行

---

① 详见中国人民银行：《中国人民银行五十年》，中国金融出版社1998年版，第73页。

鉴证制度等。1953年我国实行计划经济体制，为了更好地运用有限的外汇资源，相应建立起对外贸易由国家统制和"集中管理、统一经营"的外汇管理体制，逐步形成了高度集中、计划控制的外汇管理体制，全国外汇由国家综合平衡和统一分配使用，实行统收统支、以收定支、基本平衡、略有结余的方针，对外汇收支实行指令性计划管理。在这种体制下，外汇对银行信贷和货币运行几乎没有影响。

改革开放以后外汇管理体制的改革也有步骤地推进，1979年成立了外汇管理局专司其职；建立外汇留成制度和外汇调剂市场；实行官方挂牌汇率和外汇调剂市场汇率并存的汇率双轨制；改革了外汇经营体制，允许多种金融机构参与外汇业务经营；发行外汇兑换券防止套汇逃汇，等等。这些改革措施打破了集中统一的外汇分配体制，在缩小指令性外汇计划的同时扩大了指导性外汇计划的范围。在这个过程中，外汇管理体制从高度集中的计划体制转为计划和市场并行的双轨体制，对货币运行的影响也是随着市场化和参与主体多元化程度的提高而逐渐增加。

为了适应建立社会主义市场经济体制和扩大开放的要求，1994年中国外汇管理体制进行了重大改革。从当年1月1日起，人民币汇率并轨，取消官方汇率，形成了以外汇市场供求为基础的、单一的、有管理的浮动汇率制；取消用汇限制和外汇留成，实行强行的银行结汇和售汇制度，境内所有中资企业单位和机关团体的外汇收入，都要按银行挂牌汇率卖给外汇指定银行，对境内机构经常项目下的外汇支出可到外汇指定银行购买；放宽非贸易用汇限制，实现人民币经常项目下可兑换，对资本项目下的外汇收支继续实行计划管理和审批制度；同时建立国内银行间的统一外汇市场，中国人民银行设立公开市场操作室进行干预以维持汇率稳定；规范外汇储备的管理，分离国家外汇储备和银行外汇资金，中国银行的营业周转外汇不再列入国家外汇储备，等等。这些改革措施的推出，对货币运行产生了重大影响，主要体现在两方面：

**1. 中央银行的外汇占款逐渐成为基础货币投放的主渠道，随着外汇储备的迅速增加，基础货币的内生性越来越强**

1994年实施外汇管理体制改革，极大地促进了出口的增长以及外商直接投资的大量流入，中国国际收支很快出现了经常项目和资本项目双顺差的局面。随着1996年后经常项目的完全放开和资本项目的逐渐放开，双顺差的局面一直未改变（1998年除外），尤其是2003年后外汇储备的数量越来越大，外汇占款占基础货币的比重迅速上升，到2006年外汇占款已经超过基础货币的总量（见图8-9），乃至于中国人民银行不得不采取大量发行中央银行票据和正回购进行冲销操作。导致中央银行投放基础货币的被动性增强,基础货币的内生性由弱变强。中央银行面对外汇市场上供大于求的状况,为了维持人民币汇率的稳定,只能从市场上大量买进外汇,相应投放出巨额基础货币。除非中央银行放弃汇率稳定的目标,否则,基础货币的强内生性使中央银行的货币供给处于非常被动的境地。

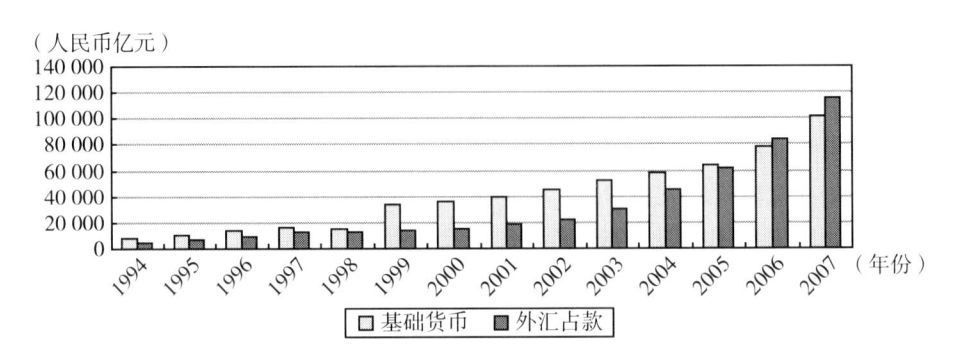

图 8-9 1994~2007 年中国基础货币和外汇占款变化

### 2. 银行间外汇市场和结售汇制度的运行,使得银行体系的流动性大为增加,存款货币创造的内生性增强

在外汇结售汇制度下,双顺差以及预期人民币升值而从各种渠道流进的巨额外汇都进入了银行体系,同时,以银行为主体的外汇市场对人民币汇率形成具有决定性作用,因此,当稳定汇率成为中央银行货币政策目标时,中央银行在外汇市场上买进外汇控制汇率的结果便是将大量的基础货币投入银行体系,尽管中央银行采取了大手笔的冲销操作,但仍然有部分未能冲销的基础货币存留在银行体系,这无疑是近年来银行体系流动性过剩的重要原因。而银行体系的流动性过剩,意味着商业银行保有了过量的超额准备和流动性资产,一方面使得存款货币的创造能力相应增加;另一方面存款货币的创造意愿也在加强。因为尽管流动性资产具有高安全性,但其低收益或无收益的特征会增加存款货币银行的经营压力。特别是在主要商业银行已经上市的业绩压力下,他们会尽量将低收益的流动性资产转化为高收益资产,而在目前的监管约束和市场条件下,增加贷款投放仍然是最主要的方式,相应地创造的存款货币和货币供给量就会增加。2006 年以后中央银行加大了调控力度,但企业和居民结售汇的行为对存款机构的影响很大,存款机构由结售汇和外汇买卖所引致的流动性变化相对被动,导致存款货币创造的内生性在增强。

### 8.3.4 市场化融资体制的建立与货币运行的市场化

中国金融体制改革从打破高度集中的"大一统"开始，经历了以计划为主、市场为辅和双轨制，逐步走向市场化，其中，最引人注目的当数恢复发展金融市场，建立起市场化的融资体制。1981年7月，中国政府恢复发行国库券揭开了金融市场恢复发展的序幕，随着经济体制和金融体制改革的推进，货币市场、资本市场、外汇市场、黄金市场等逐步恢复发展经历了从无到有、从不规范到逐步规范完善的历程，在经济和社会生活中发挥了重要的作用。金融市场的恢复和发展不仅推动了市场化融资体制的建立与运行，而且推动了金融体制全面的市场化改革，也促进了货币运行的市场化。

**1. 货币市场的恢复发展及其对货币运行的影响**

中国的货币市场主要包括票据市场、同业拆借市场、债券回购市场等，是金融机构之间的短期融资市场，也是中央银行货币政策传导的重要环节。改革开放以来，我国的货币市场从1981年开始试办商业票据承兑贴现业务起步，1986年后在全国开办票据贴现、转贴现和再贴现业务，贴现利率逐步实现市场化，2000年以后票据市场发展很快。2002年中央银行运用公开市场正回购操作调节基础货币，9月将当年未到期的正回购转换为中央银行票据，此后，中央银行票据发行逐年增加，已经成为中央银行对冲操作和重要工具。1984年资金管理体制改为"实贷实存"以后，为满足资金的横向调剂和融通，同业拆借市场迅速发展起来，尽管初期的同业拆借很不规范，但毕竟打破了只能从人民银行或上级行获取资金的格局，增加了融通资金的渠道，1996年以后，银行间同业拆借市场蓬勃发展，同业拆借市场利率率先实现了市场化。债券回购市场是货币市场的重要组成部分，债券回购市场一个非常独特的功能是为中央银行进行公开市场操作提供了场所。我国的国债回购交易始于1991年，当时的国债回购交易是在证券交易所中进行的，后来回购标的物也逐步扩大到金融机构债券以及在各证券交易中心上市的基金凭证，从而形成了初步的债券回购市场。1997年对债券回购交易进行整顿以来，债券回购交易在证券交易所和银行间市场同时进行。从表8-6可见，11年来货币市场迅速发展，不仅便利了企业短期市场化融资，更重要的是已经成为金融机构调节流动性和中央银行公开市场业务操作最主要的场所。

表 8-6　　　　　　　　1997~2007 年中国货币市场交易情况表　　　　　单位：亿元

| 年份 | 同业拆借 | 债券回购 | 现券交易 | 累计票据贴现 | 累计票据再贴现 | 中央银行票据 |
|---|---|---|---|---|---|---|
| 1997 | 8 298 | 307 | — | 2 740 | 1 332 | |
| 1998 | 1 978 | 1 021 | — | 2 400 | 1 001 | |
| 1999 | 3 291 | 3 949 | 75.3 | 2 499.21 | 1 150.3 | |
| 2000 | 6 728 | 15 782 | 682.68 | 6 447.1 | 2 667.3 | |
| 2001 | 8 028 | 40 133 | 839.6 | 15 548 | 2 778 | — |
| 2002 | 12 107 | 101 885 | 4 412 | 23 102.2 | 244.2 | 1 937.5 |
| 2003 | 24 113 | 117 203 | 30 848 | 41 180.7 | 744.9 | 7 226.8 |
| 2004 | 14 556 | 94 368 | 25 041 | 47 057.5 | 226.6 | 15 071.5 |
| 2005 | 12 783 | 159 007 | 60 133 | 67 508.3 | 24.9 | 27 462 |
| 2006 | 21 503 | 265 913 | 102 563 | 84 918.16 | 39.9 | 36 522.7 |
| 2007 | 107 000 | 448 000 | 156 000 | 101 100 | 138.22 | 40 700 |

注：表内数据取自相关年份的《中国金融年鉴》、《中国人民银行年报》、《货币政策执行报告》。

在中国二级银行体制下，货币市场的恢复发展对货币运行产生了重要影响。

首先，货币市场的发展为中央银行货币调控的市场化创造了条件。1986 年起，中央银行开办再贴现业务，通过调整再贴现率和改变再贴现条件调节货币数量和流向。1996 年中国人民银行开始在货币市场进行本币公开市场业务操作，当年交易额为 21 亿元，1997 年停止了交易，1998 年放弃贷款规模管理之后，5 月恢复公开市场交易，当年交易额为 2827 亿元，净投放基础货币 696.34 亿元，此后公开市场业务操作成为中央银行货币政策的主要工具，不仅是调节银行流动性的主要场所，也是吞吐基础货币的主要渠道。从图 8-10 中可见，货币市场日益成为中央银行投放和回笼基础货币的主要场所，特别是的近年来因购买外汇投放的基础货币大幅增加，中央银行主要通过在货币市场发行央行票据和实施正回购进行对冲操作，回笼基础货币。

其次，货币市场的发展为存款货币银行调节储备头寸和流动性资产提供了重要场所，货币市场的交易及其利率不仅影响存款货币银行的贷款能力，而且也影响其贷款的意愿，特别是在目前强化金融风险管理的情况下，只要货币市场交易的收益率仍然有利可图时，存款货币银行更愿将资金投入货币市场进行交易，对企业贷款的意愿相对减弱，这就使得货币市场的状况与存款货币的创造之间具有了很强的相关性。

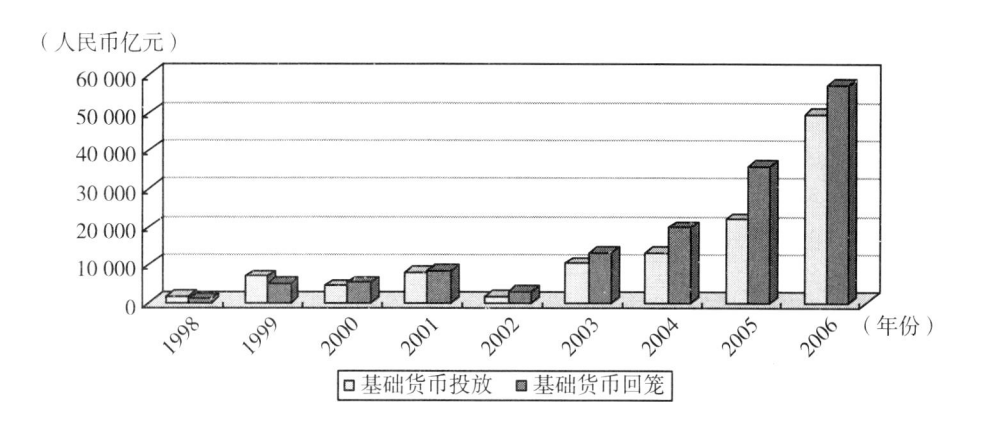

**图 8-10  1998~2006 年中央银行公开市场操作吞吐基础货币**

注：图中数据自《中国人民银行公开市场业务报告》、《中国金融年鉴》、《货币政策执行报告》整理而得。

再其次，货币市场开辟了企业短期直接融资的渠道，替代了对贷款的需求，进而影响存款货币的创造。如表 8-6 所示，2000 年以来票据市场的快速发展，使票据流通在一定程度上满足了企业流动资金的支付需求，一方面减少了企业持有的可开支票的活期存款；另一方面减少了企业短期贷款的需求，这都直接影响了存款货币的创造。另外，2005 年恢复发行企业短期融资券 1 424 亿元，2006 年发行 2 808.5 亿元，也对短期贷款产生替代作用，进而影响贷款的增速。

从上面的分析可见，货币市场的发展与货币运行之间具有很强的关联性，特别是从微观主体来看，与狭义货币 M1 之间存在着反向变动关系。因此，可以预计，货币市场在货币调控中的作用将越来越重要。

### 2. 资本市场的恢复发展对货币运行的影响

中国资本市场主要由债券市场和股票市场组成。债券市场起步于国债市场。1981~1990 年之间，我国国债发行方式基本上是依靠政治动员和行政分配相结合的办法，国债的定价也是行政决定的，从 1991 年尝试承购包销方式后，我国国债发行开始向市场化发行方式转变，国债种类也越来越丰富、期限分布也逐步趋于合理，标志着国债一级市场的规范化。国债二级市场从 1986 年试办有价证券转让业务起步，1990 年上海证券交易所开业、深圳证券交易所试营业和 STAQ 系统开通进一步推动了国债流通市场的发展，1996 年成立中央国债登记结算有限责任公司，进一步完善了国债的统一登记、托管和结算业务。国债市场的发展完善为中央银行公开市场业务提供了场所，1996 年 4 月，中国人民银行正式启动以国债为工具的公开市场操作，商业银行介入国债市场，进一步促进了国债市场的活跃和繁荣。

相比之下，我国企业债券市场发展比较落后，尽管企业债券融资始于1982年少量企业自发地向社会或企业内部集资，1987年出台《企业债券管理暂行条例》后重点企业债券、金融债券、地方企业债券、国家投资债券、企业短期融资债券以及可转换债券等陆续发行，但整体上发行数量较少，尤其是企业债券和一般金融债券占比很小。而1995年以来具有准国债性质的政策性金融债券增长很快，使我国债券市场呈现出以政府为主体的部门结构特征，政府部门占比一直在80%以上，成为政府部门筹资的主要场所（见图8-11）。

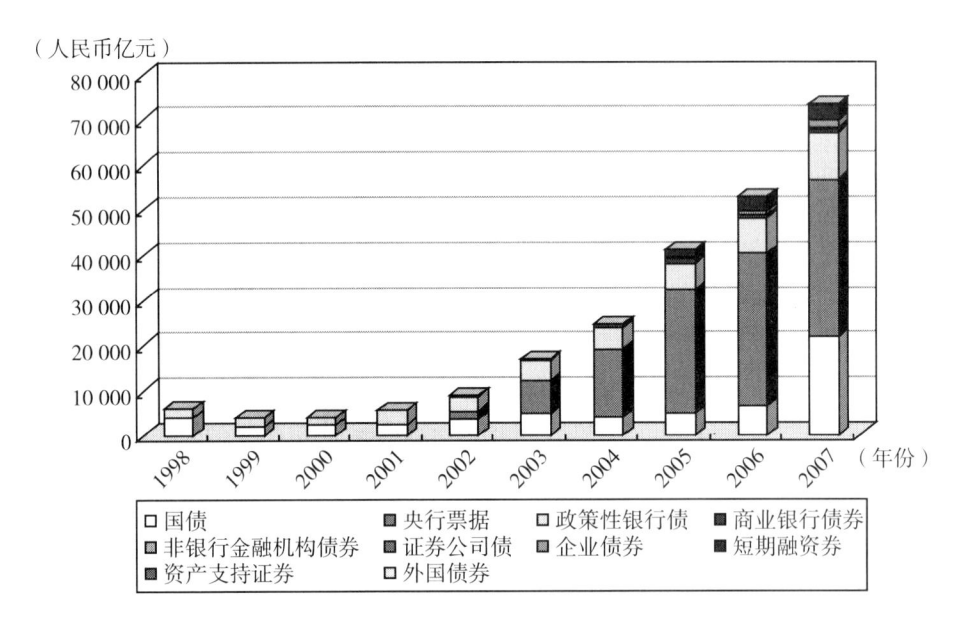

**图8-11 近年来债券市场各类债券发行量变化情况**

随着企业股份制改革的进展，从1984年开始，北京天桥百货、上海飞乐音响、上海延中实业等公司公开发行了股票。1987年1月上海真空电子器件公司向社会公开发行股票，拉开了国营大中型企业股份制试点的序幕，股份制试点进一步扩大和深化，股票市场也逐步发展起来。1986年，上海试办了股票的公开柜台交易，1988年深圳也开办了股票柜台交易，1990年深圳证券交易所试营业、上海证券交易所正式开业，改变了过去股票市场分散、落后的运作状况，迅速实现了交易和结算的集中化、无纸化和电脑化，股票市场运作效率得到明显提高。1992年10月成立了证券委和证监会，对证券市场的监管日益规范，特别是破解股权分置这一困扰证券市场多年的制度性缺陷以后，证券市场迅速发展壮大，到2006年底，上市公司达到1 434家，市价总值达到89 403.9亿元，累计筹资

16 213.34 亿元，已经成为企业筹资和公众投资的重要场所。

资本市场的发展对货币运行的影响是多方面的：

（1）以政府部门为主体的债券市场发展，在很大程度上减轻了财政对货币运行的直接影响。国债市场的发展以市场化筹资的方式逐渐解决了计划经济体制下财政通过向人民银行透支和挤占银行资金影响货币运行的问题，1995年《中国人民银行法》规定财政不得向中国人民银行透支，切断了因财政向中央银行借款弥补赤字而直接增加基础货币的渠道，同年开始发行的政策性金融债券，在很大程度上满足了本应由财政解决的政策性资金需求。政府部门的市场化融资基本上制止了货币发行的"财政化"，也相对阻隔了财政收支变化对货币运行的直接冲击。

（2）资本市场的发展部分满足了企业的筹资需求，相应地减少了贷款需求，进而影响存款货币的创造。企业债券市场的发展部分满足了企业的长期资金需求，而股票市场的发展则为股份公司的资本金筹措提供了便利，为解决计划经济体制下企业对财政和银行的资金依赖问题以及由此引起的货币供给"倒逼机制"开辟了根本性出路，也为大量未上市的优质企业通过资本市场融资拓宽了空间。

（3）资本市场的发展所产生的资产替代效应对货币需求具有重要影响。由于股票、债券、基金等非货币性金融资产的种类不断丰富，居民和企业就可以在货币和非货币性金融资产间进行资产组合，货币的资产职能得以增强。例如2006年以来股票市场、基金市场的繁荣，股票、基金开户数激增，导致企业、居民客户保证金存款增加，活期存款波动加大，定期存款增量减少，货币结构有所变化；同时企业和居民持有的非货币性资产大幅增加，相应降低了准货币的增长，广义货币的增幅放缓。

（4）资本市场的发展状况对货币政策的影响越来越大。一是资本市场规模的扩大和资产存量的增加，使更多的企业和居民成为资本市场的参与者，资本市场的发展状况通过资产价格波动所产生的财富效应、托宾的Q值效应、预期因素和信贷增减等影响总需求，进而影响货币供求，对币值稳定的最终目标产生冲击。二是资本市场的发展提高了直接融资的便利度，直接融资和间接融资的可选择性和可转换性增强，减弱了现行中介指标——货币供应量的可控性及其与物价等经济变量的相关性，金融工具的不断创新使货币供应量的定义边界日益模糊，降低了中介指标的可测性。三是资本市场的发展增强了与货币市场的连通性和互动性，经济主体融资方式的选择日益多样化，彼此之间的资金关系越来越复杂，拓宽了商业银行调节流动性和存款货币创造能力的空间，使改革以来在我国行之有效的再贷款、存款准备金、再贴现等政策工具的作用力在下降，而公开市场业务操作的效力在增强，中央银行政策工具的运用与操作面临新的问题与挑战。四是资本市场的发展对经济主体的行为和实体经济运作的影响越来越大,不仅使原有的信贷渠道传导效应变得不那么确定了,而且由于市场和投资者都不太成熟,资产价格波动产生的各种效应既不典型,也不稳定,调控对象的反应难以琢磨,使货币政策传导机制变得扑朔迷离,增加了货币政策决策和实施的难度。

综上可见,伴随着"大一统"计划金融体制的破除和银行组织体制、资金管理体制、外汇管理体制和融资体制改革的推进,货币运行也逐渐从单一的计划轨迹转向多元的市场轨道,更为关键的是,渐进式的分步改革保证了在货币总量高速增长中运行轨迹的平稳转换,这确实是一个创举。在这个过程中,体制转换是货币运行转轨的先决条件,这个过程相对简单和迅速;而体制转换之后导致的金融组织结构、活动方式、主体行为和环境等方面的变化与货币运行的新机制之间的磨合过程却要复杂和漫长得多,需要不断地作出适应性调整,使之日益完善。

## 8.4 经济体制改革对货币运行的影响

在现代经济运作中,货币是不可或缺的基本要素。在不同的经济体制安排下,货币与经济的关系却不相同,货币在经济中发挥的职能作用和作用范围、力度有很大差异。改革以来,中国逐渐从计划经济体制向市场经济体制转化,在这个过程中货币运行及其作用发生了重要的变化,其中,农村经济体制改革、企业体制改革、价格体制改革、收入分配体制改革和社会保障体制改革对货币运行的影响最为明显。

### 8.4.1 农村经济体制改革与货币需求的扩大

中国的经济体制改革是从农村开始的。1979年以实行家庭联产承包经济责任制为标志,改变了过去在人民公社框架下以生产队为基本单位、按计划组织产供销和以实物为主进行分配消费的格局,各个独立的农户作为基本生产单位通过市场开展产供销活动,农户之间的交换也迅速商品化,农村经济的货币化程度大幅度提高,农民收入水平逐年增加,由此产生了大量的交易性货币需求。由于市场的分散化和小型化,以及金融支付体系的相对落后,农村的货币需求的增加集中表现为现金流量的激增。在金融机构的现金收支统计中,1965~1978年以前农副产品收购支出一直在120亿元左右徘徊,1979年改革后当年便跃增为197.6亿元,比上年增长69.5%,10年后增长为1 535亿元,至2004年达到11 124.87

亿元，分别是1978年的11倍和86倍。[①]

农村经济体制改革对货币运行产生重要影响的另一个因素是乡镇企业的蓬勃发展。1978~2006年，我国乡镇集体企业从152.43万家增加到2 249.6万家，产值从493.1亿元增加到217 818.6亿元，增长了440倍！乡镇企业作为完全独立的经营主体，一方面需要大量的货币在市场上以竞争性价格买进投入品，再卖出产品以获取利润；另一方面以货币形式支付工资和劳务，产生了巨大的货币需求。不仅交易性货币需求随着乡镇企业的规模扩大而相应增加，而且在乡镇企业的迅猛发展和自身实力增长的过程中，其投资性货币需求也在加大。从货币供给的角度看，乡镇企业的贷款及其贷款需求的变化（见图8-12），对存款货币的影响随着其贷款规模的扩大而增加。不能忽视的是，乡镇企业的发展通过推动农村城镇化进程和加快农村货币化进程，对货币运行产生的影响更是深远而巨大的。

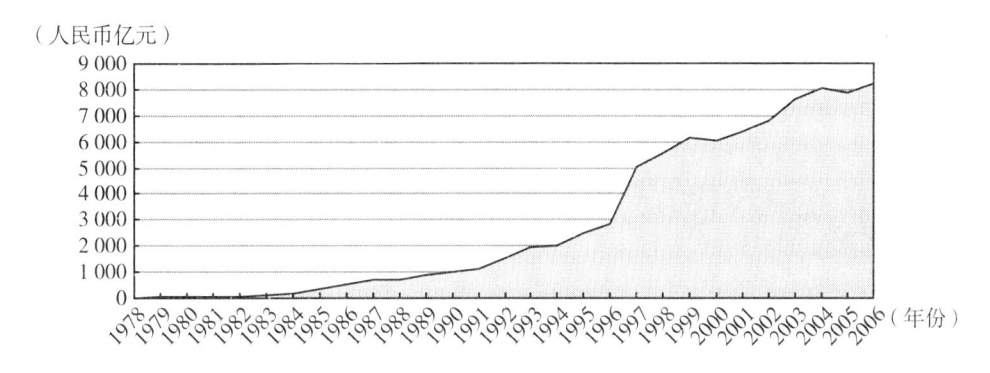

**图8-12　1978~2006年乡镇企业贷款变化**

数据来源：《中国乡镇企业年鉴》（1990~2001），《全国农业统计提要》（2001~2006），历年《中国金融年鉴》。

## 8.4.2　企业体制改革对货币供求的影响

1983年开始的城市经济体制改革，重点是以搞活企业为目标、以"放权让利"为核心的企业体制改革。经过一系列大刀阔斧的改革举措，企业特别是国有企业体制发生了重大变化，从计划经济体制下的计划执行单位变成了相对独立的商品生产者和经营者，企业的自主权日益扩大，逐渐注重成本收益、讲求经济效益，逐渐成为享有法人财产权、自主经营、自负盈亏、自求平衡、自我发展的经济实体。企业体制改革不仅极大地激发出其活力和创造力，而且使企业与金融的关系也发生了很大的变化。企业在金融活动中的角色从被动转为主动，企业行

---

① 数据根据《中国金融统计》（1952~1996）和《中国金融年鉴（2005）》计算。

为对货币供求的影响也越来越大。

### 1. 企业市场化运作对货币需求的影响

经济体制改革以来,企业的生产经营活动逐渐从产供销的计划运作模式转向市场化,企业在生产经营计划、产品销售、产品价格、资金使用、人事劳动管理、工资资金、联合经营等方面有了更大的自主权。一方面,企业与企业之间的关系从计划实施中的上下游物资供销关系,转变为相互独立而平等的商品生产者或经营者,彼此间的经济活动从按计划以物资调拨为主转变为通过市场进行商品化交易。大量的产供销活动都要借助于货币才能完成交易,企业经济运作的货币化程度快速提升,使交易性货币需求大幅增加;另一方面,市场竞争对企业的压力越来越大,为了增强市场竞争力,大多数企业选择了扩大生产经营规模以增加市场占有率的粗放经营模式,企业的投资欲望十分强烈。但在渐进式改革对企业放权让利的同时,并没有建立起相应的约束机制,企业事实上负盈不负亏,只享受投资带来的利益而不承担投资风险,导致扩张投资成为企业普遍的现实选择,1984年以后企业的固定资产投资规模增长一直在20%以上,1993年曾高达61.8%[①]。这种缺乏成本与风险约束的投资规模盲目扩大,对货币产生了大量的非理性需求,成为导致改革以来数次通货膨胀最重要的原因之一。

同样不能忽视的是,企业自主权的扩大和市场化运作意识的增强,使企业在资金来源与运用方面也发生了重大变化。在企业资金来源上,随着金融市场和融资体制的变化,企业选择融资方式的自主性越来越大,可选择的融资方式也越来越多,提高了市场化融资方式与贷款之间的替代性,增加了企业贷款需求的可变性,也加大了对银行创造存款货币影响的不确定性。而企业资金运用方式也有很大变化,大量非货币性金融资产的出现,使企业的资产组合日益多元化、调整频繁化,相应地增加了企业存款的可变性,影响着货币需求的总量与结构。

### 2. 企业资金管理体制改革对货币供求的影响

改革开放以前,国有企业定额内的固定资金和流动资金由财政拨款供给,只有超定额流动资金由银行贷款解决。1983年资金管理体制改革后,7月对企业流动资金管理体制也进行了改革。在改革方案的设计上,由原来的财政和银行分口供应、分口管理企业流动资金改为由银行统一管理,除极个别企业、部门的流动资金仍由财政拨款供应外,一般均由银行贷款解决;过去国家拨给的资金仍然作为自有资金留给企业,同时要求企业每年必须从其积累中提取一定比例补充自有

---

① 数据根据历年《中国统计年鉴》和《中国金融年鉴》计算。

资金并作为向银行取得贷款的前提条件之一。

但在现实运作中,由于国家财力相对下降,财政对国有企业固定资产的投入也日益减少乃至停止,国有企业既失去了财政给予的固定资金追加投资,又断绝了财政性的流动资金来源,加上长期以来国有企业的利润如数上缴而无积累,改革初期企业资金使用效益也较差,缺乏自我补充流动资金的能力,过去的国拨资金也逐渐亏蚀,由此形成了国有企业资金严重不足的局面。在财政性资金来源枯竭的情况下,国有企业的生存发展只能依靠承担了"统一管理流动资金"任务的国有银行,于是,"统一管理"便逐步演变为"统一供应",国有银行成为国有企业最主要的资金供应者,许多国有企业的长短期营运资金都要依靠国有银行。80年代初国有企业负债率为25%左右,到90年代中后期国有工业企业的账面资产负债率已上升到65%左右,如剔除账面无效资产,实际负债率达80%左右,其中的80%都是国有银行的贷款[①]。这不仅导致了企业的高负债和国有银行巨额不良资产并存,而且银行信贷规模的增长具有较强的刚性,是形成我国独特的货币供给"倒逼机制"的重要原因。近年来随着银行和企业体制改革的深入,双方都已经成为独立自主的经济主体,银企关系发生了很大变化,融资的市场化程度大幅度提高,从根本上解决了"倒逼机制"的问题。但又产生了中小企业和创业企业融资难等新问题。

### 3. 银行支持企业改革对货币供给的影响

在渐进式的改革过程中,国有企业改革和新旧两种体制的转换中出现了诸多的矛盾、摩擦与不协调等问题,特别是市场化条件下的现代企业治理结构和经营机制尚未完善,经营管理水平低、能力差,加上国有企业经营受多种因素的制约导致亏损严重。为了保证经济增长和支持企业改革继续进行,国家还通过国有商业银行向亏损、半亏损的国有大中型企业发放"安定团结贷款"之类的政策性贷款,事实上是为国有企业改革承担了部分成本。尤其是在国有企业改制、重组或破产过程中,当企业偿还不了国有商业银行的债务而财政又没有能力为国有企业注资使其偿还债务时,为了能够实现改制的目的,大量企业想方设法逃废银行债务。据中国人民银行统计,截至2000年底,在四大国有商业银行开户的改制企业有62 656户,贷款本息5 792亿元,其中经金融债权管理机构认定有逃废债行为的改制企业有32 140户,占51.2%,逃废银行贷款本息1 851亿元,占贷款

---

[①] 数据引自中国人民银行分析报告:《进一步增强货币政策透明度》,载于《金融时报》2002年2月27日。

本息的 31.96%①，国有商业银行在国有企业重组中债权流失严重。据统计，仅 1997~2000 年，四家国有商业银行为支持国有企业改制重组、兼并破产，共核销呆坏账 1 829 亿元②。

另一个往往被忽视的问题是，国有银行的"资金供应者"角色不仅仅是针对国有企业的。在经济发展和改革过程中，但凡需要支持、鼓励、扶持和发展的部门、行业或项目，如乡镇企业、三资企业、高新技术产业、民营企业等非国有企业，从最初的投入到运作中的所需资金，国有银行在各级政府和有关领导部门的指示下，也始终如一地充当了"资金供应者"的角色。特别是在我国现行的融资体制下，非国有企业最主要的融资方式也是贷款，就是在近年来金融市场快速发展的状况下，非国有企业的融资结构中贷款所占的比重仍然在 90% 以上。银行以发放贷款的方式支持企业改革，其结果必然对货币供给产生冲击。

### 8.4.3 价格体制改革对货币运行的多重影响

自古以来，价格在市场经济运行中发挥着最重要的杠杆调节作用。但在计划经济体制下，价格受到严格的管制，价格水平控制在较低的水平上，价格结构也因此而扭曲。一方面是由于价格总水平的被控制而无法自动调整；另一方面由于单个产品的价格直接由计划部门决定，而计划部门对产品价格的调整是主观而缓慢的，很难灵敏准确地反映产品的真实价值和供求关系，因此，价格的作用被人为地压制了。当计划经济体制向市场经济体制转轨时，一个重要的内容就是放松价格管制，理顺价格体系并调整扭曲的价格结构，以充分发挥价格在经济活动中的杠杆作用。这个过程对货币运行产生的影响主要表现在：

**1. 价格改革增加了交易性的货币需求**

由于原来的价格水平偏低，加上存在价格刚性，改革中的价格变化及其结构调整主要是通过上调部分商品和劳务的价格来实现的，由此引起了价格水平的普遍上升。以 1978 年为 100，到 2006 年商品零售价格定基指数提高到 360.3，城市居民消费价格分类指数提高到 504.6。应该说，由价格改革引起的物价上涨具有合理性和必然性，因此而增加的货币需求也是必需的和必然的。各经济主体因为物价上涨所需持有更多的货币用于交易，故这部分新增的货币需求主要是交易性的，当然，预防性的货币需求也会随物价水平而变动。

---

① 数据转引自《中国证券报》，2002 年 12 月 2 日。
② 参见《中国金融年鉴》中国金融出版社 2002 年版，第 12 页。

**2. 价格体制改革增强了货币与价格之间的互动性**

价格体制改革最重要的变化是解除价格管制，恢复价格应有的弹性，使之能够比较灵敏地反映各种信息，进而发挥杠杆调节作用。当价格被允许自由波动以后，其与货币之间的关系变得密切起来。一方面，价格波动成为货币总量最重要的冲击波，在其他因素不变的情况下，价格的涨跌与货币总量之间呈同方向变动关系，改革以来价格水平的成倍提高，是货币供应量迅速增加的主要解释性变量；另一方面，价格也成为货币供求及其均衡状况的重要反映指标。需要注意的是，改革以来由于中国货币结构的重大变化，价格对货币总量变化的反映也有所不同：在 M1 占主体的货币结构下，货币供应量的多少比较及时地反映在 CPI 的变动上；90 年代中期以后随着货币结构转变为准货币占主体，货币供应量的变化更多地反映在房地产、股票等资产价格的变化上。

### 8.4.4 收入分配体制改革与居民在货币运行中作用的增强

在计划经济体制下，由于短缺制约，收入分配主要向国家倾斜，国家财政集中了国民收入相当大的部分，企业和居民在收入分配中获得的份额较低，企业事业单位的职工一直实行低工资、低物价与泛福利并存的政策。经济体制改革以后，在对企业放权让利的过程中，国家放松了对工资福利方面的管制，在工资和劳动生产率不挂钩、企业治理结构不完善、厂长（经理）的责权利不匹配的情况下，企业行为往往短期化，20 余年没有涨过工资的压力变成巨大的动力，促使企业领导和职工一起追求工资、奖金收入的最大化，想方设法提高工资、增加奖金、发放津贴和补助，甚至在企业亏损的情况下也滥发工资和奖金；与此同时，在社会攀比机制作用下，机关团体、文教科卫等事业单位也争相搞创收、发奖金等，导致收入分配明显向个人倾斜，加上工资制度的货币化改革和社会保障体制的市场化改革，居民的货币收入大幅度增加，居民部门在货币运行中的重要性也随之上升。从居民部门看，收入分配体制改革对货币运行的影响主要表现在两个方面：

**1. 居民部门已经成为货币需求的主体**

居民部门的货币需求随着收入的增加日益扩大，逐渐成为货币需求的主体。不仅交易性、预防性的货币需求与收入增加同方向增长，而且在 2006 年底以前由于金融市场不发达，缺乏兼备安全性、流动性、盈利性的证券资产，居民最理性的资产选择是持有大量的货币性资产,表现在居民储蓄存款迅速增长。

### 2. 完全货币工资的实行提高了货币化程度

在收入分配体制改革中,逐步完成了从不完全货币工资向完全的货币工资转化,大幅度提高了经济货币化程度,货币总量相应增加。计划经济体制下我国职工的收入分配以实物分发和泛福利制度(即由政府或企业包揽住房、医疗、教育、交通、退休乃至生活服务、精神文化消费等)为主,货币工资为辅,是一种不完全的货币工资分配制度。改革以来,随着计划程度的降低和市场化程度的提高,社会分配逐渐采取比较完全的货币工资形式,改革泛福利制度,陆续取消了各种实物分发、隐性分配和公费消费等非货币化分配方式,实现了居民衣、食、住、行、教育、文娱、服务等消费的商品化和货币化。这项改革不仅产生了大量的货币需求,也通过企业成本的增加而推动了价格的上涨。尽管这是合理而必然的,但毕竟大大增加了货币流量和存量。

## 8.4.5 社会保障体制改革对货币运行的影响

在计划经济体制下,城镇居民的医疗、伤残、退休、救济等社会保障是由国家或单位统一安排和提供的,农村居民的社会保障水平虽然低于城镇,但也是由人民公社提供最基本的医疗、伤残、养老、救济等社会保障,因而都不需要使用货币。改革以来,社会保障体制也相应转向市场化,一方面通过建立社会保障基金和增加货币工资用于支付部分医疗、伤残、失业和养老等费用;另一方面引入了商业性的保险制度,居民通过购买商业性保险产品增加保险系数和安全感。而这两个方面都使得社会保障从非货币化转为货币化,其结果自然加大了货币运行的规模和不确定性。

综上所述,在"大一统"计划金融体制基础上,伴随着金融机构组织体制、资金管理体制、外汇管理体制和融资体制改革的逐步推进,货币运行也逐渐从单一的计划轨迹转向多元的市场轨道。转轨中的体制变迁成为货币运行机制和运行轨迹变化最重要的解释因素。货币运行中呈现出的各种状况和变化,都可以从体制变迁中寻找推动性或约束性原因。从我们的研究中不难得出结论:金融体制与货币运行之间具有逻辑和因果关系,而这一关系在理论上是符合科斯定理的。进一步还可以推论:体制改革的目标模式会引领货币运行的走向,也对货币运行机制是否健全、货币运行能否稳健和高效具有决定性作用。

中国金融体制渐进式的分步改革，采取了先体制内改革、后体制外生成①、先改革金融机构、后发展金融市场，先试点总结、后改善推广等改革次序；选择了从单一计划轨道迈向计划与市场双轨并行、再向市场化并轨②的改革路径。这种金融改革独特的"中国模式"，以实事求是而又切合国情的次序选择和路径选择，不仅顺利实现了金融改革中的发展和金融发展中的改革，而且保证了在货币总量高速增长中运行轨迹的平稳转换，这的确是一个世界创举。

需要指出的是，体制转换是货币运行转轨的先决条件，这个过程相对简单和迅速；而体制转换之后导致的金融组织结构、活动方式、主体行为和环境等方面的变化与货币运行的新机制之间的磨合过程却要复杂和漫长得多，需要不断地作出适应性调整，使之日益完善。由于体制改革不可能成为常态，当新的市场化体制确立以后，货币运行及其效率主要将取决于其内生因素。

## 8.5 体制转换后货币运行的六大转变与面临的新问题

如前所述，经济和金融体制改革对货币运行产生了多方面的巨大影响，导致货币运行从计划经济的轨道转入市场经济的轨道。在经济体制改革近30年之际，认真总结新旧体制转换后货币运行发生的重大变化，认清由此带来的新影响与新问题，对于把握新体制下货币运行的规律与特点，探讨并解决货币运行新机制中的矛盾，采取有效措施保持货币运行的稳健与高效是极为必要的。

### 8.5.1 货币运行的作用之变：由"从属性"转为"主导性"

随着计划经济体制向市场经济体制的转变，中国经济运作的商品化和货币化程度大幅度提升，货币已经成为一切交易的媒介和资源配置的主要手段，极大地拓展了货币作用的范围并增强了货币的作用力度，改变了计划经济体制下货币运行被动地从属于实物运动的状况，在经济运行中越来越明显地发挥着主导性作用。尤其在目前中国"两个为主"（即金融产业结构以银行业为主和金融资产结构以货币为主）的金融结构下，货币运行对于经济运行主导性作用和决定性影

---

① "体制内"指的是计划经济体制框架内的组织与管理制度，"体制外"指的是原有计划体制框架中所没有的、从外部（主要是借鉴国外经验）引入的各种事物。

② 改革路径的轨迹变化是在计划轨道的边际新生出市场轨道，在双轨并行中逐渐从计划为主转向市场为主。

响主要体现在三个方面：

第一，货币总量的增长对于经济总量增长仍然具有拉动作用，在投资拉动型的经济增长方式没有发生根本变化时，货币供给的先导效应还是比较明显的。但需要注意的是，这种货币推动力随着计划经济体制下压抑能量的释放和闲置资源的减少而正在减弱。

第二，获得货币成为资源配置的主要方式。无论是银行体系的贷款，还是金融市场的资金融通与筹措，都是以货币为载体的。在市场经济体制中，由于只有货币具有通行于商品世界的能力，一切交易都需要通过货币才能完成，因此，拥有货币支配权就等于获得了资源配置权，拥有的货币数量与能够获取的资源成正比。进而使银行机构和金融市场在资源配置中具有支配性地位。

第三，货币价值的稳定不仅是新的社会主义市场经济体制中价格机制能否发挥作用的条件，而且成为金融稳定和经济稳定的主要条件，尤其在扩大开放和中国经济金融深度融入国际主流的过程中，人民币的币值是否稳定已经成为世界经济和金融稳定与否的重要砝码。

货币运行作用的这一变化，意味着货币在经济和金融运行中取得了极端重要的地位，使得货币问题成为中国乃至世界经济和金融发展中最重要、最关键的问题，其重要性怎样估计都不过分。

### 8.5.2 货币总量增长的特征之变：由平缓稳增变为快速猛增

如 8.2 中所述，在计划经济体制下，由于货币运行的有限性、从属性和集中统一性，货币总量的增长受到强有力的控制，从总体上看，1952～1978 年间增长缓慢，增速平缓。1952～1978 年，广义货币从 147 亿元增加到 1 346.5 亿元，26 年间增长了 8.16 倍。改革以后，随着各方面体制改革的推进和商品化、市场化、货币化程度的大幅度提高，在经济的快速增长中，货币总量也迅猛增加，广义货币 1978 年为 1 346.5 亿元，至 2007 年底已经达到 403 401.3 亿元，30 年间增长了 298.59 倍！如图 8.4 中所示，形成了一条下端平行而上端斜率陡峭的 "J" 形曲线。货币运行中总量持续高速增长的这种变化，形成了目前银行体系中的巨额货币存量，由此引出了三个值得重视的问题：

**1. 经济运行中货币化程度过高而证券化程度偏低**

货币化是指一国国民经济中用货币购买的商品和劳务占其全部产出的比重及

其变化过程,其比率一般用一定时期的货币存量与 GDP 之比来代表。人们通常用货币化比率来衡量货币在经济运行和增长中的作用大小及效率高低,美国著名学者 R. W. Goldsmith 认为"货币化比重是一国经济发展水平和经济发展进程的最重要标志之一"①。很多中国学者也将改革以来货币化水平的大幅度提升作为经济和金融发展的一个重要标志。但需要关注的是,20 世纪 80 年代以后,发达国家在金融创新的浪潮中普遍出现了货币化比率下降而证券化比率上升的趋势。证券化比率是指证券类金融资产占 GDP 的比重。在金融发展程度较高的经济体中,企业和政府越来越多地通过证券市场进行投融资,银行也通过资产和负债的证券化进入金融市场运作,居民储蓄中证券储蓄的比重相应地大幅度攀升,因此,近年来人们倾向于将货币化比率相对下降和证券化比率相对上升作为金融体系现代化发展程度的一个标志。

中国改革以来,货币总量经过"J"形曲线的增长轨迹,积累了巨额的货币存量,货币化比率相应地一路走高(见图 8 - 13)。1978 年 M2/GDP 的比重为 0.246,1995 年突破 1,2006 年升至 1.65。这个比值远远高于主要发达国家平均货币化的历史最高点 0.9,更是高于发展中国家平均货币化的最大值 0.5②。相比之下,中国证券化比率的增长却相对缓慢。改革之后从 1981 年发行国债起始,中国证券化比率突破 0 的纪录,25 年来尽管政府和社会各界都在大力推动证券市场的发展,但结果却不尽如人意,至 2005 年底,证券类资产在全部金融资产中的比重仅为 0.163,证券存量占 GDP 的比重只有 0.36;2006 年股票市场进入快速繁荣期导致股票市值大幅攀升,证券化比率快速增加到 0.448,但与货币化比率仍然差距很大。

高货币化比率一方面意味着在中国的经济运行中货币具有巨大的作用力,经济发展主要依赖于货币性金融资产的推动,金融资源的配置权仍然高度集中于银行体系,金融结构依然保持着银行业为主(占比 80% 以上)的行业结构和间接融资为主(占比 90% 以上)的融资结构;另一方面也意味着企业和居民的投融资活动严重依赖于银行体系,大量的储蓄均以货币形式存在,是金融市场软弱无力的另一种反映。高货币化和低证券化的并存虽然有利于银行体系集中和配置资金,但却使储蓄直接转化为投资的渠道过于狭窄,难以培育市场化的投融资主体,不利于发展资本市场和直接融资。应当说,在中国非银行金融机构和直接融资尚不发达,特别是存在严重信息不对称的情况下,这种金融资源的配置格局有其合理性和可取之处,中国近 30 年持续高速的经济发展成就可以证明配置效果

---

① Raymond W. Goldsmith, 1969, *Finacial Structure and Development*, Yale University Press, P. 276.
② 参见张杰:《中国的高货币化之谜》,载于《经济研究》2006 年第 6 期。

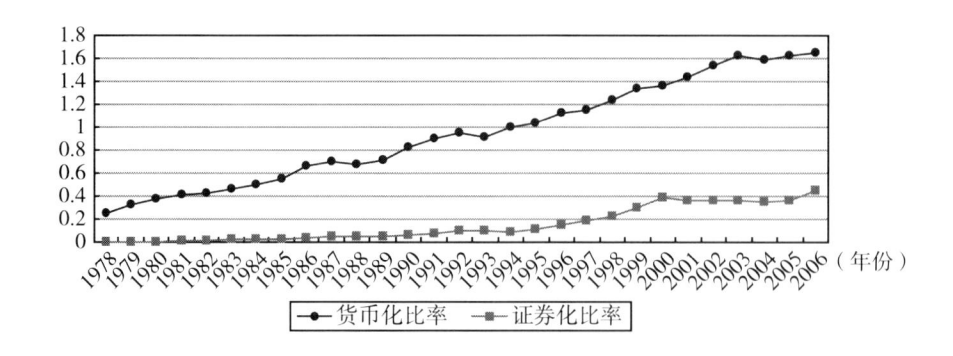

**图 8 – 13　中国 1978～2006 年货币化与证券化比率**

资料来源：图中曲线根据《中国金融年鉴》、《中国人民银行统计季报》、《中国证券期货统计年鉴》相关各期统计数据，按 M2/GDP、证券类资产/GDP 的公式计算结果绘制。其中证券类资产存量数据是按期末余额计的各种债券、按流通市值计的股票和按规模计的证券投资基金之和。

并不是最差的。问题是随着市场化改革的深入和开放的扩大，投资和融资主体及其需求日益多元化，这一格局的弊端越来越明显，当很多资金需求不能满足和银行体系出现大量的流动性过剩并存时，则意味着现有的投融资方式或渠道存在着问题，金融资源的配置效率有待提高。

### 2. 金融风险过度集中

现有的巨额货币存量是金融资产结构中以货币性资产为主（高达 80% 以上）的必然结果。由此带来的另一个问题是金融风险的过度集中。巨额的货币存量在使金融资源配置权高度集中于存款货币银行的同时，也使金融风险高度集中于存款货币银行，整个社会缺乏分散风险的机制和渠道。由于存款货币银行的特殊地位和经营特点，自身具有内在的风险性和脆弱性，以及中国存款货币银行的商业性运作时间不长，经营管理的能力和经验尚且不足，尤其在外部环境和内部风险管理与控制机制（包括技术）都相对薄弱的情况下，将金融风险高度集中于银行体系的配置格局是比较危险的。

### 3. 通货膨胀压力加大

在各种金融资产中，货币的流动性最强，准货币也有极强的变现力，故多年来人们常将银行存款称为"笼中虎"。特别是在货币与准货币之间的转换并无障碍时，一旦公众普遍改变预期或动摇信心，巨额准货币存量会在短期内大量转化为货币冲击商品市场，引发严重的通货膨胀。现存的巨额货币存量已经形成了巨大的通货膨胀压力，成为高悬于头顶之上的"达摩斯克之剑"，对中国经济和金融稳健发展的威胁不容忽视。

货币总量增长特征的这种变化具有重要的政策含义，意味着在政策层面上需要更多地关注如何适当增加非银行金融机构和非货币金融资产的比重问题，研究如何为证券、保险、信托等行业和资本市场的发展提供良好的政策环境；如何着力培养市场化的投融资主体（包括风险投资主体），尤其需要研究如何为广大居民直接投资开辟更多的渠道，使部分准货币以直接投资、股权投资或债权的方式转化为证券类资产，以提升金融资源的市场化配置程度，分散金融风险。

## 8.5.3 货币层次结构之变：从以 M1 为主变为以准货币为主

改革开放以来，货币结构的最大变化莫过于层次结构的变化。由于不同层次的货币执行不同的职能，货币层次结构的变化主要反映货币总量中执行不同职能货币的比例结构及其影响变化。在货币学说史上，尽管出现过单一职能论、双重职能论和多重职能论之争，但在目前的纯粹信用货币制度下，中外学者对于货币职能已达成基本一致的共识。例如，J. M. 凯恩斯（J. M. Keynes，1936）将货币职能概括为交易媒介和财富贮藏①；F. A. V. 哈耶克（F. A. V. Hayek，1976）在论证自由货币说时认为货币的职能有四：用于购买、作为购买力的储备、用作延期支付的标准、用作可靠的核算单位②；L. 哈里斯（L. Harris，1981）③ 和 N. G. 曼昆（N. G. Mankiw，1998）④ 则概括为交易媒介、计价单位和价值贮藏。显然后者都是对凯恩斯双重职能论的细化。中国学者黄达教授在其经典教科书《金融学》中将货币职能表述为：(1) 赋予交易对象以价格形态；(2) 购买和支付手段；(3) 积累和保存价值的手段⑤。由于计价、核算、流通、支付等都属交易范畴，为了分析的简便，本研究将货币职能概括为：(1) 通过在各种交易中执行媒介职能；(2) 通过积累货币保值增值执行资产职能。按照国际货币基金组织的口径，通货和货币执行交易的媒介职能，处于 M1 层次上；而准货币执行资产职能，处于 M2 层次上。在中国目前的货币层次口径下，执行交易媒介职能的现金和存款货币也是处于 M1 层次上；执行资产职能的准货币处于 M2 层次上。

---

① J. M. 凯恩斯 (1936)：《就业、利息和货币通论》，商务印书馆 1983 年版，第 143 页。
② Hayek, Friedrich August Von, 1976, *Denationalization of Money*, London: Institute of Economic Affairs.
③ Harris, Laurence, 1981, *Money Theory*, Newyork Mcgraw-Hill Book Company, P. 8.
④ N. G. 曼昆 (1998)：《经济学原理》，生活·读书·新知三联书店、北京大学出版社 1999 年版，第 223 页。
⑤ 黄达：《金融学》，中国人民大学出版社 2003 年版，第 22 页。

考察各国的货币发展史可以发现，伴随着经济和金融的发展，货币的这两种职能的比例结构变化呈现出一种惊人相似的规律：从交易媒介职能为主转为资产职能为主，具体表现在各国的货币结构中，准货币占货币总量的比重无一例外地呈现出由低到高的轨迹（见图8-14）。

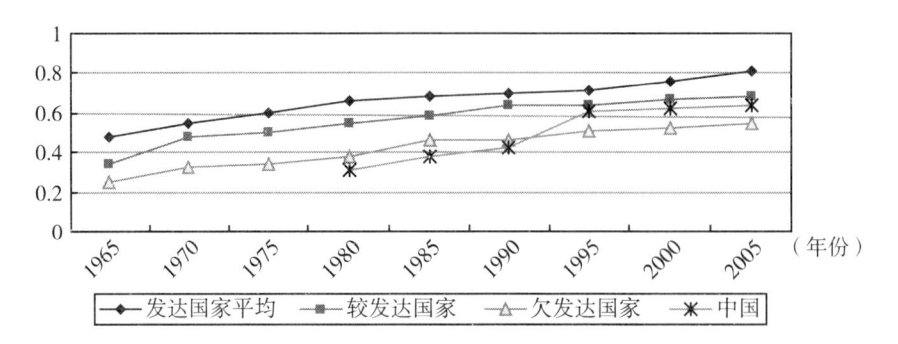

**图8-14 三类国家和中国准货币占货币总量的平均比重变化**

注：三类国家中，发达国家选择美国、日本、德国、英国、法国；较发达国家选择韩国、泰国、新加坡、南非、阿尔及利亚；欠发达国家选择印度、印度尼西亚、巴基斯坦、尼日利亚、埃塞俄比亚为样本。本图数据中三类国家平均数根据国际货币基金组织1996年报、2006年5月报中相关数据计算得出，中国数据取自表8-1～表8-3。

在中国经济增长与体制变迁过程中，货币运行也正发生着这种结构的变化。以1994年为交点，货币结构中执行媒介职能的货币比重（M1/M2）和执行资产职能的准货币比重（QM/M2）从6:4转变为4:6，两个比重的变化轨迹形成了一条图8-5描绘的"X"形曲线。

"X"形曲线所表示的货币结构变化对于货币运行的影响是非常关键和重要的。因为货币层次结构改变以后，货币发挥的主要功能发生了变化，货币运行对于金融和经济运行的影响也随之发生了多种深刻的变化。在8.5.4部分将专门对货币运行的主导力量、货币供求及其均衡的表现、货币调控等方面所引致的变化及其影响分别展开讨论，此处只分析以下两个问题：

**1. 货币结构变化对存款货币银行业务结构的影响**

以准货币为主的货币结构对存款货币银行的业务结构产生了重大影响。主要表现在：一是由于准货币增减的主导性力量在于企业、居民、机构等分散的经济主体，银行负债业务结构中的被动性负债比例上升，无疑加大了银行负债业务的被动性和负债管理的难度。二是在负债结构中，长期负债相对增加，从提高资金来源的稳定性看是有利的，但由于定期存款的利率相对较高而增加了负债成本。

三是使银行资产负债业务在风险、收益、期限等方面的匹配更为困难：一方面，准货币的主要持有者——居民的储蓄存款是最具硬约束力的负债，特别是在目前定期存款合同条款中对于提前支取除利息损失外并无约束的情况下，银行随时面临着定期存款被提前支取甚或挤提的风险；另一方面，贷款的主体——企业贷款则是一种软约束的资产，在现行信用制度和信用活动中，银行面对普遍存在的企业贷款被拖欠或逃废行为往往无能为力，而除了贷款以外银行能够有效运用资产的渠道有限，这就在加大风险的同时又增加了赢利的压力。值得关注的是，当银行负债被动增加而资产难以有效运用时，出现了大量的流动性过剩，商业银行普遍将资金投入货币市场运作，金融机构之间发生大量的相互拆借、相互买卖国债现券或回购协议（包括购买中央银行的不定向票据）、相互持有金融债券等交易活动，货币市场出现了前所未有的活跃，使商业银行的剩余头寸有了运用的空间，部分缓解了赢利的压力，也有利于形成市场化的货币利率。但问题在于，这样的货币市场"繁荣"使大量资金在金融体系内部循环，不能进入生产流通环节作用于实体经济的运行和增长，降低了货币对于经济增长的推动力和作用效率；还因金融机构之间形成了复杂的债权债务关系而加大了金融业的系统性风险；也无助于解决实体经济部门短期资金的余缺调剂、特别是中小企业融资困难的问题，加剧了资金供求的结构性矛盾。这个问题值得重视。

### 2. 货币结构变化对经济运行的结构性影响

货币结构的变化使货币运行对于经济运行的影响远远不仅限于总量方面，在结构方面的影响已经不容忽视。主要表现在：

（1）对消费的结构性影响。货币结构中准货币比重的增加，一是意味着在收入增长中现实购买力相对递减而潜在购买力相对递增，造成消费的期限结构中即期消费相对减少，远期消费潜力增加；二是影响消费的品种与层次结构，由于准货币七成以上是居民储蓄存款，不考虑时间因素最终都会用于消费，但主要不是购买一般的日用消费品，而是较高消费层次的商品，如汽车、住房、奢侈品、旅游、健美等中高档消费或服务产品，准货币越多，高消费层次商品的购买力就越强，这将改变国内消费品市场的供求结构，如果产业结构的调整跟不上变化，就会引起消费品供求的结构性失衡。

（2）对储蓄的结构性影响。现有的货币结构意味着在中国经济持续增长中边际储蓄倾向偏高的情况下，大量的储蓄均以货币形式存在，储蓄的证券化水平很低。这种储蓄的形式结构有利于银行体系扩大资金来源，但堵塞了储蓄直接转化为投资的渠道，难以培育市场化的投资主体，不利于发展资本市场和直接投资。

（3）对投资的结构性影响。一是投资的主体结构中民间投资相对不足，尤其是居民的长期直接投资比重很低；国有部门投资相对较高，由于有国家信誉作支撑，它们也最容易获得银行（包括外资银行）的资金支持，这种投资的主体结构有利于集中力量办大事，便于迅速满足大型投资项目的资金需求，但也很容易出现投资过热和失误等问题，投资的风险与收益不能分散于民。二是投资的产业结构中新兴产业比重相对偏低，因为以银行为主的资金配置结构比较适合投资于现金流稳定的成熟产业，而缺乏对高风险与高收益相匹配的新兴产业的投资渠道或方式，将削弱国民经济发展的后劲和可持续性。

货币结构变化引致的上述影响之变，具有重要的政策含义：一是政府部门对于存款机构的调控与监管不仅需要关注总量，还要关注结构变化所带来的问题，例如需要注重银行的负债管理与风险控制问题，研究如何改善银行的负债结构以减轻被动性负债比重过大带来的风险；如何加快利率市场化步伐以赋予银行真正的存款定价权，使之能够灵活运用价格机制有效地进行负债管理和风险控制。研究如何改革分业经营体制以拓宽银行将资产运用于实体经济的渠道，研究如何通过资产的结构性调整提高资源配置效率并降低金融风险等。二是货币政策和货币调控不仅要盯住总量变化对经济运行的冲击，也要关注货币结构对经济运行的影响，需要研究探讨如何通过货币结构的调整促进经济结构的优化。

### 8.5.4 货币运行的主导力量之变：从货币供给变为货币需求

由于不同层次的货币，其供求的决定力量与影响因素存在着差异，因此，不同货币结构下供求的主导性力量不一。

**1. 执行媒介职能货币（M1）的主导性力量在于货币供给方面**

首先，从现金（M0）层次上看，公众的现金需求在既定的收入和支付结算体系下主要受流动性偏好、习惯和预期等因素的影响，具有相对稳定性；现金的供给主要取决于中央银行的货币发行管理和银行的业务管理，中国目前仍未废止的现金管理松紧对于M0层次的货币量具有很强的控制力。因此，在现金这个层次上的货币均衡主导性力量主要在于货币供给方面，特别是中央银行的政策行为。

其次，从存款货币（M1－M0）层次上看，货币需求主要取决于企业和机构的行为，在既定的支付结算体系下，这部分交易性货币主要受规模变量和机会成本的影响，具有相对稳定和可测的特点；存款货币的供给主要取决于银行体系，其源流在于中央银行基础货币的提供和存款货币银行派生存款的创造。由于中国存款货币层次的部门结构中企业占主体，而企业的活期存款主要来源于银行贷款,在现行的金融体系格局下,存款货币银行向企业发放贷款仍然具有很强的主动性,中央银行的货币政策操作也可以有效地作用于基础货币和货币乘数,故银行体系对于存款货币的供给仍然具有很强的支配力,存款货币的供求及其均衡的主导性力量在于货币供给方面。

可见,在 M1 层次上,货币供求及其均衡的主导性力量在于货币供给方面。当 M1 在货币总量中的占比为主时,银行体系在货币运行中具有主动的支配力,90 年代中期以前的中国货币运行实践可以印证这一点。

### 2. 执行资产职能货币(QM)的主导性力量在于货币需求方面

从货币需求的角度看,执行资产职能的准货币是各个经济主体资产选择行为的结果。我国银行存款的部门结构随着经济增长中国民收入分配格局的变化而改变,1978~2006 年间,财政存款的比重从 39.9% 下降到 3.26%,企业部门的比重变化不大,居民部门的比重则从 17.8% 上升到 48.17%,尤其是在准货币中,城乡居民储蓄存款占比很高,一直保持在七成以上(见图 8-15)。故在准货币的需求方面,居民部门已成为主导力量。从准货币的供给来看,银行体系固然可以通过变动存款合同条款(特别是利率)和服务条件等去影响经济主体的行为,但从总体上看,银行体系接受定期存款是相对被动的,特别是在中国存款利率尚未市场化的情况下更是如此。因此,对于执行资产职能的准货币来说,其供求及其均衡的主导性力量在于货币需求方面,在需求的部门结构中又以居民为主。因此,在以准货币为主的货币结构下,居民、企业等经济主体的行为对于货币运行具有决定性影响,准货币的占比越高,银行体系在货币运行中的支配力就越小。

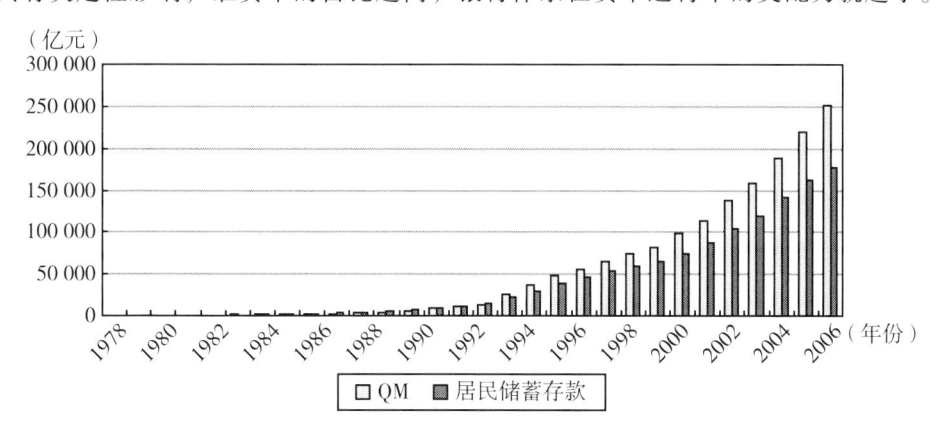

**图 8-15 1978~2006 年中国准货币与储蓄存款结构**

资料来源:根据《中国金融年鉴》相关年份、《中国人民银行统计季报》2006 年第 1 期所列数据计算后绘制。

**3. 货币运行主导力量的变化及其政策意义**

从上述分析中可以看出，随着中国货币结构从 M1 为主转向准货币为主，货币供求及其均衡的主导性力量已经由货币供给方面转向货币需求方面。从主导部门看，银行体系的支配力在下降，以居民部门为主的各经济主体的作用力在增强。

这一变化所蕴涵的重要政策意义至少有两点：第一，多年来以调控货币供给和存款货币银行为主要内容的货币政策需要作出相应转变，在以准货币为主的货币结构下需要更多地关注货币需求，需要针对决定和影响货币需求的因素施加作用，需要将居民和企业等经济主体纳入调控对象的范围。第二，货币供给的外生性正在减弱，而内生性日益增强。尽管贷款决定存款的货币供给机制并没有发生根本性变化，但货币结构变化引致的货币运行主导性力量的变化，使银行体系在货币供给中的主动性和支配性在减弱，而企业、居民等经济主体的作用在加强，经济体系内部力量决定的利率、汇率、价格和规模变量、效用、偏好等内生性因素，通过改变经济主体的行为对货币供给的作用力越来越大，也意味着货币供给量的可控性在降低。

### 8.5.5 货币供求及其均衡的表现之变：从物价转变为多种变量

对应于不同的货币需求，货币在执行不同职能时所形成的货币流通领域不一，影响的变量亦不相同。执行媒介职能货币的流通范围主要在商品和劳务市场，这部分货币供求变动所影响的变量主要是商品和劳务的价格；而执行资产职能的准货币，其流通范围主要是资产市场，影响的变量主要是各种资产价格。据此可以进一步推论，在不同的货币结构下，反映货币供求及其均衡的主要依据和衡量指标是有差异的。

在以执行媒介职能的存款货币为主的货币结构下，货币总量变动主要反映在商品和劳务价格上，故可以采用消费价格指数、商品零售价格指数或批发价格指数等各种商品和劳务价格指标来判断货币供求是否均衡并衡量其偏离均衡点的程度。但在执行资产职能的准货币为主的结构下，因为这部分货币主要不是购买一般商品，而是用于保值增值，所以，货币总量的变动对商品价格的影响并不显著，但会通过各种金融和投资活动，反映在证券价格、黄金价格、保险价格、房地产价格、收藏品价格等各种资产价格和利率、汇率、银行流动性、货币流通速度等金融指标的变动上。因此，在中国货币结构由 M1 为主转为准货币为主之后，货币供求及其均衡从主要反映在 CPI、PPI 等物价上，转为反映在物价和资产价格、金融指标等多种变量上。

货币供求及其均衡的判断依据与反映指标的变化,意味着货币政策和宏观调控需要修改监控和分析指标体系。在目前以准货币为主的结构下,仅仅采用CPI、PPI等物价指标来判别货币供求及其均衡是否正常显然已经不合适了,需要考虑同时采用商品价格、资产价格和相关金融指标进行综合分析,才可能对货币运行及其均衡状况做出相对全面准确的判断和衡量。

### 8.5.6 货币调控之变:从直接总量调控变为间接综合调控

1984年中国建立中央银行制度以后,货币政策和宏观调控一直以货币总量为目标进行操作。在90年代中期以M1为主的货币结构下,中央银行以监测商品价格变动为依据,运用常规的货币政策工具和中国特有的直接控制手段作用于存款货币银行,能够比较有效地调控货币供应量,虽然发生过几次通货膨胀,但都能够迅速制止。

90年代中期以后,随着市场化体制改革的提速,货币结构和货币运行机制发生了根本性的变化。货币运行日益市场化,货币结构亦以准货币为主,中央银行也相应地转换了货币调控方式和手段,以1996年开办本币公开市场业务和1998年放弃贷款规模管理为标志,中央银行的货币调控逐渐从直接调控转向间接调控,更多地采用债券回购、央行票据等市场化政策工具,灵活运用存款准备金、利率等杠杆性政策变量,通过调节银行流动性间接调控货币总量。从总体上看,近10年来的货币调控比较成功,在经济高速增长和外部冲击加大的状况下基本实现了货币稳定的目标。然而,如前所述,由于货币运行机制和运行环境的变化,中央银行的货币调控也面临着许多新的问题和挑战,如何完善货币政策体系,如何提高间接调控的效力和效果等问题,本书在第14章将做专题研究。在此主要讨论货币调控的重点问题。

以往的货币调控都是针对总量进行的,固然这是必须也是最重要的。但如上述,由于近年来货币结构的变化对于金融运行和经济运行具有重大影响,因此,如果货币政策和宏观调控仍然只是针对货币总量,显然难以有效发挥货币政策的作用和影响力。更重要的是,货币结构对于货币总量的影响也在日益增大,中央银行只调控货币总量往往难以奏效,需要通过结构调整才能有效地调控货币总量。因为在以准货币为主的结构下,货币需求对于货币总量和结构都具有决定性作用,但中央银行运用货币政策调节货币需求比调控货币供应更为复杂和困难,政策传导机制的不确定性也更加明显;同时,货币总量的增减对资产价格的影响很大。尽管资产价格的波动对于普通百姓日常生活的直接冲击不大,但却影响货币总量与结构。一般来说,非货币性资产价格的涨跌与准货币的增减是反方向的，如房地产价格或股票价格大跌时往往同时出现准货币的增长；反则反之。而资产价格主要受预期和行为的影响，极易暴涨暴跌，由此会造成货币总量的大幅度增减。不仅如此，在货币与准货币之间的转换无障碍时，还会改变货币结构，进而对物价产生影响。一旦公众普遍改变预期或动摇信心，巨额的准货币存量在短期内大量转化为货币冲击商品市场，将会引发严重的通货膨胀，在货币存量急剧增加的今天，如果重演1988年曾经发生过的情况，后果不难设想。因此，货币政策和宏观调控不仅需要调控货币总量，还要关注并调整货币结构。

货币总量与结构调控的综合性，要求未来的货币政策体系进一步作出相应的调整，例如，货币政策的最终目标需要重新诠释稳定币值的内涵，在内外均衡中如何处理好汇率稳定（货币的对外价值）和价格稳定（货币的对内价值）之间的关系，建立综合性的衡量币值稳定与否的监测指标体系；如何选择可测性、可控性、相关性更好的中介指标体系，应考虑把影响各种资产价格和主体行为的利率纳入其中（前提是利率市场化）；政策操作需要更多地运用选择性政策工具，通过调整消费信用、房地产信用、证券信用比率等调控各种资产价格，采用变动利率上下限、信用配额、流动性比率等直接信用控制和道义劝告、窗口指导等间接信用控制等手段，同时作用于货币总量与结构。

体制改革中的六大转变表明，中国货币运行在体制变迁中已经顺利完成了从计划到市场的转换，货币运行已经进入了新的社会主义市场经济新轨道。明确这一点非常重要，意味着需要进一步转变计划经济体制下的思维方式和行为习惯，放弃用计划经济的思路、途径和方式搞市场经济，真正尊重市场经济共有的内在规律，即使针对特有国情中的特殊问题和新体制磨合期的问题，也需要更多地以市场化的理念，利用市场机制，采用市场化的手段来解决。唯有如此，才可能建立完善的市场经济体制和运行机制，才能保持新体制下货币运行机制的正常运转。

# 第9章

# 发展新阶段中中国货币运行的若干重要问题

以渐进为特征的中国全方位的经济金融体制改革通过较为独特的路径选择与顺序安排,采用先试点后推广、先重点后一般、先机构后市场、先双轨后并轨等交错替代的方式,改变了中国货币运行的基础、条件和环境,转换了中国货币运行的机制,使中国在持续30年的经济总量和货币总量高速增长中比较顺利地实现了不同货币运行轨道的平滑转换,即使在亚洲金融危机的剧烈冲击下也没有发生货币危机,这一切足以让世人称奇。

当前,中国的经济改革和发展已经完成了三个根本性的转变:从计划经济转向市场经济,从总量上的供不应求转向供过于求,从政府组织的某些领域开放转向各部门的全要素开放,标志着中国经济发展进入了一个新的阶段。在这个新的历史阶段,经济运行的机制、经济发展的条件和平台都已经发生了质的变化,经济环境更为开放,国际经济要素的影响也日趋明显。在复杂的发展环境中,金融的核心作用能否有效发挥对于保持经济的稳健增长至关重要。处身于经济全球化和国内经济增长新阶段,货币运行也面临着一些前所未有的新问题和新挑战,如何进一步完善适应商品经济发展和社会主义市场经济框架的货币运行体系,如何才能保持其高效、稳健运转等许多问题亟待深入研究。本章主要针对当前货币运行中比较重要的几个问题进行研究。

## 9.1 中国体制变迁与经济增长中货币数量和结构的合理性

货币在经济社会发展中的重要性源于其特有的职能。马克思（1867）经典的货币理论为我们缜密地论证了商品交换与货币之间的逻辑关系并提出了五大职能论；凯恩斯（1936）进一步论证了信用货币制度下货币所具有的交易媒介和资产双重职能。尽管不断有学者对货币的职能进行细化与扩展，但交易媒介和资产职能却是几乎所有的经济学者都认可的两个最重要的货币职能。职能产生需求，因此，探讨发展新阶段货币数量与结构的合理性，实质上是探讨货币总量及其结构是否能够恰当地满足新阶段经济社会的发展对执行不同职能货币的需求。

### 9.1.1 货币总量合理性分析的基本思路：同时关注货币的媒介职能与资产职能

从总量视角研究货币数量的合理性，逻辑的起点是要回答判定合理性的依据是什么。经典理论和历史事实告诉我们，在市场经济条件下，货币数量的多少取决于经济社会中需要多少货币，能够满足需求的货币数量应该是合理的，因此，在货币数量的决定关系中应该由货币需求来决定货币供给。如前章所述，改革以来，我国货币运行中的供求主导关系已经从供给决定需求转变为需求决定供给，因此，研究货币需求的重要性更加突出。

进一步需要回答的是，货币需求的数量如何决定？国内外大量文献对货币需求的决定与影响因素进行了深入细致的分析，得出了基本一致的结论，即货币需求主要取决于收入或财富等规模变量和利率、收益率、物价变动率等机会成本变量。人们在研究这些因素的作用力度时，隐含着对货币职能发挥的判断。因为货币主要发挥何种职能，货币需求的决定和影响因素是不同的。从理论研究的脉络看，无论是西方还是国内，都经历了从只强调交易媒介的单一职能到同时注重交易媒介与资产两大职能的过程。[1]

---

[1] 在西方货币学说史上，货币的职能理论从单一职能论发展为双重职能论，即从只看到货币在各种交易中发挥计价、核算、流通、支付等的交易媒介职能，到认识到货币还有通过积累货币保值增值的资产职能。对货币需求的研究也随之从只注重流通中货币（费雪的交易方程式）到同时关注人们手中停留的货币（马歇尔的剑桥方程式）。更为详细的了解可参见李健：《当代西方货币金融学说》，高等教育出版社2006年版。

在 20 世纪 90 年代中期之前，我国学术界对货币需求数量的研究也是偏重于货币的交易媒介职能。无论是计划经济体制下的"1:8"公式，还是改革初期基于费雪交易方程式提出的"货币增长率＝经济增长率＋物价增长率"的基本公式，以及从经济货币化（易纲，1991）、价格指数偏低（Feltenstein，Ha，1991）、制度因素导致的投资冲动（秦朵，1997）等方面对费雪交易方程式进行的修正，都体现了对货币媒介职能的重视。应该说，这些研究成果较客观地反映了我国改革货币需求状况：

改革开放前，在价格、工资管制和生产资料非商品化的体制背景下，政府储蓄是整个社会储蓄的主体，而政府储蓄支用的货币都是媒介性的；企业、尤其是居民的收入和储蓄能力很低，基本的货币需求理论告诉我们，对执行资产职能的货币需求是以微观主体——企业和居民的收入与储蓄能力为基础的，因此，当时经济运行中的货币结构中以 M1 为主，货币主要执行交易媒介职能。

改革开放后，计划经济体制向市场经济体制的转轨推动了经济货币化进程的快速发展，价格的逐步放开带动了物价水平向均衡值的渐进回归，在政府加快经济增长速度的政策推动下，财务软约束制度下的国有企业的投资冲动被极大地激发，而统管企业资金的国家专业银行体制使国有企业的这种投资冲动所需要的资金很容易得到满足，并"倒逼"中央银行不断投放基础货币。在改革初期的这段时间里，经济运行对执行交易媒介职能的货币产生了大量的需求。与此同时，伴随着改革开放带来的收入增长，我国城乡居民久被压抑的消费需求得到释放，在人们的收入分配中，消费占据着较大的比例，现金需求大幅增加。

我国的货币结构比率变化的"X"形曲线（见图 8-5）表明，1993 年之前，执行交易媒介的货币是我国货币的主体，进而学术界重点从交易媒介职能研究货币需求的总量问题具有合理性与客观性。

然而，经过十余年的体制改革，我国在国民收入分配格局、社会制度以及微观经济主体行为等诸多方面都发生了深刻的变革。改革开放后，国民收入分配格局大幅度向居民个人倾斜，在收入快速增长的过程中，一系列的社会制度变革在悄然地改变着居民的消费与储蓄行为。20 世纪 80 年代末，高等教育收费制度启动，进入 90 年代，医疗、就业、养老、住房等制度相继变革，制度变迁增强了居民部门对未来收入与支出不确定性的预期。在收入保持快速增长和不确定预期增强双重因素的作用下，我国居民部门的储蓄额迅速增长，即使是在高通货膨胀的经济环境下，预防性动机也促使人们把收入的增加部分几乎全部用于储蓄。这意味着，在经济转轨的进程中，收入和制度变迁带来的不确定预期成为影响我国居民部门储蓄行为的两个重要因素，其后才是通货膨胀、利率等机会成本因素。

20世纪80年代中后期，居民部门的储蓄成为我国社会储蓄的主体。在这种状况下，执行资产职能的货币需求日益增强。图8-5中的"X"形曲线显示，1994年之后，在我国的货币结构中，执行资产职能的货币已经成为主体。

事实上，在西方现代的货币理论中，对货币需求的研究更多的是从货币的资产职能进行的。马歇尔（1923）、凯恩斯（1936）、弗里德曼（1956）等经典的货币需求理论都将货币作为一种人们配置财富的资产形式，提出通过对比货币资产与其他（金融和实物）资产的边际收益，人们不断调整自己的资产组合，货币需求数量因而发生变化，进而直接或间接地牵动宏观经济指标的变动。他们的区别点仅在于可以与货币相替代的资产种类与资产间替代性的强弱。

那么，包括交易媒介和资产双重职能的货币需求总量应该如何估算？我国学者常用的方法是利用各种计量模型估算我国的货币需求函数，实证检验实际GDP或收入、物价上涨率、不同期限的存款利率与M1、M2间是否存在长期的稳定关系（汪红驹，2002）。模型中用存款利率变量代表持币的机会成本，是在难以获得连续的非货币性金融资产收益率情况下的一种变通选择，但这种变通选择却使模型的解释力度大为降低。因为这里暗含的假设前提是，货币收益将追随其他金融资产的收益而同向变动，在这样的假设前提下，得出的结论必然是货币与其他金融资产的替代性较弱，货币需求主要受规模变量的影响，长期稳定的货币需求函数存在，这是弗里德曼早已论证的结果，但在我国存款利率还处于管制、其他金融资产收益率波动很大的状况下，这种假设前提并不十分符合我国的现实。基于此，我们不赞成将机会成本变量引入模型，而主张从基本的宏观经济理论出发来构建我国的涵盖交易媒介和资产双重职能的货币需求总量模型。

### 9.1.2 货币需求总量模型的构建与检验

#### 1. 货币需求总量模型的构建

从基本的宏观经济理论可知，在一国一定时期的国民总产出中，既包括消费品的生产，也包括投资品的生产。两类产品价值的实现需要货币发挥媒介作用，因此，在货币流通速度不变的情况下，执行交易媒介职能的货币需求伴随着总产出的增长而同比地增长（这正是费雪交易方程式所显示的内容）。国民收入核算理论进一步认为，对消费品的需求——消费行为和对投资品的需求——投资行为是由不同的经济部门具体采取的。居民部门是消费行为的主体，企业部门是投资行为的主体，政府部门既有消费行为又有投资行为。经过国民收入的初次分配与再分配，如果居民部门将其获得的货币收入全部用于消费，企业部门将其获得的货币收入全部用于投资，政府部门将其获得的收入一部分用于消费，一部分用于投资，各经济部门既无货币的剩余也无相互间的资金融通，则此时仅产生对货币交易媒介职能的需求。但现实状况并非如此。

经过国民收入的初次分配与再分配后，居民部门往往会出于各种动机并不将其全部的货币收入都用于即期消费，而是将其中的一部分储蓄起来，当其将货币作为保有储蓄的一种资产形式时，则产生了对执行资产职能的货币需求，这一货币需求的大小取决于其他非货币性金融资产的可获得性和它们与货币资产收益率的差异。企业部门作为最主要的投资主体，其自身的储蓄往往不足以支付其投资额，需要通过金融部门的资金融通活动满足其对投资品的需求，对执行交易媒介职能的货币需求也由此产生。从总体上看，企业部门属于净负债部门，本不该有对执行资产职能的货币需求，但具体到某一家企业的某一时期，也会有暂时闲置不用的储蓄额，这便会产生一定的资产性货币需求，这一货币需求的大小同样取决于其他非货币性金融资产的可获得性和它们与货币资产收益率的差异。政府部门对货币的需求全部为交易性货币需求，因为政府最主要的经济职能是对宏观经济运行的调控，而并不追求资产收益的最大化，无论是为推动经济增长而扩大公共的投资、购买和转移支付，还是为控制物价而紧缩支出，其货币需求的变化都体现在执行交易媒介职能的货币上，故从理论上分析，其自身并无对执行资产职能的货币需求。

基于上述分析，我们可以得知，居民部门、政府部门的消费行为，企业部门、政府部门的投资行为共同产生对执行交易媒介职能的货币需求，在不考虑国外部门的状况下，这三个部门的消费活动与投资活动恰好构成一个国家名义的国内生产总值，这也正是我们通常所说的宏观经济运行对交易性货币产生的需求。对执行资产职能的货币需求来源于居民部门和企业部门对储蓄形式的选择，当这两个部门在所有的金融资产选择中更倾向于以货币形式持有自己的储蓄，或者在非货币性金融资产的可获得性受到限制的情况下不得不以货币形式持有自己的储蓄时，执行资产职能的货币需求就会增加；反之，如果居民部门和企业部门越来越倾向于以非货币性金融资产形式保有自己的储蓄，则执行资产职能的货币需求就会相应减少。依此，我们可以构建如下的涵盖货币双重职能的货币需求总量增长模型：

$$\Delta m = \Delta y + \Delta p + \Delta s - \Delta f$$

公式中 $\Delta m$ 代表货币需求总量的年增长率；$\Delta y$ 和 $\Delta p$ 分别代表实际国内生产总值的年增长率和物价的年上涨率，主要反映宏观经济运行对执行媒介职能的货币产生的需求；$\Delta s$ 代表居民部门和企业部门年储蓄增量对执行资产职能货币需求的年增长率，它与货币需求正相关；$\Delta f$ 代表居民部门和企业部门年新增持有的非货币性金融资产额对执行资产职能货币需求的替代率，它与货币需求负相关。

## 2. 数据的选取与检验

在我国目前的货币层次口径下，执行交易媒介职能的现金和存款货币处于 M1 层次，执行资产职能的准货币处于 M2 层次，依此，我们选取 M2 的年增长率作为货币变量 $\Delta m$ 的指标。规模变量 $\Delta y$ 选用实际国内生产总值 GDP 的年增长率，物价变量 $\Delta p$ 选用商品零售价格指数的年变动率。

$\Delta s$ 的选取相对复杂。就居民部门来说，其当年新增储蓄量可以从资金流量表实物交易账户中获得，但由于在我国的统计口径中，个体经营户也被统计在居民部门中，而个体经营户有类似于企业的投资行为，故应从居民储蓄额中减去个体经营户的资本形成额，其余额，即居民部门的净金融投资额可以更好地代表当年居民部门的储蓄新增额，为了避免统计误差的影响，我们选用资金流量表金融交易账户中居民部门的净金融投资额代表当年居民部门的储蓄新增额（表 9-1 中的（2）项），这个新增额便代表当年居民部门对执行资产职能的货币产生的最大可能性的新增需求（因为这里假设居民部门只以货币形式保有其新增储蓄）。用这种新增需求额除以上一年度的货币总量 M2（表 9-1 中的（3）项，）即可得到在当年新增货币需求总量中有多大的比例是用以满足居民部门对执行资产职能货币的需求的。

企业部门比较复杂。如上所述，企业部门对执行资产职能的货币需求是源于某些企业在特定时期由于存在暂时闲置不用的储蓄额，但这些储蓄额到底占企业储蓄总额的多大比例，很难有精确的统计，且受诸多因素的影响。从理论分析，企业对经济运行前景的预期应该是影响其暂时闲置不用储蓄额大小的主要因素，一般来说，当企业预期经济运行前景光明时，则会增加投资额，降低其暂时闲置不用的储蓄额；反之，当企业预期经济运行前景暗淡时，则会减少投资额，增加其暂时闲置不用的储蓄额。由此可见，企业部门暂时闲置不用的储蓄额是逆经济周期的。基于此，企业暂时闲置不用的储蓄额占企业储蓄总额的比例也是逆经济周期的，即在经济高涨时，这个比例较低；反之，这个比例较高。从资金流量表倒算，会大致发现，这个比例在经济高涨时大概在 6%~8%，在经济适度紧缩和萧条期大概在 10%~15% 之间（表 9-1 中的（5）项），由此，我们从资金流量表实物交易部分获取企业部门每年的储蓄新增额，在经济运行高涨的 1992 年、1993 年、1994 年，用当年的企业储蓄新增额乘以 7% 作为当年企业部门暂时闲置不用的储蓄额；在经济适度紧缩和萧条的 1995~2001 年，用当年的企业储新增额乘以 12% 作为当年企业部门暂时闲置不用的储蓄额；2002 年以后，我国经济增长速度开始增长，但物价水平依然在低位徘徊，人民币升值压力与预期开始增大，企业结汇额的增加会增加该部门暂时闲置不用的储蓄额，因此，在 2002 年、2003 年，我们用当年的企业储蓄新增额乘以 20% 作为当年企业部门暂时闲置不用的储蓄额（见表 9-1 中的（6）项）。获得每年暂时闲置的储蓄额后，再用此储蓄额除以上一年度的货币总量 M2（见表 9-1 中的（7）项），即可得到在当年新增货币需求总量中有多大的比例是用以满足企业部门对执行资产职能的货币需求的。

表 9-1　　　　　　居民部门与企业部门的 $\Delta s$

| 年份 | M2*（亿元）(1) | 居民部门净金融投资额（亿元）(2) | 居民部门的 $\Delta s$(%)(3)=(2)/(1) | 企业部门储蓄新增额（亿元）(4) | 系数(5) | 企业部门暂时闲置储蓄额（亿元）(6)=(4)×(5) | 企业部门的 $\Delta s$(%)(7)=(6)/(1) |
|---|---|---|---|---|---|---|---|
| 1992 | 19 349.9 | 4 291.1 | 22.2 | 3 002.96 | 0.07 | 210.2072 | 1.1 |
| 1993 | 25 402.1 | 4 892.05 | 19.3 | 4 087.15 | 0.07 | 286.1005 | 1.1 |
| 1994 | 34 879.8 | 7 499.51 | 21.5 | 6 330.78 | 0.07 | 443.1546 | 1.3 |
| 1995 | 46 923.5 | 8 513.24 | 18.1 | 7 871.56 | 0.12 | 944.5872 | 2.0 |
| 1996 | 60 750.5 | 10 902.39 | 17.9 | 8 494.31 | 0.12 | 1 019.317 | 1.7 |
| 1997 | 76 094.9 | 11 027.08 | 14.5 | 11 613.67 | 0.12 | 1 393.64 | 1.8 |
| 1998 | 90 995.3 | 11 626.16 | 12.8 | 10 605.09 | 0.12 | 1 272.611 | 1.4 |
| 1999 | 104 498.5 | 10 898.08 | 10.4 | 11 136.99 | 0.12 | 1 336.439 | 1.3 |
| 2000 | 119 897.9 | 7 898.05 | 6.6 | 13 368.29 | 0.12 | 1 604.195 | 1.3 |
| 2001 | 134 610.3 | 19 611.12 | 14.6 | 14 308.07 | 0.12 | 1 716.968 | 1.3 |
| 2002 | 158 301.9 | 14 646.54 | 9.3 | 13 999.3 | 0.20 | 2 799.86 | 1.7 |
| 2003 | 185 007 | 16 122 | 8.7 | 15 674.6 | 0.20 | 3 134.92 | 1.7 |

　　*说明：表中 M2 各年的数据均为上一年度的数据，即表中 1992 年 M2 数据实为 1991 年 M2 数据，1993 年 M2 数据实为 1992 年 M2 数据，依此类推。此种表示方法是为了计算的方便。

　　表中数据来源于历年《中国金融年鉴》。

　　非货币性金融资产对执行资产职能货币需求的替代率 $\Delta f$ 的指标依然可从资金流量表中获得。居民部门的替代率指标用从资金流量表的金融交易部分选取的居民部门在当年的新增持有的股票、债券、基金、保险和外汇资产之和除以上一年度的货币总量 M2（见表 9-2），企业部门的替代率指标用从资金流量表的金融交易部分选取的企业部门在当年的新增持有的股票、债券、基金、保险和外汇资产之和除以上一年度的货币总量 M2（见表 9-3）。

表 9-2　　　　　　　　　居民部门的 $\Delta f$

| 年份 | M2*（亿元）(1) | 证券类资产（亿元）(2) | 保险资产（亿元）(3) | 外汇资产（亿元）(4) | 新增非货币性金融资产总和（亿元）(5)=(2)+(3)+(4) | 居民部门的 $\Delta f$(%)(6)=(5)/(1) |
|---|---|---|---|---|---|---|
| 1992 | 19 349.9 | 845.4 | 52.5 | 138.9 | 1 036.8 | 5.4 |
| 1993 | 25 402.1 | 497.87 | 61.56 | 261.71 | 821.14 | 3.2 |
| 1994 | 34 879.8 | 473.25 | 56.47 | 390.94 | 920.66 | 2.6 |
| 1995 | 46 923.5 | 607.95 | 90.69 | 310.82 | 1 009.46 | 2.2 |
| 1996 | 60 750.5 | 1 566.1 | 127.28 | 237.56 | 1 930.94 | 3.2 |
| 1997 | 76 094.9 | 2 188.6 | 278.2 | 344.11 | 2 810.91 | 3.7 |
| 1998 | 90 995.3 | 2 179.3 | 298.26 | 1 001.8 | 3 479.36 | 3.8 |
| 1999 | 104 498.5 | 2 491.6 | 572.87 | 1 167.8 | 4 232.27 | 4.1 |
| 2000 | 119 897.9 | 2 223.4 | 1 247.04 | 1 488.5 | 4 958.94 | 4.1 |
| 2001 | 134 610.3 | 1 907.7 | 1 155.93 | 674.25 | 3 737.88 | 2.8 |
| 2002 | 158 301.9 | 1 514.8 | 2 543.14 | 623.56 | 4 681.5 | 3.0 |
| 2003 | 185 007 | 1 307 | 3 036 | -344 | 3 999 | 2.2 |

*说明：表中 M2 各年的数据均为上一年度的数据，即表中 1992 年 M2 数据实为 1991 年 M2 数据，1993 年 M2 数据实为 1992 年 M2 数据，依此类推。此种表示方法是为了计算的方便。

表中数据来源于历年《中国金融年鉴》。

表 9-3　　　　　　　　　企业部门的 $\Delta f$

| 年份 | M2*（亿元）(1) | 证券类资产（亿元）(2) | 保险资产（亿元）(3) | 外汇资产（亿元）(4) | 新增非货币性金融资产总和（亿元）(5)=(2)+(3)+(4) | 居民部门的 $\Delta f$(%)(6)=(5)/(1) |
|---|---|---|---|---|---|---|
| 1992 | 19 349.9 | 107.8 | 19.3 | 430.9 | 558 | 2.9 |
| 1993 | 25 402.1 |  | 26.37 | 398.2 | 424.57 | 1.7 |
| 1994 | 34 879.8 |  |  | -74.37 | -74.37 | -0.2 |
| 1995 | 46 923.5 | -1.55 | 47.15 | 78.83 | 125.98 | 0.3 |
| 1996 | 60 750.5 | 4.48 | 69.76 | 196.05 | 270.29 | 0.4 |

续表

| 年份 | M2* (亿元) (1) | 证券类资产(亿元) (2) | 保险资产(亿元) (3) | 外汇资产(亿元) (4) | 新增非货币性金融资产总和(亿元) (5)=(2)+(3)+(4) | 居民部门的 Δf(%) (6)=(5)/(1) |
|---|---|---|---|---|---|---|
| 1997 | 76 094.9 | -74.37 | 34.51 | 204.43 | 238.94 | 0.3 |
| 1998 | 90 995.3 |  | 14.12 | -69.46 | -55.34 | -0.1 |
| 1999 | 104 498.5 |  | 25.93 | 73.71 | 99.64 | 0.1 |
| 2000 | 119 897.9 |  | 52.27 | 437.23 | 489.5 | 0.4 |
| 2001 | 134 610.3 |  | 63.95 | -179.58 | -115.63 | -0.1 |
| 2002 | 158 301.9 |  | 91.94 | 129.81 | 221.75 | 0.1 |
| 2003 | 185 007 |  | 158 | -43 | 115 | 0.1 |

*说明：表中 M2 各年的数据均为上一年度的数据，即表中 1992 年 M2 数据实为 1991 年 M2 数据，1993 年 M2 数据实为 1992 年 M2 数据，依此类推。此种表示方法是为了计算的方便。

表中数据来源于历年《中国金融年鉴》。

将相应数据代入货币需求总量增长模型：$\Delta m = \Delta y + \Delta p + \Delta s - \Delta f$，结果见表 9-4。

表 9-4　　货币需求总量增长模型测算的 M2 增长率与 M2 的实际增长率（%）

| 年份 | 经济增长率与商品零售价格指数之和(1) | 居民部门的 Δs(2) | 企业部门的 Δs(3) | 居民部门的 Δf(4) | 企业部门的 Δf(5) | M2 的测算增长率(6)=(1)+(2)+(3)-(4)-(5) | M2 的实际增长率 |
|---|---|---|---|---|---|---|---|
| 1992 | 19.60 | 22.20 | 1.1 | 5.40 | 2.90 | 34.60 | 31.30 |
| 1993 | 26.70 | 19.30 | 1.1 | 3.20 | 1.70 | 42.20 | 37.30 |
| 1994 | 34.30 | 21.50 | 1.3 | 2.60 | -0.20 | 54.70 | 34.50 |
| 1995 | 25.30 | 18.10 | 2.0 | 2.20 | 0.30 | 42.90 | 29.50 |
| 1996 | 15.70 | 17.90 | 1.7 | 3.20 | 0.40 | 31.70 | 25.30 |
| 1997 | 9.60 | 14.50 | 1.8 | 3.70 | 0.30 | 21.90 | 19.60 |
| 1998 | 5.20 | 12.80 | 1.4 | 3.80 | -0.10 | 15.70 | 14.80 |
| 1999 | 4.10 | 10.40 | 1.3 | 4.10 | 0.10 | 11.60 | 14.70 |

续表

| 年份 | 经济增长率与商品零售价格指数之和（1） | 居民部门的 $\Delta s$（2） | 企业部门的 $\Delta s$（3） | 居民部门的 $\Delta f$（4） | 企业部门的 $\Delta f$（5） | M2的测算增长率（6）=（1）+（2）+（3）-（4）-（5） | M2的实际增长率 |
|---|---|---|---|---|---|---|---|
| 2000 | 6.50 | 6.60 | 1.3 | 4.10 | 0.40 | 9.90 | 12.30 |
| 2001 | 6.70 | 14.60 | 1.3 | 2.80 | -0.10 | 19.90 | 17.60 |
| 2002 | 7 | 9.30 | 1.8 | 3.00 | 0.10 | 15.00 | 16.90 |
| 2003 | 9.40 | 8.70 | 1.7 | 2.20 | 0.10 | 17.50 | 19.60 |

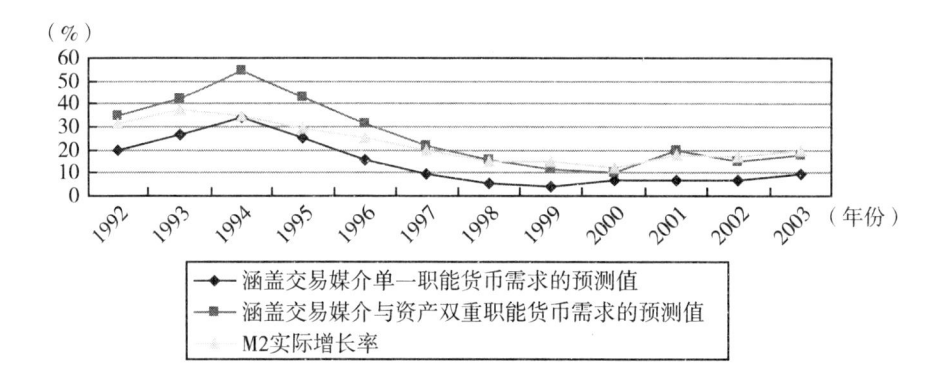

**图 9-1 涵盖单一职能与双重职能的货币需求预测值与 M2 实际增长率的差距**

数据来源：同表 9-4。

从图 9-1 可以更直观地观测到，在 1997 年以后，由涵盖货币双重职能的货币需求总量模型测算出来的 M2 增长率与 M2 的年度实际增长率的拟合度，要远远好于仅考虑货币的交易媒介职能测算的 M2 增长率与 M2 的年度实际增长率的拟合度，这表明涵盖货币双重职能的货币需求总量模型具有较好的解释力度。例外出现在 1994 年和 1995 年，M2 的模型预测值与实际值出现较大的偏离。制度变迁可以对此进行一定程度的解释。1992 年 10 月党的十四大召开，明确提出建立社会主义市场经济体制，在此背景下，1993 年末、1994 年我国开始进行一系列的改革：粮油购销价格放开，提高部分原油、电力和棉花的购销价格；改革劳动就业制度，推广合同用工制，改革工资制度；推进社会保障和城镇住房制度改革；外汇体制改革，实现汇率并轨；等等。这些改革措施的相继出台，一方面推动了 1994 年物价的快速上涨；另一方面强化了居民的不确定性预期，居民的预防性动机增强。从货币层次看，1994 年，M1 比 1993 年增长了 26.2%，而准货币比1993年增长了41.8%。此外，1994年开始的外汇管理体制改革减少了企业的外汇存款额，与之相伴的是企业的定期存款大幅增加，年增长率达到55.7%[①]。由此可见，这一时期集中出台的改革举措大大增加了居民部门和企业部门对执行资产职能的货币需求（见9-4），这也是我国货币结构在1994年出现根本改变的主要原因。我们还发现，1994年商品零售价格指数由于当年的价格改革中粮食价格调整的幅度较大而有大幅度的上涨，但同期的生产资料价格却是稳中有降，生活资料与生产资料的反向变动是改革以来从来没有出现过的情况，[②] 这表明在特定的价格改革时期用商品零售价格指数来测算货币需求总量具有局限性，这可以对M2增长率的测算值与实际值出现较大偏差进行一定程度的解释。

表9-4和图9-1显示的1997年以来M2增长率的测算值与实际值的相似性，使我们可以利用设定的货币需求总量模型对未来的货币需求量进行预测。从表9-4看，居民部门的$\Delta s$有逐年下降趋势，造成这种下降趋势的原因主要有两个：一是从计算$\Delta s$公式的分母看，M2的基数越来越大；另一是从计算$\Delta s$公式的分子看，居民部门可支配收入占国民可支配收入的比率从1992年的69.23%下降到2003年的62.68%[③]，致使居民储蓄率呈现一种长期下降之势。企业部门的$\Delta s$变化不大。资金流量表编制的滞后性使我们无法获得2004～2006年的资金流量表，但在企业储蓄率不断上升的状况下（李扬、殷剑峰，2007），在人民币升值的预期及不断升值的现实中，我们预测企业部门的$\Delta s$可能会有一定幅度的上升。居民部门新增持有的非货币性金融资产额对执行资产职能货币需求的替代率（$\Delta f$）的变动很大程度上受制于股票市场的收益率。表9-4显示，在1992年、1999年、2000年这些股票行情好的年份中，$\Delta f$的比率较高。依此预测，自2006年起延续至2007年的股票牛市行情中，居民部门的$\Delta f$比率将比较高。总之，随着我国金融市场的不断发展与完善，非货币性金融资产的不断丰富，居民部门与企业部门的$\Delta f$将呈现上升之势。

### 3. 基本结论

第一，从总量视角研究货币数量的合理性，不能仅仅考虑宏观经济运行对执行交易媒介职能的货币所产生的需求，还要考虑各类微观经济主体对执行资产职能的货币所产生的需求。伴随着我国经济体制的改革与变迁，居民与企业部门的

---

[①] 数据取自《中国金融年鉴（1995）》。
[②] 刘光第：《中国经济体制转轨时期的货币政策研究》，中国金融出版社1997年版，第179页。
[③] 李扬、殷剑峰：《中国高储蓄率探究》，载于《经济研究》2007年第6期。

储蓄逐渐成为社会储蓄的主体,在这种状况下,微观经济主体对执行资产职能货币的需求应该受到关注。数据检验表明,以涵盖交易媒介与资产双重职能的货币需求总量模型测算出来的 M2 增长率与 M2 的年度实际增长率的拟合度,要远远好于仅考虑货币交易媒介职能的基本公式模型。涵盖货币双重职能的货币需求总量模型对实际的货币需求量具有较好的解释度。

第二,在市场经济约束条件下,当货币需求总量中执行资产职能的货币需求占主导时,影响货币需求的因素既有收入等规模变量,也有利率等机会成本变量。在我国的转轨经济中,制度变迁带来的不确定预期也是影响货币需求的一个十分重要的因素,在特定时期,其对居民部门资产性货币需求的影响力甚至超过机会成本变量,20 世纪 90 年代以后我国居民部门资产性货币需求的快速增长充分地说明了这一点。在经济货币化进程和价格改革基本完成后,我国 M2 的增长率依然大大高于经济增长率和物价上升率之和,是由于国民储蓄的主体——居民部门和企业部门,在收入增长、不确定预期增强、人民币升值等多种因素的作用下,在金融市场发展滞后、非货币性金融资产的可获得性较差的状况下,对执行资产职能的货币产生了大量需求,这也是我国货币化比率 M2/GDP 不断攀升,长期偏高的主要原因。我们认为,随着我国金融市场的发展与完善,股票、债券、基金、保险等非货币性金融资产的种类不断丰富,当居民部门和企业部门可以理性、自主地在各类金融资产间依据收益率的差异进行投资组合时,这种状况就会得到根本的改善。从 2006 年、2007 年股票市场、基金市场的繁荣及其对储蓄的分流看,M2/GDP 不断攀升的现象可能在近期就会发生逆转。

第三,当对货币总量的分析从货币的单一职能视角转向双重职能视角后,判断货币总量合理性的衡量指标便也从物价转向包括物价、各类资产价格在内的多种变量。当货币总量中主要是执行交易媒介职能的货币时,货币总量的变动主要反映在商品价格上,故可以采用各种商品价格指标来判断货币总量是否合理;但当货币总量中执行资产职能的货币占主体时,货币总量的变动对商品价格的影响可能并不显著,但会通过各种金融和投资活动,反映在证券价格、黄金价格、保险价格、汇率以及房地产价格等各类资产价格的变动上,此时,货币总量合理性的衡量指标更应采用包括物价、各类资产价格在内的多种变量指标①。

---

① 参见李健:《结构变化:"中国货币之谜"的一种新解》,载于《金融研究》2007 年第 1 期。

### 9.1.3 货币结构的合理性分析

货币结构的合理性分析实质上就是探讨货币总量中执行不同职能货币的比例结构是否合理。

按照国际货币基金组织的口径,通货和货币执行交易媒介职能,处于 M1 层次上;而准货币 QM(M2 - M1)执行资产职能,处于 M2 层次上。在中国目前的货币层次口径下,执行交易媒介职能的现金和存款货币也是处于 M1 层次上;执行资产职能的准货币 QM 处于 M2 层次上。基于此,描述一个国家货币结构特征与演变趋势可选择的指标是 M1/M2、QM/M2 和 M1/QM,这三个指标有着相同的经济意义。此处,我们选择 QM/M2 指标。

从理论视角分析货币结构的合理性,其逻辑分析的起点应该是,在一国的经济发展中各类经济主体对执行不同职能货币的需求具有怎样的演变趋势。如果各类经济主体对执行交易媒介职能货币的需求增量大于对执行资产职能货币的需求增量,则 M1 的增长率将大于 QM 的增长率,QM/M2 趋于下降;反之,QM/M2 趋于上升。下面的分析依此逻辑进行:

第一,从政府部门看,如前所述,政府部门没有资产职能的货币需求,其所有的货币需求都是对执行媒介职能的货币产生的需求。在计划经济体制下,计划是配置社会资源的唯一手段,政府通过制定国民经济计划统管经济运行,固定资产投资、生产资料的调配、消费基金的发放都由政府承担,政府部门的货币需求在整个社会的货币需求中占支配地位。从计划经济向商品经济、市场经济的转轨以后,从根本上弱化了政府直接组织经济、管理经济的职能,由此决定了政府部门的货币需求在长期内将呈现递减的趋势,也意味着政府部门的货币需求在整个社会的货币需求总额中所占的比重将会越来越低。

第二,从企业部门看,作为一国经济运行中最重要的经济活动主体之一,企业部门的生产经营活动对货币产生大量的需求。按照企业的生产经营特征,企业最需要的是执行交易媒介职能的货币。但 W. 鲍莫尔(1952)的"平方根模型"论证,作为一个理性的经济体,企业部门为获得收益的最大化,其交易性货币需求对利率也具有较高的敏感性[①]。活期存款是执行交易媒介职能货币的主要存在形式,但其不付息抑或即使付息但利息极低的特征使其在与其他金融资产的市场竞争中处于不利地位,特别是在市场利率持续上升的时期。货币市场的发展,商

---

① 鲍莫尔:《现金的交易需求:一种存贷的理论分析》,原文载《经济学季刊》(英文),1952 年第 4 期。

业银行的业务创新，尤其是大额可转让定期存单的问世，为企业满足执行交易媒介职能的货币需求提供了一个既可以取得较高利息收入又具有较强变现能力的存在形式。这表明，企业部门中的一部分执行交易媒介职能的货币，在货币市场极为发达的状态下已寻找到其他的存在形态，这使得现实的货币统计口径中，处于M1层次的货币数量减少，M2层次的货币量增加。我国由于货币市场尚不发达，企业对执行交易媒介职能的货币需求依然主要采用活期存款形式，但从未来的发展趋势看，随着我国货币市场的不断发展，规范的大额可转让定期存单的重新出现，企业粗放式经营机制的彻底转变和理财能力的提高，企业以活期存款形式保有的交易性货币需求也会逐渐降低，统计口径中的企业的定期存款将会增加。

第三，从居民部门看，随着经济的发展，居民部门的收入水平将不断增加，在边际储蓄倾向递增的情况下，储蓄的增长率可能高于收入。但储蓄采用何种形式，决定了居民部门对执行资产职能货币的需求数量。不同的储蓄理论提出了不同的收入与储蓄的关系，具有代表性观点的是凯恩斯的边际储蓄倾向递增理论和弗里德曼的持久收入理论。前者认为居民的边际储蓄倾向随着收入水平的提高而相应地提高；后者则认为居民的边际储蓄倾向并不随收入水平而变化，而是保持着固定的数值。众多的实证研究表明，在经济发展达到一定水平之前，居民的储蓄率随着人均GNP的提高而上升，但人均收入达到一定水平后，储蓄率便不再上升。[1] 以此为依据，在发展中国家，居民部门的边际储蓄倾向递增，居民储蓄额的增长速度大于收入的增长速度，与此同时，发展中国家的金融市场往往发展滞后，非货币性金融资产的可获得性较差，且价格波动通常较大，风险性较高，居民部门中的投资者大多数是风险厌恶者，他们更愿意以货币形式持有自己的财富，此时，居民部门对执行资产职能货币的需求会有较快的增长速度。随着收入的增长，居民部门出现消费升级，储蓄率的增速逐渐放缓，金融市场中非货币性金融资产的数量、种类也逐渐增多，居民部门对执行资产职能货币的需求会相应减缓。上述分析得出的基本结论是：在一个国家经济发展的初期，居民部门的储蓄对准货币QM的增长有着较大的贡献率；而当经济发展到一定阶段后，随着居民可以在更广泛的范围内配置自己的财富，则居民部门储蓄对准货币QM增长的贡献率会逐渐降低。需要特别强调的是，这个结论只是就一般情况而进行的逻辑推导，在某些特定的时期，如股票、债券价格的异常上涨或下降，则会在相当大的程度上对居民部门的资产性货币需求产生影响。具体到我国，

---

[1] 霍利斯·钱纳里、莫尔基斯·塞尔昆：《发展的格局：1950~1970》，中国财政经济出版社1988年版。

2005年以前，各种方法估算的居民边际储蓄倾向都呈递增之势，在此状况下，居民部门储蓄数量的快速增长拉动了我国准货币 QM 的快速增长。而在 2006 年、2007 年股票异于常规的牛市行情中，居民部门对执行资产职能货币的需求迅速下降，甚至将以往的货币储蓄存量转化为股票资产，这将对 QM 的增速产生向下的拉力。

为了验证货币结构的变动规律，我们依据国际货币基金组织的界定标准，选择美国、日本、德国、英国、法国作为发达国家的代表，韩国、泰国、新加坡、南非、阿尔及利亚作为较发达国家的代表，印度、印度尼西亚、巴基斯坦、尼日利亚、埃塞俄比亚为欠发达国家的代表，从国际货币基金组织 1996 年年报、2006 年 5 月月报中获取相关数据计算得出三类国家 QM/M2 的平均数，得到三类国家货币结构的变动趋势图（见图 8-14）。从图 8-14 看，三类国家中，准货币 QM 在货币总量中的占比都稳步攀升，但依经济发达程度的高低而相应递减。这种变化趋势符合我们前面所做的逻辑分析：随着市场经济的发展，政府部门对执行交易媒介职能货币的需求在货币总需求中的比重逐渐降低；随着货币市场的发展和商业银行的金融创新，尤其是大额可转让定期存单的问世，为企业执行交易媒介职能的货币提供了一个既可以取得较高利息收入又具有较强变现能力的存在形式，这使得企业部门的活期存款在其存款总额中所占的比例逐渐下降，定期存款在其存款总额中所占的比例逐渐上升，这是发达国家 QM/M2 的比例不断上升的重要原因；居民部门的储蓄增长在一个国家的金融市场不发达，非货币性金融资产的规模和种类都存在局限的时候，对该国 QM/M2 比例的上升有着重要的影响作用，但当该国金融市场发展起来之后，其对 QM/M2 比例上升的影响作用在降低。

图 8-14 显示，我国货币结构的变化趋势与其他国家相同，符合货币结构发展的规律性，只是变化的速度更快些。其主要原因在于制度变迁。从图中看，我国 QM/M2 的快速上升发生在 20 世纪 90 年代初期，而这一时期正是我国各项改革措施相继出台的时期，特别是原先由国家统包的一系列福利性制度，如医疗、教育、住房、养老等的改革都在这一时期推出，使城市居民增加了对未来收入与支出不确定性的预期，预防性的货币需求快速增加。数据显示，1990~1995 年期间，我国居民部门的储蓄存款以年均 42% 左右的速度快速增长，是所有年份中增长速度最快的时期。

综上所述，我国 QM/M2 不断上升的趋势符合货币结构的变动规律。现阶段，我国拉动 QM/M2 不断上升的主要因素是居民部门的储蓄。从逻辑分析及发达国家的经验看，我们可以得出，在我国未来 QM/M2 的上升中，拉动其不断上升的主要因素将逐渐演变成企业部门的资产选择行为，而演变速度的快慢取决于我国货币市场、资本市场的发展速度及商业银行的创新能力。如果货币市场保持快速的发展,并不断加大对企业的开放度,则会在较大的程度上分流企业的活期存款,使 QM/M2 的比例上升;如果商业银行由于货币市场的发展而逐渐丧失其短期存贷款市场,由此激发创新出各种各样的类似于大额可转让定期存单的新型负债工具来,则企业的定期存款增加将会带来 QM/M2 比率的不断上升。如果股票、债券、基金市场保持较快的发展速度,则资产替代行为将弱化居民部门的储蓄对 QM/M2 上升的影响。

## 9.2 经济增长中货币的作用

如果说有关货币总量与结构问题的讨论主要是从企业和居民这两类微观经济主体的视角对货币问题进行的,那么,本节则主要从政府视角探讨货币在经济增长中的作用问题。货币在经济运行中到底应该发挥"先导性"作用还是"中立性"作用?现代的经济学者已经对此争论了将近一个世纪,却依然没有取得共识。理论的分歧造成货币政策操作实践的困惑,如何选择政策目标成为各国中央银行面临的一个难题。我国也不例外。自中央银行体制建立以来,有关货币政策目标的争论就不曾停息过,中国人民银行的政策操作在"经济增长"与"物价稳定"的双目标间随机变动。但总体来说,在 1995 年之前,以经济增长为主要目标,而在此之后,则以物价稳定为主要目标。政策目标的这种转换是否恰当?在我国经济发展的新阶段,又该让货币发挥怎样的作用?这个问题关系到未来我国货币政策目标的选择和宏观经济运行的质量与效率,亟待认真研究。

### 9.2.1 改革开放初期短缺经济中发挥货币的先导性效应有其内在合理性

在世界经济发展史上,金融在经济发展中的作用随着金融发展阶段的提升发生了从最初被动的"适应性"到"主动性",再到"先导性"的变化。在完全的信用货币制度下,货币供给在技术上已无限制,"信用货币可以在生产潜力允许的条件下先于生产而出现在经济生活中,并带动经济的发展"。[①] 无论

---

① 王广谦:《经济发展中金融的贡献与效率》,中国人民大学出版社 1997 年版,第 47~49 页。

是凯恩斯的"半通货膨胀论"①,还是货币扩张的三阶段产出效应分析②,都论证了只要存在生产潜力或闲置资源,货币扩张就具有推动经济增长的先导性效应。

所谓货币的先导性效应,是指中央银行提供的货币供给量相对超前于生产而出现在经济生活中,并以此带动经济的发展。货币的先导性效应总是与政府干预经济并追求经济增长的目标息息相关。货币推动经济增长的机制既有需求效应,也有供给效应。在发达的市场经济体中,政府希望利用宏观经济政策烫平经济的周期性波动,在经济萧条期,市场有效需求严重不足,社会生产能力大量闲置,政府可以通过实施扩张型的货币政策提前供给货币供给量以降低市场利率水平,进而促进投资需求和消费需求的提高,实现拉动经济增长的目的,这是货币推动经济增长的需求效应。在商品短缺的经济体中,社会总供求的主要矛盾是总供给小于总需求,经济运行中决定经济增长率水平的是总供给而不是总需求,要扩大总供给,必须扩大企业投资才能增加产出。此时,货币是"每一个新开办的企业的第一推动力和持续动力"③,货币投放的增加持续推动企业投资和产出的增加,这是货币推动经济增长的供给效应。

类似于许多东欧转轨国家,在我国经济体制改革前及改革的初期,社会总供求矛盾的焦点是总供给的短缺,属于短缺经济。但在经济体制改革前后,货币在我国短缺经济中发挥的作用有着巨大的区别。体制改革前,政府部门是整个社会的投资主体,投资资金以计划分配为主,并主要采取财政拨款形式,银行部门属于从属部门,货币资金的分配完全从属于物质生产计划,即"钱随物走",银行信贷计划仅仅是保证国民经济建设计划实现的手段和工具,货币不能独立发挥先导性效应。改革开放后,这种局面迅速发生改变,在一系列的放权、让利、搞活政策出台后,社会投资与储蓄主体开始由政府部门向企业、居民部门转变,政府自觉运用扩张型的货币政策推动经济快速增长的意识日益增强,货币的先导性效应十分明显。

在短缺经济下,解决社会总供求矛盾的主要方法必然是通过扩大投资来促进产出,以此来提升整个社会的总供给能力。经济体制改革以后,政府力图通过改革投资机制解决投资低效率的问题。在一系列放权、让利、促使企业自负盈亏等改革措施的推动下,企业部门逐渐替代政府部门成为投资的主体。而此时,投资

---

① 凯恩斯认为,在充分就业点以前,由于存在闲置资源,增加货币供给一方面可以增加就业量和产量,另一方面也会出现小于货币增幅的物价上涨,凯恩斯将这种情况称为"半通货膨胀"。参见凯恩斯《就业、利息和货币通论》,商务印书馆1983年版,第261页。

② 参见黄达:《金融学》,中国人民大学出版社2003年版,第547~548页。

③ 马克思:《马克思恩格斯全集》,第24卷,人民出版社1975年版,第552页。

资金的短缺成为制约企业投资规模扩张的主要因素。长期以来,企业所有的利润都上交国家,自身积累严重不足,当改革开放后政府的财政力量不断削弱,无力为企业的投资发展拨付资金时,内源融资已无法满足企业的投资扩张需求,企业扩张主要依赖于外源融资,金融部门在我国国民经济发展中的地位也变得前所未有的重要。由于历史原因和现实约束(如缺乏直接融资的条件,包括各种金融市场、投资者基于风险与收益的对比而分散决策的机制、企业达不到信息公开和直接投资的财务要求等),间接融资便成为必然。政府通过恢复设立四大国有银行可以在短时间内迅速动员全社会的储蓄,并通过"拨改贷"、流动资金统一管理等改革,通过信贷扩张机制,最大限度地满足企业投资的货币资金需求。

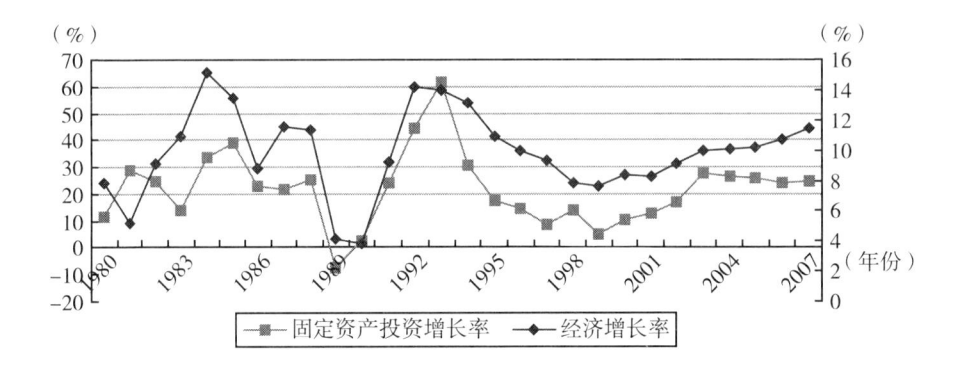

**图 9-2　固定资产投资对经济增长的拉动效应**

资料来源:历年《中国金融年鉴》,国家统计局:《2006 年国民经济和社会发展统计公报》,国家统计局网站新闻发布稿《2007 年国民经济平稳快速发展》。

在固定资金方面,从 1979 年银行开始发放中短期设备贷款到 1985 年"拨改贷",银行贷款成为固定资产投资的重要来源,进而推动了经济增长。图 9-2 显示的固定资产投资增长率与 GDP 增长率的同期同向变动关系充分说明了投资对我国经济增长的拉动效应。

在流动资金方面,从 1983 年实行国有银行统一管理国有企业流动资金的体制以后,国有银行成为国有企业最主要的流动资金供应者,表现为国有企业负债率不断攀升,从 80 年代初的 25% 左右猛增到 90 年代中后期的 65% 左右。同时,由于金融市场不发达导致直接融资很困难,大量非国有企业的流动资金极度依赖银行贷款,其结果便是银行贷款的急剧增加(见图 9-3),从 1979 年的 2 087.1 亿元增长到 2007 年的 261 690.9 亿元。

我们知道,在间接融资为主和利率管制的条件下,货币政策的传导机制主要体现为信贷传导,中央银行货币量的扩张与收缩表现为银行信贷规模的扩张与收

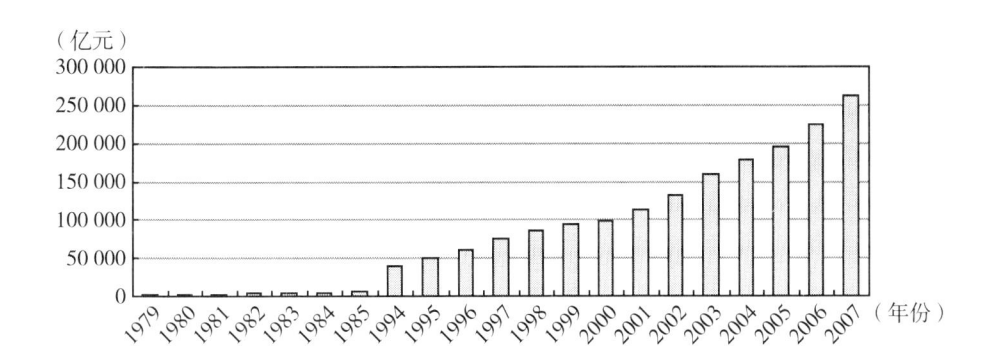

**图 9-3　金融机构各项贷款总额**

资料来源：中国人民银行调查统计司：《中国金融统计》（1952~1996），中国财经出版社1997年版；《中国人民银行统计季报》1996年第1季度~2007年第1季度。

缩。现实中的调控体现着企业、银行和政府三方意愿的一致、矛盾与博弈。在以短缺经济为特征的时期，有了自主权和利益动机的国有企业投资愿望迫切，政府为实现赶超战略也希望整个社会的投资保持一个较快的增长速度。为了避免还未建立起财务约束机制的国有企业的投资需求过大，政府通过控制国有银行的信贷规模来约束企业投资所需资金的满足度，从而达到调控企业投资增长率的目的。同样有着利益动机的国有银行掌握政府快速发展经济的偏好，总是想方设法突破信贷规模的限制而向企业提供更多的资金支持，一定程度内的企业投资的快速增长也得到了政府的认可。当国有银行自身的资金来源无法满足其信贷投放时，中国人民银行的再贷款成为其补充信贷资金的重要渠道。但一旦某个年份的企业投资额增长过快，超过了经济的承受能力而引起物价的大幅上涨时，政府则会通过严格控制国有银行的信贷规模来降低企业投资所需资金的满足度，以此降低投资增速和物价上涨幅度。在投资拉动型的经济增长中，投资增速的下降迅速带来经济增长速度的下降，这又是政府所不愿意看到的。于是，反向的政策操作被启动，新一轮的投资、信贷扩张拉动新一轮的经济快速增长。这也是图9-2、图9-3、图9-4中三个增长率变量在20世纪90年代中期之前巨幅波动的主要原因。上述货币扩张、信贷扩张、投资扩张、经济扩张第4个变量间的联动关系与相互作用，充分表明我国在短缺经济时期货币推动经济增长的供给效应，图9-4则十分直观地显现出这种效应——我国货币供应增长率与经济增长率同期、同向变动的趋势。

综上所述，在改革开放初期国民经济运行处于供小于求的特定阶段，我国政府通过投资拉动产出，通过以国有银行间接融资为主体的金融结构安排最大限度地满足增加供给和企业扩张所产生的货币资金需求，使我国经济在改革开放中获

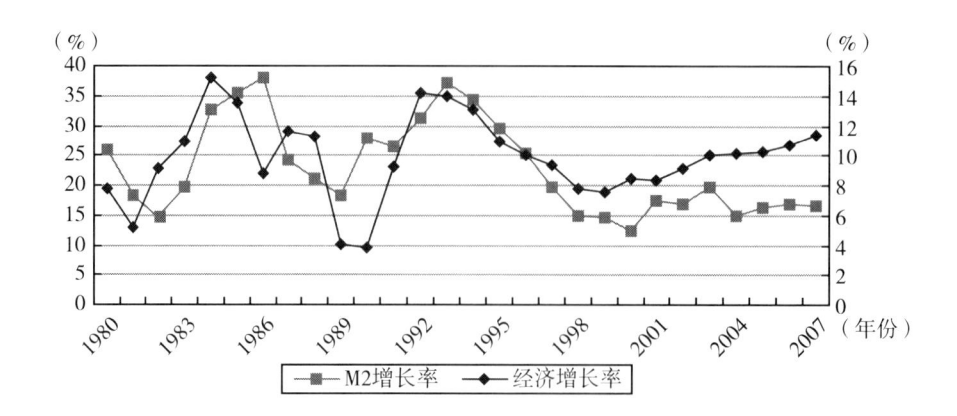

**图 9-4　货币投放对经济增长的拉动效应**

资料来源：历年《中国金融年鉴》，国家统计局网站新闻发布稿《2007 年国民经济平稳快速发展》。

得了持续高速的增长。可以认为，在短缺经济条件下，积极发挥货币先导性作用的战略选择，有其内在的合理性。

### 9.2.2　固定汇率制下出口导向型经济发展中货币的先导性效应依然明显

20 世纪 90 年代中期是我国经济发展中一个非常重要的阶段，在此之前经过十余年的改革所取得的成绩与积累的问题在这几年都集中地表现出来。第一，投资拉动下的国民产出有了大规模的增长，商品供给能力急剧提高，社会总供求矛盾在 1997 年前后出现了根本性的逆转：从总量上的供不应求变为供过于求，产能过剩、需求不足逐渐成为主要的经济问题。第二，政府主导下的信贷规模快速扩张在带来经济迅速增长的同时，也带来了国有银行不良资产规模的不断扩大，银行体系的风险累积日益严重，稀缺性的金融资源的配置效率低下，国有银行体制的改革不容滞缓，商业性金融与政策性金融相分离和国有银行的商业化改革迫在眉睫。第三，教育、医疗、就业、养老、住房体制的改革强化了人们的不确定性预期，居民部门的消费倾向下降，经济增长的推动力更主要地依赖于投资的增加。第四，尽管国有银行经营自主权的确立及风险意识的增强在一定程度上弱化了中央银行对货币供给量的控制能力，但在逐渐放弃贷款规模管理的同时强化了公开市场操作、存款准备金和利率、"窗口指导"等政策工具，使中央银行对商业银行的信贷投放依然有着较强的控制力。

在这样的背景下,我国政府强化了出口导向型的经济发展战略。目的有两个:一是通过引进外资学习国外的先进技术和管理经验,为现代企业制度的建立提供学习的模板;一是通过出口的增加拉动需求的增加,以此拉动经济的增长和就业的增加。在这种出口导向型的经济发展中,尽管 1995 年颁布的《中华人民共和国中国人民银行法》明确规定中国人民银行货币政策的最终目标是"保持货币币值的稳定,并以此促进经济增长",但货币依然有着较明显的先导性效应。

1994 年,政府实施外汇管理体制改革,汇率并轨下的人民币大幅贬值强化了中国对外经济的比较优势,外资进入和商品出口的速度明显加快。外资进入促进了我国产业的技术进步。这种被称为"干中学"的技术进步主要是通过生产设备投资推动的,即当一家企业通过引进设备生产一种产品获利后,会吸引其他企业跟进,模仿性地引进设备进行该商品的生产(张平、赵志君,2007)。地方政府发展本地区经济的迫切愿望往往会造成较为盲目的引进,由此造成的资金需求在地方政府的干预下依然能够从银行信贷得到满足。制造业是外资进入最多的领域,较低的技术要求和准入条件使过多的企业进入该行业,依靠"干中学"获得的技术进步和廉价的劳动力、低利率、低廉的土地与资源使用费、低要求的环境保护等低成本的竞争优势,中国逐步成为全球制造业的中心。

扩大的产出一部分满足了国内市场的需求,但更多地被转移到了国外。1994 年汇率并轨改革后,我国的外贸出口额迅速增加,贸易顺差不断加大。为了维持外部需求对经济增长的拉动作用,中国人民银行通过外汇市场上的政策操作保持了固定的竞争性汇率水平,出口导向型的发展模式得以形成。2006 年,我国经常项目下的货物和服务总额达到 19 144.51 亿美元,其中出口 10 616.81 亿美元,进口 8 527.69 亿美元,顺差 2 089 亿美元[①],外贸依存度超过 80%。外需的增加在较大程度上解决了我国经济的产能过剩问题,使我国的国民经济运行在保持较高速度增长的同时,维持了较低的通货膨胀率和稳定的人民币汇率。在这个过程中,通过外汇管理体制中的银行强制结售汇制和银行间外汇市场的汇率决定机制,中央银行向经济中注入了大量的基础货币,尽管带来了流动性过剩等各种问题,但货币的先导性效应对于在事实上的固定汇率制下推动出口导向型经济发展,作用依然明显。

---

① 数据取自《中国人民银行年报》(2006),第 104 页。

### 9.2.3 资源制约与货币升值压力下更宜保持货币中性

根据我国目前的状况和条件,我们认为在未来的经济发展中,逐渐放弃用货币先导来推动经济增长的思路,尽量保持货币中性应该是明智的选择。

**1. 继续发挥货币先导性效应带来的矛盾越来越突出**

靠大幅低估本币并实施固定汇率制的做法会导致贸易顺差大增,这是一种重商主义的结果,它会使贸易伙伴不满,从而要求改变汇率机制,并使本币由低估向正常乃至高估状态转移(中国经济增长与宏观稳定课题组,2007)。这种状况在当前我国经济的运行中已经出现。随着贸易顺差和国际储备规模的不断扩大,人民币的升值压力也越来越大,2005 年 7 月 21 日人民币对外升值 2% 以后,人民币不断升值的现实是这种状况的具体体现。尽管目前的汇率水平尚不足以逆转外贸顺差格局,但希望维持人民币低估的状态并以此促进拉动经济增长的意图却是越来越难以实现。况且,中央银行为维持相对固定的汇率水平而经由外汇储备渠道投放过多的基础货币,已经造成了日益严重的流动性过剩问题,由此引起的房地产价格的不断攀升和股市的非理性繁荣对我国宏观经济的稳定造成了威胁。

**2. 资源制约和环境代价的增加要求货币保持中性**

现代的西方经济理论在阐述货币的先导性效应时存在着一个不容忽视的前提条件,即资源的闲置与剩余。实际上,现代经济学者之所以会产生"货币中性"与"货币非中性"的争论,其根源之一就在于立论前提的不同。经济运行中存在剩余资源,则"货币数量每增加一次,有效需求尚能增加,故其作用,一部分在提高成本单位,一部分在增加产量。"[①] 此时货币具有先导性效应;否则,供给无弹性,增加货币量无法再引致产出的增加,货币发挥中性作用,仅引起物价水平的同比例上升。第二次世界大战后,资本主义各国依据凯恩斯理论实施扩张型的财政政策与货币政策极大地促进经济增长之后,货币的先导性效应得到普遍的认可。但 20 世纪 70 年代之后出现的世界性通货膨胀和人类经济活动给自然资源环境带来的灾难性后果,又使人们对货币的先导性效应产生质疑。越来越多的经济学者主张经济运行中货币应该保持中性,认为实现经济长期增长的目标不

---

① J. M. 凯恩斯著:《就业、利息和货币通论》,商务印书馆 1982 年版,第 255 页。

能长期依赖货币推动。可持续发展理论则明确提出，人类各种各样的经济活动存在着生态的限界，任何无视"资源制约"和"环境代价"的增长和发展都可能走向自己的反面。

改革开放以来，投资和外贸拉动下的国民经济保持了快速的增长，但"四高一多"（高投入、高能耗、高物耗、高污染、多占地）的粗放式经济增长方式，使经济增长所付出的资源与环境代价越来越大，经济发展与资源环境的矛盾也越来越突出。以能源消耗为例，1980～1989 年，我国能源消耗总额从 60 275 万吨标准煤增长到 96 934 万吨标准煤，国内的能源生产量已不能满足消耗量，能源缺口逐渐加大，2000 年达到最大值，为 15 147 万吨标准煤（见图 9-5）。

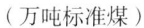

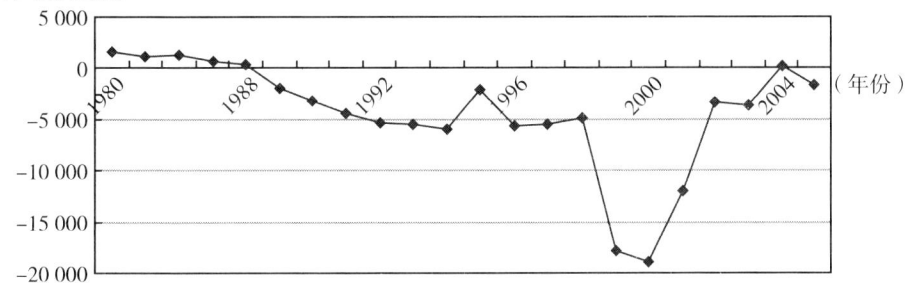

图 9-5　1980～2005 年我国能源生产量与消耗量的差额

资料来源：历年《中国统计年鉴》。

森林和耕地面积的大幅度减少，土地的过度开发，环境的污染，矿难的频繁，等等，都在不断警示我们：我国的资源与环境已难以支撑这种粗放式的经济增长方式，这不仅成为我国经济增长中的瓶颈制约，而且带来后患无穷。因此，在资源价格没有市场化，经济增长方式没有转变以前，货币不应继续简单地发挥先导性作用。

### 3. 社会主义市场经济的运行需要货币基本保持中性

值得重视的是，弱化货币的先导性作用是我国建立市场经济运行机制的内在要求。因为在目前纯粹的信用货币制度下，货币先导性效应的发挥必须通过政府的货币政策，而并非通过市场选择。与高度集中的计划经济体制相比，市场经济体制的优势在于市场机能能够把各种有关信息及时、真实地传递给各个生产者和消费者，在他们的自由抉择和平等竞争中，经济资源得到合理配置和有效利用，经济效率得以提高，这也是我们要建立社会主义市场经济的目的。为了实现经济体制改革的最终目标，我国政府进行了一系列卓有成效的改革，经济资源的市场化配置程度不断提高,经济效率也有了大幅提升。但不可否认的是,在赶超型战略的贯彻实施中,政府有着强烈的推动经济增长的动机,一旦由于消费者、生产者的市场选择行为发生变化而引起经济增长速度的下降,政府的第一选择便是实施扩张性的货币政策,发挥货币的先导性效应,在短期内迅速拉动经济恢复增长。由此至少带来两个问题:一是政府的政策支配对市场选择的替代,容易出现低效率和资源配置失当;二是由于货币币值不稳造成价格水平波动,干扰价格机制的作用,破坏市场机制运转。

### 4. 解决总量迅猛增长的结构失衡问题需要货币保持中性

改革以来我国经济发展的成就突出体现在经济总量的快速持续增长上。国内生产总值已经从1978年的3 624.1亿元增长到2007年的246 619亿元①,国民经济实力在不足30年的时间中翻了数番,经济总量在世界的排名上升到第4位,其中,货币的先导性效应对经济总量的迅速增长作用不可否认。但同时我们也不能忽视货币的先导性效应给我国的国民经济运行带来的弊端——经济结构失衡。在市场经济的运行中,消费者的消费行为引导着生产者的生产行为,随着收入的增长,消费者的每一次消费升级及需求结构的改变都将促使生产者相应调整、改变其供给的产品与结构,由此实现供需的重新均衡。现实的经济运行中,每一次这样的结构调整过程往往会表现为一次经济的周期性波动:需求结构的改变使原有的供给结构与其出现背离,市场中表现出供需失衡,商品库存增加,销路不畅,一些商品价格出现下跌,相对价格体系发生变化;价格体系的改变引导资源重新配置,企业与行业优胜劣汰,供给结构相应调整,供求在一个新的状态下重新实现均衡。如果政府过分关注经济增长目标,往往会在供求失衡时增加货币的投放,迅速扩大的购买力使库存中的商品迅速减少,价格回升,经济重新回到购销两旺的状态中,但真实的供需结构性矛盾并没有得到解决,只是被暂时地掩盖起来了。长期累积下来,经济结构失衡的问题会越来越突出,并最终成为制约经济持续、稳定发展的因素。而这种状况在目前我国经济运行中非常突出,这也是"十五"规划把结构调整作为重点的原因。经济体制改革的目的不是唯一地追求经济增长的速度,还要同时优化结构,而后者体现的是效率和发展质量。要真正有效地调整经济结构,只有在适度控制总量增长的情况下,建立起市场运行机制,发挥市场对资源的配置功能,最大可能性地提高经济运行效率和质量才能实现。因此,在当前经济结构问题越来越严重的现实状况下,弱化货币的先导性作用,有利于经济结构

---

① 数据来源:《中国金融年鉴(2005)》,中国人民银行统计季报2007年第2期。

的调整和优化。

综上所述，在目前经济结构失衡、资源与环境问题日益严重，巨额的贸易顺差导致的人民币升值压力不断增加的情况下，我国的货币政策应该逐渐淡化经济增长目标，不宜再强调货币的先导性效应，而是应将货币政策的重点转向稳定币值和抑制资产泡沫，为可持续的经济增长创造一个稳定的货币金融环境。为此，首先应该增强中国人民银行的独立性，使其稳定币值的货币政策操作不受政府部门的干扰。其次，大力发展资本市场，发展直接金融，一方面增加非货币性金融资产，吸收经济中过多的流动性，抑制资产泡沫；另一方面通过市场配置资金，提高资金配置效率。再其次，实施适度紧缩的货币政策，提高利率水平，抑制过旺的投资冲动。最后，稳定汇率预期，减弱人民币升值预期对货币稳定的干扰。

## 9.3 流动性过剩问题与货币供求

近年来，流动性过剩一直是各界关注的热点问题。对于流动性过剩的定义和具体表现，研究者们的表述不尽相同。但一般认为，其主要表现为银行存贷差逐渐扩大、存贷比持续下降；M2 与 M1 增速的差距拉大；超额准备金率过高、银行持有央行负债的比重不断上升；货币市场代表性利率不断下降、存贷款利率过低等（李扬、殷剑峰，2006；刘震、张惠，2006）。但是，由于这些指标之间的严重不一致性，学者们在我国是否存在流动性过剩，尤其是流动性过剩的严重程度方面，意见并不完全一致，认为需要深入分析才能确定我国经济当前所面临的流动性状况（余永定，2007）。

出现这种情况的原因，我们认为是未能在同一层面上来探讨流动性过剩问题。一部分人说的是银行体系的流动性过剩；另一部分人讲的是市场流动性过剩（即社会资金充裕或过剩）；更多的人则是将这两者混在一起，笼统地谈论流动性过剩问题。诚然，这两个层面的流动性过剩本来就具有很强的正相关性和因果关系，在笼统地用流动性过剩来分析问题时似乎也不会有什么问题。但由于判定这两个层面的流动性过剩时所用的经济指标存在差异，而且并非在任何时候都会表现出一致性，经济生活中完全可能出现银行流动性偏紧而市场流动性偏松（或者相反）的情形，此时用一个笼统的流动性过剩来分析问题时就会面临困境。因此，我们有必要从银行资金和社会资金两个层面构建适当的判定指标体系，以对我国银行体系流动性过剩和市场流动性过剩问题分别加以剖析。

## 9.3.1 银行体系流动性过剩的具体表现

一般认为，银行体系流动性状况的主要判定指标有：存贷差和存贷比、超额准备金比率、货币市场代表性利率等。诚然，当存贷款仍然是我国商业银行的主导业务时，流动性过剩必然会体现在存款和广义货币快速增加、存差上升和存贷比下降上，而大致相当于存差数额的"过剩资金"可以分为两部分，一部分表现为存款准备金；另一部分则表现为持有以各类货币市场工具为载体的短期债权。在央行保有充裕的头寸，会体现为超额准备金率的上升，而大量资金投向货币市场，则必然会导致货币市场代表性利率的下降。但需要注意，近年来我国商业银行业务的创新和多元化，也是导致存贷差上升和存贷比下降的重要因素之一，如果用存贷差和存贷比作为其流动性状况的判定指标，可能会掩盖银行业务创新本身所导致的指标变化。此外，在商业银行的存贷差中，有相当一部分以法定准备金的形态存在，而且还有相当一部分是以短期证券资产的形态存在，真正能够反映商业银行流动性状况的，是其超额准备率和流动性资产比率[①]。因此，我们只应将存贷差和存贷比作为判断银行体系流动性状况的辅助指标，而主要以超额准备率、流动性资产比率和货币市场代表性利率作为判断银行体系流动性状况的基本指标。

**1. 超额准备率和流动性资产比率高**

我们将存差的构成分为法定准备金、超额准备金和其他资金流向，图 9 - 6 清晰地给出了近几年我国商业银行存差构成的变动情况；[②] 再用超额准备金率作为衡量银行体系流动性状况的主要指标，并用流动性资产比率（即超额准备金率与存差的其他流向比率之和）作为辅助性判定指标。[③]

---

[①] 在考察时我们应重点关注商业银行超额准备金率的变化，但同时将其持有的反映二级流动性的证券类资产作为辅助性观测指标，而流动性资产比率是正超额准备金和证券类资产的综合反映。

[②] 当存款占到了商业银行资金来源的绝对比重时（2002~2006 年间比重最低的 2004 年为 91.8%），存差增加可被视为导致超额准备金和其他资金运用增加的最主要原因。因此，该处理方法在理论上尽管不甚合理，但并不影响分析结论的正确性，在分析变动趋势时尤其如此。

[③] 该指标之所以能够比存贷比更好地反映银行流动性状况，是因为从存差比率中剔除法定准备率以后的部分，才是商业银行可以自由动用的流动性。这部分资金主要表现为其持有的超额准备金和证券类资产。

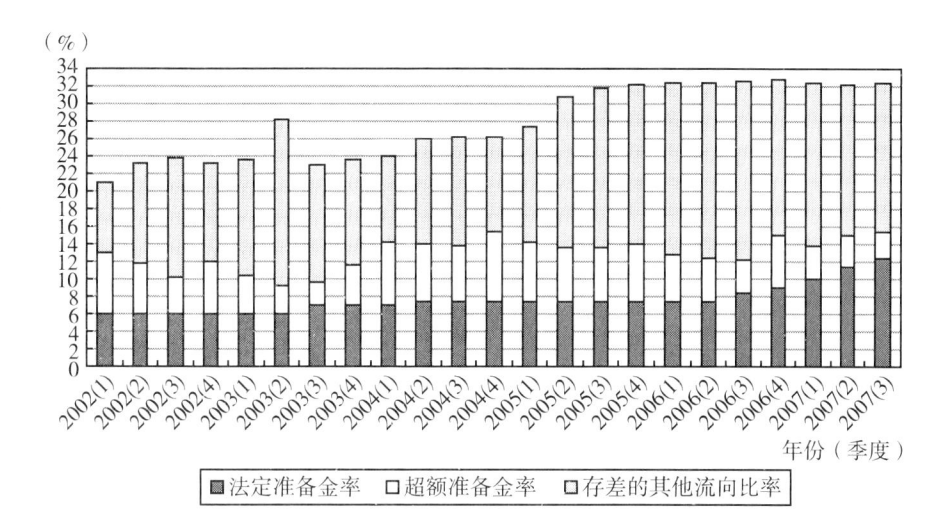

图 9-6　2002 年第 1 季度~2007 年第 3 季度存差的构成情况

资料来源：中国人民银行网站。其中各项存款和各项贷款取自历年的金融机构人民币信贷收支表。存款准备金包含了其他存款性公司在央行的准备存款与其库存现金，所以在存款准备金率和超额准备金率计算中包含了其他存款性公司的库存现金。其中，2006 年之前的数据=货币发行+存款货币银行在央行的存款+特定存款机构在央行的存款-流通中现金 M0。2006 年及以后的数据=货币发行+其他存款性公司在央行的存款-流通中现金 M0；存差=各项存款-各项贷款。这里的各个比率皆为各项指标与存款总额之比。

从图 9-6 可以看出，在 2004 年第 1 季度到 2005 年第 4 季度期间，超额准备金率一直处于 6% 以上的高位，其中 2004 年第 1 季度和第 4 季度更是高达 7.1% 和 8%。2006 年第 1 季度开始回落，当年第 1~3 季度分别为 5.2%、4.8% 和 3.8%，但第 4 季度又重新回升至 6%，2007 年开始则出现了较大幅度的回落，第 1~3 季度分别为 3.9%、3.5% 和 2.8%。2006 年第 1~3 季度超额准备金率的回落，主要是由于银行体系持有的证券类资产较前期有较大的增幅，其中 2006 年第 3 季度的下降还由于法定准备金率上调了 1 个百分点，而 2006 年第 4 季度超额准备金率较上个季度提高了 2.2 个百分点，主要是由于银行体系持有证券类资产减少的缘故。2007 年超额准备金率的回落，则主要是法定准备金率不断上调的结果。就流动性资产比率而言，则是从 2003 年第 3 季度的低点 16.1% 开始一路上升，到达 2006 年第 1 季度和第 2 季度的高点 24.9% 后虽稍有回落，但仍处于高位，2006 年第 3 季度则开始出现较大幅度的回落，2006 年第 3 季度至 2007 年第 3 季度期间，随着法定准备金率的多次大幅上调，流动性资产比率也出现了快速下滑，至 2007 年第 3 季度已降至 19.9%。[①] 而且由图 9-7 还可以看

---

① 2006 年第 3 季度至 2007 年第 3 季度的流动性资产比率分别为 24.1%、23.8%、22.4%、20.6% 和 19.9%。

出，2005 年第 1 季度到 2006 年第 3 季度期间，当流动性资产比率处于高位时，存差的其他流向比率快速增加对抑制超额准备金率上升功不可没。

考虑到银行体系流动性状况与其存款货币创造能力（这会直接影响市场流动性状况）之间的关系，我们构建了另一个反映银行体系流动性状况的指标，即将考察期内货币乘数实际值与可能达到的极限值相比较，并根据两者差额（货币乘数绝对差额）的变化来判断银行体系的货币扩张能力和流动性状况。①

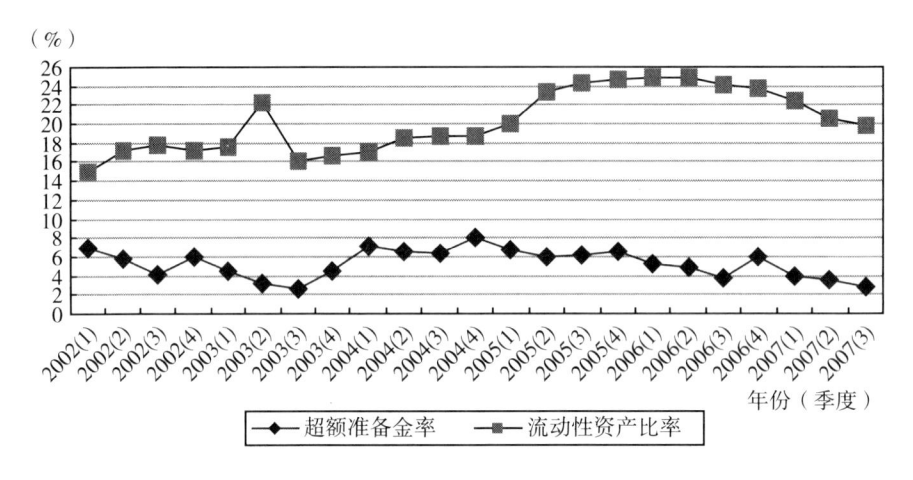

**图 9-7 银行体系的超额准备金率和流动性资产比率**

资料来源：同图 9-6 数据。

由图 9-8 中我国广义货币乘数 M2 绝对差额的变化情况可知，银行体系的流动性充裕程度从 2003 年第 3 季度开始上升，其中在 2003 年第 4 季度到 2004 年第 1 季度期间有一个非常大的上升，② 此后在此高位一直维持到 2006 年第 2 季度，到 2006 年第 3 季度才开始出现较大幅度的回落。这表明在 2004 年第 1 季度之后我国商业银行的流动性一直非常充裕，尽管在 2006 年第 2 季度以后有所变化，但其流动性充裕程度较高的状况仍需要我们加以关注。值得注意的是，在此期间 M2 绝对差额在每年第 4 季度都出现了翘尾现象，这与每年第 4 季度基础货币投放季环比增幅较大有关。

---

① 由于不能决定法定准备率、现金漏损率以及非金融机构存款比率，商业银行在货币创造方面的影响仅在于对超额准备金率的调整，其货币创造能力的极限值是超额准备金率为零的时候。实际货币乘数与该极限值之间的差额将能够很好地反映商业银行进一步扩张货币的能力；该数值增加，商业银行的货币扩张能力增强，其流动性也就越充裕；反之，则其货币扩张能力减弱，流动性充裕程度下降。

② 这可能主要与当时邮储机构资金运用方式的转变有关，我们将在后面对这一问题作进一步阐释。

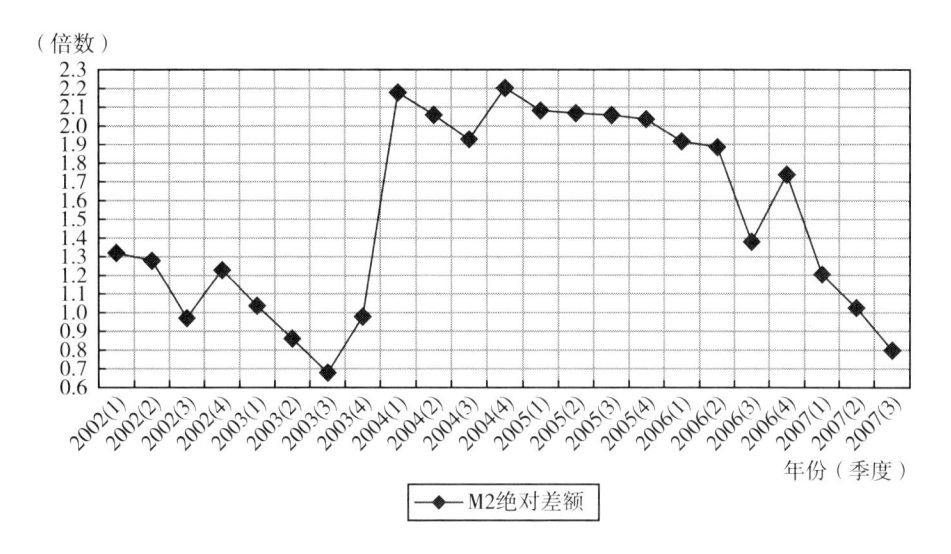

**图 9 - 8　我国广义货币乘数 M2 绝对差额变化情况**

### 2. 货币市场利率处于低位

当银行体系的流动性充裕程度不断增加时，除了具有增加贷款投放的冲动以外，还会倾向于增加除贷款以外的其他资产，其中最主要的是投资于货币市场工具（包括国债、同业拆借和央行票据等）。由于我国银行同业拆借市场和银行间债券市场的利率水平完全由参与交易的商业银行自主定价①，这两个市场的利率水平对商业银行的流动性状况非常敏感，是反映商业银行流动性状况的最有效的指标。由图 9 - 9 可知，这两个市场的利率走势高度一致，并且基本上与反映流动性充裕程度的指标——M2 绝对差额的变动呈相反的走势。在 2002 年第 1 季度至 2003 年第 4 季度期间，银行体系的流动性充裕程度较低，货币市场利率也处于高位。而从 2004 年第 1 季度开始，银行体系的流动性出现了明显的增加，货币市场利率也随之逐步回落，到 2005 年第 2、第 3 季度达到了考察期的低点。而在 2005 年第 3 季度以后，尽管银行体系的流动性充裕程度仍保持在高位，但货币市场利率却开始回升。②

---

①　我国分别于 1996 年 6 月和 1997 年 6 月实现了同业拆借市场利率和银行间债券回购利率的市场化。

②　2005 年第 4 季度，为保证新的人民币汇率形成机制平稳运行，当美联储连续加息后中美利差进一步扩大时，人民银行适时加大了公开市场操作力度以控制基础货币的增速，从而导致了货币市场利率的快速回升。此外，2005 年第 4 季度以后股市向好也加快了居民储蓄存款流向股市的速度，也是导致商业银行流动性充裕程度比率回落、货币市场利率回升的原因之一。

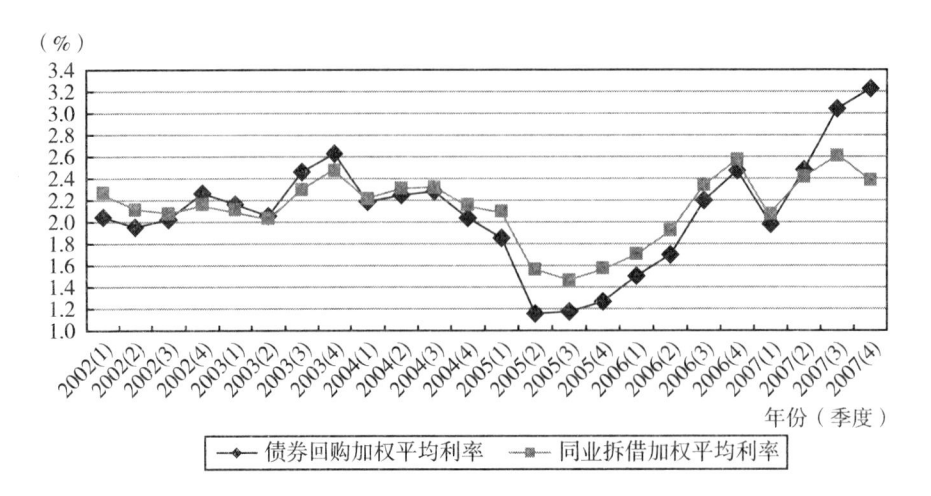

**图 9-9 银行间市场债券回购和同业拆借交易利率变化情况**

注：这里的季度数据是根据历年全国银行间市场债券回购交易期限分类统计表和全国银行间同业拆借市场交易期限分类统计表中的月度加权平均数据，再进行加权平均后得到。

资料来源：中国人民银行网站。

### 3. 存差快速增长、存贷比持续下降

前述分析表明，存贷差和存贷比并不是一个反映银行体系流动性状况的理想指标。尽管如此，当我国商业银行仍以存贷款作为主体业务时，我们仍可以将其作为反映银行体系流动性状况的辅助指标。由图 9-10 可知，考察期内我国金融机构各项存款和各项贷款均快速上升，但存款增速要明显高于贷款增速。这又具体表现为存贷差额的快速增长和存贷比的快速下滑。2001 年第 1 季度我国金融机构的存差仅为 26 429.07 亿元，而到 2007 年第 1 季度该数值已达 114 662.70 亿元，为期初数字的 4.34 倍。与之相适应，存贷比也从 2001 年第 1 季度的 0.795 降至 2007 年第 1 季度的 0.676，远低于 0.75 的存贷比上限标准。

但一些研究者注意到，国有商业银行和股份制商业银行在这一问题上是存在差异的。廖峰（2006）的研究表明，尽管从总体上看银行体系存在流动性过剩问题，但它主要存在于国有商业银行中，股份制商业银行（尤其是中小股份制商业银行）反而存在着流动性不足的可能。2006 年前 8 个月的统计数据表明：国有商业银行的贷款投放明显低于存款增长，而股份制商业银行存贷款增长基本

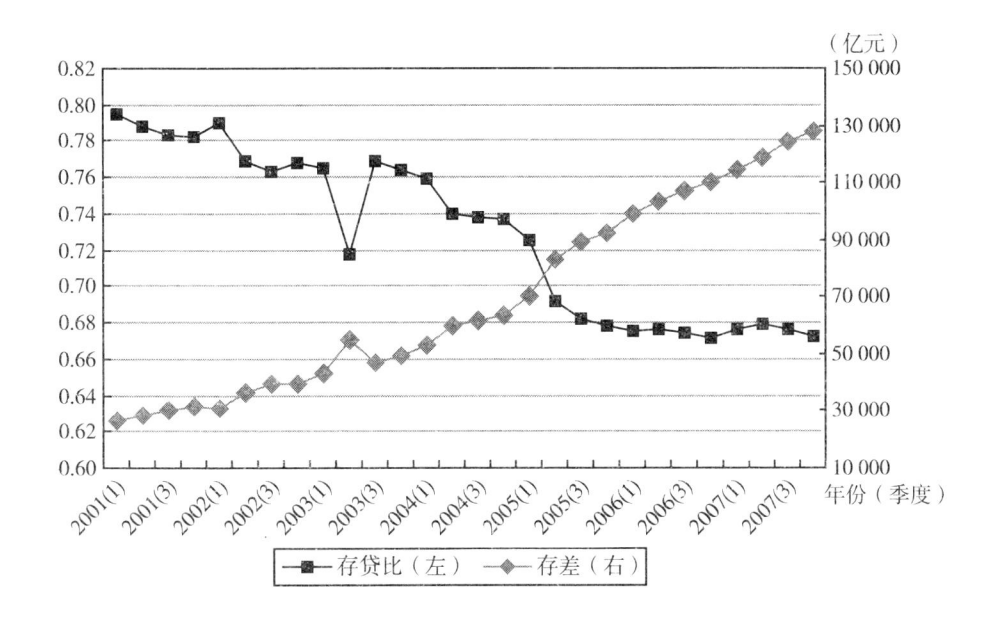

**图 9-10　金融机构人民币信贷存贷比和存贷差变化情况**

注：以上数据均为季度末数据。

资料来源：根据中国人民银行网站统计数据整理而得。

匹配。① 董积生（2006）的研究也从一个侧面印证的上述看法：2006 年第 2 季度末，我国四大国有商业银行的存贷比仅为 60.52%，而同期全体商业银行的存贷比为 67.6%。

### 9.3.2　市场流动性过剩的具体表现

前面提到过，市场流动性过剩的通俗说法即社会资金过剩，亦即货币供给大于货币需求的非均衡状态。按照货币供求与总供求之间的相互关系，这种状态一般会表现为物价水平上涨、利率水平下降以及资产价格的上涨。下面，我们将就这几个方面分别加以考察。

---

① 国有商业银行贷款增幅约为 8%，存款增幅则高达 13%，股份制商业银行贷款的平均增幅只有 5%，存款的增幅更低，仅为 4%。参见廖峰《流动性过剩还是流动性不足》，载于《银行家》2006 年第 12 期。

**1. 物价水平增幅处于相对高位**

从 2004 年开始，我国市场流动性过剩的问题开始受到各方的关注。就在 2004 年，各类物价指数出现了大幅上升，当年的 GDP 平减指数达到了 1996 年以来的最高点，投入 PPI 更是出现了大幅上升，其同比增幅从上年的 4.8% 上升至 11.4%。与此同时，CPI 同比增幅也突破了 3% 的警戒线，由上年 1.2% 上升至 3.9%。产出 PPI 也在 2004 年达到了近年的最高点，其同比增幅为 6.1%。随后的年份，各项物价指数皆有所回落，但与考察期的前几年相比仍处于较高水平。而且从 2007 年开始，GDP 平减指数和 CPI 又有开始回升的迹象，其中全年的 CPI 同比增幅为 4.8%。

**2. 资产价格快速上涨**

我国房屋销售价格和土地交易价格自 2002 年开始大幅上升，就同比增幅而言，这两项价格都是在 2004 年达到最高点，分别为 9.7% 和 10.1%。2005 年后，随着针对房地产业宏观调控的展开，这两项价格的同比增幅皆有所回落，但仍处于高位。2005 年两者的同比增幅分别为 7.6% 和 9.1%，2006 年则分别下降至 5.3% 和 6.1%。但值得我们注意的是，随着房价和地价的快速上升，房屋租赁价格指数却一直在低位徘徊，在 2003 年后所有房价上涨较快的年份，房屋租赁价格的同比增幅均没有超过 2%。这也导致了房屋价格和房租的背离，并导致了租金房价比率的快速下滑。

我国股市在经历 2001~2005 年的大熊市之后，自 2006 年开始步入牛市。如果以 2005 年年末数值为基准的话，则截止到 2007 年 5 月，沪深两市的总市值和流通市值分别为期初的 5.48 倍和 5.59 倍，上证综指和深圳综指分别为期初的 3.54 倍和 4.26 倍。就成交金额而言，2006 年是 2005 年的 2.86 倍，而 2007 年前 5 个月的成交金额就为 2006 年的 2.02 倍。股市的走牛并快速上涨，尽管与股权分置等制度变革的成功密切相关，但也很难否定市场流动性过剩在其中所起的巨大作用。

**3. 实际利率处于低位，存款利率甚至为负**

由图 9-11 可知，我国银行 1 年期定期存款实际利率水平从 2003 年第 1 季度开始大幅下滑，并于 2004 年第 1 季度开始进入负利率状态，这种情况一直延续到 2005 年第 3 季度，2005 年第 4 季度为零利率，2006 年各季度的存款实际利率虽然为正，但一直处于低位，其中第 3 季度最高时也不过 0.716%，2007 年第

1季度重新进入到负实际利率状态。贷款实际利率与存款实际利率的走势完全雷同，从2003年第1季度开始快速回落，2004年第1季度到2005年第4季度期间的实际利率一直处在小于4%的低位，2006年处在4%～5%之间，而2007年第1季度以后重新回落到4%以下。

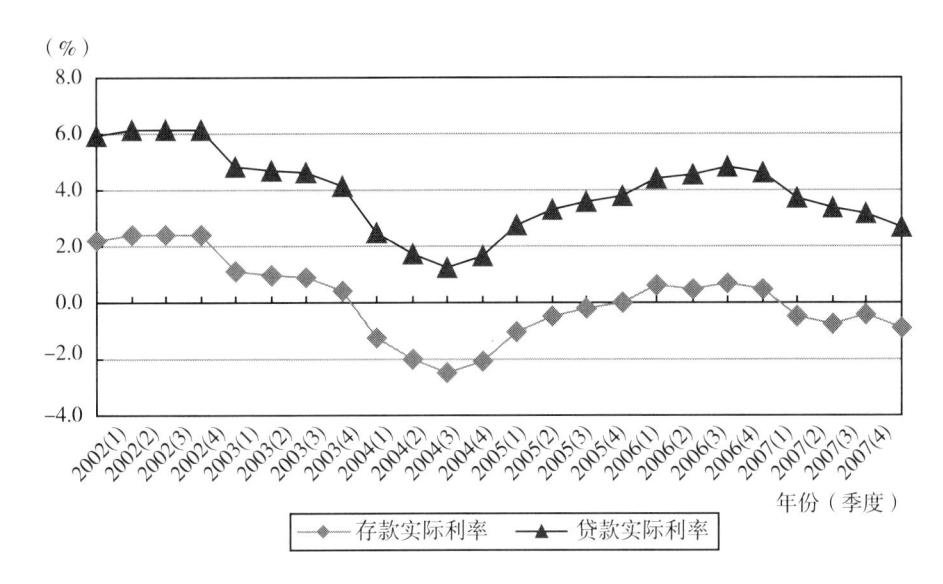

图 9-11　2002～2007年我国一年期存贷款实际利率

人们普遍认为，自2004年开始出现的市场流动性过剩，与物价水平和房地产价格的快速上涨相伴随，并且也是2006年开始的股市快速上涨的重要推动力之一。从以上指标的变化中，我们也基本上可以作出市场流动性过剩的判断。

### 9.3.3　流动性过剩的深层原因剖析

以上分析表明，流动性过剩体现为银行体系和市场两个层面。那么，在这两个层面的流动性过剩之间，到底存在着什么样的作用机制？导致我国流动性过剩的深层次原因又有哪些？更进一步，流动性过剩又会对货币供求产生何种影响？这是我们下面要讨论的问题。

**1. 双层流动性过剩：作用机制分析**

在分析流动性过剩问题时，有研究者持有这样的观点：基础货币增速和贷款增速不一致造成了中国目前的流动性过剩（王光远，2006）。其言外之意，只要我国贷款增速跟上基础货币的增速，流动性过剩问题就会迎刃而解。但根据该思路制定货币政策，我们姑且不论其能否真正解决银行体系的流动性过剩①，但肯定会加剧市场的流动性过剩。董积生（2006）认为，当前货币政策的两难在于央行的信贷紧缩政策与商业银行的流动性过剩背道而驰。从表面上看，这种提法有一定的道理，因为央行控制银行体系贷款规模的紧缩政策，会导致商业银行存贷差增加、存贷比下降，从而使得其流动性过剩问题更加严重。但我们必须清醒，央行的信贷紧缩政策并不仅仅指贷款规模控制，一系列控制基础货币投放的政策也同样应该被视为信贷紧缩政策，甚至是最为重要的信贷紧缩政策。而控制基础货币的投放，不仅可以缓解银行体系的流动性过剩压力，而且还能够起到抑制商业银行信贷投放规模、缓解市场流动性过剩的效果。上述提法是将存贷差和存贷比视为流动性过剩的最重要监测指标、且不区分银行体系流动性和市场流动性而笼统地讨论流动性过剩的最直接后果。

其实，当我们将流动性过剩作上述区分时，其成因和传导机制也就变得相对简单并一目了然。即基础货币的过度投放是导致银行体系流动性过剩的根源，商业银行在流动性过剩压力下，会通过资产业务（主要是贷款业务）的扩张来缓解这一压力，这尽管会减轻银行体系的流动性过剩，却会增加市场流动性过剩的压力。中央银行宏观紧缩政策的推出，主要是依据市场流动性状况是否会给物价水平上行和经济过热带来巨大压力。也就是说，当市场流动性过剩导致通胀压力增加、投资过热时，央行最有效的手段是回笼基础货币以收紧银根，降低商业银行的超额准备金水平以抑制其贷款扩张能力。而限制商业银行的贷款投放只是治标不治本的做法，既有行政干预之嫌，又因这种限制会增加银行体系的流动性过剩压力，事实上并不能很好地遏制商业银行扩张贷款的冲动。

分析表明，就流动性过剩两个层面的关系而言，银行体系流动性过剩是因，市场流动性过剩是果。银行体系流动性过剩如果长期得不到解决，最终必然会导致市场流动性过剩。在市场流动性过剩所导致的宏观经济过热的压力下，货币当局的调控也必须是从控制基础货币投放以减少银行体系流动性过剩压力为切入点。但我们需要说明的是，银行体系流动性过剩和市场流动性过剩共存也许并不一定就是一种必然。完全可能出现银行体系流动性过剩而市场流

---

① 根据货币创造机制，银行贷款增加的直接效果就是增加了银行体系的存款规模，其对银行体系流动性的缩减效应，仅仅是因为这部分存款增加而使一部分超额准备金变成了法定准备金。

动性不足的情况①，也可能会出现银行体系流动性偏紧而市场流动性过剩的情况②。

## 2. 流动性过剩的成因分析

关于流动性过剩成因分析的文献，目前几乎可以用汗牛充栋来形容。但大家在分析问题时，几乎没有对银行体系流动性过剩和市场流动性过剩作任何区分。很多文献尽管写的是银行体系流动性过剩的问题，但给出的却是导致市场流动性过剩的原因，反之亦然。在本部分，我们先总结并分析既有文献关于流动性过剩成因的主要观点，然后提出一些没有引起研究者足够重视但对当前流动性过剩却有着重要影响的因素。

（1）流动性过剩：既有观点的总结。

目前，研究者提出的关于流动性过剩的成因主要有：①内外经济失衡引致的汇率维持压力；②银行海外上市增加了其流动性；③全球流动性过剩问题；④不良贷款比率控制因素；⑤银行的盈利动机和压力；⑥居民总体上的高储蓄率；⑦股市长期低迷导致银行流动性过剩等。我们认为，原因①和原因②在本质上是同一个因素，所关注的都是外汇流入对基础货币和货币扩张的影响，这无疑是导致当前我国流动性过剩的最主要原因。要解决我国的流动性过剩问题（无论是银行体系还是市场流动性过剩），应将其放在最为重要的位置。原因③认为是前些年超宽松的货币政策（国际和国内的）为当前流动性过剩埋下了种子，这是一个对双层流动性过剩都有影响的因素。原因④主要是指商业银行为速降不良贷款比率而采取做大分母的策略。我们认为，该做法在缓解银行体系流动性过剩压力的同时，却为后期留下了市场流动性过剩的隐患。原因⑤对流动性的影响在本质上与④是相同的。从静态角度，原因⑥会在增加银行体系流动性过剩压力的同时，缓解了市场的流动性过剩压力。但从动态角度看，当居民消费意愿转强时，则会明显增加市场流动性过剩的压力并导致物价上涨。原因⑦的判断依据是股市向好会导致储蓄存款向股市的分流，从而降低存贷差并增加存贷比。需要说明的是，作为一个被众多研究者持有的观点，尽管作者接受其分析结论，但并不完全认同其分析的逻辑。对这一问题，我们将在

---

① 比如前几年我国通货紧缩时期，银行体系保有大量的超额准备金（典型的银行体系流动性过剩），但在商业银行不看好经济前景、谨慎放贷或缩减贷款规模的情况下，导致了社会资金紧张、市场流动性不足的状态，这也导致了物价水平和资产价格的下行压力，并使得市场实际利率水平走高。此时，应该是在不增加或少增加基础货币投放的情况下引导并鼓励商业银行增加贷款投放。

② 比如说央行针对市场流动性过剩采取严厉措施，大幅回笼基础货币以抽紧银根，这会导致出现市场流动性过剩没有根本解决时银行体系流动性就已经变得相对紧张的状况。此时商业银行必须减少贷款投放或回收贷款以满足自身的流动性要求。

9.3.4 节加以阐释。

以上这些影响流动性过剩的因素，为读者理解我国当前的流动性过剩提供了诸多视角。但我们认为，仍有一些至关重要的影响因素并没有被纳入研究者的视野，我们在这里将它们提出来，以期能够增加一些观察当前流动性过剩的视角。

（2）流动性过剩：尚未被重视但却重要的影响因素。

第一，邮储资金运用方式转变是本轮流动性过剩的重要诱因。我们在前面多次提到过，2003 年第 4 季度和 2004 年第 1 季度是这轮流动性过剩的重要起始期，而这可能与 2003 年 8 月 1 日我国邮储机构资金运用方式的变革密切相关。在这次变革之前，邮储机构相当于一个向人民银行按照接近其邮储存款总额 100%（扣除应付提现的现金库存）缴纳法定准备金的机构，邮储存款总量增加也就意味着基础货币的回笼。而在改革之后，邮储存款的新增部分开始走向市场，其回笼基础货币的功能弱化，而随着此前邮储存款的逐步到期，也意味着大量的基础货币投放。在邮储机构占我国存款市场比重接近 10% 的情况下，该变革无疑会导致此后的基础货币投放快速增加，从而成为银行体系流动性过剩，进而市场流动性过剩的重要诱因之一。

第二，以土地为载体的财政收入信贷化是市场流动性过剩的重要原因。尽管住房问题作为当前热点受到了高度关注，但人们似乎很少将它同我国的流动性过剩和货币供给问题联系起来。表 9-5 为 1998~2007 年间我国金融机构的房地产信贷情况。数据表明，随着最近几年房地产贷款规模的扩张，其占金融机构贷款总额的比重也在快速上升。众所周知，土地的非私有化也意味着社会公众无法直接享有土地交易所带来的收益。但他们在住房货币化过程中，却要为不断上升的地价买单。房价中包含地价，购房者需要通过开发商将房价中属于地价的部分转移给财政。关键问题在于，绝大多数人在购房时需要通过银行长期信贷的方式获取绝大部分（通常为百分之七八十）购房资金。此时，社会公众的贷款购房行为，也就意味着以土地为载体的财政收入信贷化。而当开发商通过高房价向住房购买者不仅转移了土地成本，而且还赚取了超额利润时，问题则会变得更加突出。由于住房贷款创造存款货币的过程，也是货币供给和市场流动性增加的过程，因此，在近几年我国土地快速货币化、住房快速市场化的过程中，货币供给快速增加并导致市场流动性过剩也就不足为奇了。

表9-5　　　　　　　1998~2007年金融机构房地产信贷情况　　　　　　单位：亿元

| 年份 | 房地产贷款余额 | 用于房地产开发的贷款余额 | 个人住房贷款余额 | 金融机构贷款余额 | 房地产贷款占金融机构贷款之比（%） |
| --- | --- | --- | --- | --- | --- |
| 1998 | 3 106.23 | 2 680.07 | 426.16 | 86 524.1 | 3.59 |
| 1999 | 4 329.89 | 2 972.18 | 1 357.71 | 93 734.3 | 4.62 |
| 2000 | 6 658.3 | 3 281.38 | 3 376.92 | 99 371.1 | 6.70 |
| 2001 | 9 801.75 | 4 203.8 | 5 597.95 | 112 314.7 | 8.73 |
| 2002 | 15 084.95 | 6 616 | 8 468.95 | 131 293.9 | 11.49 |
| 2003 | 18 646.55 | 6 649.6 | 11 996.95 | 158 996.2 | 11.73 |
| 2004 | 23 800 | 7 800 | 16 000 | 178 197.6 | 13.36 |
| 2005 | 27 700 | 9 141 | 18 400 | 194 690.4 | 14.23 |
| 2006 | 36 800 | 14 100 | 22 700 | 225 285.3 | 16.33 |
| 2007 | 48 000 | 18 000 | 30 000 | 278 000 | 17.27 |

注：2003年后的数据仅指商业性房地产贷款，与以前年份数据不完全可比，全部房地产贷款余额（包括住房公积金贷款）会更多。

资料来源：根据2001~2007年各季度《中国货币政策执行报告》中的数据整理得到。

在此，我们不妨分析一下土地是否私有化对货币供给和市场流动性的影响。在土地私有制下，社会公众可用土地出让收益充抵一部分购房贷款，这会在总量上减轻信贷扩张的压力。[①] 此外，可交易性的私有土地，在交易过程中会提出对货币的需求，从而吸收一部分由信贷扩张而增加的货币投放和市场流动性。我国土地的非私有化，使得其交易受到了极大限制，其在货币化过程中引出了大量的货币供给，却由于土地交易受限而无法被很好地吸收。而且由于住房抵押贷款通常是长期贷款（在我国更是长达二三十年），因发放住房贷款而增加的货币量需要经过很长时间才能够完全回笼，当这种长期贷款集中大规模投放，而且房价远远超出我国普通居民的收入承受能力时（表现为极高的房价收入比），其对货币供给和市场流动性过剩的影响也就可想而知了。[②]

第三，银行业结构与企业结构错配导致银行流动性过剩与产能过剩并存。前面的分析表明，如果将国有商业银行和其他商业银行单独考察，会发现它们在流动性过剩方面表现出很大的差异性：前者表现为流动性过剩，后者却并非如此，甚至还表现为一定程度的流动性不足。一些研究者还注意到了这样的现象：与我国银行体系流动性过剩并存的，是企业产能的过剩（董积生，2006；王光远，

---

[①] 当政府的土地出让收入能够惠及大众，对自住性购房者进行补贴时，也能起到类似的效果。

[②] 这与固定资产投资增长过快会引发市场流动性过剩和经济过热的道理是一样的，只不过财政土地收入的信贷化以及房价飞涨使得房地产信贷的这一效应表现得尤为突出。

2006）。在此，我们尝试从银行业结构与企业结构错配的视角，来解释这一看似矛盾的现象。①

根据金融共生理论的观点，"大银行—大企业"、"小银行—小企业"具有较强的共生适应性和稳定性，而"大银行—小企业"、"小银行—小企业"在这方面的表现却差强人意（袁纯清，2002）。对于这种现象，研究者们还从规模经济与贷款成本、不同类别企业的财务信息差异等方面进行了较为充分的解释（Berger and Udell，2002；张捷，2003）。如果将这些研究成果与我国银行业结构和企业结构的状况结合起来，我们就不难对上述看似矛盾的现象做出解释。

在我国以国有大银行为主导的银行业结构下，即使不考虑所有制因素，大型国有企业获取银行信贷支持的可能性也要远远高于其他类别的企业，资本市场曾经主要是为国有大型企业筹资的制度安排，则使这种情况得到进一步强化。而那些主要靠中小银行获取外源融资的众多中小企业，则由于我国中小银行发展的严重不足和滞后，很难得到银行贷款的支持。在这种金融结构和体制下，一方面是对大型企业的过度投入；另一方面是对中小企业的投入严重不足。由于大型企业是资本品生产的主体，而中小企业是消费品生产的主体，这会使得在资本品生产企业产能过剩的同时，消费品生产企业的产能却可能是不足的②。而且对消费品生产企业投入的不足，还会影响其对资本品的需求，而这又会进一步加剧资本品生产企业的产能过剩。因此，对我国流动性过剩和产能过剩并存的状况而言，更为确切的表述应该是：在银行体系流动性过剩的背景下，出现了大型企业产能过剩与中小企业融资难并存的现象。而这恰恰是在我国经济结构出现重大变化③时，银行业结构没有能够得到适时调整的结果。

第四，各种新支付工具的发展，是导致流动性过剩的又一重要原因。信用卡、借记卡以及各种电子、网络支付工具和服务的快速发展，是信息技术影响货币流通和支付领域的重要表现。这些变化，会从两个方面对市场流动性状况产生影响。其一，是极大地提高了支付结算效率和货币流通速度，从而减少了货币需求。其二，是降低了微观主体对现金的需求、降低了现金占存款的比重，而这会增强商业银行的存款派生能力、提高货币乘数高限的边界，并可能导致了货币供给量的增加。仅就第二点而言，其直接结果是增加了银行体系的流动性过剩。而一、二两点的综合效应，则是增加了市场流动性过剩的压力。

---

① 因为在很多研究者看来，与流动性过剩相对应的，应该是与产品供不应求、经济过热才对。
② 当前出现的消费物价水平上涨，似乎也从一个侧面反映了这一问题。
③ 是指国有大型企业比重及其经济贡献率下降时，以民营为主体的中小企业比重及其经济贡献率却在上升。

### 3. 流动性过剩对货币供求的影响

毫无疑问，流动性过剩是当前的热点问题，而事关宏观经济稳定的货币供求状况，也是宏观管理当局和研究者们十分关注的问题。而且谁也不会怀疑这两者之间有着十分密切的关系。因此，这两者之间的关系问题，尤其是流动性过剩可能对货币供求的影响问题，也就自然被作为一个重要问题提了出来。

众所周知，凯恩斯将流动性视为货币的同义语。按照本节对流动性所作的分层定义，作为货币同义语的"流动性"也就对应于我们所说的"市场流动性"。因此，货币供求状况与市场流动性状况也就是同一问题的两种不同表达方法。在这种意义上，"流动性过剩对货币供求的影响"问题，更确切地表述应该是"银行体系流动性过剩对货币供求状况（亦即市场流动性状况）的影响"——这才是中央银行和理论界在当前状况下所要关心的问题的实质。

前面分析表明，银行体系的流动性过剩，意味着商业银行保有了过量的超额准备和流动性资产，尽管这类资产具有高安全性、高流动性的特点，但其低收益或无收益特征，却会增加商业银行的经营压力。要改变这一状况，它们必须进行资产特性的转换，即将其转化为高收益的资产。对当前我国的商业银行而言，增加贷款投放是最主要的方式，[①] 而这意味着存款货币创造和货币供给量的增加。其对货币供求状况（市场流动性状况）到底会带来正面还是负面影响，就要取决于当前的货币供求状况。如果当前的货币供求基本平衡（市场流动性适度）或供过于求（市场流动性过剩），则商业银行扩大贷款规模以缓解其流动性过剩压力的行为，会对货币供求带来负面的影响。只有在当前的市场流动性偏紧时，这种行为才会对货币供求状况带来正面影响。我们注意到，银行体系流动性过剩向市场流动性过剩的传导，更多的是通过商业银行的逐利行为来实现的。由于它在一定程度上具有正反馈效应，当银行体系出现流动性过剩时，如果没有中央银行的干预和调控，商业银行的逐利动机会逐步导致货币供求状况的恶化。

当然，货币供求状况也会反过来对银行体系的流动性状况产生影响。但这种影响通常不会自发实现，而是需要通过中央银行的干预来实现。以货币供过于求（市场流动性过剩）的经济过热为例，中央银行要想控制货币供给的增长，最有效的手段就是减少银行体系的流动性，亦即通过各种货币政策工具回笼基础货币以减少商业银行的超额准备和流动性资产总量。当然，中央银行也可以动用行政手段（如贷款规模控制、窗口指导和道义劝告等）控制货币供给的增长，但由

---

① 这也就不难理解为什么在当前银行体系流动性过剩的情况下，商业银行普遍具有扩大贷款规模的冲动，央行的年贷款规模目标也时刻面临着被突破的压力。

于这些手段并不符合商业银行自身的利益，它们总会采取各种措施来规避这些行政手段的限制。

### 9.3.4 缓解流动性过剩的主要措施

分析表明，银行体系流动性过剩是因，市场流动性过剩是果。当银行体系长期面临流动性过剩压力时，其缓解自身流动性过剩压力所采取的业务拓展行为，就会进一步加剧市场的流动性过剩。因此，当一国在这两个层面同时面临流动性过剩压力时，最为有效的方法就是由央行在基础货币以及超额储备层面采取紧缩性措施。这既可以包括收缩基础货币的政策，也包括基础货币总量不变时通过上调法定准备率以减少商业银行超额储备的政策。如果在实行以上措施的同时，再通过一系列措施抑制商业银行的资产扩张（主要是信贷扩张），则会具有较好地缓解市场流动性过剩的效果。这里，我们重点从外汇体制改革、大力发展直接融资、固定资产投资规模限制和贷款结构优化等几个方面来加以分析。

**1. 实行"藏汇于民"的政策**

如前所述，近年来大量国际收支顺差引起的外汇储备过快增长，是导致我国基础货币扩张、货币供给增加的最重要原因。而要缓解这一因素对我国货币供给的冲击，必须斩断外汇资产增加与货币供给、尤其是与基础货币投放的联系。在这方面，我们的建议是实行"藏汇于民"的政策。

所谓"藏汇于民"，也就是减少外汇以储备形式保留在央行资产项下的数额，其本质是去割断外汇供给增加对央行基础货币投放的压力。但具体来说，我们又可以将"藏汇于民"分为两种形式：其一，是让商业银行成为外汇资产持有的主体，而且不去强制要求这部分资产转售给央行。此时，外汇流入不再形成对基础货币扩张的压力。但由于商业银行在购买外汇的过程会导致售汇企业存款的增加，其对货币供给扩张的效应与增加贷款投放是相同的。因此，这是一种不甚彻底的"藏汇于民"，它尽管不会导致基础货币的扩张，但却会导致货币供给的增加。其二，是让非银行社会公众成为外汇持有的重要主体。此时，外汇作为一种金融资产（与股票、债券等没有本质区别）保留在社会公众手中，这样外汇流入不仅不会对基础货币投放形成压力，而且只要这些外汇不被出售给商业银行，也不会导致货币供给量的增加。因此，这是一种最为彻底的"藏汇于民"。不仅如此，它还使得外汇成为居民保有其储蓄的形式之一，当居民部门用本币购买外汇资产时，会起到货币供给量收缩的效应，从而减缓了流动性过剩的压力。

但是，要使外汇成为各大商业银行和非银行社会公众希望保有的资产，前提条件是这种外汇相对于本币不能有太大的贬值预期;否则,非银行公众就会有向商业银行出售外汇的动机,而商业银行也会有向央行出售外汇的动机。此时,"藏汇于民"的政策可能就难以得到很好的贯彻。结合我国的现状,当人们对人民币具有强烈的升值预期时,如果不适当加快人民币升值的步伐以改变人民币长期升值的预期,"藏汇于民"政策的效果可能也就会大打折扣。

当然,鼓励国内企业和个人到境外投资,本身就是一种行之有效的"藏汇于民"方式。如果这项措施能够很好地推进,将会极大地缓解国内流动性过剩的压力。我们不妨分析一下最近成立的国家汇投公司可能对货币供给产生的影响。作为国家级的境外投资主体,国家将通过发行特别国债的方式为其购买央行的外汇储备提供融资。其成立对货币供给将产生什么样的影响,并不取决于它是一家什么性质的公司,而取决于特别国债发行的对象。如果特别国债仅向非银行公众发行,这将是一种非常彻底的"藏汇于民",此时汇投公司只是作为非银行公众的代理人将"藏于民间"的外汇投资境外。① 如果特别国债向商业银行发行且要求商业银行用本币购买,这会导致商业银行超额准备金的等量下降和基础货币的等量回笼,尽管这不会直接导致货币供给量的变化,但却会影响商业银行未来的货币供给扩张能力。如果特别国债向商业银行发行并要求其用持有的央行票据购买,并不会对基础货币和货币供给产生任何影响,它仅相当于用特别国债替代央行票据作为一种货币政策调控工具。

### 2. 大力发展金融市场、增加直接融资规模与比重

在前面的分析中,我们曾提到过不少学者认为股市长期低迷是导致我国流动性过剩的原因之一。我们倾向性认为,在用存贷差和存贷比作为银行体系流动性状况的判定指标时,股市的向好和低迷并不会直接影响银行体系的流动性状况。原因很简单,尽管股市向好时银行体系的储蓄存款会减少,但这些存款会转化为证券公司的股民保证金,而它们也是被统计在广义货币 M2 范围之内的。也就是说,股市涨跌导致的储蓄存款分流本身只会改变 M2 的结构,却不会改变其总量。而且,在忽略税收且不考虑新股发行时,股价涨落和股份转手也不会改变 M2 的总量,只是导致了微观主体货币保有量的重新分配。股市向好之所以具有货币总量收缩的效应,恰恰是因为股市向好会增加新股发行的动力,而这会对商业银行的货币创造产生负面影响。因为新股发行所导致的资金由投资者向企业的转移,尽管只会改变货币结构而不会改变货币总量,但发行新股的企业会减少其

---

① 等同于央行的外汇储备流向非银行公众,其效果是非银行部门等量存款的减少和等量基础货币的回笼(银行体系的存款准备金减少)。

对银行贷款的依赖，这会间接影响到银行创造存款货币的能力，而当该企业用新股募集资金偿还银行贷款时，则会直接导致存款货币的收缩。当然，企业债券的交易和发行对货币总量的影响与股票是相似的。因此，从这个意义上讲，证券市场向好应该会在降低市场流动性过剩压力的同时，潜在地增加了银行体系的流动性过剩；而证券市场低迷对流动性过剩的影响则正好相反。因此，在当前市场流动性过剩压力过大，并导致物价上行压力增加、经济面临过热危险的情况下，大力发展直接融资并促进金融资产的证券化，将不失为一种明智的选择。①

### 3. 优化信贷结构，严控中长期信贷规模

贷款发放的直接效果是增加货币供给，如果短期贷款的比重较大，则随着贷款的到期和归还，货币供给的扩张效应会在短期内得以抵消。而当银行集中大规模发放具有中长期性质的固定资产贷款时，会立即导致货币供给量的大幅增长，但这种货币扩张效应却要在相当长时间内才能够随贷款的逐步到期得以消除。在贷款回收之前的这段时间内，相对于市场供应而言过多的货币供给，不仅会增加物价水平上升的压力，而且还会推高各类资产的价格。因此，固定资产投资规模增长过快，本身就是导致流动性过剩的一个重要的原因，也是反复出现在我国经济生活中的难题。前面的分析表明，当前固定资产投资增幅过大，尤其是房地产信贷增长过快所导致的货币化问题，更是导致当前流动性过剩的重要原因。因此，控制固定资产投资的规模，也就成了缓解我国市场流动性过剩压力的重中之重。

前面的分析还表明，我国银行业结构与企业结构的错配，使得银行体系在面临流动性过剩的同时，经济生活中还存在着资本品生产企业（以大型企业为主体）产能过剩和消费品生产企业（以中小企业为主体）融资难并存的局面。通过银行业结构的调整或信贷结构的调整，增加向中小企业的信贷投放，不仅可以缓解银行体系的流动性过剩压力，也不至于导致货币供给的集中过度扩张。这主要是因为对中小企业的贷款中，短期贷款的比重要远远高于针对大型资本品生产企业的贷款。

### 9.3.5 主要结论和观点

上述分析表明，我国目前关于流动性过剩问题的研究和讨论，由于没有区分流动性过剩的层次，使得对这一问题的讨论陷入了一定程度的混乱，所得出的结论也变得模糊和似是而非。针对这一状况，我们在对流动性进行层次区分的基础

---

① 在9.4节的分析中，我们还将进一步解释大力发展直接融资对经济货币化和金融化的影响。

上，剖析了我国的流动性过剩问题，并得出了一些符合逻辑的观点和结论。主要结论和观点如下：

（1）流动性过剩应该区分为两个层次，即银行体系流动性过剩和市场流动性过剩。我国银行体系流动性过剩主要表现为：超额准备率和流动性资产比率高企；货币市场利率处于低位；存差快速增长、存贷比持续下降（辅助指标）。市场流动性过剩则主要表现为：物价水平增幅处于相对高位；资产价格快速上涨；实际利率处于低位，存款利率甚至为负。

（2）银行体系流动性过剩是因，市场流动性过剩是果。但前者也会受到后者的影响，主要是因为后者所导致的经济过热等不良后果，会迫使货币当局采取减少银行体系流动性过剩的政策措施。而且我们需要注意，两种层次流动性过剩同时存在并不一定就是必然的。

（3）导致流动性过剩的原因很多，既有研究将其归结为内外经济失衡引致的汇率维持压力、银行海外上市因素、全球流动性过剩、不良贷款比率控制、银行的盈利动机和压力、居民部门的高储蓄率以及股市发展状况等几个方面。在简要分析这些因素之后，我们重点分析了四个对我国流动性过剩问题至关重要但却未受到足够重视的因素：邮储资金使用方式的转变、以土地为载体的财政收入信贷化、银行业结构与企业结构错配以及支付工具和服务的创新等。

（4）在分析流动性过剩对货币供求的影响时，我们认为这一问题的确切提法应该是"银行体系流动性过剩对货币供求状况（市场流动性状况）的影响"，并将其等同于银行体系流动性与市场流动性之间的关系问题。

（5）缓解流动性过剩的主要措施应将重点放在以下几个方面：进行外汇体制改革，实行"藏汇于民"政策；大力发展金融市场，增加直接融资的规模与比重；优化信贷结构，严控中长期贷款规模等。

## 9.4 发展新阶段中的货币化与金融化

自从雷蒙德·W·戈德史密斯于 1969 年开创性地提出了金融结构分析框架以来，人们一直将货币化比率和金融相关比率视为一国经济、金融发展水平与进程的最重要指标之一。在具体分析中，人们一般将货币化比率定义为 M2 与 GDP 的比率，而将金融相关比率定义为金融资产总量与 GDP 的比率。这两个指标的发展变化情况，也一直是相关研究者在研究一国金融发展时十分关注的问题。对我国货币化问题的专门研究，始于易纲（1991）用货币化假说对我国超额货币问题所进行的解释。自20世纪90年代中期以来，我国的高货币化比率问题一直是国内货币理论界关注的焦点。张杰（1995，1998）曾从金融制度与结构变迁的视角，对我国经济货币化进程进行了分析和描述。他认为，经济改革给金融格局带来的变化是显著但不深刻的，并认为经济货币化水平的快速提高是用过度增长的银行资产和负债支撑经济高速增长的结果。王广谦（1997）则在《经济发展中金融的贡献与效率》一书中对我国经济发展的金融化趋势进行了具有前瞻性的判断：在金融创新的背景下，货币与高流动性金融资产之间的界限日益模糊，货币化比率将不再是反映一国金融发展水平的最佳指标。此时，应该将全部金融工具与经济总量联系起来进行金融相关比率的分析，并在我国首次提出了"经济的金融化"概念。① 这些研究成果，奠定了研究中国货币化和金融化问题的良好基础，也为我们结合当前金融体系发展的现状，就货币化与金融化的关系问题进行较为系统和全面的研究，提供了极大的帮助。

此外，流动性过剩是当前我国的热点问题。金融市场的快速发展，使得储蓄分流问题再次成为人们关注的焦点。而在学界和业界，与金融结构优化问题相关的讨论，也一直没有停止过。尽管在概念层面，我们无法一眼看出这些问题与货币化、金融化之间存在何种关系，但在众多问题的讨论中，它们仿佛又确实存在着千丝万缕的联系。比如说，我们在对流动性过剩问题的讨论中，很难绕开货币和货币化问题，而在解决流动性过剩问题的诸多建议中，确实有很多措施是与金融化问题直接相关的。储蓄分流的情况，会对流动性状况产生影响，也会影响到货币化比率和与金融相关比率，并同时对一国的金融结构产生影响。在金融结构优化的过程中，会涉及各类金融工具、金融机构和市场比重的调整，而这势必会影响到货币化比率和金融相关比率。也正是基于这些考虑，我们在关于货币化和金融化关系的讨论中，试图将其与金融结构优化、流动性过剩以及储蓄分流等问题联系起来，尝试对这些重要问题之间的联系及相互影响进行分析。

### 9.4.1 货币化与金融化：一般关系与演进规律

戈德史密斯（1969）、弗里德曼和施瓦茨（1981）等经济学家的研究表明，不同国家在货币化比率和金融相关比率上的差别反映了其经济发展水平的差距。

---

① 王广谦教授认为，尽管戈德史密斯没有使用"经济的金融化"这一概念，但其金融—经济相关比率实质上是研究这一问题的。参见王广谦：《经济发展中金融的贡献与效率》，中国人民大学出版社1997年版，第66页。

低的货币化比率和金融相关比率，除了表明金融体系及其负债（包括货币和各类非货币类金融工具）在一国经济运行中的重要性较低外，还意味着该国在这两个比率上都有着较大的提升空间。而就经济货币化与金融化的关系而言，世界各国的经验皆表明：一国经济的货币化要先于经济的金融化，货币化是金融化的先导和基础，而当货币化达到一定程度时，金融化趋势便强劲起来，一些非货币金融工具或金融资产便迅速增加，这是现代经济中金融渗透的主要形式，也是货币化向纵深发展的必然结果。①

表9-6  1994~2006年我国金融资产的构成及其与经济相关比率　　　单位:%

| 年份 | M2 | | 股票流通市值 | | 债券余额 | | 证券类资产 | | 金融资产总量 | |
| --- | --- | --- | --- | --- | --- | --- | --- | --- | --- | --- |
| | 占比 | /GDP | 占比 | /GDP | 占比 | /GDP | 占比 | /GDP | 占比 | /GDP |
| 1994 | 90.6 | 97.4 | 1.9 | 2.0 | 7.6 | 8.1 | 9.4 | 10.2 | 100.0 | 107.5 |
| 1995 | 90.2 | 99.9 | 1.4 | 1.5 | 8.4 | 9.3 | 9.8 | 10.8 | 100.0 | 110.7 |
| 1996 | 88.1 | 106.9 | 3.3 | 4.0 | 8.5 | 10.4 | 11.9 | 14.4 | 100.0 | 121.3 |
| 1997 | 86.0 | 115.2 | 4.9 | 6.6 | 9.1 | 12.2 | 14.0 | 18.8 | 100.0 | 134.0 |
| 1998 | 84.4 | 123.8 | 4.6 | 6.8 | 11.0 | 16.1 | 15.6 | 22.9 | 100.0 | 146.7 |
| 1999 | 82.2 | 133.7 | 5.6 | 9.2 | 12.2 | 19.8 | 17.8 | 29.0 | 100.0 | 162.7 |
| 2000 | 78.3 | 135.7 | 9.4 | 16.2 | 12.4 | 21.4 | 21.7 | 37.6 | 100.0 | 173.3 |
| 2001 | 80.0 | 144.4 | 7.3 | 13.2 | 12.7 | 22.9 | 20.0 | 36.1 | 100.0 | 180.5 |
| 2002 | 81.1 | 153.7 | 5.5 | 10.4 | 13.5 | 25.5 | 18.9 | 35.9 | 100.0 | 189.7 |
| 2003 | 81.8 | 162.9 | 4.9 | 9.7 | 13.3 | 26.5 | 18.2 | 36.2 | 100.0 | 199.0 |
| 2004 | 82.4 | 158.9 | 3.8 | 7.3 | 13.8 | 26.7 | 17.6 | 34.0 | 100.0 | 192.9 |
| 2005 | 83.0 | 163.2 | 3.0 | 5.8 | 14.0 | 27.6 | 17.0 | 33.4 | 100.0 | 196.6 |
| 2006 | 80.7 | 165.0 | 5.8 | 11.9 | 13.4 | 27.5 | 19.3 | 39.4 | 100.0 | 204.4 |

资料来源：根据《中国金融年鉴》、《中国统计年鉴》以及中国人民银行和中国证监会网站公布相关数据整理、计算得到。

具体到我国而言，经济货币化和金融化的总体发展趋势与上述学者的判断相吻合，亦即货币化比率和金融相关比率随经济快速增长而逐步提高。其中货币化比率由1994年的97.4%稳步提高到2006年的165%。金融相关比率则从1994年的107.5%升至2006年的204.4%（见表9-6）。然而与其他国家相比，我国在货币化比率上却有着巨大的差异，那就是出现了极高的货币化比率，不仅超过了所有发展中国家可能达到的货币化水平，甚至也远远高于发达国家货币化

---

① 参见王广谦：《经济发展中金融的贡献与效率》，中国人民大学出版社1997年版，第68页。

比率的"折点"值。[①] 与此同时，我国的金融相关比率却处在偏低的水平，不仅远低于发达国家的金融化水平，而且还要低于不少同等发展水平的发展中国家。货币化比率和金融相关比率截然不同的表现，也从反映证券化水平的指标中表现了出来，即我国证券类资产占比远远低于所有被纳入考察视野中的国家。由表9-7数据可知，我国的货币化比率在所有被考察国家中是最高的。就证券化水平而言，2006年我国证券类资产占金融资产总量的比重仅为19.26%，而在所有被考察的国家中，无论是发达国家还是发展中国家，1999年的证券类资产占比都在45%以上，美国的这一比重更是高达82.5%。由此可见，我国在这方面与其他国家的最大差别，可以用"极高的货币化比率和极低的证券化比率并存"来表述。

表9-7　　　　货币化比率和金融相关比率的国际比较　　　　单位：%

| 国家 | M2/GDP | 有价证券/GDP | 金融资产/GDP | 有价证券/金融资产 |
|---|---|---|---|---|
| 中国 | 165.04 | 39.38 | 204.42 | 19.26 |
| 新加坡 | 121.18 | 261.00 | 382.18 | 68.29 |
| 马来西亚 | 105.90 | 264.11 | 370.01 | 71.38 |
| 印度 | 57.78 | 222.05 | 279.83 | 79.35 |
| 韩国 | 68.07 | 141.06 | 209.13 | 67.45 |
| 巴西 | 61.15 | 51.77 | 112.92 | 45.85 |
| 墨西哥 | 45.61 | 43.48 | 89.09 | 48.80 |
| 阿根廷 | 31.01 | 32.38 | 63.39 | 51.08 |
| 美国 | 70.35 | 331.75 | 402.10 | 82.50 |
| 日本 | 125.72 | 252.76 | 378.48 | 66.78 |
| 英国 | 91.35 | 267.88 | 359.23 | 74.57 |
| 法国 | 65.86 | 178.19 | 244.05 | 73.01 |
| 德国 | 59.33 | 150.34 | 209.67 | 71.70 |
| 加拿大 | 61.27 | 215.97 | 277.24 | 77.90 |
| 澳大利亚 | 70.58 | 67.08 | 137.66 | 48.73 |

注：其他国家的数据为1999年的数据，中国的数据为2006年的数据，这里的有价证券为各类债券余额与股票市值（中国的数据为流通市值）之和，金融资产总量为M2与有价证券之和。

数据资料转引自王毅：《用金融存量指标对中国金融深化进程的衡量》，载于《金融研究》2002年第1期。

---

[①] 西方国家的货币化比率在1946年达到高点0.9以后出现了"折点"，尽管西方主要国家的货币化比率在20世纪50年代后期经历了缓慢上升的过程，但基本上都未超过1946年的"折点"值。参见张杰：《中国的高货币化之谜》，载于《经济研究》2006年第6期。

对于导致这一状况的原因，国内有不少学者进行了考察。李健等（2004）的研究表明，我国过高的货币化比率反映出融资活动严重依赖于银行部门、经济发展过度依赖于货币性金融资产推动的问题，并在一定程度上表明了金融市场的软弱无力和金融结构的不足。张杰（2005）则从政府对银行体系控制的视角对我国的高货币化之谜进行了解释，认为其核心原因是政府部门对银行体系的有效控制和居民部门对银行体系的高度依赖。但无论如何，这些分析都直接或间接地指向了我国金融体系结构不合理以及金融市场发展的严重滞后和不足。

对于我国经济货币化和金融化的未来发展趋势，尤其是我国的货币化"折点"是否出现以及在何时出现的问题，在当前证券市场快速成长的情况下重新受到了学界和业界的关注。而要对这一问题做出判断，我们首先必须了解影响一国经济货币化和金融化的主要因素，并结合这些影响因素的未来发展趋势来加以判断。

### 9.4.2 货币化与金融化：主要影响因素分析

就经济货币化的影响因素而言，易纲（1991）曾从经济改革的视角对我国1978~1992年间的货币化问题进行了分析。他认为经济改革至少从以下五个方面导致了货币化：增加居民和企业交易需求；农村实行生产责任制后成千上万农民进入市场所导致的现金需求；改革过程中大量乡镇企业的货币现金需求；个体和私营经济发展对货币的需求；自由市场迅速发展引致的货币需求等。[①] 他还认为，尽管这五个方面的变化主要会导致现金需求的增加，但随着居民银行存款以及企业银行贷款的迅速增加，现金占广义货币的比重增加会受到一定的抑制而不会出现快速的增长。[②]

表9-8给出了1991~2007年期间我国广义货币M2与GDP的增长情况。可以看出，在以1991为起点的16年间，我国名义GDP（包含了物价上涨因素）的年复合增长率为16.37%，而M2的年复合增长率则高达20.9%，高出名义GDP增幅达4.53个百分点。其中，仅有1994年和2004年这两个年份的M2增幅低于GDP增幅，而这必然会使得考察期内我国的货币化比率进一步快速攀升。对这段时间内货币化比率快速上升的原因，大致可以概括为以下几个方面：（1）市场化改革推进导致的货币需求；（2）收入分配差距过大导致的居民高储蓄率；（3）金融工具单一、金融创新不足；（4）不良贷款快速积累等。

---

①② 参见易纲：《中国的货币化进程》，商务印书馆2003年版，第65页，第81页。

表 9-8　　　　　　　1991~2007 年广义货币与 GDP 增长情况

| 年份 | M2 | | GDP | | M2 与 GDP 增幅差额(%) |
|---|---|---|---|---|---|
| | 名义值(亿元) | 增长率(%) | 名义值(亿元) | 增长率(%) | |
| 1991 | 19 349.9 | 26.5 | 21 781.5 | 16.7 | 9.85 |
| 1992 | 25 402.2 | 31.3 | 26 923.5 | 23.6 | 7.67 |
| 1993 | 34 879.8 | 37.3 | 35 333.9 | 31.2 | 6.07 |
| 1994 | 46 923.5 | 34.5 | 48 197.9 | 36.4 | -1.88 |
| 1995 | 60 750.5 | 29.5 | 60 793.7 | 26.1 | 3.33 |
| 1996 | 76 094.9 | 25.3 | 71 176.6 | 17.1 | 8.18 |
| 1997 | 90 995.3 | 19.6 | 78 973 | 11 | 8.63 |
| 1998 | 104 498.5 | 14.8 | 84 402.3 | 6.9 | 7.96 |
| 1999 | 119 897.9 | 14.7 | 89 677.1 | 6.2 | 8.49 |
| 2000 | 134 610.4 | 12.3 | 99 214.6 | 10.6 | 1.64 |
| 2001 | 158 301.9 | 17.6 | 109 655.2 | 10.5 | 7.08 |
| 2002 | 185 007 | 16.9 | 120 332.7 | 9.7 | 7.13 |
| 2003 | 221 222.8 | 19.6 | 135 822.8 | 12.9 | 6.7 |
| 2004 | 254 107 | 14.9 | 159 878.3 | 17.7 | -2.85 |
| 2005 | 298 755.7 | 17.6 | 183 084.8 | 14.5 | 3.06 |
| 2006 | 345 603.6 | 15.7 | 209 407 | 14.4 | 1.3 |
| 2007 | 403 401.3 | 16.72 | 246 619 | 11.1 | 5.62 |
| 复合增长率 | 20.9% | | 16.37% | | 4.53% |

资料来源：历年《中国经济年鉴》。

在以上这几个方面的原因中，原因（1）是任何国家在经济货币化过程中都面临的问题，不同之处在于我国从计划经济向市场经济的变迁，对货币化比率提高的影响要更加突出一些。原因（2）更多地从收入分配差距拉大会导致边际消费倾向下降、储蓄率提高的角度，阐释了准货币快速增长的原因。但在众多的分析中，由于是在混同居民储蓄和储蓄存款的前提下推导出储蓄存款和广义货币快速扩张的结论，所以并不十分具有说服力。毕竟居民储蓄和储蓄存款不是一回事，居民储蓄是居民可支配收入减去消费后剩余的部分，在当今的信用经济里，居民可以以实物资产和金融资产的形式保有其储蓄，而居民储蓄存款只是其金融资产中的一个部分。除储蓄存款外，居民还可以以实物资产（如房地产、自己进行实业投资等）以及非货币类金融资产（如债券、股票、保险单、金融衍生品等）的形式来保有其储蓄。[①] 从这个角度来看，储蓄率的提高并不必然导致储

---

[①] 参见沈伟基、蔡如海：《储蓄分流、金融风险与储蓄-投资转化效率》，载于《金融论坛》2002 年第 1 期。

蓄存款和广义货币的快速上升，它完全可以转化为实物资产或者其他非货币类金融资产。但在我国居民储蓄快速上升的过程中，为什么主要地表现为货币化比率的快速提高呢？原因（3）对这一问题给出了辅助性的解释，那就是金融工具单一、金融创新不足，使得居民的储蓄转化为非货币类金融资产的路径受阻。也就是说，银行主导型金融体系本身所存在的缺陷，必然会导致的非货币类别金融产品的供给不足，居民主要以货币类金融资产（储蓄存款）持有其储蓄可能是迫不得已的选择。就原因（4）而言，张曙光、张平（1998）认为："M2 的过快增长，一方面意味着储蓄存款的过快增长，另一方面意味着银行不良贷款的急剧增加"。① 刘明志（2001）对不良贷款导致货币化比率增长的原因作出了这样的解释："银行发生了不良资产，则银行的负债要相应冲抵，如果银行负债中的储蓄存款部分地被冲抵了，则广义货币对 GDP 的水平就相应的下降了"。② 其言外之意，如果不良债权被冲抵了，货币化比率将不会保持如此高的增速。对不良贷款冲销导致储蓄存款下降的观点，王毅（2002）根据货币创造（供给）机制对其进行了批评。③ 但我们认为，王毅所能否定的，只是刘明志关于这一因素的分析逻辑，但却未必能够否定这一因素对货币化率快速增长的影响。对于这一问题，我们将在下面关于土地货币化的分析中加以说明。

通过以上关于我国高货币化比率的原因分析，我们可以大致梳理出如下的逻辑：经济增长和居民可支配收入的提高，使得居民部门的储蓄快速增加，而收入分配结构的不合理，则进一步加剧了居民储蓄增加的速度。居民部门之所以更加倾向于以储蓄存款的形式保有其金融资产，原因恰恰在于金融市场不发达、非货币类金融资产的供给严重不足。当然，我国对各类非货币类金融债权和股权利益的实际保护和执行力度不足，也是投资者对这类金融资产望而却步的原因之一，而这本身也从需求角度抑制了居民部门对它的需求。在这种情况下，除非某种金融资产存在着暴利的机会，居民部门更愿意以储蓄存款这种安全稳妥的金融资产形式保有其储蓄。④ 当然，居民如此选择金融资产的结果，就是因为在货币化水平不断提高的同时，证券化水平却停滞不前或发展极其缓慢。

在关于流动性过剩问题的分析中，我们重点阐释了财政收入信贷化（以土地为载体）对流动性过剩的影响。应该说，这一因素也同样是近几年来维持高货币化比率并促使其进一步上升的重要力量之一。具有长期性质的房地产贷款，

---

① 张曙光、张平：《化解金融风险，防范外部冲击》，载于《金融研究》1998 年第 4 期。
② 刘明志：《中国的 M2/GDP（1980~2000）趋势、水平和影响因素》，载于《经济研究》2001 年第 2 期。
③ 王毅：《用金融存量指标对中国金融深化进程的衡量》，载于《金融研究》2002 年第 1 期。
④ 在 2007 年股市 "5·30" 大跌前储蓄存款大量快速流入股市，而在大跌后资金流入速度减缓甚至是快速流出的情形，也许就是对这一分析的最有力佐证。

会通过贷款创造存款的机制导致货币供给的等量增加,而这种货币供给扩张效应却要经过相当很长时间(长达二三十年)的贷款偿还才得以消除。当这种长期贷款集中大量投放,尤其是在超过众多居民收入承受能力的情况下大量投放时,其对货币供给扩张的影响也就可想而知了。① 当然,具有中长期性质的固定资产投资贷款也具有类似的性质,只不过由于房地产贷款的期限更长,其集中投放对货币供给扩张的影响会更大一些。顺便说明一下,如果这笔贷款最终成了不良贷款,也就意味着其导致的货币投放无法得到回笼。②

### 9.4.3 不同视角下的货币化与金融化

以上分析表明,我国货币化比率和金融相关比率的稳步提高,符合世界经济货币化和金融化发展的一般规律。但极高的货币化比率和偏低的金融相关比率(从而极低的证券化比率),却与我国金融体系的特殊性密切相关。由于金融体系是储蓄—投资转化的主角,金融体系的不同结构必然会导致储蓄-投资转化所依赖的金融工具的比重存在差异。金融市场相对于银行体系过于弱小,必然会导致银行是储蓄—投资转化的绝对主体,货币也就成为金融资产的主体,非货币类金融资产的供给也就会严重不足。此外,当前的被各界热议的流动性过剩问题,其一个层面的含义就是货币供给量过多(我们在 9.3 节称其为市场流动性过剩),其本身就与高货币化比率密切相关。因此,对我国经济货币化和金融化问题的讨论,也就必然与储蓄分流、金融结构优化以及流动性过剩等热点问题的分析密切相关。也正是基于这一原因,我们尝试结合这几个热点问题来分析我国的经济货币化和金融化问题。

**1. 货币化、金融化:储蓄分流的视角**

从前面我们对居民储蓄和居民储蓄存款的区分可知,所谓储蓄分流,实际上

---

① 在土地非私有的情况下,居民无法通过土地出让来获取购房款中所包含的地价款,这会增加其通过信贷获取购房款的额度,从而导致货币供给的扩张。因此,土地快速货币化再加上地价和房价的快速上涨,会急剧增加货币扩张的压力。当然,这部分资金中相当于地价的部分流向了政府,而相当于房价减去地价的部分流向了开发商,再通过开发商向房地产的上游供应企业、建设单位以及相关利益部门输送,剩余的部分则作为房地产开发利润留在了当事企业。但这种资金流动和利益输送,无法消除房地产信贷的货币扩张效应,它只能依靠购房者对房贷的分期偿还逐步得到消除。

② 这也是我们尽管不赞同刘志明(2001)关于不良贷款导致货币化比率提高所进行的分析,但却支持不良贷款增加会使货币化比率提高这一观点的原因。也就是说,不良贷款的冲销与否与货币扩张本身没有直接的联系,如果说两者存在间接联系的话,那就是不良贷款冲销会通过资本充足率约束来影响商业银行后期的资产(包括贷款)扩张能力。

就是要使居民储蓄由比较单一的居民储蓄存款转变为多样化的资产持有，从这一角度来看，储蓄分流实际上就是融资形式多样化的同义语。随着居民储蓄分流的推进，必然要求居民储蓄在储蓄存款、债券、股票、其他金融资产以及实物资产间的分布比例发生较大的变化。当然，随着储蓄分流所导致的居民储蓄在各类资产间分布比例的变化，货币化比率和证券化比率也会发生相应的变化。因此，货币化比率和证券化比率目标能否实现，实际上也就是储蓄分流能否按照既定目标得以实现的问题。要达到降低我国的货币化比率并同时提高金融化比率的目标（这意味着证券化比率的快速上升），必须是在做大金融体系规模的同时，促进金融市场的快速发展，增加向社会公众提供的非货币类金融工具的比重。

需要说明的是，有不少人可能会将储蓄分流理解为居民储蓄存款存量的下降。在当年通货紧缩时期，就有一些知名学者提出了降低储蓄存款存量，将储蓄存款存量中的一部分拿出来用于刺激消费的观点。然而，居民储蓄分流更应该是储蓄增量（而非存量）分流。原因很简单，居民可支配收入、居民消费以及居民储蓄的定义都是流量（而非存量）概念，这也决定了储蓄分流主要应该是增量意义上的分流。具体而言，则是要降低居民储蓄流入银行形成新增储蓄存款的比重，同时提高居民储蓄流入其他金融子市场的比重。这也是我们最早提出并坚持储蓄分流更应该是导致储蓄存款增幅回落，但存量却会趋于增长的原因。① 当然，在特定的时期，也可能出现居民储蓄存款绝对量下降的存量分流②，但这种状况不可能长期持续下去，因为很难想象，在储蓄存款总量持续下降并导致的M2持续下降的情况会对经济发展带来何种负面影响。此外，由于稳定性资金（储蓄存款为其主体）对银行稳健经营乃至银行体系稳定具有极端的重要性，我们难以想象，有哪个国家会允许其储蓄存款的存量持续快速下降而不采取任何措施。

也许读者会提出这样的疑问，如果居民储蓄存款存量乃至M2一直保持上升态势的话，货币化比率"折点"将如何能够实现呢？我们认为，货币化比率"折点"的出现，应该满足这样的条件：M2的增幅小于名义GDP的增幅，并能够在较长时期内维持下去。也就是说，货币化比率"折点"应该是在M2和名义GDP都趋于增长，但前者增幅持续小于后者增幅的情况下出现。

---

① 参见沈伟基：《如何看待居民储蓄分流与发展证券市场的关系》，载于《金融研究》1997年第11期；沈伟基、蔡如海：《储蓄分流、金融风险与储蓄-投资转化效率》，载于《金融论坛》2002年第1期。
② 近6年来，储蓄存款存量因股市火暴曾出现过三次下降，分别是2006年10月、2007年4月、5月，但这种趋势都没有能够持续下去。

## 2. 货币化、金融化：金融结构优化的视角

分析表明，我国的银行主导型结构，尤其是金融市场相对于银行体系发展滞后和过于弱小，是导致非货币类金融工具提供严重不足，社会公众不得不选择以货币类资产（主要是居民储蓄存款）作为保有其储蓄的主要形式。因此，从金融工具供给的角度，要使货币化比率降低和金融相关比率提高，大力发展金融市场和直接融资也就应该成为我们的必然选择。

从储蓄分流的视角，我们不难理解金融市场和直接融资的发展对货币化和金融化的影响。但金融市场发展对货币化和金融化的影响并不仅仅如此，更为重要的则是它对整个货币供给机制的影响。在关于流动性过剩的分析中我们曾提到，股票和债券等直接融资工具的发展，在给予投资者以非货币类金融资产选择机会的同时，还会直接或间接地对商业银行通过信贷扩张增加货币供给的行为产生影响。当企业能够通过发行债券和股票获取外部融资时，本身会降低其对商业银行贷款的需求，从而降低了商业银行贷款派生存款货币的压力。如果企业用直接融资方式融入的资金偿还其先期的银行贷款，则会直接导致货币供应量的收缩。也就是说，直接融资的发展，会在储蓄投资转化过程中实现直接融资工具对间接融资工具（主要是会导致货币供给增加的银行贷款）的替代，其结果将是在减缓甚至扭转我国货币化比率增长趋势的同时，提高金融化比率和证券化比率。

在此，有必要简述民间借贷发展的问题。从本质上讲，民间借贷属于直接融资的范畴，与股票和债券等规范化的直接融资工具一样，民间借贷规模的扩张本身并不会导致货币供给的增加，却由于其减轻了众多中小企业和个人对银行贷款的依赖，从而也会起到抑制货币供给增加的效果。因此，从实现我国货币化和金融化目标的角度，对民间借贷这一直接融资行为并不应该取缔，而是应该采取规范并促进其发展的政策。

同样需要说明的是，大力发展金融市场和直接融资以优化我国的金融结构，并不是要在绝对规模上降低银行体系提供的间接融资规模，因为我们同样无法想象银行贷款持续收缩对经济发展的负面影响。因此，在金融结构优化的过程中，主要体现为储蓄-投资转化的增量部分更多地通过直接融资工具来实现。[①] 而且，我们还对银行业务和金融市场业务主要是相互竞争和替代关系，从而会此消彼长的观点表示怀疑。尽管银行和金融市场在向企业提供融资方面存在着竞争和替代关系，但由于两者在对不同主体提供服务方面存在各自的优势，它们之间可能更多地表现为互补关系。银行体系不仅可以充分利用金融市场提供的

---

① 这也与我们从储蓄分流视角得出的结论是一致的。

工具管理自身的风险（如资产证券化），通过在证券市场上市融资，而且还可以享有金融市场发展所带来的众多非信贷业务和盈利机会。对金融市场发展而言，一个高效、稳健的银行体系是其发展的必要前提，金融市场主体不仅需要利用商业银行的资金优势来调剂和管理自身的流动性（如过桥贷款、证券融资等），还需要依靠商业银行的结算体系实现资金的调拨、清算和管理。而且，即使是对金融市场发展具有重要意义的金融创新而言，银行也在其中扮演了至关重要的角色。①

### 3. 货币化、金融化：缓解流动性过剩的视角

流动性过剩是 2007 年的热点问题，根据我们对这一问题的分析，高的货币化比率主要与我们所称谓的市场流动性过剩相对应。那些缓解市场流动性过剩的措施，也同样可以起到减缓货币化比率上升压力的效果。我们也重点分析了"藏汇于民"政策，大力发展金融市场、提高直接融资规模与比重，优化信贷结构、严控中长期贷款规模等政策措施在缓解流动性过剩方面的作用。下面，我们不妨看一看这些政策措施对货币化和金融化有何种影响。

"藏汇于民"的政策，亦即减少外汇以储备形式保留在央行资产项下的数额，让商业银行或非银行公众成为外汇持有和投资的主体。当商业银行替代央行成为外汇持有主体之一时，可以起到减少中央银行基础货币投放的压力，尽管这种替代并不直接对货币化比率和金融相关比率产生影响，②但却会抑制商业银行未来的货币扩张能力，亦即进一步抑制提高货币化比率的能力。当其他因素不变时，其金融相关比率的进一步提高的能力也因此受到抑制。当非银行公众代替央行作为外汇持有和投资的主体之一时，其直接效果是马上引起基础货币和货币供应量的等量收缩，不仅当前的货币化比率和金融相关比率会因此出现下降，由于其未来的货币扩张能力也因此受到抑制，该国未来的货币化比率和金融相关比率的提高也会因此受到抑制。

分析表明，外汇藏于商业银行，不仅能够缓解当前的银行体系流动性过剩和未来的市场流动性过剩，还能够起到抑制未来货币化比率提升的作用。外汇藏于非银行公众，则是直接减少了当前的银行体系流动性和市场流动性，并能够抑制

---

① 罗伯特·默顿（1995）的研究表明，金融创新（如商品互换或信用衍生工具）最初一般在金融机构中产生，当与创新有关的金融合约被人们很好地理解以后，才会被市场所接受，金融机构然后接着进行新的金融创新，并在此基础上实现一种持续的、螺旋式的创新。随后，他还从"关系（relationship）"和隐含合约（implicit contracts）的视角对这一问题进行了阐释（参见 Merton, R. C., "Financial Innovation and Management and Regulation of Financial Institutions", *Journal of Banking and Finance*, 19）。

② 因为外汇资产（包括外币）一般都不被纳入 M2 统计的口径，除非在该国允许将外币直接用于流通和交易。

未来的市场流动性扩张，因而它可以起到降低当前和未来货币化比率的效果。至于"藏汇于民"对金融相关比率的影响，则仅仅体现在其对货币化比率的影响上，其对证券化比率似乎并不产生任何影响。

大力发展金融市场，提高直接融资的比重，是化解市场流动性过剩的有效途径之一。其直接效果就是减缓了货币化比率上升的趋势，同时提高证券化比率和金融相关比率。

优化信贷结构、严控中长期信贷规模，不仅能在一定程度上缓解银行体系的流动性过剩压力，还能够缓解市场的流动性过剩。从而能够起到抑制货币化比率提高的作用。当然，其对金融相关比率的影响，也主要体现在对货币化比率的影响上。

分析表明，货币化比率的提高与市场流动性过剩压力增加是一个问题的两个方面。那些缓解市场流动性过剩压力的措施，其本身也就是抑制货币化比率上升过快的有效手段。

### 9.4.4 货币化与金融化：未来发展和演进趋势

对于一国货币化和金融化未来演进趋势的判断，是一项复杂的工程。而要对我国货币化"折点"何时出现进行预测，更是要冒很大的风险，因为它要取决于多种因素的共同作用。而要准确地预测这多种因素的未来变化趋势，如果不是不可能的话，至少也是十分困难的。尽管如此，我们在我国货币化和金融化演进趋势的判断上并非无所作为，因为我们不仅可以就货币化"折点"出现的条件作出分析，而且还可以结合当前我国金融体系发展的趋势和政策导向，对未来货币化和金融化演进的大致方向作出粗略判断。

在前面的分析中，我们提出了储蓄分流主要是"增量"而非"存量"分流的观点，并认为金融结构优化只是降低银行间接融资的相对规模，其绝对规模仍会持续增长。基于这一判断，要使我国的货币化比率出现"折点"，必须满足这样的条件：在广义货币存量 M2 持续增长的同时，其增速必须持续地低于名义 GDP 的增速。要使这一条件成为现实，我们必须有效控制住货币供给的增长速度，而这需要我们从以下几个方面作出努力。

首先，必须有效控制并缩减国际收支顺差的规模。而要实现这一目标，人民币适当升值、适当调升国内的物价水平以增加出口成本可能是必须的。但在我国经济增长依靠出口拉动的比重仍然过高的情况下，该目标需要以实现出口向内需的转换为前提。要较好地实现这种转换，可能需要在收入分配结构调整以及社会保障体系建立和完善上下很大的工夫，而这明显存在着诸多的困难和不确定性。此外，要有效控制并缩减国际收支顺差的规模，我们还必须在资本流动方面采取限制流入并鼓励流出的政策，而这也需要一系列的配套措施。

其次，我们必须有效地实施"藏汇于民"的政策。从本质上讲，"藏汇于民"政策在缓解国际收支顺差过大对货币供给扩张的压力时，可能只是一个治标不治本的政策。因为在国际收支顺差过大问题不能得到有效解决的情况下，除非采取严厉的管制措施，藏于"民间"的外汇总会时刻造成对货币供给扩张的压力，因为国际收支顺差导致了极强的本币升值预期，而这会增强微观主体将外汇兑换成本币的动机。从这个意义上讲，加快本币升值的速度可能是解决国际收支顺差过大问题的最有效措施。

除此之外，我们还必须有效控制固定资产投资规模过大的问题。至于固定资产投资规模过大对货币供给的影响问题，我们在前面曾做过比较详细的分析。但固定资产投资规模过大作为一个长期困扰我国经济并周期性出现的问题，可能使得对其实现有效控制并不是一件容易的事情。

因此，即使假定我国经济快速增长的趋势能够持续下去，我国在能否有效控制货币供给增速方面存在的诸多的不确定性，也使得预测货币化"折点"出现的具体时间成了一件不大靠谱的事情。但根据以上的分析，我们倾向于认为，在未来几年内货币化比率可能仍将维持在高位并趋于增加，货币化"折点"出现的具体时间具有很大的不确定性。

就金融相关比率的发展趋势而言，则应该没有太大的悬念。随着我国金融市场的发展和完善，在当前证券化比率极低的情况下，该比率在相当长时期内持续上升应该是可以预期的。而由于货币化"折点"很难在短期内出现，金融相关比率的持续上升应该也就是可以明确预期的。

## 9.5　未观测金融与货币均衡

货币均衡是货币当局追求的经济与货币运行达到的理想状态。从金融统计数据分析判断货币均衡水平，并由此决定货币政策操作方向与力度是货币当局的基本决策路径。未观测金融是基于统计学理论和宏观经济理论提出的概念，它是用统计方法描述民间金融、地下金融和非法金融等金融当局难以直接观测到的金融现象，作为判断其对货币运行的影响的监测变量。衡量未观测金融的指标包括流量指标和存量指标，未观测货币是存量指标，反映未观测金融的货币规模，与全社会货币供应指标 M2 之间有密切的联系。货币当局观测货币均衡与否采用的核心指标通常是货币供应量,因此,本节主要探讨未观测金融对货币均衡的影响机制和未观测货币对货币均衡的影响程度。

### 9.5.1 未观测金融的概念及其特殊性

未观测金融是金融统计监测体系应该包括而由于种种原因未能包括的金融变量,一般由民间非正规金融、地下金融和非法金融,以及由于金融统计制度本身缺陷造成的货币资金核算漏洞构成;它以货币金融当局是否能够监测到金融交易行为过程为标准,而不是以可否统计到结果为标准。金融活动的结果是有关货币资金的流量和存量,如货币供应量、信贷量、资金流量等。这些结果有的包含了未观测金融活动的结果,如货币供应量,有的则没有包括,如资金流量,有的只包含了一部分,如信贷量。未观测金融的特殊性决定了它对货币需求、货币供给和货币均衡影响的复杂性。

未观测金融活动一般是以隐蔽性金融机构或组织为中介,通过吸收居民存款或企业存款获得资金,再通过贷款形式将资金借给从事经济活动的法人或自然人。未观测金融活动形成的货币资金,一般会以现金和存款的形式存在,存放于正规金融机构体系内。因此,货币当局所统计的所有金融机构信贷资金来源实际上已经包含未观测金融活动的信贷资金来源,它是正规金融活动与未观测金融活动信贷资金来源的总和。从货币供应量角度看,它也是包含未观测货币与可观测货币的货币总量。

未观测货币是全社会货币供应量当中被未观测经济活动与未观测金融交易所占用的部分。货币当局从货币的供应的源头监测货币规模,能够观测到的是存量。以全部货币规模对应可观测的国内生产总值(GDP),并以此判断货币均衡水平,必然存在一个偏差问题。这个偏差就是由于未观测货币特殊的运行机制造成的。

### 9.5.2 未观测金融活动对货币均衡的影响机制

未观测金融与可观测金融之间难以截然分开,未观测金融活动通过改变正规银行体系的放贷能力来影响社会货币供应。比如,当一个工商类企业从事实业掩盖下的集资活动,通过投资契约吸收了社会公众存款10亿元。假定参与该融资活动的老百姓是在高利率的诱导下,从自己的银行存款账户中提取现金然后存入这个企业,该行为的最终结果是,城乡居民存款总额减少10亿元,而集资企业在银行的存款账户增加了10亿元。从全社会货币供应量角度看,储蓄存款减少

10亿元，企业存款增加10亿元，总量没有变，但狭义货币或交易性货币M1增加了，准货币（M2与M1的差）减少了。如果是民间金融组织吸收社会公众存款，存款资金来源分为两种情况：第一，来自居民在正规金融机构的储蓄存款，这时候，全社会货币供应表现为储蓄存款减少，而现金投放增加，货币直接从准货币转化为基础货币，尽管在业务发生的时点上货币总量没有变化，但很快会产生紧缩效应，存款货币银行可能需要以收回贷款的形式解决流动性问题；第二，来自社会流通中的现金，居民不提取储蓄存款，而是将手持现金存入民间金融组织或地下金融组织，全社会货币供应量不会有变化，货币当局观测到的现金存量同样不会有变化①。但事实上，这些现金可能已经转化为存款，改变了后续货币的供应格局。

未观测金融活动具有派生货币的功能。非金融企业吸收社会公众存款转化为企业存款以后，很快就具有派生存款的能力，它无论是将这笔资金用于生产或交易性支付，还是拆借给其他企业或经济组织，都会增加银行体系的放贷款能力，产生货币供应的扩张效应。地下金融组织或民间金融机构吸收存款以后，如果将资金贷放给民营中小企业或个体工商户，这些经济活动主体在生产或交易过程中将资金存入银行体系，银行存款增加，进而产生派生存款的扩张效应。反之，未观测金融活动具有紧缩货币供应的功能，当民间金融组织或地下金融机构收回贷款时，如果债务人从正规金融机构提取存款用于偿还民间贷款，银行系统就需要收回某些债权来应对流动性不足的问题，结果是整个银行体系出现紧缩信贷效应。

### 1. 民间非正规金融对货币均衡的影响机制

与正规金融相对应，民间非正规金融活动形成了一个相对独立的市场，内部存在货币创造机制。民间非正规金融的典型形态是各种合会，以标会为例，会脚将手持现金或从银行等正规金融机构提取的现金投入小的标会，获得对一笔未来资金的使用权或利息收益权；小型标会的会首或标得资金的会脚将资金投入另外一个利率更高的中型标会，中型标会的会首或标得资金的会脚将会金转投利率更高的大标会，大标会会首或标得资金的会脚将资金再投入更大的标会，依次一级一级往上，最大的标会有可能将资金贷出，贷给其他资金周转困难的标会会首，

---

① 正如货币当局并不确切知道有多少现金流出国境或关境一样，货币当局只能从源头上统计投放了多少现金，回笼了多少现金，社会现金存量是多少。用美元来分析，美元流出美国国境，在世界范围内有限流通，国际金融机构吸收了这部分美元货币以后，开始发放贷款，从而开始了美元存款—贷款之间的派生过程，这一过程完全不受美国金融当局的控制。未观测金融活动对于正规金融体系而言，同样具有派生存款的功能。

也有可能贷给实业投资者或经营者。如果贷款对象是前者,资金就一直在非正规金融体系内循环,循环过程与存款货币银行派生存款的机制没有什么两样,只不过准备金方式少了法定部分,只有现金准备。如果贷款对象是后者,资金就有可能通过实业投资者或经营者的经济交易活动进入正规金融体系,开始了在正规金融体系内部的派生存款过程。从货币当局的货币金融统计角度看,前者只不过是存在于全社会现金存量当中的货币,只是一个货币基础,而事实上,这部分货币已经在社会经济活动中派生出了货币当局难以观测到的存款。这部分货币对货币金融统计的结果没有直接的影响,但对社会经济活动有明显的正面或负面效应。进入正规金融机构的货币,在进入与退出的时候,会对存款货币创造产生一个扩张与紧缩的效应。非正规金融规模比较小时,这种影响可以被视为正常的现金流转产生的效应,可以忽略不计,但如果非正规金融规模比较大时,货币均衡水平就可能出现比较大的偏离,这种偏离不仅在数量上体现出来,还会在利率等价格指标上表现出来,也有可能引发金融的不稳定性。

### 2. 地下金融对货币均衡的影响机制

地下金融的典型形态是高利贷组织和地下钱庄等没有资质的地下信用机构。与民间非正规金融不同,地下金融组织是分散的隐蔽型机构,其自身的运行要依赖正规金融机构,地下金融组织吸收的社会资金要存入银行账户,通过正规金融机构体系进行清算、划转和支付。地下金融服务的对象多数为未观测经济交易,如非法所得的洗钱活动,地下金融组织将现金吸收转化为银行存款,或跨境转移,改变了社会货币供给结构,使得货币乘数和存款乘数变大。中央银行调控正规金融机构的流动性,从源头影响货币供给创造机制,而地下金融机构难以被触及,它实际上为正规金融机构提供了流动性基础,导致在紧缩条件下的货币扩张;反过来,当中央银行实行比较宽松的货币政策时,流动性的增加可能被地下金融机构所吸收,转化为未观测经济活动中的货币供给基础。从宏观视角分析,地下金融改变了货币创造机制,与中央银行调控政策呈反向作用的特征,对货币政策效果产生抵消作用。

### 3. 非法金融对货币均衡的影响机制

正规金融体系内的非法金融活动对货币均衡的影响很难被有效观测。因为有一些非法金融的业务记录结果与合法金融的业务记录结果没有本质上的区别,比如企业非法集资后将资金存入银行账户,银行职员违规放贷或拆借资金,记录的结果不能反映非法金融的属性;当银行管理人员虚开银行承兑汇票等非法金融交易有可能以"账外账"的形式存在,这些非法金融交易被银行内部人所控制。

非法金融对货币均衡的影响表现为可统计的货币量与可观测的经济活动总量之间出现扭曲。我们在检验对数化 GDP 和对数化 M2 的稳定性时，发现两个时间序列的差分阶数不同，说明数据本身受到未观测因素影响比较大。非法金融对货币均衡的影响表现为，它使得货币供应量统计出现漏洞，账面记录与实际货币供应量之间存在一个差额。

未观测金融活动改变了货币均衡的传导机制，使货币均衡的真实性受到质疑，货币政策的有效性大大降低。为此，只有改进货币金融统计，提升对未观测金融活动的监测水平，将完全货币统计与完全经济核算结合起来，才能准确把握货币与经济运行之间的关系，掌握货币均衡的真实水平。

### 9.5.3 未观测货币对货币均衡的影响程度

货币均衡可以从货币数量、价值和市场等角度加以判断。从宏观视角看，货币均衡是货币与经济增长相协调的状态。理论界研究货币与经济的长期均衡关系时，一般基于收入、利率决定货币需求的基本原理。已有的实证研究采用 GDP 增长、利率和货币供应量增长三个基本变量建立模型，但我们认为，这样的模型是不完全的。因为全社会货币本身包含了未观测货币，而 GDP 仅仅是可观测经济，两者对应存在货币口径大，而收入口径小的问题。全社会货币应该与可观测经济 GDP 与未观测经济 NOE 之和构成的完全经济 TE 相对应，或者全社会货币剔除未观测货币以后，与可观测经济 GDP 相对应，才有可能计量出货币与经济之间的均衡关系。

**1. 货币与经济之间的均衡关系**

按照货币需求理论，收入和利率是决定货币需求的基本因素。从宏观视角分析，收入指标有完全经济 TE，可观测经济 GDP，未观测经济 NOE，货币指标有全社会广义货币 M2，可观测货币 OM2，未观测货币 NOM2。对上述指标进行对数化处理，就可以分析变量之间的弹性；利率指标 $i$ 本身就是百分比形式，不进行对数化处理。在建立不同变量之间的均衡关系模型之前，首先要对各变量序列进行平稳性检验（ADF），之后对对数化处理的收入与货币变量，以及利率之间的因果关系做出判断。

上述变量 1982~2005 年的时间序列数据都是非平稳性的。需要对它们的差分进行稳定性检验，结果是，$\ln(TE)$、$\ln(NOE)$、$\ln(OM2)$、$\ln(NOM2)$、$i$ 是一阶平稳性序列，即 $I(1)$，而 $\ln(GDP)$ 与 $\ln(M2)$ 是二阶平稳性的。

表 9-9　模型变量的一阶平稳性检验（ADF Test Statistic）

| 变量 | ADF 值 | 检验类型 | | | 临界值 |
|---|---|---|---|---|---|
| | | 截距 C | 趋势 T | 滞后期 L | |
| △ln(TE) | -5.329416 | 0.296775 | -0.00914 | 0 | -4.4415 * |
| △ln(NOE) | -6.092869 | 0.501374 | -0.023159 | 0 | -4.4415 * |
| △ln(OM2) | -4.260234 | 0.19531 | 0 | 0 | -3.7667 * |
| △ln(NOM2) | -6.191403 | 0.526956 | -0.019923 | 0 | -4.4415 * |
| △i | -2.955862 | 0 | 0 | 0 | -2.6756 * |
| △△ln(GDP) | -4.315701 | 0 | 0 | 1 | -2.6889 * |
| △△ln(M2) | -6.012841 | 0 | 0 | 0 | -2.6819 * |

注：* 表示 1% 显著性水平；△表示一阶差分，△△表示二阶差分。

对数化完全经济 ln（TE）是对数化全社会广义货币 ln（M2）变化的原因，利率 i 也是引起对数化全社会广义货币变化的原因，因此可以建立 M2 与 TE 及 i 之间的均衡关系模型：

$$\ln(M2) = \beta_0 + \beta_1 \ln(TE) + \beta_2 i + \varepsilon \quad (F1)$$

其中，$\beta_0$ 为常数项 $\beta_1$ 和 $\beta_2$ 为完全经济和利率变量的系数，$\varepsilon$ 为随即干扰项。

变量因果关系检验结果显示，对数化 GDP 并不是对数化 M2 的原因，这说明可观测 GDP 对应全社会广义货币不合理，它们之间的因果关系被扭曲是因为存在未观测经济与货币因素。理论界通常建立 M2 与 GDP 及利率之间的关系模型说明货币需求与收入及利率之间的均衡关系，符合货币需求理论，所建立的模型表面上看似乎很合理，但如果进行协整检验，可能是虚假回归。

$$\ln(M2) = \beta_0 + \beta_1 \ln(GDP) + \beta_2 i + \varepsilon \quad (F2)$$

因果检验结果也显示，对数化 GDP 是对数化可观测货币 OM2 的原因，可以建立可观测货币 OM2 和 GDP 之间的均衡关系模型：

$$\ln(OM2) = \beta_0 + \beta_1 \ln(GDP) + \beta_2 i + \varepsilon \quad (F3)$$

由于模型 F1、F2 和 F3 变量阶数不完全相同，是否存在线性关系，还需要对模型拟合结果进行协整检验。

（1）完全经济与全社会货币之间的均衡关系。

模型 F1 反映的是全社会广义货币 M2 与完全经济和利率之间的线形关系，模型回归结果如下：

$$\ln(M2) = -3.401170 + 1.290848\ln(TE) - 0.030370i$$
$$(-14.54382)(66.72776) \quad (-4.321599)$$

Adjusted R-squared = 0.996092，Durbin-Watson stat = 1.634088，F-statistic = 2 932.052

判断模型是否为真实回归，采用协整检验，对上述模型的残差 $e_1$ 进行 ADF 检验，结果如下：

表 9 – 10  F1 残差 $e_1$ 平稳性检验（ADF Test Statistic）

| ADF Test Statistic | -3.928138 | 1% Critical Value * | -3.7497 |
|---|---|---|---|
| | | 5% Critical Value | -2.9969 |
| | | 10% Critical Value | -2.6381 |

注：* 表示 1% 显著性水平。

全社会广义货币 M2 与完全经济之间存在协整关系。它们之间的长期均衡关系是，完全经济每增加 1%，社会货币供应会增加 1.29%。

（2）全社会货币 M2 与可观测经济 GDP 之间的均衡关系。

全社会广义货币 M2 的变化与可观测经济规模 GDP 之间是否存在长期均衡关系，从回归模型本身看，除了 DW 值比较小之外，模型的整体显著性和变量系数的 T 检验值都比较高。

$$\ln(M2) = -3.281317 + 1.316365\ln(GDP) - 0.012299i$$
$$(-24.31839)(114.7835) \quad (-2.954900)$$

Adjusted R-squared = 0.998675，Durbin-Watson stat = 0.880147，F-statistic = 8 669.474

协整检验结果显示，模型残差 ADF 值大于 10% 显著水平的临界值，表明残差为非平稳序列，全社会广义货币 M2 与可观测 GDP 之间的回归为虚假回归。采用 GDP 这一可观测收入变量对应全社会货币供应 M2，不能说明货币供应量变化的真实原因。

表 9 – 11  F2 残差 $e_2$ 的平稳性检验

| ADF Test Statistic | -2.518599 | 1% Critical Value * | -3.7497 |
|---|---|---|---|
| | | 5% Critical Value | -2.9969 |
| | | 10% Critical Value | -2.6381 |

注：* 表示 1% 显著性水平。

(3) 可观测货币 OM2 与可观测 GDP 之间的模型。

既然全社会广义货币 M2 与可观测 GDP 之间不存在协整关系，说明未观测货币对长期货币与经济之间的均衡有显著的影响。那么，剔除未观测货币后的可观测货币与同样可观测的 GDP 之间是否存在长期均衡关系呢？模型验证结果显示，可观测货币与 GDP 之间有非常好的拟合关系，显著性非常强。

$$\ln(OM2) = -3.435577 + 1.301914\ln(GDP) - 0.025391i$$
$$(-19.53632)(87.10477) \qquad (-4.680716)$$

Adjusted R-squared = 0.997764，Durbin-Watson stat = 1.60031，F-statistic = 5 131.611

对模型残差进行平稳性检验，结果显示，残差的 ADF 统计量值明显小于 1% 显著水平上的临界值。表明可观测货币与可观测 GDP 之间存在协整关系。它们之间的长期均衡关系是，GDP 每增加 1%，可观测货币会增加 1.3%。

表 9 – 12　　　　　　　F3 残差 $e_3$ 的平稳性检验

| ADF Test Statistic | -3.875552 | 1% Critical Value * | -3.7497 |
| | | 5% Critical Value | -2.9969 |
| | | 10% Critical Value | -2.6381 |

注：*表示 1% 显著性水平。

综合比较以上三个模型可以得出这样的结论，全社会广义货币 M2 与完全经济之间存在长期均衡关系，可观测货币与 GDP 之间存在长期均衡关系，而全社会广义货币与 GDP 之间的回归结论不能成立，证明了未观测货币对货币均衡水平具有显著的影响。

## 2. 未观测货币对货币均衡的影响程度

货币与完全经济之间的均衡关系是，经济增长 1%，货币增长 1.2908%，剔除掉未观测货币以后，可观测货币与 GDP 之间的长期均衡关系是，GDP 每增长 1%，货币增长 1.3019%。未观测货币与未观测经济之间的长期均衡关系是，未观测经济每增长 1%，未观测货币会增长 1.2533%，未观测货币与未观测经济之间的弹性比较小的原因正好印证了未观测经济活动中现金使用较多的事实。因为，这里的货币口径是广义货币 M2 口径，广义货币与现金比率呈反方向变化关系，现金比率提高，M2 变小，未观测经济活动中现金比率要高一些，导致广义货币口径的未观测货币对未观测经济的弹性变小。

完全经济决定的均衡广义货币 M2 应该是中央银行关注的目标，它是现实中的真实货币均衡水平，观测期真实货币均衡水平与名义货币量 M2 之间的差异构成了真实货币缺口（RMGAP），它可以为宏观调控提供"冷热"判断的信号。

可观测经济决定的均衡可观测货币 OM2 是中央银行关注的另外一个重要指标，它能够反映可观测 GDP 决定是均衡货币水平。可观测均衡货币水平与全社会广义货币 M2 之间的差异，实际上是包含了未观测货币因素以后的货币缺口，称之为名义货币缺口（NMGAP）。

采用货币缺口变化来判断未观测货币对货币均衡的影响，影响程度（EFNOM）的计算公式是：

$$EFNOM = (NMGAP - RMGAP) / NMGAP$$

EFNOM 反映了未观测货币的存在致使货币当局以可统计的广义货币 M2 与可观测的 GDP 决定的均衡货币水平之间差异变大的程度，与完全经济决定的均衡货币水平之间出现明显的偏离。EFNOM 同样能够反映全社会货币供给中多于可观测 GDP 所需要的货币规模，也就是全社会广义货币供给当中有多大的比例是未观测经济和金融因素所引致的。图 9-12 是观测期货币缺口与 EFNOM 变化的对比图。

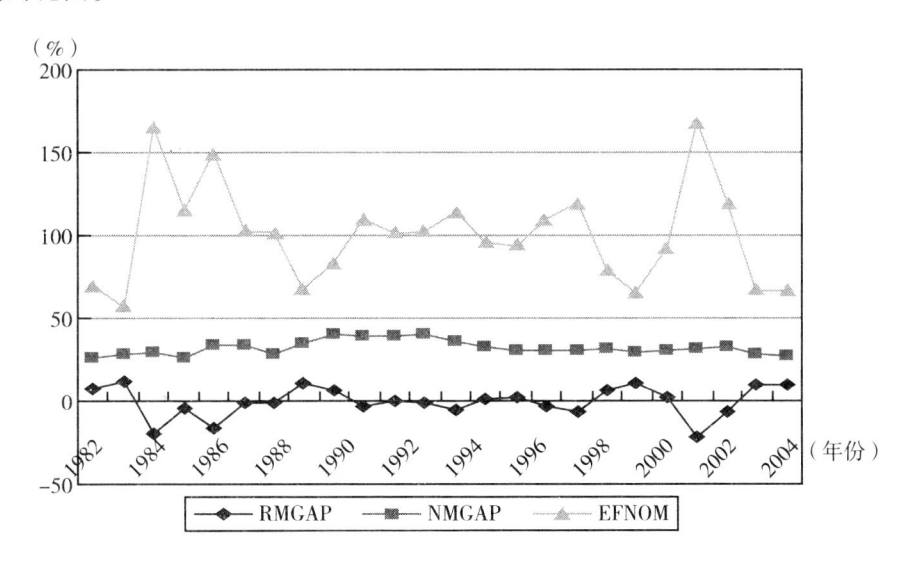

**图 9-12 未观测货币对货币均衡的影响**

注：根据《中国统计年鉴》（2006）有关数据计算。

由于未观测经济吸收了未观测货币，物价水平并没有在 EFNOM 过大的年份中表现出来，理论界所关注的超额货币供给的去向可以在未观测经济吸收中找到部分答案。图 9-13 是 EFNOM 与消费物价指数和零售物价指数衡量的通货膨胀率之间的对比情况。从图中可以看出，它们之间没有相同的变化趋势，如果采用因果关系检验，得出的结论是 EFNOM 并不是通货膨胀的原因[①]。从相关性判断，EFNOM 与 RPI 的相关系数为 -0.0018，与 CPI 的相关系数为 0.0165，没有相关性。

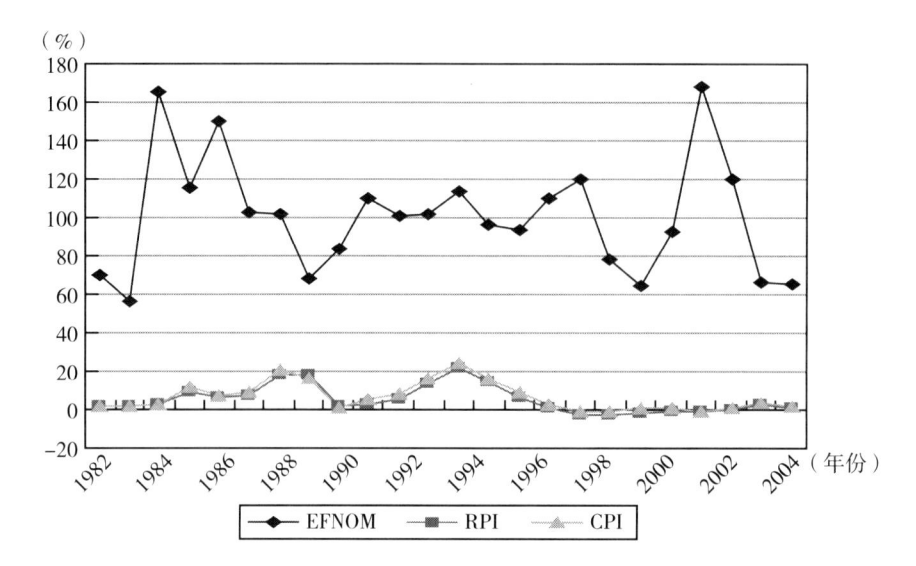

**图 9-13　超额货币与通货膨胀对比**

注：根据《中国统计年鉴》(2006) 有关数据计算。

从长期均衡趋势判断未观测货币对全社会广义货币 M2 的影响，需要通过建立广义货币 M2 与可观测 GDP、未观测货币和利率之间的模型关系。在判断变量因果关系方面，对数化的未观测货币是对数化的全社会广义货币 M2 变化原因的概率在 95% 左右[②]，可以认为它们存在因果关系。从理论角度判断，未观测货币是构成全社会货币供应的一部分，它的变化对全社会货币供应有一定的影响。采用 1982~2005 年数据的回归结果如下：

$$LNM2 = -2.434065 + 1.091256 LNGDP + 0.165478 LNNOM2 - 0.015859 i$$

(F4)

$$(-11.96850)\ (22.53053)\ \ \ \ (4.713894)\ \ \ \ \ \ \ \ (-5.232219)$$

Adjusted R-squared = 0.999341, Durbin-Watson stat = 1.030234,

F-statistic = 11 627.47

---

① EFNOM does not Granger Cause RPI, F-Statistic, 1.61219, Probability, 0.21876; EFNOM does not Granger Cause CPI, F-Statistic, 2.07139, Probability, 0.16555.

② 格兰杰因果检验结果是：LNNOM2 does not Granger Cause LNM2：F-Statistic, 4.30826, Probability, 0.05104 (Obs, 23, Sample, 1982, 2005)。

模型变量和整体显著性很强，可决系数调整后的 R2 达到 99.93%，变量系数都可以通过 T 检验，显著性 F 统计量值为 11 627.47，表明整体显著性达到 100%。那么该回归模型是真实回归还是虚假回归，通过 Engel - Granger 两步法，对模型残差进行平稳性检验，按照 AIC 和 SC 最小原则，在对残差进行没有截距 C、没有趋势 T，滞后 1 期的模式下检验的结果如表 9 - 13 所示。

表 9 - 13　　包含未观测货币的货币均衡模型残差 $e_4$ 的平稳性检验

| ADF Test Statistic | - 2.999869 | 1% Critical Value * | - 2.6756 |
| --- | --- | --- | --- |
| | | 5% Critical Value | - 1.9574 |
| | | 10% Critical Value | - 1.6238 |

ADF 检验值明显小于 1% 显著水平的临界值，表明残差 e 是 I（0）序列，模型是真实回归。

以上实证研究结果表明，未观测货币对货币均衡的影响是明显的，如果不考虑未观测货币，仅用完全货币与可观测经济 GDP 对应，会发现数据本身之间存在严重的扭曲，难以协调；而采用从广义货币 M2 中剔除未观测货币后的可观测货币与 GDP 对应，或者用 M2 与将未观测经济加入 GDP 之后的完全经济 TE 对应，得出的结果完全符合经济理论的描述，数据完全协调一致。

鉴于影响货币均衡的因素比较多，有时难以准确把握不同因素的影响，中央银行在追求均衡过程中，相机抉择采用不同的阶段性目标比单一目标更具灵活性，未观测金融活动改变了货币均衡的传导机制，使货币均衡的真实性受到质疑，货币政策的有效性大大降低。为此，只有改进货币金融统计，提升对未观测金融活动的监测水平，将完全货币统计与完全经济核算结合起来，才能准确把握货币与经济运行之间的关系，掌握货币均衡的真实水平。

# 第 10 章

# 外汇管理、汇率制度与国际收支调整

## 10.1 外汇管理改革的历史与现状

在中国金融体制改革的各项安排中，外汇管理体制的改革具有十分重要的地位。这方面的改革不仅极大地影响着中国的对外开放进程，影响着宏观经济的稳定，而且也是整个经济向更有效率的市场主导型模式转变的关键环节之一。本节拟简要回顾和评价1978年以来中国外汇管理体制改革的历史与现状。

### 10.1.1 外汇管理体制改革的历史回顾

**1. 1994年以前的改革**

1978年以前，同高度集权的计划经济模式相适应，中国对境内所有外汇交易和支付活动实行严格管制。其具体特征是，有关当局依据国民经济发展计划制定相应的外汇收支计划。一方面，根据外汇收入计划，来自出口、侨民汇款和其他渠道的外汇资源被有效地集中起来，并由当局统一管理和经营；另一方面，对于各种外汇需求，当局将根据事先制定的外汇支出计划，以指令性行政分配的方式予以供给。在这种国家"统收统支"的管理体制下，国家集中了有限的外汇资源，并且拥有绝对的支配权，而所有企业和个人都不享有外汇的自由保留权和支配权。

(1) 机构与法规。

1978年,中国开始了举世瞩目的经济改革和对外开放进程。为了适应经济改革与开放的需要,1979年外汇管理体制也开始进行相应的改革。改革是从建立专门的管理机构和制定相应的法规开始的。当年3月,国务院批准成立国家外汇管理总局(后更名为国家外汇管理局),授予其全面行使外汇管理的职权。1980年12月,国务院正式批准并颁布了由国家外汇管理局起草的《中华人民共和国外汇管理暂行条例》,作为外汇管理的基本法律依据。其后,根据《暂行条例》,国家外汇管理局又陆续制定并公布了一些管理实施细则。自《暂行条例》颁布之日起到1993年底,中国在此间出台的各项外汇管理法规显示,借助外汇收支的计划管理、强制性外汇上缴和用汇事先审批程序等手段,当局对于境内居民的外汇收支活动(包括经常账户和资本账户下的所有交易)总体上维持着相当严格的管制。因此,这一时期人民币是一种完全不可兑换的通货。

(2) 外汇留成制度。

对于开放初期的中国来说,为了应付快速增长的进口需要,扩大外汇来源有着特殊重要的意义。因此,当时改革的一项最重要内容,便是实行以大力鼓励出口创汇为目的的外汇留成制度。1979年,国家外汇管理局颁布了《出口商品外汇留成试行办法》和《关于非贸易外汇留成试行办法》。所谓外汇留成制是指,在企业将出口所得外汇全额上缴给当局后,可以按额度方式将一定比例的外汇存放于特定的账户之中;当需要使用这部分外汇时,企业可不受限制地提取这部分外汇额度,并按当时国家公布的官方汇率,以相应的人民币去银行购买。尽管为了体现国家的产业发展和出口行业扶持政策,当局对隶属于不同行业的企业设立了不同的外汇留成比例,如轻工、纺织等行业出口企业的留成比例曾经高达100%,但总体上,几乎所有企业都从中获得了好处,出口积极性明显上升。因此,可以说,外汇留成制度在当时不失为一种成功的尝试。

外汇留成制度主要有两个缺陷。其一,一些拥有外汇留成额度的企业由于暂时并无使用外汇的需要,因而造成外汇留成额度的闲置;另外,一些急需使用外汇的企业既无外汇留成额度可用,又不能通过国家外汇支出计划给予安排,结果造成生产经营的困难。其二,外汇留成额度与外汇实体的分离,造成外汇资源的超分配,即有关部门在制订外汇支出计划时,将本已通过额度方式留给企业的外汇再次做出了使用安排,从而形成一笔外汇的两次甚至多次使用安排。这种格局被形象地称为"一女二嫁",其危害是部分地制造了外汇资源的虚幻存在,并一度刺激了对外汇的过度需求。

(3) 外汇调剂市场。

为了部分解决外汇留成制度的缺陷,1986年外汇管理当局颁布了《关于办理留成外汇调剂的几项规定》。此《规定》允许持有留成外汇但暂时没有用汇需求的企业，将外汇调剂给那些急需使用外汇的企业。由于外汇留成采取额度方式，因而调剂的对象自然是留成额度。调剂活动是有偿进行的，即供应方可按一定的价格（此价格完全由市场决定）将留成额度出售给需求方。需求方买入留成额度后，便可凭额度以官方汇率购得外汇。

外汇调剂市场的形成，减少了外汇资源的闲置机会，大大提高了外汇使用的效率。对于那些急需用汇而没有留成或其他外汇来源的企业来说，通过支付一定的人民币便可取得购买外汇所需的额度，从而解决外汇支付问题。对于那些获得留成外汇而暂时无用汇需要的企业来说，通过有偿出售额度取得相应的人民币收入，可以有效地改善其资产结构，进而提高经营效率。事实上，在一个时期之后，外汇调剂的范围还扩大到了在华的外资企业。不少利润状况不错的外资企业由于产品主要面向国内市场，因而无法获得中间产品进口所需的外汇，也难以满足当局提出的"外汇自求平衡"要求。而允许外资企业进入外汇调剂市场后，这个问题得到了有效的解决。到1993年底，全国大约有80%（也有人认为是60%）的外汇资源通过外汇调剂市场配置。

外汇调剂市场带来的一个新问题是，人民币形成了事实上的复汇率格局。外汇调剂活动的存在，使这一时期人民币汇率出现了两种合法形式，一是官方汇率，二是外汇调剂价格（即额度价格加官方汇率）。这两种汇率的同时并存，造成了对用汇企业的差别待遇，在一定程度上影响了企业的经营效率。

(4) 人民币（官方）汇率。

从20世纪50年代初至1973年，由于实行高度集中的计划管理体制，汇率仅仅作为外贸企业的内部核算工具而并不具备调节对外经济活动的功能，加上当时世界各国普遍实行布雷顿森林体系下的固定汇率制，因此，在长达20年的时间里，人民币汇率处于长期基本不变的状态。譬如，对美元的汇率从1953~1972年一直保持在1美元合2.4618元人民币。

1973~1986年5月，由于发达国家开始实行浮动汇率制度，国际经济交往的汇率风险明显增加。为了减少美元等国际通货汇率变动对中国进出口贸易造成的不利影响，人民币实行了钉住包括美元在内的一篮子货币的方针。这一时期，当篮子内货币的上下浮动幅度未达到中国规定的调整限度时，人民币汇率保持不变；反之，如果超过调整限度，人民币汇率就适当小幅调整。此外，针对80年代上半期国内物价逐步上升的势头，为了更好地调节进出口贸易，人民币于1985年进行了一次大幅度的法定贬值，即从1981年的1美元合1.53元人民币贬值为2.80元人民币。

1986年6月至1993年12月，人民币改行钉住美元制，即人民币对美元的汇率在一定时期相对固定,同时与其他外国货币之间的汇率则随美元与这些货币的汇率变动进行同步调整。由于这一时期国内物价持续上涨,为了鼓励出口,人民币分别于 1986 年 7 月、1989 年 12 月和 1990 年 11 月实行法定贬值,即由 1 美元合 2.80 元人民币先后下调至 3.70 元、4.72 元和 5.22 元人民币。自 1991 年 4 月起,人民币又多次进行了小幅调整,至 1993 年底,1 美元约合 5.70 元人民币。

**2. 1994 年的改革方案及其评价**

1994 年 1 月,为了适应社会主义市场经济框架的建立,中国对外汇管理体制进行了改革开放以来最重大的一次改革。

(1) 方案的主要内容。

这次改革的主要内容包括:第一,实现人民币汇率并轨,即合并官方汇率与外汇调剂价格,消除复汇率格局,实行以市场为基础的、单一的、有管理的浮动汇率制度。并轨后,人民币汇率将主要根据外汇市场的供求状况决定。中国人民银行将根据前一日银行间外汇市场的加权平均价,公布当日人民币汇率基准汇率;各外汇指定银行以此为依据,在中国人民银行规定的浮动范围(0.25%)内自行挂牌确定对客户买卖外汇的汇率。

第二,取消外汇上缴和留成,实行银行结售汇制度。根据此项改革措施,国内出口企业不再向当局上缴外汇,也不按比例取得留成额度,但须将出口收入于当日全额结售给外汇指定银行(即不能保留现汇账户)。当企业需要用汇时,可按规定以人民币直接向外汇指定银行购买。

第三,实现人民币经常账户下有条件的可兑换。这意味着除少数非贸易项目用汇之外,当局对经常账户下的外汇需求不再实行计划管理,也不进行事先审批,企业和其他用汇单位可以凭有效证明(指进口合同和国外银行的支付通知书)到外汇指定银行自由购买外汇。

第四,建立以外汇指定银行为主体的银行间外汇市场(1994 年 4 月 1 日这个市场在上海正式开始运作)。银行间外汇市场的建立,解决了实行银行结售汇制后各外汇指定银行的当日头寸平衡问题,也有助于人民币汇率机制的形成。为了防止可能出现的外汇超额需要,以及由此产生人民币的贬值压力,中国人民银行对各外汇指定银行实行结售汇周转头寸的上限控制,即超过上限的外币头寸必须于当日及时出售给中国人民银行。

第五,取消外汇收支计划,当局将逐步实现对外汇和国际收支的间接控制。

第六,继续加强对资本账户的管理。

在上述改革措施出台后的两年多时间里,当局又陆续解除了经常账户下残余的汇兑管制措施,实现了经常账户的完全可兑换。1996 年 11 月 27 日,时任中国人民银行行长戴相龙致函国际货币基金组织，宣布中国自 1996 年 12 月 1 日起，接受国际货币基金组织协定"第八条款"的所有义务，即不再限制经常性国际交易支付和转移，不再实行歧视性汇率安排和多重货币制度。

（2）评价。

这次外汇管理体制改革是富有成效的，并且具有深远的意义。通过这次改革，中国不仅有效地克服了许多与外汇上缴、留成制度相关的弊端，克服了由于外汇调剂活动引起的人民币双重汇率安排问题，而且在很大程度上改变了外汇资源的计划分配方式，从而对于社会主义市场经济框架之建立产生了非常重要的积极影响。同时，人民币汇率并轨和经常账户可兑换的实现，简化了企业获取外汇的程序，降低了企业从事进出口活动的交易成本，这显然有助于企业经营效率的提高。此外，这次改革的进行，为今后进一步放松外汇管制和人民币最终成为完全可兑换货币奠定了一个良好的基础。

从各项措施的实施效果看，部分地得益于比较充分的改革前期准备，同时也得益于当时国内相对从紧的宏观经济政策，以及有利的出口和外资流入形势。这次改革总体上进行得非常顺利。首先，汇率并轨后，人民币并没有出现许多人曾经担心的大幅度贬值；相反，在经过短短几个月的小幅贬值后一直保持着稳中有升的趋势。其次，银行结售汇工作进展得很顺利，所有外汇指定银行始终能够保证国内企业的合法用汇需求。再次，经常账户实现可兑换后，对外贸易不仅没有发生逆差，而出现了持续增长的顺差。大量的贸易顺差，加上外国资本不断流入，成为 1994～1997 年间外汇储备急剧增长的重要原因。

然而，这次改革也存在不少值得进一步研究和完善的方面。

第一，按规定，国内企业的出口收入必须限期向银行结售，企业一般不得设立现汇账户。换言之，对于国内企业来说，向银行结汇具有强制性。这种安排在外汇供不应求的情况下是有益的，因为它有助于防止企业囤积外汇，有利于维护汇率的稳定，也有利于加强对资本账户的控制。但是，在强制性结汇的框架下，外汇供求关系难以得到真实的体现，从而人民币汇率水平也会一定程度地被扭曲，这无疑会影响外汇资源的合理配置。此外，强制性结汇意味着企业无须承受任何汇率风险（因为风险已完全转嫁给了外汇指定银行），这也使企业失去了针对汇率变动进行货币资产结构调整的机会。

第二，中国人民银行对外汇指定银行结售汇周转头寸的上限控制，使自己陷于被动进行汇率干预的不利地位。同强制性结汇措施相似，这项措施在外汇供不应求的情况下，有利于防止外汇指定银行囤积外汇，从而有利于中央银行通过市场干预实现汇率的稳定。但在外汇供过于求时，这项措施意味着中国人民银行必须不断被动地向外汇指定银行买入外汇，同时向市场相应地供应人民币。显然，这项措施的实行，使中国人民银行在很大程度上失去了实施汇率政策甚至货币政策的主动性。事实上，1994～1997年间，在贸易顺差和资本流入持续增长的情况下，由于强制性结汇和外汇指定银行头寸上限控制这两项措施的实行，中国人民银行因被动干预而积累的外汇储备增长了近6倍，即由1993年底的212亿美元猛增至1997年底的1 399亿美元。

第三，银行间市场本身也有一些缺陷。由于多年来中国银行一直掌握着国内90%以上的国际清算业务，在实行银行结售汇业务后，该行在银行间市场仍然处于垄断地位，其余外汇指定银行根本无法与之竞争。中国银行在银行间市场的这种垄断地位，使得人民币汇率的形成几乎没有竞争性，因为人民币汇率的形成实际上仅仅由中国银行与中央银行（即中国人民银行）两家协商确定。此外，由于交易品种单一，仅开办了人民币对美元、日元和港币的即期交易，因而市场功能的发挥受到严重的制约。特别是，因为缺乏远期交易品种，市场一直无法满足国内客户对汇率风险防范的需要（1998年起开始在有限的范围内试办对美元的远期交易，但由于各种原因，交易十分清淡）。

第四，虽然经常账户已经实现可兑换，但外汇管理部门仍然对国内企业的进出口汇兑进行严格的事后真实性审验，即要求国内企业凭进出口单据进行收付汇核销。这一规定确实可在一定程度上防止国内企业通过经常账户交易逃避资本管制，但同时也加大了管理部门的成本，并且影响企业的经营效率。

### 3. 1994年以后的改革

1994年以后的外汇体制改革主要集中在资本账户管理方面。1978年改革开放以后，尽管当局对贸易和其他经常项目交易的汇兑管制不断放松，但对资本项目下的交易活动（包括因国际直接投资、国际股票、国际债券和国际贷款等交易活动引起的资金流入和流出），仍然通过事先审批、外汇登记、结汇管理、资金用途限制和严厉的违规处罚等措施进行较为严格的限制。如上所述，在1994年的外汇改革方案中，资本账户管理不仅没有被削弱，而且还在一定程度上被放入了需要继续加强的行列。在随后的几年里，尽管来自国内外的关于放松资本管制的建议不断出现，但总体上当局在这方面显得非常谨慎。在1997年亚洲金融危机后的几年里，当局对于资本账户可兑换的推进则变得格外谨慎。

进入21世纪以后，特别是加入WTO后，中国的对外开放步伐显著加快，放松资本账户管制的驱动力量不断增强。与此同时，始于20世纪90年代中期的贸易与金融账户"双顺差"快速增加，在客观上形成了放松资本管制的某些基本条件。可以认为，为了更好地顺应经济开放的需要，自2002年起，我国的资本管制政策出现了较大的调整，资本账户自由化的进程明显加快。下面将具体讨论过去五六年时间里,我国资本管制政策的调整及其可能的影响。

### 10.1.2 近年来我国资本管制政策的调整及其影响估计

**1. 主要的政策调整**

进入21世纪后,特别是最近几年来,我国的资本管制政策发生了不少重要的变化(张礼卿,2007)。

第一,从整体上,管制程度是已经明显下降。表10-1所显示的是根据国际货币基金组织年度统计报告《汇兑安排和汇兑限制》进行整理而得出的一个概况。不难看出,在国际货币基金组织设立的43类交易项目中,我国基本上有一半已经基本自由化。因此,可以认为,我国这几年在资本项目自由化方面迈出了很大的步伐(在20世纪90年代末,我国80%以上的资本交易项目存在严格管制)。

表10-1　　　　截至2004年年底中国资本项目开放程度

| 资本项目交易类别* | | 数量 | 所占比重(%) | |
|---|---|---|---|---|
| 基本放开项目 | 无限制项目 | 11 | 25.58 | 51.16 |
| | 较少限制项目 | 11 | 25.58 | |
| 管制项目 | 较多限制项目 | 15 | 34.88 | 48.83 |
| | 严格管制项目 | 6 | 13.95 | |

注:*根据IMF《汇兑安排与汇率限制》分类。
资料来源:国际货币基金组织,《汇率安排与汇兑限制》,2004年。

第二,资本流出自由化的步骤有所加快。在改革开放后的前20年,由于外汇短缺,我国对资本流出一直进行严格的限制。进入21世纪后,当局陆续出台了一些放松管制的措施,其中主要包括简化境内企业对外直接投资的各种手续、放宽购汇限制,以及放宽保险、基金、银行等金融机构境外证券投资和代客理财等限制(见表10-2)。2007年8月20日公布的在天津滨海新区进行境内个人直接投资境外证券市场的试点业务,则是扩大资本流出自由化的最新尝试。

2007年,在外汇储备资产急剧增加的情况下,国务院决定成立国家投资公司,试图通过借助这个公司进行更高收益的境外投资。与此同时,国家开发银行也宣布了对巴克莱集团进行大规模参股投资。这两个事件似乎表明,国家正在积极尝试大额国有资本的输出,以便更好地实现国有资本(特别是外汇资产)的增值。虽然这类国有资本的输出未必可以在严格意义上解读成资本输出的自由化,但在实际效果方面,与放松资本流出管制引起的资本输出并无本质区别。

表 10-2　　2001 年以来资本流出自由化措施（部分）

| 时间 | 内容 |
|---|---|
| 2001 年 10 月~2006 年 7 月 | 2001 年 10 月，国家外汇管理局开始在部分地区（6 个省市）进行境外投资外汇管理改革试点，内容包括核准购汇额度，允许购汇和使用外汇贷款境外投资及扩大分局审批权限、简化审批材料等内容。2005 年 5 月 19 日，发出《关于扩大境外投资外汇管理政策试点有关问题的通知》，将此项业务试点范围扩展到全国所有省份，购汇总额度从 33 亿美元增加至 50 亿美元，并将分局的审查权限从 300 万美元提高至 1 000 万美元。2005 年 8 月，对外汇指定银行为"走出去"企业提供融资性担保实施余额管理，简化审批程序。2006 年 7 月 1 日，调整部分境外投资外汇管理政策，取消境外投资购汇额度限制：国家外汇管理局不再对各分局核定境外投资购汇额度。境内投资者的境外投资项目经有关主管部门核准后，按照现行外汇管理有关规定办理外汇资金购付汇核准手续 |
| 2001 年 5 月 24 日 | 颁布《国有企业境外期货套期保值业务管理办法》，批准企业从事境外期货套期保值业务的资格 |
| 2002 年 11 月 15 日 | 取消境外投资外汇风险审查和汇回利润保证金两项行政审批，逐步扩大分局一级对境外投资外汇资金来源的审查权限，减少审批环节，简化审查程序 |
| 2003 年 3 月 19 日 | 简化境外投资外汇资金来源审查手续 |
| 2005 年 2 月 18 日 | 颁布《国际开发机构人民币债券发行管理暂行办法》，允许符合条件的国际开发机构在国内发行人民币债券 |
| 2005 年 6 月 17 日 | 保险外汇资金境外投资获准（仅限于中国企业在境外发行的股票） |
| 2006 年 5 月 1 日 | 颁布《商业银行开办代客境外理财业务管理暂行办法》，允许国内机构、居民和个人委托商业银行，将他们的资金投资于国外的金融产品，包括放宽内地居民每人每年可购买 2 万美元外汇，并允许通过符合条件的银行和基金公司，以合资格境内机构投资者（QDII）方式，投资境外固定收益类产品及组合证券（包括股票） |
| 2006 年 8 月 30 日 | 基金管理公司经所在地国家外汇管理局分支局、外汇管理部核准取得经营外汇业务的资格后，可申请境外证券投资额度，获准后可办理境外证券投资业务 |
| 2007 年 3 月 12 日 | 颁布《信托公司受托境外理财业务管理暂行办法》，允许信托公司代客境外理财 |
| 2007 年 5 月 10 日 | 颁布《关于调整境外商业银行代客境外理财业务境外投资范围的通知》，允许商业银行代客理财产品投资海外股市及结构性产品 |
| 2007 年 7 月 25 日 | 颁布《保险资金境外投资管理暂行办法》，允许保险机构运用自有资金或购汇进行境外投资 |

资料来源：根据国家外汇管理局有关文件和资料整理。

第三，资本流入限制在总体上也呈现放宽趋势。这方面的主要措施包括：2002年开始引入合格境外机构投资者（QFII）安排，以及同年进行的简化外商投资项下资本金结汇管理，2003年取消外商对部分开放行业的境内企业的并购限制，2005年允许外资对国内上市公司进行战略投资等。不过，近两年来，为了防止热钱流入，当局也出台了一些加强管制的措施，包括加强外资对房地产业投资的审批和监管，以及大幅度核减中外资银行、非银行金融机构的短期外债余额指标等。

第四，在管制方法上，过去主要采用事先逐笔审批制度，现在则已越来越多地借助额度管理方法。目前，银行等金融机构的外债余额、国内企业的境外投资购汇、合格境外机构投资者（QFII）和合格境内机构投资者（QDII）的安排，以及新近出台的个人直接境外投资结汇等，都采取了额度管理办法。另外，管理方法上的另一个显著变化是，外汇管理部门已将部分原先进行直接审批的项目委托给外汇指定银行进行审核。

## 2. 调整的合理性与潜在问题

资本账户的自由化主要是一项市场导向的结构性改革，但在各国的相关实践中，放松或加强资本管制有时也被用于维护国际收支和宏观经济的短期稳定。可以认为，近年来我国资本管制政策的调整，在很大程度上同时反映了这两个方面的需要，总体上具有合理性。

我国的经济改革和对外开放已走过近30年的历程，加入WTO则使中国深深地卷入经济全球化的大潮之中。伴随着对外贸易的自由化，资本账户的自由化是早晚需要实现的改革目标。因此，逐步调整资本管制政策，适时解除不必要的限制性措施，是我国经济自由化长远战略的一个组成部分。另外，自2001年以来，伴随着"双顺差"，特别是经常项目顺差的急剧扩大（2007年，经常项目占GDP的比重达到11%），我国的外部经济失衡日趋严重，并且已经在明显地影响到宏观经济的短期稳定。在积极扩大内需、允许人民币名义逐步升值、降低出口退税比例、减少对外商投资企业的优惠等政策措施相继付诸实施的同时，借助资本管制政策调整来缓解外部失衡，进而促进宏观经济的短期稳定，理应具有一定的意义。

全面评价上述资本管制政策调整，特别是对其效果进行分析，可能还需要等待一个时期。尽管如此，我们还是可以就某些潜在问题提出一些展望和分析。

第一，作为经济自由化改革战略的一部分，全面放松资本管制还需要一个较长的时期。这个判断的主要依据是，我国目前还不具备资本账户全面自由化的条件（张礼卿，2004a）。其中，除了缺乏一个强有力的完善的金融监管体系外，我国还缺乏一个充分反映市场供求的合理的生产要素价格体系。这是一个重要条件。如果要素市场扭曲问题得不到解决，允许资本自由流动将是成本巨大甚至是危险的。事实上，我国一直在经历着这样的扭曲并承担着相应的成本。多年来，为了招商引资，许多地方政府以几乎零租金的价格向外商提供土地，这意味着国外直接投资的大量流入是在土地资源价格存在大量扭曲的情况下发生的！而正是这种扭曲在某些行业和地区造成了外商直接投资的超常流入，也在一定程度上造成了过度出口。如果把土地价格恢复到正常水平，那么国外资本还会这么踊跃地流入吗？类似地，如果把环境资源价格恢复到合理水平（如将环保标准提高到应有的水平），那么还会不会有这么多外商投资流入？还会不会有这么多出口可以产生？同样应该推想，当企业用于对外投资的资本是在要素价格严重扭曲的条件下获得的，那么，其对外投资的真实成本和收益又需要进行怎样的矫正呢？

第二，作为缓解外部失衡的政策工具，为了取得预期成效，资本管制政策调整不宜简单地定位于"严进宽出"。这是因为，我国的外部经济失衡在很大程度上是结构性的。一方面，它是我国加速融入经济全球化，特别是借助外国直接投资的大量进入深度参与国际制造业分工的结果；另一方面，它也是金融体系改革严重滞后，以及医疗、住房、教育改革迟缓和社会保障体系的建立明显不到位等结构性弱点所造成的国内储蓄相对过剩的必然产物。因此，任何针对外部失衡的资本流动政策调整，都应当能够直接或间接地服务于缓解造成外部失衡的各种因素，特别是缓解那些结构性因素，而不是简单地进行面向"严进宽出"的调整。从政策层面讲，在未来一个时期，对于资本流入（包括外商直接投资的进入）恐怕不宜采取划一的政策措施。对于有助于金融市场基础设施发展、有助于非贸易品部门的发展、有助于建立和健全社会保障体系的各类资本流入应该继续予以鼓励，而对一般制造业等可贸易品部门的资本流入则应该尽量加以限制。

第三，我国远远没有达到大规模输出资本的阶段。有人认为，如同20世纪80年代的日本一样，中国在经历了90年代中期以来的出口高速增长期之后，"贸易立国"的战略已经基本取得成功，而现在则需要逐渐改行"金融立国"的战略了。其实，这种简单的类比并不恰当，因为它忽视了基本的国情差异。1979年，当日本还处于所谓"贸易立国"阶段时，其人均国民收入已经达到8 688美元，而经过80年代的日元大幅度升值后，到90年代初期，人均国民收入已经接近3万美元。而我国截至2006年6月人均收入仅为1 740美元。另外，中日两国在国内市场规模方面也存在着显著的差异，这种差异使得我们很难在两国的发展模式上进行简单类比。应该说，从整体上讲，在目前乃至未来10~20年内，我国仍然会是严重缺乏资本的国家。现阶段发生的巨额外汇储备积累，是过去一个时期过度外向型经济发展战略（特别是过度出口激励）、经济运行中诸多结构性弱点，以及特定的宏观经济政策所造成的。可以认为，以外汇储备投资这种方式形成的事实上的大规模官方资本输出，原本是不该发生的，也不该长期持续下去。因此，在政策层面，当前最为紧迫的任务是，采取一切有效措施去减少国际收支顺差，以便减少资本的被动输出。

第四，进一步放松资本管制必须以汇率的更大弹性化改革为前提。有关资本账户自由化的理论和相关实践表明，在放松资本管制的一系列前提条件中，适当的汇率安排将是非常重要的一项。因为汇率的任何人为高估或低估（通常因僵化的汇率安排所引起）都会直接影响到资本跨境流动的成本和风险估测，从而导致资本的过度流入或流出。在当前，正是相对低估的人民币汇率，引起了较大规模投机性资本流入。同样，如果将来出现人民币汇率的相对高估，就会发生资本的过度流出。值得关注的是，当前应当防止这样一种倾向，即为了缓解外部失衡压力，在汇率制度改革没有取得实质性成效之前，过快地放宽资本流出限制。这种改革顺序对保持宏观经济的稳定可能非常不利。

第五，当前资本管制政策调整的一个重点仍然应该是加强对短期资本流入的监管。2002年以来，因人民币升值预期强劲，投机性资本以"伪报进出口"、侨汇、短期外债和虚假外商直接投资等方式不断进入国内这个事实，已为不少研究所证实（张礼卿，2005）。观察统计数据，2005年7月汇率改革的一年左右时间里，这类资金的流入似乎一度有所减少；但有迹象显示，2006年下半年以来投机性资本的流入又呈加速势头。在人民币升值预期强劲的情况下，要想完全阻挡游资的进入是不可能的。然而，当前国内外实际利差（或投资收益率差异）的存在本身，还从一个侧面显示了资本管制并不像某些研究所宣称的那样完全无效。因此，继续探索对短期资本流动的监管措施，努力提高监管效果，应是当局面临的一项重要而艰巨的任务。

## 10.2　人民币汇率制度的演变与改革

### 10.2.1　改革开放后人民币汇率制度的演变

**1. 第一阶段（1980~1993年）**

在改革开放初期，针对80年代上半期国内物价逐步上升的势头，为了更好地调节进出口贸易，人民币于1985年进行了一次大幅度的法定贬值，即从1981

年的 1 美元合 1.53 元人民币贬值为 2.80 元人民币。1986 年 6 月至 1993 年 12 月，人民币改行钉住美元制。由于这一时期国内物价持续上涨，为了鼓励出口，人民币分别于 1986 年 7 月、1989 年 12 月和 1990 年 11 月实行法定贬值，即由 1 美元合 2.80 元人民币先后下调至 3.70 元、4.72 元和 5.22 元人民币。自 1991 年 4 月起，人民币又多次进行了小幅调整，至 1993 年底，1 美元约合 5.70 元人民币。

### 2. 第二阶段（1994~2005 年）

在 1994 年的外汇体制重大改革中，当局决定将人民币汇率制度确立为"以市场为基础、单一的、有管理的浮动汇率制度"。这一制度有几个重要特点：

首先，通过银行结售汇、外汇指定银行的头寸上限管理，以及资本账户的严格管制，政府有效地控制了企业、银行和个人对于外汇的供给和需求，从而在根本上限制了人民币汇率的浮动幅度。根据银行结售汇制度，国内出口企业虽然不再需要向当局上缴外汇，也不按比例取得留成额度，但必须将出口收入于当日全额结售给外汇指定银行（即不能保留现汇账户）。银行间外汇市场的建立，解决了实行银行结售汇制后各外汇指定银行的当日头寸平衡问题，也有助于人民币汇率机制的形成。但是，在市场设计时，为了防止可能出现的外汇超额需要，以及由此产生人民币的贬值压力，中国人民银行对各外汇指定银行实行了结售汇周转头寸的上限控制，即超过上限的外币头寸必须于当日及时出售给中国人民银行。显然，强制性结售汇制度和外汇指定银行持有头寸限制的存在，在很大程度上限制了外汇供求关系的自发生成。

其次，在银行间外汇市场上，通过向外汇指定银行提供基准汇率并要求其遵守浮动区间限制，政府从操作层面进一步控制了人民币汇率的浮动可能性。根据有关规定，中国人民银行将根据前一日银行间外汇市场的加权平均价，公布当日人民币汇率基准汇率（中间价）；各外汇指定银行以此为依据，在中国人民银行规定的浮动范围（美元为 0.25%，港元和日元为 1%，欧元为 10%）内自行挂牌确定对客户买卖外汇的汇率。

再其次，中国人民银行自始至终对外汇市场进行着强有力的干预，从而使得人民币汇率制度具有明显的固定汇率安排特色，并且基本不再具有"有管理的浮动汇率制度"特征。强制性结售汇和外汇指定银行头寸持有限制管理，从制度上为中国人民银行实施外汇市场干预提供了有效的保障，并在改革当初成功地体现了防止外汇供不应求和人民币贬值的政策意图。但是，值得指出的是，在外汇供求关系发生逆转后，这种制度安排却使得中国人民银行经常被动地进行市场干预（即被动地从外汇指定银行收购外汇），成为人民币相对低估和外汇储备持续上升的主要原因，也是当前人民币汇率制度所面临的一个重要问题。

总之，形成于1994年初的人民币汇率制度尽管在名义上属于"有管理的浮动汇率制度"，但由于受到相关的外汇管理制度及其本身设计方面的制约，事实上，并没有呈现出一般意义上的管理浮动汇率制度特征（张礼卿，2004b）。因此，从1999年起，国际货币基金组织已经不再将中国列为"管理浮动汇率安排"的国家之列，而认为中国事实上实行着"单一钉住美元"的汇率制度。

### 3. 第三阶段（2005年至今）

自2001年起，在一系列国内外因素的作用下，我国的贸易和金融"双顺差"开始加速积累，国际收支顺差不断扩大，人民币的升值压力日益增大。在此期间，以美国为首的发达国家的贸易保护主义倾向不断升级，利用各种渠道对中国政府施加压力，要求人民币升值并且扩大弹性。在经过审慎周密的利弊得失分析和论证后，本着"主动性、可控性、渐进性"这三项基本原则，中国人民银行于2005年8月8日发出《关于加快发展外汇市场有关问题的通知》（以下简称《通知》），决定对持续了近10年的人民币汇率制度（即"事实上"的美元钉住汇率制度）进行改革。

该《通知》包括四项主要内容：其一，自2005年7月21日起，中国将实行"以市场为基础、参考一篮子货币进行调节、有管理的"浮动汇率制度。在此安排下，人民币汇率不再单一地钉住美元，而是根据我国与各贸易伙伴国家的经济紧密程度，将人民币与这些主要贸易伙伴国家的货币保持不同程度的联动关系，从而形成更加富有弹性的汇率制度（不仅对非美元货币继续保持较大的弹性，而且对美元亦开始具有一定的弹性）[①]。其二，中国人民银行于每个工作日闭市后公布当日银行间外汇市场美元等交易货币对人民币汇率的收盘价，作为下一个工作日该货币对人民币交易的中间价格。其三，2005年7月21日19时，美元对人民币交易价格调整为1美元兑换8.11元人民币，作为次日银行间外汇市场上外汇指定银行之间交易的中间价格。其四，现阶段，每日银行间外汇市场美元对人民币的交易价仍在中国人民银行公布的美元交易中间价上下3‰的幅度内浮

---

[①] 据中国人民银行行长周小川对媒体的透露，被人民币钉住的货币"篮子"将由美元、欧元、日元、韩元等主要篮子货币，以及新加坡、英国、马来西亚、俄罗斯、澳大利亚、泰国、加拿大等国家相对次要的篮子货币共同构成（新华网《财经综合报道》，2005年8月10日）。

动，非美元货币对人民币的交易价在中国人民银行公布的该货币交易中间价上下1.5%的幅度内浮动。

由于市场反应非常平稳，中国人民银行遂决定继续加大商业银行的汇率管理自主性。两个月后，又一次发布了补充性的《通知》，其内容包括：扩大了银行间即期外汇市场非美元货币对人民币交易价的浮动幅度，提高到3%；调整了银行对客户美元挂牌汇价的管理方式，实行价差管理：美元现汇卖出价和买入价之差不得超过交易中间价的1%，现钞买卖价差不得超过中间价的4%，银行可在规定的幅度内自行调整当日的美元挂牌价；取消了银行对客户挂牌的非美元货币的价差幅度限制，银行可自行与客户议定。

简言之，本次改革有三项基本内容，即：汇率不再钉住（或盯住）美元，而是参考"一篮子"；汇率将在限定的区间内浮动；初始的调整幅度为2.1%。作为1994年后最为重大的一次改革，总体上看，本次汇率制度调整是比较成功的。在过去两年半时间里，人民币对美元的汇率波动幅度明显增大。自2005年7月21日以来，人民币对美元的名义升值幅度已经超过10%。对美元汇率弹性的加大（见图10-1），已经并将继续在一定程度上缓解贸易顺差的急剧扩大（当然，汇率调整不可能完全解决贸易顺差问题）。与此同时，名义汇率弹性的加大，对于促进外汇市场的发展、为企业提供新的投资渠道，也具有积极作用。当然，汇率风险加大，使企业和金融机构面临更大的不确定性，并使整个金融部门的系统性风险加大。

### 10.2.2 人民币汇率制度改革的方向

从中长期看，进一步提高人民币汇率安排的弹性是一种难以避免的趋势。这是更好地发挥汇率在国际收支调节过程中的作用，以及保持我国货币政策独立性的必然要求。

加入WTO后，更多地发挥汇率杠杆的作用不可避免。这是因为，在可供选择的各类国际收支调节工具中，最具直接影响的当属贸易管制、外汇管制和汇率调整这三类（在资本高度自由流动的国家，利率也有明显的影响）。在贸易管制可用、外汇管制严格并且有效的情况下，汇率对国际收支的调节作用可以不占重要地位。事实上，在开放后的前20年里，中国国际收支的调节便主要依靠贸易和外汇管制。但是，当贸易管制大幅度放松、外汇管制逐渐放松或者在事实上已经变得十分低效并且成本巨大的时候，汇率的主导性调节地位就呼之欲出了。

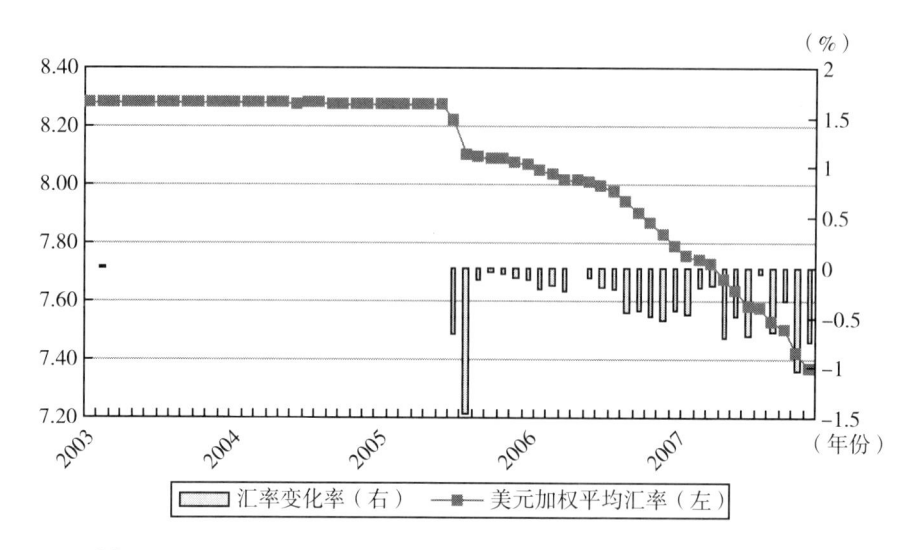

**图 10-1　2003~2007 年人民币兑美元汇率走势及月波动幅度**

值得指出的是，如果以人民币汇率基本保持不变为政策目标，那么汇率是不能充当主导性调节工具的。换言之，汇率必须更经常性地、更准确地反映国际收支的发展变化。为什么？至少有两点理由：其一，对国内经济稳定的冲击。众所周知，经过 30 年的对外开放，中国经济的外向程度已经相当高。在开放经济环境下，缺乏弹性的汇率安排必将使国内的经济稳定经常遭受来自国际收支方面的冲击。在 20 世纪 90 年代中期，人民币汇率的缺乏弹性加大了国内的通货膨胀压力；而 1997 年亚洲金融危机后，汇率的缺乏弹性又加剧了国内经济的疲软。加入 WTO 后，中国经济的外向程度肯定会进一步提高。可以想见，如果汇率继续僵化，那么，来自国际收支的变化和动荡势必对国内经济产生更为频繁和剧烈的冲击。其二，因僵化的名义汇率安排引起的持久性汇率高估或低估，常常是国际游资投机的根源[①]。东南亚国家的危机经验已经部分地说明了这一点。在 20 世纪 90 年代后期，中国为什么每年发生高达数百亿元的资本外逃？自 2002 年以来，特别是 2003~2004 年间，为什么又发生巨额的违规资本流入？商人的唯利是图和政府官员的监管不力乃至腐败固然是重要原因，但其根源还在于经过汇率预期调整后的国内外实际利率差异。这种利差的形成，与人民币名义汇率的缺乏

---

① 根据"不抵补利率平价"理论，两国的利率差额将大致等于两种货币的预期贬（升）值率。以公式表示，即：$i_d - i_f = \Delta s^e$，或 $i_f - i_d = -\Delta s^e$，其中，$i_d$ 和 $i_f$ 分别代表本国利率和外国利率，$\Delta s^e$ 代表本币的预期贬值率。由公式可知，当外国利率高于本国利率时，本币将呈预期升值状态。如果实行缺乏弹性的汇率安排，那就意味着人为地降低了预期升值幅度，从而使事后的外国实际利率高于本国实际利率，因而鼓励了资本的外流。

弹性显然不无关系。

扩大人民币汇率安排弹性的另一个重要原因,是维持中国货币政策的独立性。根据"蒙代尔不可能三角",任何开放经济体都无法同时实现汇率稳定、货币政策独立和资本自由流动这三个政策目标,而只能选择其中之二。目前,中国仍然维持着较为严格的资本管制,因此,同时实现汇率稳定和货币政策独立性的冲突似乎并不明显。但是,伴随着资本管制的逐步放松,这种冲突势必会加剧。中国是一个发展中大国,在一个相当长的时间里,维持货币政策的独立性具有极为重要的意义。因此,当资本账户逐步开放后,只有相应地提高人民币汇率安排的弹性,才能使中国的货币政策继续保持独立性。

进一步扩大人民币汇率制度的弹性,将目前的"参考一篮子货币"改为弹性更大的"管理浮动汇率制"需要创造一些重要条件。其中,最为重要的有两项。

其一,近年来,越来越多的研究表明,退出钉住安排能否取得成功在很大程度上与一国国内金融体系的健康状况密切相关(Rogoff and Others, 2003; Calvo and Mishkin, 2003)。其所以密切相关,是因为在一个较为脆弱的金融体系内,汇率的频繁波动会通过企业"资产负债表效应"拖累银行部门,使银行的不良资产问题变得更为严重。具体地讲,无论是升值还是贬值,都会使一部分企业的资产负债状况恶化,从而导致其债权银行的问题贷款增加。以中国的情况而言,这一点无疑需要引起高度重视。在国内金融体系变得更为健康和稳固之前,人民币汇率制度的任何明显调整都会包含着巨大的风险。

其二,相对成熟的外汇市场的培育和发展。这是人民币汇率制度改革的微观经济条件,因为均衡的汇率水平只有在这个市场上才能产生。同时,在汇率波动日趋频繁和剧烈的环境下,企业和金融机构也需要通过发达的外汇市场来进行风险规避。1994年4月,伴随着中国外汇交易中心的出现,我国的银行间外汇市场宣告成立。多年来的运行表明,这个市场存在着明显的结构性缺陷。其突出表现是交易主体缺乏,竞争性不强。由于多年来中国银行一直掌握着国内90%以上的国际清算业务,在实行银行结售汇业务后,该行在银行间市场仍然处于垄断地位,其余外汇指定银行根本无法与之竞争。进入21世纪以来,伴随着金融部门对外开放程度的提高,这种情况已经有明显的改观。不过,如何使人民币汇率形成机制更加市场化,更加具有竞争性仍然是一个重要问题。这个问题应该成为人民币汇率制度改革总体方案的一个重要组成部分。

## 10.3 国际收支的失衡及其调整

### 10.3.1 "双顺差"的成因和代价

**1. "双顺差"的基本态势和成因**

自 20 世纪 90 年代中期开始,我国开始同时出现贸易和金融账户的顺差,即所谓的国际收支"双顺差"。在其后的十多年时间里,除了亚洲金融危机后的 1~2 年,我国的"双顺差"几乎呈现直线上升的趋势。自 2002 年起,其上升势头明显加快。从结构上看,在 2002~2004 年间,资本与金融项目的顺差一度增长较快;但自 2005 年以来,经常项目的顺差出现了大幅度的增长,几乎占据了全部国际收支顺差的 80%~90%(见表 10-3)。结果,"双顺差"占 GDP 的比重也快速上升。在 2005 年以前,无论经常项目还是金融项目顺差,其占 GDP 的比重一般在 5% 以下,通常合计也在 10% 以下。但是,自 2005 年起,"双顺差"占 GDP 的比重明显上升。在 2006 年、2007 年,仅经常项目顺差一项占 GDP 的比重就分别达到 9% 和 12%(预测数据)。在为了确保汇率基本稳定而进行大规模外汇市场干预的情况下,"双顺差"的结果便是外汇储备规模的迅速扩大。资料显示,外汇储备额从 2000 年的 1 600 多亿美元,急剧扩大到 2007 年的超过 14 000 亿美元。短短 8 年,外汇储备额增长了 8 倍之多!

"双顺差"的大幅度积累,首先应该归因于过去 14 年里发生的各种结构性变化。从 1994 年开始,中国的宏观经济告别了高位通货膨胀,进入了一个生产能力相对过剩、低通胀甚至通货紧缩的时代。2003 年以来确实存在一些经济过热迹象,但自 1994 年到现在,CPI 始终在相对低位运行则是一个不可忽视的事实。与 1993 年以前的情况相比,这种态势十分显著,意味着宏观经济形势发生了重要的结构性转变。实际上,这种转变与投资储蓄缺口的变化具有高度一致性(见图 10-2)。正是从 1994 年开始,我国的投资储蓄缺口,由原来的投资大于储蓄变成了储蓄大于投资。此其一。其二,对外开放和面向市场的结构性改革(特别是加入 WTO 引起的结构性调整),使得中国成为世界上最大的 FDI 目的地国家。FDI 的大量流入,从两个渠道加大了国际收支的失衡。一方面,通过增加出口和进口替代,创造了巨额的贸易顺差,成为经常账户顺差的主要来源;另一方面,FDI 的流入直接增大了金融账户的顺差。其三,作为一种结构性弱点,金融体系改革的严重滞后是国际收支顺差大量积累的一个重要原因。由于缺乏发达的融资体系,城镇中小企业和农户通常只能依靠加强自身储蓄来满足再

表10-3　　　　　　　　　　　　　中国的国际收支平衡表（1995~2006）

单位：10亿美元

| 年份 | 1995 | 1996 | 1997 | 1998 | 1999 | 2000 | 2001 | 2002 | 2003 | 2004 | 2005 | 2006 |
|---|---|---|---|---|---|---|---|---|---|---|---|---|
| Ⅰ.经常项目 | 1.62 | 7.24 | 36.96 | 31.48 | 21.11 | 20.52 | 17.40 | 35.42 | 45.87 | 68.66 | 160.8 | 249.87 |
| A.贸易 | 11.96 | 17.55 | 42.82 | 43.84 | 30.64 | 28.87 | 28.09 | 37.38 | 36.08 | 49.28 | 124.8 | 208.92 |
| －商品 | 18.05 | 19.54 | 46.22 | 46.61 | 35.98 | 34.47 | 34.02 | 44.17 | 44.65 | 59.98 | 134.2 | 217.75 |
| －服务 | -6.09 | -1.96 | -3.40 | -2.78 | -5.34 | -5.6 | -5.93 | -6.78 | -8.57 | -9.70 | -9.4 | -8.83 |
| B.收益 | -11.77 | -12.44 | -11.00 | -16.64 | -14.7 | -14.7 | -19.2 | -14.9 | -7.84 | -3.52 | 10.6 | 11.75 |
| C.经常转移 | 1.43 | 2.13 | 5.14 | 4.28 | 4.94 | 6.31 | 8.49 | 12.98 | 17.63 | 22.90 | 25.4 | 29.20 |
| Ⅱ.资本与金融项目 | 38.67 | 39.97 | 21.02 | -6.32 | 5.18 | 1.92 | 34.78 | 32.29 | 52.73 | 110.7 | 63.0 | 10.04 |
| A.资本项目 | — | — | -0.02 | -0.04 | -0.03 | -0.04 | -0.05 | -0.05 | -0.05 | -0.07 | 4.1 | 4.02 |
| B.金融项目 | 38.67 | 39.97 | 21.02 | -6.28 | 5.21 | 1.96 | 34.83 | 32.34 | 52.78 | 110.7 | 58.86 | 6.02 |
| －直接投资 | 33.85 | 38.07 | 41.67 | 41.12 | 36.98 | 37.48 | 37.36 | 46.79 | 47.23 | 53.13 | 67.80 | 60.27 |
| －证券投资 | 0.79 | 1.74 | 6.93 | -3.74 | -11.2 | -3.99 | -19.4 | -10.3 | 11.43 | 19.69 | -4.90 | -67.56 |
| －其他投资 | 4.03 | 0.16 | -27.58 | -43.66 | -20.5 | -31.5 | 16.88 | -4.11 | -5.88 | 37.91 | -4.00 | 13.31 |
| Ⅲ.错误与纰漏 | -17.81 | -15.57 | -22.25 | -18.73 | -17.8 | -11.9 | -4.86 | 7.79 | 18.42 | 27.04 | -16.70 | -12.88 |
| Ⅳ.储备变动 | -22.48 | -31.64 | -35.73 | -6.43 | -8.50 | -10.6 | -47.3 | -75.5 | -117 | -206 | -207 | -247.03 |
| －外汇储备变动 | -21.96 | -31.43 | -34.86 | -5.07 | -9.72 | -10.9 | -46.6 | -74.2 | -116.8 | -206.68 | -208.94 | -247.37 |
| 外汇储备总额 | 73.60 | 105.03 | 139.89 | 144.96 | 154.7 | 165.6 | 212.2 | 286.4 | 403.25 | 609.93 | 818.90 | 1 066.27 |

资料来源：国家外汇管理局官方网站。

生产的需要；同时，个人信用体系的发育迟缓和不健全，导致居民大多不得不为购房、子女教育等需要而进行大量的储蓄。这些都在很大程度上造成了储蓄过度和消费需求疲软。其四，尽管面向市场的企业改革已经基本实现，但医疗和社会保障体系的建立和健全却远远没有到位。这种结构性失衡使得普通居民不得不为未来的安全而选择更多的放弃现期消费和积累更多的储蓄。

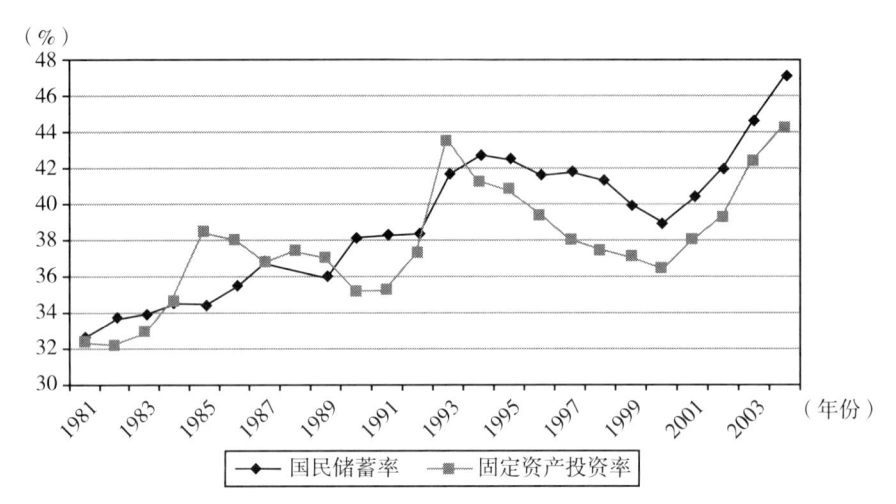

**图 10-2　中国的国民储蓄率和固定资产投资率**

资料来源：国家统计局，《中国经济年鉴》相关年份。

其次是制度性因素。对于出口和 FDI 流入的过度刺激和鼓励，是贸易和金融账户"双顺差"形成的一个制度性原因。为什么地方政府很乐意去鼓励 FDI 流入和出口呢？原因之一就是因为他们要对当地的经济增长负责。在很多地方，招商引资规模和出口创汇量是衡量地方行政官员政绩的重要指标。尽管中国的改革开放已经经历了这么多年，在市场体系的建设完善方面也取得了重大进展，但各级政府对经济生活的不必要干预仍然存在。如果没有这种体制特征，对于出口和引资的激励可能会大为减少，甚至完全不存在。

再其次是人民币实际有效汇率贬值和投机性资本流入的冲击。2002~2004 年间，美元名义和实际汇率均大幅度贬值 30% 左右。由于此间人民币严格钉住美元，人民币对许多非美元货币发生实际贬值，结果人民币实际有效汇率一改过去的升值趋势而出现贬值，从而鼓励了出口。2005 年汇率制度调整后，名义和实际有效汇率均出现了一定幅度的升值，但仍然低于 2001 年出现的近期历史性高位（见图 10-3）。另外，2002 年以来，因人民币升值预期强劲，投机性资本以"伪报进出口"、侨汇、短期外债和虚假外商直接投资等方式不断进入国内这个事实，已为不少研究所证实。虽然 2005 年 8 月以后这种情况一度减少，但有

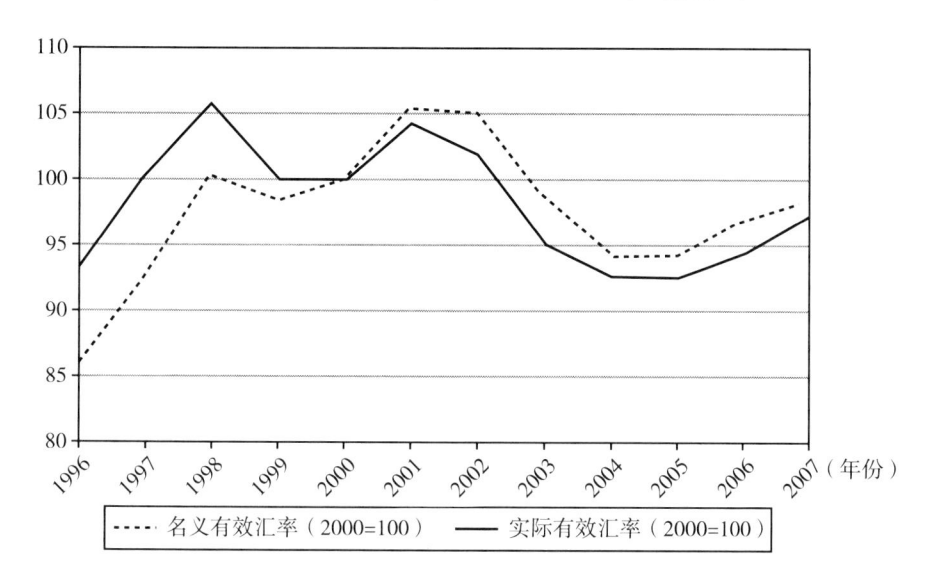

迹象显示，2006 年下半年以来投机性资本的流入又呈加速势头。

图 10-3　人民币名义和实际有效汇率（1996~2007）

注：数据截至 2007 年 3 月底。
资料来源：IFS 数据库。

最后是宏观经济政策的调整。自 2004 年以来，中国的经常账户顺差急剧增长。经常账户余额占 GDP 的比重从过去大约 3%~4%，猛增至 7%~8%。2006 年和 2007 年，更是分别超过了 9% 和 11%（预测数据），并且在国际收支总顺差中占据了 90% 以上的份额。虽然不能排除经常账户顺差中混入了更多投机性资本的可能性，但基于标准的宏观经济学原理所做的判断无疑具有一定的解释力：2004 年以来实行的宏观调控在一定程度上造成了投资和进口需求的相对减少。资料表明，2006 年和 2007 年上半年，我国的进口增长幅度比出口增长幅度整整低了 10 个百分点。

### 2. 巨额国际收支顺差的代价

对于我国来说，维持巨大的国际收支顺差和外汇储备积累具有很高的成本。

第一，表现为巨大的机会成本。过多地积累外汇储备意味着原本可用于经济发展的资源没有得到适当的利用，这显然不利于最大限度地实现经济发展的潜力。如果考虑到每年仍在大规模引进各种外国私人资本，而且其中的相当部分却最终转化成了外汇储备，那么，1.4 万多亿美元外汇储备的实际成本其实比我们想象的会更高。

第二，当前的对外贸易和资本净流动格局，对我国国民经济利益的维护和提高，是极其不利的。因为一方面，我国通过低估人民币向美国等发达国家输送廉价产品；另一方面，又把出口所得的收入以外汇储备资产的形式投到美国的金融市场，向美国提供廉价的资金，从而使美国可以将其利率保持低水平之上。这意味着，美国既消费了我国的廉价产品又使用了我国的廉价资金。在这样的格局中，我国的国民经济净福利受到了严重的侵蚀。此外，在这个过程中，我国还付出了巨大的环保、劳工保护等方面的成本。资料表明，在东莞的外资企业，工人每天要工作14~16个小时，但1个月才挣几百元！

第三，汇率风险难以低估。美国不断增长的经常账户逆差使得美元的大幅度贬值差不多成为一个必然事件。一旦美元发生大幅度贬值，巨额的外汇储备势必遭受重大损失。虽然调整储备货币构成可以在一定程度上规避美元贬值风险，但由于全球任何其他地方的债券市场规模都无法同美国的债券市场相提并论，而这意味着要想对巨额的美元外汇资产进行及时的币种构成调整在技术上将十分困难。因此，可以认为，伴随着外汇储备规模的不断扩大，这笔资产的风险正在显著加大。

第四，"冲销"的财务成本将逐渐增大。目前，央行发行的定向票据约占全部外汇储备的1/3，或者GDP的13%。由于票面利率较低，约为2%~2.25%，商业银行购买的积极性并不高，很多时候央行需要通过"窗口指导"去说服商业银行购买。随着商业银行改革的深入推进，这种具有明显行政色彩的做法恐怕难以长期采用。取而代之的将是通过提高利率去增强央行票据的吸引力，而这无疑会增大其财务成本。

第五，长期保持巨额贸易顺差将会加大与美国等贸易伙伴国家的贸易摩擦，也不利于全球经济失衡的调整。

### 10.3.2 国际收支失衡的调整：目标和政策工具

对于国际收支失衡的成功调节来说，明确的政策目标至关重要。"双顺差"和巨额外汇储备的积累意味着我国已经成为一个资本净流出国，正在向世界其他国家大量输出资本。然而，除非我们能够证明资本在经济发展中已经没有任何重要性，否则，一个人均收入不足2 000美元、地区和收入差距非常严重的发展中国家是无论如何都不该成为资本净流出国的。因此，在未来几年时间里，我国国际收支调节的政策目标应是实现资本输出国向资本输入国的转变，以便继续通过资本净流入来促进本国经济的发展。这意味着，当局需要借助各种政策工具，将经常账户余额由顺差逐步调整为可维持的逆差状态，并以此与金融账户的适量顺差相匹配。

为了减少经常项目顺差，扩大内需具有突出的重要性。那么，如何才能有效地扩大内需？由于金融体系的相对不发达，社会保障、教育和医疗等改革的严重滞后，居民的边际储蓄倾向大概不会很快发生明显改变，因此，短期内消费显著扩大的可能性十分有限。鉴于此，要想有效地扩大内需，在未来一个时期我国恐怕还应继续维持较高的投资率。由于投资和进出口贸易具有相关性，有两点值得指出。其一，考虑到我国近年来的投资与出口有着高度的相关性，有关部门似应借助产业政策将投资更多地向非贸易部门引导；其二，为了通过投资有效地带动进口增加，应更多地鼓励先进技术和设备进口含量较高的投资立项。

扩张性财政政策应有更大的作为。通过增加政府支出来克服内需不足，在目前可以成为一个重要的政策选择。扩大政府在养老保险、社会保障、教育和住房等方面的支出，不仅可以直接增加内需，而且可以缓解各种抑制消费扩大的结构性问题，从而进一步扩大内需，实可谓"一箭双雕"。当然，考虑到潜在的财政风险和对未来物价的可能影响，扩张性财政政策只能是一种短期策略，不可长期依赖。

贸易和发展战略的调整，对于经常账户顺差的减少同样具有很重要的意义。2007年7月前针对出口退税所进行的结构性调整并没有使总体退税水平降下来。继续降低出口退税率，进一步减少乃至取消各种出口鼓励措施，特别是改变将创汇数量作为地方政府政绩考核依据的不恰当做法，恐怕势在必行。另外，加快进口自由化的速度，着力扩大进口总量，也是近期应有的贸易政策取向。从长远看，我国还应适当调整持续采用了20多年的外向型经济发展战略，避免过度外向的发展模式和政策安排。

尽管2005年下半年以来国际收支的顺差主要来源于经常账户，2002～2005年上半年间投机性资本的较大规模流入则表明，我国需要加强对短期资本流动的控制。同时，虽然对于FDI不能进行任何不必要的限制，但取消对其实行的"超国民待遇"则是大势所趋；改变地方政府将引资作为其政绩考核依据的不当做法，也已刻不容缓。至于试图通过加快资本流出自由化来减少金融账户的顺差，恐怕会是一厢情愿，因为只要人民币升值预期不消失，资本流入的动力将会远远超过资本流出。

2005年7月以来的人民币汇率改革取得了成功。为了减缓当前国际收支顺差不断扩大的态势，适当减少中央银行的干预，允许人民币继续小幅升值将会具有一定的意义。不过，对于汇率政策的效果可能不应给予过高估计，因为名义汇率的调整并不一定会导致实际汇率的同步变化，真正能够影响贸易竞争力的是实际汇率而不是名义汇率。不少国别经验表明，调节投资储蓄缺口要比调整名义汇率更为有效。因此，对于这两个基本的政策工具，我们至少需要并重，而在当前情况下可能需要更多地注重投资储蓄缺口的调整（即内需的扩大）。

需要强调的是，国际收支失衡的成功调整有赖于上述政策工具的共同发挥作用和相互支撑。仅仅依靠其中任何一个工具，甚至实行相互矛盾的政策安排，必定无法实现预期目标。譬如，要使人民币升值更好地取得预期效果，加强对短期资本流入的有效监管极为重要，因为如果小幅升值造成了大规模投机性资本的流入，那么结果将是国际收支总体顺差更大，进而短期的外部失衡问题将会更为严重。再如，扩大内需和增加进口的政策，需要得到对投资进行有限调整的政策支撑，因为过度的投资紧缩会造成内需下降和更多的贸易顺差。同样，人民币升值的效果也必须获得以减少出口鼓励为基本内容的贸易政策调整的支撑，否则其效果终会大打折扣。

# 第 11 章

# 人民币区域化：利弊、条件和有关问题

## 11.1 货币区域化的理论分析和国别经验

### 11.1.1 货币区域化的定义

货币区域化可以有多种理解或定义。在多数情况下，货币区域化被理解为在两个或两个以上的国家之间，主要基于汇率协调机制而形成的货币同盟或货币一体化合作框架。与这种理解不同，我们从货币的职能和作用这个角度出发，将货币区域化定义为区域性（包括双边和多边）的货币国际化。

所谓货币国际化，是指一种货币成为国际货币，即在发行国境外流通并相应发挥各种货币职能的过程。典型的国际货币具有计量单位、交易媒介和价值贮藏等货币基本职能。当然，与仅在一国境内流通的货币相比，国际货币的这些职能有着特定的表现形式。根据美国著名国际经济学家彼得·凯南（Peter Kenen, 1983）的概括，国际货币的上述三项基本职能在民间和官方这两个领域还有不同的表现（见表 11-1）。第一，作为计量单位，国际货币可在民间领域被私人机构用作贸易报价和金融交易的计价工具，或者在官方领域被其他国家当作"锚"货币或基准货币（即用于表示官方汇率平价或当作"被盯住货币"）；第二，作为交易媒介，国际货币可在民间领域被用作贸易和金融交易活动的支付工具，或者在官方领域被货币当局用于对外汇市场进行干预；第三，作为价值贮藏手段，国际货币充当民间私人机构的金融资产（如银行存款和各种证券资产），或者充当官方（货币当局）的国际储备资产。

表 11-1　　　　　　　国际货币的职能及其具体表现

| 货币职能 | 官　方 | 民　间 |
|---|---|---|
| 计量单位 | "锚"货币或基准货币 | 贸易和金融交易计值 |
| 交易媒介 | 干预货币 | 贸易和金融交易支付 |
| 价值贮藏 | 国际储备 | 货币替代（非官方美元化） |

经验显示，任何一种民族货币在"脱去民族制服"而成为国际货币时，都会经历一个比较长的历史过程。在这个过程中，国际货币的各种职能伴随着相关制约条件的改变而逐步形成和发展，且在时间上可能有一定的先后顺序。大致说来，国际货币所具有的计量单位和交易媒介职能的最初出现一般以国际贸易活动为前提，而伴随着金融活动的发展不断地得到深化和扩展。在时间上，这两种职能几乎是同时出现的，但计量单位职能在事实上却是交易媒介职能的前提，因为待交换的商品只有先进行计价才可能进一步进行交易。相比而言，国际货币的价值贮藏职能一般出现得相对晚一些，而且金融活动的纵深发展是这项职能充分发挥作用的关键。

在货币的国际化过程中，其作为国际货币的各种基本职能是否全部存在，以及是否能够充分发挥作用，决定了它的国际化程度。一般来说，一种货币的国际化程度可以通过以下指标加以衡量：（1）在全球国际贸易支付货币中的比重；（2）在全球跨境投资和借贷交易货币中的比重；（3）在全球外汇交易货币中的比重；（4）在全球国际储备货币中的比重；（5）被作为"锚"货币或基准货币的频率。值得指出的是，尽管计量单位和交易媒介职能深度和广度是衡量一种货币国际化程度的重要标志，但一种货币最终能否真正成为具有影响力的主要国际货币，在很大程度上取决于这种货币的国际贮藏功能（特别是成为别国货币当局的国际储备资产）是否能够得到充分的发挥。根据这些指标，目前，主要的国际货币包括美元、欧元、英镑和日元等，其中美元又占据着绝对的优势地位（见表 11-2）。

表 11-2　　　有关各国货币在全球外汇储备货币中的比重　　　　单位：%

| 年份<br>币种 | 1995 | 1996 | 1997 | 1998 | 1999 | 2000 | 2001 | 2002 | 2003 | 2004 | 2005 | 2006 | 2007 |
|---|---|---|---|---|---|---|---|---|---|---|---|---|---|
| 美元 | 59.0 | 62.1 | 65.2 | 69.3 | 71.0 | 71.1 | 71.5 | 67.1 | 65.9 | 65.9 | 66.9 | 65.5 | 63.8 |
| 英镑 | 2.1 | 2.7 | 2.6 | 2.7 | 2.9 | 2.8 | 2.7 | 2.8 | 2.8 | 3.4 | 3.6 | 4.4 | 4.7 |
| 德国马克 | 15.8 | 14.7 | 14.5 | 13.8 | | | | | | | | | |

续表

| 年份<br>币种 | 1995 | 1996 | 1997 | 1998 | 1999 | 2000 | 2001 | 2002 | 2003 | 2004 | 2005 | 2006 | 2007 |
|---|---|---|---|---|---|---|---|---|---|---|---|---|---|
| 法国法郎 | 2.4 | 1.8 | 1.4 | 1.6 | — | — | — | — | — | — | — | — | — |
| 日元 | 6.8 | 6.7 | 5.8 | 6.2 | 6.4 | 6.1 | 5.0 | 4.4 | 3.9 | 3.8 | 3.6 | 3.1 | 2.7 |
| 瑞士法郎 | 0.3 | 0.3 | 0.3 | 0.3 | 0.2 | 0.3 | 0.3 | 0.4 | 0.2 | 0.2 | 0.1 | 0.2 | 0.2 |
| 荷兰盾 | 0.3 | 0.2 | 0.4 | 0.3 | — | — | — | — | — | — | — | — | — |
| ECUs | 8.5 | 7.1 | 6.1 | 1.3 | — | — | — | — | — | — | — | — | — |
| 欧元 | — | — | — | — | 17.9 | 18.3 | 19.2 | 23.8 | 25.2 | 24.8 | 24.1 | 25.1 | 26.4 |
| 其他货币 | 4.8 | 4.3 | 3.8 | 4.5 | 1.6 | 1.5 | 1.3 | 1.6 | 2.0 | 1.9 | 1.7 | 1.8 | 2.2 |

资料来源：IMF Statistics Department COFER database.

在一种货币成为全球性的国际货币之前，有可能先在一个区域性的双边或多边范围内被其他国家部分乃至全部接受而成为区域货币。由于区域货币实际上已经具备了国际货币的基本职能（只是范围比较有限），因此，正如我们一开始所定义的那样，货币区域化实际就是区域性的货币国际化。虽然，不是每一种全球性的国际货币都必须经过区域货币这个阶段，但一种货币的区域性国际化，很可能为其成为全球性国际货币创造条件并奠定一定的基础。近年来，人民币在我国的周边地区（包括越南、缅甸、蒙古和俄罗斯等国）以及港澳地区发生了一定规模的流通，流通量和滞留量均呈现逐步增长趋势。这表明，人民币已经出现了一定的区域性国际化迹象。这种初步的区域化现象是否会进一步发展，决策部门应当如何客观地看待这个现象，如何客观地评价其影响，是否应当给以一定程度的积极推动等，无疑需要认真研究并及时给出答案。

## 11.1.2 货币区域化的前提条件和路径选择

### 1. 前提条件

（1）必要条件（不管选择哪种路径都必须具备的条件）。

一国货币区域化的实现，可以通过不同的路径。但不论通过什么路径或渠道，都必须具备若干政治和经济条件。

在政治方面，至少包括两个重要条件：其一，国内政治稳定是一国货币实现区域化的必要条件。如果没有一个稳定的国内政治格局，一国的经济就不可能取得长期稳定，相应地其货币价值也很难保持稳定。没有稳定的经济和货币价值，不论是作为计量单位、交易媒介还是贮藏手段，一国的货币都不可能被其他国家所接受，因此，货币区域化就无从谈起。其二，该国必须在本地区乃至国际政治格局中具有较大的影响力。尽管货币区域化和国际化从根本上取决于市场的自然选择，但美元等工业化国家货币成为国际货币的经验显示，一个具有强大国际地位的政府可以通过某些国际协定去影响和推动这个进程。在区域性事务中的广泛参与，对于扩大其与区域内其他国家的经济往来（包括加深贸易、投资和金融联系），从而创造更多的机会去推动本国货币的境外使用，也具有重要意义。另外，一个具有较强国际性地位的政府本身也有助于提高其货币的可信度和金融资产的国际流动性，从而提高其国际接受程度。

在经济方面，主要包括以下重要条件：第一，在区内具有主要经济大国的地位，总体经济实力较强。当前，美元、欧元、英镑和日元之所以能够成为国际货币，与美国、欧盟、英国和日本等国强大的总体经济实力是分不开的。而在第二次世界大战结束以来的数十年时间里，美元能在全球外汇储备货币中保持60%~70%左右的比重，与美国经济实力的遥遥领先显然有着密切的关系。当然，为了实现区域性的货币国际化，一国可能并不需要达到或接近美国这样的经济实力，但至少应该在本地区取得主要经济大国的地位。

第二，与区内其他国家具有紧密的贸易往来关系，面向区内各国的差别性制成品出口量较大。一般来说，货币区域化需要以区内的贸易一体化为基础。一国与区内各国的贸易联系越是紧密，与各国的贸易规模越大，越容易推动本国货币在区内贸易中的计价和支付。当然，国际贸易的报价惯例有时会具有重要的影响。如在发达国家之间的贸易往来中，一般以出口方的货币来计值；在发达国家和发展中国家之间的贸易中，一般以发达国家的货币来计值；在无差别性的初级产品贸易中，目前一般习惯于以美元计值；在具有差别性的制成品贸易中，则一般以出口国的货币来计值。根据这些惯例可以认为，发达国家的货币区域化一般会具有较多的天然优势。而作为发展中国家，为了提高其货币的区域性国际化程度，应当努力提高其差别性制成品在区内的出口，以便增加本币在区内贸易中的计价和支付频率。

第三，货币价值的相对稳定。如果一国货币价值不稳定，通货膨胀严重，货币的对内和对外价值动荡易变，那么，这种货币很难成功地在区域内为别国所接受，很难充当国际计价单位和国际媒介手段，更不可能成为国际贮藏工具。即使成为国际性货币，其地位也会逐渐遭到削弱。有研究表明，在历史上，英镑所以被美元在20世纪后半期超越，一个重要原因是英国在20世纪的上半期的通货膨胀率远远高于美国（大约是美国的3倍）。近年来，有关货币竞争的一些研究

(Chinn and Frankel, 2005) 表明，美元能否在未来 20～30 年内继续保持领先，将取决于两个因素：一是美元是否会大幅度贬值；二是欧元区是否进一步扩大，特别是英镑和瑞士法郎是否会加入，从而形成一个更大的经济区。研究推测，如果这两个因素均朝不利的方面发展，2020 年前，美元和欧元在各国外汇储备中的比重将趋于相等，而到 2040 年，欧元将达到 80% 以上，而美元则降为 20% 以下。其实，近年来，人民币在周边国家和地区受到欢迎，在一定范围内发挥了区域货币的职能，与中国通货膨胀率比较低且人民币汇率呈升值趋势有较大的关系。

第四，金融市场比较成熟并且具有较高的国际化程度，包括拥有发达的国际金融中心。成熟的金融市场之所以是一国货币实现区域化的重要条件，是因为这样的市场可以为其他国家的居民（包括个人和机构）提供具有高度安全性、流动性和盈利性的各类金融资产，从而使他们确信持有该国货币既安全又便利。正因为这种安全和便利，一国货币才能在境外充分发挥其国际货币的各种职能。长期以来，美元之所以能保持其最主要国际储备货币的地位，并且遥遥领先于其他国际货币，其关键原因之一，是美国拥有世界上最发达的金融市场（特别是流动性极强的国库券市场）。这使得各国央行愿意大量持有美元资产。另外，英镑和美元之国际化，在很大程度上得益于伦敦、纽约这两个国际金融中心的存在；而日元国际化的道路之所以比较曲折，与东京国际金融中心相对不发达也有一定的关系。

第五，较高的货币可兑换性。货币可兑换包括经常账户下的可兑换和资本账户下的可兑换。货币区域化至少需要以经常账户的可兑换为前提，因为在严格的外汇管制条件下，外国居民无法随时获得必要的该国货币，也无法自由地将其持有的该国货币兑换为其他通货。简言之，如果没有一定程度的货币可兑换性，该国货币就不具备较高流动性这一国际货币的最基本条件。可以认为，在其他条件不变的情况下，一种货币的可兑换性越高，其区域化的程度也会越高。

第六，货币回流机制的建立。在货币区域化过程中，一国必须通过一定的方式和途径解决货币的回流问题。一般来说，在资本账户开放（特别允许非居民购买本币金融资产）前，一国由于对区内其他国家的贸易逆差而形成的本币流出，往往缺乏通畅的回流途径。这种状况不仅不利于该国货币区域化程度的提高，而且对本国的货币供应和金融稳定也将构成潜在的威胁，因为一旦大量滞留境外的本国货币集中回流国内（包括以非法的途径集中回流）时，国内的货币供求格局在短期内必然会受到冲击。因此，建立某种适当的渠道（如授权少数境外金融机构进行收存），对滞留境外的本国货币进行经常性的有序回流，在货币区域化过程中是非常必要的。特别需要指出的是，为了建立有效的货币回流机制，该国必须加强与区内其他国家的金融监管合作，加强区内相关银行服务体系的建设（包括对一些确有一定实力和管理经验的"地下银行"的收编和整顿），以便使本币在区内的流通基本上通过正规的银行体现来完成。

（2）可选条件（选择某些发展路径的前提条件）。

货币区域化的基本路径包括贸易渠道和金融渠道。大致而言，如果一国仅仅通过贸易渠道来实现货币区域化，那么，它并不需要取消各种资本管制措施，即实行资本账户的开放或可兑换。只要建立起有序的货币回流机制，货币秩序将不会受到明显的影响。但是，如果试图通过金融渠道来更快地推进这个进程，那么，它必须取消资本管制，实现完全的资本账户开放。可以说，资本账户的开放并不是货币区域化的必要条件，但是，它无疑是通过金融渠道推动货币区域化的必要条件。值得指出的是，由于金融渠道往往比贸易渠道更容易在短期内提高一国的货币区域化程度，因而也可以说，没有资本账户的开放，货币的区域化就很难达到一定的深度。

## 2. 路径选择

（1）两种路径及其优劣。

货币区域化的路径主要有两个，即贸易渠道和金融渠道。贸易渠道是指在本国与区域内各国之间贸易往来不断扩大和加深的背景下，本币作为计价工具和媒介手段在区内各国进出口贸易中的使用量逐步增大，并在一定程度上开始发挥价值贮藏的职能。金融渠道则是指在一国资本账户基本可兑换的背景下，以该国货币计价的国际投资和借贷工具开始并越来越多地被区内其他国家的投资者和居民所接受。当其他国家货币形势比较动荡时，该国货币往往成为那些国家的投资者和居民首选的货币替代对象，其价值贮藏功能这时会得到显著的提高。

作为一国货币区域化的两个实现路径，在其作用和风险方面，贸易渠道和金融渠道可能存在一定的差异。大致而言，通过贸易渠道实现货币区域化，一般不存在发生金融动荡的可能性——如果能够通过特定方式有效地解决货币回流问题；其缺点是需要较长的时间。相反，如果通过金融渠道去实现，那么，完成这个进程所需要的时间可能会大大缩短；但这个渠道的也包含着比较大的金融动荡风险，特别是当一国还不具备开放资本账户的各种条件的时候。

（2）不同路径的前提条件和顺序问题。

总体上讲，不论通过何种渠道来实现货币区域化，都需要满足我们在前文已经阐明的各项必要条件。这里值得强调的是，如果试图通过贸易渠道来实现，那么，最重要的条件是该国与区内其他国家之间必须具有较高的贸易一体化程度，而且必须在总体上对后者保持贸易逆差，因为只有这样，区内才可能有足够的该国货币存量。同时，区内还必须建立起有效的银行服务体系，以便提供该货币的兑换、支付结算和短期存款等必要的服务。如果试图通过金融渠道来实现货币区域化，那么，最重要的条件是该国必须具备一个开放的资本账户，以及高效、发达和开放的国内金融市场，因为只有这样，区内其他国家的投资者和居民才有可能方便地获得、持有和处置各种以该国货币表示的金融资产。

在一国的货币区域化过程中，贸易和金融这两个渠道是否存在优先顺序问题？理论分析和许多国别经验研究表明，在一国经济的开放过程中，对外贸易自由化往往会先于对外金融自由化。这意味着通过贸易渠道实现货币区域化的条件往往会较早地形成。因此，一般来说，在货币区域化过程的早期阶段，贸易渠道将是主要途径；在经过一个时期后，当资本账户开放条件趋于成熟的时候，金融渠道才可能成为重要乃至主要的渠道。这样的顺序不仅是理论分析的结果，而且也已经被大量来自发达国家和一些新兴市场国家的相关经验所证明。

一个相关的顺序问题是，在货币区域化过程中，货币职能的跨境发展是否存在先后顺序？一般而言，无论是通过贸易渠道还是通过金融渠道，国际计价工具和媒介手段职能的实现总会相对较早，而作为国际贮藏手段的职能则会相对较晚。理由很简单，因为境外居民持有该国货币（也就是将其看成国际贮藏手段）的目的无非两个：一是出于交易之需要；二是出于投资或保值之需要。显然，仅就第一个目的来说，当仅仅只有使用该国货币进行零星货物交易的时候，境外居民不会产生较长时间持有该国货币的需要；而只有当采用该国货币进行货物交易的需要大量出现时，境外居民才会愿意将其作为贮藏手段而经常乃至长期持有。至于为了投资而经常乃至长期持有该国货币时，也首先是因为已经存在以该国货币计价的金融资产，并且这些资产肯定已经形成了可以进行交易的市场。

（3）政府在货币区域化过程中的作用。

货币区域化是一个自然选择的过程。因为从根本上讲，一国货币能否在境外被（无论是政府方面还是私人部门方面）广泛采纳和使用是别国选择的结果。当然，政府在这个过程中也并不是只能消极地适应。事实上，政府可以通过加速或延迟各种前提条件的出现来影响这个进程。譬如，确保总体经济的持续稳定发展，不断提升综合经济实力；积极推行国内经济改革，加快对外贸易发展，提升本国在国际贸易中的地位；采取适当的外汇管理措施，鼓励国内的贸易企业以本币计价支付；采取稳健的财政－货币政策，以便保持本币的对内和对外价值稳定；积极发展金融市场，促进金融体系的健康发展，特别是加快国内债券市场的发展；鼓励有条件的国内银行开展海外业务，特别是争取在区内其他国家建立网点，以便在条件成熟的时候开展本币业务；逐步减少资本管制，实现资本账户的自由化；等等。

历史经验表明，建立国际汇率协调机制对于促进一国货币国际化的进程具有重要影响，因而也是政府可以积极发挥作用的地方。如布雷顿森林时代的"美元本位制"，对美元国际化地位的确立，具有非常重要的意义；欧洲汇率机制的建立，对于欧元的诞生以及它的国际化地位的提升，也十分重要。当前，日本对于亚洲货币区域合作的积极推动，非常值得我们关注。

### 11.1.3 货币区域化的国别经验

从比较广泛的角度出发，货币区域化的国别经验既可涉及区域性货币国际化，也可涉及各种形式的货币同盟和货币一体化合作框架。由于我们主要研究区域性货币国际化，因此，我们将不研究欧洲单一货币进程和欧元诞生方面的经验，而主要考察美元化和日元"国际化"的相关经验。通过分析，我们可以从中获得若干重要的启示。

**1. 美元化**

（1）什么是美元化？

对于美元化，国内外学者有不同的定义，其中很多都是将其作为一种货币替代现象进行解释。其实，不仅是美元化，货币区域化本身就是广义上的货币替代，因而，欧元的诞生和日元的国际化本质上也属于货币替代。

美元化作为一种经济现象，在不同国家的进行过程中有不同的表现。概括来讲，美元化可以分为两种：一种是一国货币的正式美元化，即一个国家将美元作为部分或全部法定货币，在这种情况下，一国货币当局让美元逐步取代本国货币，并最终自动放弃部分或全部货币主权。这些国家以拉美国家为主，它们在本国出现较为严重的通货膨胀或出现一定的汇率贬值预期时，公众出于降低机会成本的考虑，会减少持有价值相对较低的本国货币，而增加持有价值相对较高的美元。另一种是美元在货币职能上侵入他国，但其他国家并没有将美元作为法定货币。在这种情况下，许多国家在国际贸易和国际投资过程中，用美元替代本国货币的交易媒介、计算单位和价值贮藏等功能，这种形式的美元化也包括让美元在各种金融资产间的自由转换,从而间接影响对本币交易余额的需求。

资料表明,在美元化条件下,美元已经具有各种国际货币的职能。首先,作为交易媒介,据 IMF 统计,在 20 世纪 90 年代后期美元化发展最为迅猛的时期,2/3 的美元现钞都是在美国境外流通的,大约 3/4 新增发的美元现钞被外国人所持有。其次,作为计价手段,国际贸易中的许多重要物品都是以美元计价的,如石油、黄金等。再次,作为价值贮藏,美元在各国外汇储备中占绝对优势地位。

(2) 美元化的主要进展。

在美元化国家,美元的存在形式主要有:现钞和银行存款。其中银行存款有三种类型:国内银行体系的存款(FCD)、国内流通的外币通货(DCC)以及在境外银行的海外存款(CBD)。美元化程度可以通过对境内流通的美元现钞和美元存款的测算加以衡量,通常仅以美元存款占广义货币 M2 比重来代指美元化的程度。从世界范围来看,进入 20 世纪 90 年代以来,许多发展中国家和转轨经济国家的外币存款(主要是美元)占本国广义货币 M2 的比重一直很高,而且呈上升趋势。根据国际货币基金组织的统计,1995 年,阿塞拜疆、玻利维亚、柬埔寨、克罗地亚、秘鲁和乌干达的该比例都超过了 50%。此外,在允许居民开立外币账户的国家里,该比例经常达到 15%～20%。根据该组织的另一份研究报告,1998 年该比例达到 50% 以上的国家有 7 个,30%～50% 的有 12 个,很多国家是 15%～20%。这些国家主要集中于拉美、东欧和苏联。其中,在东欧和苏联各加盟共和国等过渡经济体中,这一比例高达 30%～60%,甚至超过了许多拉美国家。比例最高的国家玻利维亚达到 82%,土耳其为 46%,阿根廷为 44%,俄罗斯、波兰、希腊和菲律宾则均为 20% 左右,墨西哥为 7%。在阿根廷、玻利维亚、秘鲁和智利等国,70% 以上的银行资产与负债都是以美元计价的。在 2001 年 9 月的一份报告中,美联储宣称流通中的百元面值美元现钞中有 75% 是在美国境外流通。

美元化是美元的货币职能在美国以外的国家和地区,从交易媒介、计算手段逐渐扩展到价值贮藏的过程。通常情况下,这个过程是循序渐进的。有学者认为,美元化可以分为民间美元化、半官方美元化和官方美元(蔡辉明、易纲,2003)。从一定意义上讲,这种分类方法也道出了美元化实现过程的三个阶段,即从低级到高级,从萌芽到成熟的不同阶段。很显然,美元只有在其他国家民间具有充分的可获得性后,才可能最终得到官方的认可并最终成为法定货币。表 11-3 显示,截至 2000 年,有不少国家已经允许美元与其本国货币同时作为法定货币。

表 11 - 3　允许美元与本国货币同时作为法定货币的国家/地区

| 国家/地区 | 人口（万人） | 政治状况 | 使用的货币 | 起始时间 |
|---|---|---|---|---|
| 巴哈马群岛 | 29 | 独立 | 巴哈马元，美元 | 1966 |
| 不丹 | 190 | 独立 | 不丹元，印度卢比 | 1974 |
| 波斯尼亚 | 410 | 独立 | 波斯尼亚马克，德国马克 | 1998 |
| 文莱 | 30 | 独立 | 文莱元，新加坡元 | 1967 |
| 柬埔寨 | 1 000 | 独立 | 柬埔寨瑞尔，美元 | 1980 |
| 海地 | 800 | 独立 | 海地古德，美元 | — |
| 莱索托 | 210 | 独立 | 莱索托鲁梯，南非兰特 | 1974 |
| 利比里亚 | 290 | 独立 | 利比里亚元，美元 | 1944 |
| 卢森堡公园 | 42 | 独立 | 卢森堡法郎，比利时法郎/欧元 | 1945 |
| 纳米比亚 | 160 | 独立 | 纳米比亚元，南非兰特 | 1993 |
| 塔吉克斯坦 | 580 | 独立 | 塔吉克卢布，允许使用的他国货币 | 1994 |

资料来源：转引自蔡辉明、易纲文献，2003 年。

同时，也有一些国家进入了美元化的高级阶段，即这些国家已经将美元作为其唯一法定货币，取消了本国货币的法定货币地位（见表 11 - 4）。此外，厄瓜多尔、萨尔瓦多和危地马拉也分别于 2000 年 1 月、2001 年 1 月和 2001 年 5 月实行了完全美元化。对比表 11 - 3 和表 11 - 4，可以看出，在较早进入美元化高级阶段的国家和地区中，大多数人口规模较小，并且经济开放度很高，对经常账户的可兑换和资本账户的交易限制很少。

表 11 - 4　将美元作为唯一法定货币的国家/地区

| 国家/地区 | 人口（万人） | 政治状况 | 使用的货币 | 起始时间 |
|---|---|---|---|---|
| 安道尔 | 7.3 | 独立 | 法国法郎，西班牙比塞塔 | 1978 |
| 北塞浦路斯 | 18 | 独立 | 土耳其里拉 | 1974 |
| 格陵兰 | 5.6 | 丹麦自治区 | 丹麦克朗 | 1800 年以前 |
| 关岛 | 16 | 美国准州地区 | 美元 | 1898 |
| 基里巴斯 | 8.2 | 独立 | 澳大利亚元，本国硬币 | 1943 |
| 列支敦士登 | 3.1 | 独立 | 瑞士法郎 | 1921 |
| 马绍尔群岛 | 6.1 | 独立 | 美元 | 1944 |

续表

| 国家/地区 | 人口（万人） | 政治状况 | 使用的货币 | 起始时间 |
|---|---|---|---|---|
| 密克罗尼西亚 | 13 | 独立 | 美元 | 1944 |
| 黑山 | 68 | 南斯拉夫共和国 | 德国马克 | 1999 |
| 摩纳哥 | 3.2 | 独立 | 法国法郎/欧元 | 1865 |
| 瑙鲁 | 1 | 独立 | 澳大利亚元 | 1914 |
| 北马里亚纳群岛 | 4.8 | 美自治区 | 美元 | 1944 |
| 帕劳群岛 | 1.7 | 独立 | 美元 | 1944 |
| 巴拿马 | 270 | 独立 | 美元，巴拿马硬币 | 1904 |
| 波多黎各 | 380 | 美自治区 | 美元 | 1899 |
| 圣海伦纳 | 0.56 | 英属地 | 英镑 | 1834 |
| 美属萨摩亚 | 6 | 美国准州地区 | 美元 | 1899 |
| 圣马力诺 | 2.6 | 独立 | 意大利里拉/欧元，本国硬币 | 1897 |
| 图瓦卢 | 1.1 | 独立 | 澳大利亚元，本国硬币 | 1892 |
| 梵蒂冈 | 0.1 | 独立 | 意大利里拉/欧元，本国硬币 | 1929 |
| 英国诸岛 | 1.8 | 英属地 | 美元 | 1973 |
| 美国诸岛 | 9.7 | 美国准州地区 | 美元 | 1934 |

资料来源：转引自蔡辉明、易纲文献，2003年。

（3）美元化的背景和促进因素。

早在第二次世界大战结束之际，部分的通过布雷顿森林体系的"双挂钩"机制，美元在国际货币体系中取得了绝对霸主地位。其后，伴随着美国经济的持续增长，美元的国际地位不断得到巩固与强化，在全球外汇储备货币中的比重一直保持在60%以上。美元化作为一种经济现象主要集中出现于20世纪70年代到90年代初，涉及的地区主要包括拉美国家、苏联和东欧国家，以及一些小型经济开放体。美元化使得美元在这些国家和地区取得了主权货币或相当于主权货币的地位，从而进一步强化了自20世纪中期开始的美元霸权地位。

拉美国家的美元化最具代表性。在推动拉美国家实行美元化的各种因素中，美洲地区的贸易和经济一体化进程显然具有重要的地位。拉美国家与美国存在着天然的、地理的以及人文的联系，这种历史联系为拉美国家经济的美元化提供了得天独厚的条件，在此基础之上两者的经济联系日益密切。随着美洲自由贸易区、安第斯共同体、南方共同市场等的建立，拉美国家和美国的经济一体化程度逐渐加深。从拉美国家自身的角度来讲，与美国加强区域内联系与合作，有利于其适应经济全球化的需要和增强抵御外来冲击的能力。可以认为，较高的贸易依存度大大促进了拉美与美国经济一体化程度的提高，进而成为这些国家部分或全面实行美元化的重要原因。

另一个推动拉美国家美元化的重要因素，是不少国家在20世纪后期遭遇了严重的通货膨胀。早在20世纪80年代初，拉美国家的通货膨胀率居高不下（如玻利维亚的通货膨胀率一度高达24 000%），当地居民为了保值大量使用美元。虽然当地政府没有以法律形式将美元作为法定货币，但是当地居民出于保值考虑已经大量使用美元。进入20世纪90年代，尤其是经过拉美金融危机之后，更多的拉美国家倾向于选择官方美元化，即将美元作为其国内的法定货币，本国货币退出流通领域。1999年1月21日，即在巴西金融动荡爆发后数日，阿根廷总统梅内姆要求该国中央银行提交一份实施美元化的可行性研究报告，尽管最后阿根廷的美元化未能成功实现，但是它仍然是美元化过程中的一次尝试。而在此之前，墨西哥国内的民意调查也显示，绝大多数人赞同用美元来取代比索。

（4）美元化对于美国的影响。

对于美国来说，美元化的积极意义主要体现在：第一，保持了美元的世界霸主地位。随着欧盟与拉美经济联系的加深和欧元的启动，美国感到了欧洲经济和欧元国际地位提升的压力。拉美国家实行的美元化进程，强化了美国与拉美经济的联系，在一定程度上抵御了欧盟的经济渗透，从而对保持美元的国际地位起到了重要的作用。第二，获得了规模可观的铸币税收入。通过美元化，美国每年大概可以获得150亿美元的铸币税收入，约占其国内生产总值的0.2%。大量美元在境外流通，对美国而言就是一笔永久性的无息贷款。同时，美元化也减少了外汇兑换风险和成本，增加了贸易和投资，有利于经济和金融的稳定。这些都为美国经济繁荣和稳定创造了有利条件。

当然，在另一方面，美元化也存在一定的消极影响。拉美国家的美元化会在一定程度上影响美联储的货币政策效果乃至独立性。一旦美元区内的金融机构出现危机，美联储将被迫在实际上充当"最后贷款人"的角色。

## 2. 日元国际化

"日元国际化"早在20世纪60年代就已经被提出，但是，人们似乎并没有看到日元国际化的真正实现。即使如此，仍有必要对日元国际化的历程进行分析，以便对人民币区域化提供借鉴。何谓"日元国际化"？从货币职能的角度出发，日元国际化是指：提高国际融资交易和海外交易中日元的使用比例和外国投资者资产保有中日元计价的比例，也就是提高日元在国际通货制度中的作用以及日元在经常交易、资本交易、外汇储备中的地位。

（1）日元国际化的漫长历程。

根据李晓（2005）的分析，自20世纪60年代末以来，日元的国际化经历了三个阶段。从20世纪60年代后期至70年代末，是日元国际化的第一阶段。在这个时期，由于日本经济实力的持续增强，日元可兑换进程的加快，以及在布雷顿森林体系瓦解过程中日元地位的逐步提升等，日元的国际地位问题开始受到关注。然而，由于日本政府和中央银行对日元国际化的态度十分消极（多数官员认为，"日元国际化将搅乱国内金融政策"），加上国内政策性金融体制的封闭性，因此，尽管在这个时期日元的国际地位已经受到关注，但日元国际化并没有任何进展。

从20世纪80年代至90年代初，是日元国际化的第二阶段。这一阶段的标志性文件有日本大藏省于1980年12月颁布的新《外汇法》、1984年大藏省发布的《日美日元美元委员会报告书》和1985年外汇审议局发表的《关于日元的国际化》等。这些文件的出台，使"日元国际化"被正式提到议事日程，日本国内和国际社会对于日元国际化的关注出现了一个新的高潮。由于《外汇法》的实施，金融机构的外汇交易原则上实现了自由化，进而增大了对外贸易中使用日元的机会，由此导致日本进出口贸易中日元计价的比率大幅度上升。面对不断增大的来自美国的要求日元升值的压力，日本政府对于"日元国际化"不再持明显的消极态度，转而趋于中立，并提出了扩大日元国际交易和整顿国内资本市场的一些对策。然而，这些进展并没有使得"日元国际化"出现预期的快速发展，"日元国际化"的程度甚至还有所下降。

从亚洲金融危机之后至今，是日元国际化的第三个阶段。1997年亚洲金融危机之后，亚洲国家开始重视亚洲金融与货币合作。日本政府从其自身利益出发，为了谋求其在亚洲地区的经济领导地位，对亚洲货币体系的建立表现出极大的热情。在此背景下，日本重新审视了日元国际化的战略方针，决定将日元区域化作为其新的战略重点。同时，日本政府吸取了前两个阶段的教训，在推动日元亚洲区域化的过程中，高度重视国内经济改革，积极完善国内资本市场，试图通过这些努力为日元的区域化和最终国际化创造条件。

（2）日元的国际化程度。

近年来的一些数据显示，同美元和欧元等货币相比，日元的国际化程度还处于相对较低的水平。

A. 作为交易媒介。在90年代后期，日元作为交易媒介在国际货币中明显低于美元和德国马克。据BIS调查，截至1998年4月，世界主要外汇市场的日成交量近2兆日元。其中，美元占87%，居压倒多数，德国马克占30%，日元占

21%，英镑占11%①。这种格局的形成，与交易场所（外汇交易中心）的地理位置有一定的关系。随着国际金融中心的发展变化及日本国内的金融动荡和银行风险增大等原因，东京的国际金融中心地位有所下降，而更多的投资者将交易转向同在亚洲地区的中国香港和新加坡，这些无疑对日元的交易媒介地位造成了不利影响。

B. 作为计算单位。根据格拉斯曼法则（Grassman Law）的说法，发达国家的对外贸易大多是以出口国货币计价。但是，日本以日元计价出口的比例却很低，与日本的经济规模相比有很大差距。直到 1997 年，世界贸易中日元的计价比例从 1992 年的大约为 5% 仅提高到 7%，比美元和其他货币低得多。从 1980 年到 2002 年，日元作为计价货币在日本出口中所占的比例一直在发达国家中都是最低的，进口方面也是如此。而同期的美国，出口中所占的比例各年度均为 90% 以上，即使是进口也在 80% 以上。

C. 作为"钉住货币"和价值贮藏手段。作为主要货币的美元、法郎和英镑等都被一些国家和地区作为钉住货币，但没有任何一个国家和地区将日元当作钉住的基准货币。如果以钉住某种货币的国家数来判断，钉住美元的国家数进入20 世纪 90 年代以后稳定在 20 多个，所占的比重最高。

日元距离国际储备资产也还有很大的差距。虽然 1985 年的"广场协议"使日元的国际储备资产的地位有了一定的提高，但进入 20 世纪 90 年代之后，又有明显的下降。截止到 2003 年，在全球储备资产总额中日元所占的比例只有 4.8%，远低于美元的 63.8% 和欧元的 19.7%（见表 11-2）。

以上数据显示，自 20 世纪 90 年代以来，无论作为国际交易手段，还是作为计价，或者作为国际储备货币和钉住货币，"日元国际化"的水平不仅没有上升，反而在下降。与美元相比，日元的国际地位不仅没有提高，反而有所降低。

（3）近年来日本再提日元国际化的原因。

自 20 世纪 60 年代后期日本的国际地位开始受到关注以来，日元的国际化进程经历了近 40 年的风风雨雨，总的来说并不顺利。以大藏省为代表的政府部门对于日元国际化的态度最初显得比较消极，后来转而比较暧昧或中立。但是，有种种迹象表明，自 1997 年亚洲金融危机后，其态度明显变得积极起来，并且积极推动。在学者方面，也越来越多的人相信，日元国际化不仅对日本有益，而且也有利于整个亚洲的经济稳定。许多学者对现阶段日元国际化提出了看法和设想。

---

① 成交按双边计算，故总量为 200%。

日元国际化被重新提出有其多方面的原因。首先，是国内经济发展的需要。自1995年4月美元对日元的汇率达到创纪录的1美元兑79日元之后，日元对美元的汇率便开始大幅波动。亚洲金融危机使得日元汇率的波动更为剧烈，1998年8月15日，日元对美元的汇率跌至1美元兑146.75日元。亚洲金融危机之后，针对国内委靡不振的经济，日本首相小渊先后实行了两次规模达到40万亿日元的"综合经济对策"。同时，日本中央银行在维持5%的贴现率的基础上，于1999年2月12日又将无担保银行隔夜拆借利率从0.25%降到0.15%。此后，隔夜拆借利率不断下降，进入了所谓的零利率时代（一直持续到2000年8月15日），但是日本经济并没有任何起色。面对进入低谷的日本经济，大藏省试图通过推动日元国际化来振兴对外贸易进而刺激国内经济增长。

其次，是深化国内金融体制改革的需要。在日元国际化的第一阶段和第二阶段，日本政府忽视了国内的金融改革。金融体制本身不完善且市场化程度低等使得日元国际化没能得到实质性的发展，加上泡沫经济遗留下的巨额不良债权，日本在1994年出现了一系列金融机构挤兑风波和倒闭事件。日本政府针对国内混乱的金融体系，曾推出了日本式的金融"大爆炸"，试图振兴东京国际金融中心，带动日本经济的结构调整，但是亚洲金融危机之后，动荡的东亚货币格局使日本金融市场更加脆弱，市场信心不足和剧烈波动的日元汇率都成为日本金融改革的障碍。因此，政府开始相信，只有将日元国际化和国内的金融改革同时进行，才能使日本顺利实现金融复苏。

再其次，谋求国际地位的考虑。欧元的启动，在一定程度上进一步降低了日元的国际地位。因为国际金融市场上以欧元计价的资产比重迅速增加，以美元计价的资产并没有发生很大的变化，而以日元计价的资产却急剧下降。随着欧元区国家经济的稳定增长以及欧元区成员国的数目增多，欧元将在未来的国际货币体系中的地位会稳中有升，那么，美元与欧元的绝对优势会进一步削弱日元的国际竞争力，这些都加剧了日本政府的危机感。因此，从巩固和扩大日元在国际货币体系中的地位角度来看，日元国际化已迫在眉睫。

另外，自亚洲金融危机以后，关于加强亚洲经济与金融合作的种种动议已经逐步为亚洲国际社会所接受。如何在未来的亚洲货币与金融合作框架中谋求领导地位，是日本经济乃至政治领袖们十分关心的问题。而重提日元国际化，正是这方面努力的一个重要表现。值得注意的是，将日元国际化战略调整为首先谋求亚洲化，在一定程度上也反映了美国的金融霸权地位仍然十分强大，因为日本政府显然意识到在当今的美元仍占绝对优势的国际货币体系下，日元直接谋求国际货币的地位是极其困难的或是不可行的。

## 11.2 人民币区域化发展的趋势及战略构想

### 11.2.1 人民币区域化发展的现实条件

对照上述理论分析，可以认为，目前人民币区域化发展已经初步具备了一些重要条件，而且事实上还面临一些比较有利的因素，然而，也有一些条件尚未完全形成。面对这样的现实条件，在今后一个时期，有关当局应继续以稳妥的方式去推动这一进程。下面，我们拟分别阐明这些现实条件，并对目前的国际经济环境作出简要分析。

**1. 国内的现实状况**

（1）有利的条件和因素。

从国内方面看，比较有利的条件和因素包括：第一，通过 30 年的改革开放，我国的综合经济实力已经大大提高，作为亚洲地区经济大国的地位已经基本确立，并且正在步入全球主要经济体的行列。据国际货币基金组织的最新统计，按当前的市场汇率计算，截至 2007 年底，我国的国内生产总值已经达到 3.38 万亿美元，基本与德国持平，位居世界第三。从亚洲范围看，我国国内生产总值不但仅低于日本，而且远远超过了韩国和印度的规模。

第二，货币币值稳定，汇率稳中有升。自 1994 年以来，我国的居民消费价格指数一直在低位运行，币值非常稳定。同时，自从 1994 年实行有管理的浮动汇率制以来，人民币汇率并没有出现明显的起伏，而一直保持稳定态势并在总体上呈现上升趋势。2005 年 7 月实行新的汇率形成机制后，这种趋势更为明显。对外汇率的稳中有升趋势，使人民币在国际贸易和其他经济往来中形成了良好的币值信誉，这可能是近年来人民币在周边地区流通不断增加的一个非常重要的原因。另外，20 世纪 90 年代中期以来，由于贸易和金融账户连年存在"双顺差"，我国的外汇储备持续增长，截至 2007 年底，已经超过 1.5 万亿美元。巨额的外汇储备，为人民币汇率在未来一个时期内继续保持稳定奠定了重要基础，并将为人民币的区域化提供强有力的支持。

第三，伴随着对外贸易和利用外商直接投资规模的迅速扩大，与亚洲其他国家的经济一体化程度正在快速提升。20 世纪 90 年代以来，我国的进出口总额一直保持增长势头。加入 WTO 后，我国的对外贸易量更是迅猛增长。截止到 2007

年年底，进出口总额达到 21 738 亿美元，其中出口额为 12 180 亿美元，进口额为 9 558 亿美元。值得指出的是，在亚洲经济一体化的过程中，通过向周边亚洲各国提供巨大的市场，中国近年来正在发挥越来越重要的作用。据来自国际货币基金组织的数据，1995 年，中国仅占东盟五国出口的 2.6%，到 2003 年这个比例上升到 6.7%。同期，印度对中国的出口大约增长了 4 倍，从 1995 年的 1% 上升到 2003 年的 4.5%。另外，韩国对中国出口大约占其全部出口的 1/5，日本对中国的出口增长也远远高于其总的出口增长速度。

自 1992 年以来的 15 年间，我国利用外国直接投资的规模持续扩大。近年来，年均规模保持在 500 亿～600 亿美元。自 1992 年以来，累计总额已经超过 8 000 亿美元。值得指出的是，在过去 10 多年里，亚洲国家和地区一直占据我国外资的主要来源国地位。

通过向亚洲其他国家提供商品市场和直接投资场所，我国经济已经越来越深入地融入亚洲经济的一体化进程之中。种种迹象表明，这一趋势方兴未艾。这无疑为人民币的区域化发展提供了非常重要的条件。

第四，外汇管理改革不断取得新的进展，货币可兑换程度稳步提高。1996 年，中国宣布了人民币在经常项目下的可兑换，从而实现了人民币的部分可兑换。此后，在资本项目领域，也进行了一定的自由化改革，管制程度总体上也呈现放松趋势。另外，为了推动和促进人民币汇率形成机制的改革和完善，我国对我国外汇市场也进行了多次重大改革。1994 年 4 月 1 日，全国统一的银行间外汇市场正式开始运作。2005 年 8 月 8 日，为了配合新的汇率形成机制的引入，中国人民银行颁布了《关于加快发展外汇市场有关问题的通知》（以下简称《通知》），扩大了即期外汇市场交易主体，丰富了交易品种，完善了市场交易方式。国家外汇管理局也颁布了一系列外汇市场的配套改革措施，如 2005 年 11 月 24 日发布了《通知》，决定将做市商制度引入我国银行间外汇市场等。外汇市场的成功改革，对于人民币汇率机制的进一步改革，以及资本项目下交易可兑换程度的提高，都有很重要的意义。

第五，金融市场体系基本形成，金融监管能力有了较大的提高。改革开放以来，我国的金融市场有了快速的发展。目前，我国的金融资产已约 60 万亿元人民币，是 GDP 的 2 倍多。我国的金融市场已经发展成为以货币市场、债券市场和股票市场为主体的相对完整的市场体系——2007 年底，沪、深交易所的股票市值已经超过 32 万亿元人民币；债券市场年发行量超过 2.6 万亿元人民币；以同业拆借、回购为主体的货币市场规模也日益扩大，短期融资券、央行票据等货币市场工具日益多样化。金融市场体系的初步形成和不断完善，将逐步提高人民币资产的流动性，从而为人民币的区域化奠定重要的基础。特别引人注目的是，2005年10月中国人民银行已经批准国际金融公司和亚洲开发银行分别发行11.3亿、10亿元人民币债券，期限为10年；2006年11月，国际金融公司又成功发行8.7亿元熊猫债券。这一系列事件标志着以人民币计价的国际债券已经出现，也成为以金融渠道实现人民币区域化和国际化发展的一个重要尝试。

此外，1997年亚洲金融危机以后，我国加大了金融监管的力度，金融监管能力也有较大的提高。近年来，金融机构的不良贷款已经有了比较明显的下降。同时，在反洗钱和配合反恐等方面也取得了显著的成就。金融监管能力的提高，对于防止人民币区域化发展过程中的金融风险，打击各类金融犯罪具有重要意义。

（2）缺失的条件和其他障碍。

尽管人民币区域化发展已经具备或初步具备了一些有利条件，但必须看到，若想全面推动这个进程，还有一些障碍有待克服。

首先，资本管制还比较严格。虽然近年来我国采取了一些放松资本管制的措施，但总体上看，资本管制还比较严格。据估计，目前在国际货币基金组织罗列的43项资本交易中，中国大约只有30%左右的项目不存在或基本不存在限制，其余均在不同程度上受到管制。而在受到管制的项目中，多数与货币市场工具和证券市场交易相关。这意味着尽管我国的金融市场已经有一定程度的发育，但其流动性还比较差，具有国际流动性的金融市场工具还很少。许多理论和国别经验研究表明，资本账户开放需要具备一系列重要的前提条件，如灵活的汇率制度、成功的贸易改革、利率自由化和健全的金融监管体系等。在中国，这些条件的准备显然还需要一个较长的时期，资本账户不可能在较短的时期内完全开放。因此，在未来一个较长的时期内人民币的区域化发展可能仍将主要通过贸易渠道而不是金融渠道，从而在总体上不会有很显著的发展。

其次，国内金融市场还有待进一步深化。目前，我国金融市场的流动性比较差，金融工具还相当缺乏。在这样的市场环境下，即使资本账户开放了，因为没有足够的以人民币计价的金融工具可以选择，通过金融渠道的人民币区域化也很难在短期内出现大的进展，从而也就很难在总体上获得长足的发展。

再其次，国内银行的国际化程度较低。人民币的区域化发展需要得到银行体系有效支持，如在中国境外有效地提供人民币的汇兑、结算、支付乃至存储等金融服务。虽然这种支持未必一定需要来自中国国内的银行，区域内其他国家的银行甚至欧美跨国银行也可以提供，但国际经验表明，由于文化、习惯等方面的原因，来自本国的银行在提供这类服务时通常具有更多的便利。

## 2. 国际经济环境

在国际环境方面，人民币的区域化发展同样面临有利条件和不利的因素。从有利条件方面看，首先，自 20 世纪 80 年代后期以来，经济全球化蓬勃发展。伴随着关税和非关税壁垒的持续下降，以及资本流动规模的不断扩大，各国在生产、贸易、投资和金融等领域的国际化程度越来越高。可以预料，在未来一个较长的时期内，经济全球化还将进一步深入发展。过去 20 年的经验表明，中国是经济全球化的主要获益者之一。可以相信，作为人口众多、发展潜力巨大的发展中大国，中国仍将继续从未来的经济全球化中获益。这样一个基本背景，对于人民币的区域化发展无疑是十分有利的。

其次，伴随着经济全球化的不断发展，亚洲地区的经济和贸易一体化程度也有了明显的提高。我们可以清楚地从图 11-1 看到这样一种趋势的存在。从 1978 年以来，亚洲区内贸易水平有不断提高的趋势，到 2004 年就已超过 40%。可以预期，亚洲贸易一体化程度仍将继续提高，而这种不断提高将是亚洲货币区域化的重要基础。亚洲经济一体化程度的提高，既增大了对区域性货币的需求，同时也为区域货币诞生创造了有利的环境。

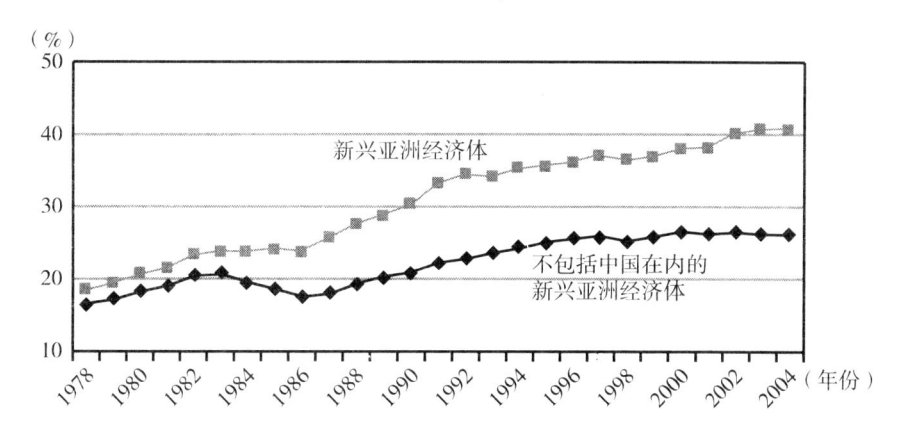

**图 11-1 亚洲地区区内贸易的变化趋势（占区内贸易总额的百分比）**
资料来源：IMF, Direction of Trade Statistics.

值得注意的是，资料显示，亚洲地区 27 年间的区内贸易增长可以分为两个阶段：第一阶段从 1978 年至 90 年代中期，区内贸易增长的 80% 与中国无关；第二阶段从 1995 年开始，中国因素作用逐渐增大，去除中国贸易增长对亚洲贸易增长的影响，区内贸易增长势头平缓。近年来，中国与区内其他国家的贸易合作使得贸易增长加速，中国也给区内其他国家提供了巨大的产品需求市场。特别是在 2004 年，区内其他国家对中国的出口快速增加，达到区内出口总额的

35%。相关资料显示，2000年中国与亚洲的贸易逆差为90.2亿美元，到了2002年则增长到200.1亿美元，而2003年则高达503.2亿美元；而且这些贸易逆差主要集中在日本、韩国、东盟等国家（冉生欣，2005）。事实上，亚洲的贸易出口模式已经明显地呈现以下格局：中国作为市场提供者从亚洲各国进口中间产品，这些中间产品在中国内地进行装配加工后出口到美国、欧洲和日本。毫无疑问，中国在亚洲经济区域化进程的作用正在显著提高。而这样一种背景的出现及其明显的发展趋势，正在构成人民币区域化的经济基础，或者说人民币区域化的经济基础正在逐步形成。作为相关的一个经济政策安排，在未来一个时期，中国应当加快与亚洲国家的贸易一体化进程，通过更多的贸易自由化协定和紧密性经济贸易安排，来进一步加强与亚洲国家的经济联系。

再其次，全球范围内的货币区域化趋势正在逐步形成，亚洲货币金融合作不断取得新的进展。在经历了数十年的艰苦努力后，欧元区已经成功面世，并可能在未来进一步扩大。虽然目前尚面临一些挑战，但估计不会产生任何逆转。在美洲，伴随着实行美元化的国家的数量增多，一个以美元为核心的美元集团可能正在逐步形成。在亚洲，虽然货币合作的进程相对缓慢，但近年来也出现了比较明显的进展。如2000年5月，东盟"10+3"财长在清迈签署了《清迈协议》，该协议是亚洲货币金融合作所取得的重要成果——在该机制下，目前泰国正通过亚洲合作对话（ACD）各成员发行以本币计价的"亚洲债券"来推动亚洲债券市场的发展。迄今为止，中、日、韩与东盟10国共签署了16个双边互换协议，累计金额达440亿美元。2003年，10亿美元的亚洲债券基金成功发行；泰国财政部在2004年分批发行了约300亿美元以泰铢计价的主权债券；从2004年下半年开始，马来西亚、泰国等国在国内都允许跨境债券的发行和交易。最近，有关建立亚洲货币单位的建议方案也纷纷出现。美元和欧元的经验表明，国际货币合作（特别是汇率协调机制的建立），对于推动核心货币的区域化乃至全球化具有重要意义。因此，可以认为，亚洲货币合作的不断加强，也为人民币的区域化提供了有利的国际环境。

当然，人民币的区域化发展也面临一些不利的国际环境，其中最主要的是来自美元等其他国际货币的竞争。美元是当今世界最主要的国际货币，其在全球外汇储备货币结构中的比重高达60%～70%，长期以来在亚洲国家对外支付、结算乃至官方储备中一直占据绝对的主导地位。自亚洲金融危机以来，不少亚洲国家的货币又在事实上与美元挂钩，据此美元的影响力得到了进一步的强化。另外，根据国际贸易惯例，大宗的初级产品交易一般均以美元计价；在发达国家与发展中国家的贸易中，出口则一般均采取发达国家的货币计价。这些惯例无疑使美元具有天然的竞争优势。因此，人民币要想在亚洲取得越来越大的影响，并最终成为区域性货币，必须面对美元的竞争。可以认为，如果美元在未来几年内出现大幅度贬值，而且呈现持续的疲软走势，那么，人民币在亚洲地区发展成为一种重要的区域货币的可能性将明显提高；否则，人民币的区域化发展可能需要经过更长时间的努力。

除美元以外，欧元和日元也可能对人民币的区域化构成一定的竞争。虽然欧元的影响力目前主要在欧洲，但并不排除未来在欧洲以外的地区发挥影响。国外有研究认为，如果欧元区进一步扩大（特别是英镑最终加入）或者美元发生持续贬值，那么，欧元在未来二三十年间就完全可能超过美元而成为最重要的国际货币。如果这种情形最终发生，那么，在亚洲成为人民币最主要竞争对手的将是欧元而不是美元。至于日元，虽然日本的总体经济力量目前远远不如美国，也不如欧元区的各国加总，但在亚洲其经济大国地位暂时还没有哪个国家能够取而代之。另外，日本政府吸取以往日元国际化的失败教训，目前热衷于通过亚洲货币合作来加强日元在亚洲地区的影响力。因此，日元或者未来以日元为核心的亚元都会成为人民币区域化发展的重要障碍。

### 11.2.2 人民币区域化发展的利弊分析

人民币区域化是一把双刃剑，它既会给中国经济发展带来一定的利益，也会产生一定的负面影响。以下分别给予简要说明。

人民币区域化的利益主要体现在：

（1）方便我国居民进行对外贸易和金融活动，其中包括消除汇兑成本与风险，大大减轻所谓"原罪"。由于我国企业在进出口贸易和金融活动中可以用人民币计值和交易，因而不仅省去了货币的兑换环节，而且也无需面临汇率风险。从整个国家的角度看，使用人民币进行计价结算，还可以减少总体的货币错配机会，从而可以在一定程度上减少货币危机发生的可能性。

（2）为我国国内银行和其他金融机构的境外发展提供更多的商业机会。一般来说，无论在国内还是在国外，本国银行和金融机构对本币业务总会具有较大的相对优势。因此，当人民币实现区域化后，我国的银行和金融机构将有更多的机会前往区域内各国去开设分支机构，从事人民币的兑换、结算、支付和其他金融交易活动。另外，当以人民币计价的金融资产大量出现后，国内的商业银行和投资银行也将具有大量业务扩展的机会。

（3）获取"铸币税"收益。"铸币税"是指一国在以本币计价支付的对外贸易和金融活动中，因发生对外净支出而无偿占用别国资源所获得的一种收益。这种无偿占用的期限究竟有多长，将取决于这些本国货币何时回到国内。因此，

"铸币税"从本质上讲是一种无息的对外负债,往往被看成是货币区域化的主要收益之一。毫无疑问,人民币区域化以后,中国政府将从中获得一定数量的"铸币税",尽管这种收益不易过高估计。关于"铸币税"的计算,有不同的方法。比较流行的方法是,以境外流通的本国货币数量为基础,计算这部分货币的证券资产利息收益。据初步估计,2006 年人民币在境外的滞留存量为 500 亿元。假定人民币资产的平均年收益率为 5%,那么人民币的"铸币税"就是 25 亿元。如果 10 年后这个滞留量达到 3 000 亿元,仍按照 5% 的平均收益率计,那么人民币"铸币税"就会高达 150 亿元。

(4) 提高国民荣耀感。货币区域化和国际化虽然是一种经济现象,但也常常被看成是一个国家的象征,甚至被看成是一国经济实力强大的表现。在历史上,英国国民从来就把英镑的国际货币地位看成是一种荣耀,这甚至在一定程度上成为阻碍其加入欧元区的一个重要原因。可以相信,当人民币实现区域化乃至国际化以后,中国国民的荣耀感也会大大增强。

人民币区域化的成本主要体现在:

(1) 我国货币政策实施将面临更加复杂的环境。我们知道,货币政策的成功实施必须以货币当局对货币需求的尽可能准确掌握为前提。然而,在存在大量的境外货币流通时,要想及时而准确地掌握一国的货币需求并不是一件容易的事情。在人民币区域化以后,人民币境外持有者的行为无疑会相应地影响我国的货币总需求,而当这种影响不仅明显而且很不确定时,我国货币政策的实施肯定将变得比较困难。

(2) 当境外对人民币资产的需要扩大时,人民币将面临升值压力,进而削弱我国贸易竞争力。当然,这种情形在主要通过贸易渠道去实施人民币区域化的过程中可能不会很突出。但是,资本账户开放,人民币通过金融渠道实现区域化时,这种情况就非常容易发生。在 20 世纪六七十年代,日本货币当局之所以对日元国际化持消极态度,一个很重要的原因就是担心日元国际化后境外投资者对日元产生过度需求,从而削弱日本的国际竞争力。

(3) 我国货币当局将承担更大的政策责任,即在制定货币政策时需要考虑这些政策对区域内各经济体可能产生的冲击。当人民币成为区域货币后,区域内各经济体所持有的人民币金融资产(包括政府和私人部门)将大大增加。当中国货币当局调整货币政策(如提高利率)时,区内各经济体将受到明显影响。对于有的经济体来说,这种影响可能是一种严重的外部冲击,甚至可能使这些经济体陷于经济衰退和动荡。出于维护区域内经济金融稳定的需要,同时也是出于防止外部不稳定因素传递到国内,我国的货币当局必须在制定有关政策时未雨绸缪,避免出台的政策造成本地区的金融不稳定。

### 11.2.3 人民币区域化发展的战略规划

对于人民币区域化的战略规划，至少应该包括以下要点：第一，人民币最终会成为主要的国际货币，但这将是一个长远目标。这个目标的实现需经历一个较长的时期（也许需要40年甚至更长）。第二，基本对策是积极创造各种基础性条件，逐步提高人民币的国际化程度。第三，基于美元、日元等货币国际化的经验，目前，我国应积极推动亚洲区域经济合作（积极参与贸易和金融一体化进程）。其中，促进货币金融合作（包括汇率机制方面的协调），具有非常重要的意义。第四，在发达的国内金融运行和监管体系形成之前，人民币国际化仍将主要通过贸易渠道推进，金融渠道的开通需要非常慎重。目前，可尝试的是加强人民币国际债券的研究，并可在试点的基础上逐步推进。应当强调的是，在总体上，不能为了加快国际化进程而加速资本账户的开放进程。第五，可继续关注边境贸易中人民币的流通态势，通过加强双边乃至多边金融监管合作，使之尽量规范发展（可考虑对"地摊银行"的合法化并加强监管）。同时，应加强对回流机制的研究。第六，香港地区的人民币业务的放开必须走审慎和渐进的道路。对于尽快在香港地区建立人民币离岸金融中心的建议，尤其需要冷静分析和对待。

# 第 12 章

# 中国金融改革和发展中的
# 金融风险与防范

从经济发展的长期过程看，中国改革开放 30 年的增长处于一种特殊的环境之中：优势因素得到充分发挥，制约因素尚未充分体现，推进改革易于取得共识，开放带来的增长动力强劲。然而这种状况正在随着国际国内环境的变化而发生改变：一方面在国际上随着经济全球化进程的加快，中国在全球经济格局中的利益关系也必将发生变化，经济全球化不仅意味着机遇而且意味着挑战；另一方面是国内经济发展近时期呈现出一系列转折性特征，改革本身的难度和对改革达成共识的难度都在加大，开放带来的增长动力有所减弱，国内产业某些方面的比较优势正在发生变化；城乡、区域、经济社会发展差距的拉大导致宏观经济调控和保持稳定的难度加大。这些风险都通过资金渠道部分地累积于货币金融体系内，金融系统性风险的累积程度不断加深。所有这些因素的出现都表明 30 年的改革开放政策虽然促成了中国经济长期稳定的增长，但金融体制改革仍面临一些新情况和新问题。这些问题突出地表现在两个方面：一方面，风险逐渐累积，并逐步向系统性风险转化；另一方面，改革开放、经济全球化与当前迫切的金融安全需求之间产生了不协调。这两个方面的问题关系到我国未来一段时间如何积极稳妥地推进货币金融体制改革，具有重大的战略意义。

## 12.1 金融改革与发展中的系统性风险

中国经济改革与转型的渐进模式的平稳推进得益于增量改革的成本能够很快地由财政支付或通过国有银行系统向金融系统转移；货币政策也由于长期支持通过出口导向的外贸体制实现经济增长而缺乏应有的独立性，从而政府主导的中国制度变迁之内生逻辑导致我国经济领域中的各种矛盾日益累积为金融领域的系统性风险，宏观调控政策组合越来越困难；而经济增长与经济结构不合理以及政府为此采取的宏观调控措施更加剧了金融系统性风险。

在经济体制转轨及改革和全球经济一体化的时代背景下，各种新政策和新市场规则不仅使原有风险因素对金融系统的威胁显性化和现实化，而且还会出现新的风险，加之国内金融基础脆弱、监管体系不完善，原本已经累积了大量的金融系统性风险，如今金融系统安全问题就更显紧迫。

### 12.1.1 金融改革深化与系统性风险

政府主导的改革实践取得了巨大的成就，并且将继续以此方式深化改革。但是由此产生的成本也是高昂的。政府主导的制度强制性变迁的内生逻辑和轨迹"天然"地导致中国金融体系内部积聚了大量的体制性、制度性、系统性金融风险因素；经济运行轨道的转换及改革本身的目标和政策又使得这些风险因素对金融系统的威胁日益显性化和现实化；而金融自由化的大背景也加速并加剧了系统性金融风险因素的累积。这些因素的综合作用，无疑使得中国系统性金融风险损失发生的概率及其可能造成的损失大大增加，金融体系的整体运转情况及趋势不容乐观。从定性的角度来看，中国金融体系的危险水平已经上升到了令人警惕的程度。如果处理措施不当，将会引发货币危机、金融机构危机或债务危机。改革开放30年的实践经验表明，要加快经济社会发展、解决前进中的矛盾和问题，根本出路就在于深化各项体制改革。通过深化改革，消除或缓解长期累积于系统内的机构性、结构性矛盾，进一步地释放经济体系承受货币冲击的能力，建立金融风险的防范与化解机制。

"十一五"规划和全国经济工作会议从推进财政税收体制改革、加快金融体制改革、实施互利共赢的开放战略、深化投资体制改革等方面，提出了全新的深化各项体制综合配套改革以完善社会主义市场经济体制的改革思路。未来的中央银行独立性逐渐加强；货币政策和外汇管理政策也将更加独立和严格；我国的财政管理体制逐渐完善，财政预算和管理逐渐严格；国有商业银行改革更加市场化……以上这些变化趋势必将极大影响我国现有金融体制，银行和财政必将日益独立和分离。在现有国家主导的金融体制下，存在风险因素的内部转移机制，这种机制能够有效分散或隐藏金融系统性风险在单个领域里的集聚。但未来的改革趋势将导致单个领域内集聚的金融风险因素难以分散，因此，即使未来各领域的风险状况依旧甚或有所缓解，但单个领域中的风险因素积累过多而引发整个金融体系危机的可能性反而会大大增加。

此外，未来各种体制和政策的新变化本身会引致新的风险因素，新旧体制的摩擦与政策更替带来的风险因素与原有体制下的风险因素相互融合、相互作用，将使我国金融系统性风险的生成机理变得更为复杂。

### 12.1.2 开放进程中的金融自由化与系统性风险

金融业对外开放既包括市场的开放，也包括规则的开放。在经济和金融全球化的大趋势下，中国金融业对外开放的步伐越来越快，加入WTO后，金融业过渡保护期已经逐步消失，我国金融自由化的进程也在逐渐加快，中国金融业不仅面临越来越复杂的来自国内金融市场和金融机构的不确定性，而且将面临来自国际金融市场的各种竞争压力和风险侵袭。

我国当前的金融体系以银行业为主，银行业中的国有商业银行又占据重要地位，受国有经济拖累及大量信贷资金通过合法或非法渠道投资到高风险领域等因素，银行业积累了很多风险。从标准普尔的视角看，不良资产剥离以及财政通过汇金公司注资前的中国银行业"从技术角度看是资不抵债的"。市场估计2001年不良贷款已经相当于GDP的44%，银行系统的资产回报率只有0.05%，净资产回报率也只有1.6%。[①] 金融开放和自由化对银行体系的冲击必然导致市场竞争的加剧和市场规则的调整，使国内银行业风险进一步暴露，有可能导致银行整体经营危机。市场规则的调整尤其将使中资银行失去政策保护，虽然政府仍可能在一定程度上采取保护措施，但这种保护必须符合世界贸易组织的规则并保证充分的透明度和公平性，习惯于政府保护的银行将进一步暴露于风险之中。

在我国股票市场快速发展的过程中，由于政府对年度发行额度、倾斜性市场准入审批等强力干预，使股票市场的基础功能发生异化，市场机制难以发挥作

---

① 中国银行系统尽管清偿能力存在问题，但金融体系内的流动性还是极高的。每年中国消费者的储蓄约为GDP的39%。

用,供需矛盾突出,导致股票市盈率畸高,积累了大量泡沫,市场配置金融资源的效率持续低下,蕴含了巨大风险。证券市场的国际接轨将加剧业已累积的风险的现实威胁。开放后的资本市场不可避免地会受到国际游资的冲击,从而可能产生较大的波动。

### 12.1.3 金融业的综合经营转型与系统性风险

加入WTO意味着中国的经济体系将全面纳入国际经济体系之中,作为经济体系核心的金融业也将逐步融入全球金融体系中,因此,如何从根本上实现中国金融体系的升级、全面提升金融体系的竞争力,是目前中国迫切需要解决的问题。顺应全球金融中介一体化、综合化的潮流,目前我国已经制定以滨海新区进行综合经营的"先行先试"改革,通过银行、保险、证券业的合作、融合和沟通来全面提高金融效率、提升中国金融业的竞争力。因此,未来金融风险在不同金融机构之间、不同业务之间的相互传染的可能性加大了,尤其是在当前各类金融监管部门的相互协调机制没有建立起来之前,中国金融体系的系统性风险及其监管难度都增大了。

### 12.1.4 宏观调控的冲突和失衡与系统性风险

第一,自2003年上半年始,我国宏观经济出现过热苗头,固定资产投资加快,成为我国历史上投资增长最快的时期之一,从而使经济运行中的一些矛盾和问题进一步凸显。固定资产投资增长速度过快,势必带来重要原材料和煤电油运的全面紧张,加大物价总水平上涨的压力。一些技术水平低、高能耗、高污染项目的上马使资源和环境问题更加突出,加剧了经济结构的不合理。国内的"三农"稳定、就业增长、生态与资源约束、贫富差距扩大等问题,都对金融运行的安全、平稳运行提出了严重挑战。而政府多少带有行政色彩的调控措施,使一些领域出现"一刀切"的现象,加剧了由资源约束、结构扭曲造成的部分经济链条的断裂。

第二,我国金融体制结构的不平衡也加大了银行体系运行的整体风险。间接融资占优的融资模式使金融风险主要集中在银行系统。商业银行贷款规模的迅速扩大成为我国固定资产投资高速增长的重要推动力量。以钢铁、水泥、电解铝及房地产等行业为例,其投资资金中除20%~30%的比例为企业自有资本金之外,其余均来自银行贷款。当上述过热行业被纳入宏观调控的实施领域时,许多停建或缓建的大型项目使银行前期投入的资金难免成为不良资产。商业银行在经济过热中所扮演的这种角色，也必然使之成为宏观调控的风险承担者。

第三，非正规金融活动带来的金融风险有蔓延的趋势。在紧缩性宏观调控下，中小企业受到信贷紧缩的冲击比较大。宏观调控后，这些企业往往通过民间集资或高利贷进行融资，导致融资企业经营成本增加，加剧了民间融资本身的风险，也导致正规金融资金供给不足，加之紧缩造成的资金回流困难，引发正式金融资金链相对紧张。非正规金融活动虽然在一定程度上补充了正规金融的供给不足，并对我国经济增长做出了很大贡献，但由于其缺乏合理的规范、引导与风险控制机制，从而加大了整个社会宏观调控的难度和整体金融风险。

第四，货币政策的变化加剧了中小银行和城市商业银行的流动性风险。中央银行通过行政方式紧缩信贷以及 2003 年 9 月以来多次调高存款准备金率，收紧银根，使商业银行资金流动性明显降低；2004 年 8 月，出现广义货币增幅明显偏低、人民币中长期贷款增幅过高而短期贷款增幅偏低的问题，以及银行面临存贷款期限不匹配的问题。在本轮宏观调控中，中小银行、城市商业银行受到的影响比四大国有银行要大。

此外，我国银行业务结构趋同，90% 以上的收益来自于存贷利差收入，新增贷款总量控制将直接影响到商业银行的规模扩张速度；银行贷款集中度高，基本呈现出向大城市、大行业、大客户集中的趋势：新增贷款主要投向经济发达的城市，而经济相对较弱的区县的贷款需求满足度相对较低；近几年新增贷款主要流向城市基础设施建设、园区建设、土地储备、房地产业、水电煤气及供应业等，而前四个行业正是中央三令五申的投资过热行业；商业银行的这种非理性行为加大了整个银行业的系统性风险。

## 12.2　金融市场发展中的系统性风险与防范

### 12.2.1　金融市场中的系统性风险辨识

在现有文献中，对系统性风险的定义和本质的认识并不统一。一般认为，系统性风险是指整个系统受到单部门倒闭的影响而面临冲击的风险和概率，整个系统中各个部分相互关联，从而导致系统性风险的爆发（Kaufman，2000）；也就是说，系统性风险是指一个事件在一连串的机构和市场构成的系统中引起一系列损失的可能性（范小云，2004）。对银行业系统性风险的识别主要有两种途径：特征判断和过程分析。范小云（2004）将系统性风险的特征概括为"外部性"特征、风险与收益的不对称性特征、传染性特征、损害实体经济的特征和与投资者信心有关五大特征。这五大特征是识别银行系统性风险的基准。

系统性风险的最基本特征是其"外部性"特征。系统性风险引起的危机使金融体系的职能受到损害（如资产评估、信贷配置、支付职能等），因此，系统性风险是单个公司（机构）强加于全社会的高于其实际价值的成本，这种外部性表现为风险的溢出和传染性，是系统性的风险导致的危机发生时最为典型的特征，而全球金融结构的变革导致这种外部性成本更大了。剑桥大学的约翰·伊特韦尔（John Eatwell）教授和纽约纽斯大学兰斯·泰勒（Lance Taylor）教授就系统性风险及其对经济、金融系统的影响，即外部性做了一个形象的比喻。系统性风险对于金融市场及实体经济的破坏，恰如有害的气体对于环境的破坏，工厂厂主并没有将其排放的废气对附近社区的污染的成本计算在生产成本中，工厂生产对整个社会福利产生的影响没有通过市场定价进行计量（如由废气带来的医疗费用并没有计入工厂厂主的损益账户），结果工厂厂主将会生产排放更多的废气，导致污染。同样，金融企业并没有为其可能的损失给社会带来的影响付出代价。市场只是反映了私人部门对风险的计算，而对整个社会所面临的风险估计不足，结果，系统性风险的存在可能使完全自由的市场机制威胁金融、经济的整体发展。

系统性风险的另一个重要特征就是风险和收益的不对称性，这也是系统性风险的发生往往损害实体经济的重要原因之一。因为按照一般的风险与收益关系来说，高风险对应的是高收益，风险与收益是对称的，但是系统性风险的传播呈现交替的态势，对所有的机构和市场都是一种威胁，即使在一定程度上能够起到对经济、金融的"纠错"作用，但其危害性特别大，系统性风险的传播可能会在整个经济、金融体系中引发"多米诺骨牌"式坍塌的危险，导致国民财富的净流失，对市场的信心打击巨大，进而，系统性风险在风险和收益不对称的状况下，往往产生较大的实体经济成本损失和经济效率降低。

系统性风险具有与投资者信心直接相关的特征。系统性风险及其造成的危机总是涉及投资者信心的丧失；投资者或金融机构信心丧失时，会减少提供流动性或撤回流动性支持。需要说明的是，投资者行为的这种变化源于投资者情绪的变化，而不一定是因为大量投资对象状态的恶化；"厂商"的倒闭也可能不仅仅影响与之有合同关系的私人部门，而且可能殃及与之无合同关系的健康的私人部门。这在东亚危机中表现得非常充分。1996年，亚洲五个危机发生国的资本净流入为 930 亿美元，1997 年资本净流入为 –121 亿美元，1998 年约为 –94 亿美元，[①] 1996~1997 年的逆转量约为 GDP 的 11%；韩国企业由于很难继续筹到短期资金，通过出售股份来获得现金流，从而导致了股市崩溃。

系统性风险往往源于金融系统或者是经由金融系统而扩大的，即系统性风险往往是在融资过程中产生的，这是系统性风险所表现出的又一特征。因为作为经济主体的"厂商"（包括金融机构）的资本主要来源于外部投资者，如果其纯粹是依靠内部融资，也许就不会有系统性风险了。

系统性风险导致的危机涉及传染。一国（机构、企业）的问题引起（或看上去可能会引起）其他本来可能是健康的国家（机构、企业）违约、衰退或倒闭。例如，在亚洲金融危机中，韩国和泰国的企业失败导致马来西亚、菲律宾、印度尼西亚和中国香港的金融市场受到传染，最终还传染到拉美和俄罗斯。

系统性风险涉及实质的经济产出和（或）经济效率的损失成本。例如，如果股市崩溃仅仅使财富从损失方转移到获利的投机者，没有影响到实际的经济活动，就不一定是系统性风险。

系统性风险要求政策反应。这主要源于系统性风险的外部性。如果公司倒闭只是影响到与之有合同关系的私人部门（如股东、债权人和雇员），没有必要做出政策反应；如果殃及与之无合同关系的私人部门（如因从健康部门恐慌性撤资），因为这种成本一定不在原合同中体现，所以要求政府部门做出政策反应。

### 12.2.2 金融市场中系统性风险水平及形成机理判定

分析系统性风险的程度，要从金融系统承受损失的能力及诱导因素的实际状况入手，分析金融市场中系统性风险的可能性与损失程度。我们认为导致系统性金融风险发生与损失的诱导事件大致可以分为货币危机、金融机构危机和债务危机。

这三大危机对金融体系的破坏作用是巨大的，因此对一国经济安全也造成了严重威胁：第一，货币危机会导致本币急剧贬值以及通货膨胀率的迅速、显著上升，这不仅会使资产价值大幅缩水，而且会加速并加剧金融资本的外流，一国金融系统汇集资源的能力严重受损，其稳定运行也就失去了根基。第二，银行危机的影响更为直接，破产银行数量急剧、超周期地增加本身就是金融系统遭到破坏的典型表现，而银行破产极易致使投资者质疑金融系统的可持续性，进而加剧危机后果。第三，债务危机的影响在更大程度上是间接的。政府偿付能力的丧失首

---

① 参见 Institute of International Finance（1998）。

先会严重削弱公众对经济持续发展的信心，导致资本外逃；其次会使金融机构资产急剧地大幅缩水，进而威胁到其正常运营；进一步地，政府为了缓解其偿付能力危机，往往会求助于增发货币，由此导致的通货膨胀必然会加剧金融系统的危机。另外，债务危机还会招致外界的干预，威胁到国家的经济自主性和独立性。这三大危机经常同时发生，而且会彼此影响，或者从一种类型发展成为另一种类型，以致损失后果进一步恶化。当前从国际系统性风险的理论与方法发展来看，以对银行体系的系统性风险研究最为彻底和完善；实际上，当前中国的银行体系累计了相当多的改革成本，已经成为诱发系统性风险的主要部分。现实观察，中国当前的银行市场最有可能发生系统性的危机，或者从某种意义上说，中国的金融市场系统性危机如果爆发，必然是以银行危机为始发点，货币危机、债务危机为后继传染效应。因此，银行危机天然地构成了中国系统性金融风险研究的基本出发点。

### 12.2.3 中国银行间市场传染风险估测及其系统性特征判断

进入20世纪90年代后，国际上银行事件或危机发生频率越来越高，出现了一系列因一家或多银行倒闭而在整个银行体系引发系统性风险或危机的事件。这些系统性风险事件不同于一般的个别银行风险事件，呈现出独特的机理并形成极大的外部溢出性和社会成本。因此本研究致力于探索一种有效的方法，能够帮助我们对我国银行风险性质做出迅速判别和测算，这将有利于政府采取合适的措施来积极避免银行危机的发生，正确引导银行业的改革和结构调整。

**1. 系统性风险辨识及对我国银行风险的系统性特征分析**

一般来说，银行业系统性风险的发生过程中，各大特征将逐步显现；但是在系统性风险的形成过程中，以传染性时间跨度最大、最为明显。因此，判断是否发生银行业系统性风险也主要以此为标准。

过程分析主要考察系统性风险发生的不同传染渠道，也是对传染性特征的细化分析。银行业系统性风险的传染渠道主要有三种，对系统性风险的识别主要视其传染是否遵循这些途径：第一种渠道为被动式传染。此传染渠道强调诱发银行系统性风险的因素为外部因素，如利率变动、油价波动、汇率变动等。各国之间的贸易联系和货币联系导致危机在各个国家之间传播。这些经济层面的波动影响到一国实体经济，进而影响实体经济的还款能力和贷款额度，银行的资产负债业务受到严重影响，从而引发大规模的银行业系统性风险的发生，使银行业受到严重的冲击。第二种渠道为通过银行间实际业务传染。此渠道强调系统内各机构之间的相互联系是危机传染的渠道。在国内传染方面，银行之间在存款、信贷和支付体系上相互联结，一家银行倒闭势必引起关联银行发生支付困难，如果其自有资本不能补偿损失，该银行可能将随之倒闭，链式反应依此传递，引发银行业系统性危机；在国际传染方面，一国发生银行业系统性风险，导致该国资产价格降低，国际各大银行和投资机构必然调整其资产组合，减小或放弃与危机发生国相似的资产，从而给其他国家的银行带来冲击，引发跨国银行业系统性危机的爆发。第三种渠道注重由信息引发银行系统性风险，强调银行倒闭的溢出效应。系统性风险在这些机构中的传染不是依赖不同银行间的业务联系，而是由于投资者的信息分析和信息不对称导致的。当一家银行或非银行金融机构倒闭时，投资者为了减少自己的损失，将会考察与自己利益相关的其他金融机构是否将被传染；如果某银行资产风险暴露与倒闭银行相似，投资者为避免风险将会提前将资金撤出，给该银行带来流动性困难，引发倒闭。银行的信息获得成本和信息处理成本决定了投资者是否会对银行进行分类；并非所有的投资者都会付出成本获得和处理信息，只有大的投资者在平衡收益与成本后才会对银行做出鉴别；其他中小投资者则采取"跟随策略"。这种"羊群效应"会扩大投资者的银行信息鉴别对银行造成的不利影响，从而加速系统性风险的传播。

　　对系统性风险识别得越早，政府和金融机构准备和调整的时间就越长，银行系统性危机发生的可能性就越小；因此，如果能对诱导因素做出预测和识别，将大大减小危机发生的概率。遗憾的是，不同国家的政治经济体制不同，诱导因素的发生往往是随机的，难以进行预测，因此通过诱导因素发生后的传染过程来识别系统性风险成为最主要的识别路径。

　　从传染渠道上说，目前我国经济运行相对健康，经济总量已经达到较大容量，经济增长前景较好。国际油价以及汇率等的波动等外部因素不会导致经济产生太大的波动，被动式传染发生的概率较小。同时由于我国目前事实上存在隐性存款保险制度，国有银行吸收了大部分存款，因而国家信用保证大大弱化了由信息不对称引发的银行系统性危机。因此，如果中国的银行业存在系统性风险，通过银行间的实际业务传染应为重要的渠道；判定中国银行业的危机是否为系统性的，可以通过判定通过银行间的实际业务发生危机传染的可能性。如果此类传染发生的概率较大，那么中国银行业的危机主要为系统性的；反之，则为非系统性的。

　　基于银行间实际业务联系的系统性风险传染主要有两个渠道，即银行间市场和支付系统渠道，每个传染渠道对应着不同的系统性风险测度方法（见表12-1）。

表 12 – 1　　　　　　　系统性风险测度方法对比分析

| 分组 | 方法名称 | 主要思想 | 文献资料 | 测算方法 |
|---|---|---|---|---|
| 银行间市场渠道 | 矩阵法 | 银行间存在信贷关联；单家银行倒闭势必给其他银行带来流动性冲击，其中损失额超过资本总额的银行倒闭，依次再对其他银行产生冲击，最终导致系统性风险发生 | Upper and Worms (2002)<br>Wells. Simon (2002)<br>Sheldon and Maurer (1998)<br>Iman and Liedrop (2004) | 熵最优化 |
| | 网络分析法 | 在银行间市场存在一个或者几个银行间交易中心行，这些中心行与银行间市场上的多家银行进行交易，存在潜在的传染风险；使用网络分析法识别不同银行类型的不同网络结构，然后根据银行间市场的网络形状，利用模拟法测算系统性风险的传染 | Jeannette Muller (2003) | 神经网络模拟法 |
| 支付系统渠道 | Diamond 和 Dybvig (1983) 的三阶段模型及其衍生模型 | 由于支付系统中存在着类似 CHIPS 的 ASO 协议*，单个银行发生支付困难，必然对其他银行的自有资金状况产生负面影响，从而改变现有银行的最优资产选择，减少银行间市场信贷资金的供给数量，出现银行间信贷市场供求缺口；其中资产状况差的银行就会发生倒闭，随着倒闭银行数量的增加，对银行间信贷的需求数量也将逐步减少，当银行间信贷资金的供给与需求相等时，银行倒闭不再蔓延 | Diamond and Dybvig (1983)<br>Bhattacharya and Gale (1989)<br>Sujit Chakravorti (1996)<br>Perter Galos and Kimmo (2005) | 模拟法 |

注："*"即当一家银行倒闭时，他银行必须偿付倒闭银行的债务。

在将以上方法运用于我国银行体系系统性风险测算时，主要的困难在于数据的收集和方法技术障碍。鉴于我国银行上市时间尚短，资产总额的波动序列无法通过数学方法定义，且我国银行业数据积蓄时间较短，各种模拟法难以实现。目前，我国银行间相互联系的数据只有同业拆借数据可用，而矩阵法所用数据比较容易获得且对数据要求最低，并将系统性风险的传染与银行间的实际交易相联系,避免了只考虑银行数据而未对银行间业务进行考察所带来的分析上的失误。同时,该模型还可以考察现有银行系统的系统性风险潜在传染程度,这将有利于政府等外部力量对系统性危机进行监管,调整银行间信贷结构,阻止诱导因素的发生,以避免系统性危机的爆发。因此,通过矩阵法测度我国银行间市场数据来分析系统性风险的发生是可行的。

### 2. 矩阵法的理论原理及其运用

银行同业市场的债权结构在很大程度上决定了危机传染的概率。艾伦和盖利(Allen and Gale,2000)使用三阶段流动性偏好模型分析了三种市场结构下系统性风险发生概率的差异:完全的市场结构系统性风险发生概率小;非完全的市场结构发生危机的概率较大;货币中心银行结构基本不会发生系统性风险。

由于无法获得银行同业交易中交易双方的完整信息,只能获得一段时期内的总量信息,于是很难对银行同业市场的结构做出推断。在此,我们假定其为完全的市场结构(见图12-1),即银行同业债权足够分散,以测算最小的系统性风险传染概率;其在数学上的实现就是对银行 $i$ 在其他银行的存放同业和拆放同业头寸的概率分布做出相互独立的假设。

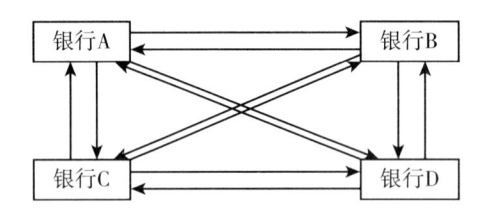

图 12 - 1 完全市场结构示意

假定银行同业市场的拆放关系可以表示为 $N \times N$ 矩阵:

$$X = \begin{bmatrix} x_{11} & \cdots & x_{1j} & \cdots & x_{1N} \\ \vdots & & \vdots & & \vdots \\ x_{i1} & \cdots & x_{ij} & \cdots & x_{iN} \\ \vdots & & \vdots & & \vdots \\ x_{N1} & \cdots & x_{Nj} & \cdots & x_{NN} \end{bmatrix} \begin{matrix} \sum_j \\ a_1 \\ \vdots \\ a_i \\ \vdots \\ a_N \end{matrix}$$

$$\sum_i \quad l_1 \quad \cdots \quad l_j \quad \cdots \quad l_N$$

其中，$x_{ij}$ 为银行 $i$ 对银行 $j$ 的同业资产头寸，$N$ 为银行数目。$a_i$ 为银行 $i$ 资产负债表中存放同业和同业拆放的总和，且有：$a_i = \sum_j x_{ij}$，$l_j = \sum_i x_{ij}$。矩阵 $X$ 还有 $N^2 - 2N$ 个元素未知。通过适当标准化，可将 $a$ 和 $l$ 视为边际分布函数 $f(a)$ 和 $f(l)$ 的实现值，而 $X$ 可视为分布函数 $f(a,l)$ 的实现值。如果 $f(a)$ 和 $f(l)$ 相互独立，则 $x_{ij} = a_i \times l_j$，从而使银行同业市场的结构满足完全市场的条件。独立性假设要求 $X$ 的主对角线元素非零，即银行会自己给自己贷款，这不符合实际。我们令 $i = j$ 时，$x_{ij} = 0$，进一步修正矩阵 $X$ 为：

$$X^* = \begin{bmatrix} 0 & \cdots & x^*_{1j} & \cdots & x^*_{1N} \\ \vdots & & \vdots & & \vdots \\ x^*_{i1} & \cdots & 0 & \cdots & x^*_{iN} \\ \vdots & & \vdots & & \vdots \\ x^*_{N1} & \cdots & x^*_{Nj} & \cdots & 0 \end{bmatrix} \begin{matrix} \sum_j \\ a_1 \\ \vdots \\ a_i \\ \vdots \\ a_N \end{matrix}$$

$$\sum_i \quad l_1 \quad \cdots \quad l_j \quad \cdots \quad l_N$$

然后，我们使用相对熵来估计 $X^*$ 的元素。

$$\min_x \left\{ \sum_{ij} x^*_{ij} \log\left(\frac{x^*_{ij}}{x_{ij}}\right) \right\}$$

$$s.t.\ x \geqslant 0, Ax = [a', l]'$$

这里的 $x^*$ 和 $x$ 为 $(N^2 - N) \times 1$ 矢量，包含 $X^*$ 和 $X$ 的非对角线上的元素，$A$ 为包含叠加约束 $a_i = \sum_j x_{ij}$，$l_j = \sum_i x_{ij}$ 的矩阵。实际分析中可以使用 Blien. Uwe 和 Friendrich Graef (1991) 提出的 RAS 算法解决最优化问题①，求解银行间的贷款结构。

### 3. 系统性风险研究对银行监管当局的指导意义

监管当局干预系统性银行危机发生、降低传染的风险主要存在三个时机：诱导因素发生前的预防、传染过程的干预和危机发生后对金融体系的调整。诱导因素发生前的预防主要是对金融机构的日常监管和对金融体系结构的调整，在单个

---

① 参阅：Blien, U. and F. Graef, 1991, "Entripieomierungsverfahren in der empirischen Wirtschafts foRschung (Entropy Optimization in Empirical Economic Research)", Jahrbuch Nationalkonomie und Statistik, 208 (4): 399 - 413.

银行倒闭前，纠正银行存在的问题，防止倒闭的发生，也可以通过道义劝告来告诫银行应该谨慎经营防止传染的发生。

在诱导因素发生后，监管者应在损失比率扩大之前确保银行流动性的充足，尽最大可能割断传染的继续进行；同时，监管当局可以根据传染的轮次对应的损失比重来判断介入干预的时机。在识别出诱导因素后，监管当局可以根据整个银行体系的资产质量、银行体系受到冲击的大小和相应破产程序与成本等因素对损失率做出估计，从而模拟出每一轮次的传染所带来的银行倒闭数目和资产损失的数量。监管当局可以根据自身的经验，在倒闭银行数目或者资产损失上设定干预标准，防止危机的进一步传染。监管当局在选定进行干预的轮次后，只需要救助下一轮将要倒闭的银行，救助资金数量只要大于再一轮传染的新增损失量就可以达到抑制传染的目的。在抑制传染后，监管当局可以放松对整个银行体系的管制，使银行体系实现损失消化。

在危机发生过程中，监管机构对干预时机的选择不仅仅取决于损失率，危机处理的一些经验性安排会保证干预程序的顺利进行。我国没有发生过银行危机，监管机构对具体的危机处理程序及其手段认识欠缺。同时，由于损失率的判断涉及颇广，难以对具体数额做出判断；而且不同传染轮次间的损失率在现实中会发生较大的变化，仅以损失率为依据判断干预时机可能会带来干预的滞后。为此，我们还建议银行监管机构应积极与国际货币基金组织联系与配合，分享其对银行危机处理的框架性指导意见；深入研究危机发生国危机处理的经验，提升对银行危机的经验性认识。同时完善我国银行业的破产法律的制定和实施程序，提高资产评估水平，为损失率的准确计算提供支持。

## 12.3　建立有效的金融安全网与风险预防机制

### 12.3.1　金融安全网构建的理论依据：银行危机的负外部性

银行危机一旦发生，通常会带来庞大的溢出效应，降低整个社会的福利和损害实体经济。一方面，一家银行倒闭会造成该银行的客户关系、特殊的管理知识和风险偏好的丧失，从而降低社会福利；另外，一家银行的倒闭可能由"传染"效应波及其他金融中介，导致系统性风险发生。从银行危机干扰的经济层面来讲，我们将银行危机的负外部性分为三个方面的内容：经济紧缩效应、政策干扰效应和通货不稳定性效应。

**1. 经济紧缩效应**

银行危机对货币供应量的影响与存款人的行为有很大关系。在银行危机中，存款人有三种选择：存款转移、存款变现投资和存款变现持有。第一种选择往往发生于银行危机的前期，风险银行数量有限，存款人对整个银行体系充满信任，存款的转移只是完成了对风险银行的甄别，对整个银行体系的存款总量没有影响。对于第二种存款人行为，说明存款人对银行体系失去信心，变现存款而投资于金融资产。而金融资产的出售者可能将存款重新存入银行，进而对银行的影响有限。但是这种行为还是会带来其他方面的问题，过多的金融产品投资会带来金融产品价格的提升和利率的下降。同时，导致社会的存款结构发生变化，进而可能深化银行危机。第三种存款人的行为危害性最大，存款从银行体系外流，将导致银行不得不折价变现资产，金融服务出现中断，并可能使流动性问题变成银行的清偿能力不足问题。同时由于货币乘数的作用，这会引发多倍的货币与信用紧缩。存款人的"羊群行为"会加重存款人对银行体系的冲击，并且随着银行危机进程的深入，存款人的行为将逐步向第三种类型靠拢，因而通过银行体系功能的丧失而导致的货币供应量的影响也逐渐加大。银行危机往往带来利率的上升，加大筹资成本。

**2. 政策干扰效应**

（1）干扰货币政策，影响货币政策的决策。表现在影响货币政策决策所获取信息的真实性，破坏了货币政策传递的一些定量关系和破坏货币政策和监管政策的连续性上。同时，金融危机还会破坏货币政策传导机制和效果。

（2）干扰财政政策，减少财政收入，增加财政支出。在银行危机的深化过程中，对银行业本身的冲击逐渐增大，来自银行业的财政收入受到削减。另外，银行危机引发的实体经济的萎缩，将会进一步恶化经济态势，从而使财政收入进一步锐减。由于银行业在整个国民经济中的重大作用，当银行危机发生到一定阶段时，为了防止银行体系庞大的溢出效应，国家通常担负起最后贷款人的职能，使用财政资金对破产银行进行危机中的救助和危机后的不良资产剥离。同时，银行危机对实体经济的影响也使得国家的转移支付结构发生变化，加大对遭受危机影响企业的补贴。这些方面都会促使财政支出增加。

（3）对汇率形成机制的干扰。维护汇率稳定是各国汇率政策的基本目标。在开放的经济体中，银行是国际贸易活动和国际资本流动的主要参与者，而银行危机必然带来各项中介和服务功能的削弱，从而影响到国际收支平衡（Kaminsky and Reinhart，1996）。

**3. 通货不稳定性效应**

银行危机对通货稳定带来很大的冲击。但是带来通货膨胀还是通货紧缩则要具体分析。一般情况下，在银行危机的爆发阶段，受危机银行和存款人行为的影响，货币供给出现下降，具有通货紧缩倾向。但是在银行危机的处理阶段，则可能带有通货膨胀倾向。最后贷款人被授予通过中央银行扩张基础货币来援助危机银行，通常会导致较为严重的通货膨胀。

正是因为银行危机的庞大溢出效应导致每次银行危机发生都造成了巨大的成本，最近的几次危机中，仅银行危机的财政成本占 GDP 的比重 0～50% 不等。庞大的危机成本使得各国政府达成经验性共识：相对于危机的庞大成本，采取金融安全网的成本是可以接受的。同时，20 世纪 80 年以后发达国家的金融安全网起到了积极作用，而未采取金融安全网的国家则对危机的成本控制较差，金融安全网开始在世界风行。我们将一一论述保障银行业稳定的政策机制选择。

## 12.3.2 关于存款保险制度

**1. 存款保险制度的争议**

虽然存款保险制度受到了政策制定者的青睐和欢迎，但是学者们的研究却与政策制定者取得了不同的结论。学者们对存款保险制度的争论主要集中于存款保险所带来的银行风险投资水平增加的可能性，也就是说道德风险问题。由于存款保险降低了存款人对银行行为监督的激励，可能导致银行采取过度的风险承担。同时，在存款保险体制下，通常使用纳税人的资金补偿银行和存款人的损失，这种做法是否合适？一方面，它会鼓励银行与存款保险管理机构的共谋，通过过度承担风险而迫使纳税人出资，以满足私利；另一方面，这也涉及社会的公平问题。美国是第一个引入全国性的存款保险系统的国家，其目的是要恢复公众对银行存款流动性的信心，而不是为了保护中小存款者。事实上，从政策体制上说，保护中小存款人早有先例。在欧洲，储蓄银行通过投资与安全的金融工具来保持流动性。经过数十年的争论以及遭受了道德风险的不利影响后，联邦存款保险于 1933 年在银行危机的中期正式启动。在其建立后的 40 年里，大型的金融机构中并未出现任何倒闭，给人造成了一种假象：存款保险计划是一种防止银行危机的、低成本的方法。然而，20世纪80年代的储贷危机驱散了这种假象，揭示了存款保险是纳税人在承担被保险机构的风险带来的损失（Kane and Demirguc-Kunt, 2001）。

凯恩（1995）和卡洛米利斯（1996）的研究将存款保险制度看成是一种多边委托代理合同问题。签约的各方包括银行、储户、监管、政治家及纳税人。只有当在控制损失的监管努力中存在的缺陷，使一个机构的损失超过他的股东所提供的净值时（股东权益），被保险机构的损失才会让纳税人承担提供风险资本的义务。为了减少纳税人将来可能蒙受的损失，发达国家的当局同意实施根据风险调整的资本标准，并在监管诱导的创新损害了资本标准的有效性时，再对这些标准进行调整。

因此，是否采取存款款保险制度以及如何设计该系统，取决于系统在其中发挥作用的金融和监管环境。给定在稳定性和道德风险之间的替代性条件下，来自于各国经验的实证指导显得十分有用。通常国际组织建议需要以对跨国实证证据进行充分理解为基础，但是，目前存在的问题就是：尚不存在一个对政策建议进行检验的实证数据库。

### 2. 存款保险的差异性根源：存在普遍适用的存款保险制度吗

存款保险制度的实施首先带来的成本就是存款保险公司的运营成本，其次是由道德风险引发的非预算内成本。存款保险将诱发银行过度承担风险的行为（道德风险）。为了降低纳税人所面临的源自道德风险的损害，保险者必须亲自或委托其他机构监督和约束银行的风险承担行为。单个存款保险制度所带来的成本与收益的大小，要随着各国的存款保险制度的执行者控制损失的能力而发生变化，关键的一点是看，这些损失控制是如何与各国经济制度结构、法律环境和人文特征相互作用而导致各国存款保险制度的差异。

每个国家的存款保险体系的核心度量指标依赖于该国在多大程度上依赖人管理和私人融资、该国正式或非正式保险限额的范围、该国的清偿力不足银行的隐藏性风险转嫁行为的敏感性（Kane and Demirguc-Kunt, 2001），在向存款保险体系转变过程中，富有责任心的政府官员必须引入存款保险限额、融资手段和管理结构，以便有效地减轻在透明度、威慑力和责任制方面存在的缺陷，正是这些缺陷使他们的国家在过去是如此的脆弱，而易于遭受金融危机的袭击。

存款人越是难以观察到银行资本的经济价值和银行风险承担行为的特性，那么对于监管者来说，建立报告被保险银行的经营业绩和采取状况的信息规定就显得越重要。如果该国的公司治理体系此前几乎没有给予存款人的抵御风险的转嫁保护，则政府官员必须授予保险者以专门的威慑性权利。最后，如果该国政治体系在总体上向公共官员们施加的责任越少，那么就必须赋予存款保险的管理者更多的职责，以便准确地衡量他们的行为产生的日益增加的社会价值。

从历史角度看，在那些较低透明度和较低威慑力组合的环境中，在紧密控制银行中，超过实收资本数额加大承担银行损失的股东责任，以及让大额存款人和规模较大的非存款债权人有效地参与银行损失的共同保险是有积极的意义的（Kane and Wilson, 2001）。在责任分明和透明程度低的环境中，私人部门在资金融资和管理方面的参与，有助于建立约束安全网损失风险所需的激励。在保险者的业绩可以被有意义地加以衡量的情况下，为这些高级管理者设立一项预期在他们的特定任职期间的存款保险业绩的适当度量指标相联系的延迟支付基金是很有用的。

由于透明度、威慑力和责任制随着时间推移而不断进步，因此各国安全网方案的特征也应该相应的进步。为了能够随时保持效率，该体系必须对私人和政府监管者的评估金融机构、约束风险承担行为、及时地处理清偿力不足问题和他们完成这些任务的情况给予适当的奖励和惩罚。

### 3. 存款保险的最优惯例的趋势和趋同化

虽然各个国家在透明度、威慑力和责任制水平上的差异导致各国存款保险制度的区别，但是仍存在一系列的存款保险最优惯例，这些惯例是基于各国的存款保险实践。加西亚（Garcia, 1999）认为最优惯例目的在于寻求提供诱使经济代理人保持金融系统健全的一系列激励。也就是说，对于一个存款保险体系来说，它首先应该是公开而清晰地在法律和规则中给予定义，这些法律和规则需要被公众知道和理解，银行客户可以采取行动保护他们自己的利益。也就是说，在精心设计的系统中的透明度将减轻道德风险问题。其次，如果成员资格是强制性的，存款保险限额较低足以遏制道德风险，保险费率按照风险调整以避免逆向选择，则这种存款保险系统的结构更可能是激励相容的。再其次，存款保险系统应该采取符合存款人和支付基金的纳税人利益的行动，因此，存款保险系统应该向公众负责，而不受政治干预的影响。

最优惯例在存款保险制度的实践过程中会遇到各国在经济、政治、人文特性上的差异，从而出现与最优惯例的偏离。加西亚（1999）对这些偏离状况和需要解决的问题作出总结（见表12-2）。

表 12-2　　存款保险系统的最优惯例与对最优惯例的偏离

| | 最优惯例 | 与最优惯例的偏离 | 待解决的实际问题 |
|---|---|---|---|
| 1 | 避免激励问题 | 代理问题、道德风险和逆向选择 | 哪一种激励是最优的<br>如何将其融入法律和规划中 |
| 2 | 在法律和规则中公开地定义该系统 | 系统是隐性和模糊的 | 如何修改法律和规则以确保透明度和确定性 |
| 3 | 赋予监管者系统的及时恢复行动权利 | 监管者不是采取或采取之后的恢复措施 | 恢复权利应该是强制性的或是自行决定的 |
| 4 | 确保监管者迅速地解决有问题的存款机构 | 宽容:应该受到处置的银行继续营业 | 关闭政策的类型和重要性,存款保险系统是否应该介入 |
| 5 | 提供较低的保险限额 | 较高的,甚至是完全的担保 | 哪些类型的机构应该被纳入存款保险系统<br>哪些类型的存款应该被覆盖<br>适度的保险限额是多少<br>是否应该共同保险 |
| 6 | 强制性的成员资格 | 存款保险计划是自愿的 | 如何避免逆向选择 |
| 7 | 迅速支付存款 | 支付被拖延 | 如何实现快速支付 |
| 8 | 确保足够的融资来源以避免资本抵债 | 存款保险系统资金不足或资不抵债 | 是否选择资金充足或事后的存款保险系统<br>适当的保费水平和累积基金是多少<br>是否需要政府的支持资金 |
| 9 | 风险调整的保险费率 | 无差异或小差异保险费率 | 如何根据风险确定保险费 |
| 10 | 组织好信息 | 不良信息 | 监管者需要什么样的数据 |
| 11 | 做出适当的披露 | 很少或误导性的披露 | 应该披露什么、何时披露 |
| 12 | 建立独立但可靠的存款保险系统 | 政治干预和缺乏责任体系 | 设计好存款保险系统和它的董事会以避免政治干预、明确责任 |
| 13 | 吸收银行家金融家进入咨询委员会而不是董事会 | 银行家们处于控制地位 | 如何尽可能地避免利益冲突 |
| 14 | 确保与最后贷款人和监管者之间的密切联系 | 关系糟糕 | 拙劣的最后贷款人政策可能提高存款保险系统的成本,如何共享信息和合作 |
| 15 | 当银行系统健全时,启动现行的、有限的存款保险系统 | 在系统很虚弱时启动,因此保险限额定得很高以避免挤兑 | 如何解决银行问题,以便启动存款保险系统 |

资料来源:Deposit Insurance: a survey of actual and best practices, IMF working paper, 99-54.

存款保险系统实践中的很多变迁可以在阿斯利·德默古-肯特、贝巴斯·卡拉考瓦利（Baybars Karacaovali）和卢·莱文（Luc Laeven，2005）的全面调查中观察到，直到 2005 年采取显性存款保险制度的国家达到 87 个，其中高收入国家有 30 个，中等收入国家 47 个，低收入国家 10 个。存款保险制度在迅速普及过程中出现了向最优惯例的趋同化。首先，更多的国家采取了按风险调整的保险费率，几乎达到 2/3；而在 1995 年实施风险调整的国家仅有 2 个。风险调整的国家主要出现在非洲、欧洲和美洲。如果风险调整的费率执行得很好的话，这一变化构成了向最优惯例靠拢的明显趋势。其次，出现了由自愿性向强制性存款保险制度的转变。超过 85% 的存款保险系统以这种方式来试图避免逆向选择问题，而在 90 年代中期只有一半国家采取这种方式。这种转变的一个重要原因就是 1994 年欧盟出台关于存款保险体系政策指南，对欧洲存款保险体系的构建进行指导；随后这种指导性原则扩充到中东、美洲和亚洲的一部分地区。再其次，向事前融资的存款保险体系的转变。新建立的存款保险系统几乎都是资金充裕的。最后，越来越多的存款保险体系获得了政府的支持性融资，增加了政府对存款保险体系的公共管理职能。还有一些关于存款保险系统保险限额惯例的标准化趋势，这些都是欧盟政策指南的结果。

### 4. 隐性存款保险制度、显性存款保险制度与中国的选择

目前我国存款保险制度采取的是 100% 的隐性存款保险制度，该制度为稳定我国银行体系的安全和经济建设做出了巨大贡献。随着我国市场化水平的提高，国内很多学者提出我国是否应从隐性存款保险制度转向显性存款保险制度。其主要的理由为目前银行不良资产比率较高，银行的风险高，存在挤兑发生的可能性；采取显性存款保险制度会降低银行的风险，同时可以建立银行的退出机制，为民营银行创造公平竞争的发展机会。

研究[①]认为，隐性存款保险和显性存款保险并不存在优劣之分，两者均能有效地抑制挤兑的发生。目前我国银行业不良资产比率高，存在挤兑发生的可能性；但这不是隐性存款保险制度的问题，而是我国政府对银行业的干预过度，出现明显的"超定（Over Determinacy）"；并将 $\tau$ 定义为政府对银行行为的干预水平。根据我们的研究发现，$\tau$ 的值越大，显性存款保险越优越于隐性存款保险；但这并不能成为我国由隐性存款保险向显性存款保险转化的理由。$\tau$ 值过大实际上是政府的行为对隐性存款保险制度的扭曲所致，最根本的原因是隐性存款保险制

---

① 参见曹元涛：《隐性存款保险制度、显性存款保险制度与中国的选择》，载于《经济学动态》2006 年第 3 期。

度下，缺乏对政府行为产生约束的制度；政府的长期过度干预是导致 $\tau$ 值过大的根本原因；银行为政府的行为支付了一定的成本。我国的银行数目较少，四大国有银行占据储蓄资金的大部分，我国的改革开放过程中，相当部分自己投入是政府干预银行的投资策略完成的。在过去的二十几年，$\tau$ 明显过大，导致政府虽为银行提供了隐含担保，但让银行承担了过多的风险成本，所以才出现目前银行呆坏账众多的局面；这部分成本是银行替政府承担的改革成本，需要政府通过注资来解决。我国政府几次对国有商业银行的大规模注资，就是为了弥补银行的损失。

在退出机制方面，显性存款保险制度是由存款保险公司完成对破产银行的处置清算；而隐性存款担保则是由政府对银行进行行政关闭，两种方式各有优缺点，显性存款保险作为清算银行的利益相关人，对银行的问题的察觉可能更早，处理成本更低；但难以避免的问题就是保险公司可能只关心自身的利益，而忽略关闭银行对整个经济层面的影响，从而带来社会成本的增加。而隐性存款保险则正好相反，政府能全面考虑关闭银行对经济社会的影响后再采取最优的手段，使银行清算的社会成本降到最低，但是政府对银行行为的实时监控较弱，难以在第一时间发现银行的问题，因此往往会造成损失的扩大。对于银行的竞争的公平性问题，在发达的国家现行存款担保能创造出更为公平的竞争环境，但是在中国，即使实行显性存款担保制度，由于我国目前不存在成熟的银行风险测评机制，难以对不同的银行风险进行评估，显性存款保险的费率也会采取单一费率，这样也将带来竞争的不公平性。而隐性存款担保则可以通过政府的经验来调节政府行为对不同银行投资的干预指导，可以创造出相对公平的竞争环境。

但是随着我国商业银行的上市和不良资产的剥离，为防止银行大量不良资产的再次出现，变更存款保险制度还是继续实施隐性存款保险制度，是一个必须做出选择的问题。1997 年中国人民银行邀请英国的 Maxwell Stamp 公司在对欧洲 15 国显性存款保险制度研究的基础上，对中国实施显性存款保险制度提出建议，其在研究报告中指出实行显性存款保险制度所必须具备的前提条件：

（1）必须解决当前银行部门面临的问题，这些问题包括：坏账问题、管理不善问题、信息披露与透明度不够的问题、会计制度的不完善问题、缺乏竞争问题、内部控制机制较弱问题、法律框架存在缺陷问题、资本金不足问题、呆账准备金提取的不够问题、利润较低问题、银行税收过重问题。

（2）宏观经济情况有所改善。

（3）监管框架的缺陷必须得到解决。

（4）公共基础设施需得到改进，主要是引入国际公认的会计准则、审计、银行破产清算的法律程序等。

（5）加强市场纪律。

(6) 重组政策的成本效益有所改善。

第一个前提条件多为实施隐性存款担保制度政府行为的过大对银行造成的损伤所致；其他几个前提条件则对应着我国目前的政治经济环境，很明显，我国目前的政治经济环境并不适合建立显性存款担保制度。创造发展适合显性存款保险的政治环境还需要相当长的一段时间。而实施隐性存款保险制度所需要的政治经济环境则要宽松得多，而且如果政府的行为能得到有效的约束，隐性存款保险还会优于显性存款保险。

然而，继续实施隐性存款保险制度有一些问题必须加以克服。（1）隐性存款担保下，由于投资风险水平要高于传统的存款保险制度，银行的行为倾向于保守，这不利于银行提升利润水平；鼓励银行开展表外业务，增加非贷款类的利润来源是重要的手段，国家也可以对银行直接进行补贴，以维持银行的利润水平。（2）银行的监管水平在隐性存款担保下会有所提高，前提是保证银行经营的目的是最大化其利润，只有在这个前提下才会有监管水平的提高（曹元涛，2006）。由于在隐性存款担保下的银行相当部分是政府控股的国有银行，必然会产生委托－代理问题；如果委托－代理问题严重，银行经营的目标会从经营利润最大化转向管理者收益最大化；一旦经营目标发生转移，监管水平的提高也就无法实现。因此，减少银行中国有股份的数量，增加股东对银行管理者的监督，增加对银行管理者的激励保证管理者行为不发生异化成为必要。（3）为防止隐性存款保险制度继续实施所带来的对银行的损伤，须建立一系列的制度安排来约束政府的行为，提高银行与政府间的独立性，降低 $\tau$ 的值，使 $\tau$ 达到最优成为必然。

为此，本研究提出以下建议：（1）减弱各级政府对银行放贷行为的干预，加强政府对银行行为的监管。（2）建立关于 $\tau$ 的监管体系，以适时地改变政府的行为；使 $\tau$ 达到最优的结果。（3）由于隐性存款保险制度已造成银行间的不平等竞争，因此政府对不同银行的干预也应视其风险而定，风险高的银行，应减少干预；同时加强对银行管理层的监管，以识别银行的真实风险水平。（4）随着我国市场化水平的提高和金融产品的增多，政府的干预行为应越来越依赖市场手段，因此逐步减小政府的干预。在从隐性存款保险向显性存款保险过渡的阶段，可以考虑实施现行存款保险和隐性存款保险共存，显性存款保险承保资产规模小的股份制银行，隐性存款保险承保资产庞大的国有商业银行。一旦国有商业银行的资产状况达到巴塞尔协议的要求，同时国内资金充裕，政府调节经济的手段多样化，则应实施完全的显性存款保险制度。（5）银行过去为政府承担了改革成本，这部分负担应通过政府的注资完成，不应由银行自己消化，但注资的手段应循序渐进，多次小额注资要优于一次大额注资，这样可以使银行有足够的时间吸纳注入的资本，以形成竞争力，而不仅仅是增加自有资本比率。（6）由前面的分析可知，隐性存款保险制度会使银行管理者的行为倾向于保守，现实也如此。因此有必要加强对银行管理者的激励，以提高银行的收益。

### 12.3.3 最后贷款人制度

最后贷款人（Lender of Last Resor，LOLR）是一国货币管理最高当局，在金融机构出现暂时性流动问题时，为化解银行风险，防止出现多米诺骨牌效应，向问题金融机构提供紧急援助，以维护整个金融系统稳定的一项制度安排。其主要目标是防范系统性金融风险，而非防范非系统性金融风险上面。一般认为，最后贷款人政策的基本目标有三个：（1）保护支付系统的完整性；（2）避免挤兑波及其他银行，并导致系统性的危机；（3）防止某个银行流动性呆滞导致不必要的破产。自最后贷款人制度产生，就伴随着庞大的道德风险而备受争议。当前各国在最后贷款人的实施中都持有相当谨慎的态度。

**1. 最后贷款人的理论与实践争议**

从理论的发展过程来看，古典理论关于最后贷款人作用的观点受到了其他经济学流派，尤其是自由银行学派的质疑：古德哈特（Goodhart，1987，1995）断言，不可能截然划分问题机构属于流动性不足还是清偿力不足的状况，因为需要最后贷款人帮助的银行已经具有无力支付的嫌疑。此外，传染性的存在可能导致对任意银行的系统性救助。古德弗兰德（Goodfriend）和金（1988）认为，最后贷款人只能限定在公开市场操作；自由银行制度学派则提出了较为极端的观点——最后贷款人有害论。这种观点认为，在完全信息假定下，由"看不见的手"引导，多元的部分准备体系通过私人银行之间对通货发行和存款的自由竞争，能够实现经济效率最优，从而无须中央银行，进而无须最后贷款人。如果解除所有限制银行业发展的法律规范，由于金融业的固有特点，即使在完全市场环境下，银行业也会出现经营失败，而大的机构倒闭则会引发金融动荡甚至是社会的崩溃。自由银行的提倡者并未对银行倒闭的存在产生争议，但是他们认为市场应该比公共性最后贷款人更能达到最优配置。

从各国的实践经验来看，在绝大多数发达国家和越来越多的发展中国家及转型经济中，最后贷款人的首要原则已经极少使用。这是因为：首先，流动性不足与资不抵债是很难准确界定的。流动性不足可能只是资不抵债的前奏，如果银行资产折价销售，那么流动性不足会迅速演变为资不抵债，也可能随着流动性不足的发生，资不抵债已经发生了。与此同时，救助行动的紧迫性也加大了央行准确判断的困难。其次，即使中央银行确实可以区分流动性不足与资不抵债，在实践中也会存在一个明显的救助悖论，即从理论上讲，高度发达的货币和银行间市场必定能充分满足尚有偿付能力的银行对临时流动性的需求，并且借款条件会比央行救助条件宽松。因此，央行有无必要向具有清偿能力的银行提供紧急救助是值得怀疑的。反过来，如果问题机构无法从市场获得足够的融资，则表明它极可能已经出现了资不抵债，这时央行向其提供紧急援助将是违背最后贷款人经典原则的（Goodhart and Schoenmaker, 1993）。

当今世界各国央行事实上都有向资不抵债机构提供援助的历史。仔细分析其原因，除了以上所列几条外，还有一条就是，如果资不抵债银行的规模很大或特别重要，不能任其破产，那么央行就不得不向其提供无限制的资金支持。如美国的福兰克林国民银行案、第一宾州银行案、伊利诺伊大陆银行案储贷机构危机案和英国的 JMB 银行案，都是很好的例证。在政府被迫向资不抵债银行的存款人偿付存款时，政府实际上充当了存款保险组织的作用。当然，政府还会面临是否以及何时启动财政资源对问题银行重新资本化等问题。

最后贷款人的另外一条传统原则强调，中央银行应对有良好抵押品的问题机构提供流动性支持。至于什么样的抵押品以及多少抵押品才是合格的，要由贷款人——中央银行作最后定夺。然而，中央银行的独立性如何，它能否抵制不当的政治压力却是一个未知数。另外，抵押品是否充足还取决于市场形势的变化。当恐慌心态在市场进一步蔓延时，抵押品的价格会不断下滑，充足的抵押品也会很快变得不充足，在此情形下，央行将不得不承担更大的市场风险。因此，最后贷款人的抵押品原则可操作性到底如何，是值得商榷的。

## 2. 我国的最后贷款人制度实践与建议

20 世纪 90 年代中期以来，面对国内局部地区的部分中小金融机构出现的严峻支付危机，我国中央银行果断履行最后贷款人职责，向这些机构提供了数额巨大的紧急救助，对缓解我国金融机构的支付危机，消除存款人及其他债权人的恐慌心理，稳定金融市场起到了极为重要的作用。但受众多主客观原因的制约，我国最后贷款人制度也存在很多问题，应该引起高度重视。首先，大包大揽，有救无类，最后贷款人制度被严重滥用。最后贷款人制度在"谁该救，谁不该救"和"什么情况该救，什么情况不该救"的问题上本来有相当明确的原则。但这些原则在我国未能得到的贯彻。其次，角色错位，行为异化，最后贷款人蜕变成最先贷款人和最后埋单人。再其次，最后贷款潜在的风险很大。制度滥用、角色错位和行为异化使得我国最后贷款人面临着很大的道德风险。一方面，中央银行对于各种类型的失败机构都慷慨地（但有时是被迫地）予以资金支持，而且没有任何惩罚性条件，使得金融机构以及其交易对象形成这样的普遍预期，即不管经营状况如何，中央银行不会见死不救，形成金融机构冒险和投机经营，中央银行兜底担保的局面。另一方面，进行全面的金融救助，导致坏的金融机构无法退出市场，反而在中央银行的支持下继续与好的金融机构展开竞争，极大地破坏了正常的市场机制。如何使最后贷款人既达到稳定市场的目的，又不至于造成过大的道德风险而扭曲市场效率机制，是完善我国最后贷款人制度的核心。

现实地看，有关部门在制定相关政策时，应该注意以下几点：

（1）明确我国最后贷款人的操作规程。是否应该有一个明确的操作规程，目前国际上尚有争议。尽管在大多数国家的中央银行法中都赋予了中央银行充当最后贷款人的权力，但行使这种权力的具体条件和规则往往都没有明文规定。这主要是考虑到如果将这种承诺明确化、具体化，可能导致商业银行对中央银行流动性支持的依赖。

（2）加快建立我国金融机构市场退出制度。

（3）加快建立监管协调机制，提高最后贷款的决策水平。

（4）加强最后贷款的安全管理。

（5）探索建立多层次的紧急援救基金制度。

## 12.4 开放条件下的金融安全

在金融自由化和全球化的进程中，金融危机对一个国家政治、经济和社会的溢出效应被逐步放大，通常大的金融危机能够波及整个地区乃至全球的经济金融。作为处于金融开放关键时期的中国，尤其值得注意。保持金融体系的稳定，维护金融安全，防范金融风险是构建社会主义和谐社会、和谐经济系统的重要前提条件。但当前无论是国内经济金融运行的现状，还是整个国际金融的现实环境，都存在诸多不利于我国金融稳定的因素，特别是随着我国更深入地参与经济金融的全球化，获得巨大发展机遇的同时，国际上破坏金融稳定的不安定因素也渗入到我国，与我国尚不健全的金融制度交织在一起作用于金融体系，可能大大地损害我国金融体系，放大我国的金融风险，危及到我国的金融安全，甚至引发金融危机。

### 12.4.1 金融开放与金融安全

金融开放下的金融安全是指，一国在金融开放的过程中，通过对金融系统结构及其金融监管功能的演进，使其能够不断增进承受内、外部的各种冲击的能力，维持该国金融以及经济的持续、快速、和谐发展。在金融安全的状况下，一国金融发展应该展现出的是运行稳定、持续向上的态势，能够逐步提高金融风险识别和防范能力，金融主权相对独立，对关键性的金融资源具有相对的支配和控制能力。从以上对金融安全的定义看，主要有几个关键点：

（1）中国的金融开放是逐步的、动态的，这决定了金融安全也是动态的。中国的金融开放是一种动态加速的过程，与其他国家之间经济金融联系不断加深。在这个动态的过程中金融安全所面临的问题也不会一成不变，开放的不同阶段会面临不同的不安全因素，与他国金融联系的深浅不同也会影响金融安全维护的难易程度。

（2）中国金融安全面对的是内、外部两个方面冲击与不稳定（见图12-2）。金融开放的推进涉及对内的开放和对外的开放。对内方面，我国正处在经济体制转型的特殊进程之中，我国金融体制由此也承受着转轨的巨大压力，在这个过程中所客观存在的诸多历史遗留问题仍将构成金融发展的安全隐患。对外方面，开放引进了更多的外资金融机构，使得中资金融机构面临的竞争压力不断增大；开放更加方便了国际资本的流出入，为国际金融风险向我国金融市场的传播打开了大门。因此，认识金融安全还必须关注内外部开放的协调问题。

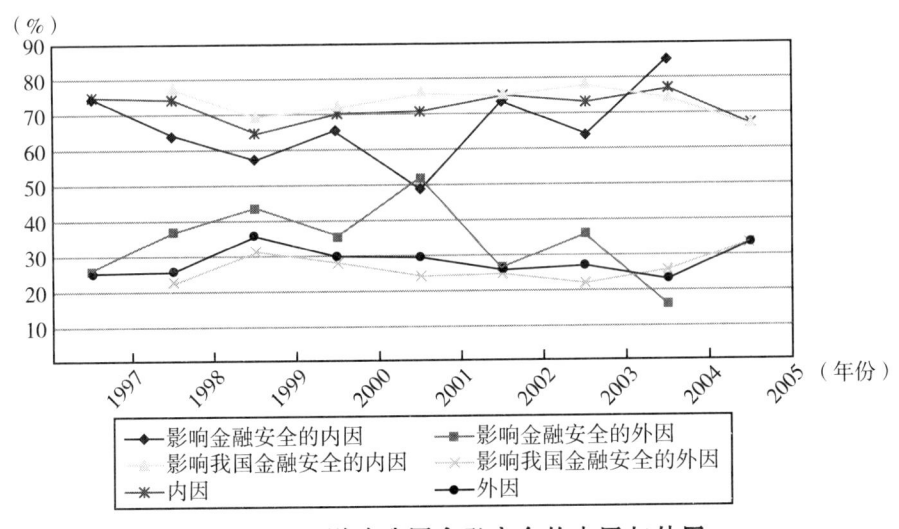

**图 12 - 2　影响我国金融安全的内因与外因**

（3）金融风险的识别和防范，尤其是系统性金融风险的防范是根本。尽管有少数学者主张金融安全等同于没有金融风险，但学术界相关问题的大多数研究学者基本上还是达成了共识，认为无金融风险与金融安全并非是完全等价的。金融风险是金融行为的结果偏离预期结果的可能性，是金融结果的不确定性。金融活动存在，金融风险也就必然存在，因而在一国经济运行过程中存在金融风险应该属于正常情况。存在金融风险并不意味着金融不安全，如果能够对金融风险进行合理控制则不会导致金融不安全。

（4）安全状态下的金融体系具有平稳发展的态势。中国人民银行首次发布的《中国金融稳定报告》中，将金融稳定定义为金融体系处于能够有效发挥其关键功能的状态。在这种状态下，宏观经济健康运行，货币和财政政策稳健有效，金融生态环境不断改善，金融机构、金融市场和金融基础设施能够发挥资源配置、风险管理、支付结算等关键功能，而且在受到内外部因素冲击时，金融体系整体上仍然能够平稳运行。金融安全与金融稳定是两个不同但存在很紧密联系的概念。金融安全与金融稳定之间的关系应该体现在以维护金融安全推动金融的稳定发展、以金融发展的平稳态势展现和反映金融安全状况等方面，因此在评价一国金融是否处于安全水平之上时，金融发展平稳与否是一个关键性的衡量指标。总之，确保金融安全方能有金融的平稳发展，而金融稳定性的不断增强则能够提高维护金融安全的能力。

### 12.4.2 改革开放过程中金融安全问题的累积

经过30年的改革和发展，我国的经济和金融实力不断增强，经济金融化和金融市场化程度也在不断提高，金融安全所依赖的条件已基本具备。但我们应理性地看到，处在经济转型期的中国，经济金融运行中一些深层次的问题并没有完全解决，维系金融安全所需的国内经济金融环境并不宽松，仍存在危及我国金融安全的一些因素（见图12-3）。

从国内方面来看，第一，开放过程中的宏观经济环境震荡可能约束金融安全实现。当前我国经济运行中难以提供金融安全所需的宽松的宏观经济环境。目前我国处于经济的转型时期，经济运行中一些深层次的经济问题还没有彻底解决，这在市场经济体制的形成和运行中，在与传统经济体制相冲突的时候和地方，都会以宏观经济的波动和经济改革和发展的曲折性表现出来，造成宏观经济的不稳定，具体表现为资源使用的低效率和浪费、过高的财政赤字、紧缩和膨胀交替出现的经济活动、经济结构不合理、地区经济发展不平衡等。作为市场经济主体以及作为金融发展和安全所依赖的微观主体的国有企业的改革发展不尽如人意，还没有建立起权、责、利相统一的现代企业制度，企业的高负债依然是银行不良资产的主要根源。这种不稳定的宏观经济难以提供金融安全所需的宽松的宏观经济环境，波及作为市场经济核心的金融业上，其表现就是金融资源的配置不当、银行不良资产增加、金融运行的高成本低效率、资本市场不稳定因素增加、金融体系不稳定，这极易形成系统性风险，直接危及我国的金融安全。

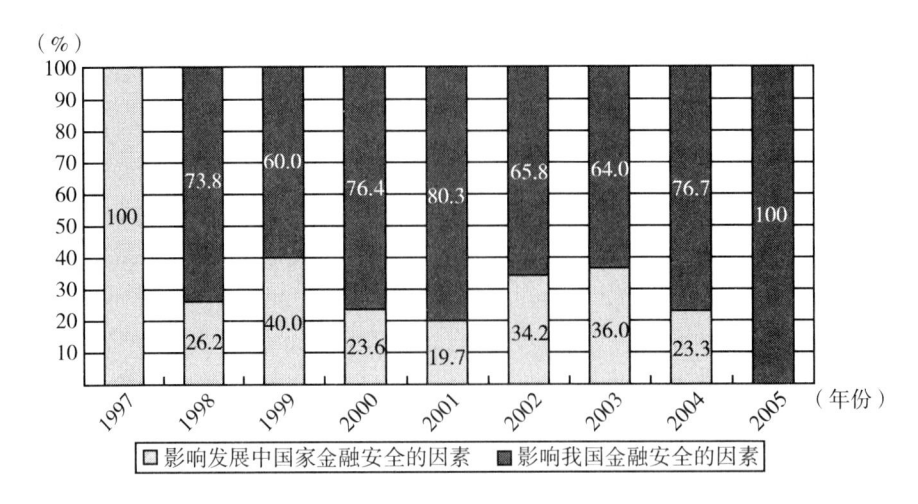

```
(%)
100  100                                                                                    100
 90
 80        73.8        60.0        76.4   80.3        65.8   64.0   76.7
 70
 60
 50
 40              40.0
 30        26.2                                       34.2   36.0
 20                    23.6                                         23.3
 10                          19.7
    1997  1998  1999  2000  2001  2002  2003  2004  2005  (年份)
    □ 影响发展中国家金融安全的因素    ■ 影响我国金融安全的因素
```

**图 12-3　影响发展中国家的金融安全因素与影响我国的金融安全因素**

第二，金融监管体制尚不适应当前的开放态势以及安全要求。自 20 世纪 90 年代以来，我国涉外金融活动规模越来越大，国内金融市场与国际金融市场的联系日益密切，外国金融机构来华设立分支机构日益增加，这些变化对我国金融业的发展提出了更高要求。然而，目前我国金融监管体系仍存在许多问题，风险和隐患依然存在。首先，我国尚未建立完善的信息披露制度，巴塞尔委员会发布的《新资本充足率框架》，将信息披露作为确保银行资本充足的一个内在要求，要求银行应向公众披露资本结构、风险构成及资本充足率三方面的信息，监管当局也应促进被监管者提高信息披露质量，强制被监管者进行信息披露，并以此建立有效的市场约束机制。我国银行金融机构在信息披露方面则严重滞后，而且虽然我国对内已经开放金融市场，但是没有培育出高素质的投资者，表现在社会公众主动监督意识不强；这也决定了中国的投资者的盲动性较强，如何诱导投资者素质的提高？将对市场主体的监管更多地引向市场约束的方向，是需要当局认真对待的金融安全问题。其次，我国目前监管法律体系不健全。以 1995 年《中国人民银行法》出台为起点，我国银行监管走上了法律化、规范化的轨道。目前，已形成以《中国人民银行法》为核心、《商业银行法》为基础、各种银行监管规章制度相配套的银行监管法律体系。但仍应该看到，现行银行监管法律制度已经无法满足加入 WTO 后银行业对外开放以及监管标准国际化趋势的需要。突出地表现在银行监管法律涵盖范围窄，与综合监管趋势不相适应。再其次，我国金融机构资本充足率偏低。国际金融监管当局把金融机构的资本充足率作为一项重要的监管内容，巴塞尔 1988 年协议还把资本金与风险资产比率达到 8% 作为商业银行资本充足率的目标，要求在 1992 年底达到这一目标。我国银行机构设立之初，国家拨付的资本金就不足，而且不能很好地利用增资扩股的方式扩充资本金，因此资本充足率仍然偏低。

第三，金融安全所需的金融基础不牢固，现行金融体制中深层次的问题仍然存在。这表现在：一是金融体制改革依然滞后，金融运行中不确定因素较多，金融体系的脆弱性和不稳定性仍然存在且日益外在化；二是金融监管当局的监管经验不足、监管手段和技术落后，监管的效率低成本高，完整科学的金融监管体制的形成还需时日；三是国有独资商业银行的改革进程缓慢，业务活动没有形成自我约束机制，业务风险加大。

第四，金融子系统的开放尚未完全实现。首先，从汇率来看，人民币汇率已经增加了弹性但尚未形成微观基础，汇率水平既没有完全反映人民币汇率的真实水平，又缺乏足够的弹性，这种汇率制度的缺陷不利于我国的金融安全。我国实施的盯住一篮子货币的外汇管理体制仍然是弹性不足的体制，这种外汇管理体制下人民币汇率水平的高估或低估也是容易出现的，这就会引起国际投机资本向我国的无序流动，这种无序的资本流动影响我国宏观经济的稳定，破坏货币政策的独立性，危及金融安全。其次，银行改革进程缓慢，尚不具备完全的与外资银行竞争的能力。在国有银行商业化改革进程中，银行的商业目标与政府干预的矛盾，对我国金融安全构成巨大威胁。虽然银行已经通过上市分散股权，但是信贷渠道长期依赖于政府体制，政府的过度干预行为并没有退出银行的业务活动，银行仍要最大限度地体现政府的意志，为实现政府的经济增长目标提供无节制的低效或无效的资金帮助和支持，使银行的业务活动偏离了作为商业银行的目标和业务原则，这本身不断累积和制造出金融风险。再其次，资本市场的风险，资本市场存在的投资人盲动、法规不健全且不统一、监管与调控乏力、缺乏约束与激励机制、融资效益的低下以及股改后仍存在大量的内幕交易、人为操纵等问题，使得我国的资本市场背离了资本市场的一般特征，也背离了我国宏观经济向好的实际。

从国际方面来看，世界经济金融发展持续不平衡，使发展中的中国处于弱势地位，成为发达国家转嫁其经济金融风险的主要受害国。国际金融体系的缺陷和无序运行迫使金融体系扰动不停。为了防范经济金融全球化进程中国际金融的风险，客观上要求国际金融体系中存在国际性最后贷款人，而现有的国际货币基金组织和世界银行还难以起到国际性最后贷款人的作用，它们在向受援国提供资金帮助时，往往要求紧缩本国财政金融政策等实际上难以接受的条件。另外，对国际资本流动的监督，目前还没有一个国际金融组织可以突破国家主权对国际资本流动进行有效监管，致使各国对国际资本流动监管标准不一致，因而，整个国际社会还不能有效遏制国际投机资本的无序流动对发展中国家经济金融的破坏。实际上，这种无序的竞争必将会对中国的金融安全构成"硬"冲击，国际资本无节制流动将直接加大我国的金融风险。自90年代以来，国际资本特别是短期资本的无节制流动，其盲目性、投机性和破坏性十分突出，在还没有一个国际金融机构可以突破国家主权对其进行有效监管的情况下，国际资本无节制的流动成为国际金融危机的一个重要诱因，并直接引发了新兴市场经济国家的金融危机。这种情况下，我国金融业对外开放特别是资本项目开放后，国际资本的流入在促进我国经济增长的同时，无节制的资本流动将引起人民币汇率的频繁波动，不利于经济资源的合理配置和宏观经济的稳定。特别是大规模的国际资本流动，加大我国资本市场监管的难度，破坏我国货币政策的独立性，也使得国际金融风险很容易波及我国，影响我国的金融安全，甚至诱发我国金融危机。

### 12.4.3 金融开放与不对称竞争中的危机防范

（1）保持稳定的宏观经济环境，为金融开放创造前提条件。中国人民银行的《中国金融稳定报告》强调完善宏观调控体系为金融稳定创造良好的环境，需要从四个方面入手。第一，加强和改善宏观调控，运用经济、法律手段，辅之以必要的行政手段，促进经济平稳运行和持续较快发展。第二，继续提高货币政策的前瞻性、及时性和有效性，疏通货币政策传导机制，进一步推动利率市场化改革。第三，有步骤地推进人民币汇率体制改革，逐步形成以市场供求为基础、有管理的人民币浮动汇率制度，保持人民币汇率在合理、均衡水平上的基本稳定。第四，加强货币政策与财政政策在制定和管理方面的协调，增强预算编制和执行的强制性，不断提高公共资金收支的透明度，提高财政的可持续发展能力，进一步发挥财政政策在金融稳定方面的作用。实际上，稳定的宏观经济环境对于金融安全的意义，更多的是在于金融系统资金流动的畅通和稳定，这就特别需要注意提升中国投资者的素质和企业的生产能力，只有金融危机的微观基础牢固了，金融安全才是真正的稳定。因此，我们主张宏观经济的稳定首先就需要大力发展生产力，继续稳妥地推进社会主义现代化建设。在这个过程上，着重塑造国民的投资素质和专业化的理财、投资机构，必须让民众变得"聪明"起来，才能有效地激发市场纪律的监管作用。并基于此，完善各项保证宏观经济稳定的制度。

（2）关于金融子系统的开放，主要是指国有商业银行改革、资本项目的开放以及汇率形成机制的建设问题。我们认为，金融子系统的建设是非常重要的，但是需要更多地服从全国的改革形势和内容，这就需要将其纳入国家整体的规划来考量。实际上，目前金融子系统的改革已经逐步展开并取得了一些成效，当然制度和结构性的改革是优先的，并没有深入到微观的层次。而将这些改革深入下去,需要的优先条件就是大力发展生产力、优化产业结构、提升投资者素质等。因此,如何真正健全金融子系统,需要一个长期的过程。

(3)尽快建立我国金融风险预警指标体系,加强对跨市场风险和系统性金融风险的监测和分析。任何金融风险的发生都是经过了相当时间的酝酿,而金融风险的潜伏期则主要是与一国的经济结构和经济微观行为密切相关;金融危机的发生具有突发性主要是指诱导因素的触发,通常的金融危机爆发前难以确定诱导因素的位置,进而体现出危机预防的困难。从这个意义上说,金融风险的预警也就分为微观预警、中观预警和宏观的预警。但通常来说,金融风险还是存在较为明显的征兆,如资产质量持续恶化、出现流动性困难而发生信任危机、储蓄有提前取款的倾向等。这就使我们能够对金融运行过程中可能出现的金融资产损失或金融体系遭到破坏的可能性进行分析、预警,为金融安全运行提供政策和建议。有效的金融风险预警可以说是确保金融安全的第一道屏障。建立金融风险预警机制,关键是建立科学完善的预警指标体系,及时识别各类风险警情、警兆、警源及变动趋势。一般来说,一个健全的、良好的金融风险预警系统应满足以下几点要求:能够充分反映全国、区域、地区经济金融运行和景气波动的基本态势;能够完整地体现系统内各层次、各子系统间相互配合、相互分工的要求,彼此不产生摩擦和重复;系统内组织体系健全、覆盖面广。我国的金融预警系统在机构设置上可参考我国家机关的分级管理模式,建立三级金融风险预警系统:国家宏观预警系统、区域预警系统、地区预警系统,并赋予各级预警系统的风险预警指标不同的风险预警任务。国家宏观预警系统主要监测宏观金融风险,着眼于国家整体金融体系面临的风险情况。区域预警系统主要监测中观金融风险,着眼于区域内金融机构的整体或者其相互之间在金融交易中产生的给区域金融体系带来的风险。地区金融预警系统主要监测微观金融风险,即指一定金融环境下微观金融机构所面临的金融风险。

(4)建立部门间金融稳定协调机制,完善审慎的最后贷款人制度,实现金融调控与监管的有机结合。建立应对处理金融风险的机制,应首先着眼于将最后贷款人制度完善化、程序化,并明确应对突发性金融风险的指导思想、总体原则、组织领导、具体措施和法律责任;协调机制在有效组织和运行的基础上,将危机管理的理论中国化,并最终建立我国的危机管理原则与理论。

# 第 13 章

# 制度变迁中的中国金融监管

金融监管是保障一国金融安全和经济稳定的重要前提。20 世纪 80 年代以来，我国深化经济体制改革和融入经济全球化的进程不断加快，金融业"从分业到混业"，市场化、国际化、全球化的趋势日益显现，在这种制度变迁的大背景下，我国金融监管的作用显得十分重要。但是，我们必须认识到，金融监管既存的缺陷和弊端使其无法为我国金融业的进一步发展提供制度支持和经济保障。本章将结合我国制度变迁的历史背景和现实要求，从金融监管模式、金融监管手段、金融监管方式三个层面研究制约我国有效金融监管的因素，提出对金融监管进行"一统化"、"市场化"、"国际化"改革的建议，以期提升我国的金融监管效率，保证金融安全和经济健康发展。

## 13.1 制度变迁中金融监管模式的渐进式转换与一统化改革

所谓金融监管模式，一般指金融监管体制的模式，是为实现特定的社会经济目标而对金融活动施加影响的一整套机制和组织结构的总和，其核心内容是金融监管机构的组织安排和运作。金融监管模式不仅受到一国或地区经济和金融业发展状况的影响，还要受到社会文化、政治制度、法律体系等诸多非经济因素的制约。在实践中，各国金融监管模式表现出多样化的形态，并随着时代的变更而进行着相应的调整。

20世纪70年代以来，发达国家金融业出现了混业经营的发展趋势。在经济全球化促进下，发展中国家金融开放程度日益提高，混业经营模式在发展中国家逐步扩散和渗透，成为全球金融业的共同发展趋势。混业经营打破了传统金融机构间的分工，金融业务和产品日益复杂化，银行、保险、证券业的界限逐渐模糊，金融业的这种发展状况对传统的分业监管体制提出了严峻挑战。是继续维持分业监管模式，还是进行一统化改革、推行统一监管模式？这已经成为许多国家金融监管实践中需要解决的一个关键问题。本节将从理论支持、历史回顾、现状剖析和未来发展等多个视角，探讨我国金融监管模式一统化改革的问题。

### 13.1.1 "机构监管"与"功能监管"的理论之争和现实选择

实践活动背后通常有一定的理论观点作为支持，各国金融监管体制的多样化和历史变迁，实际上是多元化的金融监管理论在现实世界中的映射和交替。

20世纪90年代以前，"机构监管"理论颇为盛行，它将现有的金融机构看做是既定的，无论是金融机构还是监管部门，都力图维持原有组织结构的稳定。所以，应按照金融机构的类型设立监管机构，不同的监管机构分别管理不同类型的金融机构，各监管机构高度专业化，其监管对象的划分只根据金融机构的性质（银行、证券公司、保险公司），而不论其从事何种（混合）业务。实际上在早期，各国的金融监管体制都是基于"机构监管"的理念而建立的。

20世纪90年代开始，"功能监管"对"机构监管"提出了挑战。"功能监管"理论认为金融功能比金融机构更稳定，基于功能观点的金融体系比基于机构观点的金融体系更便于政府的监管，所以，应依据金融体系的基本功能设计金融监管体制，即规定某种金融活动由某个监管者进行监管，而不论这种活动由谁来从事。

从历史发展的角度看，"功能监管"实质是对"机构监管"在新的金融环境下的调整。在分业经营或者金融业内各行业的界限比较清晰的条件下，银行、证券和保险性质差别明显，不同金融机构从事不同金融业务，按机构监管实际上等同于按业务和功能监管。但是，混业经营和金融创新活动模糊了不同金融机构提供的产品和服务的界限，不同金融机构的业务相互交叉、功能趋于一致，按机构监管与按功能监管的内涵已是大相径庭，"功能监管"成为不同于"机构监管"

的新理论。

在分业经营下，依照"机构监管"的理念建立分业监管体制简便易行，监管效果较为理想；在混业经营下，分业监管体制却面临着各金融机构的不公平竞争、监管套利以及监管资源浪费等诸多问题，其中，最严重的一个问题是，对从事多元化业务的金融控股公司或全能银行集团的监管存在漏洞。基于"功能监管"理念设计的监管体制可以很好地解决这个问题，因为不论金融机构的组织形式如何变化、金融产品如何创新，金融体系的基本功能是相对稳定的。所以，"功能监管"更好地反映了各国金融业混业经营发展对金融监管体制的需求。但是，纯粹的功能监管也存在严重的缺陷：在这种监管体制下，各监管机构无法对金融机构的整体状况有一个清晰的认识，特别是无法了解金融机构的整体管理水平、风险水平和清偿能力，而金融功能是通过金融机构来实现的，一旦其由于某一功能出现问题而倒闭，该机构的所有职能也就不复存在，这样更不利于金融体系的稳定。

简言之，由于混业经营的发展以及金融机构和金融功能的内在联系，单纯依照"机构监管"或"功能监管"的理论观点来设计金融监管体制都存在不足之处，所以，在20世纪80年代后，各国金融监管体制的改革实践兼顾了这两种理论的观点。改革的思路大致可划分为两种：一种是维持分业监管格局不变，通过新设机构或牵头监管的方式，增强不同监管机构的协调性，解决传统分业监管存在监管漏洞的弊端，例如美国等国家；另一种是成立了综合性的监管机构，由分业监管模式转变为完全统一或部分统一的监管模式，以适应混业经营的监管需求，并避免单纯"功能监管"在整体监管方面的缺陷，包括加拿大、英国、韩国、澳大利亚、卢森堡、匈牙利、日本、拉脱维亚、爱沙尼亚、奥地利、新加坡等国，由于此类国家数目众多，统一的监管体制似乎已成为国际上监管体制改革的趋势。

混业经营已成为各国金融业发展的共同趋势，但是，由于各国的金融开放程度和法律制度安排上的差异，各国混业经营的发展情况各不相同。就中国来说，20世纪90年代以前，金融机构的业务相对简单，规模较小，没有出现混业经营的情况，因此变革监管体制的要求不是十分迫切。90年代以后，伴随着中国金融业商业化改革的深入和金融开放的扩大，混业经营的趋势越来越明显，监管体制的问题逐渐浮出水面。中国既有的分业监管体制究竟应如何改革？金融监管体制的有关理论和他国的经验只具有一定的借鉴意义，具体还需要根据我国的历史传统和现实国情进行分析，并根据改革的实际效果进行动态调整，以提高金融监管的有效性。

### 13.1.2 我国金融监管模式转换的历史沿革

改革开放以来，为适应金融业的发展变化，我国金融监管模式一直处于不断变革之中，大致可以划分为三个阶段：

第一阶段（1984~1992年）是统一监管时期。这一时期，对金融业的监管统一由中国人民银行负责。1984年，我国确立了中央银行制度，中国人民银行作为中央银行设立了金融机构管理司，履行监管职能；1986年国务院颁布《中华人民共和国银行管理暂行条例》，第一次在法律上明确了中国人民银行对专业银行、农村信用社、城市信用社以及信托投资公司等金融机构的监管地位；1992年5月，中国人民银行根据证券市场发展的需要，成立了证券管理办公室，负责对证券经营机构进行监管。

第二阶段（1992~1998年）是由统一监管向分业监管过渡的时期。这一时期，中国人民银行的统一监管职能逐渐被分拆，形成了分业监管的格局。1992年10月中国证券监督管理委员会成立，但在当时，证监会只负责对证券发行、交易的监管；中国人民银行仍负责银行、证券、保险等经营机构的日常监管活动以及除证券市场之外的所有金融市场的管理。之后，为适应我国金融业分业经营的状况，在1997年11月召开的全国金融工作会议上，中央决定对我国金融机构实行分业监管，此后国务院在机构改革过程中贯彻了分业监管的决策，缩小了中国人民银行的监管范围，扩大了证监会的职能，组建中国保险业监督管理委员会。以1998年保监会成立为标志，形成了央行、证监会、保监会明确分工，分别对银行业、证券业和保险业进行监管的分业监管模式。

第三阶段（1998年至今）是分业监管体制完善时期。这一时期，在分业监管体制框架下，进一步调整监管机构设置，并构建不同监管机构之间的协调机制。为提高中央银行的独立性和金融监管的有效性，十届全国人大一次会议通过了分离中国人民银行对存款类金融机构监管职能的方案。2003年4月中国银行业监督管理委员会正式成立，负责监督管理银行、金融资产管理公司、信托投资公司以及其他存款类金融机构，维护银行业的合法、稳健运行。由此，我国形成了以"一行三会"为基本格局的金融监管体系。在这种分业多头监管的格局下，不同金融机构之间系统性的内在联系，特别是其所从事金融业务的交叉和重叠，使各家监管机构之间的沟通与合作尤为必要。2000年9月，中国人民银行、证监会、保监会决定建立三方监管联席会议制度；银监会成立后，2003年9月，银监会、证监会、保监会召开了第一次监管联席会议；2004年6月，这三家监管机构签署了《三大金融监管机构金融监管分工合作备忘录》，在明确各自职责分工的基础上，建立了定期信息交流制度、经常联系机制及联席会议机制。

### 13.1.3 现行"一行三会"监管模式的有效性

现行金融监管模式是特定历史条件的产物，在过去的十多年中，它为我国各类金融监管机构的成长和壮大提供了充裕的空间，总体上适应了我国金融业的发展状况，但是，如前所述，面对混业经营的发展趋势，这种分业监管模式也表现出一些缺陷，包括存在监管漏洞、重复监管、监管资源浪费、监管成本高昂等问题，其中，最核心的一个问题是不同监管机构的协调性欠缺，突出表现如下：

**1. 通过《有效金融监管的核心原则》自主评估反映出的中国监管者协调性欠缺的问题**

国际组织通常把《有效金融监管的核心原则》（BCP）作为评估各国金融监管质量的标准文件，我国于2001年和2003年先后两次对照BCP对金融监管体系进行了自我评估。从评估结果来看，我国监管机构的信息交流和合作存在一些问题：这不仅表现在我国大体不符合前提条件所包含的监管者信息分享原则，未做到信息的共享和充分沟通；而且对单个和并表基础上的监管信息分析也只是形式上能够做到，但信息真实性和及时性难以保证；同时，虽然具有对银行集团进行并表监管的能力，实际上也在并表监管，但不能及时和真实地收到监管信息。这些问题的存在，正是各家监管机构缺乏协调性的具体表现，降低了金融监管的有效性。

**2. 中国监管者协调性欠缺的三大突出例证及后果**

例证一：监管联席会议等监管协调机制不能发挥应有的作用。

虽然各家监管机构之间已经建立了监管协调机制，但是，自2004年6月签署合作备忘录至2005年11月，银证保三方监管联席会议18个月不曾召开。这种监管协调机制不能发挥应有作用的局面，必然导致不同监管机构之间不能进行充分的信息交流与合作，容易产生监管疏漏。

例证二：监管信息未实现有效共享、监管基础设施重复建设。

出于各自的监管需要，中国人民银行和三家监管机构都致力于构建隶属于本部门的信息数据库工程，耗资巨大，仅银监会的"1104"工程预计耗资就高达10亿元。虽然各家监管机构都认为自己的数据库数据采集的角度不同于其他监管机构，但是，在混业经营条件下，同一家金融机构的数据被不同的监管机构各取一部分，不仅会造成因信息不完整而导致的失真，而且金融机构业务活动的内在关联性使这种做法不可避免地会产生重复采集的问题。这既加重了被监管机构的负担，又增加了监管成本。真实、及时、完整的监管信息是有效监管必备的基础条件，但是，监管基础设施的重复建设，却是监管者之间协调性缺乏的一个后果。

例证三：对金融控股公司的监管处于事实上的真空状态。

我国推行分业经营、分业监管的政策，但是实践中分业经营的原则并没有得到完全的、真正的实施，各种形式的金融控股公司一直从事着混业经营活动。目前我国金融控股公司大致可分为两大类型，第一大类是由单一金融企业发展而成的金融控股集团，具体又有四种分类：一是由商业银行过渡到金融控股公司，如中银集团；二是由保险公司过渡到金融控股公司，以中国人保控股、平安保险集团等为代表；三是由证券公司过渡到金融控股公司，以银河金融控股为代表；四是由信托公司过渡到金融控股集团。第二大类是由非金融企业、工商企业或综合性企业发展而成的金融控股集团，以中信金融控股和光大金融集团为代表，两者分别从原来的综合性企业集团中信集团和光大集团中派生出来。另外，海尔集团、东方集团等正向金融控股集团过渡。

然而，中国目前的监管法律和监管体制安排落后于实践发展。迄今为止，国内现行的任何一部法律、法规都从未对"金融控股公司"和"金融集团"下过严格的定义，既有涉及金融控股公司业务领域的各种规章，是各部门从部门情况出发制定的，对金融交叉领域考虑较少，缺乏系统性与协调性。虽然在"一行三会"的监管体制下确立了主监管制度，即对金融控股公司内相关机构、业务的监管，按照业务性质实施分业监管，而对金融控股公司的集团公司可依据其主要业务性质，归属相应的监管机构负责。但是，这种监管安排只是建立了对金融控股公司监管的原则性框架，由于不同监管机构之间信息沟通与合作状况不理想，导致对金融控股公司的监管存在很多的盲区，金融控股公司甚至成为个别企业满足自身圈钱套利的工具，给国家和投资者带来巨额损失，这不仅增加了监管成本，而且威胁着存款人的利益和银行业的稳定——德隆集团就是最好的例证。

20世纪80年代以来，发达国家纷纷解除分业经营管制，外资银行进入混业经营阶段。可以预见，随着我国金融开放的进一步扩大，外资银行带来的竞争压力将会催生更多的金融控股公司产生。而且无论是国内外资银行的增加，还是国内银行海外机构的增加，不仅会从混业的角度，还会从国际合作监管的角度对我国监管者的协调性提出更高的要求。如果不采取有力措施改善我国监管者协调性，解决对金融控股公司的监管安排问题，那么，金融控股公司的发展和金融业国际化程度的提高必然会增加金融风险，甚至引发金融危机。

综上所述，现行金融监管模式在协调性方面存在的漏洞和弊端，降低了监管机构的权威性、导致监管成本和执行成本高昂、妨碍了金融业混业经营的健康发展，已经成为提高金融监管有效性的重要制约因素，无论是中国金融业自身健康发展的需要，还是金融开放的外在压力，都要求对既有监管模式进行调整或转换。

### 13.1.4 我国金融监管模式的一统化改革：方案、时机与路径

**1. 我国金融监管模式改革的目标方案：三合一**

混业经营是我国金融业发展的必然趋势，我们认为，在混业经营的条件下，统一的金融监管体制将是解决金融监管协调性问题、提高监管有效性的目标方案，即银监会、证监会、保监会三个机构合而为一。主要理由是：

（1）从理论上看，统一的金融监管体制具有如下优点：第一，体现功能监管的理念，有利于金融业的公平竞争。在分业监管而混业经营的情况下，从事类似金融业务的金融机构可能因对应监管部门的不同而受到差异性监管，继而会诱发监管套利行为；统一监管对类似的金融业务用统一的尺度来进行监管，有利于创造公平竞争的市场环境。第二，有利于降低监管成本。相对于多头监管，统一的监管机构可以节约基础设施、专业人员等监管资源以降低直接成本，也可以通过避免政出多门，交叉监管降低间接成本。第三，可以减少不同监管机构之间相互争夺权力、交叉监管或相互扯皮、推诿责任的现象，从而改善监管者协调性，有利于更全面把握从事混业经营金融机构的整体风险和经营绩效。

（2）东亚模式的特殊文化传统、政治体制和法律环境状况决定了统一金融监管体制更适合解决中国金融监管的协调性问题。虽然在理论上统一监管体制具有上述优点，但是，分业监管和统一监管本身没有优劣之分，在实践中两者的比较只是何者更适合解决一国监管协调性的问题。对东亚国家来说，其发展道路具有政府主导的赶超型经济的共同特征，政府对经济增长和金融业发展发挥了巨大的推动作用；政治体制具有相对集权特征，政府部门具有高度的权威性；金融体系以银行为主导；等等。这些相似的经济、政治和社会环境，使日本、韩国等东亚国家金融监管模式的变革情况对中国未来金融监管模式的选择具有较大的借鉴意义。

由于东西方文化差异所带来政治与经济关联方式的不同，监管机构的行政级

别对东亚国家监管机构的权威性具有决定性影响，而在西方国家，这种影响相对较弱。例如，澳大利亚由金融监管委员会负责金融监管的协调工作，它由中央银行、财政部、审慎监管局、证券期货监管机构各派负责人组成，但是，该委员会没有法律地位，没有行政级别，它的权威性来自于其成员都是各监管机构的负责人，同时，技术官员与政治家是两条路线，政治家一般极力避免介入金融机构破产与否的决策；而日本则在金融危机发生以后，成立了以内阁总理为首的高层协调机构，借助于其行政地位来保证监管改革措施的实施。考虑到部门利益、行政状况等因素的制约，日本和韩国相继选择统一的金融监管模式，把不同监管部门之间的协调变为监管部门内部的协调，通过减少协调的层次来解决混业经营条件下监管者的协调性问题。

实际上，既有部门利益之争已导致改善监管协调性的备选方案在我国难以奏效。如前所述，推行一统化改革并非传统分业监管体制的唯一出路，通过分业经营下的牵头监管或主监管制度安排也可以增进不同监管机构之间的协调性、避免对混业经营的监管漏洞。2003 年以来，我国监管当局开始以定期召开联席会议的方式加强协调合作，但是，由于行政机关追求部门利益，逃避承担责任的机关文化背景和行政执法倾向，使该协调机制更多地表现为部门之间利益的均衡和协调，信息交流和协同监管仍比较有限，从而导致在涉及审批权力的地带呈现权力设置和资源控制重复；在涉及责任追究的地带呈现风险监控和问题处置真空。从国际比较来看，目前在分业监管体制下能较好解决监管者协调性的国家，一般是推行联邦制政体，并且法律环境较为完善的国家，例如，美国、德国。而我国是集中统一体制的国家，金融法律环境尚处于逐步完善过程之中，推行统一监管制度更适于改善监管者协调性，降低监管成本。

（3）分业监管体制下各家监管机构监管经验的积累和专业监管能力的提高为实行统一监管体制奠定了基础。改革开放以后，现代中国金融业才开始快速发展，在发展初期，整个金融业的运作极为不规范，从 80 年代中期到 1992 年前存在许多混乱现象，风险性大；当时，受技术、人员和资金等条件的制约，我国监管当局的监管水平更容易做到分业监管，缺乏对金融机构系统性风险的把握能力，所以，推行分业监管体制既可以给予不同金融机构专业化发展的空间，又可以避免监管失控。从 1992 年算起，经过十多年的发展，中国金融业在分业监管框架下扩大了经营规模，提高了运作规范化程度，同时，监管机构的专业监管能力得到了提升。在开放经济条件下，后起发展中国家监管体制的变革已经不可能向发达国家那样自然演化，监管体制不仅适应性调整的时间间隔相对缩短，而且进行调整可资借鉴的经验大大增加。十多年来，中国金融业的发展、监管机构监管水平和学习能力的提高为推行一统化改革奠定了基础。

## 2. 中国金融监管模式一统化改革的时机与路径

21世纪以来，伴随着我国管制性监管措施逐步放松和金融开放全面扩大，混业经营程度在快速提高，除了较早进行混业经营的光大集团、中信集团外，中国银行、中国建设银行、中国工商银行、交通银行也已开展混业经营，我国金融体系以银行业为主导，这些大银行的混业经营行为意味着国内金融业已进入混业经营时期。而至于不断涌入的外资银行，大多是混业经营的跨国金融集团，这些金融集团进入中国后，早已在商业银行、投资银行、资产管理和保险等领域广泛投资，并积极引进和开展金融创新业务。我国金融业混业经营的态势对金融监管模式一统化改革提出了迫切的内在需求，同时，金融违规案件和潜在的危机隐患对一统化改革也形成了巨大的外在压力。

一般而言，金融案件、金融危机等金融不稳定因素会给监管机构带来巨大的社会压力。综观历史，发生金融危机后，监管机构通常会被当作替罪羊而受到惩罚，监管体制的变革往往是对危机的一种补救措施。英国、日本、韩国等国都是在发生大银行倒闭或银行危机后的较短时间内改变分业监管体制而成立统一监管机构的。我国在德隆集团案件中已损耗了数以亿计的银行贷款，可以预计，随着混业经营程度加深，资金会在不同行业之间迅速转移，监管机构仅有的行业内部监管权限与资金全行业流动格局之间的矛盾将会日益突出，如果不尽快推行一统化改革，既有的监管漏洞使此类案件发生的概率会进一步增大，一旦这些监管隐患诱发大银行倒闭或是银行危机，局面会非常被动，后果则不堪设想，对于我国这样一个处于制度变迁时期的发展中的人口大国而言，其代价是任何政府部门都无法承受的。

再从监管国际竞争的角度来看，在周边国家推行混业经营的国际环境中，我国金融业"隐性"混业的发展格局有两个严重的不良影响：一是不利于我国金融业参与国际合作与竞争；二是有关混业经营监管法律的滞后损害了法律的严肃性和监管当局的权威性。实际上，人们在分析我国金融业混业经营发展的障碍时，通常把监管法律滞后、对混业经营监管的组织安排落后作为两个重要原因，而监管安排落后与监管法律滞后又相互掣肘，互为因果：一方面监管法律滞后导致一统化改革无法推进，监管者协调性无法得到质的改善；另一方面监管法律滞后很大程度上又是因为顾及监管当局的协调性欠缺，只好暂且维持分业经营、分业监管的法律安排。但是，在竞争日益激烈的国际金融环境中，"适者生存"的丛林法则并没有为哪一个国家预留太多的时间来解决这类"先有蛋，还是先有鸡"的问题，我国金融业本身就面临着追赶式发展的历史任务，金融监管体制安排即使不能领先于金融业发展，也不应成为金融业发展的障碍，必须寻找突破口尽快进行一统化改革，解决监管者协调性欠缺的弊端，走出监管体制束缚金融业发展的困境，按部就班地等待金融监管体制的演化可能会使我国金融业发展丧失更多的机遇。

基于以上考虑，我们认为，推行金融监管模式的一统化改革。有利于提高监管有效性，为我国金融业发展提供更多的空间，有利于我国经济稳定、健康发展。

当前，为了促进我国金融监管模式一统化改革的顺利推进，需要消除一些主要的障碍，最为突出的有两方面：一是法律障碍。我国分业监管体制1998年才正式确立，银监会的成立则是2003年的事情，在法律没有做出根本性修改的前提下，设立统一的金融监管机构缺乏依据，违反相关程序的规定，不利于维护监管工作的稳定性和监管法律的严肃性。二是人员安置障碍。机构的合并和人员的精简会改变现有的既得利益格局，必然会涉及多方面因素的协调与平衡，具体操作较为复杂，如果所涉机构的人员得不到合理安置，不仅会导致监管人才流失，而且会造成监管工作运行断层，带来高昂的制度转换成本。针对目前金融监管模式改革面临的客观条件，我们建议，可以采取两步走的路径实施一统化改革。

第一步，整合三家监管机构的技术力量，组建统一的信息平台。信息的共享和充分沟通是不同监管机构进行协调的基础性前提。科技创新一直是金融发展的推动力，对于金融监管模式转换也是如此，相对机构的整体合并，技术力量的单纯联合更容易被接受，所以，可在技术层面采取一些先行措施，将技术革新作为制度变迁的切入点。第一阶段，在三家监管机构内部按相近的标准调整各自的监管数据中心，并建立三家监管数据中心之间的信息传输系统，从而实现监管数据的网络化、电子化共享；第二阶段，三家监管机构的监管数据中心整合为一家监管数据中心，负责全面向三家监管机构提供信息，信息是监管行动的基础，统一的信息平台既是未来统一监管机构的必需品，也可以为各项监管业务的合并奠定基础；同时，将一些专业技术性业务外包，例如，风险评估、信用评级技术业务等，这样既可以精简人员，又可以促进社会中介组织的发展。

第二步，颁布实施新的监管法律，对三家监管机构进行合并与精简，组建统一的监管机构。法律的修改需要经过严格而复杂的立法程序，相当耗时，而混业经营对金融监管协调性的要求与日俱增，所以，在第一步整合技术力量时，就要启动修改法律的相关程序，在第一步完成时，相关法律也应修改完毕，并生效实施，用于指导三家机构的合并工作。在修改相关法律的过程中，可以针对新设统一监管机构的有关问题广泛征求社会各界的观点，一则有利于促进法律完善，二则有利于明确监管人员、金融机构和社会公众对金融监管模式转换的预期，提高社会各界对一统化改革的适应性。

金融监管模式的一统化改革不仅涉及大量的经济成本支出，而且涉及行政机构和人事安排的变革，行政机构每一个具体细节的变化，都可能是一场艰难博弈的结果，都需要改革推进者具有坚定的信念、非凡的勇气与智慧。而这种变化不仅有利于提高监管机构的组织效率，而且有利于我国金融业的发展、有利于社会安定与经济发展。同时，有一点必须澄清，对提高金融监管的有效性来说，金融监管模式的外在形式相对监管机构的监管能力、独立性、金融基础设施的建设、金融机构的自我约束能力、市场约束等因素或许是次要因素，如果只是金融监管模式外观的变革，没有其他因素的进步或改善，那么，这种变革起不到改善监管者协调性、提高金融监管有效性的效果。

## 13.2　制度变迁中金融监管实现力量的市场化趋势

### 13.2.1　谁是金融监管的实现力量

金融监管的实现过程充满了政府当局、金融机构和社会公众等相关主体之间的利益协调与冲突，监管目标的实现程度如何取决于政府当局的监管约束、银行自我约束和来自社会公众的市场约束三大力量的共同作用，其中，银行自我约束和市场约束属于市场力量。在各国金融监管实践中，政府力量与市场力量的搭配方式存在较大差异，有的倚重于自我约束的市场力量，如英国；有的倚重于行业自律的市场力量，如德国；有的倚重于政府力量，如实施赶超战略的发展中国家；等等。这种监管实现过程的差异是由于各国政治、经济、历史文化传统等多方面的条件不同所引起的。同时，在国内外经济形势变化、本国金融业竞争状况改变等因素作用下，一国在不同历史阶段，政府力量与市场力量的搭配方式也在变化之中。

**1. 金融监管的制度变迁与实现力量搭配方式的变化**

由于政治或经济原因，许多国家在金融监管制度演化过程中，均经历过严格控制性金融监管。所谓严格控制性监管是指实行分业限制、利率管制、市场准入严格限制等。实行严格控制性监管的国家主要包括美国、日本、韩国以及为数众多的发展中国家。这种控制性的监管制度在较长时期内充分保证了各国金融业的稳定，特别是在赶超型国家，严格控制性监管对满足产业发展的资金需求，实现经济高速增长的赶超目标，发挥了积极作用。但是，在20世纪70年代以后，由于经济全球化在金融领域的渗透日渐深入，金融业的经营环境更为开放，在外部竞争和金融创新等因素冲击下，严格控制性的监管制度就开始表现出一些不适应性，其所扮演的角色，从维护金融业稳定和发展的必要措施转变为限制金融业发展的桎梏。美、日、韩等国开始相继放松管制，消除金融业发展的监管束缚，释放受压制的市场竞争力量，给予金融业更多获利的机会。但是，由于金融机构的资金缺乏、监管当局的道德风险、监管独立性缺乏等因素制约，在放松管制的过程中，审慎监管措施不到位，出现监管宽容或缺失，导致了银行危机。危机过后，各国纷纷把建立或强化审慎监管制度作为提高监管有效性的重要途径，包括提高监管者独立性、改革存款保险制度、实施和完善基于风险的资本监管制度等，并通过改善信息披露状况、实施预先承诺法、推进银行业改革等措施，发挥监管实现过程中市场力量的作用。

在上述制度变迁的过程中，这些国家的政府监管都经历了从替代市场力量向培育和强化市场力量的转化过程。20世纪80年代以前，市场机制和政府监管被理解成替代的关系，政府监管的强化也就意味着市场机制的弱化；但是80年代以后，开始构建以市场机制为导向的政府监管机制。在市场导向的思路下，政府监管不是替代市场竞争，而是强化市场机制微观基础的手段，即以尊重、支持和互补市场力量为导向优化政府力量，为金融业的市场机制高效运行提供保障；同时，培育、加强银行自我约束和市场约束两大市场力量，让投资者、存款人、经营者及监管者等各方参与者各自承担必要的风险。伴随着经济全球化的深入，各国在金融监管实践中愈来愈重视发挥市场力量的作用，金融监管实现力量出现了市场化的趋势。

### 2. 巴塞尔资本协议与金融监管的市场化趋势

金融监管市场化的趋势不仅表现在各国金融监管实践中，在金融监管的国际规范和标准中也得到了充分的体现。目前，最具影响力的国际监管规范当属巴塞尔资本协议，它所制定的监管标准为各国广泛认可和遵循，该协议有两个版本，分别简称"Basel Ⅰ"和"Basel Ⅱ"，从它们的主要内容及其变化，可以清晰地看出经济全球化条件下金融监管的市场化趋势。

Basel Ⅰ和Basel Ⅱ的核心内容都是倡导资本监管。因为资本在保持银行稳健和承担风险方面、在银行公司治理方面起到重要作用，资本要求是投资者对银行实施市场约束和内部控制的重要方式及基础，所以，资本监管本质上属于一种模仿和强化市场力量的监管措施，可在一定程度上减少存款保险等政府干预措施对市场力量的束缚作用，降低存款保险所带来的银行风险转移动机，改善政府监管效果。Basel Ⅰ的资本监管框架仅包括最低资本要求；Basel Ⅱ则将其扩展为三大支柱——最低资本要求、监管当局的监督检查、以信息披露为基础的市场约束，从而把政府外部监管、银行内部控制和管理、市场约束三者有机结合起来，构建了相对完善的市场主导型监管体系，使银行监管中政府力量和市场力量的合作日臻紧密和显著。具体来看，Basel Ⅰ和Basel Ⅱ存在以下差异：

第一，Basel Ⅱ允许银行使用评级法而不是像Basel Ⅰ中由政府直接规定风险资产对应的风险权重来确定资本成本，提高资本充足率要求对风险的敏感程度。其中，标准法允许用外部评级区分银行资产的质量，体现了利用评价机构此类市场参与者的力量改善资本监管的思想；而内部评级法允许银行使用内部评级数据确定资本成本，体现了外部监管对银行内部控制和风险管理的尊重和利用。从标准法到内部评级法，风险计量更为准确，银行在确定资本成本方面自主权逐步增大，为了减少外部干预，降低资本成本，银行具有使用内部评级法的激励，但是，为使用内部评级法，银行必须具有强大的内部控制和风险管理能力，所以，为了获得在资本监管约束中更多的自主权，银行具有改善内部控制和风险管理水平的激励，从而增强了银行将监管外部压力转化为自我约束行为的动力机制。

第二，Basel Ⅱ把银行内部控制和风险管理的状况作为监管当局监督检查和评估的内容之一，从外部监管的角度直接强化银行的内部控制和风险管理，把监管当局要求和银行自律需要统一起来。

第三，Basel Ⅱ通过提高信息透明度增强市场约束，既改变了政府监管的作用方式，又增强了银行自律的主动性。过去，政府监管通过对市场约束的抵消和遏制作用来实现监管目的，在Basel Ⅱ中，监管安排不再充当市场约束的替代品，而是通过提出信息披露要求，使市场参与者掌握银行的风险状况信息，提高市场参与者的能力、阻止银行不合理地涉险；而被监管银行对过分冒险就会咎由自取的担心，会使它出于自身利益最大化的考虑而增强内部控制和风险管理。

通过上述剖析可以看出，从Basel Ⅰ到Basel Ⅱ，监管当局越来越重视激发并利用金融机构内部的力量和市场约束力量来加强风险防范、实现监管目标。作为国际金融监管的新规则，Basel Ⅱ将在未来各国金融监管发挥重大的作用，它所倡导的在尊重、利用和强化市场力量的基础上实现政府力量与市场力量相结合的监管思想，即金融监管的市场化思想，代表了未来金融监管的方向和趋势。

### 3. 我国的选择：融入世界经济与金融监管市场化

如上所述，实现有效金融监管，可以归结为限定条件下政府力量和市场力量的合理定位，20世纪70年代末期以来，金融监管市场化逐步成为一种必然趋势。为在经济全球化背景下实现有效金融监管，各国需要适时适度调整本国金融监管的实现力量，以顺应金融监管的市场化趋势。

对中国而言，作为一个转型中的发展中国家，在融入世界经济的过程中，确立了市场经济和市场金融为本国经济体制和金融体制的改革目标，1978年以来，中国经济市场化程度不断提高、参与经济全球化程度不断加深。在这种时代背景下，无论是与国际环境相融合，还是推进本国经济改革的深化，都需要中国具有一个市场化取向的金融监管体系，提高金融监管的市场化程度成为中国实现有效金融监管的必然选择。构建市场化取向的金融监管体系包括两方面的改革：一是应以尊重、支持和互补市场力量为导向优化政府力量；二是应培育、加强银行自我约束和市场约束两大市场力量，逐步形成以市场力量为主导的监管格局。由于银行业是我国金融体系的主体，我们以银行监管为例，探讨我国金融监管的市场化改革。

### 13.2.2 从控制性监管制度到审慎监管制度的变迁

为了顺应金融监管的市场化趋势，实行严格控制性监管制度的国家纷纷取消了各种限制竞争的监管措施，逐步构建和完善审慎性的政府监管制度。我国银行业的政府监管也曾经实行过严格控制性监管制度，并独具特征，而且目前仍在实施某些控制性的监管措施。所以，政府监管实现从控制性监管制度向审慎银行监管制度的过渡是提高银行监管市场化程度的关键环节。为此，需要结合国情，分析我国控制性监管制度淡出的历史逻辑和条件，研究构建、强化审慎银行监管制度的推动因素和制约因素。

**1. 控制性监管制度的淡出**

我国控制性银行监管制度是计划经济时期的信贷计划管理体制在转型时期的延续，它主要是通过一些带有明显行政干预倾向的合规性监管措施控制银行系统，满足政府向国有企业提供资金支持的需要。虽然控制性银行监管制度推动了我国经济高速增长，并为经济转型时期的社会稳定做出了贡献。但是，它以侵蚀银行业自身的稳定和效率为代价，满足国有企业信贷需求，它降低了银行监管的有效性，这种制度所导致的银行业不良资产和竞争能力的低下，使其缺乏持续性运行的基础，所以，与其他国家的经历相似，控制性银行监管制度发展到一定阶段，必然会面临着被变革或取消的命运。

20世纪90年代中后期，市场竞争程度的加剧使国有企业亏损比例上升，而在1995年末，所有国有企业的资产负债率高达85%，在这种融资格局下，国有企业的亏损直接转化为银行业的不良资产；加上90年代中期形成的房地产泡沫破灭，银行业的不良资产问题日益突出，防范和化解金融风险的重要性显著提高。

1997年亚洲金融危机，对包括我国在内的忽视银行体系稳定和效率的"东亚发展模式"产生了巨大的警示作用。此时，银行业的稳定发展成为政府的首要目标，以亚洲金融危机为契机，在国内经济市场化程度提高、国有企业改革深化等内部因素的推动下，政府产生了淡出控制性银行监管制度的动力，开始放弃利用干预银行体系谋求社会稳定和弥补财力的立场，转而解决控制性银行监管带来的问题，逐步消化不良资产，解决银行体系的问题。正是在这样的背景和逻辑之下，以1998年取消对国有银行贷款规模的限额控制为标志，控制性银行监管制度开始淡出，逐步实施了利率市场化、放松市场准入管制、放松业务范围限制等措施，但是，其淡出的进程仍然会受制于国有企业改革和政府财政能力的制约。

## 2. 审慎监管制度的构建与强化

在逐步淡出控制性监管制度的过程中，我国采用了政府注资、剥离不良资产和市场退出等方式，投入了巨额资金来提高银行业的清偿能力，为维护银行业稳定和健康发展发挥了积极作用。但是，如果没有审慎监管制度的配合以及银行业自我约束的改善，政府支付的巨额成本只能暂时维持银行业稳定，并且会引发银行业的道德风险行为，进一步增加银行业的不良资产。所以，在淡出控制性监管制度的同时，必须构建和强化审慎监管制度。

加入WTO以后，金融业的大幅开放，使银行监管不再仅仅是国内事务，它锁定了政府监管制度变革的市场化方向，成为我国从控制性银行监管制度向审慎银行监管制度过渡的外在驱动力。具体来说，（1）以风险为核心的审慎监管制度已经成为银行监管的国际标准和趋势。随着外资银行市场份额的增加以及中资银行国际化程度的提高，我国会面临实施国际监管规则的外部压力。（2）来自外资银行、国内金融市场、国际金融市场等多方面的竞争会不断蚕食中资银行的垄断地位，降低特许权价值，从而驱使银行从事风险程度更高的业务以弥补特许权价值的下降，为阻止银行业过分冒险行为，要求监管当局强化审慎监管制度。（3）金融开放不仅包括市场准入的开放，还包括股权的开放，外资参股不仅带来资本规模的扩大，更重要的是带来了利益主体的多元化，不仅政府，其余各类投资者也可以通过审慎监管制度缺失所形成的宽容的外部监管环境中获取高额利润。而为了避免银行危机，最终为银行业冒险行为买单者仍然是政府，获利主体多元化与成本支付主体单一化不对称的分配局面要求强化审慎监管制度。否则，股权开放会使国家利益得不偿失。

在避免银行业道德风险和金融开放两大因素推动下，1998年以后，审慎银行监管制度也开始构建和强化，不仅原先流于形式的审慎监管措施，如资产负债比例管理等得到逐步严格执行，还引入了一些新的审慎监管措施，例如，修改了对呆账准备金的计提标准和比例，以提足拨备；推行以风险为基础的贷款质量五级分类管理体系；采取更为审慎的商业银行资本充足率监管；用利润消化历史财务包袱，做实账面利润等。

虽然构建和强化审慎银行监管制度已经成为我国政府监管制度变革的重要内容和未来方向，但是，其他国家的经历表明，在放松管制的实践中，审慎监管措施往往不到位，出现监管宽容或缺失的问题。

原因在于，审慎银行监管制度有效发挥作用需要一系列的外部前提条件和环境要求，对此，《有效银行监管核心原则》作出了明确的概括：稳健且可持续的宏观经济政策；完善的公共金融基础设施；有效的市场约束；高效率解决银行问题的程序；适当的系统性保护的机制，这些外部前提条件的复杂性和广泛性有助于理解各国监管实践中审慎监管制度构建与强化的滞后状况，我国也不可避免地要受到这些基础条件的约束。此外，控制性银行监管制度的正式淡出仅仅是20世纪90年代中后期才开始的事情，而且留下了一个脆弱而庞大的银行体系，在此基础上强化审慎监管制度会受到政府财政能力的制约，因为清理银行业不良资产需要支付巨额成本；还受到金融体系结构的制约，因为我国证券市场发展受到抑制，银行在金融体系中居于垄断地位，为了维护储蓄向投资转化的渠道畅通，保证经济增长所需的资金，监管当局将面临放宽审慎监管标准的压力。

综上所述，1998年以来，我国政府监管的定位已经开始从替代市场力量向培育、增强市场力量的方向发展，进入制度转换的过渡时期，从其他国家的经验教训来看，加快审慎监管制度的构建和强化是缩短这一过渡时期的出路所在。加快国有企业和财政体制改革的步伐、稳步扩大金融开放、优化我国金融体系的结构安排、创造条件满足审慎监管制度的外部环境要求将是我国构建和强化审慎监管制度必需的应对之策，也是顺应金融监管市场化趋势的必然选择。

### 13.2.3 我国金融监管中的自我约束与市场约束

市场力量发育良好是形成市场化监管体系的基础，为实现金融监管的市场化，仅仅优化政府监管这种外部力量是不够的，还需要培育和发展市场力量。市场力量既包括银行的自我约束，也包括来自各种市场参与者的市场约束。

### 1. 银行自我约束的培育与发展

银行自我约束是外部监管力量发挥作用的基础，它包括内部的约束和外部行业之间的约束，银行内部的约束又分为产权约束、公司治理约束和内部控制约束三个方面。其中，产权约束是前提和基础，公司治理约束是核心和关键，内部控制约束是结果和目的，是银行内部约束的集中体现。银行行业之间的约束是银行开展业务活动的外部条件和面临的外部环境，它的作用形式是同业约束。

我国经济市场化改革进程中，要素市场的改革是相对滞后的，而银行业从1994年才开始走向商业化改革的道路，虽然在短短十多年中银行业逐步成为相对独立的市场主体，但是，其自我约束能力总体上是较为薄弱的。鉴于银行自我约束内涵丰富，以下通过简要分析培育和发展各种约束的制约因素及其解决策略以探讨如何增强我国银行的自我约束能力。

产权约束是银行内部约束的前提和基础。在股份制改造以前，我国商业银行的产权具有较明显的单一国有性质，这种产权制度导致政府对银行的干预过多，监管机构很难贯彻一致的监管理念，执行独立的监管措施，同时，政府监管机构与银行血脉相连，也难以实施严格的监管措施。由于国有股东的缺位，容易形成高级管理层的"内部人控制"。我国国有商业银行产权改革的方向是通过引进战略投资者和公开上市实现产权制度的多元化和股份化，减少政府干预，增强其他股东对银行管理层的约束，使之成为真正的股份制商业银行。遵循这种方向，从2004年开始，国有商业银行采取了实行股份制改造；引入战略投资者，引进先进管理经验；逐步推行员工持股计划，优化股权结构等措施。目前，这些措施仍处于实施的起步阶段，在今后较长的一个阶段，它们仍将是培育和发展银行自我约束能力的重要步骤。

公司治理约束是银行内部约束的核心和关键，我国商业银行的改革长期以来侧重于技术层面，公司治理的改革步伐比较缓慢，特别是国有商业银行的公司治理结构目前还存在很多问题，例如，公司治理的框架不健全，股东大会、董事会、监事会的功能尚未完善；人事薪酬制度不合理；信息披露制度不健全，银行经营的透明度不高等方面。根据现状，应采取建立"股东大会—董事会—监事会—管理层"的规范的公司治理结构，建立监督机制和约束机制，建立职业经理人市场和有效的激励约束机制，加强信息披露和透明度建设等改善措施，解决广泛存在的"内部人"控制问题，使董事会和管理层追求有益于公司和股东的目标，保证商业银行规范经营。

内部控制是银行内部约束的结果和目的，是内部约束的集中体现。完善的银行内部控制制度将覆盖所有的业务和所有的员工，即使是管理层也不例外。只有这样的银行才是金融市场的微观主体，可以对监管措施作出合理的反应，提高监管效率。我国商业银行内部控制体系建设起步晚，直到 90 年代中后期，才初步建立了内部控制制度和内部稽核机构，且受传统思维定式和经营管理模式的影响，内部控制还存在明显问题，主要表现在：尚未建立良好的内控文化和内控体系；控制行为分散，控制措施不到位；风险管理技术和能力不足；有序、有效的信息交流机制尚未建立；内部监督缺乏独立性及权威性。为完善商业银行的内部控制体系，需要针对商业银行经营管理的每个环节、每项业务、每个岗位都建立内部控制的具体措施，奖罚并举，调动员工积极性，使其主动按照内部控制制度的要求行动，并构建独立、权威的内审体系，加大内部控制的执行力度。同时，着力提高员工素质，运用现代化的风险管理技术和方法控制经营风险。

行业组织能够防止过度竞争，减少社会的交易成本，降低政府监管费用，在保护生产者与消费者的利益方面发挥着积极作用，对行业的稳定发展必不可少。同业约束行为在世界范围内是较为普遍的，西方发达国家对同业约束组织都相当重视甚至过于倚赖，赋予其较大职责，作为政府监管的重要补充。1998 年以后，我国相继在省会城市及经济比较发达的中心城市建立了银行同业公会，2000 年 5 月，我国银行业协会成立，并在银行业务运作方面已经较好地发挥了作用。但是，由于我国法律法规尚未给予银行同业约束足够重视；银行同业约束组织难以处理与监管机构和地方政府的关系，地位不够超脱，工作人员不独立等因素制约，银行同业组织的作用还是较为有限，尚未成为政府监管的有效补充。应从职能定位、组织机构、人员和资金来源等各方面对银行业协会进行改革，使之真正担负起行业自律的作用。

### 2. 市场约束的培育与发展

市场约束和政府监管都是来自外部的约束力量，但是，它是一种市场力量，是利益相关的公众为实现有效银行监管所能发挥的力量。随着金融全球化和金融创新的发展，银行业正在以前所未有的速度演进，业务规模和复杂程度迅速提高，而相对监管当局，市场参与者可以更加快速和灵活地对银行业的这些变化做出反应，市场约束已成为保证银行业稳健运行不可或缺的重要力量。

在政府监管为主的外部监管体系下市场约束不能无条件地自动生效，市场约束发挥作用需要满足一系列条件，包括：市场参与者可以及时获得准确的信息；市场参与者具有实施市场约束的激励；银行通过调整自身行为对市场信号做出反应的程度；金融市场的发育程度；等等。对我国来说，控制性银行监管制度、银行自我约束能力和市场自身的缺陷极大地弱化了市场约束的作用。

1998 年以后，随着控制性银行监管制度的逐步淡出，审慎监管制度的各项措施开始逐步实施,政府监管制度对市场约束的屏蔽作用减轻,社会公众的市场参与意识和对银行的外部监督意识才开始复苏,市场约束力量才开始得以发育。但是,对照上述市场约束发挥作用的一系列条件,可以发现,不仅信息披露和市场参与者激励方面存在严重缺陷,证券市场不发达,特别是银行自我约束能力的薄弱等问题对市场约束也构成了严重制约。所以,我国银行业所受到的市场约束力量还是非常薄弱的。市场约束力量的薄弱造成我国银行体系、监管当局和存款人存在不同程度的道德风险,这不仅使监管成本高昂,而且导致银行体系更容易受到传染的影响,加大了危机爆发的概率。

由于所需条件的多样性和复杂性决定了市场约束的培育和强化将是一个循序渐进的过程。目前,从发展地位来说,市场约束应该在惩罚和保护之间寻找一个平衡点。

首先,我国监管体系中必须引入市场的惩罚力量,以利于市场形成一个良好的预期,渐次向市场力量主导的监管体系过渡。我国监管体系中似乎并不缺乏惩罚的力量,但是,这些惩罚力量主要是来自政府监管安排,所缺乏的是来自市场的惩罚力量。尽管政府的严惩具有不可否认的威慑力,而且需要进一步加强,然而,既有的政府惩罚往往具有明显滞后性,存在诸多的漏洞,违规者受到惩罚之时,往往已经造成了巨额的损失。所以,必须通过强化市场约束引入来自市场的惩罚力量,使过度承担风险的银行能够迅速被暴露,并为之支付相应的代价。

其次,在金融全球化的条件下,资本流动频繁多变,羊群心理会突然在困难时期产生市场约束,以惩罚银行和个人消费者而不是控制风险,当我们希望享受市场驱动监管体系的好处时,可能会面临市场混乱和金融危机的严重威胁。而无论是道德风险问题还是诸如委托代理等问题,金融风险导致社会混乱的代价是我国所无法承受的,所以,必须要考虑承受能力和现实条件,保护处于弱势地位的存款人利益,市场约束的强化应循序渐进,在惩罚和保护之间寻找一个平衡点。

公开信息是指导银行股东、债权人、存款人以及其他市场参与者做出决策的关键因素,所以,完全的信息披露是市场约束有效的先决条件或者基础,同时,信息披露状况的改善也是构建和强化审慎监管制度的必然要求,有利于更好地发挥政府监管的作用。所以,改善银行业公开信息披露状况是强化市场约束的突破口。

遵循上述思路,借鉴其他国家强化市场约束的成功经验,建议主要采取以下措施,增强我国银行监管体系中市场约束力量:(1)以严格的会计方式核算银行的资产负债表,计算银行的资本充足率;(2)把透明度纳入政府监管框架,包括提高银行体系的透明度和政府监管安排的透明度两大方面;(3)深化银行业的开放,提高银行业的竞争程度;(4)建立显性的存款保险制度;(5)积极促进和规范本国评级机构、会计师事务所等中介机构的发展。除此以外，对照市场约束发挥作用的一系列条件，积极推进利率市场化、规范和促进资本市场的发展、加快银行股份制改革和公开上市、完善社会保障体系、改善金融领域的立法和执法状况等，都是强化市场约束必需的配套措施。

### 3. 市场化取向的理想路径：政府力量与市场力量的互促互进

在我国金融监管的市场化改革中，无论是政府监管制度的变迁，还是市场力量的培育，都存在大量的障碍和困难，需要一系列配套措施加以解决。之所以如此，一个基本的原因在于金融监管的市场化取向改革是经济市场化改革的一个有机组成部分，目前我国只是初步建立了社会主义市场经济的框架。金融监管的市场化取向改革需要处理好与经济市场化改革和金融开放的外在逻辑关系。较为稳妥的进程安排是随着市场经济体制的逐步完善和金融开放的不断扩大渐次推进。超前不仅缺乏基础条件的支持，还容易陷入金融混乱的困境；滞后则有美、日、韩三国银行危机的前车之鉴。

同时，还要处理好改革政府监管制度和培育市场力量的内在逻辑关系。我国正处于由控制性监管向放松管制和审慎监管的过渡阶段，犹如船只航行在未曾经过的深水区域，国外在此阶段出现银行危机的经历值得警惕。控制性监管的逐步淡出会消除市场力量发育的制度障碍，而审慎监管的构建和强化则是市场力量健康发展的制度保障，政府监管制度变迁的进程应与市场力量发育程度相协调，只有市场力量有了较好的发展，才能真正实现审慎监管对控制性监管的替代，所以，既要给市场力量发展适度的空间，又要避免对薄弱市场力量的过分依赖，两者之间应互促互进，以实现政府监管制度的优化和市场力量的强化，逐步形成市场力量为主导的监管格局，以提高经济全球化背景下我国金融监管的有效性。

## 13.3 扩大金融开放与金融监管的国际化

金融开放是我国金融业与国际金融业日渐融合的过程。20世纪70年代末期以来，扩大开放，包括扩大金融开放，一直是我国制度变迁的一大主题和重要驱动力。2001年，我国加入WTO后，金融业的全面开放推动了在华外资金融机构和中资银行海外机构加快发展的步伐，这对我国金融监管当局的国际协调能力、创新业务监管水平、并表监管水平等提出了全方位的挑战。同时，随着国际经贸往来的扩大，人民币将逐步成为国际货币，人民币资本项目的可自由兑换将使金融监管面临一个更加复杂而多变的资金运动环境。金融开放的扩大必然要求以国际化的方式和视角开展金融监管。金融监管的国际化意味着按照国际规范和规则处理金融监管事务，也意味着金融监管的范畴扩展到跨国金融机构。现阶段提高金融监管的国际化程度，至少需要涉及以下三个领域的监管变革问题。

### 13.3.1 对外资金融机构的金融监管问题

自 1979 年，第一家外资银行代表处——日本输出入银行北京代表处设立以来，外资金融机构在我国经过 20 世纪 80 年代和 90 年代的试点经营、2001 年以后的快速发展，目前，已经形成了以外资银行为主导，多类型机构、多种商业形式并存的发展格局。截至 2006 年底，来自 22 个国家和地区的 74 家外资银行在我国 25 个城市设立了营业性机构，其中分行 200 家，法人机构 14 家；已有 29 家外资金融机构参股中资银行。截至 2006 年 6 月底，已设立外资保险经营性机构 121 家；合资证券基金管理公司 23 家、合资证券公司 7 家。

伴随着外资金融机构的扩张，我国逐步形成了由《外资金融机构管理条例》、《外资金融机构管理条例实施细则》、《外资金融机构行政许可实施办法》等组成的外资银行监管法规体系，初步建立了对外资金融机构监管的框架体系。2006 年 12 月，我国按照加入 WTO 的承诺，结束五年的过渡期，全面开放金融业，外资银行经营人民币业务不再受地域和客户限制。在全面开放的环境中，内外资银行的互动、金融交易的国际性、金融工程的复杂性、金融结构的多样性、金融产品的衍生性和持续不断的金融创新等因素，可能使金融体系的不稳定性和风险进一步增加，从而使我国对外资金融机构的监管面临更多挑战。加入 WTO 以后，《全球金融服务协议》、《巴塞尔协议》等国际规则已成为我国金融监管立法的标准，严格履行加入 WTO 承诺，积极推进金融监管的国际合作将是我国监管外资金融机构的总体原则。在这一总体原则指导下，存在诸多具体问题亟待解决，主要如下：

**1. 有限保护与细化市场准入监管问题**

综观世界各国金融开放的实践，许多国家都采取适当控制外资金融机构来源国分布、总数、类型及每家外资银行分支机构数量的方法来确保本国金融机构在金融体系中的份额，以防止外资金融机构对本土金融市场的垄断或控制。即使最倡导金融自由化的美国，所推行的也是开放式的保护主义政策，对外资金融机构实行严格的市场准入限制。作为一个发展中国家，我国金融业的国际竞争能力和金融监管水平还存在许多薄弱之处，为保护消费者和投资者、保证金融体制完整和稳定，金融监管应发挥"有限保护"的作用，特别重视市场准入条件的筛选作用和限制作用，从"源头"上保证对外资金融机构有效监管。

目前，我国对外资金融机构的市场准入监管还是粗线条的，并存在一些缺陷。例如，分行因很容易成为跨国银行的资金出口，被称为"最危险的"开放形式，而分行机构是外资银行在我国数量最多的商业存在形式，总分行之间活跃而复杂的资金往来为日后的业务监管带来许多难题。在全面开放的环境中，我国可以借鉴其他国家经验，从机构类型、资产规模、经营业绩、母国监管水平等多方面实施更为细化的市场准入政策，同时，运用WTO框架下的审慎例外原则，将其正确地转化为国内法，使市场准入限制更具透明度和灵活性，以达到对国内金融业有限保护、对外资金融机构有效监管的效果。

### 2. 超国民待遇、利益关联与监管公平问题

目前，我国在服务收费、存款准备金利率、业务范围方面以及税收政策方面对外资银行还存在"超国民待遇"的现象；而且外资银行的国家政策性负担远低于中资银行，这些监管安排方面的差异，以及中外资银行发展水平的差异，使中资银行承受了很大的竞争压力。同时，外资银行参股中资银行，不仅可以充分利用中资银行的本地优势，而且其在华分行与被参股的中资银行成为利益关联银行，外资银行可以利用两者在管理和信息方面便利渠道进行关联交易，逃避一些监管措施。随着金融开放的不断扩大，金融业的竞争会不断加剧，外资金融机构多样化的商业存在形式使我国金融业出现了错综复杂的利益格局，在设计和实施监管制度和政策时，需要通盘考虑各类金融机构的差异性和关联性，统一中外资银行的监管标准，创造公平的竞争环境。

### 3. 混业经营与并表监管问题

我国目前实行分业经营和分业监管体制，在华外资银行所隶属的金融集团一般从事综合经营，在国内可向不同监管部门分别申请获得营业许可，从而形成事实上的混业经营格局。这种局面不仅不利于中外资银行公平竞争，也对我国监管当局的协调监管能力提出了很高的要求，如前所述，尽快推行金融监管模式"一统化"改革，成立统一的金融监管机构，把不同监管部门的外部协调变为单一部门内部的协调，是改善监管者协调性的重要措施，有利于实现对外资金融集团的整体并表监管，有效控制跨市场、跨行业风险，防止可能出现的监管真空。

### 4. 业务多样化、复杂化与风险监管问题

目前，外资银行在规定的12项基本业务范围内，经营的业务品种达到100

多个,以后,随着外资银行业务的扩展,复杂的结构性理财产品,跨市场的金融产品越来越多,所面临的风险呈现日益复杂化的局面。《巴塞尔协议》的广泛实施使风险监管已成为国际金融监管的主导理念,目前,我国已经实施了"1+3"的外资银行风险监管体系,即一个外资银行风险监管框架和三个综合评价体系:外资银行法人评价体系(CAMELS)、外国银行分行评价体系(ROCA)和外国银行母行支持度评价体系(SOSA)。但是,我国风险监管体系尚处于起步阶段,存在许多不完善之处,对复杂金融产品所面对的风险还没有建立一套非常科学、有效的监管系统,也缺乏成熟的监管经验和方法。

为维护金融业的稳定运行,亟待完善我国的风险监管体系。首先,借鉴国际经验,结合我国国情,建立一套外资银行风险预警和危机处理系统,以明确外资银行在经营中面临的风险类别,确保外资银行对所承担的风险采取足够的控制措施,逐步实现风险监管的定量化和操作程序化。其次,遵循透明与合作的原则加强外资银行风险状况的信息披露。要求外资金融机构按照国际通行的会计准则和披露标准提供风险指标等监管数据,并构建统一处理和披露这些监管数据的信息平台。不仅要使各层次监管机构都能掌握有关监管数据,同时,定期与外资金融机构母国以及巴塞尔银行委员会、国际货币基金组织等国际机构合作交换信息,从而使外资银行的各项风险指标公开、透明,接受全方位的社会监督。

### 5. 地区布局差异与区域协调监管问题

我国金融业的对外开放历程,走过了由经济特区到沿海开放城市再到中心城市逐步推进的轨迹,同时,出于金融基础设施和获利水平的考虑,外资金融机构倾向于选择经济与金融较为发达的地区与城市,这进一步强化了业已存在的金融机构布局的地区差异,加大了我国城乡之间、东部沿海与中西部地区之间金融发展差距。为促进我国经济协调发展,银监会根据国家西部大开发、中部崛起、振兴东北等老工业基地和天津滨海新区开发开放等政策,对外资银行到上述地区设立机构实行审批绿色通道。今后,可以配合我国农村金融体系的完善,重点引进在农村金融业务、落后地区金融业务等方面有专长的外资金融机构,并根据它们在上述地区的业务量实施鼓励性的监管配套措施,以优化外资金融机构的区域布局,促进我国区域经济协调发展。

### 6. 存款保险制度、最后贷款人与市场退出监管问题

金融风险与金融机构的业务活动是相伴而行的,如同其他企业一样,外资金融机构也可能会面临支付危机或破产的情况,为合理而稳妥地解决外资金融机构的流动性危机和市场退出,在最后贷款人和存款保险制度方面应有相对明确的安

排。目前，应改变过去由政府或中央银行为问题金融机构埋单的做法，尽快建立存款保险制度，明确何种类型外资金融机构可以参与存款保险，并根据其风险状况收取差别比率保费，以保护存款人利益和金融稳定。

除了解决上述问题以外，还需要完善监管法律体系，建立对外资金融机构的违规违法行为的严惩制度；尽快成立在华外资金融机构行业公会，充分发挥其自律作用。对外资金融机构的有效监管是一项系统性工程，它不仅需要东道国具有相对完善的监管制度、监管技术、监管手段和监管组织体系，还需要东道国与母国的监管机构联手合作，共同担负起监管任务，才能真正形成对跨国金融机构的有效监管。

### 13.3.2 对中资金融机构海外机构的金融监管问题

中资金融机构海外机构是金融监管国际化的最先体验者，在它们走出国门的时刻，就接受了他国的金融监管安排，而且要入乡随俗，如果设在金融业相对发达的东道国，一般要比国内金融业率先接受国际性监管协议的约束。海外机构的发展既是我国金融业对外开放和国际化的代表性特征，又是我国金融监管国际化的推动力量。

与国内金融业的行业结构类似，在海外设立机构的金融机构主要是银行业。改革开放以来，国际贸易、国际资本流动、我国企业跨国经营活动以及中资银行实力增强等因素促进了中资银行在海外的快速扩张，以中国银行为首的多家国内银行的海外机构已遍布各大国际金融中心，截至2006年底，中国银行已在27个国家和地区拥有603家分支机构。可以预计，随着各国金融业开放程度的提高和我国银行业实力的增强，中资银行跨国经营的步伐会越来越快，这势必要求相应的跨国监管安排要跟上，否则，就会带来监管真空，导致境外金融风险传播到国内。从历史情况来看，由于海外机构面临中国人民银行、银监会、国家外汇管理局以及东道国监管当局等多重监管，违规违法案件数量总体上低于国内分支机构，但是，"中行纽约分行"等大案、要案的发生以及一些中资银行高层管理人员因海外业务"落马"事件也警示了我国对海外机构的监管安排还有很多方面亟待完善。

目前，2003年公布的《商业银行境外机构监管指引》是监管中资银行海外机构的纲领性文件。在国际合作监管方面，银监会已经与20多个国家和地区的金融监管当局签订了监管合作备忘录，建立了双边监管合作机制。针对海外机构发展对跨国监管的需求和我国监管现状，主要可从以下方面改善对海外机构的监管状况，推进金融监管的国际化。

第一，监管当局对中资银行海外机构的发展应该全力支持。与汇丰、花旗等国际一流金融集团相比，中资银行在风险管理、金融产品或培训项目还有很大差距，这会使其在海外拓展活动中面临许多竞争压力和阻力。中资银行跨国经营是我国"走出去"国家战略的重要一环，我国监管当局在执行 WTO 规则和履行承诺的同时，应积极参与谈判，有针对性地要求各成员进一步开放市场，推动符合条件的中资银行到海外发展，同时，为海外机构提供东道国监管安排、业务机会等多方面信息和技术服务。

第二，努力缩小国内监管标准与国际监管标准的差距，当我国监管标准与东道国监管标准不一致时，遵循从高的原则执行监管要求。作为一个发展中国家，我国金融监管的理念、法律安排和技术手段与国际先进水平还存在诸多差距，以巴塞尔新资本协议为例，目前，中国银行在所设海外分支机构的 25 个国家和地区当中（圣保罗和巴林代表处除外），已有 18 家当地监管机构（包括所有发达金融市场国家）明确提出了实施新资本协议要求，占中行全球网络的 72%，而在国内，银行业还停留在执行旧资本协议的阶段，银监会明确表示新资本协议不适合中国银行业目前的发展阶段。面对这种监管差距，海外分支机构要付出很大的转换成本，仅各种财务报表就要有两个版本，但是，这将对提高国内的监管水平产生经验积累效应和倒逼压力，有利于国际监管规则和惯例在国内的实施和推广，促使国内监管安排尽快向国际标准看齐，提升我国金融监管国际化的水平。

第三，强化对海外分支机构内控制度的监管。从过去的监管经验来看，对海外分支机构的监管难度最大的是高层管理人员的道德风险，"将在外，君命有所不受"，对海外分支机构的监管以非现场监管为主，东道国的经营环境也是在不断变化，海外分支机构又有自身的局部利益，所以，如果内控制度不完善，很容易发生高层管理人权力失控和串谋事件，导致违法违规案件。

第四，加强国际监管合作，完善信息交换机制。有效银行监管是国际范围内的公共品，无论是母国和东道国对海外机构和外资金融机构都负有共同监管的责任，所以，我国监管当局可以根据《巴塞尔协议》的有关规定，与母国监管当局进行合理的监管分工与合作，并用协议和备忘录等方式将合作方案落到实处。

第五，对海外机构有效监管需要大量精通国际金融、外语与管理等方面知识的复合型监管人才，而这方面的人才不足是我国监管人员队伍建设的一个短板。同时，对海外机构的监管不仅仅是国内监管的延伸，还要考虑其东道国的本土特色，需要有专门机构对不同国家海外机构的监管安排进行细分研究和处理。所以，加强海外机构监管人才培养和监管组织建设也是改善监管效果必需完成的基础性任务。

### 13.3.3 人民币国际化进程中的金融监管问题

一国货币成为国际货币，需要强大的经济实力作为基础，还需要一系列的制度安排作为保证。改革开放以来，我国经济持续快速增长，综合国力不断增强，同时，国际经贸往来和国际资本流动规模逐年攀升，客观上推动着人民币走向国际化。目前，人民币已实现经常项目的可自由兑换和资本项目的部分自由兑换，这有利于推动我国金融开放，扩大金融业国际业务的规模。但是，这也增强了我国金融监管的复杂性和困难，无论是国际资本大规模的流入流出，还是人民币的境外流通，都有可能对我国金融稳定产生一定影响。由于在华外资金融机构是国际资本流动的重要渠道、遍布各国的中资银行海外分支机构是人民币在海外存放、流通和转换的经营主体，所以，对两者的有效监管是保障我国金融安全的重要制度基础。除此以外，在人民币国际化进程中，我国金融监管安排还需要针对人民币国际业务和跨境资本流动采取一些针对性措施。

首先，进一步放松外汇业务管制限制，推动国际化进程。一国货币的国际化是一个长期的过程，据有关研究机构测算，人民币国际化程度只有美元国际化程度的1/50[1]，人民币尚处于国际化进程的起步阶段。在本币国际化的具体方式上，各国做法有所不同。美国是通过贸易逆差持续向国外输出美元，日本是通过资本输出推进日元的国际化。对中国来说，目前国内高额储蓄、流动性过剩的资金以及本币币值稳定的格局，为人民币境外投资提供了支持条件，我国外汇业务管制可以进一步放松，为推进人民币国际化提供相对宽松的监管制度环境。

其次，需要提高监管技术水平，以有效监测境内外的资本流动状况。我国在实现人民币经常项目可自由兑换之后，能否尽快实现资本项目可兑换，很大程度上取决于能否有效防止资本的大规模流动以及能否有能力消除大规模资本流动给经济带来的影响。现代科技在金融领域的广泛应用使资本流动更为快捷和难以捕捉，只有监管当局具备了高超的技术水平，才能对人民币跨境资金流动了如指掌，进而采取适宜的应对措施。

再其次，对跨境资本流动应适当实施底线限制性监管措施。目前，全球大约有超过7.5万亿美元的国际游资，资本项目可自由兑换容易成为国际游资冲击国内市场的突破口。为了我国金融体系的安全和稳定，在渐次推进人民币国际化进程中，应构建和完善跨境资本流动预警指标体系，保留必要时对资本账户的交易

---

[1] 蒋万进、阮健弘、张文红：《人民币国际化的时机、途径及其策略》，载于《中国金融》2006年第5期。

实施管制的手段和能力。

最后，对跨境资本流动的监测和管理要求监管当局具有强大的协调能力，包括与海关、税务、经贸、旅游、外汇及外交等国内部门的合作，以及与国外监管机构和国际组织的合作。

总之，金融监管的国际化是人民币国际化的制度保证和前提条件之一，它表现为金融监管对经济全球化和金融开放的全方位适应性调整，其实现程度最终取决于中国对世界经济的参与程度和国际竞争力状况，这将是一个长期的过程，但这也是金融现代化的过程，是提高国家素质的过程。

# 第 14 章

# 金融体制改革中的货币政策与宏观调控

## 14.1 金融体制改革中中国货币政策体系的调整

在经济体制变迁的过程中，伴随着金融体制改革的深入，中国货币政策体系也在不断地进行着调整，以间接调控为主的货币政策体系基本确定。货币政策体系的调整主要表现在以下四个方面。

### 14.1.1 货币政策目标的设定与调整

一般来讲，一个国家宏观经济管理的基本目标有四个：经济增长、物价稳定、充分就业和国际收支平衡，这些目标也曾是许多国家的货币政策目标。然而，这四个目标之间的内在冲突严重削弱了货币政策的效应。20 世纪 90 年代以来，西方国家的货币政策目标相继完成了从"多目标"到"单目标"的转变，即以稳定物价作为货币政策目标的基本取向。

1993 年，国务院确定了"货币政策目标是保持货币币值稳定，并以此促进经济增长"。自此，中国人民银行一直为保持人民币币值稳定而努力。

1994 年，我国通货膨胀率曾达到新中国成立以来的最高水平，零售物价指数达到 25.2%，消费物价指数达到 21.7%，在这种情况下，国务院推出了"治理整顿三年"的政策，财政政策与货币政策全面收紧。央行为了保持人民币币值稳定，采取了各种货币政策措施抑制通货膨胀，取得了显著成效。1996 年，我国成功地实现了经济"软着陆",物价明显回落,通货膨胀得到了有效的治理。此后,管理层提出在整个"九五"期间,实行适度偏紧的宏观调控政策。在此背景下,央行推出了稳健的货币政策。

1998年之后,我国物价水平持续走低,到2000年年初,全国商品零售价格指数和居民消费价格指数连续28个月和22个月呈负增长,在我国经济发展过程中出现了明显的通货紧缩现象。在这种情况下,我国推出了积极的财政政策,央行也充分运用了各种货币政策手段,将利率连续下调,适当增加货币供应量。

2003年以来,我国经济增长不断升温,2004年2月以后,我国物价不断攀升,至7、8两个月,居民消费物价指数增幅均达到了5.3%,出现了明显的通货膨胀和经济过热的迹象。为了维护经济的稳定运行,国务院及时提出了适度从紧的宏观调控政策。央行连续运用货币政策,曾多次提高存贷款利率和法定存款准备金率来贯彻实施这一政策。

在货币政策中介目标方面,逐步取消了对商业银行信贷规模的限额控制,建立了以基础货币为操作目标、货币供应量为效果目标的中介目标体系。1996年,央行正式将货币供应量作为中介目标,开始公布M0(流通中的现金)、M1(狭义货币)和M2(广义货币)三个层次的货币供应量指标。正确地确定货币供应量增长目标,成为央行的一项重要任务。

### 14.1.2 公开市场操作成为重要的货币政策工具

1996年4月,央行开始试办债券公开市场业务,以当年发行的短期国债作为交易工具,公开市场业务正式启动,并建立了全国统一的回购市场。1997年,建立了银行间债券市场,并确定了公开市场业务一级交易商制度。1998年公开市场业务有了长足的发展,全年通过公开市场业务渠道净投放基础货币700多亿元,占全年基础货币投放的21%。1999年公开市场业务进一步扩大,央行通过公开市场业务净投放基础货币1 920亿元,占全年基础货币投放的52%,为增加基础货币供应量、扩大货币供应量和贷款发挥了重要作用。2000年,为了对冲基础货币的过快增长,公开市场业务操作在年中到12月上旬的这一段时间以回笼基础货币为主要任务,当年人民币市场上的公开操作回笼基础货币最多时接近3 300多亿元。2001年,央行公开市场业务操作的灵活性大大提高,在全年操作过程当中,一方面适时地对冲由于外汇占款的过快增加而导致的基础货币的快速增长;另一方面也及时给予了商业银行合理的流动性支持,促进商业银行适度增加贷款。2002年以后,央行公开市场操作的灵活性和频率进一步提高,9月份开始发行央行票据。2003年,央行票据发行规模进一步扩大,2004年,央行票据发行逐渐常规化，随着公开市场操作次数由一周一次增加为一周两次，央行票据发行次数也增加为一周两次，目前已经形成每周二发行1年期央行票据、每周四发行3年期和3个月期央行票据的规律。从2004～2007年4月底，央行已累计发行央行票据10万亿元以上，央行票据成为我国固定收益市场中重要的投资品种和市场基准，公开市场操作也成为央行调控经济的重要手段。

### 14.1.3 利率市场化不断推进，利率政策调控的灵活性日益提高

利率政策是央行市场化调控手段中不可缺少的重要内容之一，但是在我国原有利率体制下，利率政策难以发挥正常的作用，因此，金融体制改革以来，我们首先在利率市场化方面采取了积极的举措，这就为利率政策调控作用的发挥奠定了良好的基础。

我国利率市场化的总体思路是先货币市场和债券市场利率市场化，后存贷款利率市场化，具体表现在以下三个方面：

最先的突破口是银行间同业拆借市场利率市场化。1986年1月7日，国务院颁布《中华人民共和国银行管理暂行条例》，明确规定专业银行资金可以相互拆借，资金拆借期限和利率由借贷双方协商议定。此后，同业拆借业务在全国迅速展开。1990年3月出台了《同业拆借管理试行办法》，确定了拆借利率实行上限管理的原则，对规范同业拆借市场发展、防范风险起到了积极作用。1996年1月1日起，中国银行间拆借市场利率（CHIBOR）形成。1996年6月1日，中国人民银行《关于取消同业拆借利率上限管理的通知》明确指出，银行间同业拆借市场利率由拆借双方根据市场资金供求自主确定，银行间同业拆借利率正式放开。2007年1月4日，央行又推出了上海银行间同业拆借利率（Shibor），成为我国基准利率的雏形。

其次是放开债券市场利率。1991年，国债发行开始采用承购包销这种具有市场因素的发行方式。1996年，财政部通过证券交易所市场平台实现了国债的市场化发行。1997年6月5日，中国人民银行下发了《关于银行间债券回购业务有关问题的通知》，决定利用全国统一的同业拆借市场开办银行间债券回购业务，银行间债券回购利率和现券交易价格同步放开，由交易双方协商确定。1998年9月，国家开发银行首次通过央行债券发行系统以公开招标方式发行了金融债券。1999年，财政部首次在银行间债券市场实现以利率招标的方式发行国债，银行间债券市场利率市场化逐步完成。

最后是存贷款利率的市场化。存、贷款利率市场化是实现我国利率改革目标

的关键,其思路是"先外币、后本币;先贷款、后存款;先长期、大额,后短期、小额"。

在境内外币利率市场化方面,2000年9月21日,经国务院批准,央行组织实施了境内外币利率管理体制的改革,一方面放开了外币贷款利率;另一方面放开了大额外币存款利率,300万(含300万)以上美元或等额其他外币的大额外币存款利率由金融机构与客户协商确定。2002年3月,央行将境内外资金融机构对境内中国居民的小额外币存款,统一纳入境内小额外币存款利率管理范围。2003年7月,小额外币存款利率由原来国家制定并公布7种减少到境内美元、欧元、港币和日元4种。2003年11月,小额外币存款利率下限放开,商业银行可在不超过央行公布的利率上限的前提下,自主确定小额外币存款利率。2004年11月,央行决定放开1年期以上小额外币存款利率,商业银行拥有了更大的外币利率决定权。

在人民币存贷款利率市场化方面,1987年1月,央行首次进行了贷款利率市场化的尝试。在《关于下放贷款利率浮动权的通知》中规定,商业银行可根据国家的经济政策,以国家规定的流动资金贷款利率为基准上浮贷款利率,浮动幅度最高不超过20%。1996年5月,贷款利率的上浮幅度由20%缩小为10%,下浮10%不变,浮动范围仅限于流动资金贷款。之后,贷款利率浮动幅度又经历了多次调整。2004年10月29日,不再设定金融机构(不含城乡信用社)人民币贷款利率上限,对城乡信用社人民币贷款利率仍实行上限管理,其贷款利率浮动上限扩大为基准利率的2.3倍,所有金融机构的人民币贷款利率下浮幅度仍为基准利率的0.9倍。同时,长期严格管制的存款利率也放开了下浮限制,这次放开是我国利率市场化改革进程中具有里程碑意义的重要举措,标志着我国利率市场化顺利实现了"贷款利率管下限、存款利率管上限"的阶段性目标。

随着利率市场化进程的不断推进,我国利率政策调控的灵活性也日益提高,如1996年以来我国连续8次降息,2004年以来又连续加息,利率调整对经济运行的影响力日渐上升。

## 14.1.4 法定存款准备金率政策的作用得到进一步强化

作为三大货币政策工具之一,法定存款准备金率的调整同样是央行货币政策调控的重要手段,近年来我国法定存款准备金率政策的运用频率也明显加快,特别是2005年以来,面对流动性的持续过剩,央行提出,"小幅提高存款准备金率在我国当前流动性相当充裕的条件下并不是一剂猛药,而是属于适量微调",打破了认为准备金率威力较大,轻易不能作为常规性货币政策调控工具的传统看法。因此在 2006 年以来，我国法定存款准备金率的调整次数迅速增加。至 2007 年底，我国法定存款准备金率已经连续上调了 10 次之多。存款准备金率频繁地微调对压缩我国信贷规模和固定资产投资规模，防止经济过热起到了至关重要的作用。

## 14.2 宏观经济运行中中国货币政策调控的有效性

简单地说，货币政策调控的有效性就是指货币当局的调控意图是否能够通过货币政策的扩张或收缩，有效地传递到相关领域，从而实现调控经济运行的目的。在此，我们可以通过 1998 年以来我国货币政策调控对经济运行的影响来判断我国货币政策的有效性。

总体来看，1998 年以来我国货币政策调控基本上经历了两个阶段。

第一个阶段：1998～2002 年货币政策的扩张阶段。

1998 年开始，为了应对亚洲金融危机可能带来的影响，央行采取了适度扩张的货币政策，分别在 1998 年 3 月、1998 年 7 月、1998 年 12 月、1999 年 6 月及 2002 年 2 月连续 5 次降息，1 年期存款利率从 1997 年的 5.67% 下降到了 1.98%。同时，1998 年 5 月恢复公开市场操作，1998 年与 1999 年通过公开市场操作共投放了基础货币 2 621 亿元，而且，在 1998 年 3 月和 1999 年 11 月 2 次下调存款准备金率，由 13% 下调至 6%。

与实体经济发展直接相关的贷款增速，从 1998～2000 年持续处于回落状态，2001～2002 年才有所走高，1998～2002 年 5 年间贷款平均增速为 12%，最低降至 2.79%；同期，货币供应量也持续处于相对较低的水平，1998～2002 年 5 年间 M2 平均增速为 14.6%，最低为 12%，是近十年来最低水平。

然而，上述措施对经济增长的刺激作用显然并不明显。在央行货币政策持续放松的情况下，物价水平却持续处于负增长状态，5 年间居民消费价格指数（CPI）平均下降 0.37%，最大下降幅度为 2.2%，而且从 1998～2000 年初，出现了物价指数连续 22 个月负增长的情况，通货紧缩的现象持续存在。应该说，这一阶段放松银根的扩张性政策作用不甚理想。

第二个阶段：2003 年以来货币政策的收缩阶段。

2002 年 8 月开始，我国信贷规模的增速明显加快。面对此种形势，央行货币政策也逐步由以前的适度扩张转为适度收缩。在公开市场操作方面，为了对冲由于贸易顺差及国际热钱豪赌人民币升值导致外汇占款大量增加，进而形成的过多的流动性，央行开始通过公开市场操作回笼资金，并于 2002 年 9 月开始发行央行票据。从 2004～2007 年底，央行已累计发行央行票据 12 万亿元以上，累计回笼资金近 5 万亿元。此外，央行在 2003 年 9 月和 2004 年 4 月 2 次上调存款准备金率，并从 2006 年开始开创性地将存款准备金率政策定位于当前情况下的适量微调政策，因此，自 2006 年以来，我国存款准备金率已经连续上调 13 次之多，2007 年以来更是几乎达到了每月上调一次的频率，截至目前，我国存款准备金率已经提高到 14.5% 的水平，较 2003 年之前的 6% 上升了 8.5 个百分点。除公开市场操作和存款准备金率以外，利率政策自 2003 年以来也进行了多次调整，其中存款利率在 2004～2007 年间上调了 8 次，1 年期存款利率从 1.98% 的最低点上升到了 4.14%。贷款利率则上调了 9 次，从 5.31% 的最低点上升到了 7.47%。

然而，在一系列紧缩性措施密集出台的情况下，主要经济指标却始终处于较高水平。2003 年以来，M2 增速持续在高位运行，2003 年 1 月到 2007 年 4 月间，M2 增速平均达到 17.5%，最高达到 21.6%，同期内，金融机构人民币贷款增速平均达到 16.7%，最高跃到 23.9%。而居民消费价格指数在 2003～2004 年期间持续高攀，最高达到 5.3%，2005～2006 年有所走低，2007 年 6 月又再度跃上 4.4% 的水平。同时，2003～2006 年，我国 GDP 持续高速增长，平均增速达到了 10.3%。可以说，这一阶段的经济表现与央行收缩信贷、控制经济增长的意图是不相符的，因此，紧缩性政策措施对经济运行的作用同样是不理想的。

综上所述，1998 年以来，我国货币政策的有效性相对较弱，货币政策意图的传递机制并不顺畅。那么，是什么因素影响了央行政策意图的有效传导，以至于预期政策效果难以实现呢？我们认为有以下几个因素。

### 14.2.1 金融体系市场化程度欠缺，货币政策效果难以体现

虽然在经济体制改革过程中，我国金融市场化程度不断推进、不断提高，但是，总体来看，我国金融体系的市场化程度依然比较欠缺，这就使得货币政策调控意图难以通过金融体系传递到实体经济，使政策效果大打折扣。

例如，利率政策在市场化程度较高的经济体中能够发挥非常灵活的调控作用，而在我国，存贷款利率作为基准利率，尚未实现市场化，其政策决策过程和时间周期都比较长，难以实现灵活的调整，经常会出现政策调整与经济运行相脱节的现象。如，当 2001 年信贷已经出现逐步爬升时，我们在 2002 年年初又进行了第 8 次降息，促进了后期信贷增速的过快上升，而在 2004 年第 3 季度物价水

平持续在5%以上运行时，利率政策按兵不动，随后却在2004年10月底上调基准利率，当时物价水平已开始回落，且在2005年全年都基本处于2%以内的温和区间，政策调控与经济运行形势出现了明显的脱节。同时，由于受到管制，我国利率政策使用的频率非常低，除在1998年为了应对亚洲金融危机，下调了3次利率外，每年调整次数最多不超过2次，这样也极大地限制了利率政策作用的发挥。

又如，我国金融机构超额存款准备金率普遍偏高，2002~2006年的季度平均值达到了4.52%，这就为存款准备金率政策的调整带来了障碍，因为当央行上调存款准备金率时，金融机构只需要将超额存款准备金转化为存款准备金即可，这就大大影响了存款准备金率的政策效力。究其原因，关键在于我国金融机构市场化运作程度不高，资金使用效率偏低。

### 14.2.2 历史坏账和体制转轨带来的压力

长期以来，我国金融机构形成了大量的历史坏账，这些坏账的处理也对货币政策调控产生了阻碍。例如，我们在处理金融机构坏账问题时，主要是通过央行增加再贷款予以解决。不仅如此，在关闭一批信托投资公司、城乡信用社和个别城市商业银行以及在农信社试点改革需支付成本的问题上，央行也迫不得已地通过再贷款加以解决。自2000年，再贷款的比重达到40%之多，到2002年接近50%，这些再贷款几乎难以收回，在客观上造成了维护金融安全与货币调控之间的矛盾，加大了央行一定时期内金融调控的压力，扭曲了央行的调控政策意图。

### 14.2.3 现阶段流动性过剩的影响

央行货币政策执行效果较差的原因除了有经济和金融运行的内在因素以外，还存在一些特定时期的特殊因素，例如，2003年以来，紧缩性货币政策效果不尽如人意的一个重要原因还在于我国流动性过剩。

2003年以来，随着我国经济持续高速增长，人民币升值预期不断上升，导致大量的外汇资金进入境内，外汇占款的不断增多迫使央行不断投放人民币以维护汇率制度的稳定。2005年7月，央行进行了汇率制度改革，人民币汇率不再钉住单一美元，开始实行以市场供求为基础，参考一篮子货币进行调节，有管理的浮动汇率制度，由于市场对人民币升值空间的预期非常大，因此，汇改以来，外资流入的速度继续有所加快，外汇占款增长迅速。这种状况，造成央行投放的人民币不断增加。2005年8月到2007年3月，累计投放的人民币已达4.38万亿元。与此同时，外汇储备累计增加3.72万亿元人民币，导致央行被动投放了大量人民币，这就造成了国内流动性的过度充裕，从而大大冲销了紧缩性货币政策的效应。

## 14.3 货币政策与财政政策的协调配合

可以说，货币政策和财政政策是宏观经济调控的主要政策工具。一般来讲，在抑制通货膨胀时，货币政策的紧缩作用相对较强，在抑制通货紧缩时，财政政策的扩张作用相对较强。在当今经济发展日趋复杂的情况下，只有货币政策和财政政策互相搭配、相互协调才能达到较好的宏观调控效果。

自1998年以来，从我国经济增长过程中货币政策与财政政策的运用方面来看，呈现出在两者密切配合的情况。但是，在不同的阶段，又存在着不同的侧重点。

从1998~2002年，我们实施了积极财政政策和稳健货币政策结合的政策搭配。

1998年，亚洲金融危机对我国的外贸出口产生很大的冲击，同时，国内遭遇了百年不遇的特大洪涝灾害，严重地影响了我国的国民经济。当时经济存在日趋低迷，不断衰退的危险。在这种情况下，我国果断地实施了积极的财政政策，以拉动国民经济的增长。同时，实施适当宽松的稳健的货币政策，与财政政策互相配合。通过持续几年实施这种组合政策，我们彻底扭转了通货紧缩、经济低迷的状况，我国经济出现了触底回升的大好局面。从1998~2002年，我国经济增长率分别为7.8%、7.6%、8.4%、8.3%和9.1%。这一时期，在财政政策方面采取的措施主要有：发行特种国债，大规模地增加基础设施建设，扩大政府采购规模和投资力度，大幅度提高职工的工资，开征储蓄存款利息所得税，扩大转移支付，实施财政赤字政策等；在货币政策方面，采取了取消贷款限额控制，两次降低存款准备金率，连续5次下调存贷款利率，逐步扩大公开市场业务，改革存款准备金制度，扩大对中小企业贷款利率的浮动幅度等一系列措施。总体来看，上述政策措施在促进经济增长方面取得了较明显的成效，但是两大政策的作用却有不同的表现：

**1. 积极财政政策对经济的拉动作用非常明显**

一方面，每年发行的长期建设国债投资大量的项目，直接增加了固定资产投资，拉动了经济增长。1998~2002年5年间，中央政府分别发行了1 000亿元、1 100亿元、1 500亿元、1 500亿元和1 500亿元长期建设国债，累计发行国债6 600亿元；另一方面，财政的这种资本性支出发挥了更大的带动作用。在我国，政府资金具有引导效应，比如政府上一个项目，银行就争着给贷款，这种"政府投资、银行跟进"所形成的投资规模是相当惊人的。从经济学理论上来讲，财政政策虽然能直接刺激投资，但往往因为存在一定的"挤出效应"而使其效果打折扣。然而，需要指出的是，由于特定的体制原因，我国这一时期的财政政策是几乎没有"挤出效应"的。

### 2. 稳健的货币政策的作用相对较弱

从货币政策的实际举措来看，这一时期的货币政策是偏松的。但是，伴随着利率连续下调的同时，货币供应量却持续处于相对较低的水平。在1998~2002年的5年间，M2平均增速为14.6%，远低于之前20%以上的增速。因此，可以说，适度宽松的货币政策对经济的刺激作用是打了折扣的。

可以看出，在治理经济衰退和通货紧缩过程中，积极的财政政策是核心，稳健的货币政策仅处于辅助地位。

从2003年至今，积极的财政政策逐步弱化，适度紧缩的稳健的货币政策成为主角。

2003年我国经济出现了良好的发展势头，当年GDP增速达到10%，到了2004年，我国经济继续保持快速增长，GDP增速达到了10.1%。但是，在经济增长过程中，出现了明显的过热迹象和通胀迹象。当年1月、2月固定资产投资规模增幅达到53%，产生了严重的投资膨胀，造成煤、电、油、运全面紧张。同时，居民消费价格指数连续攀升，7月、8月两月涨幅均超过5%的警戒线，通胀的压力明显加大。在这种情况下，积极财政政策已经不能适应经济条件的变化。于是，从2003年开始，积极财政政策逐渐淡出，长期建设国债发行规模开始逐年下降。而货币政策虽然仍然被称为稳健的货币政策，但是，其实质内容也从适度放松转为适度紧缩。2004年底的中央经济工作会议做出了财政政策转型的决定，在2005年将积极的财政政策改为稳健的财政政策。宏观调控由"积极的财政政策+稳健的货币政策"这种政策搭配，过渡到"双稳健"政策模式。

从财政政策来看，2003年开始，长期建设国债发行规模逐年减少，2003~2007年的发行规模分别为1 400亿元、1 100亿元、800亿元、600亿元和500亿元，财政赤字也有所下降，如，2005年财政预算赤字由3 198亿元减少到3 000亿元，财政赤字占GDP的比重由2004年的2.5%减少到2005年的2%，财政政策逐步向中性回归；货币政策方面，在稳健的基调下采取了一系列紧缩性措施，如通过公开市场回笼资金、发行央行票据、提高存款准备金率、实行差别准备金制度、提高存贷款基准利率等。

总体来看，这一时期宏观经济政策特点是财政政策逐步退出，货币政策成为调控主力。然而，从调控效果来看，货币政策的紧缩效应并没有收到很好的效果，除了 2005 年物价、信贷等指标有所回落以外，总体经济仍持续在高位运行，2003～2007 年 4 月间，M2 增速平均达到 17.5%，同期金融机构人民币贷款增速平均达到 16.7%，均明显高于前期；2005 年、2006 年，居民消费价格指数均在 2% 以下运行，而 2007 年，全国居民消费价格总水平同比上涨了 4.8%。我国的经济仍然存在有偏快转向过热的可能。

可以说，这一时期货币政策的调控效果总体并不理想，但其中存在一些特殊的因素，如积极财政政策退出速度偏慢，部分抵消了货币政策的紧缩效应。此外，2003 年以来人民币升值的趋势导致大量外汇资金流入，对央行货币政策形成了巨大的牵制。因此，对于我国货币政策的调控效果，我们还应该放在一个更长的时间段中去观察。

不管怎样，1998 年以来，在不同的发展阶段转换中，我国总体上实现了财政政策和货币政策较好的转换与配合，维护了经济的稳定增长。然而，我们也应该看到，在我国货币政策与财政政策的协调配合中还存在着很多的不足，需要进一步改进，其中尤为重要的是两大政策目标的调整。一般而言，财政政策更侧重于结构调整，货币政策调节重点则是需求总量。但是，在我国的政策调控中，这两大政策的目标却几乎是完全一样的，即促进经济增长，并没有体现出各自政策调控的特点与分工，这就造成了我国货币政策和财政政策难以同时发挥作用，而更多地只能是在经济发展不同阶段实现两者间的转换，这就极大地限制了两大政策合力的发挥。因此，我们认为，为了更好地实现货币政策和财政政策的协调配合，应更加注重其各自调控目标的调整，更多地发挥财政政策的结构调控功能，以及货币政策的总量调控作用，这样，才有利于两大政策合力发挥作用。

## 14.4 开放条件下的货币政策与内外均衡目标的实现

目前国内外针对开放条件下货币政策的理论研究主要集中在两个方面。
(1) 运用开放经济条件下的宏观经济平衡等式分析：

$$I = S + (Em - Ex) + (T - G) \tag{1}$$

其中：$I$ 为国内投资需求，$S$ 为国内储蓄，$Em$ 为进口，$Ex$ 为出口，$T$ 为政府税收，$G$ 为政府支出。由（1）式得：

$$Em - Ex = (I - S) - (T - G) \qquad (2)$$

从（2）式可知，在（$I-S$）和（$T-G$）不能平衡时，可通过调节对外经济活动来实现宏观平衡；货币政策在调节国内投资和储蓄的同时，必须考虑进出口和政府支出的影响。

上述关系式揭示了三个问题：第一，开放条件下，货币政策必须由注重内部均衡转向开放经济条件下主要宏观经济变量之间的依存，同时关注内外部之间的均衡；第二，在决定货币供应的诸多因素当中，来自国际经济和金融的许多变化因素中央银行无法左右，因而，货币政策工具在调控货币供求时，常常会产生"能量分散"或"能量对冲"，使货币政策预期效果受到严重削弱。第三，在开放条件下，引入经济总量均衡条件——国际收支新变量以后，必然给货币政策的实施效应带来巨大的挑战。

（2）运用蒙代尔—弗莱明模型（M－F模型）分析：M－F模型是20世纪60年代形成的一种开放经济条件下的国际收支政策模型，该模型在凯恩斯IS－LM模型的基础之上，引入BP曲线，按照资本流动性强弱，对宏观经济政策效应与国际收支调节过程作了比较静态分析，认为不同汇率制度下，财政政策与货币政策的效应是不同的；无论在哪种资本流动情况下，浮动汇率制度下的货币政策都比固定汇率制下更有效。M－F模型的一个重要结论是：对于开放经济体而言，在资本高度流动的情况下，如果采取固定汇率制度安排，则货币政策是无效的；如果采取浮动汇率制度安排，则货币政策是有效的。在此基础上，克鲁格曼（Krugman，1979）进一步提出了"三元悖论"，即在开放经济条件下，货币政策的独立性、汇率的稳定性和资本的自由流动三个目标不可能同时实现，各国只能选择其中对自己有利的两个目标。这一理论告诉我们，开放经济下宏观调控面临多重目标时，需要有所取舍。

随着我国经济开放度的不断提高，越来越高的外贸依存度、大规模的资本流入、居世界前列的外汇储备规模、人民币经常项目的可兑换和资本项目管制的逐步放松、金融市场的全面开放等，对我国货币政策产生了重要的影响和巨大的冲击，迫使我国的货币政策逐步由注重内部均衡转向越来越多地关注内外均衡。可以说，在开放经济条件下，外部均衡在货币政策中的地位显著提高，实施货币政策的难度加大，对我国货币政策而言，主要面临以下几个挑战：

（1）开放条件下我国货币政策目标面临挑战。首先，随着加入WTO五年保护期的结束，我国经济对外开放的程度不断提高，促使中央银行在注重内部均衡的同时，越来越注重外部均衡。货币政策需要兼顾内外均衡两个目标，这就要求央行在运用各种政策时，必须注意不同调控手段的运用，开放经济条件下实施货币政策的难度明显加大；其次，开放经济条件下，保持币值的稳定实际上包括货币的对内稳定和对外稳定。币值的对外稳定是受制于国际收支的变化，国际收支影响外汇储备，外汇储备又制约基础货币的投放，进而影响货币供给。我们不仅要兼顾人民币对内、对外稳定，而且内外稳定之间还存在着复杂的联系，货币政策实施的复杂性越来越大；再其次，随着经济开放度的提高，国际资本跨国转移加速，特别是国际投机资本的频繁流动，不仅引起了金融交易的扩大化和虚拟化，而且加剧了金融秩序的混乱和经济体系的不稳定性。面临国际资本流动带来的新挑战，货币政策目标不得不更专注于实现外部经济均衡和国际收支的平衡。

（2）开放条件下我国货币政策的独立性面临挑战。开放条件下，国际资本流动使得我国货币政策的独立性受到制约。尽管目前我国的外汇管制在一定程度上抑制了短期性资本的流入，但在人民币升值的强大压力下，国际游资通过各种渠道的大量涌入，在一定程度上抵消了国内货币政策所试图达到的政策目标，显著地降低了国内货币政策的有效性。中央银行在进行利率政策的决策时，越来越关注国际货币，特别是美元的利率走向，在调整利率时努力维持人民币利率与美元利率的适度利差关系，使得我国货币政策自身的独立性受到较大的制约。

（3）开放条件下我国货币政策面临经济内外失衡的挑战。当前我国宏观经济运行存在的问题主要是内外结构失衡问题，而央行的货币政策是以调节总量为特征。在这种情况下，货币政策在解决内外结构失衡的问题上难以独力完成调控目的。

一方面，内部经济中投资与消费比例的失衡致使当前货币政策陷入两难境地。我国经济结构中投资与消费比例的失调，并不是银行贷款发放较多、投资规模较大等简单原因所致，而是具有更深层的结构、体制和政策等成因。这种投资与消费比例的失调，并不是简单地依靠压缩贷款规模和提高贷款利率所能根治的。提高利率对政府投资、国有和国有控股企业和某些恶意贷款的民营企业作用较小；提高利息率还有可能导致人民币币值日趋坚挺。同时，由于经济增长主要依靠投资拉动，当投资增长过快时，物价可能上涨，为了稳定物价而实施收紧货币政策，则经济没有足够的消费支撑，很容易陷入低迷。因此，面对经济结构中投资与消费失衡的状况，货币政策很容易陷入两难境地。

另一方面，外部经济中经常账户和资本账户的"双顺差"使得当前货币政策调控增加了较大的困难。原因是，近年来，人民币升值的呼声在国际市场上一直高涨，大量外币"热钱"在人民币升值预期下源源不断涌入中国境内，国际收支平衡表上的资本与金融账户急剧膨胀。为维持人民币汇率的稳定，央行被迫在外汇市场上吞进国际货币来抵御影响汇率稳定的外部冲击，从而增加基础货币的非自主性投放，这显然与国内经济状况要求的紧缩性货币政策相冲突。同时，由于外汇储备的增加反过来又进一步强化人民币的升值预期，吸引国际投机资本更多地涌入，流通中的货币投放更趋过度。结果是，一方面会导致市场的流动性过剩，通货膨胀压力加大；另一方面，央行不得不通过大量发行央行票据来对冲外汇占款，回笼货币。从财务成本的角度考虑，由于央行发行票据要支付利息，因此，外汇储备的快速增加也意味着央行票据发行成本的不断上升、冲销政策的不可持续性，最终的结果会使央行的货币政策调控难以为继。

综上所述，开放条件下我国当前的货币政策在追求经济的内外均衡中已经处于一种顾此失彼的局面。要使货币政策真正发挥调控宏观经济的作用，实现内外双重均衡，还必须从根本上清除影响货币政策独立性和有效性的各种制约因素。具体来看，应从以下几个方面入手：

第一，加快利率市场化改革，疏通货币政策传导机制。目前我国的利率市场化改革已取得重要进展，但由于基准利率还是官定利率，不是一种市场均衡利率，某种意义上可以说是一种双轨利率体系，还存在存贷款利率与货币市场利率相隔离、货币市场与资本市场关系不顺畅、金融机构存贷款利率期限结构失衡、利率传导和风险溢价机制不畅等问题，大大削弱了货币政策的传导效果。因此，现阶段必须在巩固放开贷款利率上限和存款利率下限政策的基础上，着手理顺央行基准利率，简化贷款的基准利率期限档次，推进长期大额存款利率市场化，推出利率衍生产品，以此来加速利率市场化的进程，提高货币政策市场化的调控能力。

同时，还应加快推进金融体制改革，进一步推动我国商业银行的市场化运作，努力建立"自主经营、自担风险、自我约束、自求平衡、自我发展"的现代金融企业制度，不断提高我国商业银行的素质和国际竞争力，疏通货币政策传导机制。

第二，完善浮动汇率制，深化外汇管理体制改革。一方面要逐步放开资本项目，采取渐进方式不断扩大人民币汇率浮动范围来完善浮动汇率制，减轻维持固定汇率目标对外汇储备规模的压力，削弱外汇储备与货币供给的内在联系，以此提高中央银行在货币调控中的主导地位。另一方面，要进一步深化外汇管理体制改革，促进国际收支平衡。由于我国前些年实行强制性结售汇制度，国际收支资本项目的大量顺差导致外汇占款越来越多，央行不断放出基础货币，加大了通货膨胀压力，这不利于宏观调控。因此，我国外汇管制应趋向于由"宽进严出"逐渐转为"严进宽出"，抑制外汇储备超常增长。

第三，加快推动金融市场建设。首先，要继续加快外汇市场建设，在完善现有债券远期交易的前提下，推进利率互换，积极推出各类外汇衍生产品，为企业、居民和金融机构规避汇率风险服务。其次，要进一步发展资本市场和货币市场。通过放宽市场主体的资格限制,大力发展商业票据和银行票据,打通货币市场和资本市场的通道,使资金能够在两个市场间自由流动。最后,鼓励商业银行创新金融产品,增加债券市场的产品的种类和规模,以便央行充分发挥公开市场操作的功能。

## 14.5 金融资产价格与货币政策的关系

自 20 世纪 70 年代以来,随着信息技术的发展,金融创新、放松管制和金融全球化使得主要以美国为代表的工业国家的资本市场发展日益深化与广化,传统的货币政策目标与操作体系面临着愈来愈多的挑战。各国中央银行虽然在控制商品与劳务的通货膨胀方面已经取得很大成效,但是对于资产价格的膨胀,却缺乏应有的对策。

从实践上看,早在 1929 年,纽约股市的暴跌导致美国和全世界经济进入长期严重的萧条;日本在 20 世纪 80 年代末,由于资产价格极度膨胀引发的"泡沫"对其经济造成了长期不利影响;90 年代,以美国为代表的西方各国资产价格明显地偏离实体经济,出现大幅上涨的趋势更是引起了决策部门的普遍担忧;同样的情形在 80 年代也曾经在北欧国家(挪威、芬兰、瑞典)出现过;90 年代的墨西哥则提供了新兴国家资产价格膨胀相同的版本。

那么,既然资产价格泡沫对经济有多种不利影响,货币政策应该如何应对呢?是否需要将资产价格的变化纳入货币政策的目标之中呢?

从理论上讲,货币政策的最终目标是保持货币币值的稳定和整个金融体系的稳定,而资产价格的变化与金融体系的稳定关系密切。资产价格的过度波动,常常会引起实体经济的损失。因此,有些学者认为央行应通过调控利率等手段进行干预。例如,澳大利亚央行学者肯特和洛(Kent and Lowe)认为,资产价格上涨与下跌对实际经济的影响是不对称的,金融体系内部的监管能够限制"泡沫",但不能消除"泡沫",因此,为了避免资产价格过度上涨和最终崩溃带来的不利影响,在资产价格上涨的初期就应该通过调整利率等货币政策手段来进行干预(Kent and Lowe,1997);古德哈特(Goodhart)认为,中央银行将货币政策的目标只限定在通货膨胀上,显得过于狭窄,像住宅、金融资产等的价格也应该包括在广义的通货膨胀指标内。

然而,更多的学者较为普遍的看法是,货币政策不应该试图直接对资产价格的变化作出反应(Bernanke and Gertler,1999;Cogley,1999);小川一夫、北坂真一认为,"尽管资产价格影响消费与投资,但是政策当局将资产价格纳入一般物价目标,为了稳定资产价格而介入资金分配,从经济理论上看,有违市场效率原则;从技术层面上看,也缺乏有效的手段。政府所能做的充其量是规范市场信息披露制度,最大限度地抑制市场'噪音'"(小川一夫、北坂真一,1998);也有人认为,虽然中央银行不应该也无法直接控制资产价格,但是对于资产价格变化对实际经济活动的物价水平的影响,应该采取一定的措施,(Crockett,1998),"比较一致的共识是,货币政策不应该以任何直接的方式将资产价格纳入目标体系,而是应该致力于物价的稳定,并保证金融体系足以应付资产价格的波动"。美联储主席本·伯南克则认为,除非资产价格影响到通货膨胀预期,否则货币政策不应进行干预。

从现实来看,各国中央银行在实践中也持比较保守的态度,目前世界各国央行大多将物价稳定作为货币政策的目标,但是,各国的物价指数均没有直接包括资产价格。主要原因在于:一方面相关经济理论尚未实现更新和突破;另一方面在现实中的操作上存在着很大的难度。例如,资产价格决定的基础难以把握,中央银行要确定类似股票资产的"实际价值",或者说要判断是否存在"泡沫"是非常困难的。同时,各国经验显示,资产价格的持续上升和急剧下跌往往发生在消费物价下降和宏观经济稳定的环境中,如20世纪20年代后期美国的资产价格膨胀和80年代后期日本的"泡沫经济"恰恰出现在一般价格水平比较稳定的环境中,也就是说,资产泡沫与通货膨胀表现并不一致,这将会使央行难以取舍。因此,目前而言,将资产价格纳入货币政策目标缺乏可操作性。

当然,也应该看到,金融资产价格与货币政策有着紧密的关系。一方面,资产价格的上涨与下跌会直接受到货币政策松紧变化的影响;另一方面,资产价格的变化能够反映出经济运行的相关信息,为央行提供借鉴。同时,资产价格可以通过对消费和投资的影响从而对通货膨胀率产生影响,还会对金融稳定产生影响,这些都是货币政策直接关注的宏观经济指标。因此,货币政策应该对资产价格变化保持足够的关注。

# 第 15 章

# 政府在金融发展中的作用

## 15.1 金融发展中政府的角色定位与职责：有所为和有所不为

### 15.1.1 政府的角色与职责

在现代经济生活中，政府的经济管理及参与社会经济活动的广度与深度都在日益扩大。一般而言，政府是国家所有资源的实际控制者，而政府控制资源的途径则是政府权力的运行及其分配。政府是国家强制力的具体化身，法律制度是国家所能提供的最重要的公共物品之一。国家通过一定的政治程序，正式地编撰制度条文并用法律的形式予以公布，这个法典化的过程，是一项制度安排得到及时、有效推行的重要保证。政府则是正式制度的第三方执行和实施的机构。在现代社会，一国政府在该国社会制度的创立方面发挥着决定性的作用。

政府职责是指政府在经济、政治和社会生活中固有的功能。在宏观上看，政府运行的很大一部分内容都与经济有关。作为对市场失灵的弥补，政府的经济职能主要体现在三个方面：（1）宏观调控职能，即政府运用宏观经济政策干预宏观经济运行和协调收入分配，以保持经济稳定和社会均衡发展，政府运用宏观政策和工具，可以影响经济的供求总水平，财政政策与货币政策，都是政府进行宏观经济管理的主要工具；（2）公共规制职能，即政府利用发放许可证、限制垄断价格以及制定质量和技术标准等手段对经济主体的自利行为施加影响，以最大限度地保护公共利益;(3)资源配置职能,即政府按社会成员的需求意愿供给私人部门不愿提供的公共产品和服务,以满足社会对非排他性物品的消费需求。政府职能随着社会进步和经济发展而发生变化,同时政府自身成熟程度和技术允许程度,也影响到政府职能的变化。

金融作为现代经济的核心渗透于国民经济各领域,在促进社会经济发展的同时,其自身演进也受到外部因素作用的影响。因此,我国的金融发展和体制改革深化过程,在宏观或制度层面上也难以回避"政府的作用"。

金融市场是制度化、组织化的金融交易,制度在交易中形成和发展。所谓金融制度,就是指有关金融交易的全部制度安排或规则的集合。通过这些规则和制度安排,制约、支配和影响着金融交易这一特定的经济模式与经济关系,并构成了金融发展与演进的轨迹和方式。政府作为金融制度的供给者的同时也是需求者,政府在金融发展中具有双重身份。

金融体制是一国经济体制的最重要的构成部分,有什么样的经济体制,就将建立与之相适应的金融体制,金融体制是一国经济发展的重要保证。不同的金融体制既可以促进一国的经济发展,也可能会阻碍经济的发展。因此,一个国家的金融制度的建立,都无法回避的问题就是政府的作用,因为市场经济的演化自始至终都离不开政府的介入。政府作用的两难性在于,可能促进金融经济发展,也可能阻碍金融经济发展。尽管它不能决定制度将如何起作用,但是,政府"有权决定什么样的制度将会存在"(Mill,1848)。"诺思悖论"进一步揭示了:国家的存在是经济增长的关键,然而国家又是经济衰退的根源。"诺思悖论"可以这样理解:一方面,国家权力是构成有效产权制度安排和经济发展的一个必要条件;另一方面,国家权力介入产权制度又往往不是中性的,在竞争约束和交易费用约束的双重约束下,往往会导致低效的产权制度结构。世界银行组织有关专家对世界各国政府进行了全面地考察后也得出相同的结论:"政府对一国的经济和社会发展以及这种发展能否持续下去有举足轻重的作用。在追求集体目标上,政府对变革的影响、推动和调节方面的潜力是无可比拟的。当这种能力得到良好发挥,该国经济便蒸蒸日上。但是若情况相反,则发展便会停滞不前。"①

当今世界,随着市场经济制度的不断发展变化,为了适应金融发展的需要,世界各国政府的角色都在不断调整,关于政府在经济金融和社会发展中的作用的讨论一直没有停止过,各国的经验也都表明,政府角色设计的合理和优化,直接关系到金融的可持续发展。同时,人们也在不断考虑:政府的作用应当是什么,它能做什么和不能做什么,以及如何最好地承担它应负的责任。

---

① 世界银行:《1997年世界发展报告:变革世界中的政府》,1997年,第155页。

### 15.1.2 金融发展中的政府

金融发展表现为过程而非结果。戈德斯密斯认为是金融结构的变化推动了金融发展。实际上金融结构的变化，既有作为金融组织获取最大化的金融工具的多样化过程，也有金融组织从无到有、从简单到复杂的过程，还有金融资源配置方式即金融制度的变迁过程。

从金融发展角度，发展中国家的政府至少直到20世纪70年代才意识到有必要加强金融系统，并为金融发展创造有利的条件。麦金农和肖（Mckinnon and Shaw，1973）开创的金融发展理论，是关注政府作用的一个典范，他们将政府作用于金融发展之间的关系引入研究者的视线。

麦金农和肖的研究发现，发展中国家存在的严重金融抑制，是制约储蓄积累和经济发展的主要障碍。金融抑制是指政府对金融体系和金融活动的过多干预压制了金融体系的发展，而金融体系不发展又阻碍了经济的发展，从而造成了金融压制与经济落后的恶性循环局面。由此提出发展中国家的金融抑制和金融深化模型（M-S模型），通过金融自由化改革来达到金融深化的目的。

从70年代中期开始，拉美的一些发展中国家根据麦金农与肖的金融深化理论，进行了金融自由化改革的实践。这些国家以培养市场导向的金融制度和充分动员储蓄，有效分配国内外的金融资源和促进经济增长为目的，进行了这种或那种形式的金融改革。从各国的实践来看，金融自由化主要集中在价格的自由化、业务经营自由化、市场准入自由化和资本流动自由化四个方面。然而，由于这些国家未能有效控制通货膨胀和维持宏观经济稳定，一些国家爆发了金融危机，金融改革也不算成功，未能达到既定目标。

尽管经济学界普遍对自由竞争的市场充满信心，但是许多经济学家的研究结果却表明：自由的、不受政府管理和限制的金融市场，不可能以稳定的状态来提供良好的金融服务，特别在发展中国家的金融深化过程中更是如此。所以，政府对金融市场活动的监督和管理会提高社会福利。金融改革政策的实施，或金融改革进程的不断推进，在很大程度上依赖于政治力量以及对政治力量的制衡。市场并非是一个纯自然的现象，它必然受到政治和各种社会因素的影响。市场的培育、改革的推进需要的不是一个强权政府，而是一个与支持改革的社会力量保持一致的政府。因此，相对于独裁、半民主化的国家，在那些国内政治制度更为民主、有助于改革或较能选举产生改革力量的国家，金融体制改革更易开展。

金融市场是不能在完全竞争的方式下运行的，由于不受管制的市场是以完全竞争模式为基础的，但金融机构之间的关系却不是完全竞争型的，因此许多经济学家将之视为是金融市场引入政府行为的一种额外的合理性(斯蒂格利茨,1994)。综合现有的发展中国家的金融改革的实践来看,既有金融自由化促进金融发展与经济发展的证据,也有金融自由化导致金融危机乃至经济政治危机的事实;既有金融抑制导致发展中国家经济金融落后的历史,也有个别国家加强政府干预对金融发展所起到的正向效应。

从管制经济学、新制度经济学和博弈论的视角看,金融稳定是政府提供的一项重要的"公共品"。维护金融稳定,实际上是由政府基于金融管制的需求而提供的一整套金融制度的供给。金融稳定供给的内容,包括金融稳定的管制立法和管制执法。政府提供制度供给的意愿和能力是公共选择的政治经济过程。基于金融稳定的制度需求和制度供给处于不断变化的相互适应过程中,可能会出现制度供给滞后或过剩的情形。金融稳定的制度变迁则是在政府管制失灵或市场失灵的情况下,为实现该项制度均衡而在供需双方之间开展的博弈过程。

但是,政府干预并非是要一味地替代市场作用、替代民间协调,而是要补充市场失灵、扩张市场机制,它注重的是市场所起的动态资源配置作用。因此在讨论政府干预时,瑞典经济学家克里斯特·冈纳森(Christer Gunnarsson)和马茨·伦达尔(Mats Lundahl)根据他们对第三世界国家的观察和研究,提出了发展中国家存在"好政府"和"坏政府"的问题。他们在《好的、坏的和摇摆不定的政府形式及第三世界国家的经济表现》论文中,以政府追求的目标的不同,把政府区分为"好政府"与"坏政府"。所谓"好政府"就是追求财富的政府,所谓"坏政府"就是追求权力的政府。追求财富必须发展经济,故把"好政府"所在的国家称作"发展型国家";追求权力必然产生对社会公众的掠夺,故把"坏政府"所在的国家称作"掠夺型国家"。发展型国家的好政府是"仁慈的社会保护人";掠夺型国家的政府是利己主义的。他们认为不同类型的国家的政府对市场机制的态度不同:发展型国家的政府积极地利用市场机制;而掠夺型国家政府消极地利用市场机制。

我们认为,政府在金融发展中的作用应从过去的弥补市场失败向扩张市场机制、创新金融制度方面转变。政府的主要功能在于,实施能够对市场机制起到扩张性作用的政策。

### 15.1.3 有所为与有所不为

为了给金融发展建立一个有利的政策和市场环境,关键在于调整政府角色定位。一般而言,政府与市场既可以发挥不同的作用,也可以起到互为补充的作用。发挥市场的作用,并不否定政府的作用;同样发挥政府的作用,也不否定市场的作用。政府的作用是补充市场，而不是替代市场。市场和政府不是互补替代关系，政府与市场的关系应该是一种市场增进关系，发展中国家的政府作用在于通过采取相应的政策措施，促进市场经济主体以市场为核心的各种协调，推动政府干预型金融体制向市场主导型金融体制转变。同时进一步转变政府职能，减少对微观经济的直接干预，解决存在的职能越位和缺位的问题，充分发挥市场配置资源的基础性作用，强化金融机构的市场主体地位。政府担任的是市场"调控管理者"的角色，它的主要任务是市场建设、市场监管和对参与市场的金融机构内部控制的监管，规范市场经济秩序；是正确地引导市场经济的发展，而不是管理具体的金融产品，大部分金融产品都应该让市场来检验。

一般来讲，政府的职责应该包括以下几个方面。

### 1. 维护金融稳定

政府的重要职能是维护一个国家的经济和社会稳定。金融是现代经济的核心，金融的稳定是经济和社会稳定的重要前提。然而，金融活动的内在规律，决定了金融运行具有内在的不稳定性。金融市场完全的自发活动，不仅不可能实现资源配置的最优化，而且还会带来金融运行与实体经济的严重脱节，进而酿成金融危机，因此，政府作为金融活动的参与主体，其主要的职责就在于倚仗其特有的权威，通过构建法律、法规体系、实施金融监管、颁布和实施相关的经济金融政策，来规范市场主体的行为，调控金融市场，最终实现金融的稳定运行。

### 2. 维护交易公平

市场只有竞争才能带来效率，但无序的竞争不仅不能带来效率，反而会造成巨大的社会资源浪费，最终降低整个市场的效率。金融市场是竞争性市场，金融资源的稀缺性、金融交易的非公开性以及金融产品的复杂性，使得金融市场更容易产生垄断，而垄断又会造成交易的不公平，最终影响市场的效率。因此，政府的一个重要职责就是要通过制定金融法规、颁布金融政策、实施金融监管，来避免市场的过度垄断，维护市场交易的公平性。

### 3. 弥补市场缺失

市场本身所固有的局限性，决定了金融市场无法自行纠正其盲目性和滞后性。因此，没有政府调控的市场往往是无序的市场，是难以顾及全局利益和长远利益的市场，是更易产生波动的市场。针对市场的缺失，政府以一个市场管理者和宏观调控者的身份，运用政策、法规等手段，来保证市场的稳定运行，政府甚至可以通过直接掌握部分金融资源,通过政策性金融手段来弥补资源的市场化配置中所无法覆盖的部分,使金融市场资源配置的功能得到更为有效的发挥。

#### 4. 优化市场环境

除了弥补市场的缺失,政府的还有一个重要职责是为市场的有效运行创造良好的环境和条件。金融市场的稳定、有效运行,既需要良好的制度环境、政策环境,也需要有和谐的社会环境。而制度环境、政策环境乃至社会环境的建设,则是政府之职责所在。政府必须通过立法和调控,提供与各个阶段的市场发展相适应的金融制度、金融政策,金融市场和金融业才能进入稳定、有序发展的轨道。同样,金融市场和金融业的发展也需要和谐的社会环境,其中尤其重要的是良好的信用环境和诚信守约的社会风尚,而这种环境和社会风尚的形成,仅仅靠金融部门的努力是远远不够的,需要全社会各个部门和每个公民的共同努力。在这里,政府通过立法、执法、教育、协调等,在优化市场环境方面发挥主导作用。

以上四个方面是作为市场管理者和调控者的政府所应具备的职责,也是政府在金融活动中应实现的目标,因此,在现实经济生活中,凡是在政府职责范围内的、有利于实现政府的上述金融目标的事,就是政府在金融活动中应该作为的;否则政府不应干预或不作为。应该说,上述四个方面的职责或目标,是任何一个现代市场经济国家政府都应该承担的责任或追求的目标,但具体到每一个国家,政府如何来通过其特有的手段履行这些职能、实现这些目标,则要根据不同国家的历史、文化、政治、经济、社会等方面的条件来决定。这里关键的是政府要定位明确,角色清晰,既要避免越俎代庖,过多干预市场,干预市场主体行为,又要避免过分放任市场的自发作用,该作为时不作为。只有这样,政府才能在金融发展过程中,弥补市场的缺陷,实现市场机制扩张的目标。

## 15.2 不同国家金融发展中政府作用与效应的比较

金融发展过程中总是伴随着制度的演进或变迁,金融制度是一国经济体制的最重要的构成部分,是一国经济发展的重要保证。不同的金融体制对金融发展和深化可以起到促进或阻碍作用。制度的变迁与政府推动金融体制改革密不可分,缺乏政府理论的产权理论是不完整的,同样,缺乏政府理论的制度变迁理论也是不完整的。① 因为在很多情况下，政府首先充当了制度变迁的倡导者。在金融制度的变迁过程中政府的作用往往是至关重要的，政府干预经济的方式和程度是形成各国金融发展模式的主要因素。不同模式国家的政府在金融发展中所产生的效应存在明显的差异，这种差异成为测评政府作用的基础和定位政府角色的依据。

### 15.2.1 美国——双重金融管理体制

在美国这样一个典型的市场经济国家，政府广泛、深入和系统的管制对市场经济发挥其积极的功能起着有效的促进与保护作用。政府对金融业的管理实行由众多的政府机构组成的、权力分散的双重金融管理体制。这种管理体制的基本框架，是根据国会在很长的时期里先后颁布的系列有关法律建立起来的。美国政府的各个金融管理机构都有自己专门的管理与监督的对象，有自己的管辖范围和管理重点，都是相对独立、互不相属、各自为政的。

美国金融管理体制实行的双重金融管理体制，表现为联邦和州实行两级监管，美国 50 个州均设有银行管理委员会作为各州的金融监管机构。银行既可在联邦金融管理机构注册，也可在州政府的金融管理机构注册。但是，美国对商业银行的跨州经营、设立分支行以及兼并活动都受到严格限制。战后长时期里，美国法律原则上只允许商业银行在所在州设立分支行，禁止银行跨州经营和跨州设立支行。

每个州政府都有自己的金融管理机构，负责制定本州的金融政策与管理规章。州金融管理与监督的主要对象，是在本州注册的商业银行以及其他金融机构。在联邦一级，主要有三个金融行政管理机构，即联邦储备、货币监理局和联邦存款保险公司。其他的金融行政管理机构还有证券交易委员会、联邦住宅贷款银行委员会，以及联邦储蓄贷款保险公司。美国所有银行，不论其是否是联邦储备体系的成员行，都必须遵守联邦储备理事会制定的金融管理规章，并接受联邦储备的检查。

美国政府实施地域限制的重要原因之一是防止金融势力的过度集中，维护银行业自由竞争的市场结构。随着美国经济的发展，一大批具有竞争实力的银行需要进行扩张以满足企业日益增长的金融服务要求，各个州的金融监管部门开始逐步推行取消地域管制的政策。1997 年的 Riegle-Neal 法案解除了剩下的限制，允许银行和银行持股公司完全自由地跨州经营。取消地域管制对银行的效率和银行体系的稳定性就有很好的促进作用。

---

① 思拉恩·埃格特森：《新制度经济学》，商务印书馆 1996 年版，第 223 页。

美国采用双重金融管理体制是由自身国情决定的。首先，美国地域辽阔，人口众多，各州的经济、金融状况、生产力发展和部门机构差异大，单一的监管机构难以管理各州内广泛分布的多家银行；其次，由于美国是联邦制国家，联邦一级和州一级的权利、义务严格划分，即分权制，是金融集中管理难以实行；再其次，独立的预算机制和三级税收体制以及各州法规的制定和实施，只是美国的金融管理体制复杂化、分散化。

美国现行的双重金融管理体制历经百年历史变迁，从原先由州主导向联邦与州并重的大方向发展。这种体制虽然长期以来基本上适应了美国独特的金融管理需要，但也存在各方的职能相互重叠、管理体制过于复杂、部门过于多和庞大、全国缺乏统一的金融管理制度等问题。

### 15.2.2 法国——庞大的政策性金融机构体系

法国金融体系与西方其他国家的金融体系机构相比较，具有鲜明的特点，表现为具有历史悠久、系统庞大的政策性金融机构体系。法国政策性金融机构体系主要由若干官方和半官方所有的专业金融机构，以及由政府领导或控制、影响的部分互助合作性质的金融机构组成。这类金融机构在有关立法和规章的要求和制约下，从事专门的政策性金融业务，履行政府对金融的控制协调功能。这些金融机构不在法国的国家信贷委员会注册，也不受其直接监管，更多的是接受法国经济和财政部国库司法署的指导。

法国的金融机构中，政策性金融机构众多，存在行业分工和地区分工，主要的有农业信贷银行、开发银行、外贸银行、土地信贷银行、国家信贷银行、国家市场金库（国家市场银行）、中小企业开发银行、地区信贷银行、社会住房担保银行、海外开发银行等。

政策性金融机构之所以在法国金融体系中占有重要的地位，并为法国的经济发展作出了突出的贡献，是与法国政府对政策性银行采用了与其国情相适应的管理模式，以及政策性金融机构自身在市场经济体制中准确定位分不开的。

法国是西方国家中政府对宏观经济管理最具代表性的国家。政策性金融机构的大量存在及其业务量不断扩大，有助于政府确定的经济社会发展战略目标的实现，并可支持重点和需优先发展的项目。

法国作为西欧最大的农业国，农业是国民经济的基础，但是农业投入大，直接收益小，贷款有较高风险，商业银行一般不愿介入，政府通过政策性金融机构对农业给予大力的支持，推动了农业生产的发展，带动整个经济的发展，保证社会的稳定。

同时，法国政府十分注重政策性金融立法的建设。法国是一个农业占重要地位的国家，早在19世纪末期，政府就依法建立了农业政策性信贷机构，以融通农业资金，支持农业发展；第二次世界大战后，法国为了解决国民的住房问题，于1950年通过法令规定了鼓励住房建设的政策措施，政府对建设成本不超过一定限度的房屋建设给予一定的补贴和特别贷款，并由法国土地信贷银行承担这项具有较强政策性的金融业务。

### 15.2.3 日本——引进与调整式发展模式

日本的金融制度是1868年明治维新后按照欧美市场经济模式构筑起来的。但是到了第二次世界大战期间，日本政府为了战争的需要，开始对金融业实施金融统制，构筑了以银行融资为主体的资金分配体系。

第二次世界大战结束后，日本面临着恢复和重建经济，为此确立了发展重化工业的战略方针。但是由于物资极度缺乏，货币发行量激增，通货膨胀日甚一日，金融体系土崩瓦解，大批银行破产倒闭，幸存下来的银行也是勉强维系。日本政府建立了由政府、大银行、大企业构成的集中融资体制，使银行主要承担起为产业金融服务的职能，由此确立了银行主导性金融制度。为了保证银行主导性金融制度的有效运行，政府制定了一系列的保护和扶持政策。在制度构建上，日本政府试图建立美式的金融制度，接受了美国向日本政府提出的所谓"道奇整顿"政策，停止了复兴金融公库放款，并着力于培植证券市场。但是证券市场在当时并不成功，证券市场近乎崩溃，日本政府不得不另选其他方法，最终选择了创立长期金融机构，以代替原计划中的资本市场，发挥融通长期资金的作用。这个时期直接金融市场一直停滞不前，以银行主导型为特征的间接金融却得到了快速发展，有力地促进了日本经济的高速发展，为战后实现经济赶超做出了重大贡献。

日本在经济高速增长期形成的金融制度是成功的、有效的，但是随着经济赶超的结束，日本已从资金不足型经济转向资金过剩型经济，战后形成的金融制度已经不能适应发展变化的经济环境。同时由于战后形成的日本金融制度中，以主银行体系为代表的、政府严格管制下的产业金融体制占有十分重要的地位，政府的过多干预导致了一种"刚性"管理体制的形成，银行和企业过于依赖和等待政府的安排，银行主导性金融制度逐渐陷入困境之中，泡沫经济日益严重。

泡沫经济发生以后，日本政府也开始反思日本金融体制的弊病，金融体制开始出现变革。随着英国的"金融大爆炸"式的改革和美国《格拉斯—斯蒂格尔法》的废除，日本也开始了与放松金融管制、促进金融自由化相关的金融法律、制度以及组织方面的变革。与此相对应，日本的金融体制开始逐步进入向满足储蓄者的资产选择需求、促进金融市场发展、强调商业盈利、维护金融市场的正常运行为目标的商业金融体制转化的金融自由化阶段。

日本金融制度变迁，从明治时期开始就呈现出强制性制度变迁的特点，日本的金融制度演化史几乎可以看成是西方金融制度的行政学习史。日本金融发展呈现出引进与调整式发展特征，政府先全盘引进"先进"的金融制度，然后再由市场参与者与政府协调改造这些制度，使之符合短期内的经济发展目标。当市场出现问题时，政府再从国外引进另一套"先进"的金融制度，进入下一轮循环。于是，日本的金融发展呈现出截断式的发展模式，缺乏连续性。

### 15.2.4 新加坡——政府主导发展国际金融中心

金融发展的新加坡模式是极具特色的，它为发展中国家创立国际金融中心树立了典范。其基本特征就是在政府宏观规划和优惠政策扶持下，利用国际有利环境和机遇，创办在本地区有特色的金融市场。

新加坡自 1965 年独立后，以金融业作为经济发展的支柱产业，采取了一系列积极措施，使新加坡的资金市场、外汇市场、证券市场和期货市场迅速发展成为国际性金融市场，从一个资源匮乏的小岛国变成世界上最有活力的贸易与金融中心之一。政府的推动作用主要体现在着力创造良好的金融环境上，除创造一流的金融运行硬环境外，更主要的是创造良好的金融运行软环境。

新加坡政府通过行政立法、执法、倾斜性政策等手段促进金融中心按政府预定的模式向前发展。1968 年新加坡政府抓住时机创建了新加坡亚洲美元市场。该市场的出现，带动了当地金融自由化和国际化的步伐与进程。为保持亚洲美元市场的独特地位与优势，新加坡政府不断努力，创造了一系列以税收优惠为主要手段的宽松政策。

自 1998 年以来，新加坡开始着力打造财富管理中心，为发展财富管理业，以巩固国际金融中心地位，新加坡金融管理局继续出台很多政策吸引跨国机构。如进一步开放金融市场、政府注入投资以扩大市场等。同时进一步调整税收政策，吸引外来资金。

为了防止资本频繁出入本国金融市场以及离岸金融交易活动影响或冲击到本国经济，保证本国金融市场的稳定和金融政策的正常发挥，新加坡政府把境外金融市场与国内金融市场严格加以区分，将外资金融机构的经营范围严格限定在离岸银行业务方面，预防了国际游资攻击新元。正是新加坡政府实施的这项政策，辅以其他手段，使新加坡经济金融躲过亚洲金融危机的冲击。

新加坡金融中心的蓬勃发展，离不开法律法规的建设。20 世纪 70 年代初，新加坡政府修订了《银行法》、《外汇管理法》、《新加坡金融管理局法》、《新加坡规定银行之执照核发及规章之条例》等金融法规，提供了多层次可靠的法律保障。在金融监管方面，新加坡分别设立了新加坡金融管理局、新加坡货币发行局和新加坡政府投资公司来执行金融监管、货币发行和管理外汇储备的职能。在实施金融管理中，三者完全独立行使职权，没有政府及其他任何部门的干预。这种符合新加坡国情的金融监管机构的设置，促进了新加坡金融中心的发展。

新加坡政府正是依靠包括优惠的税收政策、完善的金融法律与监管制度等建立起的良好金融环境，促使新加坡短期内成为地区，乃至国际金融中心。

### 15.2.5　中东欧转型经济改革的教训

从 20 世纪 90 年代初起，俄罗斯与捷克、波兰等中东欧原社会主义国家纷纷由过去的计划经济体制向市场经济体制转型。这些转型国家为了发展国内经济，争取早日与发达国家接轨，在市场经济的形成方面采取了一系列的改革措施，改革的模式根据各国自身的情况各有不同。通常采取实用主义的做法，交替采用激进战略和渐进战略，或者实行两者的折中或混合。在一个较长时期内，改革给这些国家带来了严重的后果：社会生产大幅度下降，人民生活水平下降。

迅速的自由化导致了恶性通货膨胀，使物价在短期内大幅度攀升。与之伴随的价格体系混乱又导致生产无法正常进行，造成了大批工人失业，社会动荡。一些国家的通货膨胀呈现出不稳定的趋势。比如俄罗斯，1991～2000 年，工业品物价指数上升了 1 540 倍，其中，电力价格上升了 27 476 倍，燃料价格上升了 46 745 倍，消费品价格指数上升了 9 297 倍，食品价格上升了 1 390 倍，有偿服务价格上升了 46 707 倍。在市场调价机制还没有建立起来时，俄罗斯的私有化不仅使国有资产流失，还诞生了掌控国家政治的金融寡头集团。

金融改革引发了金融危机。企业的现代化进程有赖于该国金融部门的健康运行。东欧国家在放开价格的同时，都配以紧缩的金融政策，一方面抑制通货膨胀的恶化；另一方面提高税收来弥补财政赤字。从金融体制建设角度，一些国家在金融监管的效率尚非常低下的情况下，过早地开放了资本市场，导致了金融市场的动荡，爆发了金融危机。危机带来银行大量破产，呆坏账增加，资金流动性降低，整个支付系统陷入瘫痪状态。

进入 21 世纪以来，俄罗斯一度实行了政治、经济和社会的一系列改革，加强了国家宏观调控在经济中的作用，加强了对国有资产的管理，削弱了金融寡头对国民经济的垄断，为经济增长开拓了空间，对于具有战略意义的企业通过法律程序收归国家所有。加强国家对私有化进程的监督与管理。通过降低税率、扩大税基来改革税制，整顿金融市场，联合各国政府对付非法的洗钱活动，并改革行政管理，经济状况有了很大改进。

从各国金融发展中政府的作用比较分析可知，金融制度的建立和发展并不是完全根据需求被动进行的，合理高效的金融体系并不会自动生成，政府可以成为金融制度供给主要角色，在有效的金融制度建立中发挥主导作用。特别是在经济发展的早期阶段和对于金融市场不发达的发展中国家，政府往往是经济现代化和工业化的设计者和推动者。这主要是由于在经济发展的早期阶段市场发育程度不成熟，经济发展不成熟要求政府建立能充分利用稀缺资本的金融体系，来支持产业发展和经济结构的调整。

金融制度的首要功能就是能有效地提高各种金融组织的适应效率。金融发展与深化不仅仅是金融规模在量上的增加，更重要的是金融体系及货币资金融通效率的提高问题，这是金融发展的基本目标。金融体系的运行效率首先是通过各种各样的金融机构的营运效率所显现的，即金融体系的整体运行效率是各个具体金融企业运行效率的集合。各国政府在金融发展中的作用分析充分表明，政府主导建立的高效的金融制度以及这一制度良好的运行环境，是保证金融体系高效稳定运行的前提条件。

## 15.3 中国金融发展进程中政府的角色变化与效应分析

全球化体系中，国家金融边界的弱化降低了本国货币金融的控制效率，外部的冲击也对金融安全提出了要求。在经济全球化进程中各国政府对金融发展，特别是对金融风险给予了前所未有的关注。在经济和金融发展中，政府的作用和角色定位是一个争议极大又极为重要的问题。不同的理论观点可以导出不同的制度安排与政策措施，而从当今各国的实践看，政府在经济和金融发展中的作用不可或缺。政府在金融发展中既不能无为而治，也不能越俎代庖。中国金融体制改革是在经济体系不断开放过程中进行的，在新中国金融发展的半个多世纪的历程中，政府的角色不断变化，对金融和经济发展的宏观、微观效应也呈现阶段性和差异性。

### 15.3.1 政府角色变化中的正效应

金融体制改革以前,我国一直实行高度集中的信贷管理体制,即"统存统贷"的资金供给制。1978 年前,我国金融体制实行的是中国人民银行"大一统"模式,中国人民银行担负着组织和调节货币流通的职能,统一经营各项信贷业务,实行长期资金归财政、短期资金归银行,无偿资金归财政、有偿资金归银行,定额资金归财政、超定额资金归银行的金融运行体制。当时,政府构筑国有金融部门的目的是,使其成为国有企业的资金供给部门,也就是说,国有金融安排就是政府专门为国有企业融资方便而设立的配套制度安排,这种制度安排,在当时政府集权配置资源的计划运作机制状态下,金融功能内化于财政配置功能就成为逻辑之事。从 1978 年开始经济体制改革,即从计划经济向市场经济转变的经济市场化改革,这是一场涉及经济、社会、法律和政治体制的制度变迁。由此,我国逐渐从一个计划经济主导的国家发展成为一个以市场为导向的开放经济的国家。因此,中国的金融发展,实际上是在中央计划经济向市场经济转轨过程中,从一种"制度剔除"[①] 状态下由中央政府展开的结构性制度创设过程。

回顾我国改革开放以来的金融改革历程,政府在金融制度变迁中始终扮演着重要的角色,政府替代市场的行为大量而广泛的存在。金融制度变迁表现为一种强制性的制度变迁,从商业银行的综合经营到分业经营,从中国人民银行的统一监管到证监会、保监会和银监会的三足鼎立,无不是政府强制性的制度供给。与此同时,政府还通过"点贷"等各种方式,直接影响资源配置,尽管这种影响是一个逐渐减弱的过程。从 30 年的改革实践来看,这种大量而广泛的政府替代行为并没有对经济和金融发展造成大的负面影响;相反,总体来看还起到了积极有效的推动作用。改革 30 年来,正是政府在金融发展和金融制度变迁过程的主导作用,才使得我国金融发展逐步从小到大,从弱到强,有力地支撑了经济的高速发展。虽然,无可否认,政府替代的实施必然有其成本,但它大大降低了制度演进过程中的时间成本和摩擦成本,这种替代在市场机制不完善、微观市场主体缺乏约束的情况下,显然是必要的和合理的。

在对经济和金融发展发挥积极作用的同时,政府替代也会对市场机制作用的发挥产生阻碍作用。但是,通过对我国金融制度变迁中政府替代的成本与收益的

---

[①] 所谓制度剔除,是指一种制度安排本身只是为其他制度更好运转而设立的配件,这种制度本身并不是独立的制度体系,具有制度依附性。林毅夫:《关于制度变迁的经济学理论:诱致性变迁与强制性变迁》,载《财产权利与制度变迁——产权学派与新制度学派译文集》,上海人民出版社 1994 年版,第 371~409 页。

客观评估，却可以发现，我国经济和金融发展中政府替代的收益是远远大于成本的。其最主要表现在一方面推动了我国金融市场的快速发展；另一方面促成了我国经济的成功转型。

伴随着社会主义市场经济体制的逐步建立，金融在经济活动中的力量日益增强，但是不容忽视的是，我们对金融功能的认识上，还存在一些误区。正如世界银行的一份报告中指出的："发展中国家对金融制度的设计更多的是从有利于对经济进行控制而不是为了有利于银行体系的安全与稳定为出发点的，政府经常利用金融体系来追逐发展目标。"政府垄断的金融体系还弱化了金融主体的责任，致使国家承担了过多的金融风险。

## 15.3.2 政府角色变化中的负效应

### 1. 错位金融替代财政

传统计划经济体制下，国家财政扮演了储蓄主体与投资主体的双重角色，改革开放带来的显著变化是，储蓄主体实现了由财政主导型向居民主导型的转变，并完成了储蓄主体与投资主体的分离。1978年中国城乡居民储蓄总额仅为210.6亿元；而到2006年已达16.2万亿元，绝大部分都进入到国有商业银行的账户而被国家所掌握。在进行的金融资源配置过程中，银行业又进一步替代财政制度的功能，转型国家中，在原有的财政收入渠道逐渐萎缩，而新的财政收入渠道还没有建立起来之前，几乎所有国家都经历了一个财政收入急剧下降的过程。又因金融机构体制上的原因，对金融部门信贷的干预便成为极好的替代。中央和地方政府依靠汲取金融能力的上升来弥补汲取财政能力的不足，靠金融功能的财政化来替代弱化的财政功能。金融资源被用于平衡预算赤字、对国有经济和重点建设项目投资、平衡地区经济差距等，因此被视为"第二财政"。据实证研究结果，财政支出的地区平衡作用在整个改革期间一直在下降，20世纪90年代下降更为显著（由50%下降到25%），而国有商业银行贷款的平衡作用有30%左右，在80年代末略有下降后，90年代又持续上升，在1995年甚至超过了财政的平衡作用，由代行财政平衡功能变成了主导财政平衡功能。[①] 特别是1994年的分税制改革在彻底改变了中央与地方政府财政收入格局的同时，却没能相应调整中央与地方的财政支出责任，使得分税制改革后地方政府普遍面临着沉重的财政收支压力。促成了分税制改革后，在相当长的一段时间里，地方政府对金融部门资金配

---

① 周立：《中国各地区金融发展与经济增长（1978~2000）》，清华大学出版社2004年版。

置效率的影响。金融系统财政化的"这种替代既是促使以往改革成功的关键，又是导致未来改革困境的根源。"①

### 2. 金融系统功能发挥不足

政府对市场的过多替代，使我国金融体系在促进经济发展进程中的功能发挥受到很大制约，虽然金融体系在提供结算和支付手段、动员储蓄等功能上成效显著，但在提供信息、风险管理和解决激励等方面的功能远未得到充分发挥。金融体系还没有形成市场化的项目筛选机制，不能通过提供有效信息引导资金的合理投向。

如前所述，国有商业银行在储蓄的构成形式及储蓄投资转化机制中发挥着主导作用，储蓄资金主要集中在银行体系。但由于国有银行并未建立起市场化的公司治理结构，其经营行为也呈现出明显的非市场化特征，在资金的投量和投向决策上，往往不是以市场需要为决策依据，而是为了迎合某种非经济方面的需要。于是，国有银行体系的资金使用效率受到很大影响，大量储蓄在银行体系沉积，金融功能被严重弱化。

金融体系功能得不到充分发挥，导致了资本的有效产出率较低，有效投资不足。由于资金导向机制的非市场化，金融体系的资金大量流向低效部门，而高效部门往往投入不足，形成低效部门投入多、高效部门投入少的倒挂型资源配置，进而降低了全社会经济效率，阻碍了经济增长方式的转变。就银行体制而言，在政府对银行控制力过强的情况下，银行很难真正确立起资金商品化的观念，作为资金价格的利率也不可能实现真正的市场化。就资本市场的发展而言，其融资功能被过分夸大，而相应的对企业的市场监督机制与功能未得到充分重视和发挥。企业信息披露失真、过多的政府行为和利率的非市场化等诸多原因决定了市场价格失真，投资者更关心短期的资本利得，市场上逐渐排斥长期投资，造成资金的严重浪费和市场的剧烈波动。

### 3. 金融风险逐步积累

从 1993 年党的十四届三中全会开始的国有银行商业化改革，首先通过揭示出大量不良资产的累积和银行资本金的严重缺失而将我国的金融风险问题凸显于世。随后，1998 年通过财政发行 2 700 亿元特种国债补充国有商业银行资本金，1999 年通过设立四家资产管理公司剥离 1 万多亿元不良资产，2003 年末用现存资本核销中国银行和建设银行的损失类不良资产、继而又运用 450 亿美元外汇和

---

① 张杰：《中国金融制度的结构与变迁》，山西经济出版社 1998 年版。

黄金储备对两行进行注资。从 2003 年开始，又花费大量资金对农村信用社进行改革，2005 年又用总值达 300 亿美元的财政资金和外汇储备注入中国工商银行，如此等等。上述措施显然是政府为了化解金融风险、防范金融危机所做的努力的一部分。但是，如果我们深入地分析产生金融风险的原因，却不难发现政府行为同样也是金融风险和金融危机因素累积的一个重要因素。这一方面是因为政府利用金融体系，为经济和社会改革与发展垫付了巨大的社会成本，金融部门的风险实际上成了整个经济和社会运行中各类风险的集中反映；另一方面，政府直接控制金融资源的配置，成为各级政府官员追求实现任期目标的工具，违背了市场及信用的规律。

从银行体系看，政府行为对银行生成金融风险的直接影响主要是通过政府对信用活动的直接参与和对信贷活动的干预两个方面发生作用。政府影响的直接后果便是商业银行信用活动扭曲和金融秩序紊乱，使存量风险累积和增量风险叠加。从股票市场看，一是政府过多地介入上市公司的选择，二是政府过多地干预股市走势。其主要特征突出地表现为"政策市"。"经常性"调控，必然干扰股市的正常运行，助长各种非市场行为的蔓延，给金融市场带来更大的风险。

综上所述，我国金融业的改革与发展具有政府强制性变迁的典型特征。事实上，主导信用仍是国家政府。政府不仅是金融初始改革的领导者，还是金融改革和发展的主导者，政府的意志和利益直接规定了金融改革的方向、快慢和路径。从总体上来看，政府主导的 30 年的经济金融改革是成功的，因为它基本符合了我国经济从高度集权的计划经济向现代市场经济转轨过程的国情特点，它使得我国在短短的 30 年中已经成为综合经济实力强大，对世界经济具有很大影响力的国家，令世人瞩目。1997 年爆发亚洲金融危机，波及世界许多地方，我国虽然外贸出口在这场危机中受到较大的影响，但是我国并没有直接卷入，金融体系基本没有受到冲击。加入 WTO 以来，我国银行业加快改革步伐，并取得了显著的成绩，公司治理结构得以改善；现代企业制度框架初步形成；中资银行纷纷引进战略投资者；工行、中行、建行和交行纷纷进行股份制改造并成功上市；类似改革已扩展到城市商业银行、农村银行和信用合作社，资本充足率显著提高；资产质量明显好转；盈利能力有所增强；在政府主导下进行的股权分置改革也为我国的资本市场渐入良性发展轨道打下了基础。

在我国，政府主导型金融资源配置方式曾对经济的发展发挥了重要的推动作用，为渐进式的改革成功提供了持续而有力的金融支持。在渐进改革的前期，政府采用管制性金融动员，即通过利率管制、国有银行的信用垄断及银行信贷管制等措施，低成本地动员了巨额的社会金融剩余。但是，政府对经济生活的参与是经济发展的阶段函数，金融支持政策也具有明显的区间效应，效应的发挥是具有阶段性的，正效应出现逆转与负效应渐近，都是不可避免。在经济发展水平和市场化程度较低的情况下，政府主导型金融资源配置方式是必要的，它为缺乏自我积累机制和处于紧急状态的经济主体有效地弥补了金融资源的匮乏，因此表现出明显的正效应，但是，不可否认，这种模式自身实际上是包含着一系列内在矛盾和问题。随着中国经济发展水平的提高和全球金融一体化的发展，这种模式的负效应也越来越明显地暴露出来。在这种模式中，政府既要培育金融市场，又要代替市场行使部分配置资源的职能，这必然会限制竞争，扭曲价格机制，压抑了经济主体的自我协调能力和社会的自组织能力。实证分析也表明，1992年以后国家控制金融的成本迅速超过控制收益，金融支持的正效应开始逆转，特别是近几年政府几次动用外汇储备为国有商业银行补充资本金，进一步说明政府控制金融的净成本正向其最大值点逼近。

## 15.4 金融发展新阶段的政府角色定位

### 15.4.1 金融发展新阶段政府作用与市场力量的协调

**1. 对金融发展新阶段政府与市场关系的认识**

政府的角色定位的实质是政府与市场的关系。从经济学的角度讲，政府和市场是协调一个国家社会成员经济利益冲突的两大基本机制。在现代市场经济条件下，社会资源配置主要有市场与政府计划两种方式。实践证明，市场作为社会资源的基本配置方式是非常有效的，但由于其固有的事后反映特征等内在缺陷使得政府的指导是必要的。当由于公共产品、外部性、规模经济、不完全信息等原因，市场不能有效配置资源时，或者由于市场配置资源而导致某种不合意的结果时，就有必要发挥政府的作用。而政府一个可行的指导社会资源配置的途径就是通过财政支出政策来实现。政府通过公共支出（财政支出）政策途径来实现。政府通过公共（财政）支出结构的动态优化，来影响社会需求的总量和类别，进而从量和质上影响社会生产的供给方面，从而实现国民经济的结构优化和长期经济增长目标。

政府与市场力量的协调是中国金融制度变迁的内在经济逻辑。"市场至上"是"新古典主义"理念和政策的出发点，衡量金融改革取得进展的一大标志是由市场规则配置的金融资源份额是否有所增加。因此，政府退出金融资源配置过程遂成为所谓金融"市场化"改革的应有之义。问题在于，简单的市场化或者政府因此退出能否将中国的金融体系带入稳健且有效率的境界。显然，重要的是重新认识政府作用以及政府与市场的关系，只有如此，才能为符合中国国情的金融制度改革道路选择寻找到合理的理论基础。

在金融发展的新阶段，政府与市场的关系应当是怎样的呢？回答这一问题，有必要回顾一下经济学家对政府与市场关系的认识过程。在经济理论发展过程中，经济自由主义和政府干预思想交替出现，认识不断深化。从"古典学派"到"凯恩斯学派"、"新古典宏观经济学"（货币主义学派、理性预期学派、供给学派）等。在《国民财富的性质和原因的研究》中，亚当·斯密认为，在一个自由竞争的市场上，每个人追求自己利益的同时，也不自觉地促进了社会的整体利益，市场竞争以及价格机制是实现资源有效配置的最佳工具，政府所要做的仅仅是提供国防以保卫人民，公正司法以保护个人不受社会其他人的侵害和压迫，以及建设并维持某些公共事业和公共设施，即政府只起一个"守夜人"的作用。但市场本身也存在着局限。市场竞争可能导致垄断，并进而限制竞争；在公共品和存在外部性的领域，市场并不能充分和有效地发挥作用；由于信息不对称，市场配置资源的功能可能受到限制；市场并不能充分和有效地发挥作用，达到社会福利的最大化，即存在"市场失灵"。当然，"市场失灵"并不意味着政府干预的成功。政府难以获得分散的个体所拥有的知识和信息，亦难以根据个人的偏好对其进行激励和约束，因此政府干预很容易产生干预过多、干预不当或干预无效的问题。政府这只"看得见的手"既可能是一只"扶持之手"，也可能是一只"掠夺之手"。

对于政府作用的简单化认识是，政府的正向效应只有在市场出现问题（即所谓市场失灵）时才得以显现；而在一般情况下，政府的出现只会"伤害"市场。因为若拿国际上通行的银行经营绩效标准来衡量中国银行业，无论是相对指标（如资本充足率和不良贷款率）还是风险管理和信贷行为表现都不尽如人意，而中国的银行体系恰好受到政府因素的作用。但是，我们注意到，包括中国在内的一些国家和地区，在改革时期政府作用对于经济增长和金融发展都有突出的贡献。所以我们认为不应将政府因素和市场因素置于"此起彼落"的对立地位，政府因素与私人因素一样，也是市场的构成要素，市场的完整性并不是独立于政府的作用的。一种完整的市场化既包括让价格主导资源配置，也包括政府发挥应有的作用，而对政府作用的肯定，也能够使我们在思考中国金融制度的选择上有更广阔的纬度和空间。因为市场化水平不能以政府作用的强弱作为标准。在某些情况下，虽然政府退出了直接的市场活动，退出了企业，但政府作用没有因此而减弱，而是其作用的范围和方式发生了变化。

政府与市场在经济发展中的作用的问题，一直是经济学理论所探讨的一个重要问题。现实经济领域中,政府和市场对经济生活的参与并不是只能做非此即彼的选择,政府与市场不同的耦合方式,则形成了不同的经济制度安排。无论是市场还是政府,在现实经济中都有其作用的边界。现在,很少有哪位经济学家主张"纯粹"的自由经济或者"纯粹"的政府干预。而经济活动的复杂化也使得政府的干预过程变得复杂。各学派争论的焦点不再是要不要政府干预的问题,而是在多大程度上发挥政府作用。

在渐进式改革的前期,政府主导型金融资源配置方式对中国经济发展发挥了重要的推动作用。但是,随着改革的逐步深入,政府控制金融的净成本正迅速增加,政府主导型金融制度由来已久,它是一种最大限度服务于国家所偏好的经济增长方式,以及国家租金最大化目标的一种金融制度安排,其立足点和核心是实现并维护政府自身行为目标。事实上,政府作为经济运行体系中的重要一极,它像企业和个人等经济主体一样,也有自己的效用函数,必然要参与博弈,因而从来都不是局外人。自由主义者在市场缺乏运行基础的情况下,过早地"排斥"政府必然导致经济自由政策的破产。

市场和政府干预都不同程度地存在缺陷,发展社会主义市场经济,必须靠两者的有机结合,应该讲,随着市场经济的逐步完善,主要通过市场而不是政府来配置金融资源是经济发展的必由之路,但是,在发展自由市场经济的同时,需要充分发挥政府的补充调节功能。作为市场的补充者,政府不能直接介入市场,而是通过规划性、政策性、指导性的宏观手段来引导市场的发展,纠正市场盲动行为带来的偏差,减少市场非均衡态向均衡转化的时间。政府是保证金融体系健康运作的基本要素。

### 2. "有限政府"的权力与责任

现在的问题不是要不要政府,而是如何确定政府有效的"规模"和活动"范围"。随着对政府与市场关系认识的不断深化,要建设一个好的市场经济,政府应当是一个"有限并且有效的政府",政府要受到法治约束,防止其滥用权力,在此基础上,政府还必须保护产权,执行合同,维持市场秩序。从20世纪90年代以前政府与市场的"二分"到90年代之后寻求政府与市场的某种融合和搭配,经济学家和政策制定者们在政府和市场双失灵的条件下,逐渐认识到金融市场的复杂性和政策实践的艰巨性,从而最终认识到,金融问题既是以何种价格通过何种机制有效率地提供金融服务的问题,也是政府在市场失灵的情况下不断调整"干预"方式,不断提高政府、金融机构的帕累托改进过程。

现代市场经济的基础是法治,法治下的政府是有限政府,每个国家或地区的政府对其金融系统都应负起一定的责任,政府一方面有明确的责任确保金融系统的运作及发展符合公众利益;另一方面,政府的角色也会受到一定限制。有限政府的职能是有限的,有限的职能才能保障有效的管理。政府能力的有限性决定了政府职能必须适度界定,有所不为才能大有作为。政府职能只有适度界定才能更好地发挥政府的作用,政府职能只有适应市场经济发展的条件才能驾驭市场经济社会。

转型经济在政府职能上,应当实现从"全能政府"向"有限政府"的转变。计划经济体制下的政府是"全能政府",政府对经济有绝对的支配权,无限政府模式在自身的规模、权力、行为方式上具有无限膨胀扩张的趋向。没有权力受到限制的政府就没有市场经济,权力有限的政府是高效的政府。因此,政府既是改革的动力又是被改革的对象,政府职能要实现从无限政府模式的无所不能、无所不管向有限政府模式下的有所为、有所不为的目标转变。

政府的权力和职能是有限的。这种"有限政府"的有限性主要体现在:进行宏观调控,弥补市场缺陷,纠正市场失灵,提供市场服务。国家经济安全中,作为管制人、控制人的"责任政府"与作为公益人、守夜人的"有限政府"不应该仅仅强调角色的转变,而应追求两种角色的互补,既要适应经济全球化需要,又能保障我国国家经济安全。

建立权力有限的政府。理顺政府与市场、政府与金融机构的关系,改变全能政府模式,限制各级政府配置资源和干预金融机构微观决策的权力。把不该由政府办的事减下来,做到不"越位";把该由政府管的事管住管好,做到不"缺位";把政府、金融机构、市场的职责分离开来,做到不"错位",从而使政府职能该弱化的弱化,该强化的强化,该转移的转移。

在金融体制改革中,发展中国家最缺乏的是一种能够自主促进有形生产要素的合理配置,迅速实现经济增长的制度安排,所以金融制度的变迁必须由政府主动实施推动,以弥补市场机制的自身发育不全。在政府逐步回归"有限政府"职能的基础上,稳步推进市场化改革。

在市场经济条件下,政府职能不应与发展社会自身组织力量和市场自发力量相冲突,不能以强大政府力量,去抵消社会和市场力量。政府的本职职能应该是为微观主体的经济活动提供稳定的制度基础,包括稳定的宏观经济政策,通过立法途径制定的市场规则,提供社会公共服务职能等。一个成熟的驾驭市场经济的政府在市场中的位置应通过制度设置来健全市场,通过市场化的操作来调控市场。

政府与其他制度和制度变迁供给主体相比有力量强大方面的比较优势。也正是由于这一点,政府在提供制度时才可以有效解决"搭便车"问题和带来规模效应。政府提供的基本服务是博弈的基本规则,主要是界定形成产权结构的竞争与合作的基本制度。政府在提供制度时，它不仅要追求自身效用最大化，同时它还是不同利益集团的均衡者。

政府在现代金融体系下，并不要求其过多地干预金融机构有关资产和负债的自主选择及业务经营的自主性。政府从传统金融控制中的退出，可以在一定程度上减小金融市场上的人为垄断程度，从而强化了金融市场的竞争机制。同时，出于维护金融体系的安全与稳定的需要，政府应该强化金融机构的市场准入机制。适当的市场准入机制可以增强金融体系的竞争力和提高金融机构的运作效率。

### 15.4.2 金融发展中政府管理、调控和协调能力的提升

与我国经济和社会的发展一样，我国的金融发展也正在进入一个崭新的阶段。无论是银行体系，还是资本市场，各项改革都在有条不紊地全面推进。从某种意义上讲，中国的整个金融体系正经历着一个再造的过程。科学发展观的确立，经济和金融的全面对外开放，金融自由化程度的不断提高，金融业自身的创新和发展，都对政府发挥在金融发展中的作用提出了新的要求。而通过30年的金融改革和发展，我们在金融发展方面也积累了丰富又宝贵的经验和教训，这些经验肯定对未来的发展仍然具有重要的指导意义，那些教训也必然会给未来的发展提供重要的借鉴。经过30年的成功探索，中国在新的历史发展时期不可能再进行全面的探索性改革，那些在过去30年中被实践证明是正确的、适合中国国情的经验，应该被"确定"下来，内化在"中国特色的金融发展理论"之中；而在金融全球化趋势不断加强、金融体系脆弱性不断加深的新的历史发展时期，我们更应该对30年改革中某些失误甚至失败的教训进行认真的总结，通过进一步深化改革，来完善市场金融体制。

梳理改革30年的经验教训，政府在金融发展中的角色显然也需要进行重新定位。只有定位得当，政府有所为而有所不为，才能让市场机制在资源配置中的效率得到有效提升，也才能使政府成为一个真正有效的政府。政府角色的重新定位，或者说政府职能的转变，绝不是取消政府的作用。在我国这样一个特定的历史阶段，甚至在今后相当长的历史时期，政府在金融发展中的作用仍将是极为重要的。问题的关键是，如何吸取改革开放30年的经验教训，借鉴国际经验，结合未来中国经济和金融发展的新的特点，转变或改善政府对金融发展的作用范围和作用方式，有效地提升政府在金融发展新时期的管理、协调和调控能力。

在未来的金融发展中，应在以下几个方面提升政府的管理、协调和调控能力。

## 1. 构建社会诚信环境

发达金融体系的基础是健全的信用体系。信用是一种借贷关系,信用是经济金融运行的平台。信用问题的存在会阻碍信用行为的发生、阻碍市场规模的扩大,进而限制社会分工,导致经济运行的低效率。信用市场与银行、金融体系是紧密联系在一起的。在信用市场中,授受信主体所掌握的信息资源是不同的,受信主体对自己的经营状况及其信贷资金的配置风险等真实情况有比较清楚的认识,而授信主体则较难获得这方面的真实信息,它们之间的信息是不对称的。在信用合约签订之前,非对称信息将导致信用市场中的逆向选择;而在信用合约签订之后,产生信息优势方(受信主体)的道德风险行为。

形成良好的信用文化,这对我国金融发展具有重大意义。金融本身是信用高度发展的产物,市场经济本质上是信用经济。只有在发达的信用基础上形成的金融制度才能为金融创新提供良好的环境。《服务贸易总协定》(GATS)框架完全适用于金融服务,而有关金融服务的特别规则由《金融服务协议》规定。其中重要的是"维护信用秩序规则"和"对维护信用秩序规则的认可"。在"维护信用秩序规则"中最具代表性的有:对投资人、存款人、保险契约人、信托金融服务经营者等保护其有关权益的规则,确保金融体系健全和稳定的规则,以及确保不妨碍成员方使用这些规则。这说明金融服务领域的规则不单是以达成自由化为目标,维护信用秩序是完成其他政策目标的必要基础。

政府作为社会信用体系的监督者,应保证信用信息的共享性和完整性。促进征信行业的发展,建立全国性的信用数据库。没有真实、详尽的数据资料,任何信用体系都无从谈起,不管是个人信用体系,还是商业信用体系。为了对一个企业、一个自然人的信用历史进行记录、分析,各相关政府部门,如工商、海关、法院、技术监督、财政、税务、外经贸、央行、证券监管等部门,应该依法将自己掌握的企业信用数据通过一定的形式向社会开放,以保障一部分企业的信用信息被社会知晓。全国性信用数据库的功能主要有两个:一是激励机制,即守信用的企业在数据库中将保持良好的信用记录,从而可以帮助其树立良好社会形象,增大其市场交易中的无形资产,并由此得到更多的商业机会。二是惩罚机制,具体的惩罚措施是,各数据库的经营者根据有关法律法规将收集到的企业失信情况记录在一定时期内保留在数据库中,使失信者接受社会惩罚。一个好的信用体系可以对不守信用的人给予惩罚,对讲信用的人提供方便,从而有效遏制信用问题的发生,有助于金融体系的健康发展。"市场经济是信用经济",信用是市场经济的生命和灵魂。政府应大力开展诚实守信教育,建立健全配套的正向激励机制和惩戒机制,培养诚实守信的社会氛围;健全信用中介服务体系,积极支持资产评估、信用评级等各类征信机构的发展壮大。

## 2. 发挥政府组织增信功能

我国的信用体制很大程度上是政府信用的体现。政府信用不同于商业信用和企业信用，主要包括财政信用、货币信用和政府机构信用三种形式。此外，还包括地方政府信用等新形式。财政信用是由税收、预算等法律规定所产生的信用关系，来源于经济发展和税收收入水平的提高。尽管当前财政信用已经在国债发行（除了财政信用，国债发行还依赖于主权信用和政府信用，债券的偿还更多的是依靠国家宏观经济整体状况）和国际金融机构贷款担保中发挥了很大作用，但从总体上来讲，财政信用的运用效率还有待提高，其信用能量还可以发挥更大的作用。事实证明，信用文化较发达是一种具有很强"外部性"的公共产品，可以被当地银行部门充分利用，这样一来就节省了大量的信息产品成本，降低信用风险。

政府增信的核心在于运用国家及政府信用，建设市场配置资源的基础和支柱，这就要建立一个风险控制机制和信用体系，从而使被增信一方能够有效防范风险和减少损失。组织增信也是政府与金融机构的一种合作方式，双方通过共建信用体系和制度体系来防范风险，体现一种共识、共建、协调、合作的关系。政府组织增信的原理既适用于大型基础设施项目，也适用于社区金融等中小企业融资；既有利于增强经济活力，又有利于加大宏观调控力度，还有利于控制行业和项目风险。

政策性银行是政府组织增信的重要形式。政策性银行享有国家主权级信用，是国家信用和市场运作的统一。政策性银行均属国家所有，并建立相应的法人治理结构。政府不干预政策性银行日常经营，贷款由银行自行决定。通常情况下，各国以法规形式明确规定政策性银行职能和业务领域。主要是中长期贷款领域，用来支持国家发展与其他国家的经济贸易关系，政策性银行的意义不仅在于项目贷款，而且在于其具有先导作用。通过大额长期资金和银团贷款，有效带动和引导商业银行与社会资金投向，弥补了市场不足，促进了市场有效竞争。当前和今后相当一段时期，我国要继续重视和发挥好政策性银行的作用，明确其功能定位。在我国现阶段，无论科技产业、中小企业，还是西部开发、东北振兴，尤其是农村农业等的发展，都还存在商业性金融不愿介入，仍需政策性金融大力扶持的问题。

政府组织增信不同于财政信用和财政拨款，它不是靠补贴与国家贴息资金运转，也不是对政府信用的简单分配，而是在依靠政府信用运转的基础上，不断运用和放大政府信用在市场建设中的功能与作用。通过政府组织增信，金融机构能够充分发挥政府的组织优势和政治优势。政府运用组织增信，赋予机构优惠政策，如隐性的债务担保、税收减免、财政部提供信用额度、证券为低风险类及其他业务特许权等，支持机构进行市场化运作。政府组织增信在依靠政府信用运转的基础上，不断运用和放大政府信用在市场建设中的功能与作用，它成为组织增信的社会功能，成为市场经济分配资源的新的基础性平台、支柱，通过建设市场实现政府意志，较好地实现了国家法定信用基础和自身市场业绩支柱的完整统一。一方面通过先进的市场业绩来体现和支撑政府信用；另一方面运用政府信用提升市场业绩。

### 3. 优化法制化监管体系

鉴于市场竞争和价格机制的优势，在金融市场上，市场竞争和价格机制是比监管和法律机制更为基础，更为重要的力量，监管和法律机制主要是起协助市场竞争和价格机制、纠正市场失灵的作用。政府在放松对金融管制的同时，应及时建立完善的金融监管体系。建立银行监管标准和风险评估体系，抑制可能发生的道德危险，确保金融体制的安全；通过竞争与发展，形成多层次多类别的金融市场体系，改变各类金融市场彼此分割的格局，建立各类金融市场之间资金、价格联动机制，以促进统一的金融市场形成。在立法机制上，必须加强法律体系构建的科学性和系统性，在现有法律框架的基础上，针对金融业务的创新与金融风险的防范，具有前瞻性地"立法先行"。

保持对金融机构微观行为必要的监管是有效政府工作的组成部分。但由于监管部门是政府的一部分，监管目标容易发生偏差，而要为实现政府的社会目标服务。监管英文的表述是"regulation"，主要是规范、调整，很少有管制（supervision）的含义。监管的终极目标应该是维护出资人的权利，不是维护社会稳定。把目标认为是维护稳定，而忽视了出资人的利益。与此同时，所谓保护出资人绝不能等同于保证资金安全，更不能等同于保证资金回报。保证出资人最好的办法是尽快制定规则，促使信息的充分披露，维护监管操作过程的透明度，同时培养终身执业监管人员，并依法监管。只有着力于形成公平、公正、公开的金融市场，才是监管目标的职责所在，也才是社会稳定的根本保障。从控制性银行监管制度向审慎银行监管制度过渡。当前面临实施国际监管规则的外部压力，银行业开放程度的提高要求监管制度向国际惯例靠拢，加快审慎监管制度的构建和强化。审慎监管倡导通过尊重市场力量和运用市场力量提高监管的有效性，并重视激发和利用银行内部的力量和市场约束力量来加强风险防范，实现监管目标。

法制缺陷所诱发的金融风险，只有通过加强和完善法制建设才能予以有效化解。在立法机制上，必须加强法律体系构建的科学性和系统性，在现有法律框架的基础上，针对金融业务的创新与金融风险的防范，具有前瞻性地"立法先行"。当前主要包括：制定金融机构市场退出的法律制度。制定规范新型金融业务的法律制度；确立存款保险制度的法律基础以及运行原则；制定规范新型金融业务的法律制度；在执法机制上，应确保现有法律制度发挥应有法律效力。为保证现有制度的有效落实，一方面在法律和制度建设层面上应该防止行政干预；另一方面在法律执行层面上，应强化执法机构的权威性、有效性。制定"金融业协会条例"，制定金融机构市场退出的法律制度，加强对金融业的行业管理；尽快出台"外资银行法"及"外资金融机构监管条例"，以保证外资银行经营的合法性，对快速流动的国际资本实施规制，以避免对国内金融市场的冲击。在金融市场开放进程中金融监管政策应力求金融稳定，警惕金融自由化进程中利率的下降，以及本币升值带来的宽松金融环境可能助长的货币供给膨胀，避免为资产泡沫的形成提供基础。

随着我国经济全球化的进程不断加快，我国金融业"从分业到混业"的趋势日益显现，迫切需要提高我国金融监管的有效性，有效性是限定条件下政府与市场作用的协调结果。因为高效的货币金融体系是监管的目标，而目标的实现取决于政府当局的监管约束、金融机构的自我约束和来自社会公众的市场约束。随着金融创新的出现和金融一体化的发展，银行业、证券业、保险业及其他非银行金融机构之间的业务渗透日益加强，各种金融工具的使用主体之间的区别越来越模糊。从分业监管模式转向混业监管模式过程中，应加强银监会与证监会、保监会的合作。充分运用现代化的电子技术和监测分析手段和方法，建立金融监管信息网络联网系统。采取多种方式强化金融机构的信息披露，使金融机构运行透明化。适应当前金融结构变化需要的监管制度，应当是具有前瞻性和一定弹性的监管制度；应当以金融结构变迁为基础，逐渐从以行政干预为主、行业自律为辅的监管过渡到以行业自律为主、行政干预为辅的监管结构；逐渐从机构监管过渡到功能监管；逐渐从分业监管过渡到统一监管。

### 4. 配套改革财政税收体制

转变政府对金融资源配置方式过度干预的另一个约束条件，是财税改革的进程。建立在中国改革30年的经验观察基础上，我们认为中国的金融体系由于受到政府的干预而与国有企业、公共支出相互联系。我们知道1987年以后中国的金融体系改革取得了明显的成效，各地各种类型的商业银行逐步建立，这对于中国经济的高速发展起到了不可忽视的作用。自我约束的政府行为和合理的财政安排是建立有效率的金融体系从而保证持续的经济发展的一个前提。因此，政府在经济发展中的作用、政府的财政安排与金融体系的改革是一个统一的问题。

税制改革进程必然影响我国财政收入稳定增长机制。财政税收是政府作用的经济基础和保证，因此，需要进行财政税收体制的配套改革。从真正意义上讲，财政税收也不应当用于竞争性领域的投资和建设，主要应用于为社会提供公共服务上。新时期政府公共财政的主要职能应包括，致力于建立公平、统一的环境，限制垄断和不公平竞争，维护市场秩序；建立健全公共基础设施，提供高效的公共服务，如提供"生存性服务"，为国民提供养老、医疗、失业等服务，提供"发展性服务"，为国民提供各种信息服务等。加强金融基础设施建设，充分发挥公共财政在支农和其他方面的作用。这些措施将为金融机构商业化运行及其可持续发展打下良好的基础。

我国财政资金和其他政府资金的收支活动对银行的依存度一直较高，这为我国银行业特别是国有大型商业银行，协同跟进公共财政改革的需要提供了条件。通过开展产品创新、服务创新、开发一系列专用型产品来满足各级政府部门大批量多样化金融服务需求，以提高财政资金效率、降低财政资金成本。在西方国家，公共财政循环中的各类政府部门是银行的重要客户群体，银行是政府部门的重要服务供应商，双方建立了稳定的市场化合作关系。

总之，在未来的金融体制改革中，政府仍将担负重要的角色。但政府角色的正确定位，又是金融体制高效运转的重要前提。

# 参考文献

1. 《邓小平文选》第三卷，人民出版社1993年版。
2. 戴相龙：《中国人民银行五十年》，中国金融出版社1998年版。
3. 黄达：《财政信贷综合平衡导论》，中国金融出版社1984年版。
4. 黄达、陈共等：《社会主义财政金融问题》（上、下），中国人民大学出版社1981年版。
5. 周小川：《转轨期间的经济分析与经济政策》，中国经济出版社1999年版。
6. 吴晓灵：《新一轮改革中的中国》，天津人民出版社1998年版。
7. 易纲：《中国的货币化进程》，商务出版社2003年版。
8. 洪葭管：《中国金融史》，西南财经大学出版社2001年版。
9. 刘光第：《中国经济体制转轨时期的货币政策研究》，中国金融出版社1997年版。
10. 胡寄窗：《中国经济思想史》，上海人民出版社1962年版。
11. 姜建清：《金融高科技的发展及深层次影响研究》，中国金融出版社2000年版。
12. 李扬：《中国金融体制改革研究》，江苏人民出版社1999年版。
13. 谢平、焦瑾璞主编：《中国货币政策争论》，中国金融出版社2002年版。
14. 王国刚：《进入21世纪的中国金融》，社会科学文献出版社2000年版。
15. 张维迎：《产权、激励与公司治理》，经济科学出版社2005年版。
16. 吴晓求：《市场主导型金融体系：中国的战略选择》，中国人民大学出版社2005年版。
17. 吴定富：《中国保险业发展改革报告》，中国经济出版社2004年版。
18. 刘鸿儒等：《探索中国资本市场发展之路》，中国金融出版社2003年版。
19. 马庆泉主编：《2003年中国证券市场发展前沿问题研究》，中国金融出版社2003年版。

20. 北京奥尔多投资研究中心：《金融系统演变考》，中国财政经济出版社 2002 年版。

21. 张杰：《经济变迁中的金融中介与国有银行》，中国人民大学出版社 2003 年版。

22. 李健等著：《中国金融发展中的结构问题》，中国人民大学出版社 2004 年版。

23. 唐德刚：《晚清七十年》，岳麓书社 1999 年版。

24. IMF，刘仁伍、吴竞择编译：《国际金融监管的前沿问题》，中国金融出版社 2002 年版。

25. 谢平：《中国非银行金融机构的发展》，中国金融出版社 1997 年版。

26. 青木昌彦、钱颖一：《转轨经济中的公司治理结构》，中国经济出版社 1995 年版。

27. P. 金德尔伯格：《西欧金融史》，中译本，中国金融出版社 1991 年版。

28. 菲利普·李·拉尔夫、罗伯特·E·勒纳、斯坦迪什·米查姆、爱德华·伯恩斯：《世界文明史》，中译本，商务印书馆 1998 年版。

29. 麦金农：《经济市场化的次序》，中译本，上海人民出版社 1997 年版。

30. 麦迪森：《世界千年经济史》，中译本，北京大学出版社 2003 年版。

31. 艾伦，盖尔著：《比较金融体系》，中国人民大学出版社 2002 年版。

32. J. M. 凯恩斯：《就业、利息和货币通论》，中译本，商务印书馆 1983 年版。

33. 拉詹、津加莱斯：《从资本家手中拯救资本主义》，中译本，中信出版社 2004 年版。

34. 雷蒙德·W·戈德史密斯：《金融结构与发展》，中译本，中国社会科学出版社 1993 年版。

35. 尼古拉斯·R·拉迪：《中国未完成的经济改革》，中译本，中国发展出版社 1999 年版。

36. 诺斯：《经济史上的结构与变革》，中译本，商务印书馆 1992 年版。

37. 中国人民银行：《中国人民银行 50 年——中央银行制度的发展历程》，中国金融出版社 1998 年版。

38. 国家统计局：《中国统计年鉴》，中国统计出版社 2000～2007 年版。

39. 《中国金融年鉴》编辑部：《中国金融年鉴》，1986～2007 年版。

40. 中国人民银行：《中国人民银行统计季报》，1996～2007 年各期。

41. 中国证券监督管理委员会编：《中国证券期货统计年鉴》，2000～2006 年版。

42. Allen, Franklin, Douglas Gale, 1998, "Optimal Financial Crises", *Jour-*

nal of Finance, Vol. 53, 1245 – 1284.

43. Allen F., Qian J., Qian M., 2005, "Law, finance, and economic growth in China", *Journal of Financial Economics*, Vol. 77, 57 – 116.

44. Altunbas, Yener, Lynne Evans, Philip Molyneux, 2001, "Banking Ownership and Efficiency", *Journal of Money*, Credit and Banking, Vol. 33.

45. Aoki M., 1994, "Monitoring Characteristics of the Main Bank System: A Analytical and Developmental View", In Aoki and Patrick (eds), *The Japanese Main Bank System: Its Relevance for Developing and Transforming Economies*, Oxford: Oxford University Press.

46. Asli Demirguc-kunt, Ross Levine, 2000, "Bank-based and Market-based Financial Systems: Cross-country Comparisons", Working paper, The World Bank.

47. Barth J. R., Caprio G., Levine, R., 2000, "Regulation and Supervision: What Works Best?" World Bank Policy Research Working Paper, No. 2725.

48. Basel Committee on Banking Supervision, 1997, "Core principles for effective banking supervision", Basel for international Settlement.

49. Basel Committee on Banking Supervision, 1999, "Capital Requirements and Bank Behavior: The Impact of the Basel Accord", Working papers, No. 1, April.

50. Bliss R., M Flannery, 2002, "Market discipline in the governance of US bank holding companies: Monitoring vs. Influencing", *European Finance Review*, Vol. 6, 361 – 395.

51. Bryant, John, 1980, "A Model Of Reserves, Bank Runs, and Deposit Insurance", *Journal of Banking and Finance*, Vol. 4, 335 – 344.

52. Calomiris, C. W., 1999, "Building an incentive-compatible safety net", *Journal of Banking and Finance*, Vol. 23, 1499 – 1519.

53. De Ceuster, M. J. K., Masschelein, N., 2003, "Regulating banks through market discipline: A survey of the issues", *Journal of Economic Surveys*, Vol. 17, No. 5, 749 – 766.

54. Dewatripont, M., J. Tirole, 1993, "Efficient Governance Structure: Implications for Banking Regulation", in *Capital Markets and Financial Intermediation*, C. Mayer and X. Vives ed, Cambridge: Cambridge University Press, 12 – 35.

55. Dewatripont M., Maskin E., 1995, "Credit and efficiency in centralized and decentralized economies", *The Review of Economic Studies*, Vol. 62, 541 – 555.

56. Diamond W. Douglas, Philip Dybvig, 1983, "Bank Runs, Deposit Insurance and Liquidity", *Journal of Political Economy*, Vol. 91 (3), 401 – 419.

57. Diamond W. Douglas, Raghuram G. Rajan, 2005, " Money in a Bank Theory", *American Economic Review*, Vol. 96 (1), 30 – 53.

58. Duffie, Darrell, Jun Pan, 1997, "An Overview of Value at Risk", *The Journal of Derivatives*, Spring, Vol. 4, No. 3.

59. Friedman M., 1956, *The Quantity Theory of Money*, New York, University of Chicago Press.

60. Gennotte, Gerard, David Pyle, 1995, "Capital Control and Bank Risk", *Journal of Banking and Finance*, Vol. 15 (4 – 5), 805 – 824.

61. Hayek, 1976, " Denationalization of Money: A Analysis of the Theory an Practice of Concurrent Currencies", London: Institute of Economic Affairs.

62. Kim, Daesik, Anthony M. Santometro, 1988, " Risk in Banking and Capital Regulation", *Journal of Finance*, Vol. 43 (5), 1219 – 1233.

63. McKinnon R. I., 1973, "Money and Capital in Economic Development", Washington D. C.: Brookings Institutions.

64. Merton, R. C., 1995, "A Functional Perspective of Financial Intermediation", *Financial Management*, Vol. 24 (2), 23 – 42.

65. Rochet J. C., 1992, "Capital Requirements and the Behavior of Commercial Banks", *European Economic Review*, Vol. 36, 1137 – 1178.

66. Shaw Edwards, 1973, *Financial Deepening in Economic Development*, New York: Oxford University Press.

# 后 记

"金融体制改革和货币问题研究"是2004年立项的教育部哲学社会科学研究重大课题攻关项目。课题组主要成员有中央财经大学的史建平教授、张礼卿教授、贺强教授、李健教授，中国人民大学吴晓求教授，南开大学经济学院马君潞教授，中国社会科学院金融研究所李扬教授，中国人民银行研究局唐旭局长等，5个单位的30多位专家学者参加了研究。

在3年多的研究过程中，课题组成员公开发表了50多篇学术论文，中国金融出版社出版了《中国金融改革：历史经验与转型模式》、《中国金融改革：国际环境新变化与未来改革方略》、《中国金融机构改革：理论、路径与构想》、《中国金融改革中的货币供求与机制转换》、《中国金融改革中的货币政策与金融监管》、《中国金融改革中的金融安全与风险控制》、《中国金融改革与发展中的政府角色定位》、《走向开放的中国对外金融政策——外汇管理、汇率安排与国际收支调整》等专著。本书是课题的最终研究成果。

本书各章的负责人为：导言、第1章王广谦，第2章应展宇，第3、4章李扬，第5章唐旭，第6、7章吴晓求，第8章李健，第9章贾玉革、蔡如海，第10、11章张礼卿，第12章马君潞，第13、14章贺强，第15章史建平。参加研究和写作的还有李晓林、李建军、郭田勇、郭剑光、瞿强、范小云、殷剑峰、彭兴韵、余维彬、孟艳、魏琦、江世银、岳华等。

在现代经济中，金融是一个十分复杂的巨系统，特别是在中国这样一个发展中的大国，这个复杂巨系统的改革与转型涉及的方面众多，面临的问题错综复杂。对于这样一个重大的课题，要取得令人满意的成果，课题组的力量还是不够的。研究结论有无说服力，是否符合中国的实际，还需要众多专家、决策者来判定和修正。由于参加本书写作的研究人员较多，书中一些细节问题的研究结论可能存在稍许差异，但对重大问题的看法在方向和趋势的把握，却是高度一致，真实地反映了课题组成员的独立思考和基本共识。

课题组的主要成员都是我国金融研究和教学领域的著名专家与学者，他们都承担着繁重的教学和科研任务，能够为本课题的研究倾注心力、贡献智慧，令我钦佩。作为课题负责人，我要向这些作者也是我多年的学界朋友表示深切的谢意。

在课题设计和论证过程中，西安交通大学江其务教授、辽宁大学白钦先教授、中国人民大学王传纶教授、中国人民银行赵海宽教授、厦门大学张亦春教授、中国国际金融学会吴念鲁教授、清华大学宋逢明教授、对外经济贸易大学刘亚教授、南京大学裴平教授等给予了许多指导和支持，提出了很好的建议；教育部社会科学司副司长张东刚教授在课题研究的总体思路和研究内容等方面给予了许多具体指导与帮助；北京大学曹凤岐教授、西南财经大学刘锡良教授、对外经济贸易大学刘亚教授、南京大学裴平教授、浙江大学金祥荣教授在结项鉴定会议上对课题研究成果给予了充分肯定并提出了宝贵的修改意见；在本项成果即将出版之际，课题组成员对上述专家表示崇高的敬意和衷心的感谢！

中央财经大学科研处处长孙宝文教授和南荣素同志等对课题研究给予了大力支持；经济科学出版社的吕萍副总编辑和金梅编审为本书的出版付出了辛勤的劳动，在此一并致谢！

# 已出版书目

| 书 名 | 首席专家 |
|---|---|
| 《马克思主义基础理论若干重大问题研究》 | 陈先达 |
| 《网络思想政治教育研究》 | 张再兴 |
| 《高校思想政治理论课程建设研究》 | 顾海良 |
| 《马克思主义文艺理论中国化研究》 | 朱立元 |
| 《弘扬与培育民族精神研究》 | 杨叔子 |
| 《当代科学哲学的发展趋势》 | 郭贵春 |
| 《当代中国人精神生活研究》 | 童世骏 |
| 《面向知识表示与推理的自然语言逻辑》 | 鞠实儿 |
| 《中国大众媒介的传播效果与公信力研究》 | 喻国明 |
| 《楚地出土戰國簡册［十四種］》 | 陳 偉 |
| 《中国特大都市圈与世界制造业中心研究》 | 李廉水 |
| 《WTO主要成员贸易政策体系与对策研究》 | 张汉林 |
| 《全球经济调整中的中国经济增长与宏观调控体系研究》 | 黄 达 |
| 《中国产业竞争力研究》 | 赵彦云 |
| 《东北老工业基地资源型城市发展接续产业问题研究》 | 宋冬林 |
| 《中国民营经济制度创新与发展》 | 李维安 |
| 《东北老工业基地改造与振兴研究》 | 程 伟 |
| 《中国加入区域经济一体化研究》 | 黄卫平 |
| 《金融体制改革和货币问题研究》 | 王广谦 |
| 《中国市场经济发展研究》 | 刘 伟 |
| 《我国民法典体系问题研究》 | 王利明 |
| 《中国农村与农民问题前沿研究》 | 徐 勇 |
| 《城市化进程中的重大社会问题及其对策研究》 | 李 强 |
| 《中国公民人文素质研究》 | 石亚军 |
| 《生活质量的指标构建与现状评价》 | 周长城 |
| 《人文社会科学研究成果评价体系研究》 | 刘大椿 |
| 《教育投入、资源配置与人力资本收益》 | 闵维方 |
| 《创新人才与教育创新研究》 | 林崇德 |
| 《中国农村教育发展指标研究》 | 袁桂林 |
| 《高校招生考试制度改革研究》 | 刘海峰 |
| 《基础教育改革与中国教育学理论重建研究》 | 叶 澜 |
| 《处境不利儿童的心理发展现状与教育对策研究》 | 申继亮 |
| 《中国和平发展的国际环境分析》 | 叶自成 |

# 即将出版书目

| 书　名 | 首席专家 |
|---|---|
| 《中国司法制度基础理论问题研究》 | 陈光中 |
| 《完善社会主义市场经济体制的理论研究》 | 刘　伟 |
| 《和谐社会构建背景下的社会保障制度研究》 | 邓大松 |
| 《社会主义道德体系及运行机制研究》 | 罗国杰 |
| 《中国青少年心理健康素质调查研究》 | 沈德立 |
| 《学无止境——构建学习型社会研究》 | 顾明远 |
| 《产权理论比较与中国产权制度改革》 | 黄少安 |
| 《中国水资源问题研究丛书》 | 伍新木 |
| 《中国法制现代化的理论与实践》 | 徐显明 |
| 《中国和平发展的重大国际法律问题研究》 | 曾令良 |
| 《知识产权制度的变革与发展研究》 | 吴汉东 |
| 《全国建设小康社会进程中的我国就业战略研究》 | 曾湘泉 |
| 《现当代中西艺术教育比较研究》 | 曾繁仁 |
| 《数字传播技术与媒体产业发展研究报告》 | 黄升民 |
| 《非传统安全与新时期中俄关系》 | 冯绍雷 |
| 《中国政治文明与宪政建设》 | 谢庆奎 |